国家出版基金项目 NATIONAL PUBLICATION FOUNDATION ·国家"十三五"重点出版图书·

金砖国家法律报告

BRICS LAW REPORT

西南大学金砖国家法律研究院 主办

Sponsored by

Academe of BRICS Laws

Southwest University

主编 邓瑞平

第四卷（2022年）

VOL.4（2022）

厦门大学出版社 XIAMEN UNIVERSITY PRESS 国家一级出版社 全国百佳图书出版单位

图书在版编目（CIP）数据

金砖国家法律报告. 第四卷 / 邓瑞平主编. -- 厦门：
厦门大学出版社，2022.11
（金砖国家法律报告）
ISBN 978-7-5615-8767-6

Ⅰ. ①金… Ⅱ. ①邓… Ⅲ. ①法律－研究报告－世界
Ⅳ. ①D910.4

中国版本图书馆CIP数据核字(2022)第183801号

出 版 人	郑文礼
责任编辑	李 宁
装帧设计	李嘉彬
技术编辑	许克华

出版发行　厦门大学出版社

社　　　址	厦门市软件园二期望海路 39 号
邮政编码	361008
总 编 办	0592-2182177　0592-2181253(传真)
营销中心	0592-2184458　0592-2181365
网　　　址	http://www.xmupress.com
邮　　　箱	xmupress@126.com
印　　　刷	厦门集大印刷有限公司

开本	787 mm×1 092 mm　1/16
印张	37.5
插页	2
字数	890 千字
版次	2022 年 11 月第 1 版
印次	2022 年 11 月第 1 次印刷
定价	178.00 元

本书如有印装质量问题请直接寄承印厂调换

厦门大学出版社
微信二维码

厦门大学出版社
微博二维码

《金砖国家法律报告》
专业顾问委员会

（中国人名以姓氏汉语拼音排序，
外国人名以姓名英文字母排序）

一、中国委员

曹兴权	陈高山	陈建	陈敏	丁丁	丁丽柏
冯果	伏军	何力	孔庆江	兰才明	李发嘉
李钦	刘建民	刘想树	刘颖	卢代富	梅传强
慕亚平	屈三才	任惠华	邵景春	沈四宝	盛学军
石静霞	孙长永	孙鹏	唐忠民	汪力	汪鑫
王瀚	王洪涛	王建	王玫黎	谢石松	徐以祥
许明月	杨国华	杨松	杨旭	岳彩申	张步文
张军	张庆麟	张晓君	张新民	张怡	赵明
赵万一	赵学刚	郑文琳	周余云		

二、外国委员

Alexandre Gossn Barreto（Brazil）

Berzin Olga（Russia）

Bordunov V D（Russia）

Evandro Menezes de Carvalho（Brazil）

Ivana Amorim de Coelho Bomfim（Brazil）

Kapustin A Ya（Russia）

Karamkarian R A（Russia）

Kartashkin V A（Russia）

Kumbayava Aigerim（Kazakhstan）

Luca Belli（Brazil）

Reinaldo Guang Ruey Ma（Brazil）

Rodrigo do Val Ferreira（Brazil）

Santosh Pai（India）

Stardubtzev G S（Russia）

Tang Wei（Brazil）

Zhdanov N V（Russia）

BRICS LAW REPORT
Professional Counselor Commission

I.Chinese Members

CAO Xingquan	CHEN Gaoshan	CHEN Jian	CHEN Min
DING Ding	DING Libai	FENG Guo	FU Jun
HE Li	KONG Qingjiang	LAN Caiming	LI Fajia
LI Qin	LIU Jianmin	LIU Xiangshu	LIU Ying
LU Daifu	MEI Chuanqiang	MU Yaping	QU Sancai
REN Huihua	SHAO Jingchun	SHEN Sibao	SHENG Xuejun
SHI Jingxia	SUN Changyong	SUN Peng	TANG Zhongmin
WANG Li	WANG Xin	WANG Han	WANG Hongtao
WANG Jian	WANG Meili	XIE Shisong	XU Yixiang
XU Mingyue	YANG Guohua	YANG Song	YANG Xu
YUE Caishen	ZHANG Buwen	ZHANG Jun	ZHANG Qinglin
ZHANG Xiaojun	ZHANG Xinmin	ZHANG Yi	ZHAO Ming
ZHAO Wanyi	ZHAO Xuegang	ZHENG Wenlin	ZHOU Yuyun

II. Foreign Members

Alexandre Gossn Barreto (Brazil)

Berzin Olga (Russia)

Bordunov V D (Russia)

Evandro Menezes de Carvalho (Brazil)

Ivana Amorim de Coelho Bomfim (Brazil)

Kapustin A Ya (Russia)

Karamkarian R A (Russia)

Kartashkin V A (Russia)

Kumbayava Aigerim (Kazakhstan)

Luca Belli (Brazil)

Reinaldo Guang Ruey Ma (Brazil)

Rodrigo do Val Ferreira (Brazil)

Santosh Pai (India)

Stardubtzev G S (Russia)

Tang Wei (Brazil)

Zhdanov N V (Russia)

通信单位：西南大学金砖国家法律研究院《金砖国家法律报告》编辑部

通信地址：重庆市北碚区天生路 2 号，邮政编码 400715

电子邮箱：bricslawreport@126.com，bricslegalreport@126.com

BRICS LAW REPORT
Editorial Committee

目录
CONTENTS

＊季斯雨＊

2017 年《南方共同市场合作和便利投资议定书》导论

南方共同市场是南美地区最大的经济一体化组织,是世界上第一个完全由发展中国家组成的共同市场,一直致力于促进区域内部和外部经贸合作,大力推进与其他国家或区域组织商谈区域经济合作条约。自 2017 年以来,南方共同市场推进欧盟－南方共同市场自贸协定,同欧洲展开一系列自贸谈判;2018 年,与拉美区域一体化组织太平洋联盟在墨西哥巴亚尔塔港签署共同宣言和行动计划,承诺共同应对贸易保护主义,推进地区一体化。

一、本议定书产生的背景

南方共同市场经历了一个开放和动态的过程,其主要目标是通过国家经济与国际市场的竞争性整合,拓展能够产生商业和投资机会的共同空间。① 其主要成员国巴西的经济自 2014 年开始陷入衰退,直接影响其国内的消费和投资水平,并将影响到更多依靠巴西当地市场的外国投资企业。巴西 GDP2015 年萎缩 3.8％、2016 年萎缩 3.6％;经济衰退导致巴西人均 GDP 明显下滑,2016 年人均 GDP 降到 8700 美元,较 2011 年高位水平下降 34％。经济持续下滑、人均 GDP 大幅下降,制约巴西投资、消费和进口需求增长。② 巴西在经济低迷、外国直接投资减少的背景下,为扩大贸易流量、利用南方共同市场经济规模优势,为区域内的投资创造空间,并为本地和外国投资者提供更好的保障,自 2016 年 3 月开始倡议在南方共同市场区域内便利投资并进行条约谈判。2017 年 4 月 7 日,南方共同市场缔约国阿根廷、巴西、巴拉圭和乌拉圭东岸共和国在阿根廷布宜诺斯艾利斯市举行的世界经济论坛拉美峰会上签署了《南方共同市场合作和便利投资议定书》(以下简称"本议定书")。

＊ 季斯雨(1994—),女,四川乐山沙湾人,西南大学法学院法律硕士(非法学)专业 2017 级硕士研究生。

① MERCOSUR-Página oficial. Qué es el MERCOSUR,https://www.mercosur.int/quienes- somos/en-pocas-palabras/,last visited on 11 March,2019.

② 傅章彦:《中资企业赴巴西投资的风险及应对策略》,载《对外经贸实务》2017 年第 12 期。

二、本议定书的主要内容

本议定书建立在诸缔约国认识到推动南方共同市场内部投资规范框架的重要性基础上,本着鼓励市场内部新一轮投资举措的目的,以期促进诸缔约国可持续发展、经济增长、减少贫困和提高其生产能力。[1] 其由 26 条正文和 1 个附件(《合作和便利投资议程》)组成。主要内容有:序言(目标、适用范围、定义),各缔约国的义务(待遇、非歧视、直接征收、损失赔偿、透明度、转移、税收措施、审慎措施、安全例外、打击腐败与违法、环境与劳工和健康),投资者的义务(企业社会责任),机构性治理和争端解决(议定书的管理、信息交换、受保护信息的处理、与私营部门的互动、投资促进组织间的合作、争端预防程序、缔约国之间争端的解决),其他条款(合作和便利投资的基础),最后条款(退出、审查、生效、交存),附件(合作和便利投资议程)。

(一)"投资"的定义

将"投资"定义为,一缔约国投资者在另一缔约国领土内拥有或控制或实施重大影响的具有投资特性的企业(含在该企业的股份),投资特性包括:有资本承诺、建立持久利益的目标、期望获得利润或收益和承担风险。[2] 投资包括议定书生效前后一缔约国投资者在另一缔约国境内进行的全部投资。[3] 资产投资或再投资形式变化只要符合投资定义并按照东道国国内法律进行,即符合本议定书下的投资性质。[4] 可见,本议定书对调整的投资行为描述详尽且设定宽泛,契合促进南方共同市场缔约国内部投资的目的。

(二)东道国的主要义务

1. 投资待遇
本议定书未涵盖公平公正待遇条款、全面保护与安全和投资准入前阶段的标准,[5]也未设置最惠国待遇(MFN)条款。

2. 征收
征收仅限于直接征收,不包括间接征收。征收的补偿金额不应低于被征收投资在征收日之前即刻的公平市场价值,或者根据东道国法律,征收被公众所知前的价值加上按照自征收日至支付日累计的货币市场标准确定的商业利率的利息。[6]

3. 损失赔偿
就损失赔偿而言,对在另一缔约国领土内的投资因战争或其他武装冲突、革命、国家

---

① 参见本议定书序言。
② PCFI Artículo 3.
③ PCFI Artículo 2.
④ PCFI Artículo 3.2.
⑤ PCFI Artículo 4.
⑥ PCFI Artículo 6.

紧急状态、叛乱、暴动或其他任何类似事件而遭受损失的诸缔约国投资者,①采取国民待遇或最惠国待遇原则,即在恢复原状、赔偿或其他方面所享有的待遇应不低于所涉缔约国给予其本国投资者或外国人的赔偿。② 对直接征收采用适当赔偿标准,即当东道国的部队或当局征收或毁坏其投资或部分投资时,每一缔约国应酌情向另一缔约国投资者提供恢复原状、赔偿或两者。③

4. 汇兑

实行自由汇兑原则,即投资者应根据东道缔约国国内法,以缔约国货币或以转移日市场汇率兑换的可自由兑换货币转移。④ 但任何汇兑的规定不应妨碍诸缔约国在国际收支危机期间采取与国际收支有关的监管措施的权利,也不影响国际货币基金组织成员在《国际货币基金协定》中的权利和义务,特别是使用符合该协定规定的外汇措施。⑤

(三) 投资者的义务

投资者应遵守所有法律、法规和东道国政府就投资制定的政策,遵守税收法,不应发生腐败行为等⑥,负有社会责任⑦。本议定书的任何规定均不应解释为使缔约国对投资者违反东道国法律的行为负责。⑧

(四) 机构性治理与争端解决机制

1. 联合委员会

由各缔约国代表组成的联合委员会管理本议定书及其附件。⑨ 本议定书明确了委员会的组织形式、职能等。委员会在其职权范围内启动争端预防程序。⑩

2. 国家联络点或专员

国家联络点或专员通报各缔约国国内法律制度及其修正。缔约国应按照其国内法律制度规定的方式采取必要措施,使国家联络点能够成为政府机构。⑪ 国家联络点在不妨碍本议定书规定的投资待遇情况下,应对缔约国投资者的投资行使其责任,即使投资者尚未开始在东道国领土内经营业务。⑫

---

① PCFI Artículo 7. 1.
② PCFI Artículo 7. 1.
③ PCFI Artículo 7. 2.
④ PCFI Artículo 9. 2.
⑤ PCFI Artículo 9. 4.
⑥ PCFI Artículo 13.
⑦ PCFI Artículo 14. 1.
⑧ PCFI Artículo 12. 2.
⑨ PCFI Artículo 17.
⑩ PCFI Artículo 23.
⑪ PCFI Artículo 18. 4.
⑫ PCFI Artículo 18. 5.

3. 投资促进组织之间的合作

诸缔约国投资促进的主管机构或主管实体之间应当合作,应尽可能根据其国内法履行鼓励促进投资方面的职责,在其预算可用范围内促进、内化和吸引投资,也可以交流经验,包括访问和培训投资者的人员。① 此种规定会进一步保障和稳定诸缔约国间的投资。

4. 争端预防程序

本议定书对争端预防程序确立了一般规则和附加规则。预防程序由所涉缔约国提起,若在符合规定的最后期限未能解决分歧,或者所涉缔约国未出席委员会会议,可以将争端提交南方共同市场现行的程序和争端解决机制。若有关措施影响特定投资者,将适用附加规则。②

5. 争端解决

本议定书着力于规定纠纷预防措施,并未单独设置投资者与缔约国之间的争端解决机制。本议定书规定,投资争端产生后可以在用尽防止争端程序后,将该争端提交至南方共同市场现行争端解决程序和机制。③

三、对本议定书的简评

因委内瑞拉于 2016 年被中止南方共同市场成员国资格,玻利维亚尚未完成最终加入程序,故本议定书由南方共同市场成员国阿根廷、巴西、巴拉圭和乌拉圭东岸共和国缔结。本议定书及其附件的签订废除了南方共同市场 1994 年 1 月 17 日签订的《关于相互促进和保护南方共同市场投资的科洛尼亚议定书》④,且与后者不同,本议定书不是《亚松山森条约》的组成部分。南方共同市场在 2017 年 4 月发布的官方公报称:"这是缔约国在持续谈判中作出努力的结果,旨在制定和通过本议定书为缔约国的投资创造透明、敏捷和有利的环境。"⑤

联合国贸易和发展会议在《世界投资报告》(2017 年)中,对本议定书作了概况性评论:本议定书列出了该法律框架所涵盖的投资必备的特征;限制了国民待遇(NT)和最惠国待遇条款的范围;规定了直接征收的保护措施;包括了具体的投资便利化措施;强调了投资者的义务和社会责任;涵盖了每一缔约国设立联络点或专员的条款,以负责有关投资发展、促进和合作的问题;不包含公平公正待遇(FET)、投资者-国家争端解决(ISDS)。⑥

关于本议定书未涵盖投资者-国家争端解决条款,需注意有关缔约国的背景。本议定书是阿根廷签署的第一个关于保护投资未设置仲裁条款的法律框架,根源在阿根廷 2001

---

① PCFI Artículo 22.

② PCFI Artículo 23.

③ PCFI Artículo 24.

④ Protocolo de Colonia Para la Promoción y Protección Recíproca de Inversiones en el Mercosur, 1994. 01. 17.

⑤ "Bid", http://conexionintal. iadb. org/2017/04/27/se-firmo-el-protocolo-de-cooperacion-y-facilitacion-de-inversiones- ntra-mercosur/, last visited on 11 March, 2019.

⑥ 联合国贸易和发展会议:《世界投资报告》(2017 年)。

年年底至 2003 年年初发生经济危机以来,出现国际投资仲裁危机,大量外国投资者向国际投资仲裁庭提起了以阿根廷为被申请人的仲裁申请①;巴西不是解决投资争端国际中心(ICSID)的成员国,未作出相应仲裁条款承诺,其惯常以投资争端预防彻底替代投资仲裁。故本议定书不同于将投资者与缔约国间争端提交国际仲裁庭(包括 ICSID 和 UNCITRAL 等)仲裁管辖的许多双边投资条约,其内容在很大程度上遵循了巴西与墨西哥、哥伦比亚和智利合作和便利投资双边条约框架的表述,②尤为侧重预防争端,特许管理本议定书的委员会:监督本议定书的适用和执行,预防缔约国之间与投资有关的分歧,友好解决分歧,协调本议定书实施。③ 通过设置管理本议定书的委员会与联络点或专员,鼓励主管投资促进的国家机构之间的合作,多维度地全面预防投资纠纷。其创新纠纷预防机制反映出缔约国间在巩固、促进区域内投资大幅增长的法律框架方面的承诺程度。

　　南方共同市场在许多方面已经成为发展中国家标准区域一体化的成功经验。从本议定书条款全部条文可见,本议定书与巴西《合作与便利投资协定》范本下的其他经贸投资协定内容基本一致,其符合外国投资领域国际法的新发展趋势,努力在投资者和东道国的权利与义务间取得平衡,并企图与各国环境与劳工、健康与安全等问题有关的公共政策进行监管的权利之间建立最佳平衡。在保护投资者利益的同时,详细设置了东道国监管权力。本议定书的签署将在缔约国之间开展新的一体化倡议,同时在投资事务领域稳固已建立的战略伙伴关系,从而获取广泛和互利的利益。

南方共同市场合作和便利投资议定书*

　　签署本议定书的南方共同市场缔约国阿根廷共和国、巴西联邦共和国、巴拉圭共和国和乌拉圭东岸共和国(以下称"诸缔约国"或单独称为"一缔约国"),
　　希望加强和深化友好纽带和诸缔约国间持续合作的精神;
　　寻求鼓励南方共同市场内部投资,在诸缔约国间实行新的一体化举措;
　　承认投资在促进可持续发展、经济增长、减少贫困、创造就业、扩大生产能力和人类发展方面的基础作用;
　　谋求诸缔约国投资者及其各自投资具有社会责任感,并有助于诸缔约国的可持续发展;

---

① 许燕:《浅析我国双边投资协定应有之转型——以阿根廷国际投资仲裁危机为视角》,载《企业导报》2012 年第 18 期。

② Alexis Rodrigo Laborías, El Protocolo de Inversiones del MERCOSUR en el contexto del nuevo derecho internacional de las inversiones extranjeras, Revista de la Secretaría del Tribunal Permanente de Revisión 6. 12, 2018, pp. 127-148.

③ PCFI Artículo 17.

* 译自本议定书西班牙文本,可从 https://investmentpolicyhub. unctad. org/Download/TreatyFile/5548 获得。

力图促进诸缔约国在投资领域建立广泛和互利的战略伙伴关系;

承认建立南方共同市场内部规范框架的重要性,该框架可为诸缔约国的投资创造透明、快捷和有利的环境;

保障诸缔约国管理其公共政策的内在权利;

希望促进和密切投资者与诸缔约国政府间的联系;和

考虑到由政府创建有助于大幅增加相互投资的技术对话机制的便利性。

已达成条款如下:

第 I 部分　适用范围和定义

第1条　目标

本议定书的目标是促进诸缔约国间的合作,以促进诸缔约国可持续发展的直接投资。

第2条　适用范围

1. 本议定书适用于本议定书生效之前或之后一缔约国投资者在另一缔约国领土内进行的所有投资。

2. 本议定书所载规定不适用于本议定书生效之前发生的任何行为或已发生的事实或任何不复存在的情况。

3. 本议定书的适用不影响诸缔约国投资者在东道国领土内根据后者国家法律或国际法所享有的权利和利益。

4. 诸缔约国重申,本议定书的适用不妨碍世界贸易组织各项协定所赋予的权利和义务。

第3条　定义

为了本议定书的目的:

1. "企业",指根据适用法律组建或组成的任何实体,不论为私人或政府所有,包括公司、独资企业和合营企业。

2. "东道缔约国",指接受投资的缔约国。

3. "投资",指在一缔约国领土内的另一缔约国投资者拥有或控制或实施重大影响的具有投资特征的企业(包括在该企业的股份),其中投资特征包括有资本承诺、设定持久利益的目标、期望获得利润或收益和承担风险。本议定书涵盖企业的以下资产:

(a)社会股份("股权")或企业的其他类型股份;

(b)有形或无形财产权,动产或不动产和其他任何物权;

(c)根据东道国法律和/或合同授予和管辖的批准书、许可证或特许权下的现有勘探、开采和使用的权利。

3.1　为了进一步明确,"投资"不包括:

(i)诸缔约国视为公共债务的债务工具,如公债、债券和贷款;

(ii)投资组合或证券投资;

(iii)仅由一国企业在其领土内向另一缔约国领土内的企业出售货物或提供服务的商业合同所产生的金钱请求权,或与交易有关的信贷授予本议定书条款未涵盖的商业或其他任何金钱请求权;和

（iv）在投资确立之前投资者或其投资所承担的任何费用或其他经济责任,包括进入缔约国的投资遵守有关接收外国资本或其他特定限制和条件的规定。

3.2 资产投资或再投资形式的变化,不影响其在本议定书下的投资性质,只要新形式包括在本条定义中并按照东道国国内法律进行。

4."投资者",指在另一缔约国领土内投资的一缔约国的自然人或法人。

（a）自然人,指一缔约国的根据其国内法律对另一缔约国投资的任何国民或永久居民;和

（b）法人,指根据一缔约国国内法律组成的任何实体,其在上述一缔约国领土内有住所和大量商业活动且已在另一缔约国领土内投资。

5."国民",指根据一缔约国法律具有该缔约国国籍的自然人。

6."措施",指一缔约国采取的任何措施,无论是法律、法规、规则、程序、决定或行政处分,还是其他任何方式。

7."收益",指通过投资获得的价值,尤其包括但不限于利润、利息、资本收益、股息、特许权使用费或薪酬。

8."领土",指:

对阿根廷,根据其宪法、国内法律和适用的国际法规定,阿根廷共和国拥有主权的领土;

对巴西,包括根据国际法和其国内法规定的领土、领空、领海和巴西行使主权或管辖权的专属经济区、大陆架、土壤和底土;

对巴拉圭,国家根据国际法、国内法和国家宪法行使其主权或管辖权的领土延伸;

对乌拉圭,根据国际法和国内法行使主权和管辖权的陆地空间、内水、领海和主权下的领空、专属经济区、大陆架。

第Ⅱ部分　待遇和管理措施的规定

第4条　待遇

1. 诸缔约国不应拒绝另一缔约国投资者根据东道国国内法律诉诸司法和行政程序的权利。

2. 各缔约国均应向另一缔约国投资者及其投资提供经正当法律程序调整的待遇。

3. 进一步明确,本议定书未涵盖公平公正待遇、全面保护与安全和投资准入前阶段的标准。

第5条　非歧视

1. 每一缔约国应根据本议定书生效日现行有效法律,给予另一缔约国投资者及其投资的待遇,在类似情况下,不低于其给予本国投资及其投资者的待遇。若与其他缔约国投资者及其投资相比,某种待遇改变了有利于其投资者及其投资的竞争条件,该待遇被视为不利。

2. 每一缔约国应根据本议定书生效日现行有效法律和本议定书有关规定,给予另一缔约国投资者及其投资的待遇,在类似情况下,不低于其给予非缔约国投资者及其投资的待遇。若与其他缔约国投资者及其投资相比,某种待遇改变了有利于非缔约国投资者及

其投资的竞争条件,该待遇被视为不利。

3. 根据本条第 1 款和第 2 款规定,本条的规定不妨碍对投资者及其投资采用和适用新的法律要求或限制,只要其不具有歧视性。

4. 本条的规定也不妨碍诸缔约国根据本条第 1 款和第 2 款修订歧视性措施,以降低其歧视性。

5. 进一步明确,本议定书应适用于一缔约国投资者在另一缔约国领土内进行的投资,即使其尚未在该国领土内开展经营业务。

6. 本条的规定不适用于援引本议定书生效前签订的、诸缔约国依据投资条约、双重征税协定或其他含投资条款的协定中给予的更优惠待遇。

7. 进一步明确,本条的规定不适用于以纳入本议定书中未载有实质性措施或解决争端的规定。

8. 本条不应被解释为要求诸缔约国取消任何接受投资的程序,只要按照本条第 1 款和第 2 款,此类程序不具歧视性。

9. 本议定书的任何规定不妨碍诸缔约国对投资者适用因投资者违反可适用法律所规定的制裁,只要按照本条第 1 款和第 2 款,该制裁的根据不具有歧视性。

第 6 条　直接征收

1. 各缔约国不应征收本议定书所述的投资,除非:

(a)为了公用事业、公共利益或社会利益;

(b)以非歧视方式;

(c)按照本条第 2 款至第 4 款规定支付有效补偿金①;和

(d)按照正当法律程序。

2. 补偿必须:

(a)按照东道国的法律框架,毫不迟延地支付;

(b)相当于被征收的投资在实际征收之前即刻的公平市场价值或公众知晓即将征收投资时的公平市场价值,以两者中发生者为准,以下称"征收日";

(c)根据第 9 条(转移)规定付款并可自由转移。

3. 若公平市场价值以货币计算,无论其是否具有国际可兑换性,应支付的补偿金额不应低于被征收投资在征收日之前即刻的公平市场价值,或者根据东道国法律,征收被公众所知前的价值,加上按照自征收日至支付日累计的货币市场标准确定的商业利率的利息。

4. 诸缔约国应合作,提高对相应国家征收法律的了解程度。

5. 诸缔约国确认,根据世界贸易组织《与贸易有关的知识产权协定》(TRIPS)规定颁发的强制许可不因本条的规定受到质疑。

6. 进一步明确,本议定书仅规定直接征收,即通过直接正式转移产权或所有权,不包括间接征收。

------

① 为了进一步明确,若巴西是征收国,对根据宪法和适用法律规定未履行社会职能的财产征收,其补偿可以以债务证券形式支付。

第7条 损失赔偿

1. 在另一缔约国领土内的投资因战争或其他武装冲突、革命、国家紧急状态、叛乱、暴动或其他任何类似事件而遭受损失的诸缔约国投资者,根据第 5 条(非歧视)在恢复原状、赔偿或其他方面所享有的待遇,应不低于所涉缔约国给予其本国投资者或外国人赔偿的待遇。

2. 若投资在东道缔约国领土内遭受第 1 款所述任何情形是由以下原因导致损失的,每一缔约国应根据本议定书第 6 条(直接征收)规定的标准,酌情向另一缔约国投资者提供恢复原状、赔偿或两者:

(a)东道国的部队或当局征收投资或部分投资;或

(b)东道国的部队或当局毁坏投资或部分投资。

第8条 透明度

1. 每一缔约国应根据本议定书的原则,确保按照其法律以合理、客观和公正的方式管理影响投资的所有措施。

2. 每一缔约国应确保其议定书所述上述任何事项的一般适用法律、法规和行政裁决予以公布,并应尽最大努力以电子格式提供,以便允许相关人士和其他缔约国知悉。

3. 每一缔约国应根据其法律,致力于为允许对可能采取的措施发表意见的相关人士提供合理机会。

4. 诸缔约国应向其各自负责与其他缔约方领土内投资有关的贷款、信贷、担保和保险的风险技术评估、审批的公共和私营金融机构适当宣传本协定。

第9条 转移

1. 一缔约国应当允许另一缔约国投资者自由转移与本国领土内投资有关的资金,即:

(a)对维持或扩大该项投资的资本或其任何增加的初始出资;

(b)与投资直接相关的收益;

(c)出售或者清算全部或部分投资的收益;

(d)支付与投资直接相关的任何贷款,包括与之相关的利息;和

(e)东道国当局征用或暂时使用另一缔约国投资者投资的补偿金额。若以公共债务证券向另一缔约国投资者支付补偿金,该投资者可以转移市场上出售该债券所得收益的价值。

2. 投资者应根据东道缔约国国内法,以缔约国货币或以转移日市场汇率兑换的可自由兑换货币转移。

3. 尽管有本条规定,诸缔约国可以通过公平、非歧视和善意适用与以下相关的国内法律秩序规范来改进或阻止转移:

(a)提供咨询、企业改组、破产、无力清偿债务或保护债权人权利的信息;

(b)遵守对企业的司法判决、仲裁裁决或行政命令;

(c)履行劳工或纳税义务;或

(d)防止洗钱或洗资产和恐怖主义资助。

4. 本议定书的任何规定,不应妨碍诸缔约国在国际收支危机期间采取与国际收支有

关的监管措施的权利,也不影响国际货币基金组织成员在《国际货币基金协定》中的权利和义务,特别是使用符合该协定规定的外汇措施。

5. 在国际收支严重困难的情况下采取的临时性限制转移措施,必须是非歧视性的并符合《国际货币基金协定》条款。

第 10 条　税收措施

1. 本议定书的任何规定不应解释为,各缔约国有义务在投资方面,将本缔约国是缔约方或成为缔约方的当前或未来协定为避免双重征税所产生的任何待遇、优惠或特权的利益,给予另一缔约国投资者。

2. 本议定书的任何规定不应解释为,阻止诸缔约国根据其法律规定采取或执行旨在保证赋税或税收公平或有效的任何捐税措施。

第 11 条　审慎措施

本议定书的任何规定不应适用于任何缔约国根据其法律出于审慎原因对金融部门采取的措施,包括寻求保护投资者、储户、保单持有人、保险或受托人或确保金融体系完整和稳定的措施。若此类措施不符合本议定书的规定,不应当将其用作规避缔约国根据本议定书作出的承诺或义务的手段。

第 12 条　安全例外

1. 本议定书的任何规定不应解释为,阻止诸缔约国采取或维持旨在维护公共秩序、履行其维护或恢复国际和平或安全的义务、保护其基本安全利益,或适用其刑法规定的措施。

2. 诸缔约国根据本条第 1 款采取的措施和基于其国家安全或公共秩序的法律在任何时间禁止或限制另一缔约国投资者在本缔约国领土内投资的决定,不应受本议定书规定的争端解决机制的约束。

第 13 条　投资者的义务

1. 投资者必须遵守所有法律、法规和东道国政府就投资制定的政策。同样,投资者必须遵守税收法规,根据东道国法律提供东道国所要求的有关企业历史和实践的信息。投资者不应发生腐败行为。

2. 本议定书的任何规定不应解释为,使缔约国对投资者违反东道国法律的行为负责。

第 14 条　企业社会责任

1. 投资者及其投资应努力通过采取高度社会责任的做法,以本条规定的自愿原则和标准为基础,尽可能为东道国和当地社区的可持续发展作出最大程度的贡献。

2. 投资者及其投资应尽最大努力遵守以下对负责商业行为的、与东道国可适用法律相符的自愿原则和标准:

(a)促进经济、社会和环境进步,以实现可持续发展;

(b)根据东道国的国际义务和承诺,尊重参与企业活动的人员的人权;

(c)通过与当地社区的密切合作,推动加强地方能力建设;

(d)促进人力资本的发展,特别是通过创造就业机会,便利工人获得专业培训机会;

(e)放弃寻求或接受东道国法律未规定的有关环境、健康、安全、工作、财政激励或其他事项的豁免；

(f)支持和倡导良好企业治理原则,并发展和运用良好的企业治理实践；

(g)制定和实施自我监管做法和有效管理制度,以增进企业与开展业务的当地社会间的相互信任关系；

(h)通过适当传播企业政策,包括职业培训项目,促进工人对企业政策的了解；

(i)避免对提交给董事会或在适当时向主管公共当局提交企业正违反法律或企业治理标准的报告的员工采取歧视性措施或纪律处分；

(j)尽可能鼓励业务合作伙伴,包括服务提供商和分包商,适用符合本条规定的商业行为原则；和

(k)尊重当地政治活动和制度。

第15条　投资和打击腐败与违法行为的措施

1. 各缔约国应确保采取措施,并根据其法律法规,尽力防止和打击与本议定书所涉事项有关的腐败、洗资产或洗钱和恐怖主义资助。

2. 本议定书中的任何规定不应：

(a)强制任何缔约国保护以非法来源资本或资产进行的投资,或保护已证明是腐败或非法行为的受缔约国法律制裁的投资或资本损失。

(b)阻止司法或行政当局在对指控非法行为进行调查的框架内采取措施,只要未以歧视性方式采取这些措施且符合第5条(非歧视)规定。

第16条　对投资与环境、劳工与健康的规定

1. 本议定书的任何规定不应解释为,阻止诸缔约国采取、维持或执行其认为适当的任何措施,以确保其领土内投资活动遵守本国劳工、环境或健康法律,只要该措施的适用不构成任意或不合理歧视或变相限制的手段。

2. 诸缔约国确认,通过降低劳工、环境或健康法律标准的措施来激励投资是不适当的。因此,每一缔约国保证其不会为了激励对其领土内投资而修改或废除此等法律来降低其劳工、环境或健康标准。若一缔约国认为某个(某些)缔约国已出现此类激励,可要求与该缔约国磋商。

第Ⅲ部分　机构性治理和争端预防

第17条　议定书的管理

1. 本议定书应由诸缔约国代表组成的委员会管理。

2. 委员会应在缔约国商定的时间、地点和方式举行会议,且每年必须至少召开一次会议。委员会将由目前正在担任南方共同市场临时主席的缔约国担任主席,除非委员会另有决定。

3. 委员会应具有以下职责：

(a)监督本议定书的适用和执行,并在必要时向诸缔约国提出建议以便修改；

(b)讨论与在缔约国投资有关的事项和共享扩大相互投资的机会；

(c)协调实施共同商定的合作和便利化项目；

(d)酌情征求私营部门和民间社团对与委员会工作相关的具体问题的意见；

(e)防止缔约国之间与投资有关的分歧,以便友好地解决;和

(f)协调《合作和便利投资议程》的实施。

4. 委员会可根据南方共同市场现行条例,邀请私营部门或其下属出席会议。

第18条　国家联络点或专员

1. 每一缔约国应根据其国内法规定指定国家联络点或专员,其基本责任是支持其领土内其他缔约国的投资者。

(a)在阿根廷,国家联络专员是生产商务部下属的外贸司副司长。

(b)在巴西,对外贸易局(CAMEX)内的直接投资专员将成为专员。

(c)在巴拉圭,国家联络点是工商部。

(d)在乌拉圭,国家联络点是经济财政部。

2. 各缔约国可修改本议定书所指定的联络点,在此情况下,应尽快以书面形式通知其他缔约国。在此通知到达之前,向先前联络点发出的通知有效。

3. 国家联络点,除其他职责外:

(a)根据本议定书,将与其他缔约国的国家联络点互动;

(b)与东道国政府主管当局对话,评估另一缔约国关于该缔约国投资或投资者的任何建议和提议,并酌情建议改善该缔约国环境的行动;

(c)与政府主管当局协调,尽力防止投资争端;

(d)提供相关投资资料一般范围的标准信息;

(e)在认为必要时向委员会通报其活动和行动,并将努力遵守其准则。

4. 诸缔约国应按照其国内法规定方式采取必要措施,使国家联络点能够成为政府机构,并为一旦本议定书生效其即可履行职能制定相关程序。

5. 在不妨碍第4条(待遇)第3款的情况下,国家联络点应对缔约国投资者的投资行使其责任,即使投资者在东道国领土内尚未开始经营业务。

第19条　缔约国间的信息交换

1. 诸缔约国将通过委员会及其国家联络点或专员交换有关投资的商业机会、程序和要求的信息,条件是根据被申请信息缔约国国内法律秩序和申请对该缔约国是适宜的。

2. 对于本条第1款规定的效力,若申请对诸缔约国是可行的,且受其国内法律约束,诸缔约国应根据申请,迅速提供特别是与以下有关的信息,并尊重对第1款所述信息的保护范围:

(a)政府投资计划和最终具体激励措施;

(b)可能影响投资的公共政策和法律框架;

(c)投资的法律框架,包括关于创建公司、企业和合营企业的法律;

(d)与投资有关的国际条约;

(e)海关程序和税收制度;

(f)货物和服务市场统计数据;

(g)可用的基础设施和公共服务;

(h)公共特许权;

(i)社会、劳工、移民和交流的法律;

(j)缔约国先前确定的关于特定经济部门的法律;

(k)区域项目;和

(l)公私合作伙伴关系(PPPs)。

第20条　受保护信息的处理

1. 诸缔约国应尊重提交信息的缔约国所建立的信息保护范围,并遵守各自国家有关该主题的法律。

2. 本议定书的任何规定不应解释为,要求任何缔约国披露可能妨碍法律适用、违反公共利益或可能损害隐私或合法商业利益的受保护信息。就本款而言,受保护信息包括诸缔约国可适用法律禁止披露的商业机密数据或信息。

第21条　与私营部门的互动

诸缔约国确认私营部门发挥的关键作用,将尽可能在有关商业部门中传播有关投资、监管框架和各缔约国领土内的商业机会一般信息。

第22条　投资促进组织间的合作

1. 诸缔约国应尽可能根据其国内法,鼓励投资促进领域的主管机构或实体:

(a)在有资格参与缔约国投资事项的机构或实体之间分享非机密信息,以推动投资;

(b)在缔约国的机构或主管实体之间进行合作,确定相互合作的领域,并就制定投资吸引政策交流信息、经验和最佳做法;

(c)确定相互合作和互惠业务的领域,以便为投资者提供商业机会的顾问;

(d)若主管机构或实体认为适当,在预算可用性范围内促进、内化和吸引投资,也可以交流经验,包括访问和培训上述机构或实体的人员;和

(e)与其他缔约国的机构或主管实体共同举行活动,以吸引整个区域外投资和/或披露互惠商机和投资利益。

2. 诸缔约国投资促进主管机构或实体如下:

(a)在阿根廷,阿根廷投资与国际贸易促进局;

(b)在巴西,巴西出口投资促进局(Apex Brasil);

(c)在巴拉圭,巴拉圭投资暨出口促进局(REDIEX);

(d)在乌拉圭,乌拉圭第ⅩⅪ局(Instituto Uruguay ⅩⅪ)。

第23条　争端预防程序

1. 若一缔约国认为另一缔约国采取的具体措施构成违反本议定书的行为,可在委员会范围内,根据本条规定启动争端预防程序。

2. 以下规则适用于上述程序:

(a)为启动程序,所涉缔约国应向委员会提交一份初步呈文,使其能够评估分歧,并将其副本发送给其他缔约国。呈文应至少包含以下要素,但不妨碍后续补充:

(ⅰ)所涉缔约国的提议;

(ⅱ)对分歧对象的初步说明;

(ⅲ)产生分歧的前因描述;

(ⅳ)指控违反行为的法律依据,并准确说明适用本议定书的条款;和

(ⅴ)若符合,所指控事实的证据。

（b）委员会主席，即使由所涉争端的缔约国担任，将召开一次会议。会议自提交初步呈文之日起最多三十（30）日内举行。

（c）委员会自第一次会议之日起六十（60）日内（经所涉缔约国之间的相互协议可以延长），评估初步呈文，试图解决分歧并草拟一份报告。

（d）上项（c）提及的报告包括以下内容：

（ⅰ）确定直接相关的缔约国；

（ⅱ）对争议措施和指控违反本议定书行为的描述；和

（ⅲ）对直接相关缔约国作出结论的摘要。

（e）若在符合本条规定的最后期限未能解决分歧，或者若所涉缔约国未出席根据本条召集的委员会会议，可以根据本议定书第 24 条（缔约国之间争端的解决），将争端提交南方共同市场现行的程序和争端解决机制。

3. 若有关措施影响特定投资者，将适用以下附加规则：

（a）启动程序的缔约国的初步呈文应指明直接受影响的投资者；

（b）委员会可根据南方共同市场现行规定，邀请受影响投资者的代表参加其会议；

（c）投资者对东道国法律的任何违反行为记录在报告中；和

（d）缔约国可以否认此前提交给其他协定中规定的争端解决机制的争端，将该争端重新提交至本议定书所设机制。

4. 委员会在考虑处理有关措施的适宜情况下，可邀请其他有关方出席委员会会议，并就该措施发表意见。

5. 在争端预防程序范围内进行的会议记录和所有相关文件应保密，须遵守各缔约国信息披露法律，但委员会根据本条第 2 款（d）和（e）项提交的报告除外。

第 24 条　缔约国之间争端的解决

1. 若第 23 条（争端预防程序）规定的程序用尽而争端未得到解决，所涉任何缔约国可根据本条规定，将该争端提交至南方共同市场现行争端解决程序和机制。

2. 可以援引本议定书以参与与投资有关的争端，条件是自缔约国首次知道或应该知道引发争端的事件之日起不超过五（5）年。

3. 第 14 条（企业社会责任）、第 15 条（投资和打击腐败与违法行为的措施）第 1 款和第 16 条（对投资与环境、劳工与健康的规定）第 2 款，不应成为争端解决机制的对象。

4. 已经提交至第 23 条（争端预防程序）和第 24 条（缔约国之间争端的解决）规定程序的投资争端，不应提交至缔约国已加入或将加入双边投资条约或投资条款中规定的仲裁程序。

第Ⅳ部分　合作和便利投资的基础

第 25 条　合作和便利投资议程

1. 委员会将制定和讨论合作和便利投资议程，以促进和增加相互投资的相关主题。最初涉及的主题列于附件《合作和便利投资议程》。

2. 议程将在诸缔约国政府主管当局之间讨论。

3. 上述讨论的结果可以构成本议定书或具体法律文书的附加议定书，此等议定书将交存巴拉圭共和国。

4. 为加强合作和便利投资,委员会将制定活动和时间表,并就具体承诺进行最终谈判。

5. 诸缔约国应向委员会提交参与此等活动的理事机构及其官方代表的姓名。

第 V 部分　最后条款

第 26 条　最后条款

1. 本议定书在《亚松森条约》框架内无限期缔结,自第二份批准书交存之日起满六十(60)日生效,其规定适用于已批准本议定书的缔约国。对后续批准的缔约国,本议定书将在各批准书交存后满六十(60)日生效。

2. 关于退出本议定书,适用《亚松森条约》第 21 条的规定。

3. 诸缔约国认为合适,可以审查本议定书。

4. 本议定书及其批准书应交存巴拉圭共和国,巴拉圭共和国应将此等文书的交存日期和议定书的生效通知诸缔约国,并向诸缔约国发送经正式认证的副本。

5. 对作为本议定书部分的附件所作的修改和更新,将交存于巴拉圭共和国。

本议定书于 2017 年 4 月 7 日在阿根廷共和国布宜诺斯艾利斯市签署,一式两份,用西班牙文和葡萄牙文两种文本写成,各文本同等作准。

附件

合作和便利投资议程

本议程代表促进诸缔约国之间合作和便利投资的初步努力,可由委员会随时扩大和修改,但必须遵守第 26 条第 5 款规定。

a. 付款和转账

b. 技术和环境法规

c. 监管与机构交流合作

(季斯雨、邓瑞平译,邓瑞平审校)

✳季斯雨*

巴西近年双边经贸投资协定导论

巴西作为金砖国家的重要成员,其新近国际经贸条约可以反映该国对外经贸发展方向。这种方向会影响中国与巴西的经贸投资合作。据此,我们翻译了巴西新近签署的西班牙文本和英文文本双边投资条约和含投资的经贸条约,可供从事研究和实务工作的有关机构和人员参考。

一、签署的背景

巴西近年来吸引了大量外国投资。联合国贸易和发展会议(UNCTAD)发布的《世界投资报告》(2019 年)显示,2018 年巴西共接收 610 亿美元投资,较 2017 年 680 亿美元投资有所减缩,位列全球第 7。[①] 自 20 世纪 90 年代以来,巴西启动了大规模的私有化进程,建立了自由外汇市场,改善了对外贸易领域的管理,建立了允许外国投资者进入巴西许多资本市场的机制,减少了对外国投资的限制。如今,外国资源和资金的流入已成为促进巴西多行业强劲发展的保障。受世界经济复苏缓慢、国际市场大宗商品价格下降的影响,2016 年以来巴西经济危机持续加剧,贸易保护主义加深,为赢得商界支持,巴西新政府比前政府表现出更严重的贸易保护主义倾向。但这并不意味其断然封闭与他国的经贸合作。事实上,随着巴西近年来从资本输入国向资本输出国转变,其更加注重通过经贸协定来实现更加全面的经贸交往,经过对投资条约订立的反思,2015 年巴西发布其《合作与便利投资协定》(Cooperation and Facilitation Investment Agreement, CFIA)范本。

根据 UNCTAD 披露的数据,截至 2019 年 6 月,巴西对外签署的双边投资协定 26 个,仅 2015 年与安哥拉、墨西哥签订的双边投资协定分别于 2017 年、2018 年生效,其他 24 个双边投资协定全部尚待生效。巴西还依托南方共同市场与秘鲁、哥伦比亚、厄瓜多尔、委

---

* 季斯雨(1994—　),女,四川乐山沙湾人,西南大学法学院法律硕士(非法学)专业 2017 级硕士研究生。

① United Nations Conference on Trade and Development, World Investment Report 2019, https://unctad. org/en/PublicationsLibrary/wir2019_en. pdf, last visited on 10 October, 2019.

内瑞拉等国家签订了含投资规则的经贸协定。① 目前,从与巴西签署 CFIA 双边协定的国家看,多数为拉美、非洲等发展中国家,可见巴西与拉美、非洲各国在区域和多边层面不断探求加深相互理解,在更多领域采取共同立场。

二、新近投资条约的特色与主要内容

1. 双边投资的原则

巴西 CFIA 范本与传统双边投资协定(BIT)不同,其力求以具体、务实和积极的方式满足投资者的需求,又不忽略东道国的发展战略和政策空间。② 所附巴西新近投资协定多数建立在此范本基础上,着力就改善投资者与东道国的交流沟通、友好解决分歧、预防争端和解决争端等做出制度化设计。巴西与各国对双边投资原则规定在序言中,整体设置相似,均强调寻求促进相互投资,创造更透明、灵活和友好的环境,旨在建立技术对话机制和政府举措,大幅增加相互投资。双边投资原则体现出巴西在重塑国际投资规则上的努力,符合国际投资协定改革的动向,即秉持各国间合作并与投资者保持流畅和有组织的对话的目的,旨在通过采用投资便利化措施刺激和支持相互持续投资。

2. "投资"与"投资者"的定义

巴西近年来经贸投资协定对投资的规定均限于直接投资,并从正、反两方面列举"投资"涵盖或不包括的范围。投资主要包括股份、资本或其他形式参与公司的股权或资本、企业等。其中,巴西-埃塞俄比亚协定未直接肯定世界贸易组织《与贸易有关的知识产权协定》定义或提及的知识产权,而是对相关知识产权进行描述。③ 巴西-智利协定规定了包括设计、施工、建筑、管理、生产、特许权、收益分享和其他类似合同的合同权利。④ 巴西-秘鲁经贸协定专章规定投资,详尽规范了投资的各个方面,其 A 部分规定了投资的目标、适用范围、定义,其中关于投资的定义还包括法律或合同赋予的特许权,含探测特许权,包括勘探、提炼或开采自然资源。⑤

对"投资者"的定义,巴西与智利⑥、秘鲁⑦、苏里兰⑧的投资协定作了较宽泛的规定,

---

① United Nations Conference on Trade and Development, https://investmentpolicy. unctad. org/international-investment-agreements/countries/27/brazil, last visited on 10 October, 2019.

② The Cooperation and Facilitation Investment Agreement, http://www. mdic. gov. br/arquivos/CFIA-Presentation-EN. pdf, last visited on 25 May, 2019.

③ Brazil-Ethiopia BIT(2018), Artítulo 1. 3(f).

④ Brazil-Chile BIT(2015), Artítulo 1. 4.

⑤ Brazil-Peru TIPs(2016), Artítulo 2. 3. 1(ⅳ).

⑥ Brazil-Chile BIT(2015), Artítulo 1. 5.

⑦ Brazil-Peru TIPs(2016), Artítulo 2. 3. 1(e).

⑧ Brazil-Suriname BIT(2018), Artítulo 3. 1. 4.

但在与墨西哥①、马拉维②、埃塞俄比亚③、圭亚那④等的投资协定中,对此范围进行了不同程度的扩展描述,具体规定了投资者满足的条件。

3. 东道国的基本义务

在巴西 2015 年后以 CFIA 范本签订的双边投资协定中,东道国的基本义务涉及投资待遇、征用、损失赔偿、透明度、转移、税收措施、审慎措施等,在规定东道国基本义务的同时,也见与传统投资协定的差异性,即巴西为东道国政府采取措施保留了政策空间,体现了东道国对促进投资所起的关键作用。

巴西-马拉维协定未将东道国的基本义务设置在前部分,而是将此与争端预防一并规定,构成协定第三部分——风险降低与争端预防。⑤ 可见缔约双方承认东道国具有降低投资风险和预防争端的义务。与传统的投资东道国为外国投资者提供保护而限制主权行为的约束性机制不同⑥,由此更利于东道国掌控其主权。巴西-圭亚那协定中,关于待遇的规定,特别强调缔约一方不应当使缔约另一方投资者及其投资遭受构成违反正当程序、定向歧视(诸如性别、种族、宗教或政治信仰)、明显虐待(诸如强迫、监禁和骚扰)等措施。⑦ 巴西-墨西哥协定中仅作出国民待遇条款的非歧视规定,未设置最惠国待遇,⑧不同于一般 BITs。巴西 CFIA 协定均未涵盖公平公正待遇、全面保护与安全和投资准入前阶段的标准。事实上,巴西投资协定明确排除这些条款,因为其认识到适用这些条款可能会鼓励仲裁员将 BITs 规范移植到 CFIA 的框架中。⑨ 巴西-秘鲁经贸协定对待遇规定最为详尽,明确规定缔约双方可以保留的将来措施和本协定不适用的范围。⑩

巴西在多数协定中明确规定征收仅包括正式转移产权或所有权方式的直接征收,但在与墨西哥⑪、埃塞俄比亚⑫的协定中没有此类规定。巴西-智利协定进一步规定,征用不适用于颁发与知识产权相关的强制许可或者在该权利的发布、撤销、限制或创建,或在与 TRIPS 协定相符的范围内撤销、限制或创建此等权利。⑬

巴西在新近相关 CFIA 中均规定了透明度条款,即每一缔约方应当确保与协定涵盖任何事项有关的,特别是涉及资格、许可证和证书的法律、规章、程序、一般行政决定,不迟延地发布,并尽可能以电子格式发布,以便允许缔约另一方利害关系人注意。巴西还在协定

① Brazil-Mexico BIT(2015),Artículo 3.1.3.

② Brazil-Malawi BIT(2015),Artículo 2.1.

③ Brazil-Ethiopia BIT(2018),Artículo 1.1.4.

④ Brazil-Guyana BIT(2018),Artículo 3.1.4.

⑤ Brazil-Malawi BIT(2015),Artículo 8.

⑥ 刘艳:《国际投资协定中东道国政策空间问题研究》,载《武大国际法评论》2014 年第 17 卷第 1 期。

⑦ Brazil-Guyana BIT(2018),Artículo 4.

⑧ Brazil-Mexico BIT(2015),Artículo 5.

⑨ Cai C,The Rise of China and International Law:Taking Chinese Exceptionalism Seriously,Oxford University Press,2019.

⑩ Brazil-Peru TIPs(2016),Artículo 6.4.

⑪ Brazil-Mexico BIT(2015),Artículo 6.

⑫ Brazil-Ethiopia BIT(2018),Artículo 7.

⑬ Brazil-Chile BIT(2015),Artículo 7.

机构性治理和争端预防部分,规定缔约双方应当通过联合委员会和其联络点进行信息交换,并详细列举了相关机构经缔约方请求应当提供的具体信息类别。可见,巴西重视透明度与信息交换制度,以确保双方国家间机构全面掌握与投资有关的信息,便于采取相应措施便利和促进投资。

巴西近年经贸投资协定对转移均强调,缔约双方应当准许与投资有关的资金自由地、无不当迟延地从其领土转进、转出,且每一缔约方应当允许与投资有关的转移以可自由使用货币按转移日市场汇率进行,体现了促进投资便利的意图。在与苏里兰①、墨西哥②、埃塞俄比亚③的协定中特别强调对缔约双方在《国际货币基金协定》中的权利义务,即使存在国际收支平衡严重困难时对转移采取的临时限制措施,也必须是非歧视的且符合《国际货币基金协定》条款。

4. 投资者的主要义务

传统 BITs 侧重给予投资者权利,轻视其所应承担的责任。纵观巴西近年以 CFIA 为范本签订的此类 BITs,明确要求外国投资者和投资应对东道国和当地社区的可持续发展做出贡献。这是传统范式的又一次转变。④ 原因在于随着发达国家对环境质量要求的提高,其环境保护法律法规日益严格,这使得部分企业试图进入发展中国家,使之成为"污染避难所",给东道国带来了较大的环境威胁。⑤ 巴西新近 BITs 列举了投资者及其投资应遵守的自愿原则和负责任经营行为标准,由此规范投资和投资者行为。尤其是在巴西与智利⑥、埃塞俄比亚⑦的协定中,明确应当遵守经济合作与发展组织的《经合组织跨国企业准则》,加强负责任的商业行为,实现可持续发展的目标。

5. 协定的机构性管理

巴西近期 BITs 设置联合委员会对协定进行机构性管理,明确了联合委员会的职能、运作程序、在其职权范围内启动争端预防程序以友好方式解决与缔约双方投资有关的问题或争端;同时各缔约方应在政府内部设立联络点或专员以便为外国投资者提供支持,开展与投资者、东道国政府、相关私营机构的对话。纵观巴西近期 BITs,联合委员会的设置旨在管理投资条约,即监督双边投资条约的适用和执行,预防缔约国之间与投资有关的分歧,友好解决分歧,协调条约的实施。国家联络点或专员的设置鼓励主管投资促进的国家机构之间的合作,促进缔约国间的信息交换,加强与私营部门的互动,多维度地全面预防投资纠纷。国家联络点遵从联合委员的建议行事,并与缔约另一方国家联络点相互配合。联合委员会和联络点有权并采取积极行动以预防与投资有关的争端并进行管理和解决争

① Brazil-Suriname BIT(2018),Artículo 10.5.

② Brazil-Mexico BIT(2015),Artículo 9.4.

③ Brazil-Ethiopia BIT(2018),Artículo 10.3.

④ Brazil's Innovative Approach to International Investment Law,https://www.iisd.org/blog/brazils-innovative-approach-international-investment-law,last visited on 11 October,2019.

⑤ 张中元、沈铭辉:《国际投资协定中可持续发展条款对双边投资的影响》,载《世界经济研究》2018 年第 3 期。

⑥ Brazil-Chile BIT(2015),Artículo 15.2.

⑦ Brazil-Ethiopia BIT(2018),Artículo 14.1.

端,有助于加强缔约方之间的对话。

6. 争端预防与解决机制

巴西近期投资协定的特色之一是建立了以预防为主的争端解决模式,抛弃了世界主流的投资者-国家争端解决模式,开辟了新型的"国家-国家"争端解决模式,由此绕开了国际仲裁庭解决争端机制。具体而言,联合委员会和国家联络点成为此类争端解决机制中的重要内部监管机构,由联合委员会负责改善投资者与东道国的交流沟通、友好解决分歧、防止争端发生或启动国际仲裁程序等整体工作开展,联合委员会成为投资者出现摩擦时的第一被求助对象,即由国家联络点会商相关政府当局,评估收到的缔约另一方或其投资者的建议和诉求,推荐改善投资环境的适当行动;与政府当局和相关私营实体合作,寻求预防投资事务中的分歧;当国家联络点无法在矛盾升级前化解时,其将向联合委员会提交双方磋商、谈判的争议,由联合委员会收到投资者指明所涉具体措施和相关事实、法律主张的书面申请并进行审查后,才会启动争端预防程序。联合委员会自其第一次召集会议后60日内(经双方同意并有正当理由时可延长)对所提交的呈词进行评估并草拟报告,报告应当涵盖缔约方的身份、所涉措施和指控违反本协定的描述以及联合委员会的裁决。当所涉措施影响具体投资者时,争端预防程序还确立了附加规则供适用,以便联合委员会妥善处理争端。当缔约双方在联合委员会的协调下仍无法达成满意的解决方案时,此时缔约双方可诉诸临时仲裁庭或在相互同意的情况下,选任其他常设仲裁机构。

三、简评

巴西自2014年抛弃了传统BIT模式,提出独特的BIT模式构想,并将其主要条款应用于新BITs(或含投资章的其他经贸条约)。尽管各协定的名称和结构略有不同,但能明确看出巴西投资促进与便利化模式的架构,展现出三个显著特点。第一,巴西新近投资协定具有独特的功能,使其不同于传统BIT,其侧重缔约国间投资关系的管理和重视投资便利性,而不是强调投资保护。[①] 第二,新近投资条约对争端预防与解决机制的设置很具特色,既解决了巴西投资争端国际仲裁路径长期得不到国会批准的法律障碍,又能更好地实现提升吸引外国投资的环境与保留公共政策的平衡。[②] 这是一种制度创新,体现了巴西逐渐从国际投资治理规则跟随者(rule-taker)向规则制定者(rule-maker)的角色转变。[③] 第三,加强投资便利化,突破了传统BIT模式,更具有互通性,也符合WTO等多边环境改革。与其他国家的BIT模型相比,巴西引入企业社会责任条款、反腐败条款和强调健康、环境、劳工和其他监管目标的投资和措施。这与巴西希望投资具有社会责任并有助于可

① Henrique Choer Moraes and Felipe Hees, Symposium on the BRICS Approach to the Investment Treaty System, AJIL Unbound(American Journal of International Law blog),2018.

② Daniel Godinho, Statement on UNCTAD World Investment Forum, Geneva, 16 October, 2014, http://unctad-world nvestment forumor/w-content/uloads/204/10/Godinho. pdf, last visited on 21 October, 2019.

③ Robert G. Volterra & Giorgio Francesco Mandelli, India and Brazil: Recent Steps Towards Host State Control in the i. gppi. plig. Investment Treaty Dispute Resolution Paradi gm, 6 Indian Jounral of Arbitration Law 90(2017).

持续发展的愿望相吻合。

巴西新近建立的 BIT 新体制框架受到国际广泛关注,学术界和国际投资实务界认可此模式,认为此种协定将在投资保护与东道国的发展议程之间寻求更大平衡,可以在鼓励改善投资条件、扩大商业机会并刺激私营部门投资方面发挥积极作用,并认为此种模式符合国际投资仲裁规则变革的方向。但是迄今为止,巴西以 CFIA 模式为基础所缔结的所有双边投资协定中,仅有与安哥拉的协定生效,且自 20 世纪 90 年代起签署的双边投资协定皆因国内抵触强烈而不能生效,以至于促进投资和防止争端方面的实践应用无法开展,外国投资者缺乏和巴西投资争端解决的法律依据和经验。巴西新近投资协定中还未就联合委员会如何友好解决作出细致规定。① 故巴西近期投资协定条款创新虽然得到拉丁美洲其他国家回应,但其 CFIA 模式是否有效促进和便利投资、争端预防与解决条款在实践上的有效应用或运作,有待实践检验。

但是巴西新近双边经贸投资协定的经验表明,各国可以设计创新国际投资规则,而不必削减其在 BITs 下的承诺。其也彰显出未来国际投资制度还将更加多元化,各国还将探索新的投资协定方案。

---

① 陶立峰:《金砖国家国际投资仲裁的差异立场及中国对策》,载《法学》2019 年第 1 期。

秘鲁共和国与巴西联邦共和国
关于深化经济贸易的协定*

序言

秘鲁共和国和巴西联邦共和国(以下统称"缔约双方"或单称"缔约一方"):

愿加强各国人民之间的友谊和团结纽带;

坚信缔约双方之间的商业交换受到经济补充协定第58号规定的货物贸易管制,此协定的投资、服务贸易和公共采购方面得到适用,其构成双方加速经济和社会发展进程的主要手段;

坚决促进双边贸易和投资,在缔约方之间实施新的一体化举措;

承认区域经济一体化在贸易和投资自由化以及促进可持续发展、经济增长、减贫、创造就业机会、扩大生产能力方面和人类发展中的基本作用;

愿为其双边服务贸易建立共同的原则和规则框架,以期在透明的条件下扩大此种贸易,并作为促进经济增长的手段;

认识到缔约双方之间的贸易和投资环境透明、敏捷和友好的重要性;

确保一个可预测的贸易和投资法律框架;

重申缔约双方的自治和监管空间;

已达成如下:

根据1980年蒙得维的亚条约和拉丁美洲自由贸易联盟部长理事会第2号决议,签署本秘鲁共和国与巴西联邦共和国之间的深化经济贸易协定。

第1章 序文条款和一般定义

第1.1条 一般定义

为了本协定目的,除非其他章节另有规定:

"协定",指秘鲁共和国与巴西联邦共和国之间的深化经济贸易协定;

"WTO协定",指1994年4月15日签订的《世界贸易组织马拉喀什协定》;

GATS,指《世贸组织协定》附件1B所载的《服务贸易总协定》;

"ALADI",指拉丁美洲一体化联盟;

"日",指日历日;

"委员会",指按第6.1条(管理委员会)设立的管理委员会;

---

* 译自本协定西班牙语文本,可从 https://investmentpolicy. unctad. org/international-investment-agreements/treaty-files/5821/download 获取。

"措施",包括任何法律、法规、程序、要求或行政惯例;

"国民",指:

(a)对秘鲁,国民是根据《秘鲁政治宪法》第52条、第53条和其他相关国家立法,通过出生、归化或选择,具有秘鲁国籍的自然人,或者是秘鲁的永久居民;和

(b)对巴西,国民是根据《巴西联邦共和国宪法》第12条和其他相关国家立法,通过出生、归化或选择,具有巴西国籍的自然人,或者是巴西的永久居民。

"WTO",指世界贸易组织;

"人",指自然人或法人;

"缔约一方的人",指缔约一方的公民或法人;

"法人",指根据适用法律,设立或以其他方式组成的任何法人实体,无论是否营利、是否为私有或公有,包括资本公司、管理公司("信托")、个人合伙("合伙")、合营企业、一人有限责任公司或社团;

"领土",指:

(a)对秘鲁,根据《秘鲁政治宪法》、其他相关国内法律和国际法的规定,大陆领土、岛屿、海洋空间和在秘鲁主权或主权权利和管辖权范围内覆盖的领空;和

(b)对巴西,根据国际法和国内法行使主权或管辖权的领土,包括其陆地和领空、专属经济区、领海、大陆架、土地和底土。

第1.2条 与其他协定的关系

1. 缔约双方重申其均为缔约方的国际协定中享有的权利和义务。

2. 若WTO协定中的任何条款经缔约双方修改并接受,该修改应当视为自动纳入本协定。

3. 若本协定与缔约双方均为缔约方的其他协定之间存在任何冲突,缔约双方应当考虑国际法的一般原则和规范,相互协商寻求满意的解决办法。

第2章 投资

第A部分 适用范围和定义

第2.1条 目标

本章的目的是通过建立投资者及其投资待遇框架、合作的机构治理和预防、解决争端的机制,促进和便利相互投资。

第2.2条 适用范围

1. 若第2.5条(国民待遇)和第2.6条(最惠国待遇)中规定不相容而影响服务的供应,和第3章(服务贸易)中包含的商业存在服务供给方式的规定与具体承诺清单(附件一)的规定不相容,以前者为准。

2. 本章适用于本协定生效前后进行的所有投资。为了更明确,本章的规定不对任何一方在本协定生效前发生的任何行为或事件,或不复存在的任何情况具有约束力。此规定不妨碍缔约双方在第2.15条(联合委员会)联合委员会中就共同利益主题进行讨论。

3. 本章的适用不影响缔约一方投资者根据缔约另一方境内的国内或国际法享有的

权利和利益。

4. 为了进一步明确,缔约双方重申本章的适用不会影响 WTO 协定所赋予的权利和义务。

5. 第 2.5 条(国民待遇)和第 2.6 条(最惠国待遇)的规定不适用于缔约一方或国有公司给予的补贴或资助,包括政府支持的贷款、担保和保险。

若缔约一方或国有公司向投资者或非缔约方投资者的投资提供补贴或资助,且不向缔约另一方投资者或投资提供,该措施将需要在联合委员会框架内经缔约双方协商。

第 2.3 条 定义

为了本章的目的:

(a)"公司",指根据适用法设立或组建的任何实体,无论是否以营利为目的、私人所有或国家所有,包括任何公司、基金会、独资企业、合营公司或其他无法人资格的实体。

(b)"缔约一方的公司",指根据缔约一方的法律设立或组建的在该缔约方境内开展实质性商业活动的公司。

(c)"东道国",指投资正在进行或已经进行的缔约一方。

(d)"收益",指通过投资获得的价值,特别是(但不限于)包括利润、利息、资本收益、股息和特许权使用费。

(e)"投资者",指在缔约另一方境内进行或已经进行投资的一国民或公司。

(f)"投资",指直接投资,即由缔约一方的投资者根据缔约另一方的法律在另一方领土内建立或获得直接或间接所有或控制的全部资产,其允许对东道国境内的货物生产或服务提供的管理实施控制或产生重大影响。尤其包括但不限于:

(i)公司;

(ii)股份、资本及公司中其他权益类型;

(iii)动产或不动产和与财产有关的权利,诸如抵押、担保物权、质押、使用权和类似权利;

(iv)法律或合同赋予的特许权,包括勘测特许权,含勘探、提炼或开采自然资源;

(v)债务工具或公司贷款:

(A)当公司是投资者的子公司时;

(B)若债务工具或贷款的原始日期至少为三年,不包括债券、信用债券、贷款或缔约方所在缔约国的公司作为公共债务对待的其他债务工具。

为了更进一步明确,投资不包括:

(i)在司法诉讼或行政程序中发布的命令或判决;

(ii)缔约一方发行的债务证券或缔约一方向缔约另一方发放的贷款;

(iii)不允许投资者对公司管理产生重大影响的有价证券投资;和

(iv)仅由缔约一方境内的国民或公司向缔约另一方境内的国民或企业出售货物或服务的商事合同产生的金钱债权,或不涉及上文自(i)至(v)中所述的利率,给予与商事交易或任何其他金钱债权有关的信贷。

(g)"缔约一方的人",指缔约一方的国民或公司。

第 B 部分　待遇规定和监管措施

第 2.4 条　准许

每一缔约方应当按照本章的法律和法规,准许并鼓励缔约另一方投资者的投资。

第 2.5 条　国民待遇

1. 根据本协定生效之日有效的法律和法规,每一缔约方应当对其境内的设立、收购、扩张、管理、行为、经营、出售或其他形式的投资措施,给予缔约另一方投资者的待遇,在类似情形下不低于其给予本国投资者的待遇。

2. 根据本协定生效之日现行的法律、法规,每一缔约方应当对其境内的设立、获取、扩张、管理、行为、经营和出售或其他形式的投资措施,给予缔约另一方投资者的待遇,在类似情形下不低于其给予本国投资者投资的待遇。

3. 为了更明确,是否在“类似情形”下给予待遇依赖客观情况的整体性,包括相关待遇是否以合法公共利益目标为基准在投资者之间或投资之间进行区别。

4. 本条的规定不妨碍采用和实施影响投资者及其投资的新措施,只要其不违反本条第 1 款和第 2 款规定而具有歧视性。

5. 进一步明确,本条不应当理解为要求缔约任何一方补偿因投资者的外国特征及其投资所产生的内在竞争劣势。

6. 缔约双方保留采用或维持任何与本条不一致的将来措施的权利:

(a) 有关被认定为每一缔约方国家工艺品的手工艺品的设计、分销、零售或展览;

(b) 与手工渔业有关;

(c) 在执法和提供社会康复服务方面;

(d) 提供只要是基于公共利益而建立或维持的下列社会服务方面:保险和收入保障、社会保障服务、社会福利、公共教育、公共培训、健康和儿童保健;

(e) 给予社会或经济上处于不利地位的少数民族和族裔群体差别待遇。就本章而言,少数民族包括农民社区;族群是指土著和土著社区。农民社区是基于祖先、社会、经济和文化纽带的综合法律实体。其在组织、社区工作以及土地的使用和自由处置方面,以及在法律框架内的经济和行政上都是自治的;

(f) 诸如每一缔约方的法律所定义,有关收购或租赁农村财产;

(g) 在视听、出版和音乐领域授予缔约另一方的人同等国民待遇。

7. 本条不适用于,理解政府为政府目的和不以商业销售、转售或为销售或转售用途而生产或提供货物或服务,或获得货物、服务或其任何组合的过程的公共采购。更进一步明确,本章适用于上述公共采购程序产生的投资。

第 2.6 条　最惠国待遇

1. 根据本协定生效之日现行的法律、法规和本章相关规定,每一缔约方应当对其境内的设立、获取、扩张、管理、实施、经营和出售或其他形式的投资方面,给予缔约另一方的投资者,在类似情况下不低于其给予非缔约方投资者的待遇。

2. 根据本协定生效之日现行的法律、法规和本章相关规定,每一缔约方应当对其设立、获取、扩张、管理、实施、运营和销售或其他形式的投资处置方面,给予缔约另一方投资

者的投资,在类似情况下不低于其授予非缔约方的国家的投资者在其领土内的投资。

3. 更进一步明确,本条所述的待遇不包括解决投资者与国家之间的争端机制或程序,也不包括解决国际商事或投资协定中规定的任何其他投资争端机制。

4. 缔约双方采取或保留,根据本协定生效之日生效或签署的双边或多边条约,包括协定,给予任何对各国不同待遇措施的权利。诸如创建区域经济一体化组织、自由贸易区、关税同盟或缔约方所属的共同市场的组织。

5. 缔约双方保留采取或维持与本条不一致的任何将来措施的权利:

(a)根据任何有效或本协定生效后签署的有关航空、渔业或海事(包括打捞)的双边或多边国际条约给予各国的差别待遇。更进一步明确,海洋事务包括湖泊和河流的运输。

(b)有关手工渔业。

(c)根据任何现有或未来双边或多边国际协定,有关文化产业,包括视听合作协定,给予其他国家的人优惠待遇。

为了本项的目的,"文化产业"指:(ⅰ)出版、发行或出售书籍、杂志或印刷或电子期刊,但不包括上述任何印刷和排版构成的单一活动;(ⅱ)电影或录像带的制作、发行、销售或展览;(ⅲ)音频或音乐录像录音的制作、发行、销售或展览;(ⅳ)表演艺术的制作和展示;(ⅴ)视觉艺术的制作和展览;(ⅵ)制作、发行或销售录音或可机读音乐;(ⅶ)手工艺品的设计、生产、分销和销售;或(ⅷ)面向公众的广播机构和所有与无线电、电视、有线传输、卫星节目服务和传输网络有关的活动。

更进一步明确,第2.5条(国民待遇)和第2.6条(最惠国待遇)不适用于支持促进文化活动的政府计划。

(d)授予第三方的人在视听、出版和音乐领域与其国民同等待遇。

(e)有关执法和提供社会康复服务方面。

(f)提供只要是基于公共利益而建立或维持的下列社会服务方面:保险和收入保障、社会保障服务、社会福利、公共教育、公共培训、健康和儿童保育。

6. 本条不适用于,理解政府为政府目的和不以商业销售、转售或为销售或转售用途而生产或提供货物或服务,或获得货物、服务或其任何组合的过程的公共采购。更进一步明确,本章适用于上述公共采购程序产生的投资。

第2.7条　征收

1. 缔约双方不应当将本章涉及的投资予以国有化或征收,除非:
(a)就巴西,出于公共的需要或利用,或社会利益;就秘鲁,出于国家安全或公共需要;
(b)以非歧视的方式;
(c)根据第2、3和4款支付有效补偿;和
(d)根据正当法律程序。
2. 补偿应当:
(a)按照东道国的法律制度,无不当迟延地支付;
(b)等于采取征收措施前即刻("征收日")被征收投资的公平市场价值;
(c)不反映征收日以前市场价值因知悉征收意图所发生的任何变化;和

(d)根据第2.10条(转移),可转移。

3. 若公平市场价值以可自由使用的货币计价,支付的补偿不应当低于征收日的公平市场价值,加上根据所述货币的市场标准确定的自征收之日起至付款日期止累计的利息。

4. 若公平市场价值以非自由使用的货币计价,支付的补偿不应当低于征收日的公平市场价值,加上根据所述货币的市场标准确定的自征收之日起至付款之日止累计的利息。

5. 缔约双方将就各自国家关于征收立法交换信息。

6. 更进一步明确,本条仅规定直接征收,即通过正式转移产权或所有权对投资进行国有化或其他情况下征收。

第2.8条 损失赔偿

缔约一方的投资者因在缔约另一方领土内在武装冲突或内乱中投资遭受的损失,应当就恢复原状、赔偿、补偿和其他措施,给予不低于其自身投资者或任何非缔约方国家投资者的待遇,以对受影响的投资者更有利者为准。

第2.9条 透明度

1. 根据本章的规定,每一缔约方应当确保所有将影响投资的措施均按照其法律制度以合理、客观和公正的方式进行管理。

2. 每一缔约方应当确保尽快公布其与本章所涉任一事项有关的一般适用的法律、法规、程序和行政决议,并在可能时以电子格式发布,以允许缔约另一方利害关系人熟悉之。

第2.10条 转移

1. 缔约双方应当准许与投资有关的资金自由地、无不当迟延地从其领土转进、转出。此类转移包括:

(a)与维持或扩大投资有关的初始资本出资或其任何追加;

(b)与投资直接相关的收益;

(c)出售、清算全部或部分投资的收入;

(d)根据投资者或投资为主体的合同支付的款项,包括根据贷款协议支付的款项;和

(e)根据第2.7条(征收)和第2.8条(损失赔偿)支付的款项。若使用公共债务债券支付赔偿金,投资者可根据本条款转让市场上出售该债券所得款项的价值。

2. 每一缔约方应当允许与投资有关的转移以可自由使用的货币按转移当日市场汇率进行。

3. 在不损害第1款和第2款的前提下,缔约一方可以通过公平、非歧视和善意适用其以下相关法律避免转移:

(a)破产、无力偿债或保护债权人的权利;

(b)刑事违法;

(c)必要时与执法或金融监管者合作的金融报告或维持转移登记;或

(d)担保执行司法或行政程序中的决定。

第2.11条 审慎措施

1. 本章的任何内容均不应当解释为阻止任何缔约方因审慎原因采取或维持措施,诸如:

(a)保护投资者、储户、存款人、金融市场参与者、保单持有人、保单索赔人或金融机

構承担信托责任的人；

（b）维持金融机构的安全、稳固、完整或金融责任；

（c）确保缔约方金融体系的完整和稳定。

2. 本章的任何内容均不适用于任何公共实体根据货币政策和相关信贷或汇兑政策采用或维持的一般性质的非歧视性措施。本条款不影响第2.10条（转移）下缔约方承担的义务。

3. 若此等措施不符合本协定的规定，其不应当用作逃避本章下承诺或义务的手段。

第2.12条　社会事务中的健康、环境和其他监管目标的投资和措施

1. 本章的任何规定不应当解释为阻止缔约一方采用、维持或执行其认为符合本章的措施，以确保在其境内的投资活动的实现考虑到社会事务中的环境、健康或其他监管目标的措施。

2. 每一缔约方认识到通过降低其环境、健康或其他社会立法的标准来鼓励投资是不恰当的。因此，缔约双方不应当放弃适用或以任何其他方式废除、放宽或提出放弃、放宽或废除所述措施，作为鼓励在其领土内建立、维持或扩大投资的手段。

第2.13条　企业社会责任

1. 缔约双方认识到促进在其境内或在其管辖范围内运营的公司应用可持续性和社会责任政策和促进接受投资国的发展的重要性。

2. 投资者及其投资应当竭力遵守以下自愿原则和负责任经营行为标准，并遵守接受投资的东道国所制定的法律：

（a）对经济、社会和环境进步做出贡献，目标是实现可持续发展；

（b）尊重涉及企业活动的国际认可的人权；

（c）通过与当地社区密切合作，鼓励当地能力建设；

（d）特别是以创造就业机会和提供工人职业培训的方式，鼓励创造人力资本；

（e）避免寻求或接受与人权、环境、健康、安全、工作、税收制度、财政刺激或其他事项有关的法律或管制框架未确立的例外；

（f）支持和捍卫良好的公司治理原则，发展和运用企业良好治理实践；

（g）发展和执行能增进企业与其从事营运所在地社会之间相互信任关系的有效自律实践和管理制度；

（h）通过适当宣传，包括职业培训项目，促进工人了解和遵守企业政策；

（i）避免对向董事会或（任何适当时）主管公共机构提交违反法律或企业政策重大报告的雇员采取歧视性或纪律性行动；

（j）任何可能时，鼓励包括服务提供者和外包在内的业务伙伴适用符合本协定规定原则的经营行为原则；和

（k）避免不正当干预当地政治活动。

第2.14条　投资措施和打击腐败、违法

1. 每一缔约方应依照其法律规章采取或保持措施和努力，以防止和打击与本章所涉事项有关的腐败、洗钱和恐怖主义资助。

2. 本章的任何内容不应当约束每一缔约方防止：

（a）以非法来源的资本或资产进行的投资；

（b）经核实其设立或营运为腐败行为的投资；

（c）根据其法律和法规已经因资产流失而受到司法制裁，经核实其设立或营运为腐败、非法行为的投资。

第 C 部分　机构性治理和争端预防

第 2.15 条　联合委员会

1. 为了本章的目的，缔约双方兹设立联合委员会。

2. 联合委员会由双方政府代表组成。

3. 联合委员会应当在缔约双方同意的时间、地点召开会议。会议应当每年至少举行一次，且由缔约双方交替担任主席。

4. 联合委员会应当具有以下职能和职责：

（a）监督本章的实施和执行；

（b）讨论并分享扩大相互投资的机会；

（c）协调执行相互达成一致的合作与便利化议程；

（d）在联合委员会成员同意的情况下，邀请私营部门讨论本章范围内的有关方面；

（e）审议根据第 2.20 条（直接磋商和谈判）提交的本章范围内的事项；

（f）补充仲裁解决缔约双方争端的规则；和

（g）评估任何缔约方提出的与本章解释或适用有关的任何方面。

5. 缔约双方可以设立临时工作组，其应当与联合委员会共同或分别召开会议。

6. 联合委员会应当建立自身程序规则。

第 2.16 条　联络点

1. 每一缔约方应指定一个联络点，其主要职责是按照以下各条款的规定向其境内缔约另一方的投资者提供支持。

2. 在巴西联邦共和国，联络点应当是对外贸易局（CAMEX），其为巴西联邦共和国总统府的政府委员会。其主要机构是部长理事会，为部际机构。

3. 在秘鲁共和国，联络点为经济财政部的国际经济、竞争和生产事务总局。

4. 有关方应当将其在本章范围（磋商）内进行的投资的询问、请求、关注或通信发送给该缔约方指定的联络点，并按电子方式以书面形式将其转发给缔约另一方的联络点。磋商应包括身份认定、有关方的联系信息、情况描述和磋商主题所涉的实体或主管当局。

5. 缔约一方的联络点可酌情要求有关方提供补充资料，以掌握充分评估磋商事项的所有必要要素，以便将其转至相应实体。

6. 每一缔约方应当指定其联络点的唯一机构代表回应磋商。

7. 联络点将具有以下职能：

（a）根据本章，尽力遵从联合委员会的建议和与缔约另一方国家联络点相互配合；

（b）向主管实体转交缔约另一方提出的指导请求，并与所述实体协调，以便在执行与投资举措和项目有关的程序或活动时注意；

（c）与缔约另一方的联络点，就本章范围内有关改善投资环境的投资事宜交换信息，

诸如以横向方式确定投资项目执行中的潜在障碍,以达到每个联络点与主管实体合作评估可行的解决方案;

(d)在本章范围内讨论与双边投资环境有关的任何其他事项,适时在私营部门的参与下进行估量;

(e)制定最有效运作或实现本章目标的建议;

(f)在适用其活动和行动时向联合委员会汇报。

8. 联络点将确定自身履行职能的程序规则。

第 2.17 条　缔约双方之间的信息交换

缔约一方应当经缔约另一方请求,尽可能通过联合委员会和/或其联络点迅速提供可供传播的、与投资有关的特别是该缔约方推动的投资机会,适用的法律、国际协定、公共政策、统计、公共服务和基础设施的信息。

第 2.18 条　受保护信息的待遇

1. 缔约双方应当根据各自国家有关法律,尊重提交缔约方提供的信息的保护级别。

2. 本协定任何规定不应当理解为要求缔约任何一方披露受保护的信息,包括按第25条设立的仲裁庭,其披露会危及法律执行或其他情形下与公共利益相抵触、侵犯隐私或损害合法商业利益。为了本款的目的,受保护信息包括商业机密信息和认为按缔约一方可适用法律对披露享有特权或阻碍披露的信息。

第 2.19 条　与私营部门的配合

缔约双方承认私营部门起着关键作用,应当在有关业务部门传播缔约另一方领土内的一般投资信息、管制框架和商业机会。

第 2.20 条　直接磋商和谈判

1. 各联络点之间应相互协调,并与联合委员会协调,尽量防止并尽可能解决缔约双方在适用本章、第 1 章(序文条款和一般定义)、第 5 章(透明度)、第 8 章(例外)和第 9 章(最后条款)时可能产生的投资分歧。

2. 在根据第 2.21 条(缔约双方间争端的解决)启动仲裁程序之前,缔约双方之间的任何争端应当通过双方之间的磋商和谈判进行评估,并将在联合委员会的范围内预先审查。上述磋商和谈判阶段的时限为 120 日,可通过缔约双方的相互协议延长。

3. 缔约一方可以提交具体问题并召开联合委员会会议:

(a)所涉缔约方应当以书面形式向联合委员会提出启动程序的请求,具体说明所涉投资者的姓名和投资者认定的问题。

(b)联合委员会评估所提交案件的相关信息,并草拟出相应的报告,其应包括:

(ⅰ)提交呈词缔约方的身份;

(ⅱ)由该缔约方提供的对有关投资者的认定;

(ⅲ)对磋商所涉措施的描述;

(ⅳ)缔约方之间磋商的结论。

(c)缔约双方应当认为在必要时邀请参与联合委员会会议,以便寻求解决办法:

(ⅰ)所涉投资者的代表;

(ⅱ)参与磋商措施或形势的政府实体的代表。

(d)联合委员会应当在缔约双方根据第2款确定的期限结束后提交报告。

(e)联合委员会可以召集特别会议审查被提交的事项。

(f)若联合委员会未在合理期限内举行会议,根据第2款,争议可由缔约一方根据第2.21条(缔约双方间争端的解决)提交仲裁。

第2.21条　缔约双方间争端的解决

1. 若第2.20条(直接磋商和谈判)下规定的程序用尽且争端未解决,任一缔约方均可诉诸国家间的仲裁机制。

2. 仲裁的目的是确定缔约一方主张不符合本协定的措施是否与本协定相符。

3. 第2.12条(社会事务中的健康、环境和其他监管目标的投资和措施)、第2.13条(企业社会责任)和第2.14条(投资措施和打击腐败、违法)不受仲裁约束。

4. 本条不应当适用于自该缔约方知道或应当知道出现争端的事实之日起已满5年的任何争端。

5. 仲裁庭应当按照本条第6款的规定组成。但缔约双方可以共同决定将争议提交给解决与投资有关的国家间争端的常设仲裁机构。

6. 每一缔约国应当自通过外交途径收到"仲裁申请"后两个月内任命仲裁庭成员以组成每个争端的仲裁庭。经缔约双方同意,两名成员指定第三国国民任命为仲裁庭主席。仲裁庭主席应当在仲裁庭其他两名成员指定之日起两个月内任命。

7. 若在第6款规定的期限内尚未作出必要的指定,缔约任何一方均可邀请国际法院院长作出必要的任命。若国际法院院长是缔约一方的国民或被阻止履行上述职能,应邀请副院长进行必要的任命。若副院长是缔约一方的国民或被阻止履行上述职能,将邀请国际法院最资深的、不是缔约一方国民的法官作出必要任命。

8. 仲裁员应当:

(a)具备国际公法、国际投资或国际贸易,或在解决与国际投资协定或国际贸易协定有关争端方面必要的经验或专业知识;

(b)独立且不直接或间接依附任何缔约一方、其他仲裁员、潜在证人,也不接受缔约双方的指示;和

(c)遵守世界贸易组织《支配争端解决的规则和程序的谅解的行为规则》(WTO/DSB/RC/1,1996年12月11日)或联合委员会确立的其他任何行为标准。

9. 若任一缔约方声称争端涉及与金融机构有关的措施、投资者或此类投资者在金融机构的投资,只要:

(a)缔约双方同意,仲裁员除了第8款规定的标准外,还须具备法律或金融服务经验或专业知识,其中可能包括对金融机构的监管;或

(b)缔约双方不同意:

(ⅰ)争议中任一缔约方均可选择具有(a)条款确立资格特征的仲裁员,和

(ⅱ)若被申请人援引了第2.10条(转移),则仲裁庭主席应当具有(a)款规定的资格。

10. 仲裁庭将制定自身的规则。仲裁庭将以多数票通过其决定。该决定对缔约双方均具有约束力。除非缔约双方另有协议,仲裁庭的决定应在仲裁庭主席根据第6款和第7

款任命后六个月内作出。

第 D 节　进一步投资合作与便利化议程

第 2.22 条　进一步投资合作与便利化议程

1. 联合委员会应当形成、讨论促进和提升双边投资相关议题的《进一步投资合作与便利化议程》。缔约双方最初讨论的事项应当在联合委员会第一次会议上达成一致。

2. 应当在缔约双方主管当局之间讨论议程。联合委员会在可行时应当邀请缔约双方增补政府主管官员参与议程讨论。

3. 缔约双方应当将参与上述讨论的政府机构及其官方代表的名单提交给联合委员会。

第 E 部分　最后条款

第 2.23 条　最后条款

1. 联合委员会、联络点或专员不应当以任何方式替代或损害缔约双方之间存在的其他任何协定或外交途径。

2. 缔约双方应以其商定的任何方式进行磋商,以修订本章的执行情况、适用范围和深化所作承诺。

第 3 章　服务贸易

第 3.1 条　定义

为了本章的目的:

(a)"服务贸易",指提供以下服务:

(ⅰ)从缔约一方境内到缔约另一方境内;

(ⅱ)在缔约一方境内,该缔约方的人向缔约另一方的人;

(ⅲ)由缔约一方的服务提供者通过缔约另一方境内的商业存在;或

(ⅳ)由缔约另一方境内的缔约一方的国民。

(b)"缔约一方的法律实体",指以下法律实体:

(ⅰ)根据缔约一方的法律组建或以其他方式组织;或

(ⅱ)在缔约另一方领土上通过商业存在提供服务的情况下,无论所有或控制,或是在该缔约方的重大影响下提供服务:

(A)缔约一方的国民;或

(B)第(ⅰ)项定义的缔约一方的法人。

(c)"商业存在",指通过以下方式的任何类型的商业或专业机构:

(ⅰ)组成、获得或维持的法人实体,或

(ⅱ)在缔约一方境内组建或维持的分支机构或代表处。

(d)"缔约一方的服务供应商",指提供或试图提供服务的缔约一方的任何人。当服务不由法人直接提供,而通过其他形式的商业存在提供服务,诸如分支机构或代表处,服务供应商(即该法人)将通过此商业存在根据本章给予获得该服务的待遇。此待遇将授予提供服务的存在,而无须授予位于提供服务境外的供应商的部分。

(e)"服务部门",指:

(ⅰ)在附件一所列缔约一方的具体承诺清单中规定的参照具体承诺的服务一个或几个分部门,或所有分部门;

(ⅱ)在其他情况下,该服务部门的全体,包括其所有分部门。

(f)"提供服务",包括生产、分销、营销、销售。

第3.2条　适用范围

1. 本章适用于缔约一方采取或维持的影响缔约另一方服务提供者提供服务贸易的措施。此类措施影响包括如下:

(a)购买、支付或使用服务;

(b)缔约双方规定目的是向公众提供的服务及适用;和

(c)缔约一方的人在缔约另一方的领土内提供服务的存在,包括商业存在。

2. 为了本章的目的:

(a)"缔约一方采取或维持"的措施,指以下采取或维持的措施:

(ⅰ)政府和中央、地区或地方当局;和

(ⅱ)非政府机构行使政府或中央、地区或地方当局授予的权力。

3. 本章不适用于:

(a)行使政府权力时提供的服务。"行使政府权力时提供的服务",指未在商业条件下也未与一个或多个服务供应商竞争的所有服务;

(b)航空服务①,包括国内和国际航空运输服务、定期和不定期航班和支持航空服务的有关服务,但以下情况除外:

(ⅰ)飞机停止服务时的维修和保养服务;

(ⅱ)航空运输服务的销售和商业化;和

(ⅲ)电脑预订系统(SRI)服务。

(c)公共采购;和

(d)缔约一方给予的补贴或资助,包括政府支持的贷款、担保和保险,第3.13条(补贴)除外。

4. 本章不适用于影响缔约一方的国民寻求进入缔约另一方劳动力市场的措施,也不适用于与公民的身份、国籍、永久居留或长期就业有关的措施。

5. 本章不适用于影响《服务贸易总协定》附件金融服务第5(a)项规定的影响金融服务提供的措施。

第3.3条　最惠国待遇

1. 在符合附件二(最惠国待遇限制)的规定的前提下,每一缔约方应给予缔约另一方的服务供应商的待遇,不低于其在类似情形下给予非缔约国的服务供应商的待遇。

2. 更进一步明确,根据本条在"类似情况"下给予的待遇取决于整体情况,包括相关待遇是否在合法公共福利目标基础上区分服务和服务供应商。

---

① 为了更进一步明确,"航空服务"一词包括交通权。

第3.4条　市场准入

1. 关于通过第3.1(a)条(定义)中确定的供应方式进入市场的情况,每一缔约方应给予缔约另一方的服务和服务供应商的待遇,不低于附件一中确定的具体承诺减让表中的规定。

2. 若缔约一方在其具体承诺减让表中对市场准入作出承诺,且资本的跨境转移通过第3.1(a)(ⅰ)(定义)"服务贸易"中提到的供应方式组成提供服务的重要部分,该缔约方同时承诺允许这种资本流动。若缔约一方在其具体承诺减让表中对市场准入作出承诺,且通过第3.1(a)(ⅲ)条(定义)"服务贸易"中提到的供应方式提供服务,该缔约方同时承诺允许与其领土有关的资本转移。

3. 在作出市场准入承诺的部门中,缔约方将不会维持或采用无论是基于区域分区还是其整个领土的措施,除非在其具体承诺表中有如下相反定义:

(a)限制服务提供者数量,无论是进出口额、垄断或排他服务供应商的形式,还是通过经济需求的证明要求;

(b)限制以进出口额或经济需求证明要求对资产或服务交易的总价值;

(c)限制服务业务或服务总量,以指定的数字单位、进出口额的形式或通过经济需求证明的要求表示①;

(d)限制可在特定服务部门或服务供应商可能雇用的自然人总数,以及提供特定服务所必需的并以进出口额或通过经济需求证明的要求;和

(e)限制或规定服务提供商可通过其提供服务的特定类型的法人实体或合营企业的措施。

第3.5条　国民待遇

1. 根据其具体承诺减让表中规定的条件和限制,秘鲁应向巴西的服务供应商给予不低于其在类似情形下给予其服务供应商的待遇。

2. 根据特定承诺减让表中规定的条件和限制,巴西应向秘鲁服务供应商给予不低于其向给予类似服务和类似服务供应商的待遇。

第3.6条　额外承诺

缔约双方可就影响服务贸易的措施进行谈判,但不应当限制各自的具体承诺清单中关于第3.4条(市场准入)和第3.5条(国民待遇)包括涉及与许可证相关的资格、标准或问题的批准。此类承诺应记录在缔约双方的具体承诺表中。

第3.7条　国家规定

1. 每一缔约方应当确保所有影响服务贸易的一般适用措施以合理、客观和公正的方式进行管理。

2. 同时承认提供服务规范和引入新规定的权利,以实现政策目标方面并确保与许可有关资格、技术标准和要求的规定和程序的措施:

(a)每一缔约方应当确保,其根据《服务贸易总协定》作出具体承诺的部门的以下措施,不对服务贸易构成不必要障碍:

---

① 本项不包括缔约方限制提供服务的投入的措施。

（ⅰ）基于客观和透明的标准,诸如提供服务的竞争力和能力;

（ⅱ）确保服务质量外无须更多负担;

（ⅲ）许可程序本身并不构成对服务供应的限制;和

（b）每一缔约方应当确保,未按照《服务贸易总协定》作出具体承诺的部门的以下措施不构成对服务贸易的变相限制:

（ⅰ）基于客观和透明的标准,诸如提供服务的竞争力和能力;

（ⅱ）不构成服务供应商间的任意或不合理的歧视;和

（ⅲ）许可程序本身并不构成对服务供应商的限制。

3. 当缔约一方要求授权提供服务时,应确保该缔约方的主管当局:

（a）按照该缔约方法律和法规视为完整的递交申请材料后的合理时间内,将所涉申请的决定告知该申请人;

（b）经申请人的要求提供有关申请状况的资料,不得无故拖延;

（c）根据该缔约方的法律和法规,在申请不完整的情况下,经申请人的请求确定完整申请所需的补充信息,并提供纠正其中轻微错误或遗漏的机会;

（d）在可行的范围内,确定申请程序的指示性期间;

（e）若申请被拒绝,在可行的范围内,尽可能直接或以申请人要求的方式告知拒绝的理由;和

（f）在可行的范围内,根据该缔约方国内法律,承认经过认证的文件副本替代原始文件。

4. 每一缔约方应确保主管当局为授权提供服务而收取的任何费用是合理、透明的,且其本身不限制所述服务的供应。为了本条的目的,"费用",不包括使用自然资源、拍卖付款、投标或其他给予特许权的非歧视性手段的付款,或用于提供普遍服务的强制性资助。

5. 若许可或资格要求包括评估,每一缔约方应当尽力确保:

（a）评估按照合理间隔安排;和

（b）在合理的时间段允许有关人士提交参与评估的申请。

6. 在确定缔约一方是否履行第2款规定的义务时,应当考虑到该缔约方适用的主管国际组织的国际标准。"主管国际组织",指缔约方主管机构为其成员的国际组织。

7. 缔约双方可定期开展磋商,目的是决定是否可能取消其各自服务提供者的国籍或永久居留的剩余限制有关的许可或认证。

8. 每一缔约方应当确保适当的程序核实缔约另一方专业人员的能力。

9. 每一缔约方将同时考虑到《服务贸易总协定》第6条规定的谈判进展的情况来审查本条,以便将其纳入本章范围。

10. 第2、3、4、5和8款规定的义务应当适用于每一缔约方具体承诺减让表中的条款、限制和条件。

11. 每一缔约方应采取其力所能及的合理措施,使其境内现有的非政府机构遵守本条。

第3.8条 许可

1. 为全部或部分遵守服务供应商的授权、认证标准或授予许可证,并遵守第4款的

要求,缔约方可以承认在非缔约方授予获得的教育或经验、满足的要求,或授予的许可证或证书。此类承认可以通过协调或其他方式进行,可以基于与有关国家的条约或协定,或可以自主授予。

2. 当缔约一方自主或通过条约或协定承认在非缔约方境内授予的所获得的教育或经验、满足的要求或许可证或证书时,第 3.5 条(国民待遇)中任何规定都不应当被解释为要求该缔约方对缔约另一方所在领土内授予的获得的教育或经验、满足的要求、许可证或证书给予此类承认。

3. 缔约一方现在或将来成为第 1 款所述类型的条约或协定的缔约方,若缔约另一方有兴趣,应当向缔约另一方提供适当的机会,以协商其遵守该条约、协定或与其他可比对象谈判。若缔约一方自主给予承认,应向缔约另一方提供恰当机会证明诸如在该缔约另一方领土内获得的教育、经验、许可或证书或满足的要求的承认对象。

4. 任何缔约方均不得以构成各缔约国在适用其服务供应商的授权或认证标准或其许可证方面的歧视手段,或对贸易的变相限制服务的方式给予承认。

第 3.9 条　透明度

第 5 章(透明度)规定除外:

每一缔约方应当公布或以其他方式向公众提供其与任何国家签署的涉及或影响服务贸易的国际协定;

经缔约另一方要求,缔约一方应通知影响本章所涉服务贸易的一般适用法律、法规、程序和行政裁定公布的电子平台;

每一缔约方应当建立或保持适当的机制,以便回应有关人士对本章所涉事项的规定的询问①;

若缔约一方未按照第 5.2 条(公布)提前公布或给予机会提供意见,应当尽可能经要求以书面形式提供此做法的理由;

本章内容通过最终规定时,每一缔约方应当尽可能书面答复,包括经要求提供收到的有关人员就条例、规则草案提出的实质性意见;和

每一缔约方应当尽可能在最终条例公布与其生效之日期间提供合理的期限。

第 3.10 条　支付和转移

1. 每一缔约方应当允许与投资有关的资金自由地、无不当迟延地移进、移出其领土。

2. 每一缔约方应当允许所有与服务提供有关的转移和付款以自由流通货币按转移时市场汇率进行。

3. 在不损害第 1 款和第 2 款的前提下,缔约一方可以公平、非歧视和善意地适用其如下情形,阻止或推迟实施转移或付款:

(a)破产、无力偿债或保护债权人的权利;

(b)证券、期货、期权或衍生工具的发行、交易或经营;

(c)必要时与执法或金融监管者合作的金融报告或维持转移登记;

(d)刑事或刑事违法行为;或

---

① 为了实施此规定,可以考虑限制资源。

(e)保证遵守司法或行政程序中的命令或判决。

第3.11条　反洗钱和反腐败

每一缔约方根据其法律和法规可采取或维持措施,并尽力防止和打击与本章所涉事项有关的腐败和洗钱活动。

第3.12条　具体承诺清单

1. 每一缔约方应根据第3.4条(市场准入)、第3.5条(国民待遇)和第3.6条(额外承诺)列出其签订的具体承诺。每份清单将具体说明作出此类承诺的内容:

(a)进入市场的期限、限制和条件;

(b)有关国民待遇的条件和例外;

(c)与附加承诺有关的义务;

(d)适用此类承诺的时限;和

(e)此类承诺的生效日期。

2. 与第3.4条(市场准入)和第3.5条(国民待遇)不一致的措施应当在第3.4条(市场准入)相对应的栏中注明。在此情况下,应当考虑该注明,还将指出第3.5条(国民待遇)的条件或例外。

3. 缔约双方的具体承诺清单见附件一(具体承诺清单)。

第3.13条　补贴

1. 认为受到缔约另一方补贴或资助不利影响的缔约一方,可要求与该缔约另一方进行磋商。此类要求应当被理解。

2. 若《服务贸易总协定》第15条第1款相关的谈判结果或缔约双方参与的其他多边论坛进行的任何类似谈判的结果对缔约双方均有效,则经缔约双方协商后,在必要时应当修改本条,以确保谈判结果将按照本章规定生效。

第3.14条　拒绝给予利益

在提前通知和完成磋商后,缔约一方可以拒绝将本章的利益给予缔约另一方的服务供应商,若该服务供应商:

(a)由非缔约方的人所有、直接或间接控制,或/和受到缔约另一方境内没有实质性商业活动的法人的重大影响;

(b)由拒绝的缔约方的人所有、直接或间接控制,或受到缔约另一方境内没有实质性商业活动的法人的重大影响。

第3.15条　未来谈判

1. 本协定生效后一年内,通过第6.1条(管理委员会)设立的管理委员会将批准以下工作计划:

(a)在本章中加入"负面清单"的研究;和

(b)磋商以下主题:

(ⅰ)金融服务;和

(ⅱ)电子商务。

2. 负面清单的研究将适用于第3.4条(市场准入)、第3.5条(国民待遇)的规定和缔约双方同意的任何其他规定。

3. 在此种方法下缔约双方将改善双方之间的服务贸易条件。

4. 负面清单研究的磋商必须在批准第 1 款所述工作计划的一年内结束。

5. 在磋商期间,缔约双方将定义金融服务和通过商业存在提供的服务(模式 3)是否需要某种特殊待遇。

6. 本协定生效一年后,缔约双方将就以下主题开展谈判:

(a)电信;

(b)证书和学位的认可;

(c)陆路运输;和

(d)人员流动。

第4章　公共采购

第4.1条　定义

为了本章的目的:

"采购通知",指采购实体发布的通知,其邀请感兴趣的供应商提交参与申请、要约或两者兼有。

"商业货物或服务",指总体在商业市场上出售或出售给非政府买方,通常是其购买后用于非政府目的的货物或服务。

为了更进一步明确,商品或服务包括普通货物或服务,即其不止一个供应商掌握通过共同的市场特征或规格客观定义的质量和性能标准,或者已标准化为同质化过程的结果,由此其之间的差异因素构成交易价格。

"特殊补偿条件",指推动当地发展或改善缔约双方国际收支账户的任何条件或承诺,例如当地成分要求、技术许可、投资要求、补偿贸易或类似要求。

"参与条款",指参与公共采购的任何注册、资格或其他先决条件。

"公共采购",指政府通过政府目的而非商业销售、转售,或旨在用于其生产或提供货物或服务的商业销售或转售而获得商品和服务或二者任何结合。

"公共工程特许权合同",指任何主要目的是为建造或修复有形基础设施、工厂、建筑物、设施或其他公共工程的合同协议,并据此考虑到供应商执行合同,实体授予该供应商在特定时期内的临时所有或控制权、营运和要求在合同期限内使用所述工程付款的权利。

"承包实体",指附件三(涵盖范围)中列出的实体。

"书面或书面形式",指所有以文字、数字或其他符号可以阅读、复制和随后报告的表达。可以包括以电子方式传输和存储信息。

"国有企业",指由缔约一方拥有或通过管理权利控制的公司。

"技术规范",指合同的某项要求:

(a)确定如下特征:

(ⅰ)要获取的货物,包括质量、性能、安全和尺寸,或其生产过程和方法;或

(ⅱ)拟签约的服务或其提供的程序或方法,包括任何适用的行政规定;或

(b)根据适用的货物或服务理解术语、符号、包装、标记和标签的要求;

(c)建立实体规定的合格评定程序。

"技术标准",指由认可机构批准的文件,其为共同和重复使用提供货物的规则、准则或特征,或相关服务、过程和生产方法,其合规性不是强制性的。还可能包括或仅涉及指术语、符号、包装、商标或标签的要求,以及其应用于产品、服务、过程或生产方法的方式。

"公开招标",指所有感兴趣的供应商均可以提交报价的公共采购方法。

"选择性招标",指只有提交符合参与条件的供应商才被邀请提案的一种公共采购方法。

"多用途清单",指采购实体已确定满足清单参与条件并试图多次使用的供应商清单。

"基础产品",包括水果、蔬菜、农产品、面包和其他易腐食品。

"供应商",指可以向采购实体提供或可以提供货物或服务的人。

"服务",除非另有说明,包括建筑服务。

"建筑服务",指根据联合国产品总分类第51条(以下简称"CPC"1.1)目的以任何方式实现土木工程或建筑工程的服务。

"电子拍卖",指供应商使用电子手段来提供新的集合或价格,或者除了与评估标准相关联的集合或价格或两者之外的可量化报价的要素的新值,以及导致报价的分类或重新分类的一种迭代过程。

第4.2条 范围和涵盖

适用范围

1. 本章适用于任何有关公共采购的措施。

2. 为了本章的目的,所述的公共采购,指公共采购货物、服务或两者:

(a)未签订商业销售或转售合同,或目的是用于生产或提供商业销售或转售的货物或服务;

(b)通过任何合约方式进行的,包括购买、租赁、有无购买选择权,以及公共工程的特许合约;

(c)按照第4款和第5款的估值等于或超过附件三(覆盖范围)规定的相应阈值的值;

(d)由采购实体进行;和

(e)未明确排除在本章范围之外。

3. 本章不适用于:

(a)获取或租赁土地、现有建筑物、其他不动产或该等财产的权利;

(b)缔约一方,包括其缔约实体,给予的非合同协议或任何形式的援助,包括合作协议、资助、贷款、赠款、出资、担保、作保和税收优惠;

(c)为受监管金融机构提供财政机构或存款服务、清算和管理服务的采购服务,或与出售、赎金和分配公共债务有关的服务,包括贷款和政府债券以及其他证券。更进一步明确,本章不适用于涉及以下活动的银行、金融或专业服务的公共合同:

(ⅰ)公共债务;或

(ⅱ)公共债务管理;

(d)与公职人员征聘和与就业有关的措施;

（e）一个国有实体或公司实施的征聘缔约另一方的实体；

（f）该征聘的实现：

（ⅰ）为特定的目标提供国际援助，包括发展的援助；或

（ⅱ）根据与以下方面有关的国际协定的特定程序或条件：

（A）部队的建立；或

（B）征聘双方共同执行该协定；

（g）在适用的程序或条件不符合本章规定的情况下，通过资助、贷款或其他形式的国际援助资助的征聘；和

（h）具体目的为向外国人提供援助的征聘。

评估

4. 在评估公共采购的价值以确定其是否为所述公共采购时，合同实体：

（a）不应当将公共采购划分为孤立的公共合同，也不应当使用特定方法估算公共采购的价值，以逃避本章的适用；

（b）必须考虑任何形式的报酬，包括保费、会费、酬金、佣金、利息、其他在公共采购中可能规定的收入来源，以及若公共采购规定了可选择条款的可能性，包括可选择的购买的公共采购的最大总价值；和

（c）若公共采购分多个部分进行，并因此将同时或在某一特定时期内授予一个或多个供应商合同，则应以公共采购期间的最大总价值为基础计算其整个有效期间。

5. 若在其合同期间内未知公共采购的最大总值，则此类公共采购应涵盖在本章中。

6. 采购实体不得准备、设计、建立或划分公共采购以规避本章的义务。

第4.3条 一般例外

1. 本章的任何规定均不应当解释为，阻碍缔约一方采取任何行动或避免披露为保护其基于安全利益认为必要的任何信息，例如获取武器、弹药或战争物资，或国防或国家安全不可或缺的任何其他采购。

2. 只要以下措施不以歧视方式适用或构成对贸易的变相限制，本章的任何规定均不应当解释为，阻碍缔约一方采取或维持：

（a）为保护公共道德、秩序或安全所需的；

（b）为保护健康或人类、动物或植物生命所需的，包括相应环境措施；

（c）为保护知识产权所需的；或

（d）与残障人士、慈善组织或收容所工作有关的货物或服务。

第4.4条 一般原则

1. 只要与本章相符，本章的任何规定均不应当妨碍缔约一方制定新的公共采购政策、程序或合同手段。

国民待遇和不歧视

2. 对本章所涵盖的任何措施，每一缔约方应当立即无条件地给予缔约另一方当事人的货物、服务以及提供此类货物或服务的缔约另一方的供应商的待遇，不低于该缔约方提供给其此类货物、服务和供应商的待遇。

3. 关于本章所涵盖的任何措施，缔约方，包括其采购实体，不应当：

(a)因为其隶属程度或外国所有权,对待本地成立的供应商较其他地方成立的供应商差;或

(b)因为供应商为缔约另一方的货物或服务提供公共采购,歧视当地成立的该供应商。

公共采购的非具体措施

4.第2款和第3款不适用于:对进口征收或与之相关的任何形式的关税和收费;上述收取权利和收费的方法;其他进口条例或手续;除了涉及公共采购的措施之外,还有影响服务贸易的措施。

使用电子媒体

5.若所涉及的公开采购通过电子手段进行,缔约一方采购实体应当:

(a)确保使用信息技术系统和计算机程序进行公共采购,包括与加密信息认证和编码有关的信息技术系统和计算机程序,此类程序通常可与其他信息技术系统和程序兼容且计算机一般可访问;和

(b)维持确保参与和提议请求的完整性的机制,以及确定收到所述文件的时间、防止访问不当。

执行合同

6.订约实体将以透明和公正的方式、以符合本章的形式进行所涉公共采购,避免利益冲突并防止腐败行为。

原产地规则

7.每一缔约方应当在货物正常贸易过程中适用货物所涉原产地原则。更进一步明确,根据《世界贸易组织原产地规则》第1.2条的规定,理解适用于正常贸易过程的原产地规则,即非优惠原产地规则。

拒绝利益

8.缔约一方可在通知和磋商完成后,拒绝向缔约另一方的服务供应商提供本协定产生的利益,若服务供应商:

(a)是未在缔约另一方境内开展实质性商事业务的人;或

(b)从非缔约方境内提供服务或再提供服务。

9.为了更进一步明确,"实质性商事业务",指该法人符合以下标准:

(a)在缔约一方缴纳利润税(或法律豁免缴纳此类税款);和

(b)拥有或租用商业处所,并聘用与缔约一方的业务范围和规模相称的人员。

第4.5条　公布公共采购信息

1.每一缔约方应当及时公布其具体规定本章所涉公共采购的一般适用措施,以及对所述措施与原始发布在附件三(涵盖范围)所列电子媒体中方式相同的任何修改。

2.每一缔约方应当根据要求向缔约另一方提供有关该信息的解释。

第4.6条　电子拍卖

1.若采购实体希望通过电子拍卖进行所涉公共采购,该采购实体应当在电子拍卖开始前向每个参与者提供以下信息:

(a)基于合同文件中确定的评估标准的自动评估方法,且将用于拍卖期间的自动分

类或重新分类;

（b）根据最有利的报价授予合同,对报价的要素进行初步评估的结果;和

（c）有关实现拍卖的任何其他资料。

第4.7条 公布通知

1. 对本章所涉每项公共采购,采购实体应当事先公布通知,以邀请感兴趣的供应商为此提出投标,或适时提出参与公共采购的申请,但第4.12条规定除外。在提交相应的公共采购投标书的整个期间内,通知必须以电子方式免费获取。

2. 每份公共采购通知必须至少包括以下信息:

（a）公共采购的描述;

（b）使用的采购方法;

（c）供应商必须在公共采购中满足的任何条件;

（d）公布通知的实体的名称;

（e）供应商可以获得与公共采购相关的所有文件的地址和/或联络点;

（f）提交投标书的地址和最后日期;

（g）拟签约的货物或服务的交付日期或合同的期间,除非合同文件中包含此类信息;和

（h）指明公共采购涵盖在本章。

采购计划的通知

3. 每一缔约方应当在每个财政年度中尽快于附件三（覆盖范围）所列电子媒体中公布其拟将采购计划的通知。此类通知必须包括拟签约货物和服务的对象或类别以及公共采购实现的预估期限。

第4.8条 参与条件

1. 若缔约一方要求供应商遵守注册、资格或参与公共采购的任何其他要求或条件,采购实体应当发布邀请供应商申请参与的通知。采购实体应当事先充分公布通知,以便感兴趣的供应商有充足时间准备和提交申请,并为采购实体根据申请进行评估和作出决定。

2. 在确定参与条件时,采购实体:

（a）必须将此类条件限制在,确保供应商拥有法律和财务能力、商业和技术技能,以便遵守供应商在采购实体的缔约方境内外作出的、基于商业活动的公共采购的技术要求和规范;

（b）仅根据其在通知或订约文件中事先指明的条件作出决定;

（c）为使一供应商参与公共采购或获得合同,不得强加条件规定先前已被该缔约方的采购实体授予一份或多份合同的供应商;

（d）若满足公共采购要求所必需,可以要求有相关的先前经验;和

（e）允许满足参与条件的缔约另一方的所有国家供应商参与公共采购。

3. 缔约一方,包括其采购实体,若有证据证明,可以因如下原因将供应商排除在公共采购之外:

（a）破产;

(b)虚假陈述;

(c)履行一项或多项先前合同所产生的任何实质性要求或义务存在重大或持续的缺陷;

(d)对严重罪行或其他严重违法行为的确定判决;

(e)该供应商因缺乏职业道德、行为、疏忽,商业诚信受到质疑;或者未纳税。

4. 采购实体不得采用或实施其目的或效果是对缔约另一方供应商参与其各自的公共采购造成不必要的障碍的登记制度或资格程序。

5. 供应商的注册和资格认定的过程和时间,不应当用于排除缔约另一方供应商被考虑为特定公共采购主体。

6. 采购实体可以建立永久公开的合格供应商名单以便参与公共采购。若采购实体要求供应商符合该清单上参与公共采购的条件,且该供应商尚未评定有资格提出被列入清单提出要求时,缔约双方应当确保立即启动清单登记程序,并允许供应商参与公共采购,条件是资格程序可以在提交投标书的最后期限内完成。

7. 采购实体必须毫不延误地将其有关该请求的决定告知任何提出申请资格的供应商。凡采购实体拒绝申请鉴定或不再承认某供应商为符合条件的参与者,采购实体应当立即通知供应商,并根据要求及时提供书面解释其决定的理由。

注册和资格认证流程

多用途清单

8. 实体使用合格供应商的永久列表或记录的缔约双方应当确保:

(a)缔约另一方的供应商可与本国供应商在相同条件下申请其注册、资格或评级;

(b)所有申请的供应商,应毫不延迟地列入此类清单或记录中;和

(c)列表或记录中包括的所有供应商均被告知暂时中止或取消此类列表或记录或将其从列表中删除。

9. 当要求将供应商列入清单或进行注册时,其目标为认可与国家订立合同的适用性,不会妨碍缔约另一方的有关当事人的进入。

10. 采购实体可以建立多用途清单,条件是该实体每年发布或以电子方式通知邀请感兴趣的供应商申请列入清单。

11. 该通知应当包括:

(a)对可以通过清单签订的货物或服务的描述;

(b)供应商必须满足的参与条件和采购实体将用于验明供应商是否满足此类条件的方法;

(c)采购实体的名称、地址,以及联系该实体并获得与该清单有关的所有文件所需的其他任何信息;

(d)申请提交列入名单的截止日期;和

(e)表明该清单可用于本章所涵盖的公共采购。

12. 维护多用途清单的采购实体必须:(a)于申请提交后的合理短时间内,将满足参与条件的所有供应商列入名单;(b)当其在任何将来合同中使用多用途清单时,邀请名单上的所有供应商提交投标。

第4.9条　采购文件

1. 采购实体应及时向有兴趣参与公共采购的供应商提供订约文件,其中包括使其能够准备和提交适当报价的所有必要信息。此类文件将在附件三(覆盖范围)中列出的电子媒介中公布。

2. 除非信息已包含在招标通知中,否则招标文件必须至少包括以下内容的完整说明:

(a)所定合同的货物或服务的性质和数量,或者,若数量、预估的数量和必须满足的任何要求未知,则包括技术规格、合格评定证书、计划、设计或说明书;

(b)供应商参与的条件,包括供应商必须就此类条件提供的信息和文件;

(c)授予合同时要考虑的评估标准,除非价格是唯一标准,否则该标准的相对重要性;

(d)若实体进行电子拍卖适用拍卖规则,包括确定与评估标准相关的报价要素;

(e)投标开始的日期、时间和地点;

(f)其他任何条款或条件,例如付款条款及提交报价的方式;和

(g)交付货物或提供服务的日期或期间,或合同期限。

3. 若实体不以电子方式公布所有合同文件,其必须确保任何申请的供应商都能获取。

4. 当采购实体在涵盖的公共采购过程中修改提供给参与供应商的订约通知书或文件中确立的标准或技术要求,或修改通知书或订约文件时,必须以书面形式传送此类修改:

(a)对于正在修改信息时参与的所有供应商,若已知此类供应商身份,并且在所有其他情况下,传达方式与原始信息传送的相同;和

(b)有充足的时间允许供应商修改并重新提交其更正后的报价。

技术规格

5. 采购实体不得为设立缔约双方之间不必要的贸易壁垒的目的或效果而制定、采用或应用任何技术规范或要求任何合格评定程序。

6. 采购实体订立的订约货物或服务的任何技术规范应当符合:

(a)根据性能和功能要求而不是描述性或设计特征来指定;和

(b)根据适用的国际技术标准,或基于国家技术法规、公认的国家技术标准或建筑法规。

7. 采购实体不得设立要求或参考特定品牌或商品名称、专利、版权、外观设计、类型、特定来源、生产商或供应商的技术规范,除非没有其他足够准确或可理解的方式来描述公共采购要求,并且在此情况下,采购文件中还应当包含诸如"或等同"之类的表述。

8. 采购实体不得以可能妨碍竞争的方式征求或接受可用于对此类公共采购具有商业利益的任何人进行特定公共采购的任何技术规范的建议。

9. 为了进一步明确,本条无意阻止采购实体制定、采用或应用技术规范以促进自然资源保护或环境保护。

第4.10条　期限

1. 采购实体应当考虑到公共采购的性质和复杂性,向供应商参与公共采购和准备并

提交投标的请求提供足够时间。

2. 除第 3、4 和 5 款规定的情况外,采购实体应当确定提交投标书的截止日期不少于 40 日:

(a) 自将来合同的通知发布之日起;或

(b) 当采购实体使用选择性投标时,自该实体邀请供应商提交投标之日起。

3. 若采购实体根据第 4.7.3 条(公布通知)在电子媒体中发布将来的合同通知,其最多可以将投标截止日期缩短 10 日。

4. 若采购实体已遵守第 3 款的规定,其可以规定少于 40 日或 30 日的期间,条件是给予供应商的期限足以使其准备和提交报价,以及在任何情况下,不得少于提交投标书的截止日期之前 10 日:

(a) 采购实体已至少提前 40 日且不超过 12 个月发布单独通知,包括根据第 4.7.3 条(公布通知)计划的公共采购通知,并且该单独通知包含说明公共采购(如适用)参加申请书,以及可获取有关公共采购文件的地址;或

(b) 采购实体获取商业货物或服务;或

(c) 采购实体有正当理由的不可预见的紧急情况,致使第 2 款规定的最后期限不可行,或在适用情况下第 3 款不可行。

5. 采购实体应当要求所有参与供应商按照共同最后期限提交投标书。更进一步明确,此要求也适用于:

(a) 因需要修改在公共采购过程中提供给供应商的信息,订约实体延长资格或招标程序的期限;或

(b) 就谈判而言,谈判结束,投标人可提出新的报价。

第 4.11 条　谈判

1. 缔约一方可以规定其采购实体进行谈判:

(a) 公共采购情况下,在公共采购通知中指明该意图;和

(b) 当就通知或合同文件中规定的具体评估标准而言,没有任何报价是明显最有利的。

2. 采购实体必须确保参与谈判的供应商根据通知和订约文件中确定的评估标准淘汰。

第 4.12 条　合同程序

公开招标

1. 合同实体应当通过公开招标程序授予合同,在此过程中任何感兴趣的供应商均可以提交报价。

选择性招标

2. 若缔约一方的法律允许选择性招标,采购实体应当为每次公共采购:

(a) 发布邀请供应商提前提交参与公共采购的申请的通知,使有兴趣的供应商准备和提交,以便采购实体根据此类要求进行评估并做出决定;和

(b) 允许已确定其满足参与条件的采购实体所有国内供应商和缔约另一方的所有供应商提交报价,除非采购实体在通知或公开可用的合同文件中确定了任何禁止所有合格

供应商参与的条件,前提是与本章规定和有关限制的标准一致。

3. 采购实体可以从持有合格供应商多用途名单中选择所列的供应商,并邀请其提交报价。任何选择都应当向此类名单中所列供应商提供公平机会。

其他合同程序

4. 只要本条规定不用于防止供应商之间的竞争或以歧视缔约另一方的供应商或保护本国供应商的方式使用,则采购实体仅在如下情况可以使用其他订约程序:

(a)如下情况,只要未对订约文件的要求进行实质性修改:

(ⅰ)未提出报价或没有供应商要求参加;

(ⅱ)未提交符合招标文件基本要求的报价,或者提交的报价不可接受;

(ⅲ)无供应商符合参与条件;或

(ⅳ)报价的提交存在恶意串通。

(b)当货物或服务只能由特定供应商提供,且由于以下任何原因而无合理的替代或替代服务:

(ⅰ)要求是为了艺术品的完成或修复;

(ⅱ)专利、版权或其他排他性知识产权的保护;或

(ⅲ)由于技术原因缺乏竞争,诸如与采购个人服务的情况相同。

(c)为向最初供应商提供最初的公共采购中未包括的商品或服务的额外交付或利益,当此类附加商品或服务的供应商发生变更时:

(ⅰ)出于诸如互换性要求或与需要首次使用的现有设备、软件、服务或设施的兼容性的经济或技术原因而无法进行;和

(ⅱ)将给采购实体带来极大不便或费用大量重复,就建筑服务而言,授予此类额外服务的合同总价值将不超过初始合同金额的50%,前提是当在合同文件包含的目标中已考虑上述服务,并且由于不可预见的原因而需要完成此项工作时。

(d)在绝对必要的范围内,当由于采购实体的意外事件而造成极度紧急的原因,无法通过公开招标或酌情选择性招标及时获取货物或服务时,程序的使用可能对采购实体造成严重损害;

(e)为在基础商品市场采购选定的商品或货物;

(f)当采购实体获得数量有限的第一货物,或在特定调查、试验、研究或原始开发合同的过程中应要求开发的服务的原型或合同,包括为此投入;或

(g)当合约授予设计比赛的获胜者时,条件是:

(ⅰ)竞赛的组织方式与本章的原则一致,尤其是在公开采购通知方面;和

(ⅱ)参与者由评审委员会或独立机构评定或评估,以期授予获奖者签订设计合约。

(h)在合同约定的情况下产生工作、服务或供应的剩余物时,条件是遵守原始投标的优先顺序。

5. 采购实体应按照第4.14.2条(公共采购信息的透明度),为根据第2款授予的每份合同保留记录或编写书面报告。当缔约一方按照本款编写书面报告时,应包括采购实体的名称,所签订的货物或服务的价值和性质,以及说明第2款所述的情况和条件证明使用其他采购程序合理。若缔约一方保留记录,应当说明第2款所述的情况和条件

证明使用其他采购程序是合理的。

第4.13条　开标和授予合同

1. 采购实体应当接受并打开程序下的所有报价,以确保采购过程缔约各方供应商之间的平等和公正,并至少在招标开始前对投标书进行保密处理。

2. 在开标和授予合同期间,当采购实体向供应商提供纠正任何形式的非自愿错误的机会时,采购实体应当向所有参与供应商提供相同机会。

授予合同

3. 基于被考虑授予的目的,采购实体应要求报价:

(a)由符合所有参与条件的供应商以书面形式提交;和

(b)在开标时,必须符合通知和合同文件中规定的基本要求。

4. 除非采购实体确定授予合同将违反公共利益,否则采购实体应当向其已确定符合参与条件且完全有能力遵守合同,并且仅根据通知和合同文件中指定的要求和评估标准,或者当价格是唯一的评估标准时,其报价被认为是最优惠的最低价格的供应商授予合同。

5. 若合同实体收到价格异常低于其他提交投标价格的报价,采购实体可与供应商核实其是否符合参与条件,或是否有能力遵守其合同中规定。

6. 订约实体不得取消公共采购,也不得终止或修改基于规避本章义务而已授予的合同。

第4.14条　公共采购信息的透明度

向供应商提供的信息

1. 采购实体应当立即通知参与供应商其授予合同的决定,并应要求以书面形式作出。在遵守第4.7条(公布通知)的规定下,采购实体应当根据要求向未选择报价的供应商提供其决定理由和获得报价的相对优势。

公布授予的信息

2. 一经裁决授予后,采购实体应当立即在附件三(涵盖范围)所列的电子媒体中公布通知,其中至少包括有关授予合同的以下信息:

(a)订约实体的名称;

(b)合同货物或服务的描述;

(c)授予日期;

(d)授予合同的供应商的名称;和

(e)合同的价值。

记录保存

3. 订约实体应保留涵盖的与公共采购有关的公共采购程序报告或记录,包括第4.12条(合同程序)中指明的报告,并应将此类报告或记录保存自合同授予之日后至少五年。

第4.15条　信息披露

1. 应缔约一方的申请,缔约另一方应当及时提供必要信息,以确定公开采购是否以公平、公正并符合本章的规定方式进行。该信息将包括有关中标特征和相对优势。若信息的披露可能会损害未来竞标的竞争,收到信息的缔约一方不得向任何供应商披露,除非缔约另一方接受。

不披露信息

2. 任何缔约方,包括其采购实体、当局或审查机构,不得披露其提供者根据其本国法律已指定为机密的信息,除非获得该人的授权。在不损害本章任何其他规定的前提下,任何缔约方,包括其订约实体,不得向任何特定供应商提供任何可能损害诸供应商之间公平竞争的特定信息。

3. 本章的任何内容不得解释为,强迫缔约一方,包括其采购实体、审查机构,根据本章披露机密信息,若该披露可能:

(a)妨碍遵守法律;

(b)损害供应商之间的公平竞争;

(c)损害具体合法商业利益,包括保护知识产权;或

(d)以违反公共利益的方式。

第 4.16 条 申诉程序

1. 每一缔约方应当确保其订约方公正、及时地考虑其供应商对涉及或曾经有利益的涵盖公共采购引起的关于违反本章的指控的任何主张。每一缔约方将鼓励其供应商通过协商寻求其订约实体的澄清,以便解决任何此类申索。

2. 每一缔约方应当根据正当程序原则,提供及时、有效、透明和非歧视性的行政或司法审查程序,供应商可以通过该程序提出申诉,指控其在供应商已经或曾有关的公共采购合同中违反本章规定。

3. 每一缔约方应当建立或维持至少一个独立于其采购实体的公正的行政或司法机构,以接受和审查供应商在所述公共采购中提出的申诉,并发布有关决定和建议。

4. 当不同于第 3 款所涉机构以外的实体对一项质疑最初进行审查时,该缔约方应确保供应商可以对初始决定向独立于其合同对质疑对象的采购实体的公正的行政或司法机构提出申诉。

5. 在不损害每一缔约方提供或制定的其他质疑程序的情况下,每一缔约方应当确保根据第 3 款设立或指定的机构至少提供如下内容:

(a)供应商有足够时间准备和提出书面质疑,自供应商知道或应当知道出于质疑的行为和疏漏作为或不作为之日起,在任何情况下不少于 10 日;

(b)迅速以书面形式作出与质疑有关的决定,并解释每项决定的依据。

6. 每一缔约方应当采取或维持确立以下程序:

(a)迅速采取临时措施,以保持供应商参与由采购实体或第 3 款所述的公正的当局适用公共采购的可能性。此类措施可能会导致订约过程中止。此类程序可以规定在决定是否应当采取此类措施时,考虑到有关利益的普遍不利后果的可能性,包括公共利益。不采取此类措施的理由应以书面形式说明;和

(b)当审查机构确定是否存在第 2 款所述违反行为时,应当根据每一缔约方的国内法规采取纠正措施或赔偿所遭受的损失或损害。

第 4.17 条 涵盖范围的修改和纠正

1. 当缔约一方根据本章修改其公共采购范围时,该缔约方:

(a)以书面形式通知缔约另一方;和

（b）通知中应当包括对缔约另一方进行适当补偿性调整的建议，以保持与修改前现有水平相当的涵盖范围。

2. 在下列情况下，第 1 款（b）项的规定不妨碍缔约一方无须给予补偿性调整：

（a）所涉修改仅属于形式性质的次要修改或更正；或

（b）修正提案涵盖缔约一方有效取消其控制或影响的实体。

3. 若缔约另一方不同意：

（a）在第 1 款（b）项范围内提出的拟议调整足以维持与共同商定的涵盖范围相当的水平；

（b）拟议的修改为根据第 2 款（a）项范围内的轻微修订或更正；或

（c）拟议的修改涵盖该缔约一方在第 2 款（b）项范围内有效取消其控制或影响的实体，

必须在收到第 1 款所述通知后 30 日内以书面形式提出异议，否则视为已达成有关拟议变更或修改的协议，包括基于本章规定的争议解决机制的目的。

4. 当缔约双方就拟议的修改、更正或修正达成协议时，包括当缔约一方未根据第 3 款在 30 日内提出异议，缔约双方应当立即修改附件三（涵盖范围），以使该协议经委员会通过的决定生效。

第 4.18 条　公共合同实践中的诚信

每一缔约方应当建立或维持程序，以宣布参加该缔约方确定为与公共采购有关的非法或欺诈活动的供应商，无期限或在确定期限内无资格参加该缔约方的公共采购。根据缔约另一方的申请，收到申请的缔约一方将根据此程序确定被认定为不合格的供应商，并在适当时交换有关此类供应商或欺诈或非法活动的信息。

第 4.19 条　未来谈判

1. 缔约另一方应缔约一方的要求，可以考虑进行额外谈判以扩大本章的范围和覆盖。若缔约双方通过额外谈判同意修改附件三（涵盖范围），该结果将提交至第 4.22 条（公共采购联合委员会）中设立的公共采购联合委员会以便实施。

2. 自本协定生效之日起，缔约双方将开展磋商，目的是扩大中央（联邦）一级政府及其各自相关机构（A 部分），政府的次中央一级（次联邦）（B 部分）的实体清单以及其他实体（C 部分），作为每个缔约方公共采购的市场准入报价的一部分。

3. 缔约双方应当在本协定生效之日后两年内完成磋商，并应当将相关磋商结果通知缔约另一方。

4. 中央政府一级的新实体，其相关机构（A 部分）、中央一级（次联邦）政府（B 部分）以及其他政府实体（C 部分）的成立，需要得到公共采购联合委员会决定的缔约方根据本条规定经协商后的同意。

第 4.20 条　促进中小微型企业的参与

1. 缔约双方认识到中小微企业对经济增长和就业的重要贡献，以及促进其参与公共采购的重要性。

2. 缔约双方还认识到缔约各方供应商之间，特别是中小微企业之间商业联盟的重要性，包括共同参与订约程序。

3. 当缔约一方采取措施为其中小微型企业提供优惠待遇时,应当确保此类措施,包括资格标准,是客观和透明的。

4. 缔约双方可以:

(a)提供有关其用于帮助、鼓励或促进中小微企业参与公共采购的措施的信息;和

(b)建立机制合作,以向中小微型企业提供有关本章所涉公共采购措施的信息。

5. 缔约双方同意交换信息并共同致力于重点关注中小微企业特殊需求,以便利其获取公共采购的程序、方法和合同要求。

6. 为促进中小微企业参与涵盖的公共采购,每一缔约方:

(a)在电子门户网站中提供与公共采购有关的信息,其中包括对中小微企业的定义;

(b)应当确保免费提供合同文件;

(c)应当确定有兴趣成为缔约另一方领土内其他公司商业伙伴的中小微企业;

(d)建立每一缔约境内中小微企业的数据库,供缔约另一方的实体使用;和

(e)开展旨在促进中小微企业参与本章所述公共采购的其他活动。

第4.21条 合作

1. 缔约双方认识到合作作为更好地了解其各自公共采购系统以及进入其各自市场的途径的重要性,特别是对中小型企业而言。

2. 缔约双方应当尽最大努力就以下事项进行合作:

(a)交流经验和信息,包括监管框架、最佳做法和统计数据;

(b)在公共采购系统中开发和使用电子信息方式;

(c)向供应商提供有关进入公共采购市场的培训和技术援助;和

(d)加强制度以遵守本章的规定,包括培训或训练公职人员。

3. 缔约双方应当将任何合作活动的实施情况通知委员会。

第4.22条 公共采购联合委员会

1. 缔约双方兹设立公共采购联合委员会(以下简称"联合委员会"),由双方代表组成。

2. 除非缔约双方另有规定,联合委员会应当每年举行至少一次会议,在缔约双方同意的时间、地点和方式召开。

3. 联合委员会的职能应当包括:

(a)跟踪和评估本章的实施和管理,包括其使用并向缔约双方建议相应的活动;

(b)评估和监督缔约双方提出的合作活动;

(c)处理与本章有关的任何其他事项;

(d)考虑进行额外的谈判,以扩大本章的涵盖范围;

(e)努力通过更好地了解各自的公共采购系统以推动缔约双方公司的参与,和促进获得公共采购机会,特别是对中小微企业的供应商。

4. 缔约双方可以设立临时工作组,其应当与联合委员会共同或分别召开会议。

5. 会议可以通过缔约双方商定的任何方式举行。当缔约双方在场时,会议将在每个缔约方的领土上交替进行,并由东道国负责组织。联合委员会第一次会议应当在本章生效之日后一年内举行。

6. 除非双方另有协议,联合委员会将是常设机构,并将制定其议事规则。

第5章 透明度

第5.1条 定义

为了本章的目的,一般适用的行政决议是指适用于通常属于其范围并确立了行为规则的所有人和事实情况的行政决议或解释,但不包括:

(a)在特定情况下适用于任何缔约方的特定个人、商品或服务的行政程序中作出的决定或决议;或

(b)决定某一特定行为或实践的决议。

第5.2条 公布

1. 每一缔约方应当确保迅速公布其与本协定涵盖任何事项有关的一般适用的法律、法规、程序和行政决议,或允许有关人士和缔约另一方了解。

2. 每一缔约方应当尽可能:

(a)公布其拟采取的第1款所述的任何措施;和

(b)向有关人士及缔约方另一方提供合理机会,就拟采取的措施发表意见。

第5.3条 提供信息

1. 应缔约一方要求,缔约另一方应当尽快提供信息,并回答有关其现行一般适用的法律、法规、程序和行政决议的问题,和对与本协定涵盖任何事项有关的计划采取的措施。

2. 提供本条所述信息不应当妨碍被认为符合本协定的措施。

3. 在官方、免费和公共访问网站上提供本条所述信息,可视为已提供。

第5.4条 行政程序

每一缔约方应当在其行政程序中确保采取与本协定涵盖任何事项有关的措施:

(a)当启动此类程序时,尽可能向缔约另一方直接受此程序影响的人提供合理通知,包括:

(i)对该程序性质的描述;

(ii)启动程序的法律依据声明;和

(iii)对任何争议事项的一般描述。

(b)在时间、程序的性质和公共利益允许的情况下,上述人员在采取任何最终行政措施之前,有合理机会陈述事实和论据以支持其主张;和

(c)其程序符合其法律。

第5.5条 审查和上诉

1. 每一缔约方应当根据其法律制度,为审查的目的建立或维持法院或司法或行政程序,并在合理情况下,更正与本协定所列事项有关的最终行政行为。当此类程序由负责有关行政决定的同一实体进行时,该缔约方应当确保对该决定进行客观和公正审查。

2. 每一缔约方应当确保在上述法院或上述程序之前,程序当事人享有以下权利:

(a)支持或捍卫其各自主张的合理机会;和

(b)基于证据和论据的决定,或在本国法律要求的情况下,根据行政当局编制的文件作出的决定。

3. 每一缔约方应当确保根据其本国法律在上诉或随后进行复审的情况下,上述决定应当由其附属机构或主管部门执行。

第5.6条 与其他章节的关系

若本章与另一章不相容,应以其他章节的不相容为准。

第6章 本协定的管理

第6.1条 管理委员会

1. 缔约双方兹设立管理委员会(以下简称"委员会"),由秘鲁外贸与旅游部长和巴西外交部长或各自继任者或被任命者组成。

2. 委员会应:

(a)制定其规则和程序;

(b)监督本协定的执行和实施,并评估结果;

(c)确保完成工作,并在必要时建议与根据本协定各章设立的委员会相对应的行动,并尊重其具体职权;

(d)通过第7.8.1条(程序规则)所述的《程序规则范本》;

(e)制定和批准专家组成员的行为守则;

(f)确定将向专家组成员支付的报酬和费用;和

(g)考虑与本协定的执行或缔约双方委托的任何其他事项。

3. 委员会可以:

(a)根据每一缔约方适用的法律程序,考虑并通过对本协定的任何修改或变动;

(b)发布对本协定条款的解释;

(c)在认为必要时修改或变动第7.8.1条(程序规则)所述的《程序规则范本》;

(d)设立工作组,处理委员会职权中未预见的方面,对其进行监督并在必要时建议采取相应行动;

(e)经缔约双方事先同意,在行使其职能时采取任何其他行动。

4. 委员会的所有决定都将以协商一致的方式作出。

5. 委员会应当每年至少举行一次例会,并经缔约双方同意,举行特别会议。会议将在每个缔约方的领土内,或通过缔约方任何可用技术手段轮流举行。

第6.2条 协定协调员

1. 为促进缔约双方之间的交流,每一缔约方将指定一名协定协调员,并应当在本协定生效之日起90日内将该指定通知缔约另一方。

2. 除非双方另有协议,任何信息、请求或通知,必须通过协调员传达给缔约另一方。为了进一步明确,本条的规定不妨碍"投资"这一章中预设的联络点的权力。

3. 协定协调员:

(a)将共同努力筹备委员会会议的议程和其他筹备工作,并配合委员会的决定采取后续行动;

(b)向根据第7章(争端解决)设立的专家组提供行政支持。

4. 每一缔约方应当负责其指定的协调员的运作和费用。

第7章 争端解决

第7.1条 适用范围

1. 本协定另有规定除外,本章适用于防止或解决缔约双方之间有关本协定的解释或适用的所有争端,或当缔约一方认为:

(a)缔约另一方某一措施不符合其在本协定下的义务;或

(b)缔约另一方以某种方式违反了其在本协定下的义务。

2. 本章不适用于第2章(投资)。

第7.2条 合作

缔约双方应始终努力就本协定的解释和适用达成一致,并应当通过合作和商讨尽一切努力,对可能影响其运行的任何事项达成缔约双方满意的解决方案。

第7.3条 司法选择

1. 若根据本协定和缔约双方均为缔约方的其他商业协定产生争端,申诉方可选择司法以解决争端。

2. 除非缔约双方另有商定,一旦申诉方根据第1款所述协定之一要求设立专家组,就该事项而言,所选择的司法应当不包括在内。

第7.4条 磋商

1. 缔约一方可以书面要求缔约另一方就第7.1条(适用范围)中所述任何措施进行磋商。

2. 请求方应当将请求移交给缔约另一方,并在请求中说明理由,包括确定措施或其他有关事项,并指出请求的法律和事实依据。

3. 收到请求的缔约方将在收到请求之日起10日内以书面形式作出答复。

4. 缔约双方应当在如下期限内进行磋商:

(a)收到磋商请求之日起30日;或

(b)缔约双方商定的另一个期限。

5. 缔约双方应当尽一切努力,通过根据本条进行的磋商或与本协定进行磋商的其他规定,就任何事项达成相互满意的解决方案。

6. 缔约双方在磋商期间将尽一切努力相互提供所要求的信息,并应缔约另一方的请求,参加其政府机构或其他监管实体的个人磋商争端,以便就争端的主题事项达成双方满意的解决方案。

7. 磋商可以亲自或通过缔约双方可采用的任何技术手段进行。除非缔约双方另有约定,磋商应当在被请求缔约一方的首都举行。

8. 在一次磋商中,每一缔约方:

(a)应当提供充分信息,以便全面审查该措施或其他事项如何影响本协定的运行或适用;和

(b)提供在磋商期间收到的机密信息,与提供该信息的缔约一方给予的待遇相同。

9. 除非缔约双方另有约定,磋商的期限不得超过收到协商请求之日后的60日。

10. 磋商将保密,且不会预判缔约双方在其他可能的程序中的权利。

第 7.5 条　成立专家组

1. 若磋商的缔约双方未在以下时期内解决某一事务:

(a)提交请求缔约一方根据第 7.4 条(磋商)提交磋商请求后 60 日;或

(b)在经磋商缔约双方约定的其他任何期限,任何磋商一方可以书面形式要求成立专家组审议此事项。请求一方应当将申请移交给被请求一方,并说明申请的理由,包括确定措施或其他问题事项,并说明请求的法律依据。

2. 专家组将在递交申请时被视为已成立。

3. 除非缔约双方另有约定,应当根据本章和《程序规则范本》的规定选择专家组并履行其职能。

4. 专家组应当对提交的事实以及与缔约双方援引协定条款的一致性,在考虑到缔约双方提出的论点和证据的基础上,基于客观和公正评价,对争端作出决定。

第 7.6 条　专家组成员资格

1. 专家组成员:

(a)具有法律、国际贸易、本协定或解决国际商业协定引起的争端中涉及的其他事项方面的专门知识或经验;

(b)将严格依照其客观性、公正性、可信任性和良好的判断进行选择;

(c)应当独立,与任何缔约方无任何联系,或未接受任何缔约方任何指示;和

(d)遵守委员会制定的行为守则。

2. 根据第 7.4 条(磋商)曾参与磋商,或与争端有直接或间接利益冲突的个人不能是争端的专家组成员。

第 7.7 条　专家组的选择

1. 缔约双方在选择专家组时应当适用如下程序:

(a)该专家组由三名成员组成。

(b)在收到成立专家组的请求之日起 15 日内,每一缔约方应当指定一名专家组成员。若缔约一方未在此时间内指定专家组成员,缔约另一方将在第 3 款所述专家组成员名单上的姓名内,为未指定专家组的缔约方指定成员。若该清单未确定,由缔约另一方指定专家组成员。

(c)缔约双方将尽力在第二位专家组成员指定之日起 15 日内指定第三位成员担任专家组主席。若缔约双方未在指定期间就专家组主席达成协议,缔约双方应当在接下来的 10 日内交换各自四名不是任何一方的国民的候选人组成名单。主席应当在交换名单之日起 10 日内,于缔约双方在场的情况下,由其亲自或通过双方可用的任何技术手段以抽签方式从候选人名单中指定。若缔约一方未提交其四名候选人名单,主席从缔约另一方提交的名单中指定。

(d)除非双方另有约定,专家组主席不得为任何缔约方的国民,也不得在任何缔约方的领土内拥有其目前的居住地,也不得被任何缔约方雇用或已被其雇用,也不得处理过争端中产生的任何级别的事务。

(e)缔约双方应当尽力选择对争端问题具有相关知识或相关经验的专家组成员。

2. 若缔约一方认为专家组成员违反或正违反行为准则,缔约双方应当进行磋商,若

达成一致,应当根据本条由新的专家组成员代替原成员。

3. 为了本条规定的目的,在本协定生效之日起 180 日,每一缔约方应当通过其各自的协调员,通知其最多由 12 名候选人构成的专家组成员名单。

第7.8条　程序规则

1. 除非双方另有约定,专家组应当按照委员会制定的议事示范规则进行程序,该议事示范规则应当保证每一缔约方有充分发表意见的机会,且程序迅速履行并得到保证,特别是:

(a)专家组面前至少进行一次听证会的权利;

(b)每一缔约方有机会提交初步书面和辩论通信;和

(c)专家组面前的听证会、讨论和听证会期间提供的所有呈文和通信将是保密的。

2. 除非另有约定,与缔约双方进行初步磋商后,专家组应在成立后 10 日内确定其工作时间表,同时考虑第 7.9 条第 2 款的规定(专家组报告)。

3. 除非另有规定,专家组应当采用如下裁判条款:

"根据本协定的适用条款,审查专家组申请中提到的事项,并提出结论。"

4. 专家组成员的酬金和与程序有关的其他费用应当由争端双方平均承担。

5. 除非缔约双方另有约定,若程序预见不止一次听证会,听证会的地点应当在缔约双方领土之间轮流。第一次听证会将在被申请方的领土内举行。

6. 听证会上的呈文、口头辩论或陈述、专家组报告以及缔约双方与专家组之间与专家组会议记录的其他书面或口头交流,将以西班牙语和/或葡萄牙语进行。

7. 专家组的程序还应当具有足够的灵活性,以保证报告的质量,且不会过度拖延专家组的工作。

8. 专家组将为缔约双方提供充分机会以达成相互满意的解决方案。

第7.9条　专家组报告

1. 专家组报告应当以本协定的有关规定、缔约双方的呈文和诉状以及缔约双方根据《程序示范规则》提供的任何信息为基础。应专家组的要求,若缔约双方同意,专家组可在编写报告时使用附加要素。

2. 除非另有约定,专家组应当在任命第三位专家组成员后 120 日内向缔约双方提交报告。若专家组认为不能在该期限内发布报告,将以书面形式告知缔约双方延迟的原因,同时提供预估报告发布的时间。在任何情况下,专家组成立至报告分发之间的期间不得超过 150 日。

3. 该报告将包含:

(a)以事实和法律为依据的结论;

(b)确定缔约一方是否未履行其在本协定规定下的义务,或该专家组在职权范围内所解决的缔约一方要求的任何其他事项;

(c)争端解决的建议,若缔约任何一方提出要求,包括执行的合理期限。

4. 专家组报告将由多数成员票通过。专家组成员可就未一致同意的事项形成单独意见。

5. 专家组不能透露有多数或少数意见的成员。

第7.10条　程序的中止和终止

1. 缔约双方可以同意在协议签订之日后不超过12个月的任何时间中止专家组的工作。若专家组的工作被中止超过12个月，除非双方另有约定，专家组的授权将失效。若专家组的授权失效且双方未就争端的解决达成协议，本章的任何规定不得妨碍缔约一方就同一事项请求新程序。

2. 在任何时候，缔约双方可同意就此事共同通知专家组主席，以终止专家组程序。

第7.11条　遵守报告

1. 除非缔约双方另有约定，专家组报告是终局的，对缔约双方具有约束力。

2. 若报告确定该措施不符合本协定规定的义务，被请求方应当消除不符措施。

3. 缔约任何一方可以在报告发布之日起15日内要求报告说明。专家组将在提交申请后15日内对该要求作出裁决。专家组宣布之前的时间段不计入遵守报告的期限。

4. 在收到专家组报告后30日内，被请求方应当表明其遵守报告的方式和执行期限，该遵守应当尽可能符合专家组的建议。

5. 若缔约另一方不同意上述截止日期，缔约双方将进行磋商以商定执行报告的合理期限。若缔约双方未达成一致，被请求方可根据第3款的规定诉诸专家组，要求其确定遵守报告的期限。专家组的决定对缔约双方均具有约束力。

6. 在不损害第7.12条(合规审查)和第7.13条(不遵守—赔偿)的规定的情况下，被请求方可随时向请求方提出申索要求，以促进争端以相互满意的方式解决。

第7.12条　合规审查

1. 在不损害第7.13条(不遵守—赔偿)中规定的程序的情况下，若缔约双方同意或专家组报告中确定的合理期限届满，且缔约双方存在或兼容达成一致意见，为遵守专家组的决定和建议所采取的措施，缔约任何一方可要求第6.2条(协定协调员)所述协定协调员组建最初专家组，以便将争议提交给专家组。

2. 专家组在收到请求之日起不超过15日的时间内举行会议，并在第一次会议后30日内就此事项发布报告。

3. 若有可能，专家组由与最初专家组相同的成员组成。若不可能，应当遵循第7.7条(专家组的选择)中规定的程序，在此情况下，该条规定的期限应当减半。

第7.13条　不遵守—赔偿

1. 若专家组根据前条规定的程序决定被申请方不遵守报告，或者被申请方未采取任何措施遵守，缔约双方将在其商定的或根据专家组报告规定的合理期限内进行谈判，以确定相互可接受的赔偿。缔约双方将在收到书面谈判请求之日起10日内启动谈判。

2. 第1款所述的赔偿应当自缔约双方同意之时起生效，直至被申请方遵守专家组报告。

第7.14条　中止利益

1. 若缔约双方：

(a)未在第7.13条(不遵守—赔偿)所述的谈判开始后30日内达成赔偿协议；或

(b)同意赔偿，但申请方认为被申请方在协议签订后20日内未遵守协议条款，

申请方可在(a)或(b)项规定的期限届满后的任何时间，以书面形式告知被申请方其中止

适用利益的意图。告知函应具体说明申请方建议中止的利益水平。

2. 申请方可在根据第 1 款规定的告知函日期与专家组根据第 7.13 条(不遵守—赔偿)发布报告之日起的最后日期起 30 日内启动中止利益。

3. 中止利益水平应当与被申请方造成的不利商业影响的效果相等。

4. 在考虑根据第 1 款中止利益时:

(a)请求方必须首先寻求中止受该措施影响的同一部门或数部门的利益;和

(b)若被申请方认为在同一部门或数部门中止利益是不可行或无效的,可以中止其他部门的利益。

5. 中止的任何利益应仅限于被请求方根据本协定所享有的利益。

6. 中止利益应当是暂时的,并且仅在排除与协定不一致的措施,或在达成双方满意的解决方案之前适用。

7. 若受中止影响的缔约一方认为拟议中止的水平过高,或专家组确认的违反情形已消除,可将该事项提交根据第 7.12 条(合规审查)设立的专家组。

8. 若按照前款规定设立的专家组认定中止程度过高,或被申请方已消除不符措施,申请方应当立即调整或立即取消中止利益。

9. 报告的全面实施不包括赔偿、中止利益或其他义务。

第8章 例外

第8.1条 一般例外

就第 3 章(服务贸易)而言,《服务贸易总协定》第 14 条,包括其脚注,已经纳入并作为本协定一部分变通后参照适用。缔约双方认同《服务贸易总协定》第 14 条(b)款所述的包括保护人类、动植物生命和健康所必需的环境措施。

第8.2条 安全例外

本协定中的任何规定不应当解释为:

(a)要求缔约一方提供或允许访问任何其认为披露将违反其基本安全利益的任何信息;或

(b)阻碍缔约一方根据《联合国宪章》规定采取其认为必要的措施,以履行其在维持或恢复国际和平或安全方面的义务,或保护其自身基本安全利益。

第8.3条 临时保障措施

1. 本协定中的任何规定不应当理解为,阻止缔约一方在发生严重国际收支困难和外部财政困难或威胁时,对经常账户交易的付款或转移,采取或维持临时限制性措施。

2. 本协定中的任何规定不应当理解为,阻止缔约一方就与资本流动有关的付款或转移采取或维持临时限制性措施:

(a)若出现严重国际收支困难和外部财政困难或威胁;或

(b)在特殊情况下,当与资本流动有关的付款或转移给宏观经济管理造成或威胁造成严重困难时。

3. 在第 1 款和第 2 款所述的情况下,若出现严重国际收支困难,采取的临时限制性措施必须是非歧视性,并应当符合《国际货币基金协定》的规定。

第 8.4 条　税收措施

1. 本协定中的任何规定不适用于税收措施。进一步说明,本协定中的任何内容不会影响缔约双方在任何税收协定下的权利和义务。若本协定的条款与任何税收协定不符,该税收协定的条款应当适用于不兼容范围。

2. 本协定的任何规定不得解释为,阻止采用或执行旨在确保根据缔约双方立法规定公平或有效征收或征缴税款的任何措施。

第 9 章　最后条款

第 9.1 条　附件、附录和脚注

本协定的附件、附录和脚注构成本协定的组成部分。

第 9.2 条　生效

本协定将在缔约一方通知缔约另一方已经完成了本协定生效所必需的国内程序的最后一个照会后满 90 日生效。同时,缔约双方将通知拉丁美洲一体化联盟总秘书处相应程序的履行。

第 9.3 条　保管人

拉丁美洲一体化联盟秘书长将成为本协定的保管人,并由其向缔约双方分发经过正式认证的副本。

第 9.4 条　修正

1. 缔约双方可就本协定的任何修订达成一致。

2. 修正案应当生效,除非缔约双方在收到缔约一方通知缔约另一方完成修正案生效所必要的国内程序的最后一份通信之日起 45 日后规定了另一期间。

3. 除非本协定另有规定,本协定中对法律或法规的援引,包括对其修正和替换的援引。

第 9.5 条　协定的发展

缔约双方将考虑进行额外谈判,以扩大和深化本协定的涵盖范围,并采用其他具体规则和纪律。本条的规定不影响第 2 章(投资)、第 3 章(服务贸易)和第 4 章(公共采购)中规定的具体承诺。

第 9.6 条　退出

缔约任何一方均可退出本协定。退出将通过向缔约另一方和拉丁美洲一体化联盟秘书长的说明进行,并将在通知缔约另一方后满 365 日生效,且不妨碍缔约双方可以商定不同的条款使退出生效。

兹见证,缔约双方代表于 2016 年 4 月 29 日在利马市签署本协定,西班牙语和葡萄牙语两份原件,各文本同等作准。

(季斯雨、邓瑞平译,邓瑞平审校)

巴西联邦共和国和墨西哥合众国
关于投资合作和便利化的协定*

巴西联邦共和国和墨西哥合众国(以下统称"缔约双方"或单称为"缔约一方"):

愿加强和深化缔约双方的友谊纽带和持续合作精神;

寻求激励和支持双边投资,在两国间实施新的一体化举措;

承认投资在推动可持续性发展、增长经济、减少贫困、创造就业、扩大生产能力和促进人类发展方面的根本作用;

铭记双方在投资方面建立战略伙伴关系将带来广泛和互惠的利益;

突出为促进缔约双方投资的透明、灵活和友好环境的重要性;

认识到缔约双方有权就投资立法方面通过新条例,以符合其国家政策之目标;

愿推动和加强双方私营部门与两国政府间的联系;

寻求建立技术对话机制和可以有助于大幅增加相互投资的政府举措。

已达成条款如下:

第 I 部分 适用范围和定义

第 1 条 目标

1. 本协定的目标是促进双方间的合作,以推动和便利相互投资。

2. 为实现上述目标,本协定确立了促进投资、建立缓解风险、预防冲突机制、管理合作议程的体制框架和缔约双方商定的其他文书。

第 2 条 适用范围

1. 本协定适用于其生效之前或之后进行的所有投资。

2. 在援引司法保护或在本协定生效前已解决的与投资有关的申索时,不得援引本协定质疑任何用尽国内解决资源的诉讼。

3. 本协定可用于援引解决与投资有关的争端,前提是自投资者首次知道或应当知道引起争端的事实之日起不超过 5 年。

4. 本协定不应当以任何方式限制缔约一方投资者在缔约另一方领土内根据适用的国内法或国际法所享有的权利和利益。

5. 进一步明确,缔约双方重申在不影响世界贸易组织协定所产生的权利和义务的情况下适用本协定。

第 3 条 定义

为了本协定目的:

1. "东道国",指投资进行地的缔约方。

2. "投资",指缔约一方投资者根据缔约另一方法律规章建立或获取的直接投资,其

---

* 译自本协定西班牙文本,可从 https://investmentpolicy. unctad. org/international-investment-agreements/treaty-files/4718/download 获取。

直接或间接允许该投资者为缔约另一方领土内货物生产或服务建立长期经济关系,诸如:

(a)团体、公司、公司股权(股份),或团体或公司中其他形式的股份;

(b)为获得经济利益或其他商业目的所获取或使用的有形或无形资产或其他财产;

(c)以下情形的公司债务工具:

(ⅰ)公司是投资者的子公司的;和

(ⅱ)债务工具原始到期日期至少3年期限的,

但不包括缔约一方的债务工具,不论其原始到期日①;

(d)向公司提供的以下情形贷款:

(ⅰ)公司是投资者的子公司的;和

(ⅱ)贷款原始到期日至少3年期限的,

但不包括向缔约一方提供的贷款,不论其原始到期日②;

(e)世界贸易组织在《与贸易有关的知识产权协定》中界定或提及的知识产权;

(f)东道国给予缔约另一方投资者的有经济价值的特许、许可或授权。

为了进一步明确,"投资"定义不包括:

(ⅰ)政府发行的债务证券或向政府提供的贷款;

(ⅱ)证券投资;和

(ⅲ)仅由国内公司或在缔约一方境内向缔约另一方境内的公司出售货物或服务的商事合同产生的金钱债权,或者与商事交易相关的授信或不适用于上述(a)至(f)中所述利益的其他任何金钱请求权。

3."投资者",指:

(a)具有缔约一方国籍的依照其法律在缔约另一方境内投资的任何自然人;

(b)依照缔约一方法律设立的任何法律实体,该法律实体在该缔约一方领土内拥有经济活动和中心并在缔约另一方进行投资;或

(c)没有依据缔约任何一方法律设立但依据缔约任何一方法律由缔约一方的上述(a)或(b)所控制的并在缔约另一方投资的任何人。

4."回报",指投资所获得的价值,特别是但不限于包括利润、利息、资本收益、股息、特许权使用费或酬金。

5."领土",指:

(a)对墨西哥合众国(简称"墨西哥"),墨西哥领土含墨西哥根据国际法行使主权或管辖权的领土,包括连接墨西哥相应领海的海域即专属经济区和大陆架。

(b)对巴西联邦共和国(简称"巴西"),领土指巴西根据国际法和国内立法行使主权或管辖权的区域,包括领海、专属经济区、大陆架、土壤和底土的区域。

---

① 这种排除也适用于墨西哥的国有公司。
② 这种排除也适用于墨西哥的国有公司。

第 II 部分　风险管理和减缓措施

第4条　承认

缔约各方应当根据其可适用的规章承认并鼓励缔约另一方投资者的投资。

第5条　非歧视

1. 在不影响本协定生效日法律规定的例外的情况下,缔约一方应当给予缔约另一方投资者及其投资不低于其给予本国投资者及其投资的待遇。若新的法律要求或限制不具有歧视性,本条的规定不应当妨碍对投资者及其投资采用和适用。若某种待遇改变了竞争条件,使其和与缔约另一方的投资者及其投资相比,更有利于其本国的投资者和其投资,应当认为该待遇是不利的。

2. 在不影响本协定生效日法律规定的例外的情况下,缔约一方应当给予缔约另一方投资者及其投资不低于其给予第三国投资者及其投资的待遇。若某种待遇改变了竞争条件,使其和与第三国的投资者及其投资相比,更有利于其本国的投资者和其投资,应当认为该待遇是不利的。

3. 本条不应被解释为缔约一方有义务向缔约另一方投资者或其投资给予以下利益:

(a)基于以下原因产生的任何待遇、优惠或特权:

(i)投资协定或包含投资章的协定中涉及解决投资争端的条款;或

(ii)每一缔约方未来是其成员的任何国际贸易协定,诸如区域经济一体化组织、自由贸易区、关税同盟或共同市场的协定。

(b)缔约双方的任何权利或义务源于与部分或全部财政事项有关的国际协定或安排。若本协定的条款与财政事宜任何国际协定或安排之间存在差异,以后者为准。

第6条　征用

1　在不影响其法律和法规的情况下:

1.1　缔约双方不应当国有化或征用本协定涵盖的投资,除非:

(a)出于公共事业或利益;

(b)以非歧视方式;

(c)按照第1.2至1.4款支付赔偿;和

(d)按照正当法律程序。

1.2　赔偿必须:

(a)全额支付,不得无故迟延;

(b)相当于有效征用前即刻(以下称"估值日")的被征收投资的公平市场价值;

(c)不反映因估值日前知悉征收意图所产生的市场价值负面变化;和

(d)按"转移条款"可以自由转移。

1.3　若公平市场价值以可自由使用货币计价,赔偿额不应当低于东道国法律下估值日的公平市价加上自估值日至支付日应累计的利息。

1.4　若公平市场价值不以可自由使用货币计价,应支付的赔偿额不应当低于估值日的公平市价加上利息,和若适用东道国法律,自征收日起至付款日止的应累计的通货膨胀。

第7条　损失赔偿

1. 缔约一方投资者在缔约另一方境内的投资因战争或其他武装冲突、革命、国家紧急状态、暴乱、骚乱或其他任何类似事件而遭受损失的,应享有恢复原状、赔偿、补偿或其他协议的解决办法,与该缔约另一方授予给本国投资者的待遇相同或按本协定第5条第2款授予的待遇,以对投资者较有利者为准。

2. 若投资在各缔约方领土内遭受第1款所述任何情况下的损失与以下有关,各缔约方应当酌情根据本协定第6条向投资者提供恢复原状、赔偿或两者:

(a)缔约一方的部队或当局征用投资者的投资或部分投资;或

(b)缔约一方的部队或当局破坏投资者的投资或部分投资。

第8条　透明度

1. 根据本协定的原则,各缔约方应当确保影响投资的一切措施均按照其法律制度以合理、客观和公正的方式进行管理。

2. 各缔约方应当确保与本协定所述任何事项,特别是与资格、许可和认证有关的普遍适用的法律、法规、程序和行政裁决,尽可能以电子格式提供,以便使相关人员和缔约另一方知晓。

3. 各缔约方应当尽力为利害关系人提供合理机会以便对提议的措施发表意见。

4. 缔约双方应当在各自公共和私营金融机构间适当宣传本协定,这些机构负责与缔约另一方境内投资有关的贷款、信贷、担保、保险的风险技术评估和审批。

第9条　转移

1. 缔约双方应当允许以可自由使用的或转移日市场汇率立即自由转移与投资有关的资金。上述转移包括:

(a)维持或扩大该项投资的初始资本出资或其任何追加;

(b)利润、股息、利息、资本收益、特许权使用费、行政付费、技术援助费、其他报酬和直接从投资中获得的其他款项;

(c)出售或清算全部或部分投资的收益;

(d)按照第3条定义,根据投资者或其投资所属合同支付的款项,包括根据贷款协议支付的款项;和

(e)在征用时的赔偿额,其由东道国公共当局对缔约另一方投资者的损失或临时使用投资进行的赔偿。若赔偿以公共债券方式向缔约另一方投资者支付,投资者可以转移在市场上出售该债券所得的收益价值。

2. 尽管有第1款规定,缔约任何一方可以采取公平、非歧视和善意适用其与以下有关的法律阻止实施转移:

(a)破产、无力清偿债务或保护债权人的权利;

(b)刑事或行政违法;

(c)外汇转移或其他货币工具的报告;或

(d)保证在诉讼程序中遵守判决。

3. 本协定包含的任何规定不应当影响缔约双方在发生国际收支危机时采取限制转移措施的权利,也不应当影响《国际货币基金协定》所载国际货币基金组织成员的权利和

义务,特别是该协定下规定的使用汇率措施。

4. 在存在严重国际收支困难或有严重国际收支困难威胁的情况下采取临时限制转移措施必须是非歧视性的,且符合《国际货币基金协定》条款的规定。

第10条　税收措施

1. 本协定的任何规定不应当理解为,缔约一方有义务在投资方面将产生于本协定缔约一方是或成为缔约方的任何现行或未来避免双重征税协定的任何待遇、优惠或特权的利益,给予缔约另一方投资者。

2. 本协定所含的任何规定不应当解释为,阻止采取或执行旨在确保根据缔约双方法律规定公平或有效征收或收取税款的任何措施,只要此等措施的适用不构成专横、不合理歧视或变相限制手段的方式。

第11条　审慎措施

尽管本协定有其他规定,但不应当以预防性理由阻止缔约一方采取或维持保证金融体系完整和稳定的措施,包括保护投资者、储户、投保人或与金融服务提供者签订信托承诺的人。若这类措施不符合本协定的规定,其不应当被用作规避该缔约一方在本协定下承诺或义务的手段。

第12条　安全例外

1. 本协定所含任何规定不应当解释为,阻止缔约一方采取或维持旨在维护国家安全或公共秩序的措施或适用其刑法的规定。

2. 缔约一方按本条第1款采取的措施或基于国家安全法或公共秩序的决定随时禁止或限制缔约另一方投资者在其领土内实现投资的,此等措施或决定不应当受本协定下争端解决机制的约束。

第13条　企业社会责任

1. 投资者及其投资在本条规定的自愿原则和标准的基础上,将努力通过采取对社会高度负责的做法,为东道国和当地社区的可持续发展作出最大程度的贡献。

2. 投资者及其投资应当竭力遵守以下自愿原则和负责任经营行为标准,并符合东道国对投资适用的法律:

(a)促进经济、社会和环境发展,以实现可持续发展;

(b)根据东道国的国际义务和承诺,尊重参与企业活动的人员的人权;

(c)通过与当地社区的密切合作,鼓励当地能力建设;

(d)促进人力资本的发展,特别是通过创造就业机会、便利工人获得职业培训的渠道;

(e)避免寻求或接受东道国法律中未涉及的与环境、健康、安全、工作或财政奖励或其他事项相关的豁免;

(f)支持和维护良好的公司治理原则,制定和应用良好的公司治理实践;

(g)制定和应用自我监管的实践和有效的管理体制,促进公司与开展业务的社会之间的相互信任关系;

(h)通过适当传播,包括职业培训计划,促进工人了解公司政策;

(i)避免向董事会或适当情况下向主管公共机构报告违规行为或违反法律或违反公

司治理标准的行为的员工采取歧视性或纪律处分措施,此类做法违反法律或违反公司提交的治理的标准;

(j)尽可能鼓励业务合作伙伴(包括直接和分包服务提供商)适用符合本条规定前述的商业行为原则;和

(k)尊重当地的政治活动和制度。

第Ⅲ部分　机构性治理和争端预防

第14条　管理本协定的联合委员会

1. 为了本协定的目的,缔约双方兹设立联合委员会以管理本协定(以下简称"联合委员会")。

2. 联合委员会应当由缔约双方政府指定的政府代表组成。

3. 联合委员会应当在缔约双方同意的时间、地点和以缔约双方同意的方式召开会议。会议应当每年举行至少一次,且由缔约双方交替担任主席。

4. 联合委员会应当具有以下职能和职责:

(a)监督本协定的适用和执行;

(b)讨论并披露扩大相互投资的机会;

(c)协调执行相互达成一致的合作与便利化议程;

(d)在可适用与联合委员会工作有关的特别事项时,与私营部门和民事社团商议;

(e)以友好的方式解决与缔约一方投资有关的问题或争端;和

(f)适时适用解决国家间纠纷的仲裁规则。

5. 缔约双方可设立临时工作组,其应当与联合委员会共同或分别召开会议。

6. 经联合委员会任何时间同意,可以邀请私营部门参与临时工作组。

7. 联会委员会应当建立自身程序规则。

第15条　联络点或专员

1. 每一缔约方应指定一国家联络点或专员,其主要职责应当是支持在其领土内的缔约另一方投资者。

2. 在巴西,专员应当是对外贸易局①。

3. 在墨西哥合众国,国家联络点应当是国家外国投资委员会②。

4. 除其他职责外,国家联络点或专员应当:

(a)尽力遵守联合委员会的方针,并根据本协定与缔约另一方的国家联络点互动;

(b)与相关政府部门互动,评估和推荐从政府和缔约另一方投资者处收到的建议或申索,向政府或感兴趣的投资者提供关于此类建议所产生的承诺的信息和投诉;

(c)与相关政府部门协调并与相关私营实体合作,缓解分歧并促进其解决;

(d)向缔约双方提供关于一般或特定项目的投资监管问题的及时、有用信息;和

---

① 对外贸易局(CAMEX)是巴西联邦共和国总统府的政府委员会,其主要机构是部长理事会,部长理事会是一个部际机构。

② 国家外国投资委员会(CNIE)由10位国务秘书的负责人组成,由经济部主任担任主席。

(e)若适用,向联合委员会通报其活动和行动。

5. 每一缔约方应当为其国家联络点或专员的运行制定内部规章,并酌情明确规定执行每项职能和责任的时限。

6. 每一缔约方应当指定一个机构或当局作为其国家联络点或专员,该机构应当迅速回应缔约另一方政府和投资者的通知和要求。

7. 缔约双方应为国家联络点或专员履行其职能提供手段和资源,并确保其参与适用本协定的其他政府机构的准入。

第16条　缔约双方之间的信息交流

1. 缔约双方在任何可能时间且涉及相互投资时,应当特别通过联合委员会和其联络点,交换有关业务机会、程序和投资要求的信息。

2. 为此目的,一经请求,该缔约方应当尽可能迅速和尊重对所给予的保护水平,提供第1款所要求的信息,尤其与以下方面有关的信息:

(a)投资的监管条件;

(b)政府方案和可能有关的激励;

(c)可能影响投资的公共政策和法律框架,包括与征收有关的政策和法律框架;

(d)投资法律框架,包括建立公司和合营企业的法律;

(e)有关国际条约;

(f)海关手续和税收制度;

(g)货物和服务市场的统计信息;

(h)可用基础设施和公共服务;

(i)政府采购和公共特许权;

(j)社会和劳动立法;

(k)移民法;

(l)货币汇兑法;

(m)关于缔约双方先前确定的具体经济部门或部门的立法信息;和

(n)区域项目和投资协定。

3. 缔约双方还将交换有关公私伙伴关系(PPPs)的信息,特别是通过提高透明度和获取有关政策的信息。

4. 缔约一方对缔约另一方提交的请求,应严格遵守各自适用的国内法律,充分尊重此类信息的保护程度。

第17条　与私营部门的互动

缔约双方认识到私营部门发挥的关键作用,将在相关的商业部门间传播关于在缔约另一方境内的投资、监管框架和商业机会的一般信息。

第18条　争端预防

1. 每一国家联络点或专员间应相互协调并与联合委员会协调,以预防、管理和解决缔约双方间的争端。

2. 在启动仲裁程序前,根据本协定第19条,双方之间的任何争端应当通过双方协商和谈判进行评估,并应当事先由联合委员会审查。

3. 缔约一方可以在会议通知之日起 30 日内向投资者提交特定利益问题并召集联合委员会会议:

(a)为了启动程序,利益相关投资者的缔约方必须以书面形式向联合委员会提出请求,说明利益相关投资者的名称、面临的挑战和困难;

(b)联合委员会将有 60 日,可以通过相互协议再延长 60 日,并在合理情况下,评估有关案件的相关信息并提交报告;

(c)为便于在缔约方之间寻求解决方案,以下者可以尽可能参加双边会议:

(i)有关投资者的代表;

(ii)参与协商措施或情况的政府和非政府实体的代表;

(d)对话和调解程序将在任何缔约方的倡议下结束,在随后的会议上提交联合委员会的报告,该报告将在联合委员会报告提交期结束之日进行。报告应包括:

(i)确定该缔约方;

(ii)确定利益相关的投资者;

(iii)对所咨询措施的描述;和

(iv)双方对该措施的立场;

(e)联合委员会应尽可能召开特别会议,审查提交给它的事项;

(f)若其中一方未能出席(d)项所述的联合委员会会议,该争议可由缔约另一方根据本协定第 19 条提交仲裁。

4. 提交报告除外,将保留联合委员会会议、所有文件和本条所设机制框架内采取的措施。

第 19 条 缔约方之间争端的解决

1. 若第 18 条第 3 款规定的程序用尽且争端未得到解决,任何缔约方可在各国之间寻求仲裁。

2. 仲裁的目的是确定缔约一方主张不符合本协定的措施是否与本协定相符。但双方可以同意仲裁员审查质疑的措施所造成的损害是否存在,并通过裁决确定对所述损害的赔偿。若仲裁裁决规定了金钱补偿,在扣除根据每一缔约方国内程序的争端费用后,接受补偿的缔约方应当将此补偿转移给所涉投资的权利持有人。

3. 本条不应当适用于与已发生的任何事实有关的任何争端和本协定生效前已经采取的任何措施。

4. 缔约双方可根据本条第 5 款设立争端的临时仲裁庭,或可共同选择将争端提交其他解决国家间争端的机制。

5. 关于争端的专门仲裁庭的组成,每一缔约方在收到"仲裁申请"后不超过 2 个月的时间内,将通过外交途径任命仲裁庭成员。经双方同意,两名成员应指定第三国国民,任命为仲裁庭主席。主席的任命必须自任命仲裁庭其他两名成员之日起 2 个月内。

6. 若在本条第 5 款规定的期限内尚未作出必要的指定,缔约任何一方可邀请国际法院院长作出必要的任命。若国际法院院长是缔约一方的国民或被阻止履行上述职能,将邀请副院长进行必要的任命。若副院长是缔约一方的国民或被阻止履行上述职能,将邀请不是缔约任何一方国民的国际法院资深法官作出必要的任命。

7. 仲裁员必须：

（a）具有高尚的道德标准，具有国际公法所需的经验或专业知识，并且在争端相关领域具有公认的专业知识；

（b）独立且不直接或间接依附任何缔约一方、其他仲裁员、潜在证人，也不接受缔约双方的指示；和

（c）遵守世界贸易组织《支配争端解决的规则和程序的谅解的行为规则》（WTO/DSB/RC/1,1996 年 12 月 11 日）或联合委员会确立的其他任何行为标准。

8. 仲裁庭将以多数票通过确定其自身的程序。该决定对双方均具有约束力。另有协议除外，仲裁庭的决定应当根据本条第 4、5 款在仲裁庭主席任命后 6 个月内作出。

第Ⅳ部分　进一步投资合作与便利化议程

第 20 条　进一步投资合作与便利化议程

1. 联合委员会应当形成、讨论促进和提升双边投资相关议题的《进一步投资合作与便利化议程》。最初讨论的主题及其目标列于附件一《进一步投资合作与便利化议程》中。

2. 应当在缔约双方主管当局之间讨论议程。联合委员会在可行时应当邀请缔约双方增补政府主管官员参与议程讨论。

3. 此类谈判的结果可形成具体的法律文书。

4. 联合委员会将协调讨论的日期，以促进投资合作与便利化和具体承诺的谈判。

5. 缔约双方应当向联合委员会提交参与此类谈判的政府机构及其官方代表的名单。

第Ⅴ部分　一般和最后条款

第 21 条　一般修正和最后条款

1. 联合委员会、国家联络点或专员不应当以任何方式替代或损害缔约双方之间存在的其他任何协定或外交途径。

2. 本协定生效 5 年后，联合委员会应当在不损害其常规会议情况下，对其适用进行一般性审查，并在必要时提出修正的建议案。

3. 本协定将在收到第二份外交照会之日起满 90 日生效，缔约双方为此目的通知对方遵守其国内法律程序。

4. 经缔约双方同意，本协定可以修正，商定的修正本应按照本条第 3 款规定的程序生效。

5. 任一缔约方可以在任何时间以向缔约另一方提交书面终止通知方式终止本协定。终止应当在缔约双方同意的日期生效，或者缔约双方未能达成协议时自交付终止通知之日后满 365 日生效。

签字者经各自政府正式授权特此签署本协定，以昭信守。

本协定于 2015 年 5 月 26 日在墨西哥城签署，一式两份，用西班牙文和葡萄牙文写成，各文本同等作准。

附件一

进一步投资合作与便利化议程

以下所列议程代表了缔约双方改善投资合作与便利化的最初努力,可以由联合委员会随时扩大和修改。

a. 支付和转移

i. 便利缔约双方之间的资本和货币汇款。

b. 签证

i. 便利缔约另一方的经济机构、实体、公司或投资者的经理、管理人员和合格雇员的进入和暂时停留。

c. 技术和环境规章

i. 便利发放与缔约另一方投资有关的文件、许可证和证书。

d. 机构合作监管和交流

i. 机构在监管框架的发展和管理方面交流经验合作。

（季斯雨、邓瑞平译,邓瑞平审校）

巴西联邦共和国和智利共和国
关于投资合作和便利化的协定[*]

巴西联邦共和国和智利共和国(以下统称"缔约双方"或单称为"缔约一方"):

愿加强和深化缔约双方的友谊纽带和持续合作精神;

寻求刺激和支持双边的投资,在两国间开展新的一体化举措;

承认投资在促进可持续发展、增长经济、减少贫困、创造就业、扩大生产能力和促进人类发展方面的基本作用;

铭记双方在投资方面的关系不断深化将带来广泛和互惠的利益;

目的是通过交流信息、促进、合作以及查明和消除投资障碍,为双方的利益不断扩大双边投资、改善投资环境;

强调为双边投资创造透明和友好环境的重要性;

认识到缔约各方有权就投资立法方面通过新条例,以实现合法公共政策目标;

愿推动双方私营部门与两国政府间的联系;和

寻求建立技术对话机制和可以有助于大幅增加相互投资的政府举措。

已达成条款如下:

第 I 部分　定义和适用范围

第1条　定义

为了本协定目的:

1. "TRIPS 协定",指《建立世界贸易组织协定》附件 1C 中所载的《与贸易有关的知识产权协定》。

2. "国有公司",指开展商业活动全部或大多数由缔约一方拥有或控制的公司。

3. "东道国",指投资进行地的缔约方。

4. "投资",指缔约一方投资者根据缔约另一方法律和规章建立或获取的直接投资,其直接或间接允许该投资者对缔约另一方领土内货物生产或服务提供的管理施加控制或重大程度影响,包括但不限于:

(a) 一企业;

(b) 股份、资本或其他形式参与公司的股权或资本;

(c) 公司的证券、债券(公司债券)、贷款或其他债务工具,不论原始到期日期,但就巴西而言,债务工具或提供在非市场条件下发展经济活动的国有公司的贷款;就智利而言,由国有公司发行的债务工具或向国有公司提供的贷款;

(d) 合同权利,包括设计、施工、建筑、管理、生产、特许权、收益分享和其他类似合同;

(e) 根据东道国国内法律授予的批准、授权、许可和类似权利;

---

* 译自本协定西班牙文本,可从 https://investmentpolicy.unctad.org/international-investment-agreements/treaty-files/4712/download 获取。

(f) 由 TRIPS 协定定义或提及的知识产权;

(g) 有形或无形、动产或不动产权以及任何其他物权,如抵押权、典当权、用益物权和类似权利。

4.1 为了进一步明确,"投资"不包括:

(a) 公共债务债券;

(b) 在司法诉讼或行政程序中发布的命令或判决;

(c) 证券投资;和

(d) 仅由投资者在缔约一方境内向缔约另一方境内的国民或公司出售货物或服务的商事合同所产生的金钱债权,或与商事交易有关的信贷授予。

5. "投资者",指在缔约一方境内投资的缔约另一方的国民、永久居民或公司。

6. "公司",指根据适用法律设立或组建的,无论是否为营利和私有或政府所有,包括任何团体、基金会、独资公司、合资公司和无法人资格的实体。

7. "缔约一方的公司",指根据缔约一方立法设立或组建,在同一缔约方境内开展实质性商业活动的公司。

8. "国民",指根据缔约一方法律规定具有其国籍的自然人。

9. "措施",指任何法律、法规、程序、规定或惯例。

10. "收益",指投资所获得的价值,包括但不限于特许权许可费、利润、利息、资本收益和股息。

11. "领土"指:

(a) 对智利,其主权下的陆地、海洋和空域,以及根据国际法和国内法行使主权和管辖权的专属经济区与大陆架;和

(b) 对巴西,领土包括根据国际法和国内法行使其主权或管辖权的陆地和领空、专属经济区、领海、大陆架、土壤和底土。

12. "自由使用货币",指根据《国际货币基金协定》确定的自由使用货币。

第 2 条 宗旨

本协定的目标是通过建立投资者及其投资待遇框架、合作的机制治理以及预防和解决争端的机制,促进和便利双方间的投资。

第 3 条 适用范围

1. 本协定适用于本协定生效前后进行的全部投资。

2. 为了进一步明确,

(a) 缔约一方要求缔约另一方的服务提供者存入债券或其他形式的财务担保作为在其境内提供服务的条件,不适用于该服务的跨境提供。本协定适用于该缔约方授予的担保或财务担保的处理,条件是该担保或财务担保为投资。

(b) 本协定不得以任何方式限制缔约方境内现行法律或国际法上规定的权利和利益,包括缔约另一方投资者授予的世界贸易组织 TRIPS 协定中的权利和利益;和

(c) 本协定不应当阻碍对投资者及其投资采取新的法律要求或限制,只要此等要求或限制符合本协定。

3. 本协定不适用于缔约一方提供的补贴或资助,包括贷款、担保、保险和国家保证,

尽管这不妨碍第18条(联合委员会)规定的联合委员会可以处理事务。

第Ⅱ部分　授予投资者及其投资的待遇

第4条　准许

各缔约方应在其领土内准许缔约另一方投资者按其国内法进行投资。

第5条　国民待遇

1. 各缔约方应当根据其投资时有效的法律和法规,就其领土内进行投资的扩张、管理、指挥、经营、营运、出售和其他形式的投资措施方面,给予缔约另一方投资者的待遇,不低于其在类似情形下给予其本国投资者的待遇。

2. 各缔约方应当根据其投资时有效的法律和法规,就其领土内进行投资的扩张、管理、指挥、经营、营运、出售和其他形式的投资措施方面,给予缔约另一方投资者投资的待遇,不低于其在类似情形下给予其本国投资的待遇。

3. 为了进一步明确,是否在"类似情形"下给予待遇依赖客观情况的整体性,包括相关待遇是否以合法公共福利目标为基础在投资者之间或投资之间进行区别。

4. 为了进一步明确,本条不应当被解释为,要求缔约任何一方必须补偿因投资者的外国特性及其投资而产生的内在竞争劣势。

第6条　最惠国待遇

1. 各缔约方应当根据其投资时有效的法律和法规,就其领土内进行投资的扩张、管理、指挥、经营、营运、出售和其他形式的投资措施方面,给予缔约另一方投资者的待遇,不低于其在类似情形下给予非缔约方投资者的待遇。

2. 各缔约方应当根据其投资时有效的法律和法规,就其领土内进行投资的扩张、管理、指挥、经营、营运、出售和其他形式的投资措施方面,给予缔约另一方投资者投资的待遇,不低于其在类似情形下给予非缔约方投资者投资的待遇。

3. 本条不得解释为:

(a)缔约一方有义务给予缔约另一方或其投资的投资者以下任何待遇、优惠或特权的利益:

(ⅰ)投资协定或包含投资章的协定中涉及解决投资争端的条款;或

(ⅱ)任何国际贸易协定,包括缔约方在协定生效前为成员所缔结的诸如区域经济一体化组织、自由贸易区、关税联盟或共同市场的协定。

(b)在任何争端解决机制中,可以援引本协定中缔约方在本协定生效之前缔结的国际投资协定或包含投资章的协定中涵盖的待遇标准。

4. 为了进一步明确,本协定不应当适用于任何现行国际协定中所含的或在本协定生效前签署的涉及以下的服务贸易提供:航空;捕捞;海事,包括救助;任何关税联盟、货币联盟和由此等联盟或类似机构缔结协定所产生的。

第7条　征收

1. 任何一方不应当征收或国有化缔约另一方投资者的投资,除非:

(a)出于公共事业或公共利益的原因;

(b)以非歧视方式;

BRICS LAW REPORT

(c)按照第2至3款支付补偿;和

(d)按照正当法律程序的原则。

2. 补偿应当:

(a)不迟延地支付;

(b)相当于已采取征收措施前即刻("征收日")被征收投资的公平市场价值;

(c)不反映因(b)项所述征收日前知悉征收意图所产生的市场价值负面变化;和

(d)根据第11条(转移)可自由支付和转移。

3. 第1款(c)项所述的补偿不得低于第2款(b)项所述日期的公平市场价值,加上按照市场标准确定的利率自第2款(b)项确定日期起直至付款日的利息。

4. 本条不适用于颁发与知识产权相关的强制许可,或者在该权利颁发、撤销、限制或创建与TRIPS协定相符的范围内撤销、限制或创建所述权利。进一步明确,本款所指的"撤销"(知识产权)一词包括取消或撤销所述权利,而(知识产权的)"限制"一词也包括所述权利的例外。

5. 进一步明确,本条仅规定通过正式转移产权或所有权方式对投资国有化或以其他方式直接征收时的直接投资。

第8条 战乱损失的待遇

1. 各缔约方应当就恢复原状、赔偿、补偿和其他解决办法,授予缔约另一方投资者在其境内的投资因诸如战争、革命、叛乱或内乱之类的武装冲突或国内冲突遭受损失的待遇,不应当低于其授予本国的投资者或任何非缔约国的投资者的待遇,以对受影响投资者最有利者为准。

2. 尽管有第1款的规定,各缔约方应当根据第7条(征收)第2至3款,对第1款所述任何情况下的缔约另一方投资者投资在其境内因以下原因遭受的损失,酌情向缔约另一方投资者提供补偿、赔偿或两者:

(a)该缔约方的部队或当局征用投资者投资或部分投资;或

(b)该缔约方的部队或当局破坏其投资或部分投资。

第9条 透明度

1. 各缔约方应确保及时公布其与本协定涵盖任何事项有关的法律和规章,并尽可能以电子格式公布。

2. 各缔约方应当尽力:

(a)事先公布其拟采取的第1款中所述的措施;和

(b)向有关人士和缔约另一方提供合理机会以对拟采取的措施发表意见。

3. 缔约双方应根据其透明度法律和规章,建立或维持适当机制,以回应利益各方就其关于本协定所涉事项的规定提出的询问。建立适当机制应当考虑小型行政机构的预算和资源的限制。

第10条 国家规定

各缔约方应当确保影响投资的全部措施按照其法律制度以合理、客观和公正方式予以管理。

第 11 条 转移

1. 每一缔约方应当允许与投资有关的资金自由地、无不当迟延地转移进出其领土。此转移应当包括：

(a) 与维持或扩大该项投资的初始资本出资或其任何追加；

(b) 与投资直接相关的收益；

(c) 出售、清算全部或部分投资的收益；

(d) 根据投资者或投资所属合同支付的款项，包括根据贷款协议支付的款项；

(e) 偿还直接与投资有关的任何贷款，包括其利息；和

(f) 根据第 7 条 (征收) 和第 8 条 (战乱损失的待遇) 作出的付款。若用公债债券支付补偿，投资者可以根据本条款转移市场上出售该种债券所得收益的价值。

2. 每一缔约方应允许与投资相关的转移按当日市场汇率以自由使用的货币进行。

3. 尽管有第 1 款的规定，缔约双方可以通过公平、非歧视和善意适用其与以下有关的法律阻止转移：

(a) 破产程序、破产、无力偿债或保护债权人的权利；

(b) 遵守司法、行政或仲裁程序中作出的决议、判决或裁决。为了进一步明确，本项包括遵守司法、行政或仲裁程序中就税务或劳工性质所作出的决议、判决或裁决；

(c) 刑事违法行为；或

(d) 必要时与执法或金融监管者合作的金融报告或维持转移登记。

4. 每一缔约方可采取或维持与本条规定义务不符的措施，只要此类措施是非歧视性并符合《国际货币基金协定》：

(a) 国际收支或外部财政困难或其威胁严重不平衡的情况；或

(b) 在特殊情况下，资本流动产生严重复杂情况或可能威胁到宏观经济管理，特别是货币或汇率政策。

第 12 条 税收

1. 本协定中的任何规定不适用于税收措施。

2. 进一步明确，本协定中未作出任何规定：

(a) 影响缔约双方间已生效的任何税收协定所产生的权利和义务；或

(b) 应当解释为避免采取或执行根据缔约双方法律规定旨在确保公平或有效征税或赋税的任何措施。

第 13 条 审慎措施

1. 本协定中的任何规定不应当解释为阻止缔约一方采取或维持审慎措施，诸如：

(a) 保护投资者、储户、金融市场参与者、保单持有人、保单索赔人或金融机构承担信托责任的人；

(b) 维持金融机构的安全、稳固、偿付能力、诚信或责任；和

(c) 确保缔约一方金融体系的完整和稳定。

2. 若上述措施不符本协定规定，不应当将其用作规避缔约一方根据本协定所作承诺或义务的手段。

第 14 条　安全例外

本协定中的任何规定不应当解释为：

（a）要求缔约一方提供其认为披露会违反其基本安全利益的任何信息；

（b）防止缔约一方采取其认为必要的措施保护其基本安全利益，诸如以下相关措施：

（ⅰ）易裂变或易熔材料或其他用于制造的材料；

（ⅱ）运输武器、弹药、战争物资，和直接或间接用于与提供服务有关的供应或供给军事设施或其他物品和材料；

（ⅲ）在战时或国际关系中其他紧急情况下采用的；或

（c）阻碍缔约一方采取履行《联合国宪章》规定的维护和平与国际安全的义务的措施。

第 15 条　社会责任政策

1. 缔约双方认识到促进其境内运营或受其管辖的公司实施可持续性和社会责任政策并促进接受投资国发展的重要性。

2. 投资者及其投资应当竭力遵守经济合作与发展组织的《经合组织跨国企业准则》，特别是：

（a）促进经济、社会和环境发展，以实现可持续发展；

（b）尊重参与企业活动的人员的国际公认人权；

（c）通过与当地社区的密切合作，鼓励当地能力建设；

（d）鼓励发展人力资本，特别是通过创造就业机会，并为员工提供培训；

（e）避免寻求或接受与人权、环境、健康、安全、工作、税收制度、财政奖励或其他事项有关的法律或监管框架未考虑的豁免；

（f）支持和维护良好公司治理原则，制定和应用良好公司治理实践；

（g）制定和应用自我监管的实践和有效的管理体制，促进公司与开展业务的社区之间的相互信任关系；

（h）通过适当传播，包括职业培训计划，促进员工了解和遵守公司政策；

（i）避免向董事会或适当情况下向主管公共机构报告违规行为或违反法律或违反公司治理标准的行为的员工采取歧视性或纪律处分措施，此类做法违反法律或违反公司提交的治理标准；

（j）尽可能鼓励其业务合作伙伴，包括供应商和承包商，适用符合本条所述原则的商业行为准则；和

（k）避免过分干预当地的政治活动。

第 16 条　投资和反腐败、非法行为的措施

1. 每一缔约方应采取或维持措施，努力防止和打击本协定所涉事项有关的腐败、洗钱和恐怖主义融资。

2. 本协定中的任何规定不得强制任何缔约方保护以非法来源资本或资产进行的投资，或经证实设立或营运因资产流失或腐败行为而受到制裁的非法行为的投资。

第 17 条　关于投资与环境、劳工事务和其他监管目标的规定

1. 各缔约方可以采取、维持或执行其认为适当的任何措施，考虑该缔约方劳动、环境或健康方面的立法，以确保其境内的投资活动符合本协定规定。

2. 缔约双方承认,通过降低其劳动、环境或卫生立法的标准来鼓励投资是不适当的。因此每一缔约方不得放弃适用或以任何其他方式废除、放宽或提出放弃、放宽或废除上述措施,作为鼓励在其领土上建立、维持或扩大投资的手段。

第Ⅲ部分 机构性治理和争端预防

第18条 管理本协定的联合委员会

1. 缔约双方设立管理本协定的联合委员会(以下简称"联合委员会")。

2. 本联合委员会应当由缔约双方政府的代表组成。

3. 联合委员会应当在缔约双方商定时间、地点和以双方同意的方式召开会议。会议应当每年至少举行一次,并在缔约双方之间交替主席。

4. 联合委员会应具有以下职能和职责:

(a)监督本协定的管理和实施;

(b)分享和讨论缔约双方境内的投资机会;

(c)协调实施《合作和便利投资议程》;

(d)酌情邀请私营部门和民间社团就与联合委员会工作有关的具体问题提出意见;和

(e)按照第24条(防止争端的直接磋商和谈判)规定的程序,以友好方式解决投资问题或争议。

5. 缔约双方可以设立临时工作组,与联合委员会一起开会或单独举行会议。

6. 经联合委员会授权,私营部门可被邀请参加临时工作组。

7. 联合委员会可以制定自身程序规则。

第19条 国家联络点或专员

1. 每一缔约方应指定一个国家联络点,其主要职责是支持其境内的缔约另一方投资者。

2. 在巴西联邦共和国,国家联络点也称为专员,将设在巴西联邦共和国总统府委员会对外贸易局(CAMEX)内,具有部际性质。

3. 在智利共和国,国家联络点将设在促进外国投资机构。

4. 国家联络点除其他职责外,还应当:

(a)寻求处理联合委员会的建议,并与缔约另一方的国家联络点互动;

(b)管理缔约另一方或缔约另一方投资者与主管实体的询问,并将其行动结果通知利益相关人;

(c)与政府主管部门对话,评估缔约另一方或其投资者收到的建议和申索,并酌情建议改善投资环境的行动;

(d)与政府当局和有资格的私营实体合作,寻求防止投资争端;

(e)提供关于一般投资或特殊项目管制事项的及时、有用信息;和

(f)适当时,向联合委员会报告其活动和行动。

5. 每一缔约方应当确保其国家联络点的职能迅速执行并相互协调,并与联合委员会协调执行。

6. 每一缔约方应当确定执行其每项职能和职责的时限,并传递给缔约另一方。

7. 国家联络点应当对投资的缔约另一方政府和投资者的要求作出准确和及时的答复。

第 20 条 缔约双方之间的信息交换

1. 缔约双方在任何可能时间且涉及相互投资时,应当特别通过联合委员会和其联络点,交换有关商业机会、程序和投资要求的信息。

2. 缔约一方应当经请求提供关于以下的信息:

(a)其境内监管投资的法律框架;

(b)具体激励措施和相关政府计划;

(c)与投资有关的公共政策和法规;

(d)相关的国际条约,包括投资协定;

(e)海关手续和税收制度;

(f)货物和服务市场统计数据;

(g)现有的基础设施和相关的公共服务;

(h)公共采购制度和特许权;

(i)劳动和社会保障立法;

(j)移民法;

(k)货币汇兑法;

(l)特种经济部门的立法;和

(m)关于公私合营的公共信息。

第 21 条 受保护信息的处理

1. 缔约双方应当根据各自相关国家法律,尊重提交缔约方提供的信息的保护级别。

2. 本协定的任何规定不应当理解为,要求任何缔约方披露受保护信息,其披露会妨碍法律适用,或将违背公共利益,或可能损害隐私或合法商业利益。为了本款的目的,受保护信息包括商业机密信息或按缔约一方可适用法律对披露享有特权或阻止披露的信息。

第 22 条 与私营部门的配合

1. 缔约双方承认私营部门起着关键作用,应当在有关业务部门传播缔约另一方领土内的一般投资信息、管制框架和商业机会。

2. 每一缔约方应尽可能向其各自负责与缔约另一方境内投资有关的贷款、信贷、担保、保险的风险技术评估和审批的公私金融机构宣传本协定。

第 23 条 投资促进机构之间的合作

缔约双方应促进其负责促进投资的机构之间的合作,以促进对其领土的投资。

第 24 条 防止争端的直接磋商和谈判

1. 在根据本协定第25条(缔约双方间的仲裁)启动仲裁程序之前,缔约双方应尽力通过直接磋商和谈判解决争端,并遵循以下程序将其提请联合委员会审查。

2. 缔约一方可以拒绝在联合委员会中讨论与该缔约方国民在该方境内投资有关的事项。

3. 缔约一方可根据以下规则,向联合委员会提交影响某一投资者的具体事项:

(a)启动程序,利害关系方必须以书面形式向缔约另一方提出请求,说明受影响投资者的名称、所涉具体措施和引起请求的事实和法律依据。联合委员会应当在请求之日起60日内召开会议。

(b)为达成解决此事项,缔约双方应当交换必要的信息。

(c)为便利在缔约双方之间寻求解决办法,并尽可能参加联合委员会的会议:

(ⅰ)受影响投资者的代表;和

(ⅱ)与措施相关的政府和非政府实体的代表。

(d)联合委员会应当尽可能召开特别会议审查提请的事项。

(e)联合委员会可以自第一次会议之日起60日内,通过相互协议和事先理由在同一时期内延长,以评估案件已提交的相关信息并准备报告。

(f)联合委员会应当在最迟于(e)项所述期限届满后30日内举行的会议上提交报告。

(g)联合委员会的报告应当包括:

(ⅰ)确定采取该措施的缔约方;

(ⅱ)第3(a)条款下确定的受影响投资者;

(ⅲ)对咨询措施的描述;

(ⅳ)采取步骤的清单;和

(ⅴ)缔约双方对该措施的立场。

(h)若缔约一方未出席本款(a)项所述联合委员会会议,该争端可由缔约另一方根据第25条(缔约双方间的仲裁)提交仲裁;和

(i)联合委员会将尽一切努力为缔约双方达成满意的解决方案。

第25条 缔约双方间的仲裁

若第24条(防止争端的直接磋商和谈判)规定的程序完成而争端未解决,任何缔约方可以书面形式向缔约另一方提出设立仲裁庭的决定。根据附件一的规定,讨论第24条所述磋商的同一事项。

第Ⅳ部分 合作和便利投资议程

第26条 合作和便利投资议程

1. 联合委员会将制定和讨论促进双边投资相关主题的合作和便利投资议程。最初讨论的主题将在第一次会议中确定。

2. 根据议程框架内的讨论可能产生的结果可以构成本协定或具体法律文书的附加议定书,视具体情况而定。

3. 联合委员会制定活动日历表以促进合作和投资便利化。

4. 缔约双方应当向联合委员会提交参与此活动的理事机构及其官方代表的姓名。

5. 为了进一步明确,"合作"一词将从广义上理解,而不是技术援助或类似意义上的理解。

第 V 部分 最后条款

第 27 条 最后条款

1. 联合委员会和国家联络点不应当取代缔约双方间的现有外交渠道。

2. 本协定附件构成本协定的组成部分。

3. 缔约双方未就 WTO GATS《关于金融服务的附件》第 5(a) 界定的投资者及其金融服务投资(金融服务)获得承诺。考虑到在此部门相互投资的重要性,缔约双方将尽快在金融服务领域谈判议定书或其他单独法律文书。批准本协定和金融服务文书将同时进行。

4. 联合委员会在不影响其常规会议情况下,自本协定生效 10 年或之前,若认为必要,应当对本协定的适用进行一般审查,并在必要时提出补充建议。

5. 本协定应当自收到最后一份通知之日起满 90 日生效,缔约一方通知缔约另一方遵守本协定生效所需的全部国内程序。

6. 任何缔约方可以随时通过外交途径退出本协定。退出应当在缔约双方约定的日期生效;若缔约双方未达成协议,应当在终止通知发出之日后 1 年生效。

本协定于 2015 年 11 月 23 日在圣地亚哥签署,以西班牙语和葡萄牙语写成,两种文本同等作准。

(季斯雨、邓瑞平译,邓瑞平审校)

巴西联邦共和国和埃塞俄比亚联邦民主共和国关于投资合作与便利化的协定*

序言

巴西联邦共和国和埃塞俄比亚联邦民主共和国(以下统称"缔约双方"和单称"缔约一方"):

愿加强和提升缔约双方之间友谊纽带和持续合作精神;

寻求为缔约一方投资者在缔约另一方领土内的投资创造和维持有利条件;

追求激励、简化和支持双边投资,由此开放缔约双方之间新的一体化机会;

确认投资在促进可持续发展、经济增长、减少贫困、创造就业、扩大生产能力和人类发展中的根本作用;

考虑到缔约双方间在投资领域建立战略伙伴关系将带来广泛与相互的利益;

承认为缔约双方投资者投资培育透明、友好环境的重要性;

重申他们的管理自治和政策空间;

愿鼓励和加强缔约双方私营部门与两国政府间的联系;和

寻求创建技术对话机制和培育可以对相互投资重大增长做贡献的政府主动性;

真诚地同意缔结下述《投资合作与便利化协定》(以下简称"本协定")。

第 I 部分　本协定的范围和定义

第1条　定义

为了本协定目的:

1."企业",指按可适用法律设立或组建的、营利的任何实体,无论私有或国有,包括任何公司、信托、合伙、独资企业、合营企业。

2."东道国",指投资进行地的缔约方。

3."投资",指缔约一方投资者根据缔约另一方法律和规章建立或获取的直接投资,其直接或间接允许该投资者对缔约另一方领土内货物生产或服务提供的管理施加控制或重大程度影响,包括但不限于:

(a)一企业;

(b)股份、股票和企业中的其他权益种类;

(c)动产或不动产和诸如抵押、质押、典当、留置或类似权利义务的其他财产权;

(d)东道国给予缔约另一方投资者的特许协议、许可证或授权;

(e)给予一公司的贷款和债务工具;

(f)知识产权,诸如商标、商号、贸易秘密、版权、专有技术、与投资有关的信誉、按东道国法律和缔约双方是缔约方的国际协定承认的工业外观设计与技术工艺。

---

*　译自本协定英文本,可从 https://investmentpolicyhubold.unctad.org/Download/TreatyFile/5717 获取。

3.1 为了本协定目的和进一步明确,"投资"术语不包括:

(a)因法律诉讼或行政程序所发布的命令或判决;

(b)缔约一方发行的债务证券或缔约一方向缔约另一方提供的贷款、债券、公司债券、按缔约一方法律构成公共债务的该缔约方国有企业贷款或其他债务工具;

(c)组合投资,即不允许投资者在本企业管理中或在其他企业中施加重大程度影响的投资;和

(d)仅产生于缔约一方领土内投资者向缔约另一方领土内国民或企业出售货物或服务的商事合同的,或与商事交易有关的信用扩张的金钱请求权,或者不涉及上述第3款(a)至(f)项所列利益种类的其他任何金钱请求权。

4."投资者",指:

(a)根据缔约一方法律是其国民或永久居民、在缔约另一方领土内进行投资的任何自然人;

(b)根据缔约一方法律设立和组建的、在其领土内有住所和实质性营业活动并在缔约另一领土内进行投资的任何法人;和

(c)根据第三方法律设立的、按上述第(a)至(b)项其财产或有效控制直接或间接属于缔约双方之一方投资者的任何法人。

5."收益",指投资所获得的价值,包括利润、利息、资本收益、股息或"提成费"。

6."措施",指缔约一方无论以法律、规章、程序、决定、行政裁决形式还是其他任何形式采取的任何措施。

7."领土",指:

(a)对埃塞俄比亚联邦民主共和国,埃塞俄比亚联邦民主共和国根据国际法行使主权、主权权利和管辖权的领土;

(b)对巴西联邦共和国,领土包括其根据国际法和国内法行使主权权利或管辖权的陆地和领空、专属经济区、领海、海床和底土。

第2条 宗旨

本协定的宗旨是通过建立管理进一步投资合作与便利化议程的制度性框架和通过风险降低机制与争端预防、缔约双方相互达成的其他文书,促进缔约双方间的合作,以达到便利、鼓励相互投资。

第3条 范围与涵盖

1.本协定应当适用于本协定生效前后进行的全部投资。

2.本协定不应当限制缔约一方投资者按国家法律或国际法在缔约另一方领土内享受的权利和利益。

3.本协定不应当阻碍对投资者及其投资采取新的法律要求或限制,只要此等要求或限制符合本协定。

4.本协定仅适用于根据国内法律、规章和政策允许的投资。

5.本协定的规定应当适用于缔约一方投资者在缔约另一方领土内进行的未来投资,也适用于根据缔约双方法律在本协定生效日存在的投资,但不应当适用于本协定生效前产生于已发生事件的申索,或已经解决的任何申索或所采取的任何政府措施。

6. 本协定不适用于根据第 11 条(税收措施)与税收有关的政府措施。

第 II 部分　管制措施和风险降低

第 4 条　准许与待遇

1. 每一缔约方应当根据各自法律、规章准许和鼓励缔约另一方投资者的投资。

2. 每一缔约方应当根据法律正当程序给予缔约另一方的投资和投资者待遇。

3. 每一缔约方应当依据本协定的原则,按各自法律和规章,确保以合理、客观和公正方式管理影响投资的全部措施。

第 5 条　国民待遇

1. 每一缔约方在不损害本协定生效日其法律下生效措施的情况下,应当就其领土内投资的扩大、管理、经营、营运、出售或其他处置,给予缔约另一方投资者及其投资的待遇,不低于其在类似情形下给予其本国投资者的待遇。

2. 为了更明确,是否在"类似情形"下给予待遇依赖客观情况的整体性,包括相关待遇是否以合法公共福利目标为基础在投资者之间或投资之间进行区别。

3. 尽管本协定有其他任何规定,本条的规定不应当适用于可能产生于以下的特许权、利益、豁免或其他措施:

(a)本协定之前生效的双边投资条约或自由贸易协定;或

(b)与缔约一方参与或可能参与的投资或经济一体化有关的任何多边或区域协定。

4. 为了更明确,本条不应当理解为,要求缔约任何一方补偿产生于投资者或投资之外国特性的任何固有竞争劣势。

第 6 条　最惠国待遇

1. 每一缔约方应当就其领土内投资的扩大、管理、经营、营运、出售或其他处置,给予缔约另一方投资者及其投资的待遇,不低于其在类似情形下给予任何第三国投资者的待遇。

2. 本条不应当理解为,要求缔约一方将产生于以下的任何待遇、优惠或特权的利益给予缔约另一方投资者或其投资:

(a)与包含在投资协定或商事协定投资章中投资争端解决有关的规定;或

(b)任一缔约方是或可能成为缔约方的任何现行或未来关税、经济或货币联盟或共同市场、自由贸易区或相似经济一体化的协定;或

(c)本协定以前生效的双边投资协定或自由贸易协定。

3. 为了更明确,是否在"类似情形"下给予待遇依赖客观情况的整体性,包括相关待遇是否以合法公共福利目标为基础在投资者之间或投资之间进行区别。

第 7 条　征收

1. 每一缔约方不应当国有化或征收缔约另一方投资者的投资,但以下除外:

(a)为了公共目的或必要性或在社会利益确定是合理的时;

(b)以非歧视方式;

(c)根据第 2 款支付有效赔偿;和

(d)根据法律正当程序。

2. 赔偿应当：

（a）不迟延地支付；

（b）相当于已采取征收措施前即刻（"征收日"）被征收投资的公平市场价值；

（c）不反映征收日以前市场价值因知悉征收意图所发生的任何变化；和

（d）根据本协定第 10 条（转移），是全部可支付和可转移的。

3. 支付的赔偿不应当低于征收日的公平市场价值，加上根据东道国法律、按市场标准确定的利率可以计算的自征收日至全部支付日的利息。

4. 缔约双方应当合作改善相互知悉各自有关投资征收的国家法律。

5. 为了更明确，本条仅规定通过正式转移产权或所有权对投资国有化或其他情形直接征收时的直接投资。

第 8 条　损失赔偿

1. 缔约一方投资者在缔约另一方领土内的投资因战争或其他武装冲突、革命、紧急状态、叛乱、暴乱或其他任何相似事件遭受损失，应当就恢复原状、赔偿或其他解决形式享受的待遇，与该缔约另一方给予其本国投资者或第三方投资者的待遇相同，以对受影响的投资者更有利者为准。

2. 投资在缔约一方领土内在第 1 款所述任何情形下遭受损失由以下产生的，该缔约一方应当根据本协定第 6 条向投资者提供恢复原状、赔偿或两者，以适当为准：

（a）该缔约方的军队或当局征用投资者投资或部分投资；或

（b）该缔约方的军队或当局毁灭投资者投资或部分投资。

第 9 条　透明度

1. 每一缔约方应当确保其与本协定涵盖任何事项有关的，特别是涉及资格、许可证和证书的法律、规章、程序、一般行政决定，不迟延地发布在官方公报上，并在可能时以电子格式发布，以便允许缔约另一方利害关系人注意此等信息。

2. 每一缔约方应当尽力给予有兴趣的利益相关人对该缔约方意图采取的有关投资措施表达意见的合理机会。

3. 每一缔约方应当在任何可能时，使各自负责风险技术评估和审批缔约另一方领土内相关投资的贷款、信用、担保和保险的公共和私营金融机构获得本协定。

第 10 条　转移

1. 每一缔约方应当允许与投资有关的资金自由地、无不当迟延地移进、移出其领土。此转移应当包括：

（a）与维持或扩大投资有关的初始资本出资或其任何追加；

（b）直接与投资有关的收益；

（c）出售、清算全部或部分投资的收入；

（d）偿还直接与投资有关的任何贷款，包括其利息；

（e）赔偿额。

2. 若按照缔约一方法律，阻止转移与以下有关，该缔约一方在不损害第 1 款的前提下，可以以公正、非歧视方式且善意地阻止该转移：

（a）破产、无力偿债或保护债权人的权利；

(b)犯罪或刑事违法行为和刑事诉讼追偿；

(c)必要时与执法或金融监管者合作的金融报告或维持转移登记；

(d)担保执行司法或行政程序中的决定；

(e)要求登记和满足缔约一方中央银行或其他相关当局的手续。

3. 本协定中的任何规定不应当影响缔约一方在收支平衡危机时采取与收支平衡有关的管制措施，也不应当影响缔约双方作为《国际货币基金协定》成员的包含在该协定中的权利义务，特别是符合《国际货币基金协定》的外汇措施。

4. 存在收支平衡严重困难时对转移采取的临时限制措施必须是非歧视的且根据《国际货币基金协定》条款。

第11条 税收措施

1. 本协定的任何规定不应当理解为，缔约一方有义务在投资方面将产生于本协定缔约一方是或成为缔约方的任何现行或未来避免双重征税协定的任何待遇、优惠或特权的利益，给予缔约另一方投资者。

2. 本协定的任何规定不应当以阻止根据缔约双方各自法律和规章采取或执行旨在确保公平税负或有效征税的任何措施的方式进行解释，只要此等措施的适用不构成专横或不合理歧视或变相限制的手段。

第12条 审慎措施

1. 本协定中的任何规定不应当理解为阻碍缔约一方采取或维持审慎措施，诸如：

(a)保护投资者、储户、金融市场参与者、保单持有人、保单索赔人或金融机构承担信托责任的人；

(b)维持金融机构的安全、稳固、完整或金融责任；和

(c)确保缔约一方金融系统的完整和稳定。

2. 若上述措施不符合本协定规定，其不应当用作逃避本协定下承诺或义务的手段。

第13条 安全例外

1. 本协定中的任何规定不应当理解为，阻止缔约一方采取或维持旨在保护其国家安全或公共秩序的措施，或适用其刑事法律规定或遵守其与根据《联合国宪章》规定维护国际和平与安全有关的义务。

2. 缔约一方按本条第1款采取的措施或基于国家安全法或公共秩序的决定随时禁止或限制缔约另一方投资者在其领土内实现投资的，此等措施或决定不应当受本协定下争端解决机制的约束。

第14条 企业社会责任

1. 投资者及其投资应当通过采取高水平的社会责任实践，根据本条所列原则与标准和可适用于缔约双方的《经济合作与发展组织多国企业指南》，努力实现对东道国和当地社区可持续发展做出最高可能水平的贡献。

2. 投资者及其投资应当竭力遵守以下自愿原则和负责任经营行为标准，并符合东道国所制定的法律：

(a)对经济、社会和环境进步做出贡献，旨在实现可持续发展；

(b)尊重涉及企业活动的国际认可的人权；

(c)通过与当地社区密切合作,鼓励当地能力建设;

(d)特别是以创造就业机会和提供工人职业培训的方式,鼓励创造人力资本;

(e)避免寻求或接受与人权、环境、健康、安全、工作、税收制度、财政刺激或其他事项有关的法律或管制框架未确立的例外;

(f)支持和拥护企业良好治理原则,发展和运用企业良好治理实践;

(g)发展和执行能增进企业与其从事营运所在地社会之间相互信任关系的有效自律实践和管理制度;

(h)通过适当宣传,包括职业培训项目,促进工人了解和遵守企业政策;

(i)避免对向董事会或(任何适当时)主管公共机构提交违反法律或企业政策重大报告的雇员采取歧视性或纪律性行动;

(j)任何可能时,鼓励包括服务提供者和外包在内的业务伙伴适用符合本协定规定原则的经营行为原则;和

(k)避免任何不当干预当地政治活动。

第15条 投资措施和与腐败、非法行为作斗争

1. 每一缔约方应当根据其法律规章采取措施,努力防止涉及本协定涵盖事项的腐败、洗钱和恐怖主义资助,并与之作斗争。

2. 本协定的任何规定不应当要求缔约任何一方保护用非法来源资本或资产进行的投资或已证明建立或营运中存在非法行为且国家法律规定没收资产的投资。

第16条 关于投资与环境、劳工事务与健康的规定

1. 本协定中的任何规定不应当理解为,阻止缔约一方采取、维持或执行认为对保证以符合该缔约方劳工、环境和健康法律的方式在其领土内从事投资活动是适当的任何措施。但是该措施不得以构成专横或不合理歧视手段或变相限制的方式适用。

2. 缔约双方承认,采取降低其劳工和环境法标准或健康措施鼓励投资是不适当的。因此每一缔约方保证其不应当修正或废止,或提议修正或废止上述法律以便在此修正或废止包含降低其劳工、环境或健康标准的范围内鼓励其领土内投资的建立、维持或扩大。若缔约一方认为缔约另一方已经提供了上述鼓励,缔约双方将通过磋商处理该事项。

第Ⅲ部分 机构性治理和争端预防

第17条 管理本协定的联合委员会

1. 为了本协定的目的,缔约双方兹设立管理本协定的联合委员会(以下简称"联合委员会")。

2. 联合委员会应当由缔约双方各自政府指派的政府代表组成。

3. 联合委员会应当在缔约双方同意的时间、地点和以双方同意的方式召开会议。会议应当每年举行至少一次,并在缔约双方之间交替主席。

4. 联合委员会应当具有以下职能和职责:

(a)监督本协定的实施与执行;

(b)讨论和披露扩大相互投资的机会;

(c)协调执行相互同意的合作与便利化议程;

(d)在可适用时,与私营部门和民事社团商议与联合委员会工作有关的特别事项;

(e)寻求以友好方式解决与缔约一方投资者投资有关的任何事项或争端;和

(f)补充仲裁解决缔约双方争端的规则。

5. 缔约双方可以设立临时工作组,其应当与联合委员会共同或分别召开会议。

6. 经联合委员会任何时间同意,可以邀请私营部门参与临时工作组。

7. 联合委员会应当建立自身程序规则。

第18条　国家联络点或专员

1. 每一缔约方应当指定一国家联络点或专员,其应当具有的主要职责是支持在其领土内的缔约另一方投资者。

2. 每一缔约方应当指定一单独机构或当局作为其国家联络点:

(a)在巴西,专员/国家联络点应当是对外贸易局(CAMEX)内的"直接投资专员"(OID);

(b)在埃塞俄比亚联邦民主共和国,专员/国家联络点应当是埃塞俄比亚投资委员会(EIC)。

3. 国家联络点的主要职责应当是:

(a)根据本协定,尽力遵从联合委员会的建议和与缔约另一方国家联络点相互配合;

(b)及时追踪缔约另一方或其投资者向本缔约方主管当局的请求和查询,并将其行动结果通知利益相关人;

(c)经会商相关政府当局,评估本缔约方收到的缔约另一方或其投资者的建议和诉求,推荐改善投资环境的适当行动;

(d)与政府当局和相关私营实体合作,寻求预防投资事务中的分歧;

(e)提供关于一般投资或特殊项目管制事项的及时、有用信息;和

(f)适当时,向联合委员会报告其活动和行动。

4. 每一缔约方应当确定执行其每项职能和职责的时限,并传递给缔约另一方。

5. 国家联络点或专员之间和与联合委员会之间应当相互合作,以有助于预防缔约双方间的争端。

第19条　缔约双方之间的信息交换

1. 缔约双方在任何可能时间且涉及相互投资时,应当特别通过联合委员会和其联络点,交换有关商业机会、程序和投资要求的信息。

2. 为此目的,缔约一方应当经请求,通过相关机构及时且按可适用的保护级别提供尤其与以下事项有关的信息:

(a)投资管制条件;

(b)政府方案和可能有关的激励;

(c)可能影响投资的公共政策和法律框架;

(d)投资法律框架,包括建立公司和合营企业的法律;

(e)有关国际条约;

(f)海关程序和税收管理体制;

(g)货物和服务市场统计信息;

（h）可用基础设施和公共服务；

（i）政府采购和公共特许权；

（j）社会与劳工要求；

（k）移民法；

（l）货币汇兑法；

（m）关于缔约双方事先确认特别经济部门的法律；和

（n）区域性工程和与投资有关的协定。

3. 缔约双方还应当交换公私伙伴关系（PPPs）的信息，特别是通过更透明、快速获取法律信息。

第 20 条　受保护信息的待遇

1. 缔约双方应当根据各自相关国家法律，尊重提交缔约方提供的信息的保护级别。

2. 本协定的任何规定不应当理解为，要求缔约任何一方披露受保护的信息，其披露会危及法律执行或其他情形下与公共利益相抵触、侵犯隐私或损害合法商业利益。为了本款的目的，受保护信息包括商业机密信息和认为按缔约一方可适用法律对披露享有特权或阻止披露的信息。

第 21 条　与私营部门的配合

缔约双方承认私营部门起着关键作用，应当在有关业务部门传播缔约另一方领土内的一般投资信息、管制框架和商业机会。

第 22 条　负责投资促进机构之间的合作

缔约双方应当推进其投资促进机构之间的合作，以便利在缔约另一方领土内投资。

第 23 条　争端预防程序

1. 若缔约一方认为缔约另一方采取的具体措施构成违反本协定，其可以恳求在联合委员会内启动争端预防程序。

2. 以下规则适用于前款所述程序：

（a）为启动程序，利害缔约方应当向缔约另一方提交书面请求，指明所涉具体措施并提出相关事实和法律主张。应当自请求之日起60日内召开联合委员会。

（b）联合委员会应当有自其第一次会议之日起60日，经相互协议可以延长，评价所提出的呈词，并草拟报告。

（c）联合委员会的报告应当包括：

（ⅰ）提交呈词缔约方的身份；

（ⅱ）所涉措施和指控违反本协定的描述；和

（ⅲ）联合委员会的裁决。

（d）若该争端未在本条规定的时限结束时解决，或存在缔约一方未参与根据本条召集的联合委员会会议，缔约一方可以根据本协定第24条将该争端提交仲裁。

3. 若所涉措施影响具体投资者，以下附加规则应当适用：

（a）最初呈词应当指明受影响的投资者；和

（b）可以邀请受影响投资者的代表出席联合委员会；和

（c）缔约一方可以在争端预防程序中拒绝讨论涉及其领土内其国民投资的问题。

4. 无论何时涉及审议所涉措施,联合委员会可以邀请其他利益相关人出席联合委员会并对该措施发表意见。

5. 争端预防程序下举行会议的记录和其他全部相关文件应当属于机密,受每一缔约方信息披露法律的约束,但是联合委员会按第 2 款提交的报告除外。

第 24 条 缔约双方之间争端的解决

1. 若第 23 条第 2 款下的程序用尽且争端未解决,任一缔约方可以根据本条规定将该争端提交临时仲裁庭。作为选择性方案,缔约双方可以经相互协议,选择将该争端提交解决争端常设仲裁机构。除非缔约双方另有决定,该常设机构应当适用本条规定。

2. 仲裁的目的是确定缔约一方主张不符合本协定的措施是否与本协定相符。

3. 以下条款可以不受仲裁的约束:第 13 条(安全例外),第 14 条(企业社会责任),第 15 条(投资措施和与腐败、非法行为作斗争)第 1 款,第 16 条(关于投资与环境、劳工事务与健康的规定)第 2 款。

4. 本条不应当适用于自该缔约方知道或应当知道出现该争端的事实之日起已满 3 年的任何争端。

5. 仲裁庭应当由 3 名仲裁员组成。每一缔约方应当自收到仲裁通知后 3 个月内任命仲裁庭 1 名成员。自任命第 2 位仲裁员起 3 个月内,该 2 位仲裁员应当任命 1 名与缔约双方保持外交关系的第三国国民,经缔约双方同意任命其为仲裁庭主席。主席的任命必须自其提名日起 1 个月内由缔约双方批准。

6. 若在本条第 5 款规定期限内没有作出必要任命,任一缔约方可以邀请国际法院院长作出必要任命。若国际法院院长是缔约一方国民或者被阻止履行上述职能,将邀请国际法院最资深的、不是缔约一方国民的法官作出必要任命。

7. 仲裁员必须:

(a)具有国际公法、国际投资规则或国际贸易,或解决产生于与国际投资协定有关的争端的必要经历或专业知识;

(b)独立且不直接或间接依附缔约任何一方、其他仲裁员、潜在证人,也不接受缔约双方的指示;和

(c)遵守联合委员会确立的行为标准。

8. 应当在每一缔约方指定地点提交仲裁通知和与解决争端有关的其他文件。仲裁庭应当根据本条或两选一的《联合国国际贸易法委员会仲裁规则》确定自身程序。仲裁庭将由多数票作出其决定,并根据本协定条款和缔约双方认可的可适用原则、国际法规则作出决定。除非另有协议,仲裁庭应当自根据本条第 5 和 6 款任命主席起 6 个月内作出决定。

9. 仲裁庭的决定应当是终局的且约束缔约双方,缔约双应当不迟延地遵守该决定。

10. 每一缔约方应当承担其任命的仲裁员和其仲裁程序代表的费用。除非另有协议,仲裁庭主席的费用和剩余费用应当由缔约双方平均承担。仲裁庭应当有权力决定自身程序。

11. 尽管有本条第 2 款规定,缔约双方可以通过特别仲裁协定,请求仲裁员审查存在所涉措施在本协定义务下造成的损害,并通过仲裁裁决对此损害确定补偿。在此情形下,

除了本条前述各款,还应当遵守以下规定:

(a)审查存在损害的仲裁协定应当作为第8款含义内的"仲裁通知"。

(b)本款不应当适用于涉及特定投资者的以前已经解决的争端和保护"已决案件"所适用的情形。若投资者已经将有关联合委员会中争议措施的申索提交至东道国的本地法院或仲裁庭,只有投资者在东道国法院或仲裁庭撤回该申索后才能启动审查损害的仲裁。若仲裁员或缔约双方在确立仲裁后才知晓在当地法院或仲裁庭存在对质疑措施的申索,该仲裁将暂停。

(c)若仲裁裁决规定了金钱补偿,接受补偿的缔约方应当在扣除根据每一缔约方国内程序的争端费用后,将此补偿转移给所涉投资的权利持有人。被给予恢复原状的缔约方可以请求仲裁庭命令将此补偿直接转移给受影响投资的权利持有人和向已承担费用的任何人支付费用。

第Ⅳ部分 进一步投资合作与便利化议程

第25条 进一步投资合作与便利化议程

1. 联合委员会应当形成、讨论促进和提升双边投资相关议题的《进一步投资合作与便利化议程》。缔约双方最初讨论的事项应当在联合委员会第一次会议上达成一致。

2. 应当在缔约双方主管当局之间讨论议程。联合委员会在可行时应当邀请缔约双方增补政府主管官员参与议程讨论。

3. 上述磋商的结果应当构成本协定的附加议定书或特别法律文书。

4. 联合委员会应当制定《进一步投资合作与便利化议程》讨论计划表和可行时特别承诺谈判计划表。

5. 缔约双方应当将参与上述讨论的政府机构及其官方代表的名单提交给联合委员会。

第Ⅴ部分 一般和最后条款

第26条 保留外交渠道

联合委员会、联络点或专员不应当以任何方式替代或损害缔约双方之间存在的其他任何协定或外交渠道。

第27条 生效、期限和终止

1. 每一缔约方应当将其完成本协定生效所要求的宪法性程序书面通知缔约另一方。本协定应当自收到指明缔约双方已经完成国际协定生效的全部国内必要程序的第二份外交照会之日后满90日生效。

2. 本协定有效期应当为10年,并自此之后失效,除非缔约双方明确书面同意本协定应当续期另外10年。在上述期限和任何增加10年期限结束前即刻的联合委员会最后一次会议上,缔约双方应当讨论此事项。

3. 任何缔约方可以经提前至少12个月向缔约另一方发出书面通知,随时终止本协定。

4. 对本协定终止前进行的投资,本协定的规定应当自终止日起继续有效5年。

第 28 条 修正

1. 经缔约双方相互同意,可以修正本协定,条件是缔约任一方向缔约另一方提交关于修正的书面提议。

2. 应当以书面协定方式作出修正,并应当自收到指明缔约双方完成国际协定缔结和生效全部国内必要程序的第二份外交照会之日后满 90 日生效。

兹见证以下签署者经其各自政府正式授权,签署了本协定。

2018 年 4 月 11 日签署于亚的斯亚贝巴,原件两份,由葡萄牙文和英文写成,两种文本同等作准。若有任何歧义,以英文本为准。

<table>
<tr><td>巴西联邦共和国代表</td><td>埃塞俄比亚民主共和国代表</td></tr>
<tr><td>非洲与中东事务副秘书长</td><td>埃塞俄比亚民主共和国外交部部长</td></tr>
<tr><td>H.E.Amb.Fernando-Jose Marroni de Abreu</td><td>H.E.Mrs.Hirut Zemene</td></tr>
<tr><td>(签字)</td><td>(签字)</td></tr>
</table>

附件一

进一步投资合作与便利化议程

以下所列议程代表了改进缔约双方间投资合作与便利化的最初努力,并可以经联合委员会随时扩大和变更。

a. 支付与转移

ⅰ. 金融机构之间的合作应当旨在便利缔约双方间资本和货币的汇款。

b. 签证

ⅰ. 每一缔约方应当在任何可能和方便时便利缔约另一方经济机构、实体和投资者的管理人员、行政人员和熟练雇员自由流动。

ⅱ. 每一缔约方的移民和劳工当局在尊重国家法律的同时,应当寻求共同谅解,以减少给予缔约另一方投资者适当签证的时间、要求和费用。

ⅲ. 缔约双方将谈判相互可接受的、便利投资者签证的协定,以延长其期限和停留。

c. 技术和环境规章

ⅰ. 缔约双方受其国家法律约束,应当建立签发涉及缔约另一方投资迅速设立和维持的文件、许可证和证书的高效、透明和灵活程序。

ⅱ. 来自缔约双方、经济机构和投资者有关商事登记、技术要求和环境标准的任何疑问,应当由缔约另一方勤勉接受并及时处理。

d. 关于管制和制度性交流的合作

ⅰ. 缔约双方应当促进关于管制性框架发展和管理之经验交流的制度性合作。

ⅱ. 缔约双方兹承诺,根据其相互利益和发展战略,通过执行交流知识与经验的行动、方案和项目,寻求技术、科学和文化合作。

ⅲ. 缔约双方同意,应当在任何可能时促进技术的获取并旨在对相互投资做出贡献。

ⅳ. 缔约双方应当通过相关国内机构之间的更大配合,寻求促进、培育、协调和执行职业资格领域的合作。

ⅵ. 缔约双方应当寻求促进物流和运输更大一体化的途径,以开放新航空线路并在任何可能、适当时促进其连接和海上商船队。

ⅶ. 联合委员会可以确认部门法律和制度性交流中合作互利的其他领域。

(邓瑞平译)

巴西联邦共和国和圭亚那合作共和国 合作与投资便利协定[*]

序言

巴西联邦共和国和圭亚那合作共和国(以下统称"缔约双方"或单称"缔约一方"):

愿加强和提升缔约双方友谊纽带和持续合作精神;

寻求为缔约一方投资者在缔约另一方领土内投资创造和维持有利条件;

追求激励、简化和支持双边投资,开放缔约双方之间新的一体化和市场机会;

确认投资在促进可持续发展中的根本作用;

考虑到缔约双方间在投资领域建立战略伙伴关系将带来广泛与相互的利益;

承认为缔约双方投资者投资培育透明、友好环境的重要性;

重申缔约双方的管理自治和各缔约方的政策空间;

愿鼓励和加强缔约双方投资者与政府间的联系;和

寻求创建技术对话机制和培育可以对相互投资重大增长做贡献的政府主动性。

真诚地达成下述《合作与投资便利协定》(以下简称"本协定"),内容如下:

第 I 部分 协定的范围和定义

第 1 条 宗旨

本协定的宗旨是通过为不断提升的投资合作与便利的议程管理建立制度性框架、投资者与投资的待遇规则、管制措施和争端预防、缔约双方相互达成的其他文书,促进缔约双方间的合作,以便利、鼓励相互投资。

第 2 条 范围与涵盖

1. 本协定应当适用于本协定生效前后根据缔约另一方法律和规章在该缔约另一方领土内进行的全部投资,但本协定条款不应当适用于本协定生效前产生的任何争端或申索。这不妨碍缔约双方友善讨论与已纳入本协定第 8 条下设立的联合委员会的上述争端或申索有关的政策事项。

2. 本协定不应当限制缔约一方投资者依据国内法或国际法在缔约另一方领土内的权利和利益。

3. 为了更明确,缔约双方重申,本协定应当在不损害《世界贸易组织协定》衍生的权利义务的前提下适用。

4. 本协定不应当阻止采取和实施与投资者和/或其投资有关的新法律要求或限制,只要这些要求或限制符合本协定。

5. 本协定不应当适用于根据世界贸易组织《与贸易有关的知识产权协定》(TRIPS)及其议定书颁发授予与知识产权有关的强制许可证,或在颁发、撤销、限制和设立符合

---

[*] 译自本协定英文本,可从 https://investmentpolicyhubold. unctad. org/Download/TreatyFile/5763 获取。

TRIPS 协定范围内的知识产权撤销、限制或设立。

第3条 定义

为了本协定的目的：

1."企业"指：

（a）按缔约任何一方可适用法律设立或组建的在缔约双方领土内从事持续性经营活动的任何实体，不论是否以营利为目的、私人所有或国家所有，包括任何公司、信托、合伙或合营企业；

（b）根据缔约一方法律在该缔约方领土内设立并从事经营活动的上述任何实体的分支机构。为了更明确，包含在"企业"定义中的"分支机构"不得损害缔约一方按照其法律规章（包括金融部门特别规定）将分支机构视为无独立法律存在且不分别设立的实体的能力。

2."东道国"，指投资进行地的缔约方。

3."投资"，指缔约一方投资者根据每一缔约方法律规章在缔约另一方领土内投入、建立、获取的任何种类资产，其直接或间接允许投资者对缔约另一方领土内货物生产或服务提供的管理行使控制股权或具有重大程度影响，包括但不限于：

（a）股份、股票、参股和企业中其他权益类型；

（b）动产或不动产和诸如抵押、质押、典当、留置或类似权利义务的其他财产权；

（c）由东道国缔约方法律或合同赋予和统辖的许可证、批准证或特许协议所授予的勘探、开发和使用的权利；

（d）公司内部贷款和公司与其附属机构之间的债务工具；

（e）世界贸易组织 TRIPS 协定中定义或所述的知识产权。

为了本协定的目的和更明确，"投资"不包括：

（ⅰ）因法律诉讼或行政程序所发布的命令或判决；

（ⅱ）缔约一方发行的债务证券或缔约一方向缔约另一方提供的贷款、债券、公司债券、按缔约一方法律视为公共债务的该缔约方国有企业贷款或其他债务工具；

（ⅲ）组合投资，即不允许投资者在本企业管理中或在其他企业中施加重大程度影响的投资；

（ⅳ）仅产生于缔约一方领土内投资者向缔约另一方领土内国民或企业出售货物或服务的商事合同的，或与商事交易有关的信用扩张的金钱请求权，或者不涉及上述（a）至（e）项所列利益种类的其他任何金钱请求权；和

（ⅴ）建立投资以前投资者发生开支或其他金融义务所产生的请求权，包括根据东道国缔约方投资准许法律为了遵守外国资本准许管制或其他特别限制或条件。

4."投资者"指：

（a）在缔约另一方领土内进行投资的缔约一方任何自然人；或

（b）第1款中定义的、根据缔约一方法律在其领土内设立和组建的、在缔约另一方领土内进行投资的任何企业，但分支机构除外。

5."措施"，指缔约一方采取的任何措施，不论以法律、规章、规则、程序、决定、行政裁决形式或者其他任何形式。

6."国民",指根据缔约一方法律和规章具有该缔约方国籍的自然人。

7."领土",指缔约一方的领土,包括该缔约方根据国际法和国内法行使主权权利或管辖权的陆地、大气空间、专属经济区、领海、海床、底土。

第Ⅱ部分 管制措施和风险降低

第4条 待遇

1. 缔约任何一方根据各自承认的国际法可适用规则和其各自国家法律,不应当使缔约另一方投资者及其投资遭受构成以下的措施:

（i）拒绝在任何司法或行政程序中获得公正；

（ii）违反正当程序；

（iii）定向歧视,诸如性别、种族、宗教或政治信仰；

（iv）明显虐待,诸如强迫、监禁和骚扰；或

（v）在确保执法和提供公共安全方面歧视缔约另一方投资者的投资。

2. 本协定中的任何规定不应当理解为阻止缔约一方对敏感集团采取或维持正面行动措施。

3. 每一缔约方应当依据本协定的原则保证根据各自法律规章以合理、客观和公正方式管理影响投资的全部措施。

4. 为了更明确,本协定任一缔约方不应当将公平与平等待遇和完全保护与安全的标准提出或用作与本协定解释或适用有关的任何争端解决程序的根据。

第5条 国民待遇

1. 每一缔约方应当在不损害本协定生效日按其法律有效的措施的前提下,对其领土内投资的设立、获取、扩大、管理、经营、营运和出售或其他处置,给予缔约另一方投资者的待遇,不低于其在类似情形下给予其本国投资者的待遇。

2. 每一缔约方应当在不损害本协定生效日按其法律有效的措施的前提下,对其领土内投资的设立、获取、扩大、管理、经营、营运和出售或其他处置,给予缔约另一方投资者投资的待遇,不低于其在类似情形下给予其本国投资者投资的待遇。

3. 本协定中的任何规定不应当理解为,阻止缔约一方修正本条第1、2款所述的任何措施,但此修正不得使该措施比修正前即刻更歧视。

4. 为了更明确,是否在"类似情形"下给予待遇依赖客观情况的整体性,包括相关待遇是否以合法公共利益目标为基准在投资者之间或投资之间进行区别。

5. 为了更明确,本条不应当理解为,要求缔约任何一方补偿产生于投资者或投资之外国特性的任何固有竞争劣势。

第6条 最惠国待遇

1. 每一缔约方应当就其领土内投资的建立、获取、扩大、管理、经营、营运和出售或其他处置,给予缔约另一方投资者的待遇,不低于类似情形下其给予任何第三方投资者的待遇。

2. 每一缔约方应当就投资的建立、获取、扩大、管理、经营、营运和出售或其他处置,给予缔约另一方投资者投资的待遇,不低于类似情形下其给予任何第三方投资者投资的

待遇。

3. 本条不应当理解为,要求缔约一方将产生于以下的任何待遇、优惠或特权的利益给予任何缔约方的投资者或其投资:

(ⅰ)与投资协定或任何商事协定投资章包含的解决投资争端有关的规定;或

(ⅱ)缔约一方是其成员的区域经济一体化、关税同盟或共同市场的任何协定。

4. 为了更明确,是否在"类似情形"下给予待遇依赖于客观情况的整体性,包括相关待遇是否以合法公共福利目标为基准在投资者之间或投资之间进行区别。

第 7 条 直接征收

1. 每一缔约方主管机关在确定征收情形下的补偿额中,应当遵循本条规定。

2. 每一缔约方不应当国有化或征收缔约另一方投资者的投资,但以下除外:

(a)为了公共目的或必要性,或作为社会利益是合理的;

(b)以非歧视方式;

(c)根据第 2 至 4 款支付有效补偿①;和

(d)根据正当法律程序。

3. 补偿应当:

(a)无不当迟延地支付;

(b)等于采取征收措施前即刻("征收日")被征收投资的公平市场价值;

(c)不反映征收日以前市场价值因知悉征收意图所发生的任何变化;和

(d)根据本协定第 10 条,是全部可支付和可转移的。

4. 支付的补偿不应当低于征收日的公平市场价值,加上根据东道国法律、按市场标准确定的利率可以计算的自征收日至全部支付日的利息。

5. 受征收影响的投资者应当有权利按实施征收的缔约方法律,要求该缔约方司法或其他独立机构根据本协定迅速审查征收案件、被征收投资的估价和该缔约方相关投资法律。

6. 为避免疑虑,本条仅规定直接征收,即通过正式转移产权或所有权对投资进行国有化或其他情况下征收,不包含间接征收。

第 8 条 损失赔偿

在缔约另一方领土内的投资因战争或其他武装冲突、革命、紧急状态、叛乱、暴乱或其他任何相似事件遭受损失的缔约一方投资者,应当就恢复原状、赔偿或其他补偿形式享受的待遇,与该缔约另一方给予其本国投资者或第三方投资者的待遇相同,以对受影响的投资者更有利者为准。

第 9 条 透明度

1. 每一缔约方应当确保其与本协定涵盖的任何事项有关的,特别是涉及投资准入和待遇、资格、许可和证书的法律、规章、程序和一般行政决定,应当发布在官方公报上,并在可能时以电子格式发布,以允许缔约另一方利害关系人熟悉之。

---

① 为避免疑虑,若缔约任何一方是征收缔约方,可以根据其法律规章以债券形式对财产征收提供补偿,本条中的任何规定不应当出现上述补偿形式不符合本协定的解释。

2. 每一缔约方应当按其法律和规章规定,

(ⅰ)公布其提议采取的与投资有关的任何措施;和

(ⅱ)向利害关系人和缔约另一方提供评论此等提议措施的合理机会。

3. 每一缔约方应当在任何可能时向各自负责风险技术评价和批准在缔约另一方领土内有关投资的贷款、信用、担保和保险的公共和私营金融机构宣传本协定。

第 10 条　转移

1. 每一缔约方应当准许与投资有关的资金自由地、无不当迟延地从其领土转进、转出。另有协议除外,应当以可自由兑换货币、按接受投资缔约方领土内转移日可适用现行外汇市场汇率进行转移,但受可适用税收的约束。此种转移包括:

(a)与维持或扩大投资有关的初始资本出资或其任何追加;

(b)直接与投资有关的收入,诸如利润、利息、资本收益、股息或"提成费";

(c)出售、清算全部或部分投资的收入;

(d)偿还直接与投资有关的任何贷款,包括其利息;

(e)根据本协定规定的补偿额。

2. 若按照缔约一方法律,阻止转移与以下有关,该缔约一方在不损害第 1 款的前提下,可以以公正、非歧视方式善意地阻止该转移:

(a)破产、无力偿债或保护债权人的权利;

(b)刑事违法;

(c)必要时与执法或金融监管者合作的金融报告或维持转移登记;或

(d)担保执行司法或行政程序中的决定。

3. 本协定中的任何规定不应当理解为,阻止缔约一方在发生收支平衡严重困难和外部金融困难或其威胁时对经常账户交易支付或转移采取或维持临时限制措施。

4. 本协定中的任何规定不应当理解为,阻止缔约一方在以下情形对与资本流动有关的支付或转移采取或维持临时限制措施:

(a)收支平衡严重困难或外部金融困难或其威胁;或

(b)例外情况下,来自资本流动的支付或转移对宏观经济管理形成或威胁形成严重困难。

5. 若存在第 3、4 款规定情形的收支平衡严重困难,对转移采取的临时限制措施必须是非歧视的且根据《国际货币基金协定》条款和缔约双方是签署者的统辖资金转移的其他国际协定。.

第 11 条　税收措施

1. 遵守不得以对缔约另一方投资者或其投资构成专横或不合理歧视或变相限制的方式适用此等措施的要求,本协定的任何规定不应当适用于税收措施。

2. 为了更明确,本协定中的任何规定不应当:

(a)影响本协定缔约一方是或将成为缔约方的任何现存或未来避免双重征税协定产生的缔约双方权利义务;或

(b)理解为,避免根据缔约双方法律采取或执行旨在确保公平税负或有效征税的任何措施。

第 12 条 审慎措施

1. 本协定中的任何规定不应当理解为阻碍缔约一方采取或维持审慎措施,诸如:

(a)保护投资者、储户、金融市场参与者、保单持有人、保单索赔人或金融机构承担信托责任的人;

(b)维持金融机构的安全、稳固、完整或金融责任;

(c)确保缔约一方金融系统的完整和稳定。

2. 若此等措施不符合本协定的规定,其不应当用作逃避本协定下承诺或义务的手段。

第 13 条 安全例外

本协定中的任何规定不应当理解为,阻碍缔约一方采取或维持旨在保护其国家安全或公共秩序的措施,适用其刑事法律规定或遵守其与根据《联合国宪章》和缔约双方是成员的其他有关国际协定之规定维护国际和平与安全有关的义务。

第 14 条 遵守国内法

缔约双方重申并确认:

(a)投资者及其投资应当遵守缔约一方有关投资之建立、获取、管理、营运和处置的全部法律、规章、行政指南和政策。

(b)投资者及其投资不应当在投资建立之前或之后,向缔约一方公务员或官员直接或间接提议、许诺或给予任何不当金钱利益、愉悦或任何礼品,作为正在从事或承诺从事任何官方行为或获得其他不正当利益的鼓励或奖励,也不应当串通煽动、帮助、教唆、共谋从事上述行为。

(c)为了与投资有关的决策目的或仅为了统计目的,投资者应当完全、准确提供缔约双方按可适用法律要求的所涉投资、企业历史和投资者实践的信息。

第 15 条 企业社会责任

1. 投资者及其投资应当通过采取高水平的社会责任实践,根据自愿原则和本协定所列标准,努力实现对东道国和当地社区可持续发展做出最高可能水平的贡献。

2. 投资者及其投资应当竭力遵守以下自愿原则和负责任经营行为标准,并符合接受投资的东道国所制定的法律:

(a)对经济、社会和环境进步做出贡献,目标是实现可持续发展;

(b)尊重涉及企业活动的国际认可的人权;

(c)通过与当地社区密切合作,鼓励当地能力建设;

(d)特别是以创造就业机会和提供工人职业培训的方式,鼓励创造人力资本;

(e)避免寻求或接受与人权、环境、健康、安全、工作、税收制度、财政刺激或其他事项有关的法律或管制框架未确立的例外;

(f)支持和拥护企业良好治理原则,发展和运用企业良好治理实践;

(g)发展和执行能增进企业与其从事营运所在地社会之间相互信任关系的有效自律实践和管理制度;

(h)通过适当宣传,包括职业培训项目,促进工人了解和遵守企业政策;

(i)避免对向董事会或(任何适当时)主管公共机构提交违反法律或企业政策重大报

告的雇员采取歧视性或纪律性行动;

(j)任何可能时,鼓励包括服务提供者和外包在内的业务伙伴适用符合本协定规定原则的经营行为原则;和

(k)避免任何不当干预当地政治活动。

第16条 投资措施和与腐败、非法行为作斗争

1. 每一缔约方应当根据其法律规章坚持防止涉及本协定涵盖事项的腐败、洗钱和恐怖主义资助并与之斗争的措施。

2. 本协定中的任何规定不应当要求缔约任何一方保护用非法来源资本或资产进行的投资或已证明建立或营运中存在非法行为和国家法律规定没收资产的投资。

第17条 关于投资与环境、劳工事务与健康的规定

1. 本协定中的任何规定不应当理解为,阻止缔约一方采取、维持或执行认为对保证以符合该缔约方劳工、环境和健康法律的方式在其领土内从事投资活动是适当的任何措施。但是该措施不得以构成专横或不合理歧视手段或变相限制的方式适用。

2. 缔约双方承认,采取降低其劳工和环境法标准或健康措施鼓励投资是不适当的。因此每一缔约方保证其不应当修正或废止,或提议修正或废止上述法律以便在此修正或废止包含降低其劳工、环境或健康标准的范围内鼓励其领土内投资的建立、维持或扩大。若缔约一方认为缔约另一方已经提供了上述鼓励,缔约双方将通过磋商处理该事项。

第Ⅲ部分 机构性治理和争端预防

第18条 管理本协定的联合委员会

1. 为了本协定的目的,缔约双方兹设立管理本协定的联合委员会(以下简称"联合委员会")。

2. 联合委员会应当由缔约双方各自政府指定的政府代表组成。

3. 联合委员会应当在缔约双方同意的时间、地点和以同意的方式召开会议。会议应当每年举行至少一次,且由缔约双方交替担任主席。

4. 联合委员会应当具有以下职能和职责:

(a)监督本协定的实施与执行;

(b)讨论和披露扩大相互投资的机会;

(c)协调执行相互达成一致的合作与便利化议程;

(d)在可适用于与委员会工作有关的特别事项时,与私营部门和民事社团商议;

(e)寻求以友好方式解决与缔约一方投资者投资有关的任何事项或争端;和

(f)补充仲裁解决缔约双方争端的规则。

5. 为避免任何疑问且不损害上述规定和联合委员会向缔约双方建议的能力,联合委员会不应当行使缔约双方合法组建和设立的在各自管辖区处理投资事务之任何机构或当局的职能和权力。

6. 缔约双方可以设立临时工作组,其应当与联合委员会共同或分别召开会议。

7. 经联合委员会任何时间同意,可以邀请私营部门参与临时工作组。

8. 联会委员会应当建立自身程序规则。

第19条 国家联络点或专员

1. 每一缔约方应当指定一机构或当局担任国家联络点或专员并相互通知。该联络点或专员的主要责任应当是支持在其领土内的缔约另一方投资者,并负责管理和监督本协定的执行。指定机构应当根据各自领土内相关法律下的各自授权,协调本协定的执行。

2. 在巴西联邦共和国,国家联络点或专员应当是对外贸易局(CAMEX)外国直接投资专员(OID)。

3. 在圭亚那合作共和国,国家联络点或专员应当是圭亚那投资办公室(GO-Invest)。

4. 国家联络点或专员的主要责任应当是:

(a)根据本协定,尽力遵从联合委员会的建议和与缔约另一方国家联络点相互配合;

(b)追踪缔约另一方或其投资者向本缔约方主管当局的请求和查询,并将其行动结果通知利益相关人;

(c)会商相关政府当局后,评估本缔约方收到的缔约另一方或其投资者的建议和诉求,推荐改善投资环境的适当行动;

(d)与本缔约方政府当局和相关私人实体合作,寻求预防投资事务中的分歧;

(e)提供关于一般投资或特殊项目管理事项的及时、有用信息;和

(f)经要求,向联合委员会提供涉及其活动和行动的信息。

5. 国家联络点或专员之间和与联合委员会之间应当相互合作,以有助于预防缔约双方间的争端。

6. 每一缔约方应当确定执行其每项职能和职责的时限,并应当传递给缔约另一方。

第20条 缔约双方之间的信息交换

1. 缔约双方在任何可能时间且涉及相互投资时,应当特别通过联合委员会和其联络点,交换有关业务机会、程序和投资要求的信息。

2. 为此目的,缔约一方应当经请求,通过相关机构及时且按可适用的保护级别提供尤其与以下事项有关的信息:

(a)对投资的管制条件;

(b)政府方案和可能有关的激励;

(c)可能影响投资的公共政策和法律框架;

(d)投资法律框架,包括建立公司和合营企业的法律;

(e)有关国际条约;

(f)海关程序和税收管理体制;

(g)货物和服务市场统计信息;

(h)可用基础设施和公共服务;

(i)政府采购和公共特许权;

(j)社会与劳工要求;

(k)移民法;

(l)货币汇兑法;

(m)关于缔约双方事先确定的特别经济部门的法律;

(n)区域性工程和协定;

（o）公私伙伴关系（PPPs）。

第21条　受保护信息的待遇

1. 缔约双方应当根据各自国家有关法律,尊重提交缔约方提供的信息的保护级别。

2. 本协定任何规定不应当理解为,要求缔约任何一方披露受保护的信息,包括按第25条设立的仲裁庭,其披露会危及法律执行或其他情形下与公共利益相抵触、侵犯隐私或损害合法商业利益。为了本款的目的,受保护信息包括商业机密信息和认为按缔约一方可适用法律对披露享有特权或阻止披露的信息。

第22条　与私营部门的配合

缔约双方承认私营部门起着关键作用,应当在有关业务部门传播缔约另一方领土内的一般投资信息、管制框架和商业机会。

第23条　负责投资促进机构之间的合作

缔约双方应当推进其投资促进机构之间的合作,以便利缔约另一领土内的投资。

第24条　争端预防程序

1. 若缔约一方认为缔约另一方采取的具体措施构成违反本协定,其可以恳求在联合委员会内启动争端预防程序。

2. 以下规则适用于前述程序:

（a）为了启动程序,利害缔约方应当向缔约另一方提交书面请求,指明所涉具体措施并提出相关事实和法律主张。应当自请求之日起60日内召集联合委员会会议。

（b）联合委员会应当有自其第一次会议之日起60日,经相互协议可以延长,评价提出的呈词并草拟报告。

（c）联合委员会的报告应当包括:

（ⅰ）提交呈词缔约方的身份;

（ⅱ）所涉措施和指控违反本协定的描述;和

（ⅲ）联合委员会的裁决。

（d）若该争端未在本条规定的时限结束时解决,或存在缔约一方未参与根据本条召集的联合委员会会议,缔约一方可以根据本协定第25条将该争端提交仲裁。

3. 若所涉措施影响具体投资者,以下附加规则应当适用:

（a）最初呈词应当指明受影响的投资者;和

（b）可以邀请受影响投资者的代表出席联合委员会。

4. 无论何时涉及审议所涉措施,联合委员会可以邀请其他利益相关人出席联合委员会并对该措施发表意见。

5. 争端预防程序下举行会议的记录和其他全部相关文件应当属于机密,受缔约双方关于信息披露的相关法律约束,但是联合委员会按第2款提交的报告除外。

第25条　缔约双方之间争端的解决

1. 若第24条第3款下的程序用尽且争端未解决,任一缔约方可以根据本条规定将该争端提交临时仲裁庭。作为选择性方案,缔约双方可以经相互协议,选择将该争端提交解决争端常设仲裁机构。除非缔约双方另有决定,此常设机构应当适用本条规定。

2. 仲裁的目的是确定缔约一方主张不符合本协定的措施是否与本协定相符。

金砖国家法律报告　第四卷
BRICS LAW REPORT

3. 以下条款可以不受仲裁的约束:第 13 条(安全例外),第 14 条(遵守国内法),第 15 条(企业社会责任)第 1 款,第 16 条(投资措施和与腐败、非法行为作斗争)第 1 款,第 17 条(关于投资与环境、劳工事务与健康的规定)第 2 款。

4. 本条不应当适用于与已发生的任何事实有关的任何争端和本协定生效前已经采取的任何措施。

5. 本条不应当适用于自该缔约方知道或应当知道出现争端的事实之日起已满 5 年的任何争端。

6. 仲裁庭应当由 3 名仲裁员组成。每一缔约方应当自收到仲裁通知后 3 个月内任命仲裁庭 1 名成员。自任命第 2 位仲裁员 2 个月内,该 2 位仲裁员应当任命 1 名与缔约双方保持外交关系的第三国国民,经缔约双方同意任命其为仲裁庭主席。主席的任命必须自其提名日起 1 个月内由缔约双方批准。

7. 若在本条第 6 款规定期限内没有作出必要任命,任一缔约方可以邀请国际法院院长作出必要任命。若国际法院院长是缔约一方国民或者被阻止履行上述职能,将邀请国际法院最资深的、不是缔约一方国民的法官作出必要任命。

8. 仲裁员必须:

(a)具有国际公法、国际投资规则或国际贸易,或解决与国际投资协定有关争端的必要经历或专业知识;

(b)独立且不直接或间接依附任何缔约方、其他仲裁员、潜在证人,也不接受缔约双方的指示;和

(c)遵守世界贸易组织《支配争端解决的规则和程序的谅解的行为规则》(WTO/DSB/RC/1,1996 年 12 月 11 日)或联合委员会确立的其他任何行为标准。

9. 应当在每一缔约方指定地点提交仲裁通知和与解决该争端有关的其他文件。

10. 仲裁庭应当根据本条和辅助性的《联合国国际贸易法委员会仲裁规则》确定自身程序。仲裁庭将由多数票作出其决定,并根据本协定条款和缔约双方认可的可适用原则、国际法规则作出决定。除非另有协议,仲裁庭应当自根据本条第 6、7 款任命主席起 6 个月内作出决定。

11. 仲裁庭的决定应当是终局的且约束缔约双方,缔约双方应当不迟延地遵守该决定。

12. 缔约双方应当批准确定仲裁员费用的一般规则,考虑相关国际组织的实践。除非另有约定,缔约双方应当平均承担仲裁员费用和其他程序费用。

13. 尽管有本条第 2 款规定,缔约双方可以通过特别仲裁协定,请求仲裁员审查存在所涉措施在本协定义务下造成的损害,并通过仲裁裁决对此损害确定补偿。在此情形下,除了本条前述各款,还应当遵守以下规定:

(a)审查存在损害的仲裁协定应当作为第 6 款含义内的"仲裁通知"。

(b)本款不应当适用于涉及特定投资者的以前已经解决的争端和保护"已决案件"所适用的情形。若投资者已经将有关联合委员会中争议措施的申索提交至东道国的本地法院或仲裁庭,只有投资者在东道国法院或仲裁庭撤回该申索后才能启动审查损害的仲裁。若确立仲裁后仲裁员或缔约双方才知晓在当地法院或仲裁庭存在对质疑措施的申索,仲

100　│　第四卷　│

裁将暂停。

（c）若仲裁裁决规定了金钱补偿，在扣除根据每一缔约方国内程序的争端费用后，接受补偿的缔约方应当将此补偿转移给所涉投资的权利持有人。被给予恢复原状的缔约方可以请求仲裁庭命令将此补偿直接转移给受影响投资的权利持有人和向已承担费用的任何人支付费用。

第Ⅳ部分　进一步投资合作与便利化议程

第26条　进一步投资合作与便利化议程

1. 联合委员会应当形成、讨论促进和提升双边投资相关议题的《进一步投资合作与便利化议程》。缔约双方最初讨论的事项应当在联合委员会第一次会议上达成一致。

2. 应当在缔约双方主管当局之间讨论议程。联合委员会在可行时应当邀请缔约双方增补政府主管官员参与议程讨论。

3. 联合委员会应当制定《进一步投资合作与便利化议程》讨论计划表和可行时特别承诺谈判计划表。

4. 缔约双方应当将参与上述讨论的政府机构及其官方代表的名单提交联合委员会。

第Ⅴ部分　最后条款

第27条　修正

1. 经任一缔约方请求，可以在任何时间修正本协定。请求缔约方必须以书面形式提交其请求，解释应当进行修正的理由。缔约另一方应当与请求缔约方就提议修正进行磋商，书面反馈该请求。

2. 本协定应当在缔约各方完成各自核准程序后在缔约双方同意范围内随时自动修正。根据本条修正本协定的任何协定必须以书面形式表达，不论以单独书面文书形式还是通过交换外交照会。这些修正应当约束本协定第25条下设立的仲裁庭，仲裁裁决必须符合本协定的全部修正。

3. 修正应当根据第28条第3款规定的程序生效。

第28条　最后条款

1. 联合委员会、联络点或专员不应当以任何方式替代或损害缔约双方之间存在的其他任何协定或外交途径。

2. 联合委员会应当在不损害其常规会议情况下，在本协定生效10年后对其执行进行一般审查，必要时提出可能修正的建议案。

3. 本协定应当自收到指明缔约双方已经完成国际协定缔结和生效的全部国内必要程序的第二份外交照会之日后满90日生效。

4. 任一缔约方可以在任何时间以向缔约另一方提交书面终止通知方式终止本协定。终止应当在缔约双方同意的日期生效，或者缔约双方未能达成协议时自交付终止通知之日后满365日生效。

兹见证以下签署者经其各自政府正式授权，已经签署本协定。

2018年12月13日签署于巴西利亚，一式两份，用英文和葡萄牙文写成，各文本同等

作准,若本协定解释出现任何分歧,应当以英文本为准。

巴西联邦共和国代表
外交部部长
Aloysio Nunes Ferrrelra
（签字）

圭亚那合作共和国代表
圭亚那驻巴西大使
George Talbot
（签字）

（邓瑞平译）

巴西联邦共和国和马拉维共和国
投资合作与便利化协定*

巴西联邦共和国和马拉维共和国(以下统称"缔约双方"或者单称"缔约一方"):

愿加强和提升缔约双方之间友谊纽带和持续合作精神;

追求激励、简化和支持双边投资,培育缔约双方之间的贸易议程和开放缔约双方之间新的一体化倡议;

确认投资在促进可持续发展、经济增长、减少贫困、创造就业、扩大生产能力和人类发展中的根本作用;

理解缔约双方间在投资领域建立战略伙伴关系将带来广泛与相互的利益;

承认为缔约双方投资培育透明、灵活、友好环境的重要性;

重申缔约双方的管制自治和政策空间;

愿鼓励和加强缔约双方私营部门与政府间的联系;和

寻求创建技术对话机制和培育可以为相互投资重大增长做出贡献的政府倡议;

真诚地达成下述《投资合作与便利化协定》(以下简称"本协定"),内容如下:

第1条 宗旨

1. 本协定的宗旨是促进缔约双方之间的合作,以便利和鼓励相互投资。

2. 此宗旨应当通过本协定规定的机构性治理、以建立投资合作与便利化议程、发展风险降低和争端预防机制、缔约双方相互同意的其他文书的方式予以实现。

第2条 定义

为了本协定的目的:

"东道国",指投资所在地的缔约方。

"投资",指缔约一方投资者为了设立具有长期持续经济关系且生产货物和服务的企业目的,在缔约另一方领土内直接或间接所有或控制的任何财产或权利类型,诸如:

(a)股份、股票和本企业或其他企业的其他权益与债务工具;

(b)向企业的贷款;

(c)动产或不动产和诸如抵押、质押、留置之类的其他财产权;

(d)金钱请求权,或具有金融价值的合同下的任何履行请求权;和

(e)特许权合同或行政决定下投资的价值,包括种植、提炼或开采自然资源的许可证。

为了更明确,"投资"术语不包括:

(a)政府发行的债务证券或向政府的贷款;

(b)组合投资;和

(c)仅产生于缔约一方领土内国民或企业向缔约另一方领土内企业出售货物或服务的商事合同的,或与商事交易有关的信用扩张的金钱请求权,或者不涉及上述投资定义

---

* 译自本协定英文本,可从 https://investmentpolicyhubold.unctad.org/Download/TreatyFile/4715 获取。

(a)至(e)项所列利益种类的其他任何金钱请求权。

"投资者"指:

(a)根据缔约一方法律是其国民或永久居民并在缔约另一方投资的任何个人;

(b)任何法律实体:

(ⅰ)根据缔约一方法律设立;

(ⅱ)在该缔约方领土内有总部和经济活动中心;

(ⅲ)依据相应法律,其财产或有效控制直接或间接属于缔约双方的国民或永久居民;和

(ⅳ)在缔约另一方投资。

"领土"指:

(a)在巴西联邦共和国,其领土,包括根据国际法和国内法在其主权权利或管辖权下的专属经济区、领海、海床和底土;

(b)在马拉维共和国,全部领土组成的马拉维共和国国家领土,包括根据其法律构成马拉维领土的大气空间、水域和岛屿,含因调整边境或其他因此合法取得的任何领土。

"自由兑换货币",指广泛用于国际交易支付和在国际主要外汇市场广泛兑换的货币。

第Ⅰ部分　机构性治理

第3条　管理本协定的联合委员会

1. 为了本协定的目的,缔约双方兹设立管理本协定的联合委员会(以下简称"联合委员会")。

2. 联合委员会应当由缔约双方各自政府指派的政府代表组成。

3. 联合委员会应当在缔约双方同意的时间、地点和以缔约双方同意的方式召开会议。会议应当每年举行至少一次,并在缔约双方之间轮换主席。

4. 联合委员会应当具有以下职能和职责:

(a)监督本协定的实施与执行;

(b)讨论和分享扩大相互投资的机会;

(c)协调执行相互同意的合作与便利化议程;

(d)在可适用时,向私营部门和民事社团咨询与联合委员会工作有关的特别事项的意见;和

(e)以友好方式解决涉及缔约双方投资的任何事项或争端。

5. 缔约双方可以设立临时工作组,其应当与联合委员会共同或分别召开会议。

6. 经联合委员会任何时间同意,可以邀请私营部门参与临时工作组。

7. 联合委员会应当建立自身程序规则。

第4条　联络点或专员①

1. 每一缔约方应当指定一国家联络点或专员,其应当具有支持在其领土内的缔约另

---

① 为了本协定目的,"专员"/"专员们"是仅适用于巴西的术语,是"联络点"/"诸联络点"的准确同义词。

一方投资者的主要职责。

2. 在巴西,"专员"应当是在对外贸易局(CAMEX)①内。

3. 在马拉维共和国,国家联络点应当是马拉维投资贸易中心(MITC)②。

4. 国家联络点的主要职责应当是:

(a)根据本协定,遵从联合委员会的指南和与缔约另一方国家联络点相互配合;

(b)适当时,配合有关政府当局对收到的缔约另一方政府和投资者建议和投诉进行评价并提出转呈,向政府或利害关系投资者提供上述建议和投诉所产生的任何行动的信息;

(c)协调有关政府当局和恰当私人机构,缓和冲突和促进其解决;

(d)提供一般投资或特殊项目管制事项的及时、有用信息;和

(e)在适当时,向联合委员会报告其活动和重要事件。

5. 每一缔约方应当制定其国家联络点运行的程序规则,适当时明示规定执行其每项职能和职责的时限。

6. 每一缔约方应当仅指定一个机构或当局为国家联络点,其应当迅速回复缔约另一方政府和投资者的通知和请求。

7. 缔约双方应当为国家联络点履行职能提供手段和资源,并确保其制度性进入负责本协定条款的其他政府机构。

第5条 缔约双方之间的信息交换

1. 缔约双方在任何可能且涉及相互投资时,应当特别通过联合委员会和其国家联络点,交换有关商业机会、程序和投资要求的信息。

2. 为此目的,缔约一方应当经请求,快速地遵守给予的保护级别,提供特别与以下各项有关的信息:

(a)投资管制条件;

(b)特别激励和有关政府项目;

(c)可以影响投资的公共政策和法律框架;

(d)投资法律框架,包括建立公司和合营企业的法律;

(e)有关国际条约;

(f)海关程序和税收管理体制;

(g)关于货物和服务市场的统计信息;

(h)可用基础设施和公共服务;

(i)政府采购和公共特许权;

(j)社会与劳工要求;

(k)关于缔约双方事先确认特别经济部门或分部门的信息;和

---

① 对外贸易局(CAMEX)是巴西联邦共和国总统府的政府委员,其主要机构是部长理事会,部长理事会是一个部际机构。

② 马拉维投资贸易中心(MITC)是负责投资和贸易促进的政府机构,按《投资与出口促进法》运行。

(1)区域性项目和投资谅解。

3. 缔约双方还应当交换公私伙伴关系(PPPs)的信息。

4. 缔约双方应当按提交缔约方的请求,充分遵守给予上述信息的保护级别。

第6条 与私营部门的配合

缔约双方承认私营部门起着关键作用,应当在有关业务部门传播缔约另一方领土内的一般投资信息、管制框架和商业机会。

第Ⅱ部分 进一步投资合作与便利化议程

第7条 进一步投资合作与便利化议程

1. 联合委员会应当形成、讨论促进和提升双边投资相关议题的《进一步投资合作与便利化议程》。这些议题应当最先处理,其目标列入附件一《进一步投资合作与便利化议程》。

2. 应当在缔约双方主管当局之间讨论议程。联合委员会在可行时应当为缔约双方指定增补政府主管官员参与议程讨论。

3. 上述磋商的结果应当构成本协定的附加议定书或特别法律文书。

4. 联合委员会应当协调《进一步投资合作与便利化议程》讨论计划表和特别承诺谈判。

5. 缔约双方应当将参与上述谈判的政府机构及其官方代表的名单提交给联合委员会。

第Ⅲ部分 风险降低与争端预防

第8条 风险降低与争端预防

1. 缔约双方的投资和投资者受东道国法律制度的约束,因此本协定不应当用于不遵守当地法律、规章的目的。

2. 缔约一方受其法律规章的约束,不应当直接国有化或征收本协定涵盖的投资,但以下除外:

(a)处于公共目的;

(b)以非歧视方式;

(c)根据第4款至第6款,支付有效补偿;和

(d)根据法律正当程序。

3. 缔约双方应当合作改善知悉各自征收投资的国内法。

4. 补偿应当:

(a)根据东道国法律制度,不迟延地支付;

(b)等于有效征收前即刻("征收日")被征收投资的公平市场价值;

(c)不反映征收日以前市场价值因知悉征收意图所发生的消极变化;和

(d)根据关于转移的条款,是全部可支付和可自由转移的。

5. 若以国际兑换货币表示公平市场价值,根据东道国法律,所支付的补偿不应当低于征收日的公平市场价值,加上自征收日至支付日应计的利息。

6. 若以非国际兑换货币表示公平市场价值,根据东道国法律,支付的补偿不应当低于征收日的公平市场价值,加上自征收日至支付日应计的利息和(若适用)对通货膨胀的调整。

第9条 企业社会责任

1. 投资者及其投资应当通过采取高水平的社会责任实践、根据本条所列自愿原则和标准,努力实现对东道国和当地社区可持续发展做出最高可能水平的贡献。

2. 投资者及其投资应当竭力遵守以下自愿原则和负责任经营行为标准,并符合接受投资的东道国所制定的法律:

(a) 鼓励经济、社会和环境进步,目标是实现可持续发展;

(b) 尊重涉及企业活动的符合东道国国际义务的人权;

(c) 通过与当地社区密切合作,鼓励当地能力建设;

(d) 特别是以创造就业机会和提供工人职业培训的方式,鼓励创造人力资本;

(e) 避免寻求或接受东道国法律中未确立的与环境、健康、安全、工作、财政激励或其他事项有关的例外;

(f) 支持和拥护企业良好治理原则,发展和运用企业治理良好实践;

(g) 发展和适用增进公司与从事营运所在地社会之间相互信任关系的有效自律实践和管理制度;

(h) 通过适当宣传,包括职业培训项目,促进工人了解企业政策;

(i) 对向董事会或(任何适当时)主管公共机构提交违反法律或约束公司的企业治理标准之实践的重大报告的雇员,避免采取歧视性或纪律性行动;

(j) 任何可能时,鼓励包括服务提供者和外包在内的业务伙伴适用符合本协定规定原则的经营行为原则;和

(k) 尊重当地政治活动与进程。

第10条 非歧视

1. 每一缔约方应当根据其法律制度,能使且鼓励缔约另一方投资者在其领土内投资,并为此投资创造有利条件。

2. 每一缔约方受法律和可适用法律要求的约束,应当允许缔约另一方投资者在不低于可适用于其他国内投资者的条件下投资和从事经营。

3. 每一缔约方应当准许缔约另一方投资者在不低于可适用于其他外国投资者的条件下进行投资和从事经营。

4. 决定的行政审查权应当相当于由缔约双方自行确定的发展和可用资源的水平。

5. 本条不应当理解为,缔约一方有义务在投资方面将产生于各缔约方是或将是成员的任何现行或未来自由贸易区、关税同盟或共同市场的任何待遇、优惠或特权的利益,给予缔约另一方投资者。

6. 本条不应当解释为,缔约一方有义务在投资方面将产生于缔约一方是或成为成员的任何现行或未来避免双重征税协定的任何待遇、优惠或特权的利益,给予缔约另一方投资者。

7. 本协定的任何规定不应当以阻止采取或执行旨在保证缔约一方法律规定的公平税负或有效征税的任何措施的方式进行解释。

第11条 透明度

1. 每一缔约方应当依据本协定的原则和该缔约方法律制度,确保以合理、客观和公平方式管理影响投资的全部措施。

2. 每一缔约方应当确保其与本协定涵盖任何事项有关的,特别是涉及资格、许可证和证书的法律、规章、程序、一般行政决定,不迟延地发布在官方公报上,并在可能时以电子格式发布。

3. 每一缔约方应当尽力给予私营部门和民事社团中有利害关系的利益相关人对提议措施表达意见的合理机会。

4. 缔约双方应当向各自负责缔约另一方领土内投资相关的贷款、信用、担保和保险之风险技术评估和审批的公共、私营金融机构适当宣传本协定。

第12条 转移

1. 每一缔约方应当允许自由转移与投资有关的资金,即:

(a)与维持或扩大投资有关的初始资本出资或其任何追加;

(b)直接与投资有关的收入;

(c)出售、清算全部或部分投资的所得;

(d)偿还直接与投资有关的任何贷款,包括其利息;和

(e)东道国公共当局征收或临时使用缔约另一方投资者投资的补偿额。若以公共债务债券形式支付此类补偿,缔约另一方投资者将有能力转移在市场上出售此等债券的所得价值。

2. 每一缔约方应当允许以可自由兑换货币、按转移时主要市场汇率进行本条第1款中的转移。

3. 尽管有第1、2款规定,缔约一方可以通过公正、非歧视和善意适用其与以下有关的法律,阻止或迟延转移:

(a)破产、无力偿债或保护债权人的权利;

(b)犯罪或刑事违法行为和刑事诉讼追偿;和

(c)确保遵守司法或行政程序中的命令或决定。

4. 以下为保障条款:

(a)缔约一方在收支平衡和外部金融严重困难或其威胁时,可以对与本协定下承担承诺有关的交易的支付和转移,采取或维持限制;

(b)第(a)项所述限制不应当是歧视的,且应当符合《国际货币基金协定》条款,应当避免不必要损害缔约另一方的商业、经济和金融利益。限制应当足以应对第(a)项规定的情形,应当是临时的,并应当随第(a)项规定情形改善而逐渐停止;和

(c)上述任何规定不应当影响缔约一方在收支平衡危机期间采取与收支平衡有关的管制措施的权利,也不影响《国际货币基金协定》条款下该基金成员的权利义务,包括使用符合此协定条款的外汇行动。

第13条 争端预防

1. 国家联络点或专员应当相互协调行事,并与联合委员会行事,目的是解决缔约双方间的任何争端。

2. 缔约双方间的任何争端,在启动仲裁程序和联合委员会审查之前,应当通过缔约双方磋商和谈判进行评估。

3. 缔约一方可以将投资者的具体利益问题提交联合委员会:

（a）为启动程序，利害关系投资者所属缔约方应当向联合委员会提交书面请求，载明利害关系投资者的名称、遭遇的挑战和困难；

（b）联合委员会应当有 60 日，经相互同意延长 60 日，基于合理性，提交本案的相关信息；

（c）任何可能时，为了便利寻求缔约双方间的解决办法，以下者应当参与双边会议：

（ⅰ）利害关系投资者的代表；

（ⅱ）磋商下所涉措施或情事的政府或非政府实体的代表。

（d）对话和双边磋商的程序结束于任何缔约方倡议随后联合委员会会议上提交简要报告，该报告应当包括：

（ⅰ）该缔约方的身份；

（ⅱ）利害关系投资者的身份；

（ⅲ）描述磋商下的措施；和

（ⅳ）所涉措施的缔约双方地位。

（e）联合委员会应当在任何可能时召集特别会议以审查已提交的事项。

4. 联合委员会会议、全部文件和本条中所建机制背景下采取的步骤，应当属于机密，但提交的报告除外。

5. 若争端不能解决，排除投资者的缔约双方可以诉诸经联合委员会同意、缔约双方任何时间认定合适的国家间仲裁机制。

第Ⅳ部分　一般和最后条款

第 14 条　一般和最后条款

1. 缔约双方考虑到投资事项的广泛范围，同意联合委员会和联络点或专员的最终目的是，通过建立特别论坛、技术渠道和担任政府与私营部门之间的促进者，培育机构性治理。

2. 联合委员会、联络点或专员不应当以任何方式替代或损害缔约双方之间存在的其他任何协定或外交渠道。

3. 联合委员会在不损害其正常会议的前提下，在本协定生效 10 年后，将对本协定执行进行一般审查，并提出必要的进一步建议。

4. 本协定应当自收到指明缔约双方已经完成国际协定缔结和生效的全部必要国内程序的第二份外交照会之日后满 90 日生效。

5. 任一缔约方可以随时向缔约另一方提交书面终止通知，终止本协定。终止应当在缔约双方同意之日或缔约双方不能达成一致时在提交终止通知之日后满 180 日生效。

兹见证以下签字者经其各自政府正式授权，已签署本协定。

2015 年 6 月 25 日签署于圣地亚哥，一式两份，用英文和葡萄牙文写成，两种文本同等作准。为了解决争端的目的，应当使用英文本。

巴西联邦共和国代表　　　　　　　　　　　　　　　　　马拉维共和国代表

附件一

进一步投资合作与便利化议程

以下所列议程代表了缔约双方改善投资合作与便利化的最初努力，可以由联合委员会随时扩大和修改。

a. 支付和转移

ⅰ. 金融当局之间的合作应当旨在便利缔约双方间资本和货币的汇款。

b. 签证

ⅰ. 每一缔约方应当在任何可能和方便时便利缔约另一方经济机构、实体和投资者的管理人员、行政人员和熟练雇员自由流动。

ⅱ. 每一缔约方的移民和劳工当局在尊重国家法律的同时，应当寻求共同谅解，以减少给予缔约另一方投资者适当签证的时间、要求和费用。

ⅲ. 缔约双方将谈判相互可接受的、便利投资者签证的协定，以延长其期限和停留。

c. 技术和环境规章

ⅰ. 缔约双方受其国家法律约束，应当建立签发涉及缔约另一方投资迅速设立和维持的文件、许可证和证书的高效、透明和灵活程序。

ⅱ. 来自缔约双方、其经济机构和投资者有关商事登记、技术要求和环境标准的任何疑问，应当由缔约另一方勤勉接受并及时处理。

d. 关于管制和制度性交流的合作

ⅰ. 缔约双方应当促进关于管制性框架发展和管理之经验交流的制度性合作。

ⅱ. 缔约双方兹承诺，根据其相互利益和发展战略，通过执行交流知识与经验的行动、方案和项目，促进技术、科学和文化合作。

缔约双方同意，将在任何可能时实施获取技术和最终技术转让，无偿且旨在对货物、服务的有效贸易和相关投资做出贡献。

ⅲ. 缔约双方承诺，通过相关国家机构之间的积极配合，促进、培育、协调和执行职业资格领域的合作。

ⅳ. 应当设立互助经济合作与经验交流的论坛，评价培育合作社、家庭农场和与现行或未来投资有关的其他互助经济企业。

ⅴ. 缔约双方应当寻求促进物流和运输更大一体化的途径，以开放新航空线路，并在任何可能、适当时增加其连接和海上商船队。

（邓瑞平译）

巴西联邦共和国和苏里兰共和国
合作与便利投资的协定*

巴西联邦共和国和苏里兰共和国(以下统称"缔约双方"或单称"缔约一方"):

愿加强和提升缔约双方友谊纽带和持续合作精神;

寻求为缔约一方投资者在缔约另一方领土内的投资创造和维持有利条件;

追求激励、简化和支持双边投资,开放缔约双方之间新的一体化和市场机会;

确认投资在促进可持续发展中的根本作用;

考虑到缔约双方间在投资领域建立战略伙伴关系将带来广泛与相互的利益;

承认为缔约双方投资者投资培育透明、友好环境的重要性;

重申缔约双方的管理自治和各缔约方的政策空间;

愿鼓励和加强缔约双方私营部门与两国政府间的联系;和

寻求创建技术对话机制和培育可以对相互投资重大增长做贡献的政府主动性。

已经达成下述《合作与便利投资协定》(以下简称"本协定"),内容如下:

第 I 部分　本协定的范围和定义

第 1 条　宗旨

本协定的宗旨是通过投资者及其投资充分待遇标准、包括《进一步投资合作与便利化议程》在内的合作与便利化机构性治理框架、争端预防与解决机制,便利和促进相互投资。

第 2 条　范围与涵盖

1. 本协定应当适用于本协定生效前后进行的全部投资。

2. 本协定不应当限制缔约一方投资者依据国内法或国际法在缔约另一方领土内享受的权利和利益。

3. 为了更明确,缔约双方重申,本协定应当在不损害《世界贸易组织协定》衍生的权利义务的前提下适用。

4. 本协定不应当阻碍对投资者及其投资采取新的法律要求或限制,只要此等要求或限制符合本协定。

5. 本协定不应当适用于根据世界贸易组织《与贸易有关的知识产权协定》(TRIPS)颁发给予与知识产权有关的强制许可,或者在符合 TRIPS 协定范围内的知识产权之撤销、限制和创设。

第 3 条　定义

为了本协定的目的:

1. "企业",指按可适用法律设立或组建的任何实体,不论是否以营利为目的、私人所有或国家所有,包括任何公司、信托、合伙、独资企业、合营企业和不具有法律人格的实体。

2. "东道国",指投资进行地的缔约方。

---

* 译自本协定英文本,可从 https://investmentpolicyhubold. unctad. org/Download/TreatyFile/5715 获取。

3."投资",指缔约一方投资者根据缔约另一方法律和规章建立或获取的直接投资,其直接或间接允许投资者对缔约另一方领土内货物生产或服务提供之管理施加控制或重大程度影响,包括但不限于:

(a)股份、股票、参股和企业中其他权益类型;

(b)动产或不动产和诸如抵押、留置、典当、产权负担和类似权利义务的其他财产权利;

(c)东道国缔约方法律或合同给予或规定的许可证、准许证或特许协议所赋予的勘探、开发和使用的权利;

(d)向其他公司的贷款、其他公司的债务工具;和

(e)TRIPS 协定中定义或所述的知识产权。

为了本协定的目的和更加明确,"投资"术语不包括:

(a)因法律诉讼或行政程序所发出的命令或判决;

(b)缔约一方发行的债务证券或缔约一方向缔约另一方提供的贷款、债券、公司债券,按缔约一方法律认为是公共债务的该缔约方国有企业的贷款或其他债务工具;

(c)组合投资,即不允许投资者在本企业或在其他企业管理中施加重大程度影响的投资;

(d)仅产生于缔约一方领土内投资者向缔约另一方领土内国民或企业出售货物或服务的商事合同的,或与商事交易有关的信用扩张的金钱请求权,或者不涉及上述(a)至(e)项所列利益种类的其他任何金钱请求权;和

(e)建立投资以前投资者发生开支或其他财务义务所产生的请求权,包括根据东道国缔约方准许投资的法律为了遵守外国资本准许管制或其他特别限制或条件。

4."投资者",指已在缔约另一方领土内投资的缔约一方国民、永久居民或企业。

5."措施",指缔约一方采取的任何措施,不论以法律、规章、规则、程序、决定、行政裁决形式或者其他任何形式。

6."国民",指根据缔约一方法律具有该缔约方国籍的自然人。

7."领土",指缔约一方的领土,包括该缔约方根据国际法和国内法行使主权权利或管辖权的陆地、大气空间、专属经济区、领海、海床和底土。

第Ⅱ部分　管制措施

第 4 条　待遇

1. 每一缔约方应当根据其可适用规则、规章且符合本协定,对待缔约另一方投资者及其投资。

2. 每一缔约方应当保证依据本协定的原则、根据法律正当程序和各自法律以合理、客观和公正的方式管理影响投资的全部措施。

3. 为了更明确,本协定未包含"公正与平等待遇"和"充分保护与安全"的标准,其不应当在投资争端解决程序中用作解释标准。

第 5 条　国民待遇

1. 每一缔约方在不损害本协定生效日按其法律有效的措施的前提下,对其领土内投

资的设立、获取、扩大、管理、经营、营运和出售或其他处置,应当给予缔约另一方投资者的待遇,不低于其在类似情形下给予其本国投资者的待遇。

2. 每一缔约方在不损害本协定生效日按其法律有效的措施的前提下,对其领土内投资的设立、获取、扩大、管理、经营、营运和出售或其他处置,应当给予缔约另一方投资者投资的待遇,不低于其在类似情形下给予其本国投资者投资的待遇。

3. 本协定中的任何规定不应当理解为,阻止缔约一方采取影响缔约另一方投资者的新要求,只要根据本协定此等要求不是歧视性的。

4. 为了更明确,是否在"类似情形"下给予待遇依赖客观情况的整体性,包括相关待遇是否以合法公共利益目标为基准在投资者之间或投资之间进行区别。

5. 为了更明确,本条不应当理解为,要求缔约任何一方补偿产生于投资者或投资之外国特性的任何固有竞争劣势。

第6条　最惠国待遇

1. 每一缔约方应当就其领土内投资的建立、获取、扩大、管理、经营、营运和出售或其他处置,给予缔约另一方投资者的待遇,不低于类似情形下其给予任何非缔约方投资者的待遇。

2. 每一缔约方应当就投资的建立、获取、扩大、管理、经营、营运和出售或其他处置,给予缔约另一方投资者投资的待遇,不低于类似情形下其给予任何非缔约方投资者在其领土内投资的待遇。

3. 本条不应当理解为,要求缔约一方将产生于以下任何待遇、优惠或特权的利益给予缔约另一方的投资者或其投资:

（ⅰ）与投资协定或商事协定投资章包含的投资争端解决有关的规定;或

（ⅱ）缔约一方是或成为成员的任何区域经济一体化、关税同盟或共同市场的协定。

4. 为了更明确,是否在"类似情形"下给予待遇依赖于客观情况的整体性,包括相关待遇是否以合法公共福利目标为基准在投资者之间或投资之间进行区别。

第7条　直接征收

1. 每一缔约方主管当局在确定征收情形下的补偿额中,应当遵循本条规定。

2. 每一缔约方不应当国有化或征收缔约另一方投资者的投资,但以下除外:

（a）为了公共目的或必需,或作为社会利益是合理的;

（b）以非歧视方式;

（c）根据第2至4款,支付有效补偿①;和

（d）根据法律正当程序。

3. 补偿应当:

（a）无不当迟延地支付;

（b）等于采取征收措施前即刻("征收日")被征收投资的公平市场价值;

（c）不反映征收日以前市场价值因知悉征收意图所发生的任何变化;和

---

① 为避免疑虑,若巴西是征收缔约方,可以根据其法律规章对不履行社会功能的财产征收以债券形式提供补偿,本条中的任何规定不应当出现上述补偿形式不符合本协定的解释。

(d) 根据本协定第 10 条,是全部可支付和可转移的。

4. 支付的补偿不应当低于征收日的公平市场价值,加上根据东道国法律按市场标准确定的利率自征收日至全部支付日的应计利息。

5. 为避免疑义,本条仅规定直接征收,即通过正式转移产权或所有权对投资进行国有化或其他情况下的征收,不包含间接征收。

第 8 条　损失赔偿

1. 缔约一方投资者在缔约另一方领土内的投资因战争或其他武装冲突、革命、紧急状态、叛乱、暴乱或其他任何相似事件遭受损失的,应当就恢复原状、赔偿或其他解决形式享受的待遇,与该缔约另一方给予其本国投资者或任何非缔约方投资者的待遇相同,以对受影响的投资者更有利者为准。

2. 若投资在缔约一方领土内因第 1 款所述任何情形遭受损害产生于以下,该缔约方应当根据本协定第 6 条向投资者提供恢复原状、赔偿或两者(以适当为准):

(a) 该缔约方的军队或当局征用投资者投资或部分投资;或

(b) 该缔约方的军队或当局毁损投资者投资或部分投资。

第 9 条　透明度

1. 每一缔约方应当确保其与本协定涵盖任何事项有关的,特别是涉及资格、许可证和证书的法律、规章、程序、一般行政决定,不迟延地发布在官方公报上,并在可能时以电子格式发布,以允许缔约另一方利害关系人熟悉之。

2. 每一缔约方应当按其法律和规章规定:

(a) 发布其提议采取的任何有关投资措施;和

(b) 向利害关系人或缔约另一方提供对提议措施发表意见的合理机会。

3. 每一缔约方应当在任何可能时,向各自负责缔约另一方领土内投资相关的贷款、信用、担保、保险之风险技术评估和审批的公私金融机构宣传本协定。

第 10 条　转移

1. 每一缔约方应当允许与投资有关的资金自由地、无不当迟延地向其境内和境外转移。此等转移应当包括:

(a) 与维持或扩大投资有关的初始资本出资或其任何追加;

(b) 直接与投资有关的收入,诸如利润、利息、资本收益、股息或"提成费";

(c) 出售、清算全部或部分投资的所得;

(d) 偿还直接与投资有关的任何贷款,包括其利息;

(e) 补偿额。

2. 若按照缔约一方法律,阻止转移与以下有关,该缔约方在不损害第 1 款的前提下,可以以公正、非歧视方式且善意地阻止此等转移:

(a) 破产、无力偿债或保护债权人的权利;

(b) 刑事违法行为;

(c) 必要时与执法或金融监管者合作的金融报告或维持转移登记;或

(d) 担保执行司法或行政程序中的决定。

3. 本协定中的任何规定不应当理解为,阻止缔约一方在发生收支平衡严重困难和外部金融困难或其威胁时采取或维持与经常账户交易有关的、涉及收支平衡的临时限制措施。

4. 本协定中的任何规定不应当理解为,阻止缔约一方在以下情形下对与资本流动有关的支付或转移采取或维持临时限制措施:

(a)收支平衡严重困难或外部金融困难或其威胁;或

(b)例外情况下,来自资本流动的支付或转移对宏观经济管理形成或威胁形成严重困难。

5. 若存在本条第 3、4 款规定情形中的收支平衡严重困难,对转移采取的临时限制措施必须是非歧视的且根据《国际货币基金协定》条款。

第 11 条 税收措施

1. 遵守不得以对缔约另一方投资者或其投资构成专横或不合理歧视手段或变相限制的方式适用此等措施的要求,本协定的任何规定不应当适用于税收措施。

2. 为了更明确,本协定中的任何规定不应当:

(a)影响本协定缔约一方是或将成为缔约方的任何现存或未来避免双重征税协定产生的缔约双方权利义务;或

(b)理解为,规避根据缔约双方法律采取或执行旨在确保公平税负或有效征税的任何措施。

第 12 条 审慎措施

1. 本协定中的任何规定不应当理解为阻碍缔约一方采取或维持审慎措施,诸如:

(a)保护投资者、储户、金融市场参与者、保单持有人、保单索赔人或金融机构承担信托责任的人;

(b)维持金融机构的安全、稳固、完整或金融责任;和

(c)确保缔约一方金融系统的完整和稳定。

2. 若此等措施不符合本协定的规定,其不应当用作逃避本协定下承诺或义务的手段。

第 13 条 安全例外

本协定中的任何规定不应当理解为,阻碍缔约一方采取或维持旨在保护其国家安全或公共秩序的措施,适用其刑事法律法规或遵守其与根据《联合国宪章》规定维护国际和平与安全有关的义务。

第 14 条 遵守国内法

缔约双方重申并确认:

(a)投资者及其投资应当遵守缔约一方与投资之建立、获取、管理、营运和处置有关的全部法律、规章、行政指南和政策。

(b)投资者及其投资不应当在投资建立之前或之后,向缔约一方公务员或官员直接或间接提供、许诺或给予任何不当金钱利益、愉悦或任何礼品,作为正在从事或承诺从事任何官方行为或获得其他不正当利益的鼓励或奖励,也不应当串通煽动、帮助、教唆或共谋犯下此等行为。

(c)为了与投资有关的决策目的或仅为了统计目的,投资者应当完全、准确提供缔约

双方按可适用法律要求的所涉投资、企业历史和投资者实践的信息。

第 15 条　企业社会责任

1. 投资者及其投资应当通过采取高水平社会责任实践、基于本条所列自愿原则与标准,努力实现对东道国和当地社区可持续发展做出最高可能水平的贡献。

2. 投资者及其投资应当竭力遵守以下自愿原则和负责任经营行为标准,并符合东道国所制定的法律:

(a) 对经济、社会和环境进步做出贡献,旨在实现可持续发展;

(b) 尊重涉及投资活动的国际认可的人权;

(c) 通过与当地社区密切合作,鼓励当地能力建设;

(d) 特别是以创造就业机会和提供工人职业培训的方式,鼓励创造人力资本;

(e) 避免寻求或接受法律或管制框架未确立的与人权、环境、健康、安全、工作、税收制度、财政刺激或其他事项有关的例外;

(f) 支持和拥护企业良好治理原则,和发展、运用企业治理良好实践;

(g) 发展和执行培育企业与其从事营运所在地社区之间相互信任关系的有效自律实践和管理制度;

(h) 通过适当宣传,包括职业培训项目,促进工人了解和遵守企业政策;

(i) 避免对向董事会或(任何适当时)主管公共机构提交违反法律或企业政策重大报告的雇员采取歧视性或纪律性行动;

(j) 任何可能时,鼓励包括服务提供者和外包在内的业务伙伴适用符合本协定规定原则的经营行为原则;和

(k) 避免任何不当干预当地政治活动。

第 16 条　投资措施和与腐败、非法行为作斗争

1. 每一缔约方应当根据其法律、规章采取措施,努力防止涉及本协定涵盖事项的腐败、洗钱和恐怖主义资助,并与之作斗争。

2. 本协定的任何规定不应当要求缔约任何一方保护用非法来源资本或资产进行的投资,或已证明建立或营运中存在非法行为且对此国家法律规定没收资产的投资。

第 17 条　关于投资与环境、劳工事务与健康的规定

1. 本协定中的任何规定不应当理解为,阻止缔约一方采取、维持或执行认为对保证以符合该缔约方劳工、环境和健康法律的方式在其领土内从事投资活动是适当的任何措施。但是该措施不得以构成专横或不合理歧视手段或变相限制的方式适用。

2. 缔约双方承认,采取降低其劳工和环境法标准或健康措施鼓励投资是不适当的。因此每一缔约方保证其不应当修正或废止,或提议修正或废止上述法律以便在此修正或废止包含降低其劳工、环境或健康标准的范围内鼓励其领土内投资的建立、维持或扩大。若缔约一方认为缔约另一方已经提供了上述鼓励,缔约双方将通过磋商处理该事项。

第Ⅲ部分　机构性治理、争端预防与解决

第 18 条　管理本协定的联合委员会

1. 为了本协定的目的,缔约双方兹设立管理本协定的联合委员会(以下简称"联合委

员会")。

2. 联合委员会应当由缔约双方各自政府指派的政府代表组成。

3. 联合委员会应当在缔约双方同意的时间、地点和以缔约双方同意的方式召开会议。会议应当每年举行至少一次,并在缔约双方之间轮换主席。

4. 联合委员会应当具有以下职能和职责:

(a)监督本协定的实施与执行;

(b)讨论和宣传扩大相互投资的机会;

(c)协调执行符合第26条的合作与便利化议程;

(d)在可适用时,与私营部门和民事社团商议与联合委员会工作有关的特别事项;

(e)寻求以友好方式解决与缔约一方投资者投资有关的任何事项或争端;和

(f)若必要,补充缔约双方间仲裁解决争端的规则。

5. 缔约双方可以设立临时工作组,其应当与联合委员会共同或分别召开会议。

6. 经联合委员会任何时间同意,可以邀请私营部门参与临时工作组。

7. 联合委员会应当建立自身程序规则。

第19条　国家联络点或专员

1. 每一缔约方应当指定一国家联络点或专员,其应当具有支持在其领土内缔约另一方投资者的主要职责。

2. 在巴西,"专员/国家联络点"应当是对外贸易局(CAMEX)内的"直接投资专员"(OID)。

3. 在苏里兰共和国,国家联络点或专员应当是苏里兰投资促进局(INVESTSUR)。

4. 国家联络点的主要职责应当是:

(a)根据本协定,尽力遵从联合委员会的建议和与缔约另一方国家联络点相互配合;

(b)追踪缔约另一方或其投资者向本缔约方主管当局的请求和查询,并将其行动结果通知利益相关人;

(c)经会商相关政府当局,评估本缔约方收到的缔约另一方或其投资者的建议和诉求,推荐改善投资环境的适当行动;

(d)与政府当局和相关私营实体合作,寻求预防投资事务中的分歧;

(e)提供一般投资和特别项目管制事项的及时、有用信息;和

(f)适当时,向联合委员会报告其活动和行动。

5. 国家联络点或专员之间应当相互配合,并与联合委员会合作,以有助于预防缔约双方间的争端。

6. 每一缔约方应当确定执行其每项职能和职责的时限,并应当传递给缔约另一方。

第20条　缔约双方之间的信息交换

1. 缔约双方在任何可能且涉及相互投资时,应当特别通过联合委员会和其联络点,交换有关商业机会、程序和投资要求的信息。

2. 为此目的,缔约一方应当经请求,通过相关机构及时且按可适用的保护级别提供尤其与以下事项有关的信息:

(a)投资管制条件;

(b)政府方案和可能有关的激励;

(c)可能影响投资的公共政策和法律框架;

(d)投资法律框架,包括建立公司和合营企业的法律;

(e)有关国际条约;

(f)海关程序和税收管理体制;

(g)关于货物和服务市场的统计信息;

(h)可用基础设施和公共服务;

(i)政府采购和公共特许权;

(j)社会与劳工要求;

(k)移民法;

(l)货币汇兑法;

(m)关于缔约双方事先确认特别经济部门的法律;

(n)区域性工程和与投资有关的协定;和

(o)公私伙伴关系(PPPs)。

第 21 条　受保护信息的待遇

1. 每一缔约方应当根据其关于本事项的国家法律,尊重提交缔约方提供的信息的保护级别。

2. 本协定的任何规定不应当理解为,要求缔约任何一方披露受保护的信息,其披露会危及执法或其他情形下与公共利益相抵触、侵犯隐私或损害合法商业利益。为了本款的目的,受保护信息包括商业机密信息和认为按缔约一方可适用法律对披露享有特权或阻止披露的信息。.

第 22 条　与私营部门的配合

缔约双方承认私营部门起着关键作用,应当在有关业务部门传播缔约另一方领土内的一般投资信息、管制框架和商业机会。

第 23 条　负责投资促进机构之间的合作

缔约双方应当推进其投资促进机构之间的合作,以便利在缔约另一方领土内投资。

第 24 条　争端预防程序

1. 若缔约一方认为缔约另一方采取的具体措施构成违反本协定,其可以运用本条在联合委员会内启动争端预防程序。

2. 以下规则适用于前款所述程序:

(a)为了启动程序,利害缔约方应当向缔约另一方提交书面请求,指明所涉具体措施并提出相关事实和法律主张。联合委员会应当自请求之日起 60 日内召开会议。

(b)联合委员会应当有自其第一次会议之日起 60 日,经相互协议可以延长,评价所提出的呈词并草拟报告。

(c)联合委员会的报告应当包括:

(ⅰ)提交呈词缔约方的身份;

(ⅱ)描述所涉的措施和指控的违反本协定;和

(ⅲ)联合委员会的裁决。

(d)若该争端未在本条规定的时限结束时解决,或存在缔约一方未参与根据本条召集的联合委员会会议,缔约一方可以根据本协定第25条将该争端提交仲裁。

3. 若所涉措施影响具体投资者,以下附加规则应当适用:

(a)最初呈词应当指明受影响的投资者;和

(b)可以邀请受影响投资者的代表出席联合委员会。

4. 无论何时涉及审议所涉措施,联合委员会可以邀请其他利益相关人出席联合委员会并对该措施发表意见。

5. 争端预防程序下举行会议的记录和其他全部相关文件应当属于机密,受每一缔约方信息披露法律的约束,但是联合委员会按第2款提交的报告除外。

第 25 条 缔约双方之间争端的解决

1. 若第24条第3款下的程序用尽且争端未解决,任一缔约方可以根据本条规定将该争端提交临时仲裁庭。作为选择性方案,缔约双方可以经相互协议,选择将该争端提交解决争端常设仲裁机构。除非缔约双方另有决定,该常设机构应当适用本条规定。

2. 仲裁的目的是确定缔约一方主张不符合本协定的措施是否与本协定相符。

3. 以下条款可以不受仲裁的约束:第13条(安全例外),第14条(遵守国内法),第15条(企业社会责任)第1款,第16条(投资措施和与腐败、非法行为作斗争)第1款、第17条(关于投资与环境、劳工事务与健康的规定)第2款。

4. 本条不应当适用于与已发生任何事实有关的任何争端、本协定生效前已采取的任何措施。

5. 本条不应当适用于自该缔约方知道或应当知道出现该争端的事实之日起已满5年的任何争端。

6. 仲裁庭应当由3名仲裁员组成。每一缔约方应当自收到仲裁通知后3个月内任命仲裁庭1名成员。自任命第2位仲裁员起3个月内,该2位仲裁员应当任命1名与缔约双方保持外交关系的第三国国民,经缔约双方批准任命其为仲裁庭主席。主席的任命必须自其提名日起1个月内由缔约双方批准。

7. 若在本条第6款规定期限内没有作出必要任命,任一缔约方可以邀请国际法院院长作出必要任命。若国际法院院长是缔约一方国民或者被阻止履行上述职能,将邀请国际法院最资深的、不是缔约一方国民的成员作出必要任命。

8. 仲裁员必须:

(a)具有国际公法、国际投资规则或国际贸易,或解决产生于与国际投资协定有关的争端的必要经历或专业知识;

(b)独立且不直接或间接依附缔约任何一方、其他仲裁员、潜在证人,也不接受缔约双方的指示;和

(c)遵守(可适用于本争端时)世界贸易组织《支配争端解决的规则和程序的谅解的行为规则》(WTO/DSB/RC/1,1996年12月11日),或者联合委员会确立的其他任何行为标准。

9. 应当在每一缔约方指定地点提交仲裁通知和与解决争端有关的其他文件。

10. 仲裁庭应当会商缔约双方后根据本条和作为辅助性的、在本协定生效日有效的、

在不与本协定冲突范围内的《联合国国际贸易法委员会仲裁规则》，确定自身程序。仲裁庭将由多数票作出决定，并根据本协定条款和缔约双方认可的可适用原则、国际法规则作出决定。除非缔约双方另有协议，仲裁庭应当自根据本条第 6、7 款任命主席后 9 个月内（可延长 90 日）作出决定。

11. 仲裁庭的决定应当是终局的且约束缔约双方，缔约双方应当不迟延地遵守该决定。

12. 联合委员会应当批准确定仲裁员费用的一般规则，考虑相关国际组织的实践。除非另有约定，缔约双方应当平均承担仲裁员费用和其他程序性费用。

13. 尽管有本条第 2 款规定，缔约双方可以通过特别仲裁协定，请求仲裁员审查存在所涉措施在本协定义务下造成的损害，并通过仲裁裁决对此损害确定补偿。在此情形下，除了本条前述各款，还应当遵守以下规定：

（a）审查存在损害的仲裁协定应当作为第 6 款含义内的仲裁通知。

（b）本款不应当适用于涉及特定投资者的以前已经解决的争端和保护"已决案件"所适用的情形。若投资者已经将有关联合委员会中争议措施的申索提交至东道国的本地法院或仲裁庭，只有投资者在东道国法院或仲裁庭撤回该申索后才能启动审查损害的仲裁。若仲裁员或缔约双方在确立仲裁后才知晓在当地法院或仲裁庭存在对质疑措施的申索，本仲裁将暂停。

（c）若仲裁裁决规定了金钱补偿，接受补偿的缔约方应当在扣除根据每一缔约方国内程序的争端费用后，将此补偿转移给所涉投资的权利持有人。被给予恢复原状的缔约方可以请求仲裁庭命令将此补偿直接转移给受影响投资的权利持有人和向已承担费用的任何人支付费用。

第 IV 部分　进一步投资合作与便利化议程

第 26 条　进一步投资合作与便利化议程

1. 联合委员会应当形成、讨论促进和提升双边投资相关议题的《进一步投资合作与便利化议程》。

2. 缔约双方最初讨论的事项应当在联合委员会第一次会议上达成一致。

3. 作为联合委员会中关于《进一步投资合作与便利化议程》的讨论结果，缔约双方可以采取补充承诺。

第 V 部分　最后条款

第 27 条　修正

1. 经任一缔约方请求，可以随时修正本协定。请求缔约方必须以书面形式递交其请求，解释应当作出修正的理由。缔约另一方应当与请求缔约方磋商提议的修正，且必须书面回复该请求。

2. 根据本条对本协定修正的任何协定必须书面表达，不论以单独书面文件形式或者通过交换外交照会。这些修正应当约束第 25 条下设立的仲裁庭，仲裁裁决必须符合本协定的全部修正。

3. 修正应当根据第 28 条规定程序生效。

第 28 条　最后条款

1. 联合委员会、联络点或专员不应当以任何方式替代或损害缔约双方之间存在的其他任何协定或外交渠道。

2. 联合委员会应当在不损害其常规会议情况下,在本协定生效 10 年后对其执行进行一般审查,必要时提出可能修正的建议案。.

3. 本协定应当自收到指明缔约双方已经完成国际协定缔结和生效的全部国内必要程序的第二份外交照会之日后满 90 日生效。

4. 任一缔约方可以在任何时间以向缔约另一方提交书面终止通知方式终止本协定。终止应当在缔约双方同意的日期生效,或者缔约双方未能达成协议时自交付终止通知之日后满 365 日生效。

兹见证以下签署者经其各自政府正式授权,已经签署本协定。

2018 年 5 月 2 日签署于巴西利亚,一式两份,用葡萄牙文和英文写成,各文本同等作准。若本协定术语出现分歧,应当以英文本为准。

巴西联邦共和国代表
外交部部长
Aloygio Nunes Ferreira
（签字）

苏里兰共和国代表
外交部部长
Yldiz Pollack-Beighle
（签字）

工业外贸和服务部部长
Marcos Jorge de Lima
（签字）

农业畜牧业渔业部部长
Lekhram Soerdjan
（签字）

（邓瑞平译）

✳ 王彬彬*

俄罗斯联邦近期双边投资协定导论

序　言

　　近年来,金砖国家合作已经形成以领导人会晤为引领,以安全事务高级代表会议、外长会晤等部长级会议为支撑,在经贸、财政、金融、农业、教育、卫生、科技、文化、地方政府合作等数十个领域开展务实合作的多层次架构。与此同时,金砖国家遵循开放透明、团结互助、深化合作、共谋发展原则和"开放、包容、合作、共赢"的金砖国家精神,致力于构建更紧密、更全面、更牢固的伙伴关系。① 为使金砖国家的合作更加顺应时代发展潮流,同时加深金砖国家内部与外部的国际合作,进行了一系列的会议、交流、条约签署等多方面的合作促进工作。无论是把金砖合作放在世界发展和国际格局演变的历史进程中来看,还是把金砖合作放在五国各自和共同发展的历史进程中来看,金砖国家之间均通过对话和交流而加深了政治互信,成为国际上相互尊重、平等协商、互相促进、公平合作的典范。金砖合作顺应了当代国际潮流的趋势,并推动着国际体系朝着更加公正合理的方向稳步前进。金砖国家之间日益加强的合作有助于增进世界的和平与发展、提高发展中国家话语权、推动发达国家与发展中国家加强沟通以及利于金砖国家机制的自身建设。

　　投资是金砖国家内部和外部合作的重要领域。以下简要阐述俄罗斯联邦近期签署的有关双边投资条约。

一、俄罗斯联邦近期缔结双边投资条约的背景与过程

　　"金砖五国"概念的提出及其合作机制的产生,是金砖五国新兴经济体实力壮大并伴随全球经济格局深刻演变的产物。金砖国家之间签署的多边投资合作意向和发展方向是

---

　　* 王彬彬(1989—　),女,山东青岛人,俄罗斯联邦莫斯科国立大学硕士,中国与俄罗斯东欧中亚交流协会会员,中俄英法律翻译。

　　① 《金砖国家》,https://baike.baidu.com/item/金砖国家/1111920? fr=aladdin,2019 年 3 月 20 日访问。

促进金砖国家间贸易、投资和经济合作;鼓励强化金砖国家间贸易和投资联系,发挥经济互补性,促进可持续发展和包容性增长;在成员国之间共享贸易和投资发展经验;鼓励金砖国家间构建相关机制,增强生产能力和多种经济部门的价值提升;加强沟通与合作。[1]其中的具体合作领域包括缔约各方之间的贸易投资促进和保护、多边合作与协调、技术创新合作、知识产权合作等。根据平等、透明、高效、互相理解和协商一致的原则,金砖国家通过在一系列经济、贸易和投资相关问题核心平台上的意见交换,各方交流彼此政策立场和优先关注领域,均为金砖国家在这些问题上加强协调与合作奠定了坚实的基础。

金砖合作之所以得到快速发展,关键在于达成对合作之道的共识,即:互尊互助,携手走适合本国国情的发展道路;秉持开放包容、合作共赢的精神,持之以恒推进经济、政治、人文合作;倡导国际公平正义,同其他新兴市场国家和发展中国家和衷共济,共同营造良好的外部环境。[2]金砖国家自形成至发展的历程中彰显了当代国际社会中的力量对比从量变到质变的过程,既顺应了国际潮流的发展趋势,又通过各种交流、合作和协调机制推动着国际体系朝着更加公正合理的方向前进,在国际社会中的作用与影响力与日俱增。因此,在近年来签署的俄罗斯联邦与阿塞拜疆共和国、巴勒斯坦国、巴林王国、赤道几内亚共和国、柬埔寨王国、伊朗伊斯兰共和国等国家或地区(以下简称"国家")间的双边投资协定中,实现了更加宽领域、多方面、全方位的交流与合作,进一步拓宽了经济贸易合作的规模与领域,同时加深了贸易投资促进和保护、多边合作与协调、技术创新合作,展现了金砖国家群体的多元化、宽领域、跨地区和可塑性等的合作特色。

1991年苏联解体后,俄罗斯联邦从一个封闭的、中央计划经济体转型为国际整合、以市场为基础的经济体。俄罗斯联邦已经是全球最大的天然气出口国、第二大石油出口国。石油和天然气这两大工业血脉的开采和生产控制了今天五分之一的国民生产,并且创造了50%的出口贸易产值和40%的国家收入。俄罗斯联邦地大物博,能源丰富,但如果缺少了有效遏制腐败的必要体制改革,政府在未来发展态势面前依然面临诸多巨大挑战。俄罗斯联邦经济于2010年开始持续复苏,但进入下半年后受世界主要经济体复苏势头减弱、国内罕见旱灾等因素影响,经济增速有所放缓,全年经济仅增长4%。因此从俄罗斯联邦的经济形势来看,抑制通胀、削减赤字仍然是政府面临的两大挑战。作为能源输出大国,油价上涨固然可以大幅提高财政收入和外汇储备,但对俄罗斯联邦经济而言并非一直有利,因为油价过高会抑制其他国家的消费需求,也会进一步加剧全球通胀压力,反之,又会给俄罗斯联邦带来输入型通胀压力,从而加大经济风险。由于经济刺激政策效应减弱、投资和消费对经济增长贡献有限,在国际油价可能波动的情况下,俄罗斯联邦国内缺乏有力的经济增长点。同时从深层次分析,俄罗斯联邦经济的结构性缺陷制约了其宏观经济发展,其经济增长过度依赖能源和原材料,特别是油气出口。尽管俄罗斯联邦大力倡导经济结构调整,减少对能源行业的过度依赖,但经济结构调整和经济增长方式转变并非一日

---

① 《金砖国家第三次经贸部长会议联合公报等文件发表》,人民网,http://politics.people.com.cn/n/2013/0327/c70731-20932159.html,2019年3月20日访问。

② 《开启金砖合作第二个"金色十年"》,人民网,http://theory.people.com.cn/n1/2018/0104/c416126-29746004.html,2019年3月20日访问。

之功,在新经济增长点并未形成、外部经济环境仍存在很大不确定性的情况下,保持经济稳定增长依然是摆在政府面前极其艰巨的任务。①

2010年12月,中国作为"金砖国家"合作机制轮值主席国,与俄罗斯联邦、印度、巴西一致商定,吸收南非作为正式成员加入"金砖国家"合作机制,"金砖四国"变成"金砖五国",并更名为"金砖国家"。吸收南非加入合作机制,也使"金砖四国"能够进一步加强同南部非洲各国的经贸关系,并将会有利于五国在全球气候变化问题、联合国改革、减贫等重大全球性和地区性问题上协调立场,更好地建设一个公平、平衡的国际政治新秩序。2011年4月,在中国三亚举行第三次领导人会晤,发表了《三亚宣言》,首次推行本币贸易结算,而加强金融合作成为本次金砖国家领导人会晤的一个重要成果。同时在五国领导人的见证下,正式签署《金砖国家银行合作机制金融合作框架协议》。2015年1月1日,俄罗斯联邦开始担任金砖国家机制轮值主席国。俄总统普京表示,将利用主席国身份进一步提高金砖国家在世界范围的影响力。俄罗斯联邦在2015年担任主席国期间,与各国协力合作,进一步提高金砖国家在国际舞台的影响力。金砖国家合作机制在促进工业生产与技术交流方面成效显著,对各国交流医保、教育、科学等领域经验十分有帮助。五国在国际信息安全领域立场一致,合作有望展开,在能源、矿产开发及加工、高科技农产品加工等领域也即将出现新的合作项目。②

从"金砖四国"到"金砖五国"的发展进程中,金砖国家已日益成为国际和平与安全一系列关键问题上的全球政治的重要集体参与者。其中,俄罗斯联邦致力于通过金砖国家之间的合作和协定对其在国际社会的影响力以及本国现状进行多方面的改善和提升。一方面,对国际社会而言,逐步将金砖国家从对话论坛和协调工具转变为全球政治和经济核心问题的全面战略协作机制,积极推进金砖国家在国际舞台上的共同利益,加强金砖国家的统一,建立多样协作机制并逐步扩大合作范围,从而加强金砖国家在此基础上的地位,巩固其在世界舞台上的国际政治和经济地位,此外,俄罗斯联邦还积极提议在具体区域内进行对冲突的磋商与协调,以及在相关国际法现实紧迫的问题上深入开展有效的合作机制。另一方面,对俄罗斯联邦而言,致力于巩固俄罗斯联邦的国际政治地位,改善国内的经济现状和经济结构,加强俄罗斯联邦的对外经济联系和经济安全,促进金砖国家在世贸组织中的立场协调一致,支持多边贸易体系、提高区域贸易协定的透明度等,积极参与过时的货币和金融架构的改革与完善,推动创建更民主、更公平的国际经济制度,建立和发展金砖国家战略伙伴关系,更好地利用互补优势和合作机会,从而促进俄罗斯联邦本国的经济结构的调整和经济政策的落实,以实现均衡发展和经济持续稳步增长。

近年来,面对俄罗斯联邦的经济形势、国内政治现状和国际形势,俄罗斯联邦认识到必须以外交手段、国家政策等方式进一步提高对相关国际合作组织和沟通机制的参与度,积极促进本国经济各方面的转变和转型,以实现本国的政治、经济、文化等多方面的稳步

---

① 《金砖国家》,https://baike.baidu.com/item/金砖国家/1111920? fr = aladdin#3_2,2019年3月20日访问。

② 《金砖国家》,https://baike.baidu.com/item/金砖国家/1111920? fr = aladdin#3_2,2019年3月20日访问。

发展,而金砖国家也正逐渐转变为全球经济和政治问题上最广泛的多边战略伙伴关系。金砖国家的战略大方向基本一致,即争取一个有利于发展的国际和平环境,要求改变不合理、不公正的国际政治、经济体系。金砖国家对世界经济增长展现了综合实力,并快速地实现了从经济概念到具有政治经济影响的软性机制的转变,有望发展成为实体性的国际组织。① 为此,应当全面深化金砖伙伴关系,同时致力于推进经济务实合作、加强发展战略对接、促进人文民间交流以及推动国际秩序向更加公正合理的方向发展。而金砖国家的远期合作应该实现从物质到理念的跃升以及实现从地区层面向体系层面的战略飞跃,包括为国际体系贡献新的价值观和主流思想,为破解重大全球性问题提供战略思维和思路,为国际社会提供更多的发展模式,为和平、发展、合作提供更多的理论和实际支持。②

二、俄罗斯联邦近期双边投资协定的基本结构与主要内容

综观俄罗斯近年来的双边投资协定,其基本结构为:序言、定义、投资保护、投资待遇、征收、损失赔偿、支付的转移、代位、缔约一方与缔约另一方投资者之间争端的解决、缔约双方之间争端的解决、协定的有效期和终止等。其较有特色的内容如下:

(一)关于投资的定义

在投资界定方面,采取了列举式和排除式两者相结合的方式进行具体说明。一般规定:"投资"一词系指缔约一方国民依据缔约另一方的法律规定,在缔约另一方领土内所进行投资的各种财产价值的全部类型,其中包括动产和不动产;股票、存款或者法人资本中的其他参股形式;金钱请求权,或者与投资有关且具有经济价值之合同下的履行请求权;专属性知识产权,诸如版权、专利证书、工业品外观设计、商号、商标和服务标志、工艺技术、商业价值信息和专有技术;法律赋予或者按协议授予从事经营活动的权利,其中包括与勘探、开发、开采和经营自然资源有关的权利。如果对投资形式的任何改变不违反投资接受地领土内的缔约一方的法律,则此等改变不应当影响其作为投资的性质。③ 除上述外,还对缔约一方在缔约另一方领土内所进行投资的各种财产价值类型作出明确的规定,首先采取列举式对投资类型作出五种具体的分类,然后以排除式概括出划分要旨,即明确说明对判定投资形式的性质而言应当以是否违反投资接受地领土内缔约一方的法律规定为准。

(二)关于投资保护

通常规定,每一缔约方应当致力于为缔约另一方投资者在前者缔约方领土内的投资

① 杨洁勉:《金砖国家合作的宗旨、精神和机制建设》,人民网,http://cpc.people.com.cn/GB/68742/187710/14672321.html,2019 年 3 月 22 日访问。
② 习近平:《全面深化金砖伙伴关系 开辟更加光明未来》,央视网(新闻),http://news.cctv.com/2017/09/04/ARTILS2IqbR8bSlGyTOinrjO170904.shtml,2019 年 3 月 22 日访问。
③ 如 2015 年《俄罗斯联邦政府-柬埔寨王国政府促进与相互保护投资的协定》(以下简称 2015 年《俄柬投资协定》)第 1 条。

创造有利条件,并根据本国法律允许此类投资;每一缔约方应当确保根据本国法律在其领土内对缔约另一方的投资提供完全保护。① 此规定为支持与促进投资以实现相关的协定目标提供了明确的条约法依据。

(三)关于投资待遇

一般规定:每一缔约方应当确保在其领土内给予缔约另一方投资者的投资和与投资有关的管理和处置公平与平等待遇;对投资者最有利的待遇应当不低于其给予本国投资者或任何第三国投资者的待遇;每一缔约方应当有权保留对外国投资者及其投资(包括再投资)国民待遇适用或采取例外的权利;上述待遇不应当解释为,缔约一方将基于以下原因产生的优惠给予或者将给予缔约另一方投资者,即参与自由贸易区、关税同盟或者经济联盟;基于避免双重征税的协定或关于税收事务的其他协定的;根据俄罗斯联邦与之前属于苏维埃社会主义共和国联盟成员国之间的协定规定。根据 1994 年 4 月 15 日《建立世界贸易组织协定》的义务规定,包括根据《服务贸易总协定》(GATS)的义务规定和根据缔约双方作为参与者的任何投资待遇多边协定的规定,在不损害本协定特别规定情况下,缔约任何一方给予的待遇可以不高于缔约双方根据双方参与的投资待遇多边安排所给予的待遇。② 此类条款既明确规定应当给予缔约另一方投资者的投资以及与此投资有关的管理和处置行为公平和平等待遇,又对具体的待遇标准作出详细的划分与要求,从而更有利于促进投资制度的完善和发展,以及实现对缔约方国家的投资保护和对投资者的利益保护。

(四)关于征收

一般规定:缔约任何一方对缔约另一方的投资者在其领土内的投资不得采取征收、国有化或者遭受具有等于征收或国有化效果的措施(以下简称"征收"),除非征收是根据该缔约方法律,按正当秩序,为了公共利益目的,且不具有歧视性并给予及时、适当和有效补偿;上述的补偿应当相当于采取征收或者公众所知即将征收的前一刻被征收投资的市场价值;应当以可自由兑换货币、不迟延地将补偿支付从缔约一方领土转移至缔约另一方领土;自征收之日起至支付补偿金之日止,补偿金额应当按照市场商业利率但不应低于 6 个月期美元贷款伦敦银行间拆借利率计算利息。③ 既对投资的征收和国有化作出了明确禁止性规定,又作出了符合特定条件下的例外规定,还对例外规定中的补偿作出了详细的释明。

(五)关于支付的转移

一般规定:每一缔约方应当根据其法律,保证缔约另一方投资者在履行了全部税收义务后,可以将其在该缔约一方领土内与投资有关的支付自由转移出境;支付的转移应当根

---

① 如 2015 年《俄柬投资协定》第 2 条。
② 如 2015 年《俄柬投资协定》第 3 条。
③ 如 2014 年《俄罗斯联邦-阿塞拜疆共和国投资协定》(以下简称 2014 年《俄罗斯-阿塞拜疆投资协定》)第 4 条。

据投资作出地领土缔约方法律,以可自由兑换货币、按转移日可适用汇率不迟延地执行。① 因而支付转移的范围较广泛且包括多种类型,同时可以为其在缔约方领土内与投资有关的支付自由转移出境提供更多的便利。

(六) 关于投资者与东道国争端的解决

通常规定:缔约一方与缔约另一方投资者之间因在缔约一方领土内投资所产生的任何争端,应当尽可能通过谈判友好解决;若争端自争端任何一方提出请求之日起 6 个月内未能通过谈判解决,应当根据投资者的选择将该争端提交以下解决:投资作出地缔约国的主管法院或仲裁院,或解决投资争端国际中心(ICSID)或根据《联合国国际贸易法委员会仲裁规则》设立的临时仲裁庭;仲裁裁决是终局的且对争端双方有约束力,各缔约方应当根据本国法律确保执行仲裁裁决。② 该争端解决机制为缔约一方与缔约另一方投资者之间的争端解决提供了三种可选途径,进一步为缔约双方提供更多的便利和选择空间,有助于在规定期限内督促争端方积极、及时地解决争端。

(七) 关于协定终止后的继续适用

一般规定:协定的有效期为 10 年,此期限届满后,有效期应自动延长至下一个 5 年期;对本协定终止之日前作出的和正在有效的投资,本协定其他所有条款应当自本协定效力终止之日起继续适用 10 年。③ 该类条款有助于为投资提供进一步的保护。

此外,俄罗斯双边投资协定对其他事项,如有关代位、缔约双方之间的争端解决、协定的生效与修正以及期限等,作出了较详细规定。

三、对俄罗斯联邦近期双边投资协定的简要评价

俄罗斯联邦近期双边投资协定对投资条件和投资保护均作出了具体的规定,此类协定的条款更有利于促进投资制度的完善和发展以及加强对投资者的利益保护,并将有助于激励投资的积极性和促进发展互利贸易与商业、经济、科技合作,促进实现更加宽领域、多方面、全方位的交流与合作,进一步拓宽经济贸易合作的规模与领域,同时加深贸易投资促进和保护、多边合作与协调、技术创新合作,从而展现金砖国家群体的多元化、宽领域、跨地区和可塑性等的合作特色。

(一) 优势

1. 坚持东道国对外国投资的管理权。在有关投资保护的条款中明确指出任一缔约方应当根据国内法律对另一缔约方的投资创造有利条件并提供更好的保护,该类规定有助于为投资国的投资创造更有利的环境和实现完全保护而提供有力依据,并进一步强调

---

① 如 2014 年《俄罗斯–阿塞拜疆投资协定》第 6 条。
② 如 2014 年《俄罗斯–阿塞拜疆投资协定》第 8 条。
③ 如 2014 年《俄罗斯–阿塞拜疆投资协定》第 13 条。

坚持和落实东道国对外国投资的管理权。

2. 对投资定义采取内涵与外延相结合。一方面,对投资者、投资、收益、缔约一方法律以及缔约一方领土等方面的专用术语分别进行详细的概念阐释,另一方面,采用列举式和排除式相结合的方式对相关定义再进行更具体的释明。比如协定均对缔约一方在缔约另一方领土内所进行投资的各种财产价值类型作出多种具体的分类,同时以排除式概括出划分标准。

3. 国民待遇与最惠国待遇中以更优者为准。具体表现为要求缔约方确保在其领土内给予缔约另一方投资者的投资和与投资有关的管理和处置的公平与平等的待遇,同时要求在此基础上的该类对投资者最有利的待遇不得低于给予本国投资者或者任何第三国投资者的待遇。而在损失赔偿中,缔约一方投资者在缔约另一方领土内的投资因缔约另一方领土内的战争、内乱或其他类似情形遭受损失的,缔约另一方应当就恢复原状、赔偿、补偿或其他解决办法给予该投资者的待遇,不应当低于类似情形下其提供给任何第三国投资者或本国投资者的待遇,且以更有利者为准。[①] 该类相关条款均有利于对投资者的利益实现更好的保护。

4. 东道国有对国民待遇采取例外措施的权利,即每一缔约方有权保留投资待遇中的关于外国投资者及其投资(包括再投资)的国民待遇规定的适用或采取例外的权利,从而有利于东道国更加积极主动地根据本国国情而因地制宜、因时制宜地落实相关的投资政策和协定规定,以实现对本国利益和投资环境的保护。

5. 支付转移的范围较广泛且包括多种类型,既可以为其在缔约方领土内与投资有关的支付自由转移出境提供便利,同时支付转移可以根据投资作出地领土缔约方法律以可自由兑换的货币、按转移日可适用汇率不迟延地实施。

6. ISDS 机制具有一定的高效性,有助于在规定期限内督促争端方积极、及时地进行争端解决。具体表现在,规定若自任何争端一方提出请求之日起 6 个月内未能以谈判方式解决争端,应当根据投资者的选择将争端提交至相关的法院或者仲裁庭等进行解决;若在谈判开始后 6 个月内未能解决争端,经缔约任何一方要求,应当将该争端提交仲裁庭解决。每一缔约方应当自收到仲裁审理通知之日起在规定期限内任命各自的普通仲裁员并共同选定首席仲裁员,若在规定期限内未完成必要任命且缔约双方间无另行约定,缔约任何一方可按照规定依次提请符合要求的人员履行此项任命。仲裁裁决是终局的且对争端双方具有约束力且仲裁庭有权自行决定其程序,每一缔约方应当确保根据本国法律执行本裁决。

7. 协定终止后的继续适用性。对相关协定终止日前的以及正在生效的投资,协定中与此投资有关的其他全部条款应当自效力终止日起继续适用 10 年或者 15 年,不同的协定所规定的期限有所不同。该类条款均为投资提供了进一步的保护,防止因协定终止的原因而造成有关投资重大损失的后果发生,从而有利于调动相关投资的积极性。

---

① 如 2014 年《俄罗斯–阿塞拜疆投资协定》第 5 条。

(二)不足

1. 投资范围差异性较大。由于不同国家的价值观念、社会环境、法律政策、政治制度和发展程度的差异,以及根据缔约双方之间的不同条件和综合实力的对比差异,在有关对外直接投资方面所处的发展阶段与呈现的发展态势也有较大不同,从而造成在不同缔约方之间的投资范围的差异,此类原因均构成了合作深化的深层障碍。

2. 东道国国内法在保护投资方面有较大缺陷,例如东道国在有关投资的国内法方面,相关外国投资者和与涉外投资有关的法律、法规、国家政策仍有待完善和落实,东道国境内相应的投资环境仍需改善,因此缔约一方在东道国境内的投资仍缺乏更完备的法律法规依据和相关的保护与支持,需要进一步增强投资的透明度、提高审批效率和政府相关的能力。

3. 协定的续期和终止后继续适用期差异较大。具体体现在俄罗斯分别与阿塞拜疆共和国、巴林王国、伊朗伊斯兰共和国之间的协定有效期均为 10 年,此期限届满后,协定有效期将自动延长至下一个 5 年期限,协定终止后的继续适用期均为 10 年。但是,俄罗斯分别与巴勒斯坦国、(非洲)赤道几内亚共和国、柬埔寨王国之间的协定有效期均为 15 年,此期限届满后,协定有效期将自动延长至下一个 5 年期限,而协定终止后的继续适用期均为 15 年。

4. 在争端解决中缺乏所适用的实体法,因为协定中未列明在争端解决机制中所适用的实体法,所以为争端解决增加了不确定性和处理中协调沟通的难度,不利于对问题进行更高效的解决。

俄罗斯联邦政府和阿塞拜疆共和国政府关于促进与相互保护投资的协定*

俄罗斯联邦政府和阿塞拜疆共和国政府(以下统称"缔约双方"或单称"缔约一方"):

愿为缔约一方投资者在缔约另一方领土内投资创造和维持有利条件;

认识到在本协定基础上实现促进和相互保护投资,将有助于激励投资并促进发展互利贸易和商业、经济、科技合作和两国的商事主动权。

兹达成协定如下:

第一条　定义

为了本协定的目的,以下术语的含义如下:

1. "投资者",系指根据缔约另一方法律在该缔约另一方领土内进行投资的缔约一方任何自然人或法人:

a. "自然人",指根据上述该缔约一方法律系其国家的任何公民;

b. "法人",指根据上述缔约一方法律设立或组建的任何实体。

2. "投资",系指缔约一方投资者根据缔约另一方法律在该缔约另一方领土内作出投资的各种财产价值的全部类型,包括但不专属于以下任何种类:

a. 动产、不动产和财产权;

b. 股份、股票或法人资本的其他参股形式和债券;

c. 金钱请求权,或者与投资有关且具有经济价值之合同下的履行请求权;

d. 专属性知识产权,诸如版权、集成电路与微型电路和数据库拓扑权、专利证书、工业品外观设计、商号、商标或服务标志、工艺技术、商业价值信息和专有技术;

e. 缔约一方法律赋予或者按协议赋予的在作出投资地国领土内从事经营活动的权利,其中包括与勘探、开发、开采和经营自然资源有关的权利。

在作出投资地领土缔约方的投资(包括再投资)形式任何改变不与该缔约方法律抵触的,此等形式改变不应当影响其作为投资的性质。

3. "收益",系指从投资中获得的资金款项,其中包括利润、股息、利息、特许权使用费和其他回报、财产增值。

4. "缔约一方法律",系指俄罗斯联邦的法律和其他法令,或者阿塞拜疆共和国的法律和其他法令。

5. "缔约一方领土",系指:

a. 对俄罗斯联邦,俄罗斯联邦的领土;或

b. 对阿塞拜疆共和国,阿塞拜疆共和国的领土。

---

*　本协定于 2014 年 9 月 29 日签署,于 2015 年 11 月 16 日生效,译自俄文本,可从 https://investmentpolicyhubold. unctad. org/Download/TreatyFile/3401 获取。

第二条　投资保护

1. 每一缔约方应当致力于为缔约另一方投资者在前者缔约方领土内投资创造有利条件,并根据前者缔约方法律允许此等投资。

2. 每一缔约方应当根据其法律确保在其领土内为缔约另一方投资者的投资提供完全保护。

第三条　投资待遇

1. 每一缔约方应当在其领土内确保缔约另一方投资者在占有、使用和处置投资方面的公平与平等待遇。

2. 每一缔约方在其领土内给予缔约另一方投资者的待遇,应当不低于其给予本国投资者或任何第三国投资者的待遇。

3. 根据1994年4月15日《建立世界贸易组织协定》的义务规定,包括根据《服务贸易总协定》(GATS)的义务规定,和根据缔约双方作为参与者的任何有关多边协定投资待遇的规定,在不损害本协定第四、五、八条规定情况下,任何缔约方给予的待遇可以不高于缔约双方根据双方参加的投资待遇多边安排所给予的待遇。

4. 每一缔约方应当各自保留根据本国法律对缔约另一方投资者及其投资的国民待遇适用或采取例外的权利。

5. 本协定中与优惠待遇有关的条款不应当解释为,缔约一方有义务将以下产生的待遇、优惠或者特权所获得的利益给予或者将给予缔约另一方投资者:

a. 涉及参与自由贸易区、关税或者经济联盟,任一缔约方已是或者将是任何类似经济一体化组织的成员;

b. 基于意含避免双重征税的协定或者其他税收事务的安排。

第四条　征收

1. 缔约任何一方对缔约另一方的投资者在其领土内的投资不应当采取征收、国有化或者遭受具有等于征收或国有化效果的措施(以下简称"征收"),除非征收是根据该缔约方法律,按正当秩序,为了公共利益目的,且不具有歧视性并给予及时、适当和有效补偿。

2. 本条第1款所述的补偿,应当相当于采取征收或者公众所知即将征收的前一刻被征收投资的市场价值。应当根据本协定第六条规定以可自由兑换货币、不迟延地将补偿支付从缔约一方领土转移至缔约另一方领土。自征收之日起至支付补偿金之日止,补偿金额应当按照市场商业利率但不应低于6个月期美元贷款伦敦银行间拆借利率计算利息。

第五条　损失赔偿

缔约一方投资者在缔约另一方领土内的投资因缔约另一方领土内的战争、内乱或其他类似情形遭受损失的,缔约另一方应当就恢复原状、赔偿、补偿或其他解决办法给予该投资者的待遇,不应当低于类似情形下其提供给任何第三国投资者或本国投资者的待遇,且以更有利者为准。

第六条　支付的转移

1. 每一缔约方应当根据其法律,保证缔约另一方投资者在履行了全部税收义务后,可以将其在该缔约一方领土内与投资有关的支付自由转移出境,其中包括以下类型:

a. 收益；

b. 偿还缔约双方认可为投资的债款、信贷的资金和应计利息；

c. 部分或全部清算，或者出售投资获得的资金；

d. 本协定第四、五条规定的补偿、赔偿或者其他方式；

e. 缔约另一方投资者或者准许在缔约一方领土内从事与投资有关活动的缔约另一方自然人接受的薪酬和其他报酬。

2. 支付的转移应当根据投资作出地领土缔约方法律，以可自由兑换货币、按转移日可适用汇率不迟延地执行。

第七条　代位

已根据防止缔约另一方领土内投资非商业性风险的担保向投资者作出支付的缔约一方或其指定机构，应当有权依据代位程序在与上述投资者相同范围内获得该投资者的权利。此等权利的行使应当遵守缔约另一方的法律。

第八条　缔约一方与缔约另一方投资者之间争端的解决

1. 缔约一方与缔约另一方投资者之间因在缔约一方领土内进行投资所产生的任何争端，包括但不限于与根据本协定第四、五条赔偿之数额、条件或支付程序有关或者与根据本协定第六条支付转移程序有关的争端，应当尽可能通过谈判友好解决。

2. 若争端自争端任何一方提出请求之日起 6 个月内未能通过谈判解决，应当根据投资者的选择将该争端提交至：

a. 投资作出地领土缔约国的管辖法院；或

b. 依据 1965 年 3 月 18 日在华盛顿签署的《解决国家与他国国民间投资争端公约》设立的"解决投资争端国际中心"（ICSID），根据该公约规定解决（该公约对缔约双方生效），或者按《解决投资争端国际中心附加便利规则》（该公约对缔约双方或任何一方未生效）进行；或

c. 根据《联合国国际贸易法委员会仲裁规则》设立的临时仲裁庭。

3. 根据本条规定，仲裁裁决是终局的且对争端双方有约束力。各缔约方应当根据本国法律确保执行仲裁裁决。

第九条　缔约双方之间争端的解决

1. 缔约双方对本协定的解释或适用产生的任何争端，应当尽可能通过谈判解决。若自谈判开始后 6 个月内未能解决争端，经缔约任何一方请求，应当将该争端提交仲裁庭解决。

2. 应当为每个单独争端设立一仲裁庭。每一缔约方应当自收到仲裁审理通知之日起 2 个月内各自任命 1 名仲裁员。该两位仲裁员应当自后 1 名任命之日起 4 月内共同选定 1 名缔约双方认可的第三国国民担任首席仲裁员。

3. 若在本条第 2 款规定期间内未完成必要任命，缔约双方间又无其他协定，缔约任何一方可邀请联合国国际法院（下称"国际法院"）院长作出必要任命。若国际法院院长是缔约任何一方的国民或者因其他原因不能履行此项任命，应当邀请国际法院副院长作出必要任命。若国际法院副院长是缔约任何一方的国民或者因其他原因不能履行此项任命，应当邀请国际法院中非任何缔约方国民且无其他不能胜任原因的最资深法官履行此

项任命。

4. 仲裁庭应当以多数票作出裁决。该裁决是终局的且约束缔约双方。各缔约方应当承担其任命仲裁员和仲裁程序中代表的有关费用。首席仲裁员和争端双方的其他费用由争端各方平均承担。但是,仲裁庭在裁决中载明由缔约一方承担绝大部分费用的,此裁决约束缔约双方。仲裁庭应当自行决定其程序。

第十条 其他规则的适用

根据本协定第三条第 3 款规定,若任何缔约一方法律规章或者缔约双方加入的现存俄罗斯联邦与阿塞拜疆共和国之间国际条约中包含使缔约另一方投资者的投资享受比本协定规定更优惠待遇的规定,此等规定应当在其更优惠范围内比本协定优先适用。

第十一条 磋商

缔约双方应当根据缔约任何一方请求,对本协定解释或者适用的事项举行磋商。

第十二条 协定的适用

本协定的条款应当适用于缔约一方投资者自 1992 年 1 月 1 日起按照国内法律在缔约另一方领土内作出的全部投资事宜,但不适用于本协定生效前产生的与投资有关的争端或本协定生效前解决的任何诉求事宜。

第十三条 协定生效和有效期

1. 本协定应自经外交途径收到已完成为本协定生效所要求的国内全部必要法律程序的最后书面通知之日起生效。

2. 本协定的有效期为 10 年。此期限届满后,本协定有效期应自动延长至下一个 5 年期,除非缔约任何一方在有效期届满前至少 12 个月将其终止本协定的意图书面通知缔约另一方。

3. 经缔约双方相互同意,可以书面修正和补充本协定。任何修正和补充应当在每一缔约方将其已完成为此等修正生效所要求的国内全部必要法律程序书面通知缔约另一方后生效。

4. 对本协定终止之日前作出的和正在有效的投资,本协定其他所有条款的规定应当自本协定效力终止日起继续适用 10 年。

本协定于 2014 年 9 月 29 日签署于阿斯特拉罕市,一式两份,用俄文和阿塞拜疆文写成,两种文本同等作准。

俄罗斯联邦政府代表 　　　　　阿塞拜疆共和国政府代表
　　(签字) 　　　　　　　　　　　(签字)

(王彬彬、邓瑞平译,邓瑞平审校)

俄罗斯联邦政府和巴勒斯坦国政府
关于促进与相互保护投资的协定*

俄罗斯联邦政府和巴勒斯坦国政府(以下统称"缔约双方"或单称"缔约一方"):

愿为缔约一方投资者在缔约另一方领土内投资创造有利条件;

认识到在本协定基础上实现促进和相互保护投资将有助于鼓励投资积极性和促进发展互利贸易与商业、经济、科技合作。

已达成协定如下:

第一条 定义

为本协定的目的:

1."投资者",与缔约一方有关时,系指:

a. 作为该缔约一方国家国民的任何自然人;

b. 根据该缔约一方法律设立或组建的任何法人。

2."投资",系指缔约一方投资者依据缔约另一方法律在该缔约另一方领土内进行投资的各种财产价值的全部类型,其中包括:

a. 动产、不动产及其有关的财产权;

b. 股票、股份或者商事组织资本中的其他参股形式;

c. 金钱请求权,或者与投资有关且具有经济价值之合同下的履行请求权;

d. 专属性知识产权,诸如版权、专利证书、工业品外观设计、商号、商标或服务标志、工艺技术、商业价值信息和专有技术;

e. 法律赋予或者协议下赋予在投资进行地国家领土内从事经营活动的权利,其中包括与勘探、开发、开采和经营自然资源有关的权利。

若投资形式的任何改变不违反投资接受地领土缔约方的法律,此等改变不应当影响其作为投资的性质。

3."收益",系指从投资中获得的款额,其中包括利润、股息、利息、特许权使用费和其他回报。

4."缔约一方领土",系指:

a. 对俄罗斯联邦,即俄罗斯联邦的领土;或

b. 对巴勒斯坦国,即巴勒斯坦国的领土。

5."缔约一方法律",系指俄罗斯联邦的法律和其他法令,或者巴勒斯坦国的法律和其他法令。

第二条 投资保护

1. 每一缔约方应当致力于为缔约另一方投资者在其领土内进行投资创造有利条件,

---

* 本协定于 2016 年 11 月 11 日签署,于 2017 年 8 月 11 日生效,译自俄文本,可从 https://investmentpolicyhubold. unctad. org/Download/TreatyFile/5612 获取。

并根据本国法律允许此类投资。

2. 每一缔约方应当确保根据本国法律规定在其领土内对缔约另一方的投资提供完全保护。

第三条 投资待遇

1. 每一缔约方应当确保在其领土内给予缔约另一方投资者的投资和与投资有关的管理和处置公平和平等待遇。

2. 本条第 1 款中对投资者最有利的待遇应当不低于其提供给本国投资者或任何第三国投资者的待遇。

3. 每一缔约方应当保留根据本国法律对本条第 2 款外国投资者投资(包括再投资)国民待遇的规定适用或采取例外的权利。

4. 本条第 2 款所述的待遇不应当解释为,缔约一方有义务将基于以下产生的待遇、优惠或特权获得的利益给予或者将给予缔约另一方投资者:

(1)参与自由贸易区、关税同盟或者经济联盟的;

(2)基于避免双重征税的协定或关于税收事务的其他协定的;

(3)根据俄罗斯联邦与以前属于苏维埃社会主义共和国联盟成员国之间的协定的。

5. 根据 1994 年 4 月 15 日《建立世界贸易组织协定》的义务规定,包括根据《服务贸易总协定》(GATS)的义务规定,和根据缔约双方作为参与者的任何投资待遇多边协定的规定,在不损害本协定第四、五、八条规定情况下,缔约任何一方给予的待遇可以不高于缔约双方根据双方参与的投资待遇多边安排所给予的待遇。

第四条 征收

1. 缔约任何一方对缔约另一方的投资者在其领土内的投资不应当采取征收或者国有化措施(以下简称"征收"),除非采取征收是根据该缔约国法律、为了公共利益且不具有歧视性并及时、适当和有效补偿。

2. 本条第 1 款所述的补偿应当相当于采取征收或者公众知悉即将征收的前一刻被征收投资的市场价值。补偿的支付应当以可自由兑换货币、不迟延地从缔约一方领土转移至缔约另一方领土。自征收之日起至支付补偿额之日止,补偿金额应当按市场商业利率但不低于 6 个月期美元贷款伦敦同业拆借率计算利息。

第五条 损失赔偿

缔约一方投资者在缔约另一方领土内的投资因战争、内乱或其他类似事件遭受损失的,缔约另一方对该投资者恢复原状、补偿、赔偿或其他解决措施的待遇,不应当低于该缔约另一方在类似情形下提供给本国投资者或者任何第三方投资者的待遇,以更有利者为准。

第六条 支付的转移

1. 每一缔约方应当根据本国法律保证缔约另一方投资者在履行了所有税收义务后将其在该缔约方领土内与投资有关的支付自由转移出境,其中包括以下任何种类:

a. 收益;

b. 偿还缔约双方认可为投资的债款与信贷的资金和应计利息;

c. 部分或全部清算,或者出售投资所得的收入;

d. 本协定第四、五条规定的补偿；

e. 缔约一方投资者或者允许在缔约另一方领土内从事与投资有关的活动的缔约一方自然人收到的薪酬和其他报酬。

2. 支付的转移应当根据投资作出地领土缔约方法律、按转移日可适用汇率以可自由兑换货币、不迟延地实施。

第七条　代位

已根据防止缔约另一方领土内投资非商业性风险的担保向投资者作出支付的缔约一方或其指定机构，应当有权依据代位程序在与上述投资者相同范围内获得该投资者的权利。此等权利的行使应当遵守缔约另一方的法律。

第八条　缔约一方与缔约另一方投资者之间争端的解决

1. 缔约一方与缔约另一方投资者之间产生的、与该投资者在该缔约一方领土投资有关的争端，包括与根据本协定第四、五条补偿支付的数额、条件和程序或本协定第六条规定的支付转移程序有关的争端，应当尽可能通过谈判解决。

2. 若根据本条第1款规定，争端自争端任何当事方提出请求之日起6个月内未能以谈判方式解决，应当按投资者的选择将争端提交至：

a. 投资作出地领土缔约国的主管法院或仲裁院；或

b. 根据《联合国国际贸易法委员会仲裁规则》设立的临时仲裁庭；或

c. 根据1965年3月18日在华盛顿开放签署的《解决国家与他国国民间投资争端公约》设立的"解决投资争端国际中心"（ICSID），根据该公约规定解决争端（该公约对缔约双方生效），或者根据《解决投资争端国际中心附加便利规则》（该公约对缔约双方或者任何一方未生效）进行。

3. 仲裁裁决是终局的并约束争端当事双方。每一缔约方应当确保根据其法律执行此裁决。

第九条　缔约双方之间争端的解决

1. 缔约双方对本协定的解释或者适用所产生的任何争端，应当尽可能通过谈判解决。

2. 若本条第1款中的争端自开始谈判后6个月内未能解决，应当根据缔约任何一方的请求，将该争端提交仲裁庭解决。

3. 应当为每个单独争端设立一仲裁庭。每一缔约方应当自收到仲裁审理通知之日起2个月内各自任命1名仲裁员。该2位仲裁员应当自任命之日起1个月内共同选定1名缔约双方认可的第三国国民担任首席仲裁员。

4. 若在本条第3款规定期限未完成必要任命，缔约双方间又无其他约定，缔约任何一方可以提请国际法院院长作出必要任命。若国际法院院长是缔约任何一方国家公民或因其他原因不能履行此项任命，应当提请国际法院副院长作出必要任命。若国际法院副院长是缔约任何一方国家公民或因其他原因不能履行此项任命，应当提请国际法院中非缔约任何一方国家公民的最资深法官履行此项任命。

5. 仲裁庭的裁决应当以多数票作出。此裁决是终局的且约束缔约双方。每一缔约方应当承担其任命的仲裁员和仲裁程序代表的相关活动费用。首席仲裁员和争端双方的其他相关费用由争端各方平均承担。但是,仲裁庭在裁决中载明由缔约一方承担绝大部分费用的,此裁决约束缔约双方。仲裁庭应当自行决定其程序。

第十条 磋商

缔约双方应当经缔约任何一方要求,对与本协定解释或者适用的事项举行磋商。

第十一条 协定的适用

本协定应当适用于本协定生效后缔约一方投资者在缔约另一方领土内进行的全部投资事宜。

第十二条 协定的生效、期限和终止

1. 每一缔约方应当将其完成使本协定生效所要求的各自国内必要法律程序,书面通知缔约另一方。本协定应当自最后一份书面通知之日起生效。

2. 本协定有效期为15年。此期限届满后,本协定有效期自动延长下一个5年期,除非缔约双方中的一方在有效期届满前至少12个月将其终止本协定的意图书面通知缔约另一方。

3. 经缔约双方相互同意,可以书面修正本协定。任何修正应当在每一缔约方将其完成使此等修正生效的全部国内必要法律程序书面通知缔约另一方后生效。

4. 对本协定终止日以前作出的投资,本协定与此投资有关的其他全部条款应当自效力终止日起继续适用15年。

于2016年11月11日在耶利哥市签署,一式两份,用俄文、阿拉伯文和英文写成。若文本解释发生分歧,以英文本为准。

俄罗斯联邦政府代表 　　　　　　　巴勒斯坦国政府代表
　　（签字）　　　　　　　　　　　　　（签字）

（王彬彬、邓瑞平译,邓瑞平审校）

俄罗斯联邦政府和巴林王国政府
关于相互促进和保护投资的协定*

俄罗斯联邦政府和巴林王国政府(以下统称"缔约双方"、单称"缔约一方"):

愿为缔约一方投资者在缔约另一方领土内投资创造有利条件;

认识到在本协定基础上促进和相互保护上述投资将有助于激励投资和促进提高两国的幸福生活水平。

已达成协定如下:

第一条 定义

为本协定的目的,以下术语具有下列含义:

1. "投资者",指根据缔约另一方法律在其领土内已作出投资的缔约一方国家的任何自然人或法人:

a. "自然人",指根据上述缔约一方法律是其国家的任何公民;

b. "法人",指根据上述缔约一方法律设立或组建的社团、公司或者商事组织。

2. "投资",指缔约一方投资者根据缔约另一方法律规定在该缔约另一方领土进行投资的各种财产价值的全部类型,其中包括:

a. 动产、不动产及其有关的财产权;

b. 股票、股份或者商业组织资本中其他参股形式;

c. 与建立经济价值相关的金钱请求权,或者与投资有关的具有经济价值的合同下的履行请求权;

d. 专属性知识产权,诸如版权、专利证书、工业品外观设计、商号、商标或服务标志、工艺技术、商业价值信息和专有技术;

e. 缔约一方法律赋予或按协议赋予的在投资进行地国家领土内从事经营活动的权利,其中包括与开发、勘探、开采和经营自然资源相关的权利。

若对投资形式的任何改变不违反投资接受地领土内的缔约一方法律,此等改变不应当影响其作为投资的性质。

3. "收益",指从投资中获得的资金款项,其中包括利润、股息、利息、资本增加、特许权使用费和其他回报。

4. "缔约双方领土",指:

a. 对俄罗斯联邦,俄罗斯联邦的领土和根据 1982 年 12 月 10 日《联合国海洋法公约》规定的与海洋权利有关的专属经济区、大陆架;和

b. 对巴林王国,巴林王国的领土,包括巴林王国根据国际法规定能行使主权和/或者管辖权的包含海洋底部及其矿藏在内的海洋区域。

---

* 本协定于 2014 年 4 月 29 日签署,2015 年 12 月 25 日生效。译自俄文本,可从 https://investment-policyhubold. unctad. org/Download/TreatyFile/5425 获取。

5."缔约一方法律",指俄罗斯联邦的法律和其他法令,或巴林王国的法律和其他法令。

第二条 投资保护

1. 每一缔约方应当致力于为缔约另一方投资者在其领土内的投资创造有利条件,并根据本国法律允许此投资。

2. 每一缔约方应当根据本国法律确保向缔约另一方投资者在其领土内的投资提供完全保护。缔约另一方投资者根据缔约一方法律在该缔约一方领土内投资时,该缔约一方不应当采取无任何根据或歧视性的措施限制该投资者对投资的所有权、使用权或支配权。

第三条 投资待遇

1. 每一缔约方应当确保在其领土内给予缔约另一方投资者的投资和与此投资有关的管理和处置公平与平等待遇。

2. 本条第 1 款中对投资者最有利的待遇应当不低于其提供给本国投资者或者任何第三国投资者的待遇。

3. 对禁止或限制外国投资者活动,每一缔约方应当根据本国法律各自保留能管理经济部门和活动领域的权利。

4. 本条第 2 款所述的待遇不应当解释为,缔约一方将根据以下产生的优惠给予或者将给予缔约另一方投资者:

(1)参与自由贸易区、关税同盟或经济联盟或者任何经济一体化组织;

(2)基于避免双重征税协定或其他税收事务协定。

5. 根据 1994 年 4 月 15 日《建立世界贸易组织协定》的义务规定,包括根据《服务贸易总协定》(GATS)的义务规定,和根据缔约双方作为参与者的任何投资待遇多边协定的规定,在不损害本协定第四、五、八条规定情况下,缔约任何一方给予的待遇可以不高于缔约双方根据双方参与的投资待遇多边安排所给予的待遇。

第四条 征收

1. 缔约任何一方对缔约另一方投资者在其领土内的投资不得采取国有化、征收或者遭受具有等于征收或国有化效果的措施(以下简称"征收"),除非采取的征收是根据该缔约方法律、按正当程序、为了公共利益且不具有歧视性并迅速、适当和有效补偿。此补偿应当相当于采取征收或者公众悉即将征收的前一刻被征收投资的市场价值。

2. 若投资时使用该缔约方本国货币结算,上述补偿应当用该缔约方本国货币支付。若投资时使用外国货币结算,此补偿应当用外国货币支付。若投资时使用外国货币结算,补偿额应当按 6 个月期美元贷款伦敦同业拆借利率为基准计算利息。若投资时使用该缔约方本国货币支付,应当以该缔约方 3 个月内本国货币银行间市场牌价结算。

第五条 损失赔偿

缔约一方投资者在缔约另一方领土内的投资因战争、其他武装冲突、革命、全国紧急状态、暴动、起义、叛乱或其他类似情形遭受损失的,缔约另一方对该投资者在恢复原状、补偿、赔偿或其他处理方式方面给予的待遇,不应当低于其在类似情形下提供给本国投资者或者任何第三国投资者的待遇,以更有利者为准。

第六条 支付的转移

1. 每一缔约方应当根据其法律保证缔约另一方投资者在履行了所有税收义务后将其在该缔约方领土内与投资有关的支付自由转移出境,其中包括以下任何类型:

a. 收益;

b. 偿还缔约双方认可为投资的债款与信贷的资金和应计利息;

c. 部分或全部清算,或者出售投资所得的收入;

d. 本协定第四、五条规定所列的补偿;

e. 缔约一方投资者或者允许在缔约另一方领土内从事与投资有关工作的缔约一方自然人收到的薪酬和其他报酬。

2. 支付的转移应当根据投资作出地领土缔约方法律,按转移日可适用汇率,以可自由兑换货币,不迟延地实施。

第七条 代位

已根据防止缔约另一方领土内投资非商业性风险的担保向投资者作出支付的缔约一方或其指定机构,应当有权依据代位程序在与上述投资者相同范围内获得该投资者的权利。此等权利的行使应当遵守缔约另一方的法律。

第八条 缔约一方与缔约另一方投资者之间争端的解决

1. 缔约一方与缔约另一方投资者之间产生的,与该投资者在该缔约一方领土内投资有关的争端,包括与根据本协定第四、五条规定补偿支付的数额、条件和程序或本协定第六条规定的支付转移程序有关的争端,应当尽可能通过谈判解决。

2. 若争端自争端任何一方提出请求之日起 6 个月内未能通过谈判方式解决,应当根据投资者的选择将该争端提交至:

a. 投资作出地领土缔约方的管辖法院;或

b. 根据《联合国国际贸易法委员会仲裁规则》设立的临时仲裁庭;或

c. 根据 1965 年 3 月 18 日在华盛顿开放签署的《解决国家与他国国民间投资争端公约》设立的"解决投资争端国际中心"(ICSID),按该公约规定解决争端(该公约对缔约双方生效);或

d. 根据《解决投资争端国际中心附加便利规则》规定(该公约对缔约双方或一方未生效),提交至解决争端的仲裁庭或者调解委员会。

3. 仲裁裁决是终局的且约束争端当事双方。各缔约方应当根据本国法律确保执行此裁决。

第九条 缔约双方之间争端的解决

1. 缔约双方对本协定的解释或适用产生的任何争端,应当尽可能通过谈判解决。若在谈判开始后 6 个月内未能解决争端,经缔约任何一方请求,应当将该争端提交仲裁庭解决。

2. 应当为每个单独争端设立一仲裁庭。每一缔约方应当自收到仲裁审理通知之日起 2 个月内各自任命 1 名仲裁员。该 2 位仲裁员应当自最后一名任命之日起 1 个月内共同选定 1 位缔约双方认可的第三国国民担任首席仲裁员。

3. 若在本条第 2 款规定期间内未完成必要任命,缔约双方间又无另行约定,缔约任

何一方可提请联合国国际法院(下称"国际法院")院长作出必要任命。若国际法院院长是缔约任何一方国家的公民或因其他原因不能履行此职能,应当提请国际法院副院长作出必要任命。若国际法院副院长是缔约任何一方国家的公民或因其他原因不能履行此职能,应当提请国际法院中非缔约方国家的公民且无其他不能履行此职能原因的最资深法官履行此项职能。

4. 仲裁庭应当以多数票作出裁决。该裁决是终局的且约束缔约双方。各缔约方应当承担其任命的仲裁员和仲裁程序中代表的相关活动费用。首席仲裁员和争端双方的其他相关费用由争端各方平均承担。但是,仲裁庭在裁决中载明由缔约一方承担绝大部分费用的,此裁决约束缔约双方。仲裁庭应当自行决定其程序。

第十条　磋商

缔约双方应当经缔约任何一方要求,对本协定解释或者适用的事项进行磋商。

第十一条　其他规则的适用

若缔约任何一方法律法规或者缔约双方加入的现存国际条约或者即将生效的现行协定之补充中包含使缔约另一方投资者的投资享受比本协定规定更优惠待遇的规定,此种规定在其更优惠范围内应当比本协定优先适用。

第十二条　协定的适用

本协定的规定应当适用于缔约一方投资者自 1992 年 1 月 1 日起在缔约另一方境内按照国内法律所进行的所有投资事宜,但是本协定不应当适用于本协定生效前的争端。

第十三条　协定的生效和有效期

1. 本协定自通过外交途径收到完成使本协定生效所要求的国内必要法律程序最后一份书面通知之日起生效。

2. 本协定有效期为 10 年。此期限届满后,本协定有效期将自动延长至下一个 5 年期,除非其中缔约一方在有效期届满前至少 12 个月将其终止本协定的意愿书面通知缔约另一方。

3. 经缔约双方相互同意,可以书面修正本协定。任何修正应当在每一缔约方将其完成使此修正生效所要求的全部国内必要法律程序书面通知缔约另一方后生效。

4. 对本协定终止日以前作出的和正在有效的投资,本协定与此投资有关的其他全部条款应当自效力终止日起继续适用 10 年。

本协定于 2014 年 4 月 29 日在莫斯科市签署,一式两份,用俄文、阿拉伯文和英文写成,所有文本同等作准。若文本解释发生分歧,以英文本为准。

俄罗斯联邦政府代表　　　　　　　　　　　巴林王国政府代表
　　（签字）　　　　　　　　　　　　　　　　（签字）

（王彬彬译,邓瑞平审校）

俄罗斯联邦政府和赤道几内亚共和国政府关于促进与相互保护投资的协定*

俄罗斯联邦政府和赤道几内亚共和国政府(以下统称"缔约双方"或单称"缔约一方"):

愿为缔约一方投资者在缔约另一方领土内投资创造有利条件;

认识到在本协定基础上促进和相互保护投资将有助于激励投资的积极性和促进发展互利贸易与商业、经济、科技合作。

已经达成协定如下:

第一条　定义

为了本协定的目的:

1."投资者",与缔约一方有关时,指:

a. 是该缔约一方国家公民的任何自然人;

b. 根据该缔约一方法律设立或组建的任何法人。

2."投资",指缔约一方投资者依据缔约另一方法律在该缔约另一方领土内进行投资的各种财产价值的全部类型,其中包括:

a. 动产、不动产及其有关的财产权;

b. 股票、股份或者商业组织资本的其他形式参股;

c. 金钱请求权,或者与投资有关且具有经济价值之合同下的履行请求权;

d. 专属性知识产权,诸如版权、专利证书、工业品外观设计、商号、商标或服务标志、工艺技术、商业价值信息和专有技术;

e. 法律赋予或者按协议赋予在投资地国家缔约方领土内从事经营活动的权利,其中包括与勘探、开发、开采和经营自然资源有关的权利。

若投资形式的任何改变不违反投资接受地领土缔约方的法律,此等改变不应当影响其作为投资的性质。

3."收益",指从投资中产生的货币额,其中包括利润、股息、利息、特许权使用费和其他回报。

4."缔约一方领土",指俄罗斯联邦领土或者赤道几内亚共和国的领土,和根据1982年《联合国海洋法公约》规定的与海洋权利有关的专属经济区、大陆架。

5."缔约一方法律",指俄罗斯联邦的法律和其他法令,或者赤道几内亚共和国的法律和其他法令。

第二条　投资保护

1. 每一缔约方应当鼓励并致力于为缔约另一方投资者在本国领土内进行投资创造

---

* 本协定于2011年6月6日签署,于2016年3月3日生效。译自俄文本,可从 https://investment-policyhubold. unctad. org/Download/TreatyFile/3410 获取。

有利条件,并根据本国法律允许此投资。

2. 每一缔约方应当确保根据本国法律在其领土内对缔约另一方投资者的投资提供完全保护。

第三条 投资待遇

1. 每一缔约方应当确保在其领土内给予缔约另一方投资者的投资和与此投资有关的管理和处置公平与平等待遇。

2. 本条第1款中对投资者最有利的待遇应当不低于其提供给本国投资者或者任何第三国投资者的待遇。

3. 每一缔约方应当各自保留根据本国法律对本条第2款关于外国投资者及其投资(包括再投资)国民待遇规定适用或采取例外的权利。

4. 本条第2款中所述的待遇不应当解释为,缔约一方将以下为基础所产生的优惠给予或将给予缔约另一方投资者:

(1)参与自由贸易区、关税同盟或者经济联盟;

(2)基于避免双重征税的协定或者其他有关税收事务的协定;

(3)根据俄罗斯联邦与以前属于苏维埃社会主义共和国联盟成员国之间的协定规定。

5. 根据1994年4月15日《建立世界贸易组织协定》的义务规定,包括根据《服务贸易总协定》(GATS)的义务规定,和根据缔约双方作为参与者的任何有关多边协定投资待遇的规定,在不损害本协定第四、五、八条规定情况下,任何缔约方给予的待遇可以不高于缔约双方根据双方参与的有关投资待遇多边安排所给予的待遇。

第四条 征收

1. 缔约任何一方对缔约另一方的投资者在其领土内的投资不得采取征收或者国有化措施(以下简称"征收"),但是根据该缔约方法律、按正当程序、为了公共利益且不具有歧视性并迅速、适当和有效补偿而采取上述措施的除外。

2. 本条第1款所述的补偿,应当相当于采取征收或公众知悉即将征收的前一刻被征收投资的市场价值。补偿的支付应当以可自由兑换货币从缔约一方领土不迟延地转移至缔约另一方领土。自征收之日起至支付补偿金之日止,补偿金额应当按照市场商业利率但不低于6个月期美元贷款伦敦同业拆借利率计算利息。

第五条 损失赔偿

缔约一方投资者在缔约另一方领土内的投资因缔约另一方领土内的战争、内乱或其他类似情形遭受损失的,缔约另一方应当就恢复原状、赔偿、补偿或其他解决办法给予该投资者的待遇,不低于类似情形下其提供给任何第三国投资者或本国投资者的待遇,以更有利于投资者为准。

第六条 支付的转移

1. 每一缔约方应当根据国家法律规定,保证缔约另一方投资者在履行了所有税收义务后,可以将其在该缔约方领土内与投资有关的支付自由转移出境,其中包括以下类型:

a. 收益;

b. 偿还缔约双方认可为投资的债款与信贷的资金和应计利息;

c. 部分或者全部清算,或者出售投资获得的收入;

d. 本协定第四、五条规定的补偿、赔偿或其他解决方式的款项;

e. 缔约一方投资者或者允许在缔约另一方领土内从事与投资有关工作的缔约一方自然人所获薪酬和其他报酬。

2. 支付的转移应当根据投资作出地领土缔约方的法律,按转移日可适用汇率,以可自由兑换货币,不迟延地实施。

第七条 代位

已根据防止缔约另一方领土内投资非商业性风险的担保向投资者作出支付的缔约一方或其指定机构,应当有权依据代位程序在与上述投资者相同范围内获得该投资者的权利。此等权利的行使应当遵守缔约另一方的法律。

第八条 缔约一方与缔约另一方投资者之间争端的解决

1. 因在缔约一方国家领土内投资所产生的缔约一方与缔约另一方投资者之间的争端,包括但不限于根据本协定第四、五条有关赔偿的金额、条件或者支付程序的争端,或者根据本协定第六条支付转移程序的争端,均应当尽可能通过协商方式解决。

2. 若争端自争端任何一方提出请求之日起 6 个月内未能通过协商方式解决,应当根据投资者的选择将争端提交至:

a. 投资作出地领土缔约方的管辖法院或者仲裁院;或

b. 根据《联合国国际贸易法委员会仲裁规则》设立的临时仲裁庭;或

c. 根据 1965 年 3 月 18 日在华盛顿开放签署的《解决国家与他国国民间投资争端公约》设立的"解决投资争端国际中心"(ICSID),根据该公约规定解决争端(该公约对缔约双方生效),或者根据《解决投资争端国际中心附加便利规则》(该公约对缔约双方或一方未生效)进行。

3. 仲裁裁决是终局的且约束争端当事双方。各缔约方应当根据其法律确保执行此裁决。

第九条 缔约双方之间争端的解决

1. 缔约双方对本协定的解释或者适用所产生的任何争端,应当尽可能通过谈判解决。

2. 本条第 1 款中的争端在谈判开始后 6 个月内未能解决,应当根据缔约任何一方要求,将该争端提交至仲裁庭解决。

3. 应当为每个单独争端设立一仲裁庭。每一缔约方应当自收到仲裁审理通知之日起 2 个月内各自任命 1 名仲裁员。该 2 位仲裁员应当自任命之日起 1 个月内共同选定 1 位缔约双方认可的第三国国民担任首席仲裁员。

4. 若在本条第 3 款规定期限内未完成必要任命,缔约双方间无另行约定,缔约任何一方可提请联合国国际法院(以下简称"国际法院")院长作出必要任命。若国际法院院长是缔约任何一方国家的公民或因其他原因不能履行上述职能,应当提请国际法院副院长作出必要任命。若国际法院副院长是缔约任何一方国家的公民或因其他原因不能履行此职能,应当提请国际法院中非缔约任何一方国家公民的最资深法官履行此项职能。

5. 仲裁庭应当以多数票作出裁决。此裁决是终局的且约束缔约双方。各缔约方应当承担其任命的仲裁员和仲裁程序中代表的相关活动费用。首席仲裁员和争端双方的其他相关费用由争端各方平均承担。但是,仲裁庭在裁决中载明由缔约一方承担绝大部分费用的,此裁决对缔约双方具有约束力。仲裁庭应当自行决定其程序。

第十条　磋商

缔约双方应当根据缔约任何一方要求,对本协定解释或适用的事项进行磋商。

第十一条　协定的适用

本协定应当适用于其生效后缔约一方投资者在缔约另一方领土内进行的所有投资事宜。

第十二条　协定的生效和有效期

1. 每一缔约方应当将其完成使本协定生效所要求的各自国内必要法律程序书面通知缔约另一方。本协定自最后一份书面通知之日起生效。

2. 本协定有效期为 15 年。此期限届满后,本协定有效期自动延长至下一个 5 年期,除非其中一缔约方在有效期届满前至少 12 个月将其终止本协定的意图书面通知缔约另一方。

3. 经缔约双方相互同意,可以书面修正本协定。任何修正应当在每一缔约方将其完成使此修正生效所要求的全部国内必要法律程序书面通知缔约另一方之后生效。

4. 对本协定终止日前和正在有效的投资,本协定与此投资有关的其他全部条款应当自效力终止日起继续适用 15 年。

本协定于 2011 年 6 月 6 日在莫斯科市签署,用俄文和西班牙文写成。所有文本同等作准。

俄罗斯联邦政府代表　　　　　　　赤道几内亚共和国政府代表

　　（签字）　　　　　　　　　　　　（签字）

（王彬彬译,邓瑞平审校）

俄罗斯联邦政府和柬埔寨王国政府
关于促进与相互保护投资的协定*

俄罗斯联邦政府和柬埔寨王国政府(以下统称"缔约双方"或单称"缔约一方"):

愿为缔约一方的投资者在缔约另一方领土内投资创造有利条件;

认识到在本协定基础上实现促进和相互保护投资,将有助于激励投资的积极性和促进发展互利贸易与商业、经济、科技合作。

已达成协定如下:

第一条 定义

为了本协定的目的,以下术语具有下列含义:

1. "投资者",与缔约一方有关时,系指:

a. 具有该缔约一方国籍的任何自然人;

b. 根据该缔约一方法律设立或组建的任何法人。

2. "投资",系指缔约一方投资者依据缔约另一方法律在该缔约另一方领土内进行投资的各种财产价值的全部类型,其中包括:

a. 动产和不动产;

b. 股票、股份或者法人资本中的其他参股形式;

c. 金钱请求权,或者与投资有关且具有经济价值之合同下的履行请求权;

d. 专属性知识产权,诸如版权、专利证书、工业品外观设计、商号、商标和服务标志、工艺技术、商业价值信息和专有技术;

e. 法律赋予或者按协议授予从事经营活动的权利,其中包括与勘探、开发、开采和经营自然资源有关的权利。

若对投资形式的任何改变不违反投资接受地领土缔约一方的法律,此等改变不应当影响其作为投资的性质。

3. "收益",系指从投资中获得的资金款项,其中包括利润、股息、利息、特许权使用费和其他回报。

4. "缔约双方领土",系指:

a. 对俄罗斯联邦,俄罗斯联邦领土和根据 1982 年 12 月 10 日《联合国海洋法公约》规定的与海洋权利有关的专属经济区、大陆架;和

b. 对柬埔寨王国,柬埔寨王国领土,包括柬埔寨王国根据国际法、国内法能行使主权和/或管辖权的所有陆地、海洋、海底、海洋矿藏和领空。

5. "缔约一方法律",系指俄罗斯联邦法律和其他法令,或者柬埔寨王国法律和其他法令。

---

* 本协定于 2015 年 3 月 3 日签署,于 2016 年 3 月 7 日生效,译自俄文本,可从 https://investmentpolicyhubold. unctad. org/Download/TreatyFile/3556 获取。

第二条　投资保护

1. 每一缔约方应当致力于为缔约另一方投资者在前者缔约方领土内的投资创造有利条件,并根据本国法律允许此投资。

2. 每一缔约方应当确保根据本国法律在其领土内对缔约另一方的投资提供完全保护。

第三条　投资待遇

1. 每一缔约方应当确保在其领土内给予缔约另一方投资者的投资和与投资有关的管理和处置公平与平等待遇。

2. 本条第 1 款中对投资者最有利的待遇应当不低于其给予本国投资者或任何第三国投资者的待遇。

3. 每一缔约方应当保留对本条第 2 款关于外国投资者及其投资(包括再投资)国民待遇规定适用或采取例外的权利。

4. 本条第 2 款所述待遇不应当解释为,缔约一方将基于以下产生的优惠给予或者将给予缔约另一方投资者:

(1) 参与自由贸易区、关税同盟或者经济联盟;

(2) 基于避免双重征税的协定或关于税收事务的其他协定;

(3) 根据俄罗斯联邦与之前属于苏维埃社会主义共和国联盟成员国之间的协定规定。

5. 根据 1994 年 4 月 15 日《建立世界贸易组织协定》的义务规定,包括根据《服务贸易总协定》(GATS)的义务规定,和根据缔约双方作为参与者的任何投资待遇多边协定的规定,在不损害本协定第四、五、八条规定情况下,缔约任何一方给予的待遇可以不高于缔约双方根据双方参与的投资待遇多边安排所给予的待遇。

第四条　征收

1. 缔约任何一方对缔约另一方的投资者在其领土内的投资不得采取征收或者国有化措施(以下简称“征收”),但是根据该缔约方法律,按正当程序,为了公共利益且不具有歧视性并迅速、适当和有效补偿而采取上述措施的除外。

2. 本条第 1 款所述的补偿,应当相当于采取征收或者公众知悉征收的前一刻被征收投资的市场价值。从缔约一方领土内向缔约另一方领土内转移的补偿支付不应当迟延,并应当以可自由兑换货币进行。自征收之日起至支付补偿金额之日止,补偿金额应当按照市场商业利率结算利息,但不得低于 6 个月期美元贷款伦敦同业拆借利率。

第五条　损失赔偿

缔约一方投资者在缔约另一方领土内的投资因缔约另一方领土内的战争、内乱或其他类似情形遭受损失的,缔约另一方应当就恢复原状、赔偿、补偿或其他解决办法给予该投资者的待遇,不低于类似情形下其提供给任何第三国投资者或本国投资者的待遇,以更有利者为准。

第六条　支付的转移

1. 每一缔约方应当根据其法律,保证缔约另一方投资者在履行了全部税收义务后,将其在该缔约方领土内与投资有关的支付自由转移出境,其中包括以下类型:

a. 收益；

b. 偿还缔约双方认可为投资的债款与信贷的资金和应计利息；

c. 部分或者全部清算，或者出售投资获得的收入；

d. 本协定第四、五条规定的补偿；

e. 缔约一方投资者或者允许在缔约另一方领土内从事与投资有关活动的缔约一方自然人获得的薪酬和其他报酬。

2. 支付的转移应当根据投资作出地领土缔约方法律，以可自由兑换货币、按转移日可适用汇率不迟延地实施。

第七条 代位

已根据对与缔约另一方领土内投资有关的防止非商业性风险的担保向投资者作出支付的缔约一方或其授权机构，应当有权按照代位程序在该投资者相同范围取得该投资者的权利。此等权利的行使应当遵守缔约另一方的法律。

第八条 缔约一方与缔约另一方投资者之间争端的解决

1. 缔约一方与缔约另一方投资者之间产生的、与该投资者在该缔约另一方领土投资有关的争端，包括但不限于与根据本协定第四、五条赔偿之支付的金额、条件或者程序有关的争端或者与根据本协定第六条支付转移程序有关的争端，应当尽可能通过谈判解决。

2. 若该争端自争端任何当事人提出请求之日起 6 个月内未能以谈判方式解决，应当根据投资者的选择将争端提交至：

a. 投资作出地领土缔约方有管辖权的法院；或

b. 根据《联合国国际贸易法委员会仲裁规则》设立的专门仲裁庭；或

c. 根据 1965 年 3 月 18 日在华盛顿开放签署的《解决国家与他国国民间投资争端公约》设立的"解决投资争端国际中心"（ICSID），按该公约规定（该公约对缔约双方生效）或者按照《解决投资争端国际中心附加便利规则》（该公约对缔约双方或者任何一方未生效）解决争端。

3. 仲裁裁决是终局的且对争端双方具有约束力。每一缔约方应当确保根据本国法律执行此裁决。

第九条 缔约双方之间争端的解决

1. 缔约双方对本协定的解释或者适用所产生的任何争端，应当尽可能通过谈判方式解决。若在谈判开始后 6 个月内未能解决争端，经缔约任何一方要求，应当将该争端提交仲裁庭解决。

2. 应当为每个单独争端设立仲裁庭。每一缔约方应当自收到仲裁审理通知之日起 2 个月内各自任命 1 名仲裁员。该 2 名仲裁员应当自任命之日起 1 个月内共同选定一位缔约双方认可的第三国国民担任首席仲裁员。

3. 若在本条第 2 款规定期间未完成必要的任命，缔约双方间又无其他约定，缔约任何一方可提请国际法院院长作出必要任命。若国际法院院长是缔约任何一方的公民或者因其他原因不能履行此项任命，应当提请国际法院副院长作出必要任命。若国际法院副院长是缔约任何一方的公民或者因其他原因不能履行此项任命，应当提请国际法院中非缔约任何一方公民的最资深法官履行此项职能。

4. 仲裁庭的裁决应当以多数票作出。裁决是终局的且对缔约各方具有约束力。各缔约方应当承担其任命的仲裁员和仲裁程序中的代表的相关活动费用。首席仲裁员和争端双方的其他相关费用由争端各方平均承担。但是仲裁庭在裁决中载明由缔约一方承担绝大部分费用的,此裁决对缔约双方具有约束力。仲裁庭应当自行决定其程序。

第十条 磋商

缔约双方应当根据缔约任何一方要求,对有关本协定解释或适用的事项进行磋商。

第十一条 协定的适用

本协定的规定应当适用于缔约一方投资者自 2004 年 1 月 1 日起在缔约另一方领土内作出的全部投资事宜。但是,本协定不适用于在其生效前所产生的或者已解决的与投资有关的任何争端。

第十二条 协定的生效和有效期

1. 每一缔约方应当将完成本协定生效所要求的各自国内必要法律程序书面通知缔约另一方。本协定应自最后一份书面通知之日起生效。

2. 本协定有效期为 15 年。此期限届满后,本协定有效期将自动延长至下一个 5 年期,除非其中缔约一方在有效期届满前至少 12 个月将其终止本协定的意图书面通知缔约另一方。

3. 经缔约双方相互同意,可以书面修正本协定。任何修正应当在每一缔约方将其完成此等修正生效所要求的国内全部必要法律程序书面通知缔约另一方后生效。

4. 对本协定终止日前的和正在有效的投资,本协定与此投资有关的其他全部条款应当自效力终止日起继续适用 15 年。

本协定于 2015 年 3 月 3 日在莫斯科市签署,一式两份,用俄文、高棉文和英文写成,三种文本同等作准。若各文本解释发生分歧,以英文本为准。

俄罗斯联邦政府代表　　　　　　　　　　柬埔寨王国政府代表
　　（签字）　　　　　　　　　　　　　　　（签字）

（王彬彬译,邓瑞平审校）

俄罗斯联邦政府和伊朗伊斯兰共和国政府
关于促进与相互保护投资的协定[*]

俄罗斯联邦政府和伊朗伊斯兰共和国政府(以下统称"缔约双方"或单称"缔约一方"):

愿为缔约一方投资者在缔约另一方领土内利用投资领域的经济资源和投资机会进行投资创造、保护有利条件;

认识到在本协定基础上促进和相互保护投资将有助于加强缔约双方公民、法人之间的互惠互利和经济合作。

已达成协定如下:

第一条　定义

为了本协定的目的,以下术语具有下列含义:

1."投资",指缔约一方国民依据缔约另一方法律在缔约另一方领土内进行投资的各种财产价值的全部类型,其中包括以下任何类型:

a. 动产、不动产及其相关的财产权;

b. 股票或者商业组织资本中的其他参股形式;

c. 投入于建立经济价值或者协议中现有经济价值和与投资有关价值的资金的请求权;

d. 专属性知识产权,诸如版权、专利证书、工业品外观设计、商号、商标和服务标志、工艺技术、商业价值信息和专有技术;

e. 法律赋予或者按协议赋予从事经营活动的权利,其中包括与勘探、开发、开采和经营自然资源有关的权利。

若投资形式的任何改变不与接受投资领土缔约方的法律和其他规定相抵触,此等改变不应当影响其作为投资的性质。

2."投资者",与缔约一方有关时,指:

a. 根据该缔约一方法律和其他法令属于其国家公民的自然人,且不具有投资作出地领土缔约方国家的公民身份;

b. 根据该缔约一方法律和其他法令设立的法人,且在该缔约一方领土内拥有其住所地。

3."收益",指从投资中获得的货币额,其中包括利润、股息、利息、特许权使用费和其他回报。

4."缔约一方领土",指根据规定的俄罗斯联邦领土或者伊朗伊斯兰共和国领土。

5."缔约一方法律和其他法令",指俄罗斯联邦的法律和其他法令,或者伊朗伊斯兰

---

[*] 本协定于 2015 年 12 月 23 日签署,于 2017 年 4 月 6 日生效,译自俄文本,可从 https://investment-policyhubold. unctad. org/Download/TreatyFile/5424 获取。

共和国的法律和其他法令。

第二条 投资保护和准入

1. 每一缔约方应当致力于为缔约另一方投资者在其领土内投资创造有利条件,并根据本国法律允许此投资。

2. 每一缔约方应当确保根据本国法律在其领土内对缔约另一方的投资提供完全保护。

3. 每一缔约方应当在投资准入后根据本国法律和其他法令为实现该投资提供全部必要的许可。

第三条 投资待遇

1. 每一缔约方应当确保在其领土内给予缔约另一方投资者的投资和与此投资有关的管理和处置公平与平等待遇。

2. 本条第 1 款中对投资者最有利的待遇应当不低于其提供给本国投资者或者任何第三国投资者的待遇。

3. 每一缔约方应当保留根据本国法律和其他规定对本条第 2 款外国投资者投资国民待遇的规定适用或采取例外的权利。

4. 本条第 2 款中所述的待遇条款不应当解释为,缔约一方有义务将根据以下产生的待遇、优惠或者特权获得的利益给予或者将给予缔约另一方投资者:

(1)参与自由贸易区、关税同盟或经济联盟、共同的或类似的经济联盟;

(2)基于避免双重征税协定或其他有关税收事务的协定。

5. 根据 1994 年 4 月 15 日《建立世界贸易组织协定》的义务规定,包括根据《服务贸易总协定》(GATS)的义务规定,和根据缔约双方作为参与者的任何有关多边协定投资待遇的规定,在不损害本协定第四、五、八条规定情况下,任何缔约一方给予的待遇可以不高于缔约双方根据双方参与的有关投资待遇多边安排所给予的待遇。

第四条 征收

1. 缔约任何一方对缔约另一方投资者在其领土内的投资不应当采取国有化、征收或者遭受具有等于征收或国有化效果的措施(以下简称"征收"),但是根据该缔约方法律,按正当程序,为了公共利益且不具有歧视性并迅速、适当和有效补偿而采取上述措施的除外。

2. 本条第 1 款所述的补偿应当相当于采取征收或者公众知悉即将征收的前一刻被征收投资的市场价值。补偿的支付应当按本协定第六条规定,以可自由兑换货币、不迟延地从缔约一方领土转移至缔约另一方领土。自征收之日起至支付补偿金额之日止,补偿金额应当按照市场商业利率但不得低于 6 个月期美元贷款伦敦同业拆借利率计算利息。

第五条 损失赔偿

缔约一方投资者在缔约另一方领土内的投资因武装战争、革命或其他相似情形遭受损失的,缔约另一方在恢复原状、赔偿、补偿或其他解决办法方面给予上述投资者的待遇,不应当低于其提供给本国投资者或任何第三国投资者的待遇,以更有利者为准。

第六条 支付的转移

1. 每一缔约方应当根据其法律保证缔约另一方投资者履行了全部税收义务后将其

在本缔约方领土内与投资有关的支付自由转移出境,其中包括以下任何类型:

　　a. 收益;

　　b. 部分或全部清算,或者出售投资所得的收入;

　　c. 按本协定第四条和/或第五条规定结算的金额;

　　d. 在投资活动中获得的与投资有关的金额;

　　e. 允许在缔约另一方领土内从事与投资有关工作的工人获得的月工资;

　　f. 根据本协定第九条所产生的支付金额。

　　2. 支付的转移应当根据投资作出地领土缔约方法律,按转移日可适用汇率,以可自由兑换货币不迟延地实施。

第七条　代位

已根据对防止与缔约另一方领土内投资有关的非商业风险所发出的担保向投资者作出支付的缔约一方或其指定机构,应当有权依据代位程序取得与该投资者相同的权利。应当根据缔约另一方法律行使此等权利。

第八条　本协定的适用范围

本协定适用于自 1992 年 1 月 1 日起缔约一方投资者在缔约另一方领土内所有投资事宜。但是不适用于本协定生效前与投资有关的任何争端或者本协定生效前与投资有关的任何申索。

第九条　缔约一方与缔约另一方投资者之间争端的解决

1. 缔约一方与缔约另一方投资者之间就缔约一方领土内投资所产生的与本协定投资条款有关的争端,应当首先尽可能通过磋商、谈判解决。

2. 若自争端任何一方提出请求之日起 6 个月内,未能根据本条第 1 款规定通过谈判解决争端,应当按投资者的选择将该争端提交至:

　　a. 投资作出地领土缔约方的管辖法院;或

　　b. 根据 1965 年 3 月 18 日在华盛顿开放签署的《解决国家与他国国民间投资争端公约》设立的"解决投资争端国际中心"(ICSID),按该公约规定解决争端(该公约对缔约双方生效),或者根据《解决投资争端国际中心附加便利规则》(该公约对缔约双方或任何一方未生效)进行;或

　　c. 根据《联合国国际贸易法委员会仲裁规则》设立的临时仲裁庭。

3. 仲裁裁决是终局的且约束争端双方。各缔约方应当根据本国法律确保执行此裁决。

第十条　缔约双方之间争端的解决

1. 缔约双方之间产生的与本协定解释或适用有关的争端,应尽可能通过磋商方式友好解决。

2. 若争端无法以磋商方式友好解决,缔约任何一方可以在自收到上述第 1 款的磋商书面要求之日起 6 个月内向缔约另一方发送书面通知,将争端移交至由两名普通仲裁员和一名首席仲裁员组成的仲裁庭审理。

3. 争端移交至仲裁庭审理的,每一缔约方应当自收到本条第 2 款规定下的通知之日起 60 日内各自任命仲裁庭 1 名仲裁员,并应当由缔约双方任命的仲裁庭成员按各缔约方

共同意愿自最后 1 位仲裁员任命之日起 60 日内推选出仲裁庭首席仲裁员。若缔约任何一方未任命自己的仲裁庭成员,或者任命的成员未在上述期限内推选出符合任命标准的仲裁庭首席仲裁员,且缔约双方无其他任何约定,缔约任何一方可以提请联合国国际法院(以下简称"国际法院")任命缔约一方或仲裁庭未任命的成员,视具体情况而定。首席仲裁员应当是任命期间与缔约双方有外交关系的国家的公民。

4. 国际法院院长应当任命仲裁庭首席仲裁员,但若其是缔约任何一方国家的公民或因其他原因不能履行此项职能,应当提请国际法院副院长作出必要任命。若国际法院副院长是缔约任何一方国家的公民或因其他原因不能履行此项职能,应提请国际法院中不是缔约任何一方国家公民的最资深法官履行此项职能。

5. 仲裁庭的裁决应当以多数票作出。此裁决是终局的且约束缔约各方。各缔约方应当承担其任命的仲裁员和仲裁程序中代表的相关活动费用。首席仲裁员和争端双方的其他相关费用由争端各方平均承担。但是,仲裁庭在裁决中载明由缔约一方承担绝大部分费用的,此裁决应当约束缔约双方。仲裁庭应当自行决定其程序。

第十一条 磋商

缔约双方应当经缔约任何一方要求,对有关本协定解释或适用的事项进行磋商。

第十二条 协定的生效和有效期

1. 本协定有效期 10 年,应当根据缔约各方法律和其他法令,自缔约一方收到缔约另一方完成使本协定生效所要求的国内必要法律程序的最后一份书面通知之日起第 30 日生效。此期限届满后,本协定有效期自动延长至下一个 5 年期,除非缔约任何一方在有效期届满前 12 个月将其终止本协定的意图书面通知缔约另一方。

2. 经缔约双方相互同意,可以书面修正本协定。任何修正应当在每一缔约方将其完成使此修正生效所要求的全部国内必要法律程序书面通知缔约另一方后生效。

3. 本协定终止前和正在有效的与投资有关的条款,应当自效力终止日起继续适用 10 年。

本协定于 2015 年 12 月 23 日在德黑兰市签署,一式两份,用俄文、波斯文和英文写成,所有文本同等作准。若文本解释发生分歧,以英文本为准。

<table>
<tr><td>俄罗斯联邦政府
俄罗斯联邦经济发展部
副部长
(签字)</td><td>伊朗伊斯兰共和国政府
伊朗经济金融部副部长及
投资、科技、经济援助组织主席
(签字)</td></tr>
</table>

俄罗斯联邦政府和伊朗伊斯兰共和国政府关于促进和相互保护投资的协定的议定书

正值俄罗斯联邦政府和伊朗伊斯兰共和国政府签署《关于促进和相互保护投资的协定》（以下简称"本协定"）之际，缔约双方全权代表同意下述条款作为本协定的组成部分：

为使缔约双方更明确，根据俄罗斯联邦关于外国投资的相关法律规定，俄罗斯联邦的本协定只适用于与投资有关的领域；与此同时，根据伊朗伊斯兰共和国对伊朗或因法律继承的其他任何机构有关投资、技术、经济合作组织促进和保护外国投资的相关法律规定，伊朗伊斯兰共和国的本协定只适用于与投资有关的领域。

本协定于 2015 年 12 月 23 日在德黑兰市签署，一式两份，用俄文、波斯文和英文写成，所有文本同等作准。若各文本解释发生分歧，以英文本为准。

<table>
<tr><td>俄罗斯联邦政府
俄罗斯联邦经济发展部
副部长
（签字）</td><td>伊朗伊斯兰共和国政府
伊朗经济金融部副部长及
投资、科技、经济援助组织主席
（签字）</td></tr>
</table>

（王彬彬译，邓瑞平审校）

新加坡共和国政府和俄罗斯联邦政府关于促进和相互保护投资的协定*

新加坡共和国政府与俄罗斯联邦政府(以下统称"缔约双方"或单称"缔约一方"):

期望为两国间更大经济合作,特别是为缔约一方投资者在缔约另一方领土内互利投资,创造有利条件;

确认以本协定为基准鼓励和相互保护上述投资应当激励资本流动和发展互利贸易、经济合作。

已经达成如下条款:

第一条 定义

为了本协定的目的:

1. "投资者"术语,指已根据缔约另一方法律在其领土内作出投资的缔约一方任何自然人或法人:

(a)"自然人",指根据上述缔约一方法律是其国家的任何公民;和

(b)"法人",指根据上述缔约一方法律设立或组建的任何实体。

2. "投资",指缔约一方投资者根据缔约另一方法律在该缔约另一方领土内投资的任何种类资产,包括但不专属于以下任何种类:

(a)动产、不动产和财产权利;

(b)股份、股票、法人资本中其他参股形式和公司债券;

(c)金钱请求权,或与投资有关的具有经济价值的合同下任何履行的请求权;

(d)专属性知识产权和信誉;

(e)缔约另一方法律赋予的或合同下的商事特许权,包括勘探、开发、提炼或开采自然资源的任何特许权。

若投资形式的任何变化不与投资作出地领土缔约方的法律抵触,此等变化不应当影响其作为投资的性质。

3. "收益",指投资产生的货币额,包括任何利润、利息、资本收入、股息、提成费或酬金。

4. "可自由使用货币",指《国际货币基金协定》条款及其任何修正下国际货币基金确定的可自由使用货币。

5. "领土",涉及每一缔约方时,分别指俄罗斯联邦和新加坡共和国的领土,以及各缔约方为了在区域内勘探、开发自然资源目的,根据 1982 年《联合国海洋法公约》行使主权权利或管辖权的专属经济区和大陆架。

6. "缔约一方法律",分别指俄罗斯联邦的法律和其他规章,或新加坡共和国的法律和其他规章。

---

* 本协定于 2010 年 9 月 27 日签署,于 2012 年 6 月 16 日生效,译自英文本,可从 https://investment-policyhub.unctad.org/Download/TreatyFile/5648 获取。

第二条 本协定的适用

本协定应当适用于任一缔约方投资者于 1990 年 1 月 1 日或以后在缔约另一方领土内作出的全部投资,但不应当适用于本协定生效前涉及投资的任何争端,或产生的或已解决的任何申索。

第三条 促进和保护投资

每一缔约方应当鼓励和为缔约另一方投资者在其领土进行投资创造有利条件,并应当根据其法律允许此等投资。

第四条 投资待遇

1. 每一缔约方应当在其领土给予缔约另一方投资者的投资公平与公正待遇。

2. 本条第 1 款所述待遇,应当至少是缔约一方提供给本国投资者投资或任何第三国投资者投资的待遇,以更有利者为准。

3. 每一缔约方应当根据其法律保留对本条有关国民待遇的规定适用或采取例外的权利。

4. 本条关于最惠国待遇的规定不应当解释为缔约一方有义务将依据以下可以给予的任何待遇、优惠或特权之利益扩展至缔约另一方投资者的投资:

(a)缔约一方是或可以成为缔约方的任何现行或未来自由贸易区、货币联盟或其他任何类似经济一体化安排;

(b)缔约一方产生于全部或主要与税收有关的国际协定或安排的任何权利或义务。

5. 自俄罗斯加入世界贸易组织(WTO)之日起,在不损害本协定第五、六、八、九条规定的情况下,缔约任何一方不承诺由本协定给予的待遇更高于该缔约方根据 1994 年 4 月 15 日《建立世界贸易组织协定》规定的其义务(包括《服务贸易总协定》规定的义务)所给予的待遇。

第五条 征收

1. 缔约任何一方不应当对缔约另一方的投资实施国有化、征收或采取具有等同国有化或征收效果的措施(以下简称"征收"),除非征收是:

(a)为了公共目的;

(b)以非歧视为基准实施;

(c)根据法律正当程序;和

(d)根据本条支付补偿。

2. 征收应当与支付及时、适当和有效补偿共存。补偿应当等于被征收投资的公平市场价值,其按征收日的前一日或公众知晓即将征收日的前一日计算,以较早者为准。此等补偿应当在效力上是可实行的,以投资者选择的任何可自由使用货币无不当迟延地支付,且根据第七条是可自由转移的。自征收日至补偿实际支付日,补偿金额应当按市场界定的商业利率但不低于 6 个月期美元贷款伦敦同业拆借利率(libor)计算利息。

3. 尽管有本条第 1、2 款规定,与缔约一方领土内土地有关的征收应当根据该缔约方法律为了前述法律确立的目的实施,并支付补偿。该补偿应当根据该缔约方法律予以评估并适当考虑市场价值且无不当迟延地支付。

第六条 损失赔偿

缔约一方投资者在缔约另一方领土内的投资因缔约另一方领土内的战争或其他武装

冲突、全国紧急状态、暴乱或其他类似情形遭受损失的,缔约另一方应当就恢复原状、赔偿、补偿或其他解决办法给予该投资者的待遇为(若有)其给予任何第三国投资者或本国投资者的待遇,以更有利者为准。

第七条 支付的转移

1. 每一缔约方应当根据其法律保证缔约另一方投资者在其履行全部税收义务后将与其投资有关的支付自由转移到国外,特别是:

(a)初始资本,或为维持或扩大投资的任何追加额;

(b)收益;

(c)全部或部分清算、出售投资或其他处置投资的收入;

(d)依据贷款协议作出的与投资有关的还款;

(e)按与投资有关的合同作出的支付;

(f)根据该缔约一方法律允许在其领土内从事与投资有关的工作的缔约另一方国家公民的所得;

(g)根据本协定第五、六条作出的支付。

2. 本条第1款所述支付的转移应当依据投资作出地领土缔约方有效外汇管理程序(若可适用)按转移时现行市场汇率,以可自由使用货币进行。

第八条 代位

缔约一方或其指定机构基于防止与缔约另一方领土内投资有关的非商业风险的担保向该缔约一方投资者作出了支付,应当有权依据代位在该投资者相同范围内行使该投资者的权利。若必要,该缔约另一方法律中可以规定行使此等权利的程序。

第九条 缔约一方与缔约另一方投资者之间争端的解决

1. 缔约一方投资者与缔约另一方之间产生于指控违反本协定的任何争端,应当尽可能通过争端当事方之间的谈判友好解决。请求谈判的争端当事方应当向争端另一方发送书面通知。

2. 若自本条第1款所述书面请求之日起6个月内未以谈判方式解决该争端,按投资者选择,可以将该争端提交以下审理:

(a)投资作出地领土缔约方的管辖权法院或仲裁院;

(b)临时仲裁,按联合国大会1976年12月15日通过的《联合国国际贸易法委员会仲裁规则》及其修正进行;

(c)根据1965年3月18日在华盛顿开放签署的《解决国家与他国国民间投资争端公约》设立的"解决投资争端国际中心"(ICSID),其根据该公约规定解决争端(该公约对缔约双方均生效);或

(d)按《解决投资争端国际中心附加便利规则》(该公约对缔约一方或双方未生效)。

仲裁裁决应当是终局的并对争端双方有约束力。每一缔约方应当根据其法律确保执行仲裁裁决。

第十条 缔约双方之间争端的解决

1. 缔约双方之间有关本协定解释或适用的任何争端应当尽可能通过谈判解决。若自谈判开始起6个月内未能解决任何争端,经缔约任何一方书面请求,应当将该争端提交

以第 2、3 款规定方式为个案组成的仲裁庭解决。

2. 每一缔约方收到仲裁请求 3 个月内应当任命 1 名仲裁庭成员。此 2 位成员选择 1 名经缔约双方同意的第三国国民担任仲裁庭主席。应当自仲裁庭另 2 位仲裁员任命之日起 2 个月内任命主席。

3. 若在第 2 款规定期限内未作出必要任命,缔约任何一方在无任何其他书面协定时可以邀请国际法院院长作出必要任命。若国际法院院长是缔约任何一方国家的公民或其他情况阻碍其履行上述职能,应当邀请国际法院副院长作出必要任命。若国际法院副院长是缔约任何一方国家的公民或其他情形阻碍其履行上述职能,应当邀请国际法院中非任何缔约方国家公民且无其他情形阻碍履行上述职能的最资深法官作出必要任命。

4. 仲裁庭应当以多数票达成其决定。仲裁庭的决定应当是终局的且约束缔约双方。每一缔约方应当承担其任命的仲裁庭成员、仲裁程序代表的费用,主席费用的一半以及剩余费用。但是,仲裁庭可以在其决定中指令缔约双方中的一方应当承担更高比例的费用,且此决定应当约束缔约双方。

5. 本条第 1 至 4 款规定除外,仲裁庭应当建立其自身程序规则。

第十一条 其他义务

若本协定以外,缔约任何一方法律或缔约双方间现行存在或以后确定的国际义务还导致缔约另一方投资者有权享受的待遇比本协定提供的待遇更有利的状况,此状况不应当受本协定影响。

第十二条 磋商

缔约双方经其任何一方请求,可以对涉及本协定解释或适用的任何事项进行磋商。

第十三条 生效、期限、修正和终止

1. 每一缔约方应当将其完成本协定生效所要求的国内法律程序书面通知缔约另一方。本协定应当自两份通知中最后一份通知之日起第 30 日生效。

2. 本协定有效期 15 年。因此本协定应当持续有效至自缔约任何一方书面通知其决定终止本协定之日起满 12 个月。

3. 对本协定终止日以前作出的投资,第一条至十二条的规定应当自该终日起继续有效 15 年。

4. 经缔约双方相互同意,可以书面修正本协定。每一缔约方应当将其已经完成此等修正生效所要求的国内法律手续,书面通知缔约另一方。修正应当自两份通知中最后一份通知之日生效。

兹见证下列签名代表经其各自政府正式授权,已签署本协定。

2010 年 9 月 27 日签署于新加坡,用英文和俄文写成,两种文本同等作准。

新加坡共和国政府代表　　　　　　　　俄罗斯联邦政府代表

　　（签字）　　　　　　　　　　　　　　（签字）

　　　　　　　　　　　　　　　　　　　　　　　　　（邓瑞平译）

阿拉伯联合酋长国政府和俄罗斯联邦政府
关于促进和相互保护投资的协定[*]

阿拉伯联合酋长国政府和俄罗斯联邦政府(以下统称"缔约双方"或单称"缔约一方"):

期望为缔约双方间发展经济合作,特别是为缔约一方投资者在缔约另一方领土内投资,创造有利条件;

承认促进和相互保护上述投资将有助于激励商业创新和提高缔约双方国家的繁荣。

已达成如下条款:

第一条 定义

为了本协定的目的:

1."投资",应当指缔约一方投资者根据缔约另一方法律在该缔约另一方领土内投资的任何种类资产。本术语应当特别包括:

(a)动产、不动产和诸如抵押权之类的任何财产权利;

(b)股份、公司债券、资金募集和其他证券,以及公司资本中的股票、利益和其他任何形式;

(c)金钱请求权,或者贷款协议或具有经济价值且与投资有关的其他合同下的履行请求权;

(d)知识产权,特别包括版权、专利、商标、工业设计、商号、专有技术和贸易秘密;

(e)信誉;

(f)法律赋予或按合同赋予从事经济活动的权利,或根据法律依据任何许可证和批准证赋予的权利。

若投资或再投资资产的任何形式改变不与投资作出地领土缔约方的法律相抵触,此等改变不应当影响此等资产作为投资的性质。

2."投资者",对每一缔约方,应当指:

(a)根据该缔约方法律拥有该缔约方国家公民身份的任何自然人;

(b)根据该缔约方法律设立的任何法律实体,包括企业、公司、社团、事业单位、合伙或其他组织,不管其是不是有限责任。

3."收益",应当指投资产生的款额,且特别包括:利润、利息、资本收益、股息、版税,管理、技术援助付款或其他费用,实物收益。

4."缔约一方领土",应当指阿拉伯联合酋长国的领土或俄罗斯联邦的领土,以及其为勘探、开发和保护自然资源目的,根据国际法行使主权权利和管辖权的毗邻各自国家领海外缘的专属经济区、大陆架。

---

* 本协定于 2010 年 6 月 28 日签署,于 2013 年 8 月 19 日生效,译自英文本,可从 https://investment-policyhubold. unctad. org/Download/TreatyFile/2234 获取。

5. "缔约一方法律",应当指俄罗斯联邦的法律和其他规章,或阿拉伯联合酋长国的法律和其他规章。

6. "不迟延",应当指正常要求履行支付之转移的必要手续的期间。此期间应当从已提交转移请求之日计算且不应当超过5个工作日。

第二条 促进和相互保护投资

1. 每一缔约方应当追求为缔约另一方投资者在其领土内投资创造有利条件,并应当根据其法律准许此等投资。

2. 每一缔约方应当根据其法律在其领土内对缔约另一方投资者的投资提供完全保护。

3. 缔约任何一方不应当施加任何额外要求作为对生产出口货物,或对本地购买货物或服务的扩大或维持投资之条件,除非缔约另一方投资者与投资作出地领土缔约方之间达成的特别书面安排规定了此等额外要求。

第三条 投资待遇

1. 每一缔约方应当在其领土内确保缔约另一方投资者进行投资在管理、维持、使用、享受或处置投资方面的公正与公平待遇。

2. 本条第1款所述待遇不应当低于该缔约一方给予其本国投资者的投资或任何第三国投资者的投资的待遇,以更有利投资者为准。

3. 每一缔约方应当保留对根据本条第1款给予外国投资者及其投资(包括再投资)国民待遇适用和采取例外的权利。

4. 根据本条第2款给予的最惠国待遇不应当适用于正在或将来提供的以下利益:

a. 与其参与自由贸易区、海关或经济联盟有关的;

b. 依据俄罗斯联邦与构成苏维埃社会主义共和国联盟的国家间经济合作领域的协定的;

c. 依据阿拉伯联合酋长国为一方的《海湾合作理事会国家间统一经济协定》的;

d. 基于意含避免双重征税的协定或关于税收事务的其他安排的。

5. 若俄罗斯联邦成为世界贸易组织成员且不损害本协定第四、五、九条规定,缔约双方可以给予的待遇不高于该缔约方根据1994年4月15日签署的《建立世界贸易组织协定》(WTO协定)所给予的待遇,包括《服务贸易总协定》(GATS)规定的义务。

第四条 损害或损失的赔偿

缔约一方投资者在缔约另一方领土内的投资因战争、国民骚乱或其他相似情形遭受损失的,缔约另一方在恢复原状、赔偿、补偿或其他解决种类方面给予该投资者的待遇,不应当低于其给予任何第三国投资者或其本国投资者的待遇。

第五条 征收

1. 缔约一方投资者在缔约另一方领土内作出的投资不应当被征收、国有化或遭受具有等于征收或国有化效果的措施,包括导致投资所有权丧失的措施(本条中,以下简称"征收"),但是为了公共利益,按缔约另一方法律正当程序,以非歧视为基准并迅速、适当和有效补偿而采取此等措施的除外。

2. 投资者应当有权利要求投资作出地领土缔约方行政机关评估是否已根据本协定

的原则进行征收。

3. 投资者应当有权利根据本协定第九条规定质疑征收。

4. 应当以实际征收或正式知悉即将征收的日期前即刻的该投资市场价值为基准计算此等补偿。若不容易确定市场价值,应当按公平原则确定此补偿,其中考虑投资资本折旧、已返回资本、重置价值、信誉和其他相关因素。

5. 应当以可自由兑换货币毫不迟延地支付补偿,并根据本协定第六条规定从缔约一方领土转移至缔约另一方领土。自征收时至支付时,应当按以市场基准确立的不低于 6 个月美元贷款伦敦同业拆借利率(libor)的商业利率计算补偿额的利息。

第六条 支付的转移

1. 每一缔约方应当向缔约另一方投资者保证,在其履行全部税收义务后将与投资有关的支付自由转移到国外,特别是与以下有关的支付:

a. 投资资本和收益;

b. 偿还缔约双方承认为投资的贷款和信用的资金及应计利息;

c. 出售或者清算全部或部分投资的收入;

d. 本协定第四、五条规定的补偿或赔偿;

e. 允许在缔约一方领土内从事与投资有关工作的缔约另一方投资者和自然人收到的薪酬和其他报酬。

2. 本条第 1 款规定的支付转移应当根据投资作出地领土缔约方外汇法,以可自由兑换货币,按转移日可适用的汇率不迟延地实施。

第七条 代位

1. 缔约一方或其指定机构根据对防止与缔约另一方领土内投资有关的非商业风险所发出的保证,向投资者进行了支付,应当依据代位有权在上述投资者相同范围内行使该投资者的权利。应当根据缔约另一方法律行使此等权利。

2. 若投资作出地领土缔约方的法律或行政程序提出要求,代位应当经该缔约方主管机构事先同意。

第八条 磋商

缔约双方在任何必要时,可以就本协定解释或适用的任何事项,包括本协定第五条的事项,进行磋商。

第九条 缔约一方与缔约另一方投资者间争端的解决

1. 缔约一方与缔约另一方投资者之间产生的、与该投资者在该缔约一方领土内投资有关的争端,包括与根据本协定第四条、第五条补偿支付的数额、条件和程序或本协定第六条规定的支付转移程序有关的争端,应当尽可能通过谈判解决。

2. 若自争端任何当事请求谈判解决之日起 6 个月内未以谈判方式解决争端,应当将该争端提交投资作出地领土缔约方法律确定程序下的行政机关审议。

3. 若根据本条第 2 款规定未解决该争端,投资者有权利按其选择将该争端提交以下机构审理:

a. 投资作出地领土缔约方的主管法院或仲裁院;或

b. 根据《联合国国际贸易法委员会仲裁规则》的临时仲裁庭;或

c. 依据 1965 年 3 月 18 日在华盛顿签署的《解决国家与他国国民间投资争端公约》设立的"解决投资争端国际中心"（ICSID），根据该公约规定（公约对缔约双方均生效时）或根据《解决投资争端国际中心附加便利规则》（该公约对缔约一方或缔约双方未生效时）解决争端。

4. 仲裁裁决应当是终局的，对争端当事双方均有约束力。每一缔约方保证根据其法律执行此裁决。

5. 在按本条第 3 款规定举行程序的任何阶段，但在作出裁决之前，争端当事方可以同意友好解决该争端。

第十条　缔约双方之间争端的解决

1. 缔约双方之间产生于本协定的争端，应当通过谈判和外交途径友好解决。

2. 若自缔约任何一方请求谈判之日的次日起 6 个月内未解决该争端，除非缔约双方另有书面约定，每一缔约方可以书面通知缔约另一方，将该争端提交根据以下规定的临时仲裁庭：

a. 按以下规定组成的仲裁庭：每一缔约方应当任命 1 名仲裁庭成员，该 2 位仲裁庭成员达成的 1 名第三国国民担任经缔约双方任命的仲裁庭主席。应当自任一缔约方向缔约另一方通知其意图将该争端提交仲裁庭之日起 2 个月内任命仲裁庭 2 名成员、4 个月内任命仲裁庭主席。

b. 若未遵守上述规定期限，任一缔约方在无其他任何安排时，可以邀请国际法院院长作出必要任命。若国际法院院长是任一缔约方的国民，或另外情况被阻止履行上述职能，应当邀请国际法院副院长作出必要任命。若国际法院副院长是任一缔约方的国民，或他也被阻止履行上述职能，应当邀请国际法院不是任一缔约方国民且无其他事由阻止其履行上述职能的最资深成员作出必要任命。但是被任命的仲裁庭诸成员应当是与缔约双方均有外交关系的国家的国民。

c. 仲裁庭应当以多数票作出其决定。此决定应当根据国际法规范作出，并约束缔约双方。每一缔约方应当承担其任命的仲裁庭成员的费用和仲裁程序中其代表的费用。仲裁庭主席的费用和其他费用应当由缔约双方平均承担。在其他全部方面，仲裁庭应当决定其自身程序。

第十一条　其他规则和特别承诺的适用

若一事项由本协定和缔约双方共同认可的法律原则或投资作出地领土缔约方的法律同时支配，本协定中的任何规定不应当阻碍缔约任何一方或在缔约另一方领土内作出投资的任何投资者利用对该投资者更有利的任何规则。

第十二条　本协定的适用

本协定的规定应当适用于缔约一方投资者自 1987 年 1 月 1 日起在缔约另一方领土内作出的投资，但不适用于本协定生效前产生或解决的投资争端。

第十三条　本协定的生效、期限和终止

1. 每一缔约方应当将完成本协定生效所要求的国内程序，书面通知缔约另一方。本协定应当自两份通知中最后一份通知之日起生效。

2. 本协定缔结的期限为 10 年。本协定将自动延长至下一个 10 年期，除非其中缔约

一方在首期或任何后续期届满前至少 12 年月,将其终止本协定的意图书面通知缔约另一方。

3. 对本协定终止日以前作出的投资,本协定的规定应当自终止日起继续有效 15 年。

_____年_____月_____日签署于_____,一式两份,用俄文、阿拉伯文和英文写成,所有文本同等作准。若解释发生分歧,应当使用英文本。

俄罗斯联邦代表 　　　　　　　　　　　　阿拉伯联合酋长国代表

　（签字）　　　　　　　　　　　　　　　　（签字）

阿拉伯联合酋长国政府和俄罗斯联邦政府关于促进和相互保护投资的协定的议定书

　　以下签字代表在签署《阿拉伯联合酋长国政府与俄罗斯联邦政府关于促进和相互保护投资的协定》(以下简称"本协定")时,已经协议达成以下条款,其构成本协定的有机组成部分:

　　1. 尽管有本协定规定,兹理解缔约双方对位于各自领土内的自然资源保留完全主权。对阿拉伯联合酋长国,此等自然资源是《阿拉伯联合酋长国宪法》规定的各酋长国财产。

　　因此,俄罗斯联邦的法律仅应当适用于位于其领土内的自然资源。

　　因此,各酋长国的法律仅适用于位于其领土内的自然资源。

　　2. 缔约双方已明示此种立场,即本协定第3条第3款规定的最惠国待遇不适用于本协定第9条。

　　本议定书中的任何内容不应当解释为,俄罗斯联邦已就俄罗斯参加或未来可以参加其他任何国际协定下所达成的最惠国待遇的适用范围改变其立场。

　　_____年_____月_____日签署于_____,用俄文、阿拉伯文和英文写成,所有文本同等作准。若解释发生分歧,应当使用英文本。

俄罗斯联邦代表　　　　　　　　　　　　阿拉伯联合酋长国代表
　　(签字)　　　　　　　　　　　　　　　　　(签字)

（邓瑞平译）

危地马拉共和国政府和俄罗斯联邦政府
关于促进和相互保护投资的协定*

危地马拉共和国政府和俄罗斯联邦政府,以下简称"缔约双方":

愿为缔约一方投资者在缔约另一方国家领土进行的投资创造有利条件;

认识到以本协定为基础促进和相互保护投资应当激励资本流动以促进缔约双方的经济繁荣,

已经达成协定如下:

第1条 定义

为了本协定的目的,以下术语应当指:

1. 涉及每一缔约方的"投资者":

(a)根据该缔约方国家法律是该缔约方国家国民的任何自然人;

(b)按该缔约方国家法律设立或组建的任何法人。

2. "投资",指缔约一方投资者根据缔约另一方国家法律在该缔约另一方国家领土内投资的全部种类财产性资产,特别是:

(a)动产、不动产和任何财产权利;

(b)股份、股票和公司资本中的其他参股形式;

(c)为创造经济价值目的投入金钱的请求权,或具有经济价值且与投资有关的合同下的请求权;

(d)知识财产专属权利(版权、专利权、工业外观设计、模型、商标与服务标识、技术与"专有技术");

(e)缔约另一方国家法律赋予或合同下赋予的从事特别是与勘探、开发、提炼和开采自然资源有关的经济活动的权利。

若投资形式任何变化不与投资作出地领土缔约方国家法律相抵触,此变化不应当影响其作为投资的合格性。

3. "收益",指投资产生的款额,特别包括利润、股息、利息、提成费和其他酬金。

4. "缔约一方国家领土",指危地马拉共和国的领土或俄罗斯联邦的领土,以及根据1982年12月10日《联合国海洋法公约》界定的各自专属经济区和大陆架。

5. "缔约一方国家法律",包括危地马拉共和国的法律和其他规章,或俄罗斯联邦的法律和其他规章。

第二条 投资的准入和保护

1. 每一缔约方应当根据其国家法律准许缔约另一方投资者在其国家领土内的投资。

---

* 本协定于2013年11月27日签署,译自英文本,可从 https://investmentpolicy.unctad.org/international-investment-agreements/treaty-files/3154/download 获取。

2. 每一缔约方应当根据其国家法律在其国家领土内向缔约另一方投资者的投资提供完全保护。

第三条　投资待遇

1. 每一缔约方应当在其国家领土内就投资的管理与处置向缔约另一方投资者进行的投资提供公平与平等待遇。

2. 每一缔约方应当在其国家领土内向缔约另一方投资者的投资在此投资的管理和处置方面提供的待遇，不低于赋予其本国投资者的投资或任何第三国投资者的投资的待遇，以投资者认为更优者为准。

3. 每一缔约方应当根据其国家法律保留对按照本条第 2 款赋予外国投资者及其投资的国民待遇适用和采取例外的权利。

4. 本条第 2 款与最惠国待遇有关的规定不应当解释为，缔约一方有义务将该缔约一方因以下已经或未来可能扩展的任何待遇、优惠或特权的利益扩展至缔约另一方投资者进行的投资：

（a）关于在自由贸易区、关税同盟、货币同盟、共同市场和其他任何类似经济一体化组织或者产生此等联盟或组织的任何国际协定中的成员关系；

（b）基于包含避免双重征税的协定或与税务有关的其他安排；

（c）依据俄罗斯联邦与以前曾是苏维埃社会主义共和国联盟一部分的诸国家之间缔结的协定。

5. 不损害本协定第四、五、八条规定，缔约任何一方不由本协定承诺给予的待遇高于每一缔约方根据 1994 年 4 月 15 日签署的《建立世界贸易组织协定》规定的其义务（包括《服务贸易总协定》规定的义务）和根据缔约双方国家均是缔约方的其他任何投资待遇多边安排所给予的待遇。

第四条　征收

1. 缔约一方投资者在缔约另一方国家领土内进行的投资和该投资者的收益，不应当被直接或间接国有化、征收或者遭受具有等同征收或国有化效果的任何措施（以下简称"征收"），但是采取此类措施是处于公共利益，根据缔约另一方国家法律确立的程序、非歧视并给予及时、充分和有效补偿除外。

2. 本条第 1 款所述补偿应当相当于被征收投资的市场价值，其按征收日的即刻前一日或公众知悉即将征收日的即刻前一日计算，以较早者为准。补偿应当以可自由兑换货币、不迟延地支付，并按本协定第六条从缔约一方国家领土自由转移至缔约另一方国家领土。自征收之日至补偿实际支付之日，应当按市场界定的商业利率但不低 6 个月期美元贷款伦敦同业拆借利率计算补偿金额的利息。

第五条　损失赔偿

缔约一方投资者在缔约另一方国家领土内的投资和收益因战争、武装冲突、叛乱、革命、骚乱、民变、全国紧急状态或其他类似事件遭受损害或损失的，缔约另一方就恢复原状、赔偿、补偿或其他解决办法给予该投资者的待遇，应当不低于其给予第三国投资者或本国投资者的待遇。

第六条 支付的转移

1. 每一缔约方应当根据其国家法律向缔约另一方投资者保证,将其与投资有关的支付转移出境,应当特别包括:

(a)收益;

(b)偿还缔约双方认可为投资的贷款和信用的资金及其应计利息;

(c)部分、全部清算或出售投资所得的收入;

(d)本协定第四、五条所述的补偿、赔偿和其他解决办法;

(e)有权在缔约一方国家领土内从事与投资有关的工作的缔约另一方投资者和国民收到的薪酬和其他报酬。

2. 本条第1款所述支付的转移,应当以可自由兑换货币,按转移日可适用汇率,依据投资作出地领土缔约方国家外汇法律不迟延地进行。

第七条 代位

若缔约一方或其指定机构对其投资者在缔约另一方国家领土内投资的非商业风险向该投资者提供了金融担保且按此担保予以支付,缔约另一方应当承认该缔约一方或其指定机构依据代位获得该投资者的全部权利和请求权。上述缔约一方或其指定机构不应当主张比从该投资者处获得的更多权利和请求权。应当根据缔约另一方国家法律行使上述权利和请求权。

第八条 缔约一方与缔约另一方投资者间争端的解决

1. 缔约一方与缔约另一方投资者之间产生的、与该缔约一方国家领土内该投资者投资有关的争端,包括与根据本协定第四、五条补偿支付的数额、条件和程序或者本协定第六条规定的支付转移程序有关的争端,应当尽可能通过谈判解决。

2. 自是争端当事人一方的缔约方收到缔约另一方投资者请求谈判解决争端的书面通知之日开始6个月内不能通过谈判解决争端的,可以按该投资者选择,将该争端提交至以下机构审理:

(a)投资作出地领土缔约方国家的管辖法院,或

(b)根据《联合国国际贸易法委员会仲裁规则》的临时仲裁庭,或

(c)依据1965年3月18日在华盛顿签署的《解决国家与他国国民间投资争端公约》设立的"解决投资争端国际中心"(ICSID),依据该公约规定(该公约对缔约双方生效)或依据《解决投资争端国际中心附加便利规则》(该公约对缔约双方或一方未生效)解决争端。

3. 本条第2款所述的书面通知应当至少包含以下信息:

(a)是该争端当事人一方的投资者的名称和地址;

(b)该投资者主张的法律和事实根据;

(c)该投资者寻求的救济措施。

4. 根据本条审理的争端仲裁裁决应当是终局的且约束争端当事人双方。各缔约方应当根据其国家法律确保执行本裁决。

第九条 缔约双方之间争端的解决

1. 缔约双方关于本协定解释或适用的争端应当尽可能通过缔约双方间的谈判解决。

2. 若争端自收到任一缔约方书面请求谈判之日起6个月内未能解决,经任一缔约方

请求,应当将该争端提交仲裁庭审理。

3. 仲裁庭应当按每一单个案件组建,为此目的,每一缔约方应当自收到仲裁请求之日起 2 个月内任命仲裁庭 1 名成员。自仲裁庭 2 名仲裁员任命之日起 1 个月内,此 2 位成员应当选择 1 名经缔约双方同意的第三国国民担任仲裁庭主席。

4. 若在本条第 3 款规定时限内未作出必要任命,任一缔约方在缔约双方无其他任何协定时可以邀请国际法院院长作出此任命。若国际法院院长是任一缔约方国家的国民或其他原因阻碍履行所述职能,应当邀请国际法院副院长作出必要任命。若该副院长是任一缔约方国家的国民或其他原因阻碍履行所述职能,应当邀请国际法院中不是任一缔约方国家的国民且无其他原因阻碍履行职能的下一位资深法官作出必要任命。

5. 仲裁庭应当以多数票达成其决定。此决定应当是终局的且约束缔约双方。每一缔约方应当承担仲裁庭其自身仲裁员和其仲裁程序中代表的活动费用。与仲裁庭主席有关的费用和其他费用应当由缔约双方平均承担。但是,仲裁庭可以在其决定中指令缔约一方承担较高比例的费用,且此决定应当约束缔约双方。仲裁庭应当独立确定其自身程序规则。

第十条　磋商

缔约双方经任一缔约方请求,应当对有关本协定解释或适用的事项进行磋商。

第十一条　协定的适用

本协定应当适用于缔约一方投资者自 1992 年 1 月 1 日起在缔约另一方国家领土内进行的全部投资,但不应当适用于本协定生效前产生的争端。

第十二条　协定的生效和有效期

1. 每一缔约方应当将完成本协定生效所要求的国内法律程序书面通知缔约另一方。本协定应当自两份通知中最后一份通知之日起生效。

2. 本协定有效期应当为 10 年。此后本协定应当自动延长下一个 5 年期,除非其中一缔约方在相应期限届满前至少 12 个月将其终止本协定的意图书面通知缔约另一方。

3. 本协定可以经缔约双方相互书面同意予以修正。本协定的任何修正应当在每一缔约方将其已完成此修正生效所要求的全部国内法律程序书面通知缔约另一方后生效。

4. 对本协定终止日以前作出的本协定适用范围内的投资,本协定的条款应当自本协定终止日起继续有效 10 年。

兹见证以下签字代表,经其各自政府正式授权,已签署本协定。

2013 年 11 月 27 日签署于莫斯科,一式两份,用西班牙文、俄文和英文写成,所有文本同等作准。若各文本发生解释分歧,应当适用英文本。

危地马拉共和国政府代表　　　　　　　　俄罗斯联邦政府代表

（签字）　　　　　　　　　　　　　　　　（签字）

（邓瑞平译）

附 1　欧亚经济联盟条约(下)

附件 8

对第三国适用保障、反倾销和反补贴措施的议定书

Ⅰ. 总则

1. 本议定书根据《欧亚经济联盟条约》(以下简称"本条约")第 48、49 条制定,并就保护本联盟内生产商的经济利益制定适用于第三国的保障、反倾销和反补贴措施。

2. 本议定书中使用的术语,应当具有以下含义:

(1)"同类产品",指与被调查产品或将成为被调查产品(包括复审)完全相同的一产品,或无此产品时与被调查产品或将成为被调查产品(包括复审)的特征非常相似的一产品。

(2)"反倾销措施",指依据委员会决定所适用的通过征收反倾销税抵销倾销进口的一种措施,包括临时反倾销税或同意出口商接受的价格承诺。

(3)"反倾销税",指依据实施反倾销措施所适用的、由诸成员国海关机构征收的一种税,不考虑进口关税。

(4)"倾销幅度",指减去产品出口价格的产品正常价值与该出口价格的百分比,或者按绝对价值计算出该产品的正常价值与其出口价格之间的差额。

(5)"进口配额",指在数量和/或价值上对产品进口至本联盟关税区的一种限制。

(6)"反补贴措施",指依据委员会决定所适用的通过征收反补贴税抵消第三出口国特定补贴影响诸成员国国内产业的一种措施,包括临时反补贴税或同意给予补贴的第三国的主管机构或出口商接受的价格承诺。

(7)"反补贴税",指根据实施反补贴措施所适用的、由诸成员国海关机构征收的一种税,不考虑进口关税。

(8)"对诸成员国国内产业实质性损害",指确凿证据确认恶化诸成员国国内产业状况,可以特别表述为,降低诸成员国同类产品的生产和诸成员国市场上的销售,减少盈利,消极影响诸成员国国内产业的库存、雇用、薪酬和投资水平。

(9)"直接竞争产品",指在用途、应用、质量或物理特征和其他主要性质方面与被调查产品或将成为被调查产品(包括复审)可以比较的,使消费者在消费被调查产品或将成为被调查产品(包括复审)期间予以替代或愿意替代的一产品。

(10)"通常贸易过程",指在第三出口国市场以不低于根据生产加权平均成本加上加权销售、管理和一般成本所界定的生产加权平均成本的价格销售同类产品。

(11)"纳税人",指根据《欧亚经济联盟关税法典》界定的人员。

(12)"临时反倾销税",指适用于向本联盟关税区进口的被调查产品、调查过程中调

查机构对造成诸成员国国内产业实质性损害、威胁造成实质性损害或实质性阻碍诸成员国建立国内产业的倾销进口已经作出初步决定的一种税。

（13）"临时反补贴税"，指适用于向本联盟关税区进口的被调查产品、调查过程中调查机构对造成诸成员国国内产业实质性损害、威胁造成实质性损害或实质性阻碍诸成员国建立国内产业的补贴进口已经作出初步决定的一种税。

（14）"临时保障税"，指适用于向本联盟关税区进口被调查产品、调查过程中调查机构对造成、威胁造成诸成员国产业严重损害的增加进口已经作出初步决定的一种税。

（15）"前期"，指调查和获取必要统计数据的申请提交日之前3个日历年。

（16）"相关当事人"，指符合以下一项或多项标准的人员：

这些人员中的每位人员是其他人员参与设立的一组织的雇员或负责人；

诸人员是业务合伙人，即受合同关系约束、营利性经营和共同承担与实施共同活动有关的成本和损失；

诸人员是一组织的雇主和雇员；

诸人员之一直接或间接拥有、控制投票权股份或两人股份的5%或以上，或是此等股份的名义股东；

诸人员之一直接或间接控制另一人；

两人员都由第三人直接或间接控制；

他们共同直接或间接控制第三人；

诸人员处于婚姻关系、家族关系，或是收养关系的父母或是被收养人，以及是受托人、被监护人。

直接控制理解为，法人或自然人确定通过以下一种或数种行动由其作出决定的可能性：

履行其执行机构的职能；

接受决定法人经营活动之条件的权利；

处置超过代表法人授权（共同）资本（资金）之股份总投票数的5%。

间接控制理解为，法人或自然人确定通过自身或通过其间存在直接控制的法人数量作出决定的可能性。

（17）"对诸成员国国内产业严重损害"，指经确凿证据确认全面损害诸成员国同类或直接竞争产品生产状况，其表述为，重大损害诸成员国产业的行业、商业和金融状况且确定为前期的普遍原则。

（18）"保障措施"，指依据委员会决定适用的通过实施进口配额、保障配额或保障税（包括临时保障税）抵消向本联盟关税区的增加进口的措施。

（19）"保障配额"，指固定进入本联盟关税区的某产品进口特定量，在该数量内该产品进入本联盟关税区不支付保障税和超出该数量时支付保障税。

（20）"保障税"，指按实施保障措施所适用的由诸成员国海关机构征收的一种税，不考虑进口关税。

（21）"补贴进口"，指第三出口国在生产、出口和运输中使用了补贴的进入本联盟关税区的产品进口。

(22)"第三国",指不是本联盟成员的诸国家和/或诸国家的集团,并包含委员会批准的世界各国分类的地域。

(23)"给予机构",指第三出口国的政府机构或地方政府机构,或按相关政府机构或地方政府机构指令行事的人员,或该等机构根据法令或基于实际情况授权的人员。

(24)"对诸成员国实质性损害威胁",指经确凿证据确认危及诸成员国国内产业的实质性损害。

(25)"对诸成员国国内产业严重损害威胁",指经确凿证据确认危及诸成员国国内产业的严重损害。

(26)"出口价格",指一产品进口至本联盟关税区时已付或应付的价格。

Ⅱ. 调查

1. 调查的目标

3. 仅可以依据调查确定的以下事项,对产品进口实施保障、反倾销或反补贴措施:

存在造成或威胁造成诸成员国国内产业严重损害的进入本联盟关税区的增加进口;

存在造成或威胁造成诸成员国国内产业严重损害或实质性阻碍诸成员国建立国内产业的进入本联盟关税区的倾销进口或补贴进口。

2. 调查机构

4. 调查机构在国际条约和构成本联盟法律的法令所委派的权力范围内行事。

5. 调查机构向委员会提交调查结果的报告,其载明关于适用或延长适用保障、反倾销或反补贴措施、复审期限的提议或暂停保障、反倾销或反补贴措施的提议,并附委员会相关决定的草案。

6. 保障措施、反倾销或反补贴措施的复审应当提供因复审结果的变更、暂停或不处理。

7. 在本议定书第15至22、78至89、143至153款规定情形下,调查机构在调查结束前向委员会提交报告,载明采取或适用临时的保障、反倾销或反补贴措施的提议,并附委员会相关决定的草案。

8. 向调查机构提供证据、信息和与调查机构的书面通信应当是俄文,用外语准备的原始文件应当随附经认证的俄文译本。

Ⅲ. 保障措施

1. 适用保障措施的一般原则

9. 保障措施适用于源自第三出口国的进口至本联盟关税区的产品,不考虑其来源产地国,但以下除外:

(1)源自一发展中或最不发达的、使用本联盟优惠关税共同系统的第三出口国产品,只要源自该国的被调查产品的进口份额不超过进入本联盟关税区的被调查产品的进口总额3%,但是源自发展中或最不发达国家(被调查产品的单个国家份额不超过进入本联盟关税区被调查产品的进口总份额3%)的进口总份额总体上不得超过进入本联盟关税区被调查产品总进口的9%。

(2)源自独立国家联合体参与国的产品,该参与国是 2011 年 10 月 18 日《自由贸易区条约》的缔约方,其提供了履行该条约第 8 条特别规定的条件。

10. 若委员会依据调查机构按本议定书第 31、33 或 34 款复审确定源自发展中或最不发达第三国的进口份额超过了本议定书第 9 款特别规定的份额,应当根据本议定书第 9 款就保障措施扩展至或排除适用于源自该发展中或最不发达第三国的产品作出决定。

11. 若委员会依据调查机构按本议定书第 9 款复审确定 2011 年 10 月 8 日《自由贸易区条约》缔约国不再履行该条约第 8 条特别规定的条件,应当根据本议定书第 9 款就保障措施扩展至或排除适用于源自独立国家联合体参与国的产品作出决定。

2. 增加进口造成诸成员国国内产业严重损害或严重损害威胁的确定

12. 为了确定进入本联盟关税区增加进口造成诸成员国国内产业严重损害或严重损害威胁的目的,调查机构在调查过程中应当评估诸成员国经济状况的可量化性质的全部客观因素,包括以下:

(1)以绝对和相对价值计算调查产品的进口增加与诸成员国内同类或直接竞争产品国内生产或消费的比例和数量;

(2)被调查的进口产品占诸成员国市场上该产品和同类或直接竞争产品总销量的份额;

(3)与诸成员国境内生产的同类或直接竞争产品价格水平比较的被调查进口产品价格水平;

(4)诸成员国市场上各成员国境内生产的同类或直接竞争产品的销售水平变化;

(5)诸成员国国内产业中同类或直接竞争产品之生产规模、生产率、能力利用、利润与损失量、雇用方面的变化。

13. 应当根据审查调查机构可用全部相关证据和信息的结果,确定增加进口造成诸成员国国内产业严重损害或严重损害威胁。

14. 除了增加进口外,调查机构还审查同时造成或威胁造成诸成员国国内产业严重损害的其他已知因素。此种调查不应当归因于进入本联盟关税区的增加进口造成了严重损害或严重损害威胁。

3. 临时保障税的征收

15. 在延迟将会造成诸成员国国内产业难以修复的损害的紧急情况下,委员会在完成适当调查前,可以根据调查机构初步确定有明显证据证明被调查产品的增加进口造成了或正在威胁造成严重损害,决定适用不超过 200 个日历日期限的临时保障税。该调查应当继续,以获得调查机构的最后确定。

16. 调查机构书面通知第三出口国主管机构和知晓可能征收临时保障税的其他利害关系方。

17. 经第三出口国主管机构请求进行磋商征收临时保障税,此磋商应当在决定适用委员会采取的临时保障税后启动。

18. 若调查机构因调查结果确定无理由实施保障措施或根据本议定书第 272 款决定不适用保障措施,应当以本议定书附件规定的方式将临时保障税额返还给纳税人。

调查机构及时将缺乏实施保障措施理由或委员会决定不适用的情况通知诸成员国海

关机构。

19. 若因调查结果决定适用保障措施(包括采取进口配额或保障配额形式),临时保障税的期限应当计作适用保障措施整个期限的一部分,且自适用因调查结果采取保障措施的决定生效之日起,应当根据本议定书附件规定的程序、考虑本议定书第20、21款规定,划拨和分配临时保障税额。

20. 若因调查结果认为以低于临时保障税的比率征收保障税是合理的,应当根据本议定书附件规定的程序,划拨和分配等于保障税额的临时保障税额。

应当根据本议定书附件规定的程序,向纳税人返还超过最终保障税额的临时保障税额。

21. 若因调查结果认为以高于临时保障税的比例征收保障税是合理的,不应征收临时保障税额与保障税额之间的差额。

22. 作为一项规则,作出征收临时保障税的决定不迟于自启动调查的6个月。

4. 保障措施的适用

23. 应当以委员会决定的方式在阻止或补救诸成员国国内产业严重损害或损害威胁所必要的数额和期限内适用保障措施,以便利诸成员国国内产业向正在变化的经济条件调整。

24. 若保障措施以进口配额形式适用,该配额水平不应当低于被调查产品前期年平均进口量(以数量或价值计算),但是进口配额较低水平对补救诸成员国国内产业严重损害或严重损害威胁是必要的情形除外。

25. 若在诸第三出口国间分配配额,应当向有兴趣向本联盟关税区供应被调查产品的各第三出口国提供机会,举行在其间分配进口配额的磋商。

26. 若本议定书第25款规定的磋商不可行,或在磋商过程中没有达成此等分配的协议,应当在进入本联盟关税区被调查产品有出口产品利益的第三出口国之间进行分配,配额量为以进入本联盟关税区该产品进口总数量或价值为基准、该第三国前期供应此产品的比例。

应当考虑可能已经影响或正在影响该产品贸易的任何特殊因素。

27. 若源自某些第三出口国的被调查产品之进口在提交调查申请之日前3年被调查产品进口总增长方面已经以不合理百分比增长,委员会可以考虑源自这些第三出口国该产品进口的绝对和相对增长后,在此等第三出口国之间分配进口配额。

本款的规定仅适用于调查机构已经确定存在对诸成员国国内产业严重损害的情形。

28. 应当由委员会决定以配额形式适用保障措施的程序。若此等决定规定许可进口,应当以本条约第46条规定的形式签发许可证。

29. 若以保障配额形式适用保障措施,应当以本议定书第24至28款对进口配额规定的方式作出此等配额的总量、分配和适用。

5. 保障措施的期限与复审

30. 保障措施适用的期限不应当超过4年,但是根据本议定书第31款其延期者除外。

31. 可以由委员会决定延长本议定书第30款规定的保障措施适用期限,条件是,依据调查机构实施的复审确定延长适用保障措施对阻止或补救严重损害或严重损害威胁是

必要的且有证据证明诸成员国产业正在向正在变化的经济条件调整。

32. 若委员会决定延长保障措施,此等保障措施不应当比该决定作出日有效保障措施更多限制。

33. 若保障措施期限超过 1 年,委员会应当在适用期间定期逐渐降低保障措施。

若保障措施期限超过 3 年,调查机构应当在不迟于该措施的中期实施复审,依此可以维持、降低或撤销保障措施。

为了本款的目的,降低保障措施是指增加进口配额或保障配额的总量或降低保障税率。

34. 不损害本议定书第 33 款规定的复审条款,经调查机构倡议或经一利害关系方请求,可以实施复审,目的是:

(1)确定因客观情况变化需要变更、降低或撤销保障措施,包括有理由推定本保障措施适用过程中本联盟内不能生产受保障措施约束的产品时澄清该产品;

(2)确定发展中或最不发达第三出口国在进入本联盟关税区产品进口总量中的份额;

(3)确定 2011 年 10 月 18 日《自由贸易区条约》第 8 条对独立国家联合体参与国(其为 2011 年 10 月 18 日《自由贸易区条约》缔约方)规定的条件的履行事实。

35. 调查机构可以受理为了本议定书第 34 款第(1)分款规定目的的复审请求,但是应当自实施保障措施起已经届满至少 1 年。

36. 关于实施调查的规定应当经必要变通后适用于复审。

37. 适用保障措施的总期限,包括适用临时保障税的期限和保障措施的任何延期,不应当超过 8 年。

38. 不应当再次对已受保障措施约束的某产品的进口适用等于以前保障措施期限的期间的任何保障措施。上述不适用的期限应当不低于 2 年。

39. 若自采取以前保障措施之日起已经届满 1 年且在采取新保障措施之日前 5 年内未曾对同一产品适用两次保障措施,可以对该同一产品适用保障措施,期限为 180 个日历日或以下,不考虑本议定书第 38 款所列规定。

Ⅳ. 反倾销措施

1. 适用反倾销措施的一般原则

40. 一产品的出口价格低于其正常价值的,将认为该产品是倾销。

41. 调查机构建立审查数据以确定存在倾销进口的调查期间。建立的该期限通常等于提交调查和获取统计数据的申请日前 12 个月,但在任何情况下,该期间不应当低于 6 个月。

2. 倾销幅度的确定

42. 调查机构根据以下比较,确定倾销幅度:

(1)该产品的加权平均正常价值与该产品加权平均出口价格;

(2)该产品单独交易中的正常价值与单独出口交易的价格;

(3)该产品加权平均正常价值与单独出口交易的价格,条件是,该产品价格在购买者、地区和时期之间存在巨大差异。

43. 应当在贸易的同一水平和在销售方面尽可能同一时间比较出口价格与正常价值。

44. 在比较出口价格和正常价值中,应当对影响价格可比性的差异作出允许量,包括销售、税收、贸易水平、数量、物理特征中条件条款的差异和也证明影响价格可比性的其他任何差异。

调查机构应当保证对上述差异在适当情况下的允许量没有相互复制且未扭曲出口价格与正常价值的比较结果。调查机构可以要求利害关系方提供确保适当比较产品出口价格与其正常价值所必要的信息。

45. 若在第三出口国国内市场上通常贸易过程中无同类产品销售或该第三出口国国内市场销量低,或者若因特殊市场位置该销售不允许在该产品出口价格与第三出口国市场上销售同类产品的价格之间适当比较,该产品的出口价格与该第三出口国出口至另一第三国的同类产品可比价进行比较,但是该同类产品的价格是典型的,或者原产地国生产成本加上管理、销售、一般成本和利润的必要数额。

46. 若非原产地国的产品进口至本联盟关税区,该产品出口价格应当与该第三国市场同类产品的可比价进行比较。

若该产品仅通过第三国转运向本联盟关税区出口,或其不在第三国生产,或无同类产品可比价,对该同类产品的出口价格可以与其原产地国内同类产品的可比价进行比较。

47. 若产品出口价格与其正常价值比较需要转换货币,应当使用卖出日官方汇率作出上述转换。

若外国货币卖出直接与所涉出口销售相连且在期货市场作出了卖出,应当使用期货卖出中的汇率。

调查机构忽略汇率中的波动,并在调查过程中允许出口商在至少60个日历日调整其出口价格,以反映调查期间汇率中的持续波动。

48. 作为一项规则,调查机构确定已提供必要信息,允许确定单独倾销幅度的已知该产品每位出口商和/或生产商的单独倾销幅度。

49. 若调查机构作出结论,认为因该产品出口商、生产商、进口商的总数量或产品种类或其他任何原因,确定每位出口商单独倾销幅度不可行,它可以根据利害关系方合理数量对确定单独倾销幅度采取限制,或者可以就原产于每一出口国的产品取样,根据对调查机构有用的在统计上有效的和未临近调查可调查的信息,确定倾销幅度。

调查机构会商被调查产品的各出口商、生产商和进口商并经其同意,应当更好地选择利害关系方,以确定单独倾销幅度。

若调查机构根据本款使用限制,它还就调查机构最初没有选择但提供允许及时确定单独倾销幅度之(供审议)必要信息的每位外国出口商和/或外国生产商,确定单独倾销幅度,但是外国出口商和/或外国生产商的数量大到单独审查可能阻碍调查机构及时完成调查的情形除外。

调查机构不应当阻止上述外国出口商和/或生产商自愿回应。

50. 若调查机构按本议定书第49款规定使用限制以确定单独倾销幅度,对未曾被选

择但在规定时限内提交必要信息的倾销产品外国出口商或外国生产商计算出的倾销幅度,不应当超过对已被选择确定单独倾销幅度的倾销产品外国出口商或外国生产商所确定的加权平均倾销幅度。

51. 若倾销产品出口商或生产商未在规定时限内向调查机构提交所要求种类的信息,或者所提交的信息是不可证实的或不准确的,调查机构可以根据可用的事实确定倾销幅度。

52. 除对提交允许确定单独倾销幅度的已知每位产品出口商和/或生产商确定单独倾销幅度外,调查机构还可以根据调查过程中确定的最高倾销幅度,对倾销产品的其他全体出口商和/或生产商确定单一倾销幅度。

3. 正常价值的确定

53. 调查机构应当根据调查期间第三出口国国内市场出售给购买者的同类产品价格确定正常价值。该购买者与上述生产商和出口商无关,且是该第三国的居民,为了在该第三出口国关税区内使用。

为了确定在第三出口国国内市场向与生产商和出口商有关系的、是该第三国居民的购买者出售的同类产品正常价值的目的,可以考虑确定上述关系不影响外国生产商和/或出口商定价政策的情形。

54. 若在第三出口国国内市场通常贸易过程中的同类产品销售构成不低于该第三出口国进入本联盟关税区的该产品出口总额的 5%,该产品的销售应当视为对确定正常价值是充分的。

若有证据证明在通常交易过程中同类产品较低销售量足以提供出口价格与通常贸易过程中该同类产品价格的适当比较,该销售量视为对确定正常价值是可接受的。

55. 为了根据本议定书第 53 款确定产品正常价值的目的,在第三出口国国内市场出售给购买者的产品的价格,是调查期间出售给购买者的同类产品加权平均价格,或者是该期间内单个交易中的产品价格。

56. 在确定正常价值中,仅在以下情况下才可以忽略在第三出口国国内市场上或从该第三出口国向另一第三国以低于同类产品单位生产成本加上管理、销售和一般成本的价格销售同类产品:调查机构确立上述销售以可观数量和以不能恢复该期间内全部成本的价格进行。

57. 若低于出售时单位生产成本加上管理、销售和一般成本的同类产品价格是前述调查期间加权平均单位生产成本加上管理、销售和一般成本,上述价格应当视为提供了恢复调查期间的全部成本。

58. 若为确定正常价值而被调查的同类产品之加权平均交易价格低于该同类产品加权平均单位生产成本加上管理、销售和一般成本,或以低于上述单位成本的价格的销售量不低于为确定正常价值而审查的交易中销售量的 20%,以低于单位生产成本加上管理、销售和一般成本的价格销售同类产品应当认为以可观数量进行了。

59. 应当根据产品的出口商或生产商提交的记录计算同类产品单位生产成本加上管理、销售和一般成本,但是上述记录需符合该第三出口国普遍接受的会计原则和规则,且总体上反映与该产品生产和销售有关的成本。

60. 调查机构应当审议适当分配生产成本、管理、销售和一般成本的全部可用证据,包括被调查产品出口商或生产商提交的证据,条件是,出口商或生产商已经正常利用了上述分配,特别是涉及确立适当折旧期和资本支出、其他发展成本的允许量。

61. 为了与生产发展相关的未重复的项目或为了起步营运影响调查期间成本的客观情况,可以校正生产成本、管理、销售和一般成本。上述校正应当反映属于调查期间起步期间结束时的成本,或起步期间超过调查期间时起步期间最近阶段的成本。

62. 相关产业的管理、销售和一般成本及利润的数额,应当以倾销产品出口商或生产商提供的属于通常贸易过程中同类产品生产和销售的实际数据为基准确定。若上述数额不能以此基准确定,该数额可以按以下基准确定:

(1)与第三出口国国内市场相同种类产品生产和销售有关的被调查产品出口商或生产商发生或实现的实际数额;

(2)与第三出口国国内市场同类产品生产和销售有关的此一产品其他出口商或生产商发生和实现的实际数额的加权平均数;

(3)其他任何合理方法,但是依此确立的利润额不应当超过其他出口商或生产商在第三出口国国内市场销售相同种类产品正常实现的利润。

63. 若源自第三出口国的倾销进口,在国内市场的价格直接由政府规制,或者存在政府垄断对外贸易,该产品的正常价值可以以为了调查目的能与该第三出口国比较的一适当第三国的同类产品的价格或计算出的价值为基准确定,或者以源自上述第三国为出口所销售的同类产品的价格确定。

若根据本款不可能确定正常价值,该产品的正常价值可以以本联盟关税区同类产品已付或应付的价格为基准确定,并调整利润。

4. 出口价格的确定

64. 产品出口价格以调查期间销售信息为基准确定。

65. 若无倾销产品出口价格信息,或调查机构因出口商和进口商是相关当事人(包括其中之一与第三方的关系)而合理怀疑该产品出口价格信息的可信性,或在此产品出口价格方面存在补偿安排形式的限制性商业惯例,出口价格可以以进口产品首次转售给一独立购买者的价格为基准构建,或者该产品未转售给独立购买者或未按进口至本联盟关税区的条件转售时,以调查机构确定的一基准构建。为了比较产品出口价格与其正常价值的目的,应当对进口与转售之间发生的成本(包括关税与税费)和利润作出允许量。

5. 倾销进口对诸成员国国内产业损害的确定

66. 为了本节的目的,对诸成员国国内产业的损害指对诸成员国国内产业的实质性损害、对诸成员国国内产业实质性损害的威胁或对诸成员国建立国内产业的实质性阻碍。

67. 倾销进口对诸成员国国内产业造成的损害以审查倾销进口量的后果、该进口对诸成员国国内市场同类产品价格的影响和对诸成员国国内生产商的影响为基准确定。

68. 调查机构规定调查期间,在此期间为确定对诸成员国国内产业的损害归因于倾销进口目的审查证据。

69. 关于审查倾销进口量,调查机构应当审议以绝对或相对价值计算被调查的产品倾销进口对诸成员国同类产品生产或消费是否已经存在可观增长。

70. 关于审查倾销进口对同类产品价格的影响,调查机构应当确定:

(1)倾销产品价格是否已可观地低于诸成员国市场同类产品的价格;

(2)倾销进口是否使诸成员国市场同类产品的价格暴跌;

(3)倾销进口是否阻止诸成员国市场同类产品的价格增长,该价格增长在无此进口时已经发生。

71. 若源自数个第三出口国的产品进口同时受到反倾销调查,调查机构仅在其确定以下事项后才可以累积评估此等进口的效果:

(1)对源自各第三出口国的进口所确立的倾销幅度高于最低限度,且源自各第三出口国的进口量不是无足轻重的,并适当考虑本议定书第223款的规定;

(2)依据进口产品之间的竞争条件和进口产品与诸成员国国内同类产品之间的竞争条件,进口效果积累评估是适当的。

72. 对倾销进口影响诸成员国国内产业的审查由与诸成员国国内产业状况有关的全部经济因素的评估组成,包括:

(1)在以前倾销或补贴进口影响后,恢复诸成员国国内产业经济地位的程度;

(2)诸成员国市场生产、销售、市场份额以及利润、生产率、投资回报或生产力利用的实际或潜在降低;

(3)影响诸成员国市场同类产品价格的因素;

(4)倾销幅度的巨大性;

(5)对该产业的生产增长率、存量、雇用、薪酬、提升投资能力和金融状况的实际或潜在消极影响。

上述一项或多项因素不能作出为了确定损害诸成员国国内产业目的的决定性引导。

73. 关于倾销进口与损害诸成员国国内产业之间因果关系的结论应当建立在对调查机构可用的全部相关证据和信息的审查的基础上。

74. 除了倾销进口,调查机构还审查同时造成诸成员国国内产业损害的其他全部已知因素。

在此方面可以审查的相关因素包括(特别是)未以倾销价格销售的进口价格、需求缩减或生产模式变化、限制性贸易做法、技术开发、出口履行和诸成员国国内产业的生产率。

这些其他因素造成诸成员国国内产业的损害不应当归责于倾销进口造成的损害。

75. 若可用数据允许以诸如生产过程、生产商销售同类产品和利润之类的标准为基准分别认定同类产品的生产,应当就诸成员国同类产品国内生产,评估倾销进口对诸成员国国内产业的影响。

若上述可用数据不允许分别认定同类产品的生产,应当就诸产品(包括同类产品和对其可获得的必要信息)的最狭窄范围,评估倾销进口对诸成员国国内产业的影响。

76. 调查机构在作出确定进口产品造成诸成员国国内产业实质性损害威胁中,应当考虑全部可用因素,包括以下:

(1)预示进一步增长进口的倾销进口的增长率;

(2)出口商出口倾销产品的能力或出口能力方面的明显紧迫危害,其预示该产品增长倾销进口的可能性,并考虑吸收本产品任何追加出口的其他出口市场的可利用性;

(3)若被调查产品的价格水平对诸成员国同类产品国内价格可能具有跌价性或压制性影响且可能会进一步增长被调查产品的需求,该被调查产品的价格水平;

(4)被调查产品的存量。

77. 若调查机构在调查期间因审查本议定书第76款规定因素作出结论认为,在不实施反倾销措施情况下持续倾销进口具有紧迫危害且该进口造成了诸成员国国内产业实质性损害,应当确定对诸成员国国内产业具有实质性损害威胁。

6. 征收临时反倾销税

78. 若调查机构在完成调查前收到的证据表明存在造成诸成员国国内产业损害的倾销进口,委员会根据本议定书第7款规定的报告作出适用反倾销措施的决定,通过征收临时反倾销税阻止调查期间倾销进口对诸成员国国内产业造成的损害。

79. 征收临时反倾销税不应当早于自启动调查之日起60个日历日。

80. 临时反倾销税额应当足以消除对诸成员国国内产业的损害,不大于倾销的临时估算幅度。

81. 若临时反倾销税额等于倾销临时估算幅度的数额,临时反倾销税的适用期限不应当超过4个月,但是经代表被调查倾销进口主要比例的出口商请求该期限延长至6个月的情形除外。

82. 若临时反倾销税额低于倾销的临时估算幅度,临时反倾销税的适用期限不应当超过6个月,但是经代表被调查倾销进口主要比例的出口商请求该期限延长至9个月的情形除外。

83. 若调查机构因调查结果认定无理由实施反倾销措施,或者根据本议定书第272款作出不实施反倾销措施的决定,应当根据本议定书附件规定的程序向纳税人返还临时反倾销税额。

调查机构及时将无理由实施反倾销措施或委员会作出的不实施决定通知诸成员国海关机构。

84. 若因调查结果、基于对诸成员国国内产业的实质性损害威胁或对诸成员国建立国内产业的实质性阻碍作出实施反倾销措施决定,应当根据本议定书附件规定的程序向纳税人归还临时反倾销税额。

85. 若因调查结果、基于对诸成员国国内产业实质性损害或实质性损害威胁作出实施反倾销措施决定,除非不征收导致诸成员国国内产业实质性损害的临时反倾销税,自决定实施反倾销措施之日起,应当根据本议定书附件规定的程序并适当考虑本议定书第86、87款规定,划拨和分配临时反倾销税额。

86. 若因调查结果认为以低于临时反倾销税的税率征收反倾销税是合理的,应当根据本议定书附件规定的程序划拨和分配等于最终反倾销税额的临时反倾销税额。

应当根据本议定书附件规定的程序向纳税人返还超出最终反倾销税额的临时反倾销税额。

87. 若因调查结果认为以高于临时反倾销税的税率征收临时反倾销税是合理的,不征收最终反倾销税与临时反倾销税之间的差额。

88. 适用临时反倾销税时同时继续调查。

89. 作为一项规则,作出征收临时反倾销税决定自启动调查之日起至少7个月内。

7. 接受被调查产品出口商的价格承诺

90. 调查机构收到被调查产品出口商修改其价格或停止以低于其正常价值的价格向本联盟关税区出口的价格承诺(存在与诸成员国一出口商有关的多个当事人时表明其支持价格承诺的申请也是必要的)后作出结论认为,接受价格承诺会充分消除倾销进口造成国内产业的损害,其可以中止或终止调查,不征收临时反倾销税或最终反倾销税,且委员会对上述批准作出决定。

依据承诺的产品价格水平不应当高于消除倾销幅度所必要的水平。

若价格提高会充分消除对诸成员国国内产业的损害,该价格提高可以低于倾销幅度。

91. 在调查机构对存在造成诸成员国国内产业损害作出肯定性临时确定之前,委员会不应当作出接受价格承诺的决定。

92. 若调查机构结论认为因被调查产品实际和潜在出口商的数量太大或因其他原因接受价格承诺不现实,委员会不应当作出接受价格承诺的决定。

调查机构应当在可能范围内将已导致认为接受价格承诺是不恰当的理由通知出口商,并应当给予该出口商对其发表意见的机会。

93. 调查机构向每位出口商发送接受的价格承诺,经请求向利害关系方提供能够提供的价格承诺非机密文本。

94. 调查机构可以建议价格承诺,但不应当强迫任何出口商作出此种价格承诺。

95. 若委员会对批准价格承诺作出决定,经产品出口商请求或若调查机构决定继续调查,可以继续反倾销调查。

若因调查结果、调查机构对倾销或对诸成员国国内产业损害作出否定性确定,出口商接受的价格承诺自动失效,但是上述确定大部分归因于存在价格承诺的情形除外。若上述确定大部分归因于存在价格承诺,委员会可以作出决定,要求在合理期限内维持该价格承诺。

96. 若因调查结果、调查机构对存在造成诸成员国国内产业损害的倾销进口作出肯定性确定,接受的价格承诺应当持续并符合其条款和本议定书规定。

97. 调查机构可以要求已接受价格承诺的出口商提供履行此承诺的相关信息,并允许其核对相关数据。

出口商在调查机构确定期限内未提供要求的信息和不允许核实相关数据,视为该出口商违反了已接受的价格承诺。

98. 若出口商违反或撤销价格承诺,委员会可以作出决定,通过征收临时反倾销税(若调查未结束)或最终反倾销税(若调查最终结果表明存在征收的理由),适用反倾销措施。

若违反已接受的价格承诺,给予该出口商就该违反提出意见的机会。

99. 委员会作出批准价格承诺的决定,应当载明可以根据本议定书第98款征收临时或最终反倾销税的数额。

8. 征收和适用反倾销税

100. 反倾销税适用于全体出口商供应的且造成诸成员国国内产业损害的倾销产品,

但是委员会根据本议定书第 90 至 99 款批准其价格承诺的出口商供应的产品除外。

101. 反倾销税额应当充分消除对诸成员国国内产业的损害,但不应当超过倾销幅度。

若低于倾销幅度的反倾销税会充分消除对诸成员国国内产业的损害,委员会可以决定征收较低的反倾销税。

102. 委员会就倾销产品每位出口商或生产商供应的产品,对其已经确定的单独倾销幅度确立单独反倾销税。

103. 除本议定书第 102 款规定的单独倾销幅度外,委员会还应当根据调查过程中确立的最高倾销幅度,对原产于第三出口国的未确定单独倾销幅度、其他全体出口商或生产商供应的产品确定反倾销税额。

104. 若因调查结果调查机构同时确定以下事项,可以在征收临时反倾销税之日前 90 日内对按海关程序进入的诸产品征收最终反倾销税,但是这些产品涉及支付反倾销税除外:

(1)存在倾销进口的历史,该倾销进口造成了损害,或者出口商已意识到或本应意识到其以低于正常价值的价格供应产品且该进口会造成诸成员国国内产业损害;

(2)在相对短的时间内大规模倾销进口造成了诸成员国国内产业损害,依据定时、规模和其他客观情况(包括该倾销产品存量迅速积累),该倾销进口可能严重削弱征收反倾销税的救济效果,但是应当已给予该产品各出口商发表意见的机会。

105. 调查机构在启动调查之日后在本条约规定的官方渠道上发布关于根据本议定书第 104 款对被调查产品可能适用反倾销税的通告。

经包含本议定书第 104 款规定履行条件的充分证据的诸成员国产业请求,或经调查机构在有对其可用的上述充分证据时自身动议,调查机构作出发布上述通告的决定。

在官方发布本款规定的通告前,反倾销税不应当适用于按海关程序进入的诸产品,但是这些产品涉及支付反倾销税除外。

106. 诸成员国国内法可以建立补充方法,向利害关系方提供根据本议定书第 104 款可能适用反倾销税的信息。

9. 反倾销措施的期限与复审

107. 应当依据委员会决定在抵消倾销造成诸成员国国内产业损害所必要的期间和范围适用反倾销措施。

108. 反倾销措施的适用期限不应当超过 5 年,起算时间为:适用该措施之日,或依据客观情况变化、关于倾销进口和倾销进口造成诸成员国国内产业损害的两者分析实施复审的完成之日,或期终复审完成之日。

109. 应根据本议定书第 186 至 198 款提交的书面请求或调查机构自身动议启动期终复审。

若申请包含解除义务时倾销和对诸成员国国内产业的损害可能持续或重复的证据,应当启动期终复审。

应当不迟于反倾销措施届满前 6 个月提交期终复审请求。

应当在反倾销措施届满前启动期终复审,并自启动复审之日起 12 个月内完成。

在完成依据本款实施的复审前,经委员会决定,反倾销措施继续适用。在适用各反倾销措施的延长期间,根据征收临时反倾销税程序,以相关反倾销措施确立的税率在因复审延长的期间征收反倾销税。

若因期终复审结果,调查机构确立无实施反倾销措施的任何理由或根据本议定书第272款作出不实施的决定,根据征收临时反倾销税程序,以相关反倾销措施确立的税率在因复审延长期限内征收的反倾销税额,应当根据本议定书附件规定的程序返还给纳税人。

调查机构应当及时将缺乏实施反倾销措施的理由或委员会作出不实施的决定,通知诸成员国海关机构。

若因调查结果、调查机构确立造成诸成员国国内产业损害的倾销可能持续或重复,委员会可以延长反倾销措施的适用期限。自委员会延长反倾销措施适用期限的决定生效日起,根据征收临时反倾销税程序在反倾销措施延长期内征收的反倾销税额,应当根据本议定书附件规定的程序划拨和分配。

110. 为了确定继续实施反倾销措施是否必要和/或复审的目的,包括因客观情况变化复审反倾销税单个税率,可以基于一利害关系方申请或调查机构自身动议,启动客观情况变化的复审,但是自征收最终反倾销税起已经届满至少1年期限。

依赖提交复审申请的目的,此种申请应当包含因客观情况变化的以下事项:

继续适用反倾销措施对抵消倾销进口和消除该倾销进口造成诸成员国国内产业损害不再必要;

反倾销措施现行额超过了足以抵消倾销进口和消除该倾销进口造成诸成员国国内产业损害的数额;

现行反倾销措施不足以抵消倾销进口和消除该倾销进口造成诸成员国国内产业的损害。

根据本款实施的客观情况变化复审,应当自其启动之日起12个月完成。

111. 为了确定调查期间未曾出口被调查产品的任何出口商或生产商单独倾销幅度的目的,也可以启动复审。若该出口商或生产商提交申请请求中含有其与受反倾销措施约束的出口国任何出口商或生产商无关且其向本联盟关税区出口被调查产品,或该出口商或生产商受向本联盟关税区大量出口此产品的合同性承诺约束而终止或撤销该承诺将导致其巨大损失或巨大罚金制裁的证据,调查机构可以启动上述复审。

在为了确定向本联盟关税区出口被调查产品的出口商或生产商单独倾销幅度的复审过程中,该出口商或生产商不应当在根据调查结果作出决定前支付反倾销税。其理解为,应当根据《欧亚经济联盟关税法典》中对支付进口关税规定的程序且受本款规定的约束,对调查期间向本联盟关税区进口上述一产品提供反倾销税担保。

调查机构应当及时将复审启动日通知诸成员国海关机构。

以货币资金提供担保,数额为以根据本议定书第103款确立的、其他全体出口商或生产商供应该产品的反倾销额为基准计算出的反倾销税额。

若因复审结果作出适用反倾销措施决定,应当对该复审实施期间支付反倾销税。自基于复审结果作出适用反倾销措施的决定生效日起的担保额,应当按反倾销税额计算,额度为以确立的反倾销税额为基准所确定的数额,并应当根据本议定书附件规定的程序和遵从本款规定予以划拨与分配。

若因复审结果合理决定征收高于为担保目的的估算额的反倾销税,不应当征收差额。

高于应付反倾销税额的担保额应当根据《欧亚经济联盟关税法典》规定的程序返还给纳税人。

应当迅速实施本款下的复审,并应当在不超过 12 个月的期限内完成。

112. 本议定书第Ⅵ节关于证据和反倾销调查行为准则的规定,经必要变通后适用于本议定书第 107 至 113 款中规定的复审。

113. 本议定书第 107 至 112 款的规定,应当经必要变通后适用于出口商根据本议定书第 90 至 99 款接受的价格承诺。

10. 规避反倾销措施

114. 为了本节的目的,规避理解为避免支付反倾销税或避免履行出口商接受的价格承诺在贸易模式上的变化。

115. 根据一利害关系方的请求或调查机构的自身动议,可以启动反规避审查。

116. 本议定书第 115 款中规定的申请应当包含以下证据:

(1)规避反倾销措施;

(2)因规避正在削弱的反倾销补救效果及其对诸成员国国内市场同类产品生产规模、销售和/或价格的影响;

(3)存在该产品(其部件和/或改变)倾销进口。理解为,该产品、其部件或改变的正常价值应当是调查过程中基于委员会实施反倾销措施之结果并适当考虑为比较目的的适当调整所决定的其正常价值。

117. 应当自反规避审查启动日起 9 个月内完成反规避审查。

118. 在根据本议定书第 115 至 120 款实施反规避审查的期限内,委员会可以对自第三出口国进口至本联盟关税区的被调查产品的进口部件和/或改变征收反倾销税,并根据对征收临时反倾销税确立的程序征收,和对从其他任何第三出口国进口至本联盟关税区的被调查倾销产品及其部件、改变征收反倾销税。

119. 若因根据本议定书第 115 至 120 款实施反规避审查的结果,调查机构未确立规避反倾销税,根据本议定书第 118 款和对征收临时反倾销税确立的程序已支付的反倾销税额,应当按本议定书附件规定的程序返还给纳税人。

调查机构应当及时将规避不成立通知诸成员国海关机构。

120. 若按本议定书第 115 至 120 款下实施反规避审查的结果,规避已经成立,委员会可以对从一第三出口国至其他第三出口国进口至本联盟关税区的产品之部件和/或改变延长反倾销税。自委员会实施本款下反倾销措施的决定生效日起,根据对征收临时反倾销税确立的程序支付的反倾销税额,应当依据本议定书附件规定的程序予以划拨和分配。

V. 反补贴措施

121. 为了本议定书的目的,补贴指:

(1)由给予机构以下列形式在第三出口国领土内提供的给予补贴接受者额外利益的财政分摊:

直接转让资金(包括资助、贷款、购买股份)或转让此资金的义务(包括贷款担保);

撤销或全部、部分放弃理应成为第三出口国政府财政收入的资金(包括提供税收信贷),不包括免除对国内消费指定同类产品所征收的出口货物税收和关税或者以不超过实际支付额减少或返还上述税收或关税;

优惠或无偿提供货物或服务,不包括旨在维持和发展一般基础设施的货物和服务,即该基础设施与特定生产商和/或出口商无关;

优惠采购货物。

(2)给予接受者额外好处的任何种类收入或价格支持,其直接或间接导致源自第三出口国的货物出口增长或对该第三国的同类产品进口减少。

1. 第三出口国对特殊补贴的分类补贴原则

122. 若获得一项补贴仅限于给予机构或一第三出口国法律规定的单个企业,该第三国的此项补贴是特殊的。

123. 为了本节目的,单个企业指一第三出口国的一生产商和/或出口商或一特别经济部门,或一第三出口国的生产商和/或出口商集团(同盟、社团)或诸经济部门。

124. 若准许使用一项补贴的单个企业数量限于位于给予机构管辖区内指定地域的企业,该项补贴是特殊的。

125. 若第三出口国法律或给予机构建立普遍客观标准管辖一项补贴的合格性和数额(依赖从事生产过程的工人数量或产出量)并严格遵守,该项补贴不是特殊的。

126. 在任何情况下,若给予补贴伴随以下事项,该第三出口国的补贴是特殊的:

(1)限定数量的单个企业使用一补贴计划;

(2)某些企业主要使用该补贴;

(3)给予某些企业不成比例的大额补贴;

(4)给予机构在决定给予补贴中行使酌情权的优惠方式。

127. 具有以下情形的,一第三出口国的任何补贴是一项特殊补贴:

(1)该第三出口国在法律上或事实上无论单独或作为其他诸条件之一,对出口业绩的一项补贴可能性。若根据该第三出口国法律给予一项补贴与出口业绩无关,事实上与货物过去或未来可能出口或出口财政收入有关,该项补贴视为事实上对出口业绩是可能的。给予出口企业该项补贴的事实本身不意味着在本款含义内对出口业绩的补贴可能性。

(2)在该第三出口国法律上或事实上无论单独或作为其他诸条件之一,对使用国内多余进口货物的一项补贴可能性。

128. 调查机构对一第三出口国补贴的特殊性的任何确定,应当以证据为基础。

2. 计算特殊补贴额的原则

129. 特殊补贴额以对该补贴之接受者的利益为基础。

130. 计算一特殊补贴之接受者获得的利益额以下列指引为基础:

(1)给予机构提供的权益资本不应当认为是授予一项利益,但是投资决定被认为不符合该第三出口国领土内通常投资做法(包括提供风险资本)的除外。

(2)给予机构提供的贷款不应当认为是授予一项利益,但是接受贷款的企业对政府贷款的支付额与该企业会在该第三出口国市场上可能实际获得的比较商业贷款的支付额之间存在差额的除外。在此情况下,利益应当是这两个数额之间的差额。

(3)给予机构提供的贷款担保不应当认为是授予一项利益,但是接受担保的企业对政府担保的贷款的支付额与该企业在无政府担保时对比较商业贷款的支付额之间存在差额的除外。在此情况下,利益应当是以费用方式调整任何差异后的这两项数额之间的差额。

(4)给予机构提供的货物或服务或进行的货物购买不应当认为是授予一项利益,但是以低于充分回报作出提供或以多于充分回报作出货物购买的除外。回报的充分性应当根据该第三出口国境内该货物或服务现行市场条件确定,包括价格、质量、可利用性、可销售性、运输和买卖的其他条件。

3. 补贴进口损害诸成员国国内产业的确定

131. 为了本节目的,"损害诸成员国国内产业"应当指对诸成员国一国内产业的实质性损害、对一国内产业实质性损害威胁或对诸成员国境内建立该一产业的实质性阻碍。

132. 确定补贴进口损害诸成员国国内产业以该补贴进口的规模、该进口对诸成员国国内市场同类产品价格和诸成员国同类产品生产商的影响为基础。

133. 调查机构规定为确定损害诸成员国国内产业目的进行分析的调查期间。

134. 调查机构在分析补贴进口规模时,应当确定被调查产品补贴进口中是否存在大量增长(以诸成员国内同类产品生产或消费的绝对或相对价值计算)。

135. 若源自一个以上第三出口国进入本联盟关税区的一产品进口同时被调查,调查机构仅在确定以下事项时才可以累积评估该进口的影响:

(1)就源自每个第三出口国对该产品确立的补贴额超过其价值的1%,且根据本议定书第228款,源自每个第三出口国的进口量是不可忽略的;

(2)依据诸进口产品之间的竞争条件和进口产品与国内同类产品之间的竞争条件,补贴进口影响的积累评估是适当的。

136. 关于补贴进口对诸成员国国内市场同类产品价格的影响,调查机构应当考虑:

(1)与诸成员国国内市场同类产品价格比较,是否已经存在补贴进口造成的重大价格削减;

(2)补贴进口的影响在另外情况下是否使诸成员国内市场同类产品的价格降低到一重大水平;

(3)补贴进口是否已将诸成员国国内市场同类产品的价格增长(其在另外情况下本应发生)阻止到一重大水平。

137. 审查补贴进口对诸成员国国内产业的影响,应当包括估算影响到成员国产业状况的全部相关经济因素,含:

(1)实际或潜在降低产出、销售、市场份额、利润、生产率、投资回报或生产力利用;

(2)影响国内价格的因素;

(3)对现金流、存量、雇用、薪酬、增长、提升投资能力的消极影响。

138. 若可用数据允许根据诸如生产商的生产过程、同类产品销售和利润之类的标准分别认定国内生产,应当评估补贴进口对同类产品诸成员国国内生产的影响。

若该生产的上述分别认定不可能,应当采取就可能提供的必要信息审查诸产品(包括同类产品)最狭窄群组或范围的生产的方式评估补贴进口的影响。

139. 调查机构在确定补贴进口对诸成员国国内产业实质性损害威胁中,应当考虑任何已知因素,包括:

(1)调查中的一项或诸项补贴的性质、数额和可能由此产生的贸易影响;

(2)进入国内市场的、表明实质增长进口可能性的补贴进口增长率;

(3)表明实质增长补贴进口可能性的该出口商可充分自由处置能力或紧迫的实质增长能力,并考虑吸收任何额外出口的其他出口市场的可用性;

(4)受补贴进口约束的产品价格,该价格将对诸成员国国内市场同类产品价格是否具有跌价性或压制性影响和是否可能会增长需求进一步补贴进口;

(5)受补贴进口约束的产品出口商的存量。

140. 若调查机构审议本议定书第139款所列全部因素后得出此结论,即进一步补贴进口是紧迫的,除非采取反补贴措施,否则会发生实质性损害诸成员国内产业,应当确定对诸成员国国内产业构成实质性损害威胁。

141. 确定补贴进口与损害诸成员国国内产业之间的因果关系,应当建立在审查调查机构面前的全部相关因素和证据的基础上。.

142. 调查机构还应当审查补贴进口以外的同时损害国内产业的任何已知因素。

上述其他因素造成诸成员国国内产业的损害不必归责于进入诸成员国关税区的补贴进口造成国内产业损害。

4. 征收临时反补贴税

143. 若调查机构在终止调查之前收到的信息支持存在补贴进口和该进口实质性损害诸成员国国内产业,委员会应当根据本议定书第7款规定的调查机构报告,作出以临时反补贴税形式适用反补贴措施的决定,其持续有效至4个月,以抵消该补贴进口对诸成员国国内产业造成的损害。

144. 低于自调查启动日起60个日历日,不应当适用临时反补贴税。

145. 应当适用的临时反补贴税额等于该补贴或出口产品的每单位补贴临时计算额。

146. 若调查机构因调查结果、根据本议定书第272款作出确定,无理由实施反补贴措施或不适用反补贴措施,已支付的临时反补贴税额应当根据本议定书附件返还给纳税人。

调查机构应当将无理由适用反补贴措施或委员会决定不适用反补贴措施,通知诸成员国海关机构。

147. 若根据损害威胁或实质性阻碍诸成员国产业的确定作出适用反补贴措施,已支付的临时反补贴税额应当根据本议定书附件返还给纳税人。

148. 若适用反补贴措施建立在确定损害诸成员国产业或其威胁基础上(补贴进口的影响在无临时反补贴税时本会导致确定损害诸成员国产业),自适用反补贴措施的决定生效日起,已支付的任何临时反补贴税额,应当根据本议定书附件、符合本议定书第149至150款存放和分配。

149. 若因调查结果认为以低于临时反补贴税的税率征收反补贴税是合理的,应当根据本议定书附件规定的程序划拨和分配等于最终反补贴税额的临时反补贴税额。

超出最终反补贴税额的临时反补贴税额应当根据本议定书附件返还纳税人。

150. 若因调查结果最终反补贴税高于临时反补贴税,不应当征收其差额。

151. 在适用临时反补贴税的同时应当继续调查程序。

152. 应当根据本议定书第 164 至 168 款适用临时反补贴税。

153. 应当自启动调查之日起 7 个月后作出适用临时反补贴措施的决定。

5. 第三补贴国或被调查补贴进口的出口商的自愿承诺

154. 经委员会作出批准调查机构书面接受的以下自愿承诺之一的决定,可以中止或终止调查且不征收反补贴税:

(1)第三出口国同意消除或限制补贴或采取关于补贴影响的其他措施;

(2)被调查产品的出口商同意修改其该产品的价格(有任何此等修改时相关当事人提供支持),目的是使调查机构确信消除了对诸成员国产业的损害影响。

上述承诺的价格增长不应当高于按该补贴或出口产品每单位补贴计算出的该第三出口国国内特殊补贴额。

若补贴进口的价格增长会充分消除对诸成员国国内产业的损害,该价格增长可以低于按该补贴和出口产品每单位补贴计算出的该第三出口国特殊补贴额。

155. 委员会不应当作出接受自愿承诺的决定,但是调查机构已对补贴和该出口造成诸成员国产业损害作出初步肯定性确定除外。

委员会不应当作出接受调查产品出口商自愿承诺的决定,但是其已获得第三出口国机构同意接受本议定书第 154 款第 3 项规定的承诺除外。

156. 若调查机构认为因被调查产品实际或潜在出口商数量巨大或其他理由接受自愿承诺不可行,委员会不应当作出接受自愿承诺的决定。

若可行,调查机构应当向各出口商提供已导致其认为接受承诺是适当的理由,并应当给予各出口商对此发表意见的机会。

157. 调查机构应当向接受自愿承诺的每位出口商和各第三出口国的机构发送要求,提供该承诺的非机密文本以便能将其提供给诸利害关系方。

158. 调查机构可以建议自愿承诺,但不应当强迫任何第三出口国或出口商缔结此等承诺。

159. 若委员会作出接受自愿承诺的决定,经第三出口国请求或调查机构决定,应当终结反补贴调查。

若调查机构因调查结果对补贴或损害诸成员国国内产业作出了否定性确定,第三出口国或出口商的承诺自动失效,但是该确定归因于存在大部分自愿承诺的情形除外。若上述确定归因于存在大部分自愿承诺,委员会可以要求在合理期间维持该承诺。

160. 若调查机构因调查结果对补贴和损害诸成员国产业作出了肯定性确定,承诺应当按符合其条款和本议定书规定继续进行。

161. 调查机构可以要求委员会已批准自愿承诺的任何第三出口国或出口商提供有关履行承诺的信息,并允许校正有关数据。

在调查机构规定期限内未提供要求的信息或不同意校正有关数据,应当视为第三出口国或出口商违反自愿承诺。

162. 若第三出口国或出口商违反自愿承诺或撤回此承诺,委员会可以作出决定,以临时反补贴税(调查未结束时)或最终反补贴税(最终确定指明其实施的理由时)形式适用反补贴措施。

应当给予违反自愿承诺的第三出口国或出口商对此违反发表意见的机会。

163. 委员会批准自愿承诺的决定应当明确根据本议定书第 162 款可以采取临时或最终反补贴税的税率。

6. 反补贴税的实施和征收

164. 若第三出口国的特殊补贴被撤销,委员会不应当适用实施反补贴税的决定。

165. 在给予特殊补贴的第三出口国已拒绝进行磋商的提议后或在磋商期间未达成相互同意的任何解决办法,应当适用实施反补贴税的决定。

166. 对源自全体出口商的认定被补贴和造成诸成员国产业损害的产品进口实施反补贴税,但是源自委员会已批准其自愿承诺的出口商的进口除外。

对源自某些出口商的产品,委员会可以确定单独反补贴税率。

167. 反补贴税额不应当超过认定在第三出口国存在的、按补贴或出口产品每单位补贴计算出的补贴额。

若根据不同补贴计划给予补贴,应当考虑其累积影响。

若较低税额会充分消除对诸成员国国内产业的损害,实施的反补贴税额可以低于第三出口国的特殊补贴额。

168. 调查机构在确定反补贴税额时,应当考虑诸成员国实施反补贴税可能影响其经济利益的消费者的意见。

169. 若调查机构裁决以下事项,置于海关程序下的诸产品是此放置条件之一,可以对此等产品在采取临时反补贴税之日以前至少 90 个日历日实施反补贴税:

(1)从支付或给予特殊补贴中获益的产品在相对短时期内大规模进口造成难以恢复的损害;

(2)为阻止上述损害重现,有必要对本款第(1)项中规定的进口产品实施反补贴税。

170. 调查机构应当在启动调查后在本条约规定的官方渠道发布公告,载明根据本议定书第 169 款对调查中的产品可能实施反补贴税。

若有履行本议定书第 169 款规定条件的充分证据,经诸成员国国内产业请求,或者调查机构基于其拥有的证据自身动议,调查机构应当作出发布上述公告的决定。

在官方发布本款规定公告之前,若置于海关程序下的产品是此放置条件之一,对该产品不应当适用任何反补贴税。

171. 诸成员国法律可以建立向利害关系方提供根据本议定书第 169 款可能适用反补贴税的补充方法。

7. 反补贴措施的期限与复审

172. 应当根据委员会的决定在抵消补贴进口造成诸成员国国内产业损害所必要的期限和范围内适用反补贴措施。

173. 适用最终反补贴措施的期限不应当超过 5 年,起算日为:该措施的适用之日,就客观情况变化而启动并涵盖补贴与损害诸成员国国内产业两者的复审完成之日,或期终复审结束之日。

174. 经根据本议定书第 186 至 198 款提交书面请求或调查机构自身动议,应当实施期终复审。

若请求包含解除反补贴税可能持续或重现补贴和损害诸成员国产业的证据,应当启动期终复审。

应当在反补贴措施届满前至少 6 个月提交期终复审请求。

期终复审应当在反补贴措施届满前启动,并自复审启动日起 12 个月内完成。

在根据本款实施的期终复审结束前,反补贴措施可以依据委员会的决定继续有效。在适用相关反补贴措施的延长期内,应当根据征收临时反补贴税的程序,按反补贴措施确定的税率在因复审延长的期间征收反补贴税。

若调查机构因期终复审结果确认无理由实施反补贴措施或根据本议定书第 272 款作出不实施决定,在因复审已延长适用反补贴措施的期间按征收临时反补贴税程序所征收的反补贴税额,应当根据本议定书附件规定的程序返还纳税人。

调查机构应当及时将缺乏实施反补贴措施的理由或委员会作出的不实施决定通知诸成员国海关机构。

若调查机构因期终复审结果确立补贴和损害诸成员国国内产业有持续或重现可能性,委员会可以延长适用反补贴措施的期限。自委员会延长适用反补贴措施的决定生效日起,在反补贴措施延长期间按征收临时反补贴税程序征收的反补贴税额,应当根据本议定书附件规定的程序予以划拨和分配。

175. 自实施反补贴措施起届满至少 1 年,经任何利害关系方请求或调查机构自身动议,为了确定继续实施反补贴措施是否必要和/或复审的目的,可以启动客观情况变化复审,包括复审因客观情况变化的反补贴税单独税率。

依赖因客观情况变化的复审请求目的,此请求应当包含以下证据:

继续适用反补贴措施对抵消补贴进口和消除补贴进口造成诸成员国国内产业损害不再必要;

反补贴措施的现存额超过了足以抵消补贴进口和消除补贴进口造成诸成员国国内产业损害的数额;

现行反补贴措施不足以抵消补贴进口和补贴进口造成的损害。

应当自启动复审之日起 12 个月内完成客观情况变化复审。

176. 本议定书第Ⅵ节关于证据和调查行为准则的规定,应当经必要变通后,适用于本议定书第 172 至 178 款规定的复审。

177. 本议定书第 172 至 178 款的规定,应当经必要变通后,适用于第三出口国或出口商依据本议定书第 154 至 163 款接受的承诺。

178. 为了确定受反补贴税约束的出口商在因不合作以外原因未调查时的单个反补贴税率的目的,也可以启动复审。经该出口商请求,调查机构可以启动此类复审。

8. 反补贴措施的规避

179. 为了本节目的,"规避"理解为避免支付反补贴税或避免履行自愿承诺在贸易模式上的变化。

180. 经一利害关系方请求或调查机构自身动议,可以启动反规避审查。

181. 本议定书第 180 款中规定的请求应当包括以下证据:

(1)规避一措施;

(2)反补贴措施的救济效果因规避正在被削弱,其对诸成员国国内市场同类产品生产规模、销售和/或价格的影响;

(3)存在从给予产品(其部件和/或改变)生产商和/或出口商补贴中获利。

182. 在根据本议定书第 179 至 185 款实施审查的期间,委员会可以对第三出口国进入本联盟关税区的补贴产品的进口部件和/或改变实施反补贴税,其根据对征收临时反补贴税建立的程序征收,并对从其他任何第三出口国进口至本联盟关税区的补贴产品、其部件和/或改变实施反补贴税。

183. 若调查机构因根据本议定书第 179 至 185 款实施审查的结果没有确立规避反补贴措施,根据本议定书第 182 款和征收临时反补贴税程序已支付的反补贴额,应当依据本议定书附件规定的程序返还纳税人。

调查机构应当及时通知诸成员国海关机构,规避反补贴措施不成立。

184. 若按本议定书第 179 至 185 款实施审查的结果,规避反补贴措施已成立,反补贴措施可以扩展至从第三出口国进口到本联盟关税区的补贴产品之进口部件和/或改变,和扩展至从其他任何第三出口国进口到本联盟关税区的补贴产品、其部件和/或改变。自委员会实施本节下反补贴措施的决定生效日起,根据对临时反补贴税建立的程序支付的反补贴税额,应当根据本议定书附件规定的程序划拨和分配。

185. 反规避审查应当自其启动日起 9 个月内完成。

VI. 调查指引

1. 调查的基准

186. 为了确定存在增长进口和造成诸成员国国内产业严重损害或此损害威胁的目的,以及确定倾销或补贴进口和造成诸成员国国内产业严重损害、此损害威胁或实质性阻碍诸成员国建立国内产业的目的,调查机构基于书面申请或其自身动议实施调查。

187. 本议定书第 186 款规定的申请由以下者提交:

(1)诸成员国内同类或直接竞争产品(为了保障措施调查的目的)或同类产品(为了反倾销或反补贴调查的目的)的生产商或者诸成员国授权代表;

(2)诸成员国内生产商社团或该社团的授权代表,该社团包括集体产出构成主要比例但不低于同类或直接竞争产品(申请保障措施时提交)或同类产品(申请反倾销或反补贴措施时提交)总生产规模 25% 的生产商。

188. 本议定书第 187 款中规定的生产商和社团的授权代表应当具有适当证明和文件化的授权;各自文件的原件应当与申请一起提交给调查机构。

189. 本议定书第 186 款规定的申请应当随附支持诸成员国同类或直接竞争产品或同类产品生产商申请的证据。以下应当认为是支持的充分证据:

(1)确认诸成员国境内同类或直接竞争产品其他生产商与申请人共同占主要比例且不低于诸成员国境内同类或直接竞争产品生产总量 25% 共同参与申请的文件(申请保障

措施时提交);

(2)确认按以下条件支持该申请占诸成员国生产总量至少 25％的诸成员国境内生产商(包括申请人)的文件:支持该申请的诸成员国境内生产商(包括申请人)集体产出占明示支持或反对该申请的此部分国内产业生产该同类产品的总生产量 50％以上(申请反补倾销或反补贴措施时提交)。

190. 本议定书第 186 款规定的申请应当载明:

(1)关于以下事项的信息:申请人身份,同类或直接竞争产品的生产规模和价值(申请保障措施时提交),申请日前 3 年诸成员国国内产业的同类产品(申请反倾销或反补贴措施时提交),支持该申请的诸成员国境内生产商的同类或直接竞争产品(申请保障措施时提交)或同类产品(申请反倾销或反补贴措施时提交)生产规模和价值,其占该同类或直接竞争产品(申请保障措施时提交)或同类产品(申请反倾销或反补贴措施时提交)诸成员境内生产总量的份额;

(2)描述进口至本联盟关税区受提议实施保障措施、反倾销或反补贴措施约束的产品,并指明欧亚经济联盟商品命名中的编码;

(3)以海关统计为基准,本款第(2)分款规定商品之原产地或启运地第三出口国的名称;

(4)第三出口国内本款第(2)分款规定产品的已知生产商和/或出口商的信息,和诸成员国内该产品已知进口商和已知主要消费者的信息;

(5)在前期和截至申请日可获得代表性统计的后续期受提议实施保障措施、反倾销或反补贴措施约束的产品进入本联盟关税区进口量变化的信息;

(6)在前期和截至申请日可获得代表性统计的后续期源自本联盟关税区同类或直接竞争产品(申请保障措施时提交)或同类产品(申请反倾销或反补贴措施时提交)出口量变化的信息。

191. 除了本议定书第 190 款规定的信息,基于申请中提议的措施种类,申请人还应当提交以下信息:

(1)关于该产品的增长进口、因产品增长进口严重损害诸成员国国内产业或此损害威胁的证据,提议实施保障措施并指明适用该措施的范围和期限,诸成员国国内产业调整计划以在申请人提议适用保障措施期间在对外竞争条件下营运(申请保障措施时提交);

(2)该产品出口价格和正常价值的信息,因该产品增长进口实质性损害、此损害威胁诸成员国国内产业或实质性阻碍建立国内产业的证据,实施反倾销措施的提议并指明其适用范围和期限(申请反倾销措施时提交);

(3)第三出口国特殊补贴之存在、性质和可能时其范围的信息,因产品补贴进口实质性损害或此损害威胁诸成员国国内产业或实质性阻碍建立国内产业的证据,实施反补贴措施的提议并指明其适用的范围和期限(申请反补贴时提交)。

192. 存在严重损害、此损害威胁或实质性阻碍诸成员国国内产业的证据(申请保障措施时提交)和因倾销或补贴进口实质性损害、此损害威胁或实质性阻碍诸成员国国内产业的证据(申请反倾销或反补贴措施时提交),应当建立在具有诸成员国国内产业经济状况特征的客观因素上,且应当对前期和截止申请日可获得统计数据的后期以数量和价值指标表达(包括生产量和销售量、该产品在诸成员国市场的份额、该产品价格、生产力利用、雇用、劳动生产率、利润幅度、盈利情况、在诸成员国产业中的投资额)。

193. 申请中提供的全部信息应当提交给各自渠道参考。

194. 为了可比性目的,共同货币或数量单位应当用于申请中载明的指标。

195. 申请中包含的信息应当由提交该信息的生产商之管理者、对会计财务报告中关于直接与生产商数据有关的部分负责的雇员证实。

196. 随附其非机密文本(若申请包含了机密信息)的申请,应当根据本议定书第 8 款提交给调查机构,并应当在收到日登记。

197. 申请提交日应当认为是其在调查机构登记日。

198. 基于以下理由,可以拒绝实施保障措施、反倾销或反补贴措施的申请:

未提交本议定书第 189 至 191 款规定的信息;

申请人提交本议定书第 189 至 191 款规定的信息不可靠;

未提交申请的非机密文本。

不允许根据其他理由拒绝申请。

2. 启动与后续调查

199. 调查机构在决定启动调查前,应当将收到按本议定书第 187 至 196 款准备的实施倾销或反补贴措施的申请书面通知第三出口国。

200. 调查机构在决定启动调查前,自申请登记日起 30 个日历日内,根据本议定书第 189 至 191 款审查申请中包含的证据和信息的充分性和适当性。若调查机构要求补充任何信息,可以延长上述期限,但不应当超过 60 个日历日。

201. 申请人可以在启动调查前或调查过程中撤回申请。

若在启动调查前撤回申请,不认为提交了该申请。

若在调查过程中撤回申请,应当终止调查,不采取保障措施、反倾销或反补贴措施。

202. 在启动调查前,申请中包含的信息不应当公开披露。

203. 调查机构应当在本议定书第 200 款规定期限届满前,决定启动或拒绝实施调查。

204. 调查机构若决定启动调查,应当书面通知第三出口国主管机构、已知其他利害关系方,并应当自该决定之日起 10 个营业日内在本条约规定的官方渠道发布启动调查的公告。

205. 在本联盟官方网站发布启动调查公告之日应当是本调查的启动日。

206. 调查机构仅在其有增加进口和对诸成员国国内产业造成严重损害或该损害威胁,或者存在倾销或补贴进口和对诸成员国国内产业造成实质性损害或该损害威胁或实质性阻碍建立国内产业的证据时,才可以决定启动调查(包括其自身动议)。

若有用证据是不充分的,不应当启动此类调查。

207. 若调查机构根据审查申请的结果,确定根据本议定书第 190 至 191 款提交的信息未指出存在向本联盟关税区的产品增长、倾销或补贴进口和/或该倾销或补贴进口造成诸成员国国内产业实质性损害、实质性损害威胁或者向本联盟关税区的增长进口造成诸成员国国内产业严重损害或严重损害威胁,应当作出拒绝启动调查的决定。

208. 调查机构一旦决定拒绝调查,应当自该决定之日起 10 个日历日内将拒绝的理由书面通知申请人。

209. 诸利害关系方应当有权利在依据本议定书确定的期限内书面宣布其意图参与本调查。自调查机构登记其意图参与本调查的声明之日起,承认他们是本调查的参与人。

自启动调查之日起,应当承认支持申请的诸成员国申请人和生产商是本调查的参与人。

210. 诸利害关系方可以在不妨碍调查过程的期限内提交为了调查目的的任何信息,包括指明该信息来源的机密信息。

211. 调查机构应当有权利要求利害关系方提供为调查目的的补充信息。

还可以将该要求递送给诸成员国的其他组织。

应当由调查机构的领导(副领导)发送该要求。

若该要求传递给一利害关系方的授权代表,或自邮政发送该要求之日起7个日历日后,应当认为该利害关系方收到了该要求。

自收到该要求之日起不少于30个日历日,应当向调查机构提交该利害关系方的回复。

若回复自本款第5项规定之日起不少于7个日历日已抵达调查机构,视为调查机构已经收到了该回复。

调查机构可以不处理利害关系方在规定日过后提交的信息。

经利害关系方提出书面请求,调查机构可以延长回复期限。

212. 若一利害关系方拒绝提供调查机构要求的必要信息、未在规定期限内提供上述信息或提供了不充分的信息因此严重妨碍调查,应当认为该利害关系方不合作,并可以根据可用事实作出初步或最终确定。

调查机构不应当将未以调查机构规定的电子形式或电子格式提供要求信息视为不合作,但是该相应利害关系方能够证明全面履行调查机构要求中规定的提供信息的标准是不可能的或涉及重大材料费用。

若调查机构因本款第一项规定以外的原因和理由未考虑该利害关系方提供的信息,应当告知该利害关系方此决定的原因和理由,并应当给予其在调查机构规定期限内就此方面提交意见的机会。

若在草拟调查机构初步或最终确定期间,包括确定诸产品正常价值(反倾销调查中),适用了本款第1项的规定且使用了该信息(包括申请人提供的信息),应当用从其他渠道或诸利害关系方获得的信息证实草拟上述确定中使用的该信息,但是此核实不得妨碍调查且不违反截止日期。

213. 调查机构应当在启动反倾销或反补贴调查的决定日后,尽快将申请副本或其非机密文本(若申请包含了机密信息)发送给第三出口国主管机构和已知出口商,经请求,向其他诸利害关系方提供其副本。

若已知出口商数量巨大,应当仅向第三出口国主管机构发送申请副本或其非机密文本。

若申请包含机密信息,经请求,调查机构向保障调查中的各参与人提供申请副本或其非机密文本。

调查机构在调查期间考虑保护机密的需要,经请求,向调查中的诸参与人提供机会以查阅任何利害关系方作出相关调查的证据书面提交的信息。

调查机构在调查期间向诸调查参与人提供机会以查阅与调查有关并由他们在调查过程中使用的其他信息,但是机密信息除外。

214. 经诸利害关系方请求,调查机构应当主持磋商本调查的主题事项。

215. 在调查期间,应当给予全体利害关系方保护其利益的机会。为达到此目的,经请求,调查机构向全体利害关系方提供召开会议的机会,以表达其反对意见和提出反驳意见。上述机会的提供必须考虑保护信息机密的需要。全体利害关系方无义务出席此会议,任何一方的缺席不应当损害其利益。

216. 在其生产中使用被调查产品的消费者、消费者公共团体的代表、国家政府机构(行政部门)、地方政府机构和其他人可以向调查机构提交与调查有关的信息。

217. 调查期限不应当超过:

(1) 自依据保障措施申请的调查启动日起 9 个月。调查机构可以延长本期限,但不超过 3 个月。

(2) 自依据反倾销或反补贴措施申请的调查启动日起 12 个月。调查机构可以延长本期限,但不超过 6 个月。

218. 调查过程不应当阻碍执行被调查产品的任何海关操作。

219. 调查终止日应当是委员会批准调查结果报告和本议定书第 5 款规定的委员会草拟行为之日。

若调查机构对保障措施、反倾销或反补贴措施的申请、复审或撤销缺乏理由作出最终结论,调查终止日应当是调查机构发布相关公告之日。

若采取临时保障税、临时反倾销税或临时反补贴税,应当在相关临时税到期日之前结束调查。

220. 若调查机构在调查过程中确立缺乏本议定书第 3 款第 2 项、第 3 项规定的理由,应当终止调查,不采取任何保障、反倾销或反补贴措施。

221. 若在启动调查日前 2 个日历年内,支持本议定书第 186 款所述申请的一制造商(认为其是本条约第XⅢ节含义内人员集团的一部分),按委员会批准的竞争评估方法,占同类或直接竞争产品(在保障调查过程中)或同类产品(在反倾销或反补贴调查过程中)本联盟关税区生产份额,该制造商(认为是人员集团的一部分)在本联盟相关产品市场中的地位可以认定为支配地位,经调查机构请求,由被授权控制遵守跨境市场区域竞争之一般规则的委员会结构性单位评估保障、反倾销或反补贴措施对本联盟相关产品市场竞争的影响。

3. 反倾销调查

222. 若调查机构确定倾销幅度是微小的,或者实际或潜在倾销进口量、该进口造成诸成员国国内产业实质性损害或损害威胁或实质性阻碍建立国内产业是可忽略的,应当终止反倾销调查,不实施反倾销措施。

若倾销幅度低于 2%,应当认定该倾销幅度是微小的。

223. 若认定一第三出口国倾销进口量占被调查同类产品进入本联盟关税区的进口

低于3%,该倾销进口量应当认为是可以忽略的,但是各自占被调查同类产品进入本联盟关税区的进口低于3%的诸第三出口国共同占被调查同类产品进入本联盟的进口应当低于7%。

224. 在对反倾销调查结果作出决定前,调查机构应当将对调查结果作出的结论和审议的材料,在适当考虑保护机密信息要求后,通知诸利害关系方,并提供发表意见的机会。

调查机构确定诸利害关系方提交意见的期限,但不应当低于15个日历日。

4. 反补贴税调查

225. 在受理申请后、作出启动调查决定前,调查机构应当建议被调查产品进口自第三出口国的政府进行磋商,旨在澄清诸如存在补贴、补贴额、给予指控特殊补贴的后果等情况和达成相互协商一致的解决办法。

上述磋商可以在整体调查期间继续进行。

226. 本议定书第225款规定的磋商条款不应当阻止作出启动调查和适用反补贴措施的决定。

227. 若调查机构确定一第三出口国特殊补贴是微小的,或者实际或潜在补贴进口量、该补贴进口实质性损害或实质损害威胁诸成员国国内产业或实质性阻碍建立国内产业是可以忽略的,应当终止反补贴税调查,不实施反补贴措施。

228. 若特殊补贴低于被调查产品从价的1%,该特殊补贴额应当认为是微小的。

若认定补贴进口量占被调查同类产品进入本联盟关税区的进口低于1%,该补贴进口量通常认为是可以忽略的,但是各自占被调查同类产品进入本联盟关税区的进口低于1%的诸第三出口国共同占被调查同类产品进入本联盟关税区的进口应当低于3%。

229. 应当终止源自于是本联盟关税优惠体制受惠国的一发展中国家或最不发达国家的被调查产品的反补贴税调查,条件是,调查机构确定该第三出口国给予被调查产品特殊补贴的水平未超过按每单位基准计算出的其价值的2%,或者源自该第三出口国的本产品补贴进口量显示低于进入本联盟关税区总进口的4%,但是各自占被调查同类产品进入本联盟关税区的进口低于4%的诸发展中国家和最不发达国家共同占被调查同类产品进入本联盟关税区的进口应当低于9%。

230. 在对反补贴税调查结果作出决定前,调查机构应当将对调查结果作出的结论和审议的材料,在适当考虑保护机密信息要求后,通知诸利害关系方,并提供发表意见的机会。

调查机构确定诸利害关系方提交意见的期限,但不应当低于15个日历日。

5. 倾销或补贴进口情形下确定诸成员国国内产业

231. 关于反倾销或反补贴税调查,应当按本条约第49条规定的含义解释"诸成员国国内产业"术语,但是本议定书第232和233款规定的情形除外。

232. 若诸成员国境内同类产品的诸生产商本身是被调查倾销或补贴产品的进口商,或与被调查倾销或补贴产品的诸出口商或进口商有关,可以援引其余诸生产商解释"诸成员国国内产业"术语。

具有以下情形的,诸成员国境内同类产品的诸生产商应当视为与被调查倾销或补贴

产品的诸出口商或进口商有关:

诸成员国境内同类产品诸特定生产商直接或间接控制被调查产品的诸出口商或进口商;

被调查产品诸特定出口商或进口商直接或间接控制诸成员国境内同类产品的诸生产商;

第三人直接或间接控制他们两者;

第三方直接或间接控制诸成员国境内同类产品的诸生产商和被调查产品的诸出口商或进口商;

诸成员国境内同类产品的诸特定生产商和外国生产商、被调查产品的诸出口商或进口商共同直接或间接控制第三人,但是有理由确信该关系的影响是诸如造成所涉诸生产商的行为表现不同于诸不相关生产商的除外。

233. 在例外情形下,为了界定诸成员国国内产业的目的,可以将诸成员国的领土分解为两个或以上分离的竞争市场;若各市场内诸成员国境内的诸生产商销售不低于其在该市场为消费或加工所生产同类产品的80%,且该市场的需求不是位于诸成员国领土其他地方的诸生产商满足被调查产品的重要程度,每个市场内诸成员国境内的诸生产商可以视为诸成员国的单独国内产业。

在上述情形中,可以认定存在倾销或补贴进口造成诸成国国内产业实质性损害、实质性损害威胁或实质性阻碍诸成员国建立国内产业,即使国内整体产业的主要部分没有受到损害,条件是,存在向此等竞争市场集中倾销或补贴进口且该倾销或补贴进口正在损害此市场内全部或几乎全部生产的诸生产商。

234. 若已按本议定书第233款界定的含义解释诸成员国国内产业,且因调查结果作出适用反倾销或反补贴措施的决定,此等措施可以适用于进入本联盟关税区产品的全部进口。

在上述规定的情形中,应当仅在调查机构已给予诸出口商机会,停止以倾销价格(倾销进口情形)或补贴价格(补贴进口情形)向该区域出口此产品,或按出口本联盟关税区的条件接受各自承诺,只要诸出口商未曾使用此等机会。

6. 公开审理

235. 调查机构根据调查中任何参与人在本议定书规定的期限内提交的书面请求,主持公开审理。

236. 调查机构应当向诸调查参与人发送通知,列明公开审理的时间、地点和公开审理过程中讨论的问题清单。

自分别通知之日起至少15个日历日,指定公开审理的日期。

237. 诸调查参与人或其代表和涉及为了提供有关调查证据目的的人员,可以参与公开审理。

诸调查参与人在公开审理过程中可以发表其意见和提供与调查有关的证据。调查机构的代表可以向诸参与人询问与提交事实本质有关的问题清单。诸调查参与人可以相互提问并应当回答。诸参与人在公开审理中无义务披露机密信息。

238. 若自公开审理日起15个日历日后诸参与人向调查机构提交了书面信息,调查期间应当考虑已呈递的口头信息。

7. 调查过程期间收集信息

239. 调查机构在已作出启动反倾销或反补贴税调查的决定后,向被调查产品各已知出口商和/或生产商发送其必须完成的调查表。

应当向诸成员国内同类或直接竞争产品(保障调查中)或同类产品(反倾销或反补贴税调查中)的诸生产商发送调查表。

若必要,还可以向被调查产品的诸进口商和消费者发送调查表。

240. 已向其发送调查表的本议定书第239款规定的当事方,应当自其收到调查表之日起30个日历日内向调查机构递交其回复。

一旦收到本议定书第239款规定的诸当事方的书面合理请求,调查机构可以延长不超过14个日历日的期限。

241. 自直接递交给出口商和/或生产商的代表之日起或自邮政发送之日起7个日历日内,应当认为产品出口商和/或生产商收到了调查表。

若调查表的回复自本议定书第240款规定期限届满日(即30个日历日)起不迟于7个日历日,或自延长期届满日,已经以机密或非机密文本递交给了调查机构,视为调查机构收到了该回复。

242. 调查机构应当在调查过程期间自身确信诸利害关系方提交证据的准确性和充分性。

若有以下要求,调查机构在调查过程期间为了核实与实施调查有关的信息或获得其进一步详情,可以开展核实:

在第三国领土内提供,它获得被调查产品诸外国出口商和/或生产商的各自协议,且已向其官方通知前述核实的该第三国政府无任何反对;

在诸成员国领土内提供,它获得被调查产品各自诸进口商和/或同类或直接竞争产品诸生产商的协议。

在已收到按本议定书第239款发送的调查表的回复后,实施核实访问,除非在已发送上述回复之前外国生产商或出口商自愿同意此核实访问且第三国政府无任何反对意见。

调查机构在已获得各调查参与人的协议之后、作出访问之前,应当发送文件和记录清单,此清单应当提交给被指示实施核实的雇员。调查机构将被核实的诸外国出口商或生产商的地址、名称和此核实的时间通知该第三国政府。

在核实访问过程中,可以要求对核实回复调查表所必要的其他文件和记录。

若调查机构意图在调查团队中包含非政府专家,应当将调查机构的此决定通知受核实访问约束的诸调查参与人。仅在有机会对违反保护核实访问期间所获机密信息之条件适用制裁时,才可以允许上述专家参与核实访问。

243. 调查机构为了核实调查过程中提交的与开展调查有关的信息或获得进一步详情,可以指示其代表进入诸利害关系方的场所、收集信息、主持与诸利害关系方的磋商和谈判、取得与该产品相似的样品和采取为从事调查所必要的其他行动。

8. 诸成员国的授权机构和外交、贸易代表提交信息

244. 为了本分节的目的,"诸成员国授权机构"理解为在海关程序、统计、税收、法人注册领域和其他领域被授权的诸成员国政府机构和地区(地方)行政部门。

245. 诸成员国授权机构、驻诸第三国的外交和贸易代表应当经请求向调查机构提交

本议定书规定的信息,此信息对以下是必要的:启动和开展保障、反倾销和反补贴税调查(包括复审),根据开展调查的结果草拟提案,监控保障、反倾销和反补贴措施的有效性,控制遵守委员会批准的承诺。

246. 诸成员国的授权机构和驻诸第三国外交、贸易代表应当:

(1)自收到调查机构请求起30个日历日内,提交可用信息,或通知不能提供信息并解释拒绝的理由。经调查机构合理请求,应当在较短期间内提交请求的信息。

(2)担保完成和保证提交信息的准确性,且必要时及时提供各自的补充或修改信息。

247. 诸成员国授权机构、诸成员国驻第三国外交和贸易代表在其职权范围内、在调查机构要求的时限提交信息,包括:

(1)对外贸易统计信息;

(2)货物申报数据,其详细列明海关程序、产品进口(出口)的物理和价值指数、产品的贸易名称、供应条款、产品的原产地国(启运地国、目的地国)、发送人和接收人的名称和其他详情;

(3)被调查产品的国内市场信息和诸成员国各自国内产业信息(包括以下数据:该产品生产量、生产能力的利用、销售、生产成本、诸成员国国内企业的利润与损失、诸成员国国内市场上该产品价格、盈利情况、投资、该产品生产者名单);

(4)影响评估因各自调查结果可能在诸成员国市场对被调查产品实施保障、反倾销或反补贴措施的信息,和预测诸成员国国内企业生产活动的信息。

248. 本议定书第247款规定的信息清单是不全面的。若必要,调查机构可以要求其他信息。

249. 执行本分节的通信和提交调查机构请求的信息,使用俄文。包括外国名称的某些公司详情(指标)可以用来自拉丁字母的函件提交。

250. 应当优先使用电子手段提交信息。若无机会以电子手段提交信息,应当提交纸质副本。已要求以表格形式提交的信息(统计和海关信息)按调查机构在请求中规定的格式提交。若不可能以某种形式提交信息,诸成员国的授权机构、诸成员国驻第三国外交和贸易代表应当通知调查机构并向调查机构提交要求的信息,应当以其他格式提供要求的信息。

251. 要求诸成员国授权机构、诸成员国驻第三国外交与贸易代表提交信息的请求,应当以调查机构指明目的、法律依据和提交信息期限的空白形式书面作出,并由调查机构负责人(副负责人)签字。

252. 诸成员国授权机构、诸成员国驻第三国外交与贸易代表免费提交调查机构请求的信息。

253. 以信息交换机构之间达成的方式和传递信息可用方式传递信息,并确保信息安全和防止未授权获取信息。若以传真方式传递信息,应当以邮政方式发送其原件。

9. 机密信息

254. 构成国家秘密或供国内使用的机密信息除外,诸成员国法律分级为机密信息(包括商业、税务和其他机密信息)的信息应当按符合诸成员国在此信息方面的法律所规定的条件提交给调查机构。

调查机构应当就此信息提供适当待遇。

255. 若利害关系方提供披露其提交给调查机构的信息将给第三方提供竞争优势,或对已提交或已收到此信息的当事方产生负面影响的合理理由,该利害关系方提交的此等信息应当按机密信息处理。

256. 应当要求提交机密信息的诸利害关系方提供该信息的非机密文本。

非机密文本应当包含对理解所提交机密信息的本质的充分详情。

在例外情形下,若利害关系方不能提供机密信息的非机密文本,必须提供不能提交非机密文本之详细观点的根据。

257. 若调查机构确定利害关系方提供的证据不能认为是机密信息,或者利害关系方不能提交机密信息的非机密文本且没有不能提供该机密信息之非机密文本的合理理由或者提交不能认为是上述合理理由的信息,调查机构可以不考虑此等信息。

258. 未经提供机密信息的利害关系方,或本议定书第 244 至 245 款所述诸成员国授权机构和驻第三国外交与贸易代表的书面同意,调查机构不应当披露机密信息或将其传递给第三方。

披露、为个人利益目的使用和其他滥用申请人、调查参与人、各利害关系方或本议定书第 245 款所述驻第三国外交与贸易代表为实施调查目的向调查机构提供的机密信息的,可以根据《联盟内特权与豁免国际条约》剥夺调查机构官员和雇员的特权和豁免,并对其按委员会批准的程序提起公诉。

本议定书不排除调查机构披露构成委员会决定之基础的、委员会认为在必要范围内向联盟法院解释的理由和证据。

委员会批准调查机构使用和保护机密信息的规定。

10. 利害关系方

259. 为了调查目的,利害关系方应当包括:

(1)诸成员国境内同类或直接竞争产品(对保障调查)或同类产品(对反倾销或反补贴调查)的生产商;

(2)大多数成员是诸成员国境内同类或直接竞争产品(对保障调查)或同类产品(对反倾销或反补贴调查)生产商的商业社团;

(3)其成员占诸成员国同类或直接竞争产品(对保障调查)或同类产品(对反倾销或反补贴调查)生产总量超过 25% 的社团;

(4)被调查产品的一出口商或外国生产商或该产品进口商,其大多数成员是源自第三出口国或该产品原产地的外国生产商、出口商或进口商社团;

(5)第三出口国或该产品原产地的主管机构;

(6)被调查产品的消费者(若其在制造过程中使用该产品)或诸成员国境内上述消费者社团;

(7)消费者公共社团(若自然人通常消费该产品)。

260. 诸利害关系方应当在调查过程中按其授权或通过正式授权代表行事。

若利害关系方在调查过程中通过其授权代表行事,调查机构仅通过该代表向该利害关系方提供与调查主题有关的全部信息。

11. 调查过程中作出决定的公告

261. 调查机构应当在本联盟互联网官方网站发布调查过程中作出以下决定的公告:

(1)启动调查;

(2)征收临时保障税、临时反倾销税或临时反补贴税;

(3)根据本议定书第104款可能适用反倾销税或根据本议定书第169款可能适用反补贴税;

(4)保障调查结束;

(5)根据调查机构确定有理由实施反倾销或反补贴措施或批准相关承诺是可行的结果结束调查;

(6)因批准相关承诺终止或中止调查;

(7)根据调查机构确定无理由实施保障、反倾销或反补贴措施的结果终止调查;

(8)调查过程中作出的其他决定。

上述公告还发送给第三出口国的主管机构和调查机构知晓的其他利害关系方。

262. 启动调查公告自调查机构作出启动调查决定后不迟于10个营业日发布,并应当包括:

(1)全面描述被调查产品;

(2)第三出口国名称;

(3)简要描述进入本联盟关税区增长进口和严重损害诸成员国国内产业或其威胁的证据(在作出启动保障调查的决定时);

(4)简要描述进入本联盟关税区倾销或补贴进口和实质性损害诸成员国国内产业或其威胁的证据(在作出启动反倾销或反补贴的决定时);

(5)诸利害关系方可以发送其与调查有关的意见或信息的地址;

(6)由25个日历日构成和调查机构接受意图参与调查的诸利害关系方声明的期限;

(7)由45个日历日构成和调查机构接受诸利害关系方请求举行公开审查的期限;

(8)由60个日历日构成和调查机构接受诸利害关系方提交有关调查的书面意见和信息的期限。

263. 征收临时保障税、临时反倾销税或临时反补贴税的公告自委员会作出决定后不迟于3个营业日发布,并应当包括以下信息:

(1)被调查产品出口商的名称或(不能提供出口商名称时)第三出口国的名称;

(2)描述足以实施海关控制程序的被调查产品;

(3)肯定性确定倾销进口的理由和指明倾销幅度,描述选择计算和比较产品正常价值与出口价格的方法的理由(在征收临时反倾销税时);

(4)肯定性确定补贴进口的理由并描述存在补贴,指明每单位补贴的计算额(在征收临时反补贴税时);

(5)确定严重或实质性损害诸成员国国内产业、其威胁或实质性阻碍诸成员国建立国内产业的理由;

(6)确定增长进口、倾销或补贴进口与据此严重或实质性损害诸成员国国内产业、其威胁或实质性阻碍诸成员国建立国内产业之间因果关系的理由;

(7)肯定性确定进口增长的理由(在征收保障税时)。

264. 根据本议定书第 104 款可能适用反倾销税的公告,或根据本议定书第 169 款可能适用反补贴税的公告,应当包括:

(1)描述足以实施海关控制程序的被调查产品;

(2)被调查产品出口商的名称或(不能提供出口商名称时)第三出口国的名称;

(3)简要描述符合本议定书第 104、169 款规定条件的证据。

265. 调查机构自调查结束日后不迟于 3 个营业日发布保障调查结束的公告,其应当包括调查机构根据对其可用的信息作出的主要结论。

266. 基于调查机构确立存在实施反倾销或反补贴措施或批准相关承诺是实际的结果结束调查的公告,自终止调查之日后不迟于 3 个营业日发布,其应当包括:

(1)解释调查机构根据调查结果作出的最终确定;

(2)援引作出该决定所依据的事实;

(3)本议定书第 263 款规定的信息;

(4)表明调查过程中接受或拒绝被调查产品出口商和进口商论点和主张的理由;

(5)认同根据本议定书第 48 至 51 款作出决定的理由。

267. 因批准相关承诺终止或中止调查的公告,自调查终止或中止之日后不迟于 3 个营业日发布,其应当包括这些承诺的非机密文本。

268. 根据调查机构确立无理由实施倾销或反补贴措施的结果终止调查的公告,自终止调查之日后不迟于 3 个营业日发布,其应当包括:

(1)解释调查机构根据调查结果作出的最终确定;

(2)援引根据本款第(1)项作出该确定所依据的事实。

269. 根据调查机构按本议定书第 272 款作出不适用措施决定的结果终止调查的公告,自作出该决定之日后不迟于 3 个营业日发布,其应当包括解释委员会作出不适用保障、反倾销或反补贴措施的理由和认同作出此决定所依赖的事实和结论。

270. 调查机构提供 1994 年 4 月 15 日《建立世界贸易组织马拉喀什协定》规定的与调查有关全部公告和向世界贸易组织主管机构正确发送的适用措施。

271. 本该议定书第 261 至 270 款的规定应当经必要变通后适用于复审启动和结束的公告。

VII. 不适用保障、反倾销和反补贴措施

272. 委员会可以根据调查结果决定不适用保障、反倾销或反补贴措施,即使适用此等措施符合本议定书中规定的标准。

若调查机构根据分析诸利害关系方提供的全部信息得出适用该措施可能影响诸成员国利益的结论,委员会可以作出上述决定。若作出上述决定之基准的理由发生任何变化,可以修正上述决定。

273. 本议定书第 272 款所述结论应当以对诸成员国国内产业、被调查产品消费者(若其在生产过程中使用该产品)、诸成员国境内此消费者社团、消费者公共社团(若自然人主要消费该产品)和本产品进口商诸利益的综合影响为基础。在此情形下,仅在给予上

述当事方根据本议定书第 274 款对该事项提交其意见后才可以作出此等结论。

在拟定上述结论时,应当特别重视消除增长进口、倾销或补贴进口在通常贸易过程中和对诸成员国相关市场竞争以及诸成员国产业状况的扭曲效果。

274. 为了适用本议定书第 272 款规定的目的,诸成员国境内同类或直接竞争产品(在特别保障调查中)或同类产品(在反倾销或反补贴调查中)的生产商及其社团、被调查产品的进口商及其社团、被调查产品的消费者(若其在生产过程中使用该产品)和诸成员国境内此等消费者的社团(若自然人主要消费该产品),有权利在根据本议定书第 262 款发布的公告规定的期限内,提交关于该事项的意见和信息。上述意见和信息或其非机密文本(若适当)应当提供给本款所述的可以提交其回复意见的其他利害关系方。

若有客观证据支持其可信性,应当考虑按本款提供的信息,不论其来源。

VIII. 最后条款

1. 适用保障、反倾销和反补贴措施决定的司法审查

275. 对委员会决定和/或对与适用特别保障、反倾销和反补贴措施有关的委员会行动/不行动的上诉的程序与特殊性,由《联盟法院规约》(本条约附件 2)和联盟法院规章确定。

2. 法院判决的执行

276. 委员会应当采取必要执行措施遵守联盟法院与适用特殊保障、反倾销和反补贴措施有关的判决。委员会应当以实施经其自身动议审查相关条款方式按要求执行联盟法院判决,使该法院认定不符合本条约和/或本联盟内国际条约的委员会决定符合本条约和/或本联盟内国际条约。

在经必要变通实施上述审查时,应当适用与调查有关的规定。

作为一项规则,本款下的审查期限不应当超过 9 个月。

3. 调查的管理

277. 为了执行本议定书的目的,委员会应当对启动、实施、结束和/中止调查作出决定。委员会作出的决定不应当改变本条约的规定或与本条约规定相冲突。

附件 9

市联盟内技术规制的议定书

1. 本议定书根据《欧亚经济联盟条约》第 X 节制定,并确定本联盟内技术规制的规则和程序。

2. 本议定书中使用的术语应当具有以下含义:

"认证",指合规评估机构(包括发证机构或检测实验室、中心)实施合规评估具体领

域工作的主管认证机构所进行的官方认可。

"安全",指无任何与损害和/或损失有关的不可接受的风险。

"允许产品进入流通",指在商业活动过程中免费或以补偿为基准,为货物在本联盟领土内分发所进行的货物供应或进口(包括从制造商仓库运输或无储存的运输)。

"国家控制(监管)遵守本联盟技术规章",指诸成员国授权机构旨在保护、调查或抑制法人及其管理或其他官员、注册为个体经营者的自然人及其授权代表违反本联盟技术规章任何要求的活动,按诸成员国法律采取检查法人、注册为个体经营者的自然人和采取措施制止和/或消除上述后果的方式所实施的活动,监控这些要求的执行,分析和预测本联盟技术规章在法人和注册为个体经营者活动中执行效果的活动。

"本联盟技术规章合规声明",指证明申请人被允许进入流通的产品遵守本联盟技术规章要求的文件。

"合规声明",指被允许进入流通的产品符合本联盟技术规章要求的一种强制证明形式。

"本联盟市场内产品流通共同标识",指旨在告知生产商和消费者允许进入流通的产品符合本联盟技术规章要求。

"产品认同",指入选产品进入本联盟技术规章适用领域并确定产品符合相关技术说明的程序。

"制造商",指法人或注册为个体经营者的自然人,包括从事或代表其从事制造或制造销售产品且产品符合本联盟技术规章的外国制造商。

"洲际标准",指独立国家联合体标准化、计量和证明洲际理事会颁布的区域标准。

"国际标准",指国际标准化组织颁布的标准。

"国家标准",指一成员国标准化机构颁布的标准。

"技术规制主题",指产品或产品与设计(包括研究)、制造、建设、安装、调试、运行、储存、运输、销售和与产品要求有关的处置过程。

"强制合规评估",指产品与设计(包括研究)、制造、建设、安装、调试、运行、储存、运输、销售和处置过程符合本联盟技术规章要求的文件证明。

"强制证明",指证明机构出具的技术规制主题符合本联盟技术规章要求的一种强制认可形式。

"认证机构",指按一成员国法律授权从事认证活动的一机构或法人。

"合规评估",指直接或间接确定符合适用于技术规制主题的要求。

"产品",指意图进一步用于经济和其他目的诸活动物质结果。

"区域标准",指区域标准化组织制定的标准。

"注册(国家注册)",指一成员国授权机构实施的技术规制主题符合本联盟技术规章要求的一种评估形式。

"风险",指损害生命或健康、财产、环境和动植物生命或健康的可能性和此等损害后果的一种组合。

"注册(国家注册)证书",指肯定技术规制主题符合本联盟技术规章要求的一种文件。

"符合本联盟技术规章证书",指证明机构签发的证明允许进入流通的产品符合本联盟技术规章要求的一种文件。

"标准",指确定产品表现的多用途要求、产品设计的执行规则与特征(包括研究)、制造、建设、安装、调试、运行、储存、运输、销售和处置过程、施工或提供服务的程序、研究(检测)和衡量的规则与方法、抽样规则以及各术语、诸标志、包装、标记或标签及其适用规则的一种文件。

"本联盟技术规章",指委员会颁布的、在本联盟领土上适用和执行的确定技术规制主题之要求的文件。

"技术规制",指对产品或产品与设计(包括研究)、制造、建设、安装、调试、运行、储存、运输、销售和与产品要求有关的处置过程确定、适用和执行强制要求之领域的关系的法律规制,以及合规评估领域的关系的法律规制。

"制造商授权的人员",指根据一成员国法律成立的法人或注册为个体经营者的自然人,其在实施合规评估和允许进入本联盟领土流通时按协议代表制造商(包括外国制造商)行事且对不符合本联盟技术规章的产品承担责任。

3. 诸成员国法律或委员会法令的规定应当适用于本联盟技术规章对其还未生效的技术规制主题。

应当由诸成员国法律确定国防令下供应的防卫产品(工程、服务)、用于保护构成国家秘密的信息或与诸成员国法律下其他限制性信息有关的产品、构成国家秘密的产品(工程、服务)信息、原子能领域确定有关安全要求的产品(工程、服务)与客体以及这些产品和客体的设计(包括研究)、制造、建设、安装、调试、运行、储存、运输、销售和处置过程的技术规制、合规评估、标准化与认证的具体特性。

本联盟内的技术规章应当对技术规制主题事项、产品认同规则、合规评估形式、过程与程序确定强制性要求。

应当根据相关国际标准(各标准化国际组织发布的规章、指令、指南和其他文件)制定本联盟技术规章,但各文件不可获得或不符合本联盟技术规章目的的情形(包括归因于气候、地理因素或相关进程和其他具体特征)除外。无要求的文件时,应当使用区域文件(规章、指令、决定、标准、规则和其他文件)、国内(国家)标准、国内技术规章或规则草案。

本联盟技术规章还可以包括术语、包装、标记、标签要求及其适用规则、卫生要求与程序以及动物卫生和植物检疫一般要求。

本联盟技术规章可以包含反映与不同于诸成员国气候、地理因素或技术具体特性有关的特殊要求,其仅在诸成员国有效。

本联盟技术规章可以根据损害风险,包含对产品或产品与设计(含研究)、制造、建设、安装、调试、运行、储存、运输、销售和与产品要求有关的处置过程的特殊要求,以及对术语、包装、标记、标签要求及其适用规则,以保证保护某些种类的人群(未成年人、孕妇、哺乳妇女、残疾人)。

本联盟技术规章应当根据委员会批准的本联盟典型技术规章内容和结构的建议制定。

本联盟技术规章应当依据委员会批准的程序草拟、颁布、修改和废止。

4. 为了符合本联盟技术规章的要求,委员会应当批准国际和区域标准名单,和无此标准时国家标准名单,后者自愿适用且确保遵守本联盟技术规章。

自愿遵守包含在上述名单中的相关标准,应当视为遵守本联盟各技术规章的充分条件。

但是包含在上述名单中的标准不适用,不得视为未遵守本联盟技术规章。

若包含在上述名单中的标准不适用,合规评估应当以风险分析为基础。

为了在评估技术规制主题遵守本联盟技术规章要求中从事研究(检测)和衡量,委员会应当批准国际、区域标准,无此标准时,批准包含研究(检测)、衡量的规则和方法(包括抽样规则)的、要求对本联盟技术规章要求、技术规制主题合规评估予以适用和执行的国内标准名单。

上述标准名单应当经委员会批准后制定和发布。

在制定相关洲际标准之前,根据成员国法律证明(有效)和批准的研究(检测)与衡量方法可以列入国际、区域标准名单,无这些标准时,列入包含研究(检测)与衡量规则和方法的、要求对本联盟技术规章要求、技术规制主题合规评估予以适用和执行的国内标准名单。应当由诸成员国授权机构将相关研究(检测)与衡量方法的名单提交委员会。

国际、区域标准在其作为洲际或国内(国家)标准颁布后应当适用。

5. 本联盟技术规章中对技术规制主题确定的合规评估程序,应当以注册(国家注册)、检测、合规评估、检查的形式和/或其他任何形式进行。

强制合规评估应当以合规声明和证明形式实施。

应当根据委员会批准的标准合规评估程序确定本联盟技术规章中的合规评估形式、进程和程序。

应当在允许前评估允许进入流通的产品符合本联盟技术规章要求。

应当在本联盟各自技术规章规定情形下实施强制合规评估,专门包括遵守本联盟技术规章的评估。

在合规评估程序中,可以由一成员国领土内根据其法律设立的法人或注册为个体经营者且是制造商、销售商或制造商的授权代表的自然人代表申请人。

应当根据本联盟技术规章确定申请人的范围。

合规评估文件的共同形式及其执行规则应当经委员会批准。

签发和接受合规评估文件的共同注册表应当发布在本联盟互联网官方网站上。这些共同注册表应当按委员会批准的方式编制和维护。

从事评估遵守本联盟技术规章要求的合规评估认证机构(含证明机构和检测实验室、中心)应当包含在本联盟合规评估机构的共同注册表中。应当按委员会批准的方式实施入选该注册表合规评估机构以及其设立和维持。

应当由各成员国根据其法律正式授权从事各自活动的机构履行技术规制主题的注册(国家注册)。

6. 符合本联盟可适用技术规章并通过本联盟技术规章确定的合规评估程序的产品,应当具有本联盟市场产品流通的共同标识。

委员会应当批准用作本联盟市场产品流通共同标识的图样和其适用程序。

为了产品在本联盟领土上流通,标识应当用俄文。若诸成员法律下另有要求,用该产品销售地领土成员国的语言。

7. 在本联盟技术规章生效日前,诸成员国对产品在实施强制合规评估时已设定了类似强制合规评估要求、形式、程序和使用相似或可比研究(检测)与衡量方法,并且该产品进入了受签发共同确定形式之合规证书或合规声明的强制合规评估约束的产品共同名单。若该产品按以下条件在各成员国领土内通过了所确定的全部合规评估程序,应当允许该产品在本联盟领土内流通:

包含在本联盟合规评估机构共同注册表的一合规评估机构已进行了证明;

包含在本联盟合规评估机构共同注册表的检测实验室(中心)已进行了检测;

已以共同确定形式进行了合规证明和合规声明。

上述产品共同名单、合规证明与合规声明的共同形式及其实施规则,应当经委员会批准。

8. 受本联盟关税区强制合规评估约束的产品,应当以委员会批准的方式进口。

9. 在保护其合法利益指引下的一成员国,可以采取紧急措施阻止危险产品进入流通。在此情形下,该成员国应当立即将所采取的该紧急措施通知其他诸成员国,并在此方面启动磋商和谈判。

10. 委员会应当在技术规制领域建立构成本联盟一体化信息系统组成部分的信息系统。

附件 10

确保统一衡量协商一致政策的议定书

1. 本议定书根据《欧亚经济联盟条约》第 X 节制定,并在确保统一衡量方面确定诸成员国协商一致政策的原则,以提供衡量结果、产品符合本联盟技术规章的评估结果和产品计量结果的可比性。

2. 本议定书中使用的术语应当具有以下含义:

"衡量证明程序",指对符合可适用方法要求的衡量办法进行研究和证实。

"衡量单位",指习惯上用一数值指定 1 的、用于量化类似值的一固定值。

"统一衡量",指结果以批准在诸成员国使用的衡量单位表示且衡量精度处于特定限度内的诸衡量情形。

"衡量",指旨在获得可以合理归属于一数量的一个或多个数值的一实验过程。

"衡量工具刻度",指确定衡量工具所获得的值与同一种类单位标准再现的值之间的比例,以规定衡量工具实际方法特征的一组操作。

"国际单位制"(SI),指度量衡大会根据国际价值制度制定的单位制度,包括名称和符号、一组前缀及其名称、标志和规则。

"衡量办法",指一组具体衡量操作,其实施提供具有确定精度的衡量结果。

"方法可描述性",指一衡量结果的属性,使用该属性可以经刻度和证实的持续文件化链,使该结果援引国内(基本)标准。

"方法检查",指分析和评价适用有关统一衡量的方法要求、规则和规章的正确性和完整性。

"国内(基本)标准",指一成员国认可的在公共或经济活动中用作对其他类似衡量单位标准之属性值基准的一衡量单位标准。

"衡量工具的核实",指实施的一系列操作,目的是确认衡量工具符合强制性方法要求。

"参考衡量办法",指一种衡量办法,其允许获得可用来获取其他类似衡量办法计量的数值精度之衡量结果和校准衡量工具或确定标准样品特征。

"诸标准相互比较",指在再现和换算衡量单位时用同一精度水平的衡量单位标准确定诸衡量间的比率。

"衡量工具",指为采取衡量所设计的具有某些方法特征的装置。

"标准样品",指根据有意目的在用于衡量或估算质量性质方面,具有确定衡量精准参数、方法可描述性、充分均匀且稳定的一种素材(物质)。

"衡量工具的批准",指一成员国政府(行政)机构保证统一衡量的决定,其允许基于肯定性检测结果在该成员国领土内使用批准种类的衡量工具。

"标准样品种类批准",指一成员国政府(行政)机构保证允许在该成员国领土内使用根据肯定性检测结果批准种类的标准样品。

"值范围",指用作衡量相应数量之参考的一数量的一系列排序值。

"衡量单位标准",指为再现、储存和转换诸衡量单位或值范围而设计的工具或一系列工具。

3. 诸成员国应当通过协调确保统一衡量的诸成员国法律实施保证统一衡量的协商一致政策,和采取合作行动保证:

(1)建立相互承认活动结果的机构,以批准相互承认各自规则的方式确保衡量的统一;

(2)使用衡量单位标准、衡量工具、参考样品和证明方法,对此,诸成员国应当确保对国际单位制度、国内(基本)单位标准和/或国际衡量单位标准获得的结果的方法可描述性;

(3)相互提供信息,确保统一包含在诸成员国相关数据基金中的衡量;

(4)适用协商一致的运行程序,以确保统一衡量。

4. 诸成员国应当采取措施协调其法律,以确保根据国际和区域计量与标准化组织制定的文件为基准的、与建立衡量、衡量单位、单位标准与值范围、衡量工具、参考样品和衡量方法有关的统一衡量。

5. 诸成员国应当履行相互承认活动结果,确保根据其法律正式授权的国家政府(行政)机构或法人按对此活动的批准程序和相互承认其结果的规则履行统一衡量。

关于诸成员国领土内制造的衡量工具,应当认可保证统一衡量中的活动结果。

6. 为了确保衡量结果、衡量单位标准、援引国内(基本)标准和国际单位制之诸成员国样品的方法可描述性,诸成员国应当组织建立和改进单位标准的工作,认同和制定标准样品术语,通过其日常相互比较确认诸成员国衡量单位标准的对应值。

7. 确保诸成员国规制领域衡量、衡量证明办法、衡量工具统一的诸成员国管制性法令、管制性和国际性文件、诸成员国国际条约,单位标准与值范围、标准样品的批准种类以及衡量工具的信息,应当组成确保措施统一的诸成员国数据基金。

数据基金应当根据诸成员国法律予以维持。应当由本议定书第5款所述诸成员国国家政府(行政)机构按委员会确定的程序交换包含在基金中的信息。

8. 诸成员国应当赋予国家政府(行政)机构适当权力,以确保统一衡量,该机构应当主持旨在协商诸成员国状况的磋商,并协调和实施确保衡量统一的活动。

9. 委员会应当批准以下文件:

(1)在制定本联盟技术规章中使用的非国际单位制度衡量单位的名单,包括参考国际单位制。

(2)相互承认确保衡量统一的活动结果的规则。

(3)实施确保衡量统一的活动程序,包括:

本联盟技术规章草案的方法审查程序,自愿适用以确保遵守本联盟技术规章的标准清单草案,包含研究(检测)和衡量规则与衡量措施(包括抽样规则)的标准清单草案。这些均被要求实施、执行本联盟技术规章要求和技术规制主题合规评估;

组织实验室相互比较检测(实验室间相互比较)的程序;

衡量办法之方法证明的程序;

作为参考性衡量办法而颁布的衡量方法之证明程序;

批准衡量工具的程序;

批准标准样品的程序;

组织核实和校正衡量工具的程序。

(4)相互提供包含在诸成员国数据基金中的统一衡量信息的程序。

附件 11

承认合规评估机构认证的议定书

1. 本议定书根据《欧亚经济联盟条约》(以下简称"本条约")第 X 节制定,并确定相互承认合规评估机构认证结果的条件。

2. 本议定书中使用的术语应当具有以下含义:

"上诉",指合规评估机构就一认证机构对该合规评估机构作出的复审决定,向该认证机构提交的申请。

"认证专家证书",指确认一自然人符合确定要求和承认其从事认证活动资格。

"申索",指任何人提交的载明表达不服合规评估机构或认证机构行为(不行为)并要求强制回复的声明。

"认证申请人",指按诸成员国法律注册并作为合规评估机构申请认证的法人。

"认证机构",指按一成员国法律授权从事认证活动的一机构或法人。

"技术专家",指一认证机构在从事认证特殊领域任命的参与合规评估认证的具有专业知识的自然人,包括在技术专家注册表中的自然人。

"认证专家",指认证机构按各自成员国法律确定程序证明和任命的为合规评估机构进行认证的自然人,包括在认证专家注册表中的自然人。

3. 诸成员国应当通过以下途径协调其认证领域的法律:

在认证领域依据国际、区域认证组织制定的国际标准、其他文件制定规则;

在认证领域适用依据国际标准制定的洲际标准;

保证和组织实验室间比较检测(实验室间相互比较);

在认证领域依据信息公开、免费和及时原则交换信息。

诸成员国应当在其国家认证体系中相互承认合规评估机构(包括证明机构和检测实验室、中心)对认证机构履行本条约第54条规定的认证。

4. 认证机构应当有以下权力:

(1)编制和维护:

合规评估认定机构注册表;

认证专家注册表;

技术专家注册表;

本联盟合规评估机构共同注册表的国内部分。

(2)向本联盟一体化信息系统提交源自合规评估认证机构、认证专家和技术专家之注册表的信息和依据本条约有关认证的其他信息、文件。

(3)能使认证机构的代表开展相互比较评估以确保诸成员国适用程序的等同性。

(4)复审和决定合规评估机构对认证机构就该合规评估机构所作决定请求复审所提起的上诉。

(5)复审和决定自然人或法人就认证机构、合规评估认证机构活动提起的申索。

5. 认证机构应当将其最近信息提供给委员会,以发布在本联盟互联网官方网站上。

6. 为了确保认证和技术专家之技能的相等水平,认证机构应当保证协调对认证和技术专家之技能的要求。

附件 12

适用卫生、动物卫生和植物检疫措施的议定书

I. 总则

1. 本议定书根据《欧亚经济联盟条约》第XI节制定,并确定适用卫生、动物卫生和植物检疫的原则和程序。

2. 本议定书中使用的术语应当具有以下含义:

(1)"审查外国官方监管体系",指确定一外国官方监管体系能力以确保动物控制(监控)下的货物在不低于同等动物(动物卫生)要求的水平上的安全的程序。

(2)"动物控制(监控)",指授权机构在动物领域的活动,旨在防止动物传染病(含对人类和动物的共同疫病)之病原体和不符合动物(动物卫生)共同要求之货物的进口和扩散,以及防止、调查和抑制违反构成本联盟法律的国际条约、法令和诸成员国动物领域法律的要求。

(3)"动物卫生措施",指适用的强制要求和程序,目的是防止动物疫病和紧急风险时保护人类免遭人类与动物的共同疫病,包括其通过动物、饲料、原料、动物源产品和运输工具在本联盟关税区内转移和扩散的情形。

(4)"动物证书",指授权机构在动物领域对动物控制(监控)下的运输货物签发的一种文件,证明依据动物传染病(包括对人类与动物的共同疫病)这些货物的动物卫生安全和/或原产地行政区的福利。

(5)"国家注册",指产品符合公共卫生、流行病与卫生之要求或授权机构在人类卫生与流行病福利领域实施本联盟技术规制之要求的合规评估。

(6)"国家卫生与流行病监控(控制)",指在人类卫生与流行病福利领域的授权机构的活动,旨在防止、调查和抑制违反委员会确定的强制性要求和诸成员国在人类卫生与流行病福利领域的法律。

(7)"共同动物(动物卫生)要求",指对动物控制(监控)下的货物及其流通和动物控制(监控)下的设施的要求,旨在防止动物传染病(包括人类、动物的共同传染病)病原体和形成动物卫生威胁的动物产品在本联盟关税区内出现、进口和扩散。

(8)"共同植物检疫要求",指对本联盟海关边境和本联盟关税区内植物检疫控制(监控)下的应检疫产品(应检疫的船货、原料和货物)的要求,旨在防止检疫隔离物品在本联盟关税区内出现、进口和扩散。

(9)"确保植物检疫的联合规章和标准",指植物检疫检查、在本联盟海关边境和关税区内检疫植物控制(监控)下的应检疫产品(应检疫的船货、原料和货物)扫描、检疫隔离物品识别、实验室检测与检查、授权机构为植物检疫开展消毒和其他重要活动的规则、程序、操作指南和办法。

(10)"卫生与流行病监控(控制)产品的公共卫生、流行病和清洁要求",指载有委员会对卫生和流行病监控(控制)产品确定的强制性要求的文件,旨在防止环境因素对人类健康有害影响和确保对人类生命的有利条件。

(11)"动物",指动物的全部种类,包括鸟类、蜂类、水生类动物和野生类物种。

(12)"植物检疫",指包含本联盟关税区内为防止植物和植物产品免受检疫隔离物品的措施制度在内的法律制度。

(13)"检疫隔离物品",指不得出现在本联盟领土或已在本联盟领土限制经销且包含在本联盟检疫隔离物品共同清单中的危险有机体。

(14)"植物检疫安全",指本联盟关税区针对检疫隔离物品侵入和/或扩散情形下出现的风险的安全。

(15)"植物检疫控制(监控)",指授权机构对植物检疫的活动,旨在识别检疫隔离物品、确定应检疫物品(应检疫的船货、原料和货物)的植物检疫状况、履行植物检疫领域的国际义务和遵守诸成员国法律。

(16)"植物检疫措施",指用于保证保护本联盟关税区检疫隔离物品不进口和不扩散、减少造成损失和消除应检疫产品(应检疫的船货、原料和货物)国际贸易障碍的强制要求、规则和程序。

(17)"动物控制(监控)的主体",指从事制造、加工、运输和/或储存动物控制(监控)下的货物的一组织或人员。

(18)"应检疫产品的批量",指在一单独运输工具上向一收货人的一单独目的地运送的应检疫产品(应检疫的船货、原料和货物)数量。

(19)"动物控制(监控)货物的批量",指在一单独运输工具上向一收货人的一单独目的地运送且按单独动物证书注册的动物控制(监控)下的货物数量。

(20)"应检疫产品(应检疫的船货、原料和货物)",指植物、植物产品、船货、泥土、有机体、原料和包装,包括列入植物检疫控制(监控)的在本联盟海关边境、本联盟关税区内和跨越本联盟边境、在本联盟关税区内运输的应检疫货物(应检疫的船货、原料和货物)清单者,其可以是检疫隔离物品的携带者和/或促进其扩散,且要求对其采取植物检疫措施。

(21)"应检疫物品",指任何目的的土地、建筑物、构造物、容器、储存区、设备、运输工具和可以成为检疫物品侵入本联盟关税区或在本联盟关税区扩散之渠道的其他设施。

(22)"卫生与流行病监管(控制)产品(货物)",指跨越本联盟关税边境和在本联盟关税区运输的货物、化学生物放射性物质,包括电离放射源、垃圾和对生命、食物产品、原料有危险的其他货物以及列入卫生与流行病监控(控制)下产品共同清单的产品。

(23)"动物控制(监控)下的货物",指列入动物控制(监控)货物共同清单的货物。

(24)"国家注册产品",指在处置时可能对人类生命、健康产生负面影响、国家注册确认其安全的某些种类产品。

(25)"允许进口或转运动物控制(监控)货物",指对使用动物控制(监控)货物确定程序和条件的一种文件,由诸成员国法律下在动物领域正式授权的授权机构官员依据各出口国流行病状况在动物控制(监控)货物进口和转运时签发。

（26）"卫生、动物卫生和植物检疫措施"，指为达到以下目的的强制卫生、动物卫生和植物检疫要求和程序：

防止人类和动物生命、健康遭受粮食、饮料、动物饲料和其他产品中添加剂、污染物、毒素或致病有机体导致的风险；

防止动植物生命、健康遭受对诸成员国检疫有重要性的植物害虫、动植物疾病病原体、植物（野草）、疾病携带有机体或病原体引起的风险；

防止人类生命、健康遭受动植物或其产品携带疾病引起的风险；

预防或减轻对诸成员国检疫有重要性的植物害虫、动植物疾病病原体、植物（野草）和病原体入侵、定居或扩散所造成的其他损害，包括由动物和/或植物携带或传播和随产品、货物、原料或运输工具携带或传播的情形。

（27）"卫生与检疫控制"，指对国家卫生流行病监控（控制）的人员、运输工具和产品（货物）的一种国家卫生流行病监控（控制），其在跨越本联盟海关边境的检查点、洲际转运铁路站或连接站实施，以防止可能危害人类健康的产品（货物）进口、传染性和大规模非传染性疾病（中毒）进入、出现和扩散。

（28）"卫生与防止流行病措施"，指组织、管理、工程、技术、医药、卫生、预防和其他措施，旨在评估环境因素对人类健康有害影响的风险、消除或减少这些风险、防止传染性和大规模非传染性疾病（中毒）及其消除后的出现和扩散。

（29）"人口卫生与传染病福利"，指暗含对人类健康无环境因素负面影响和保证有利生存条件的人口健康与环境状况。

（30）"卫生措施"，指强制性条件和程序，包括对最终产品、加工、制造、运输、储存与处置办法、抽样程序、研究（检测）办法、风险评估办法和国家注册的要求和标签与包装要求，其直接目的是确保产品（货物）安全以保护人类生命、健康。

（31）"国家注册证书"，指确认产品（货物）安全、证明产品（货物）符合公共卫生、流行病和清洁要求并由人口卫生与流行病福利领域授权机构按委员会批准方式签发的一种文件。

（32）"动物领域授权机构"，指在动物领域运行的诸成员国国家机构和组织。

（33）"人口卫生与流行病福利领域授权机构"，指根据诸成员国法律和委员会法令在人口卫生与流行病福利领域运行的诸成员国国家机构和组织。

（34）"植物检疫授权机构"，指对植物检疫和保护的国家机构。

（35）"植物检疫控制站"，指在跨越本联盟海关边境处和根据诸成员国法律确定的其他地点设立的植物检疫站。

（36）"植物检疫证书"，指提供有应检疫产品（应检疫的船货、原料和货物）并由出口国（再出口商）植物检疫授权机构按 1951 年 12 月 6 日《国际植物保护公约》规定形式签发的、证明应检疫产品（应检疫的船货、原料和货物）符合进口国植物检疫要求的一种国际标准文件。

（37）"家畜流行病状况"，指在某些地区在特定时间的动物卫生状况，其具有动物疾病出现、扩散和发生率的特征。

Ⅱ. 卫生措施

3. 应当按委员会批准的方式在本联盟海关边境和本联盟关税区内实施国家卫生与流行病监控(控制)。

4. 诸成员国应当在为卫生与流行病监控(控制)产品(货物)跨越本联盟海关边境运输所设定的检查点安排卫生与检疫站,并采取步骤开展所要求的全部卫生和抗流行病活动。

诸成员国应当在装备要求采取卫生与抗流行病措施的设施的特别指定卫生检疫站,根据诸成员国法律并考虑委员会批准的要求,行使卫生与检疫控制。

委员会应当确定根据诸成员国法律和构成本联盟法律的法令识别经特别装备检查点跨越本联盟海关边境运输的产品的清单。

根据委员会法令进行国家注册的产品应当在其国家注册后在本联盟领土内流通。

5. 诸成员国应当:

(1)采取协商一致措施,防止对人类健康、紧急事件后果有危险的传染病和大规模非传染疾病(中毒)进入本联盟关税区及其分散和消除涉及生物制剂、化学与放射物质的恐怖主义行为;

(2)开展卫生与抗流行病活动,阻止对人类生命、健康和生存环境有危险的国家卫生与流行病监控(控制)产品进口至本联盟关税区和其流通。

6. 具有以下情形的,诸成员国应当有权利实施临时卫生措施和开展卫生与抗流行病活动:

一成员国领土内卫生与流行病状况恶化;

收到相关国际组织、诸成员国或第三国适用卫生措施和/或卫生与流行病状况恶化的信息;

采取卫生措施的科学理由不充分或未适时提交;

认定国家卫生与流行病监控(控制)产品不符合公共卫生要求或本联盟技术规章。

诸成员国应当尽快相互通知采取任何卫生措施,实施卫生与抗流行病活动及其变更。

若一成员国采取临时卫生措施,其他诸成员国应当采取必要措施并实施卫生与抗流行病活动,以确保已经实施上述措施的成员国的适当保护水平。

7. 人口卫生与流行病福利领域授权机构应当:

对国家卫生与流行病监控(控制)下跨越本联盟海关边境运输的产品,在位于本联盟海关边境的检查点和本联盟关税区,实施卫生与流行病监控(控制);

有权请求诸成员国授权机构提供实验研究(检测)所要求的报告;

相互提供人口卫生与流行病福利领域科学、方法和技术的协助;

相互通知不符合公共卫生、流行病和清洁要求的产品的可能抵达、发现列入国际卫生规章的危险传染病情况和对人类生命健康有危险的产品;

若必要,以相互协议方式,遵从卫生措施领域构成本联盟法律的法令所确定的要求,防止传染病与大规模非传染病(中毒)、国家卫生与流行病监控(控制)下不符合卫生、流行病和清洁要求的产品进入本联盟及其扩散,迅速解决其他事项,在诸成员国领土内对卫

生与流行病监控(控制)的制造产品(货物)开展联合审查(检查)。

若发现传染病和大规模非传染病(中毒)和/或对人类生命健康与环境有危险的产品在本联盟关税区扩散,人口卫生与流行病福利领域授权机构应当指令将各自信息和卫生措施信息并入本联盟一体化信息系统。

8. 与联合审查(检查)有关的成本应当从各成员国预算中提供资金,但是以个案为基准达成的其他程序除外。

Ⅲ. 动物卫生措施

9. 应当根据委员会批准的在本联盟海关边境和本联盟关税区实施动物控制的共同程序规章,在本联盟海关边境和本联盟关税区实施动物控制(监控)。

10. 诸成员国应当在为跨越本联盟海关边境运输动物控制(监控)货物设计的检查点,设立动物边境控制站,采取要求的动物卫生措施。

11. 动物领域授权机构应当:

(1)采取措施防止动物传染病任何病原体进入本联盟关税区和其扩散,包括对人类与动物共同的和对动物卫生形成威胁的动物源货物(产品)的疾病;

(2)若一成员国境内发现和扩散传染病(包括对人类与动物共同的和/或对动物卫生形成威胁的传染病),在官方诊断或确认货物(产品)不安全后,立即将相关信息发送给委员会,将动物卫生措施信息纳入本联盟一体化信息系统,通知其他诸成员国授权机构;

(3)将对各成员国动物危险与隔离疾病清单所作的任何变化及时通知委员会;

(4)在动物领域相互提供科学、方法和技术的协助;

(5)以委员会批准的方式对外国官方监控系统实施审查。

12. 应当根据联合审查(检查)动物疾病控制(监控)下的设施和货物抽样的共同程序开展动物控制(监控)设施联合审查(检查)。

与外国官方监控系统审查行为和联合审查(检查)有关的成本,从诸成员国各自预算中提供资金,但是以个案为基准达成其他程序除外。

13. 委员会应当确定执行动物控制(监控)中的实验研究规则与方法。

14. 应当由委员会和诸成员国法律确定统辖动物医药流通、动物疾病诊断机构、饲料添加剂、消毒剂、杀虫剂和杀菌剂机构的规则。

15. 诸成员国以动物(动物卫生)共同要求和国际建议、标准和指南为基础,可以根据委员会法令,同意发送者(第三方)国家授权机构的进口至本联盟关税区且列入动物控制(监控)货物共同清单的动物控制(监控)货物动物证书范本,而非共同表格。

16. 置于海关转运程序下的动物控制(监控)货物,应当以委员会确定的程序跨越本联盟关税区运输。

应当由动物领域授权机构按该成员国法律,签发允许动物控制(监控)货物进口(出口)、转运的各自动物证书。

17. 动物证书的共同表格应当由委员会批准。

IV. 植物检疫措施

18. 应当以委员会批准的方式在本联盟海关边境和本联盟关税区行使植物检疫控制(监控)。

19. 应当由委员会批准确保植物检疫的共同规则和标准。

20. 诸成员国应当在为跨越本联盟海关边境运输应检疫产品(应检疫的船货、原料和货物)设置的检查点和其他地点,建立植物检疫站(植物控制站),并考虑委员会批准的设施设备要求。

21. 诸成员国应当采取必要措施防止检疫隔离特别进口至本联盟关税区和其扩散。

22. 植物检疫授权机构应当:

(1)在配备植物检疫站(植物控制站)的检查点和其他地点对跨越本联盟海关边境的应检疫产品运输,实施植物检疫控制(监控);

(2)对从一成员国境内向另一成员国境内的应检疫产品运输,实施植物检疫控制(监控);

(3)若在本联盟关税区发现和扩散检疫隔离物品,向本联盟一体化信息系统发送各自信息和采取植物检疫措施的信息;

(4)迅速相互通知其国家境内发现和扩散检疫隔离物品的任何情况和采取临时植物检疫措施的任何情况;

(5)在植物检疫领域相互提供科学、方法和技术的协助;

(6)保证年度交换上一年其国家境内发现和扩散检疫隔离物品的统计;

(7)交换与诸成员国境内植物检疫有关的信息和其他必要信息,包括消除上述检疫隔离物品有效办法的信息;

(8)根据危险有机体的信息,对编制管理非检疫隔离的危险有机体清单和本联盟的检疫隔离物品共同清单,制定提案;

(9)对植物检疫领域的其他事项开展合作;

(10)经相互协议,

派遣专家对用于从第三国进口至本联盟关税区的应检疫产品之生产(制造)、分类、加工、储存和包装的设施,开展联合检查;

参与制定确保植物检疫的联合规则与标准。

23. 根据列入应检疫产品(应检疫的船货、原料和货物)高危险植物群组的应检疫产品清单定级并进口至本联盟关税区和/或从一成员国领土运输至另一成员国领土的每批应检疫产品(应检疫的船货、原料和货物),应当提供出口(转出口)植物检疫证书。

24. 应当根据委员会批准的程序实施植物检疫实验支持。

25. 具有以下情形的,各成员国应当有权制定和实施临时植物检疫措施:

(1)其境内植物检疫形势恶化;

(2)收到相关国际组织、诸成员国和/或第三国采取植物极端措施的信息;

(3)使用植物检疫措施的科学理由不充分或没有适时提交;

(4)从第三国进口的应检疫产品(应检疫的船货、原料和货物)中系统识别检疫隔离物品。

附件 13

消费者保护领域协商一致政策的议定书

I. 总则

1. 本议定书根据《欧亚经济联盟条约》第XII节制定,并确定构成诸成员国在消费者保护及其主要导向领域协商一致政策之基础的原则。

2. 本议定书中使用的术语应当具有以下含义:

"成员国消费者保护法",指在一成员国生效的调整消费者保护领域之关系的一系列法律规范。

"制造商",指制造销售给消费者的一组织(不考虑所有权形式或种类)和注册为个体经营者的自然人。

"承包商",指施工或向消费者提供服务的一组织(不考虑所有权形式或种类)和注册为个体经营者的自然人。

"不诚信经济实体",指违反诸成员国消费者保护法和惯常商业实践从事活动的销售商、制造商和承包商,上述违反可能和/或已经造成消费者和/或环境实质性或非实质性损害。

"消费者公共社团",指根据诸成员国法律注册和为保护消费者合法权益设立的国民和/或法人的非营利性社团(组织),和在全部或几个成员国领土上运行的国际非政府组织。

"消费者",指意图订购(购买)或已定购(要求、使用)专门供个人(家庭)使用的货物(工程、服务)的自然人,与任何商业活动无关。

"销售商",指按买卖协议将货物出售给消费者的一组织(不考虑所有权形式或种类)和注册为个体经营者的自然人。

"消费者保护领域授权机构",指根据诸成员国法律、国际条约和构成本联盟法律的法令,在消费者保护领域行使控制(监控)和/或法定管理职能的诸成员国国家机构。

II. 消费者保护政策主要方向的执行

3. 为了保护诸成员国消费者权利和合法利益,全体成员国应当在消费者保护领域按其保护消费者权利法和国际法规范,在以下主要方向,平等保护诸成员国消费者的权利和合法利益:

(1)向消费者、国家机构和消费者公共社团提供关于货物(工程、服务)和制造商(销售商、承包商)及时、可信的信息;

(2)防止不诚信经济实体的活动和在诸成员国领土内销售低质货物(服务)的措施;

(3)通过形成消费者的法律识字和法律意识、法律保护消费权益之性质的意识和对

其保护的可适用行政与司法救济以及确保诸成员国消费者获得法律援助,为鼓励消费者自由选择货物(工程、服务)创造条件;

(4)执行消费者保护领域的教育项目,将其作为诸成员国教育体系中国民教育的组成部分;

(5)媒体(包括无线电广播和电视)介入,促进和系统涵盖消费者保护事宜;

(6)诸成员国消费者保护法的相近性。

Ⅲ. 与消费者公共社团的配合

4. 诸成员国应当便利消费者独立公共社团的运行、其参与制定和实施保护消费者权利的协商一致政策,促进和解释消费者权利,建立消费者保护领域诸成员国间的信息交换系统。

Ⅳ. 消费者保护领域授权机构间的配合

5. 消费者保护领域各授权机构应当采取以下途径,相互配合:

(1)下列信息的交换:

诸成员国在国家和消费者公共保护领域的实践;

改善和确保运行监管遵守诸成员国消费者保护法的系统的措施;

诸成员国消费者保护法的变化。

(2)在防止、发现和抑制诸成员国居民违反诸成员国消费者保护法方面的合作,包括交换国内市场认定的违反消费者权利的信息(含经消费者保护领域授权机构请求的信息)。

(3)在消费者保护领域,对影响诸成员国相互利益的事项开展联合分析性研究。

(4)对合作进程中产生的事项提供实际协助,包括建立工作组、交换经验和培训职员。

(5)交换消费者保护和消费者公共社团领域授权机构履职的统计信息。

(6)消费保护领域其他事项的合作。

Ⅴ. 委员会的权力

6. 委员会应当:

(1)向诸成员国发布适用旨在改善消费者保护领域授权机构间合作效能之措施的建议;

(2)向成员国发布执行本议定书所述规定之程序的建议;

(3)在诸成员国设立保护消费者权利的咨询组织。

附件 14

执行协商一致宏观经济政策的议定书

Ⅰ. 总则

1. 本议定书根据《欧亚经济联盟条约》(以下简称"本条约")第 62、63 条制定,并确定诸成员国实施协商一致宏观经济政策的程序。

2. 本议定书中使用的术语应当具有以下含义:

"外部预测参数",指具有外部因素特征、重大影响诸成员国经济并用于草拟诸成员国社会经济发展官方预测的指标。

"外部预测参数间隔值",指外部预测参数间隔的较高值和较低值。

"宏观经济指标",指具有一成员国经济状况、其发展和抵抗负面影响、一体化合作程度之特征的参数。

"本联盟经济发展主要方向",指认同诸成员国意图通过使用本联盟一体化潜力和竞争优势进行发展以获得对各成员国额外经济利益的宏观经济发展最大承诺方向的一非约束性文件。

"诸成员国宏观经济主要基准",指为诸成员国经济确定短期和中长期最重要目标的一政策文件,旨在实现本联盟经济发展主要方向所列的和包含在解决特定问题建议中的目标。

Ⅱ. 协商一致宏观经济政策主要方向的执行

3. 为了执行协商一致宏观经济政策主要方向,诸成员国应当:

(1)同意在经济最可行领域和部门使用本联盟一体化潜力和诸成员国竞争优势的措施;

(2)在实施协商一致宏观经济政策时,考虑本联盟经济发展的主要方向和诸成员国宏观经济政策的主要基准;

(3)依据外部预测参数的一组间隔数值,制定诸成员国社会经济发展的官方预测;

(4)在确定经济发展可持续性时,在本条约第 63 条所述宏观经济数值内,实施协商一致宏观经济政策;

(5)在确定一成员国经济发展可持续性的宏观经济指标未达到本条约第 63 条确定的数值时,经委员会参与,制定和执行包括联合措施在内的各种措施,且在必要时,根据委员会批准的程序,考虑委员会旨在稳定经济形势的建议;

(6)磋商涉及诸成员国境内现行经济形势的事项,以制定旨在稳定经济的提案。

Ⅲ. 委员会的职权

4. 委员会应当通过以下途径,协调诸成员国执行协商一致宏观经济政策:

(1)监控:

确定诸成员国经济发展可持续性、根据委员会批准的方法计算出的宏观经济指标,和其服从本条约第63条确定的数值;

经济发展水平、强弱的指标和本议定书第Ⅳ节所列一体化指标。

(2)与诸成员国协商一致,制定经最高理事会批准的以下文件:

本联盟经济发展的主要方向;

诸成员国宏观经济政策的主要基准;

若诸成员国超出了确定本条约第63条所述经济发展可持续性的宏观经济指标数值,旨在稳定经济形势的联合措施。

(3)制定:

旨在持续经济形势的建议,若诸成员国超出了确定本条约第63条所述经济发展可持续性的宏观指标数值;

以外部预测参数系列数值为根据的本联盟经济社会发展分析性(参考性)预测。

(4)便利进行磋商有关诸成员国现行经济形势的事项,以提出旨在稳定经济的提案。

(5)同意诸成员国经委员会批准、为诸成员国社会经济发展官方预测草拟的外部预测参数间隔值。

(6)分析:

所作决定对诸成员国经济实体经济环境和经营活动的影响;

在符合诸成员国宏观经济政策主要基准范围内,协商一致宏观经济政策的诸措施。

(7)诸成员国授权机构与委员会之间为了协商一致宏观经济政策目的的信息交换。应当由委员会批准信息交换程序。

Ⅳ. 一体化指标、经济发展水平与强弱和外部预测参数

5. 以下指标应当用于确定一体化水平:

(1)进入各成员国经济的国民投资量,包括直接投资(以美元计);

(2)源自各成员国的进入国民经济的投资量,包括直接投资(以美元计);

(3)各成员国占该成员总出口量的份额(百分比);

(4)各成员国占该成员国总进口量的份额(百分比);

(5)各成员国占该成员国对外贸易总营业额的份额(百分比)。

6. 以下指标应当用于确定经济发展水平和强弱:

(1)国内生产总值(GDP)增长率(百分比);

(2)按相等购买力人均国内生产总值(GDP)(以美元计);

(3)经常账户收支平衡(以美元和国内生产总值百分比计);

(4)根据消费者价格指数计算出的本国货币真实有效汇率的指数(百分比)。

7. 委员会经与诸成员国协议,可以决定分别监控一体化、诸成员国经济发展水平与强弱的任何指标,但本议定书第5、6款规定的除外。

8. 诸成员国应当协议同意对以下外部预测参数的3年期间隔值:

世界经济发展率;

（英国）布伦特原油价格。

有权编制诸成员国社会经济发展官方预测的行政机构还应当交换对外贸易（包括相互贸易）运行信息。为编制某些成员国社会经济发展官方预测的目的，俄罗斯联邦应当以委员会批准的方式向上述机构提供关于供国内消费的天然气预测价格指标变化幅度的信息。

俄罗斯联邦为了预测宏观经济的目的提供的上述信息，不应当认为是俄罗斯联邦维持预测期向诸成员国供应天然气特定价格的义务。

诸成员国国家（中央）银行应当相互提供实施的汇率政策。

9. 为宏观经济预测目的所实施的信息交换，应当符合诸成员国可适用于该信息的全部各自机密要求。

10. 最高理事会可以决定修改用于制定诸成员国社会经济发展官方预测的外部预测参数。

附件 15

旨在执行协商一致货币政策的措施的议定书

I．总则

1. 本议定书根据《欧亚经济联盟条约》第 64 条制定，并确定诸成员国采取的措施以实施协商一致货币政策。

2. 本议定书中使用的术语应当具有以下含义：

"货币法"，指诸成员国在货币规制和控制领域的法律和其执行中采取的管制性法令。

"货币限制"，指国际条约和构成本联盟法律的法令或诸成员国货币法确定的外汇交易限制，且包含其直接禁止、规模限制、数量、时限和上述交易中使用的支付货币，确定为获得其从业之特别准许（许可证）的条件，部分或全部保留外汇交易全额量或其倍数，与在诸成员国境内开立和维持账户有关的限制，和强制出售外汇的要求。

"一体化货币市场"，指由共同营运和国家规制原则联合在一起的诸成员国一系列国内货币市场。

"自由化措施"，指旨在容易化或消除诸成员国居民间外汇交易和与第三国居民交易中货币限制的行动。

"一成员国居民"，指根据一成员国货币法是该成员国居民的人员。

"第三国居民"，指不是任何成员国居民的人员。

"授权机构"，指根据成立地国家法律授权以外国货币从事银行业务经营，是诸成员国居民的法人。

"外汇管理授权机构",指被授予权力行使外汇控制的诸成员国行政机构和其他国家机构,以及诸成员国国家(中央)银行。

诸成员国在调整货币关系中,应当根据国家货币法适用"非居民"术语。

Ⅱ.旨在执行协商一致货币政策的措施

3.为了协商一致货币政策的目的,诸成员国应当采取以下措施:

(1)协调其本国货币汇率政策(以下简称"汇率政策"),以在诸成员国居民间相互结算中扩大使用诸成员国本国货币,包括组织相互磋商以发展和协调汇率政策下的活动;

(2)以能使诸成员国居民通过诸成员国银行无限制买卖外币方式,确保支付项目的流动与资本余额无限制地可兑换成本国货币;

(3)能够直接相互使用诸成员国本国货币牌价;

(4)确保以诸成员国本国货币在诸成员国居民间相互结算;

(5)通过在诸成员国居民间相互结算中增加使用诸本国货币,改进诸成员国间支付与结算关系的机制;

(6)防止阻碍诸成员国居民间相互贸易的官方汇率多样性;

(7)确保诸成员国国家(中央)银行以股票市场主要比率为基准或以诸成员国与美元的跨国货币比率为基准,建立诸成员国本国货币官方汇率;

(8)确保交换外汇市场现状和发展前景的信息;

(9)形成诸成员国一体化货币市场;

(10)各成员国应当保证承认是诸成员国居民的银行的国内外汇市场,该银行有权根据该成员国法律为了国民待遇下银行间兑换交易的目的从事外汇业务;

(11)赋予诸成员国银行在相应账户内用诸成员国本国货币自由兑换第三国货币的权利;

(12)促进以其他成员国货币(包括以其国家证券)分配诸成员国外币资产;

(13)进一步发展和改进国内货币市场的流通性;

(14)在诸成员国有组织的市场以本国货币发展贸易,并使其容易成为诸成员国外汇市场的参与者;

(15)发展有组织的衍生品市场。

4.为了诸成员国调整货币法律关系和自由化措施的法律相近似,诸成员国应当:

(1)保证逐渐消除阻碍有效经济合作和对诸成员国居民在诸成员国境内所在地银行进行外币交易、开立或维持账户实施的货币限制;

(2)认同对第三国居民在诸成员国境内所在地银行开立或维持账户和诸成员国居民在第三国所在地银行开立或维持账户之程序的协商一致方法;

(3)在对诸成员国居民需要归国的资金强制划拨至其银行账户的细化措施方面,受国家主权原则的制约;

(4)对不应当适用货币限制,确定诸成员国居民间实施货币交易的清单;

(5)确定诸成员国居民在执行外汇交易中的权利义务必要额度,包括不使用位于诸

成员国银行的银行账户进行结算的权利；

(6)保证协调将诸成员国居民资金回国强制划拨至其银行账户的条件；

(7)保证诸成员国居民、非居民资金和货币工具在本联盟关税区内自由流动；

(8)保证协调外汇业务会计和控制的要求；

(9)保证协调违反诸成员国货币法的责任规则。

Ⅲ. 货币管制授权机构的配合

5. 货币管制授权机构应当通过以下途径相互配合：

(1)交换以下信息：

诸成员国管制与执法机构在遵守货币法领域的实践；

改进和保证遵守货币法的监管体系的运行；

货币监管与法律信息的组织工作,包括诸成员国货币控制领域的法律及其各自法律的变更。

(2)在防止、发现和抑制诸成员国居民在执行外汇交易中违反诸成员国法律方面的合作(含交换信息),包括根据货币管制授权机构请求或从事违反货币法的交易。

(3)对在货币管制和货币控制领域影响诸成员国相互利益的事项开展联合分析性研究。

(4)对合作过程中产生的事项提供实际协助,包括建立工作组、交流经验和培训职员。

(5)交换货币管制与货币控制统计信息,包括：

诸成员国居民间外币交易下支付和划拨的资金额；

一成员国居民在另一成员国授权组织中开立账户的数量。

(6)货币管制授权机构之间其他合作事项的联合行动。

6. 货币管制授权机构应当在货币控制特定领域合作,包括按货币管制授权机构之间单个议定书持续提供信息。

7. 应当采取以下方式提供实际协助：

组织货币管制授权机构代表开展工作访问；

举行研讨会和进行磋商；

制定和交换指南。

Ⅳ. 经货币管制授权机构请求交换信息

8. 应当按以下发送和执行信息请求：

(1)应当以书面形式和使用文本传递设备发送请求；

若使用文本传递设备和对收到的请求之真实性或内容有疑问,被请求货币管制授权机构(以下简称"被请求机构")可以要求书面确认。

(2)行政违法程序下的信息请求应当列明：

请求货币管制授权机构(以下简称"请求机构")的名称；

被请求机构的名称；

简述适用的案件事实,必要时提供支持文件副本;

请求机构所属国法律下违法行为的适格条件;

要求执行请求的其他信息。

(3)每项请求及其回复应当以俄文执行。

9. 若要求向第三方传送本议定书下获得的任何信息,应当要求已提供信息的货币管制授权机构书面同意。

10. 应当执行全部请求,以能使请求机构遵守其国家货币管制法。

为了澄清目的,被请求机构应当有权对执行请求要求补充信息。

11. 若不可能执行请求,被请求机构应当将其通知请求机构,并说明理由。

12. 被请求机构应当承担货币管制与控制领域合作框架内的信息交换费用。

若要求额外支出,应当由被请求机构以相互协议方式确定解决程序。

V. 货币限制

13. 在例外情况下(若其他经济政策措施不能解决形势),各成员国可以采取不超过1年期限的自身货币限制。

为了上述目的,例外情况应当指:

出现实施自由化可能导致一成员国经济与金融形势恶化的任何客观情况;

收支平衡不利发展,会导致一成员国国际储备下降到低于可接受的水平;

出现实施自由化措施可能损害一成员国安全利益且阻碍维护公共秩序的客观情况;

一成员国本国货币的汇率激剧波动。

14. 采取货币限制的成员国应当自采取该限制之日起不迟于15日内将其通知其他全体成员国和委员会。

附件16

服务贸易、组建、活动和投资的议定书

I. 总则

1. 本议定书根据《欧亚经济联盟条约》(以下简称"本条约")第65至69条制定,并确定管制诸成员国境内服务贸易、组建、活动和投资的法律基准。

2. 本议定书的规定应当适用于诸成员国对提供和接受服务、组建、活动和投资采取的任何和全部措施。

所产生的与通讯服务贸易有关的法律关系具体特性,应当根据本议定书附件1确定。

诸成员国在所有部门和活动中维持的"水平"限制,应当根据本议定书附件2确定。

本议定书第 15 至 17、23、26、28、31、33 和 35 款规定的单个国别限制、例外、附加要求与条件清单(以下简称"国别清单"),应当由最高理事会批准。

3. 本议定书的规定应当适用于本条约生效日仍存在和本条约生效日以后所设立、获得、控制诸成员国的法人、所开办的分支机构与代表处、已注册个体经营者。

尽管有本议定书第 15 至 17、21、24、27、30 和 32 款规定,诸成员国应当保留对新服务(即本议定书生效日前不存在的服务)采取和执行任何措施的权利。

若采取和执行影响新服务和不符合上述条款规定的措施,各成员国应当自其采取或执行日起不迟于 1 个月将该措施通知其他全体成员国和委员会,以第一项措施为准。该成员国国别清单中的相应变化应当由最高理事会决定批准。

4. 关于供应本议定书第 6 款第 22 分款第 2 项、第 3 项中规定服务的情形,本议定书的规定不应当适用于航空运输权利和与直接运输权利有关的服务,但航空器维修服务、供应和营销航空运输服务、计算机订购系统服务除外。

5. 诸成员国不应当将降低其法律规定保护人类生命健康、环境、国家安全、劳工标准的任何要求,用于吸引其他成员国和第三国人员在其境内组建的机制。

Ⅱ. 术语和定义

6. 本议定书中使用的术语应当具有以下含义:

(1)"接受国",指来自其他诸成员国的投资者在其领土上作出投资的一成员国。

(2)"活动",指本款第 24 分款第 2 至 6 项所列法人、分支机构、代表处或个体经营者从事的商业和其他活动(包括服务贸易和货物制造)。

(3)"投资活动",指投资的占有、使用和处分。

(4)"收入",指因投资产生的资金,特别是股息、利息与特许权使用费、费用和其他报酬。

(5)"一成员国法律",指一成员国的法律和其他管制性法令。

(6)"申请人",指已向一成员国或另一成员国主管机构申请准许的一成员国人员。

(7)"投资",指一成员国投资者根据另一成员国法律在该另一成员国领土内向经营活动主体投入的有形和无形资产,包括:

资金(现金)、证券和其他财产;

从事按诸成员国法律或合同赋予的经营活动的权利,包括(特别是)勘探、开发、生产和开采自然资源的权利;

财产权和有货币价值的其他权利。

(8)"一成员国投资者",指根据另一成员国法律在该另一成员国领土内作出投资的一成员国任何人。

(9)"主管机构",指对本议定书涵盖事项按该成员国指派权力行使控制、权威或其他管制性职能的任何机构或组织,特别是行政机构、法院、专业和其他社团。

(10)"一成员国人员",指一成员国的任何自然人或法人。

(11)"一成员国措施",指一成员的法律,和该成员国一机构或官员行使指派权力中在任何国家、地方机构或组织级别上所采取或适用的任何决定、行为或不行为。

若一成员国机构作出(发布)一官方非约束性文件(建议),经证明其主体(该成员国的国家、地区和/或自治机构、非政府机构和人员,其他诸成员国和任何第三国的人员)主要部分实际遵守了该文件(建议),此文件(建议)可以视为该成员国为了本议定书目的所采取的一项措施。

(12)"服务接受者",指向其提供服务或其意图使用服务的一成员国任何人员。

(13)"服务提供者",指提供服务的一成员国任何人员。

(14)"代表处",指一法人位于代表和保护其利益之所在地以外的单独分支机构。

(15)"准许",指一成员国主管机构按该成员国法律规定并经申请人请求,确认该申请人从事某些活动或实施某些行为的权利,包括采取注册、签发官方文件方式(许可证、批文、作出定论、执照、参与证书、各种证明等)。可以根据竞争选择赋予准许。

(16)"授权程序",指主管机构根据一成员国法律实施的与颁发或重新颁发准许证和其复制件、准许证终止、中止、续期或展期和撤回(注销)、拒绝赋予准许以及复审有关各自全部申索的程序。

(17)"授权要求",指按一成员国法律,对申请人、准许证持有人和/或提供服务或从事活动的一系列要求(包括许可和资格的要求),旨在保证实现该成员国法律确定的管制目标。

对活动的准许,授权要求的目的可以是保证申请人根据该成员国法律从事服务贸易和其他活动的资格和能力。

(18)"待遇",指诸成员国的一系列措施。

(19)"服务部门",指:

为了本议定书附件2和最高理事会批准的诸清单的目的,某服务的一个、多个或全部次级部门;

其他情况下,一整体服务部门,包括全部次级部门。

(20)"一成员国领土",指一成员国的领土以及其根据国际法和该国法律行使主权权利与管辖权的专属经济区、大陆架。

(21)"经济可行性分析",指依据经济可行性或市场需求、评估不同活动对主管机构规定的经济计划目标的潜在或现存商业或经济影响,确定颁发准许证的理由。本术语不应当包括与非经济计划有关的和根据公共利益理由的任何条件,诸如社会政策、执行地方机构在其职权范围内批准的社会经济发展项目或保护城市环境(包括执行城市发展计划)。

(22)"服务贸易",指以下列方式进行的服务提供,包括服务的制成、分销、营销、出售和交付:

从一成员国领土向其他任何成员国领土提供;

一成员国的人员在该国领土内向另一成员国服务接受者提供;

一成员国服务提供者通过其在另一成员国领土内的组建提供;

一成员国的服务提供者通过该成员国自然人在另一成员国领土内的存在提供。

(23)"第三国",指非成员国的国家。

(24)"组建"指:

以一法人创设地或组建地成员国法律规定的任何法律组织形式和所有权形式设立或

获取该法人；

通过直接或经第三人取得确定一成员国一法人作出决定的机会,获取控制该法人,包括通过管理该法人投票权份额赋予的投票、参与其董事会(监事会)和其他管理机构；

开设分支机构；

开设代表处；

注册为个体经营者。

其中,为了服务贸易和/或货物制造,应当进行组建。

(25)"一成员国自然人",指根据一成员国法律是该国的国民。

(26)"分支机构",指一法人在其组建地以外组建的和履行其全部或部分职能(包括代表职能)的单独部门。

(27)"一成员国法人",指根据一成员国法律在该成员国领土内创设或组建的具有任何法律组织形式的一组织。

7. 为了本议定书的目的,应当以联合国统计委员会批准的《核心产品分类》为基础,识别和分类服务部门。

Ⅲ. 支付与转移

8. 本议定书第 11 至 14 款规定情形除外,各成员国应当废除与服务贸易、组建、活动和投资有关的全部限制措施的效力,且不应当采取此方面的新限制措施,特别是涉及以下的措施:

(1)收入；

(2)偿还诸成员国认可为投资的贷款和信用所转移的资金；

(3)投资者接收的与全部或部分清算营利组织或出售投资有关的资金；

(4)投资者根据本议定书第 77 款接收的损害补偿和接收的本议定书第 79 至 81 款所述的赔偿；

(5)被允许在接受国领土内从事有关投资活动的其他成员国投资者和国民接收的薪酬和其他报酬。

9. 本节中的任何规定不应当影响任何成员国产生于国际货币基金成员关系的权利与义务,包括涉及任何货币交易管制措施的权利义务,但是诸成员国上述措施应当符合 1944 年 7 月 22 日《国际货币基金协定》诸条规定和/或该成员国不实施不符合本议定书下其涉及上述交易支付与转移义务的限制,但是本议定书第 11 款规定的限制或经国际货币基金请求实施限制的情形除外。

10. 可以任何可自由兑换货币作出本议定书第 8 款下的转移。应当以该成员国领土内可适用汇率在资金转移日和支付日无不当延迟地兑换。

Ⅳ. 支付与转移的限制

11. 若一成员国国际收支平衡恶化、外汇储备剧减、本国货币汇率激剧波动或其威胁,该成员国可以对本议定书第 8 款规定的转移与支付实施限制。

12. 本议定书第 11 款所述的限制:

（1）不应当在诸成员国之间设置歧视；

（2）应当符合 1944 年 7 月 22 日《国际货币基金协定》规定；

（3）不应当对其他任何成员国的商业、经济和金融利益造成过度损害；

（4）不应当比要求克服本议定书第 11 款所述形势更多的负担；

（5）应当是暂时的且随本议定书第 11 款所述形势消失而逐渐停止。

13. 诸成员国在确定本议定书第 11 款规定限制的范围时，可以给予对其经济或发展进程更重要的货物或服务的优先供应权。但是不应当为了保护某经济部门实施或维持此限制。

14. 诸成员国根据本议定书第 11 款及其任何变化实施或维持的任何限制，应当立即通知其他所有成员国。

V. 国家参与

15. 受国别清单或本议定书附件 2 中规定限制、例外、附加要求和条件的约束，各成员国在其领土内在参与私有化方面给予另一成员国人员的待遇，不应当低于其给予本国人员的待遇。

16. 若在一成员国领土内营运的法人以其资本参与或受该成员国控制，该成员国应当保证该法人：

（1）按以下基准以商业对价营运和参与本议定书管辖的关系：

与这些关系的其他参与者平等的原则；

按照其国籍、注册（组建）地、法律组织形式或所有权形式，对这些关系其他参与者非歧视的原则。

（2）仅由于以其资本参与该成员国或该成员国对其控制，不被给予任何权利、特权或义务。

若上述法人的活动旨在解决该成员国的社会政策问题，上述要求不应当适用，也不应当适用于国别清单或本议定书附件 2 规定的全部限制和条件。

17. 本议定书第 16 款的规定还应当适用于拥有正式或事实存在的专属权或特殊特权的法人，但是对具有依本议定书第 30 款第 2、6 分款包含在本议定书中之权利或/特权的法人和其活动受本条约第 XIX 节管辖的法人除外。

18. 不损害本条约第 69 条规定，各成员国应当保证该成员国全部国家或地方机构在任何级别上应当独立于和不负责于各机构权限范围内规制的经济部门中从事商业活动的任何法人。

该成员国的措施，包括上述机构的决定和依此确定与适用的程序，对从事经济活动的全体人员是公正、客观的。

19. 根据产生于本条约第 XIX 节的义务且不考虑本议定书第 30 款规定，各成员国可以在其领土内保留是自然垄断主体的任何法人。在其领土内保留上述法人的成员国应当保证这些法人以符合本条约第 XIX 节产生的该成员国义务的方式行事。

20. 若本议定书第 19 款所述一成员国的法人直接或经其垄断权范围外被控法人与其他诸成员国法人竞争，该一成员国应当保证上述法人不得滥用其垄断地位违反该一成员国产生于本议定书义务的方式在其领土内行事。

VI. 服务贸易、组建和活动

1. 服务贸易、组建和活动的国民待遇

21. 关于影响服务贸易的全部措施,各成员国对另一成员国服务、服务提供者和服务接受者给予的待遇,不应当低于相同(相似)情形下给予其本国自己相同(相似)服务、服务提供者和服务接受者的待遇。

22. 各成员国可以通过向任何另一成员国服务、服务提供者和接受者提供与该成员国给予自己相同(相似)服务、服务提供者或接受者待遇相比较的正式相似或正式不同待遇,履行本议定书第21款所述的待遇。

若与其他任何成员国相同(相似)服务、服务提供者和/或接受者比较,上述正式相似或正式不同待遇改变了支持该成员国服务、服务提供者和/或接受者的竞争条款,该待遇应当视为低于。

23. 尽管有本议定书第21款规定,各成员国可以对另一成员国服务、服务提供者和服务接受者施加国别清单或本议定书附件2中规定的某些限制和条件。

24. 各成员国在组建和活动方面给予任何另一成员国人员的待遇,不应当低于相同(相似)情形下给予其领土内自己人员的待遇。

25. 各成员国可以通过向任何另一成员国人员提供与该成员国给予自己人员待遇相比较的正式相似或正式不同待遇,履行本议定书第24款所述的待遇。若与任何其他成员国人员比较,该待遇改变了支持该成员国人员的竞争条款,此待遇应当视为低于。

26. 尽管有本议定书第24款规定,各成员国可以对另一成员国人员的组建或活动,施加国别清单或本议定书附件2中规定的某些限制和条件。

2. 服务贸易、组建和活动的最惠国待遇

27. 各成员国对任何另一成员国的服务、服务提供者和服务接受者在相同(相似)情形下给予的待遇,不应当低于给予诸第三国相同(相似)服务、服务提供者和接受者的待遇。

28. 尽管有本议定书第27款规定,各成员国可以对任何另一成员国的服务、服务提供者和服务接受者,施加国别清单或本议定书附件2中规定的某些例外。

29. 对本国领土内的组建和活动,各成员国在相同(相似)情形下给予任何另一成员国人员和该人员在本国领土内组建的人员的待遇,不应当低于给予第三国人员和其组建的人员的待遇。

3. 数量与投资措施

30. 诸成员国不应当对任何成员国的人员采取或适用与服务贸易、组建和活动有关的涉及以下的任何限制:

(1)配额、经济可行性分析形式或其他任何数量形式的服务提供者数量;

(2)设立、获取和/或控制的法人、分支机构或代表处和注册的个体经营者的数量;

(3)任何服务提供者配额、经济可行性分析形式或其他任何形式的交易;

(4)设立、获取和/或控制的法人、分支机构或代表处和注册的个体经营者在其活动过程中以配额、经济可行性分析形式或任何其他数量形式从事的交易;

(5)组建形式,包括法人的法律组织形式;

(6)获取法人法定资本的股份或对法人的控制程度水平;

(7)对特殊服务部门可雇用自然人或服务提供者可雇用自然人的数量限制,该限制是被要求的且直接涉及数量配额或经济可行性分析形式的服务提供。

31. 对任何成员国服务提供者和接受者,若国别清单或本议定书附件2中规定了限制,各成员国可以施加和适用本议定书第30款规定的限制。

32. 任何成员国应当无权对本国人员和其组建的人员,就其组建和/或活动,采取或适用关于以下事项的条件:

(1)制成品货物或服务全部或其部分的出口;

(2)货物或服务的进口;

(3)购买或使用原产于一成员国的货物或服务;

(4)基于制成品货物(提供服务)的数量或使用本地货物或服务,或限制获取本分款所述交易的应付外汇,限制在本国领土内销售货物或提供服务、货物进口至本国领土或从本国领土出口货物的任何要求;

(5)技术、专有技术和其他商业价值的信息的转让,但是依据法院令或保护竞争领域之机构发布的命令转让的情形除外,并受诸成员国其他国际条约确定的竞争政策规则的约束。

33. 若国别清单或本议定书附件2中规定了限制,各成员国可以对其他诸成员国采取和适用本议定书第32款所述的任何附加要求。

34. 本议定书第32款规定的要求,不应当是任何成员国人员在其组建或活动方面获得任何优惠的理由。

4. 自然人的迁移

35. 国别清单或本议定书附件2的限制和要求除外,受本条约第XXVI节规定的约束,任何成员国不应当在其领土内对为设立、获取和/或控制的法人、分支机构或代表处或注册的个体经营者之活动的工人雇用适用或施加任何限制。

36. 若适用对教育、经历、资格条件和职业质量的要求会因其国籍来源的理由形成实际歧视,本议定书第35款的规定不应当适用。

37. 受本条约第XXVI节规定的约束,任何成员国不应当对按本议定书第6款第22分款第5项规定程序从事服务贸易且出现在本国领土内的自然人,适用或施加限制。

5. 建立共同服务市场

38. 为了本节的目的,共同服务市场应当指各成员国向任何其他成员国给予以下权利时的某特殊部门服务市场的状态:

(1)按本议书第21、24、27、29、30和32款规定条件无任何限制、例外和附加要求提供和接受服务,但是本议定书附件2中规定的条件和限制除外;

(2)不附加设立一法人的提供服务;

(3)根据准许在成员国领土内供应服务提供者所获服务的提供服务;

(4)承认服务提供者职员职业资格条件。

39. 共同服务市场的规则应当以互惠为基准,适用于诸成员国。

40. 本联盟内共同服务市场应当在最高理事会根据诸成员国达成的和委员会的提议批准的服务部门运行。

41. 诸成员国应当寻求以互惠为基准将共同市场规则扩展至服务部门最大数量,包括通过逐渐消除国别清单规定的例外与限制。

42. 应当在根据诸成员国达成的和委员会的提议、经最高理事会批准所形成的自由化计划(以下简称"自由化计划")中,对单个部门确定共同服务市场的程序和步骤。

43. 自由化计划可以规定某些成员国延长单个服务部门自由化的截止期,但该延长不得阻碍其他成员国以互惠为基准在此部门建立共同服务市场。

44. 本节第 1 至 4 分节的规定应当适用于不受共同服务市场规则调整的部门。

6. 与第三国服务贸易、组建、活动和投资的关系

45. 本议定书中的任何规定不应当排除诸成员国与诸第三国缔结符合本议定书第 46 款要求的经济一体化国际条约。

已缔结上述经济一体化条约的各成员国应当按该国际条约下给予的相同(相似)条件对诸成员国作出减让。

本款中的减让,指该成员国取消其国别清单中规定的一项或多项限制。

46. 为了本议定书的目的,一成员国与一第三国之间的经济一体化国际条约,指符合以下标准的全部国际条约:

(1)涵盖大量服务部门且不知悉某项优先排除了服务提供的任何模式或组建和活动方面的任何模式;

(2)聚焦消除、禁止现行的和新的歧视措施;

(3)旨在服务贸易、组建和活动的自由化。

上述国际条约应当意图便利化缔约方之间的服务贸易、组建和活动所适用的条件。该条约不应当在与其缔结前存在形势相比较的某些部门或次级部门的服务贸易,对任何第三国在总量上设置障碍。

47. 已与第三国缔结经济一体化国际条约的成员国应当有义务自其签署日起 1 个月内将其通知其他成员国。

48. 诸成员国应当自由确定其与第三国服务贸易、组建、活动和投资有关的对外贸易政策。

7. 服务接受者的附加权利

49. 受本条约第 XV 节规定的约束,各成员国不应当对服务接受者施加任何要求或特别条件,限制其获得、使用或支付由另一成员国服务提供者提供的服务的权利,包括关于选择服务提供者或从主管机构获得强制准许证。

50. 受本条约第 XV 节规定的约束,各成员国应当保证对服务接受者不适用以国籍、居住地或组建地或活动地为理由的任何歧视性要求或特别条件。

51. 各成员国应当有义务使:

(1)服务提供者根据本条约和本成员国法律向服务接受者提供必要信息;

(2)主管机构采取措施保护服务接受者的权利和合法利益。

52. 本议定书中的任何规定不应当影响一成员国采取任何措施,要求执行其社会政

策,包括保证其人口的养老金和社会支持政策。

涉及消费者获取本条约第ⅩⅨ、ⅩⅩ、ⅩⅪ节所含服务和给予消费者此服务之待遇的全部事项,应当分别由这些节的规定调整。

8. 准许证和职业资格的相互承认

53. 应当在采取本议定书第54款和/或第55款所述措施后,确认承认执行自由化部门提供服务的准许证。.

54. 诸成员国经相互磋商(包括政府部门间级别的磋商),可以决定相互承认特定部门提供服务的准许证,以实现这些部门实质同等的规制。

55. 自由化计划应当保证:

(1)通过协调诸成员国法律、设定此协调的完成日期,使确保活动的认可机制逐渐趋同;

(2)根据本条约第68条,建立行政合作机制;

(3)承认服务提供者雇员的职业资格。

56. 若在认可履行职业服务前要求职业考试,各成员国应当保证采纳此类职业考试的非歧视程序。

9. 服务贸易、组建和活动的国内规制

57. 各成员国应当保证以合理、客观和公平方式适用影响服务贸易、组建和活动的本国全部措施。

58. 各成员国应当维持和在可行范围内尽快建立全部司法、仲裁或行政机构或程序。此等机构或程序,经利益已受到影响的其他成员国人员请求,迅速复审各事项,并采取合理措施变更影响服务贸易、组建和活动的行政决定。若上述程序不独立于被委派具有各自行政决定的机构,该成员国应当确保该程序客观、公正复审。

59. 若不符合一成员国宪法程序或其司法制度性质,本议定书第58款的规定不应当要求该成员国设立本议定书第58款所述的机构或程序。

60. 若要求取得服务贸易、组建和/或活动的准许证,该成员国主管机构应当在提交被认为按该成员国法律和可适用管制性规定执行的各个申请后合理时限内,将复审申请和据此所得结果,通知申请人。

在未收到该成员国法律规定的全部文件和/或信息之前,不应当认为适当安排了上述申请。

在任何情况下,应当给予申请人对申请作出技术校正的机会。

该成员国主管机构经申请人请求,应当无不当迟延地提供处理申请进度的信息。

61. 为了确保授权要求和程序不构成服务贸易、组建和活动的不必要障碍,委员会应当与诸成员国协议后制定最高理事会批准的各项规则。这些规则应当意图确保上述授权要求和程序:

(1)建立在诸如从事服务贸易和活动的资格和能力之类的客观、明确标准的基础上;

(2)不比要求确保进行活动的安全和所供服务的安全与质量的负担更多;

(3)不限制服务贸易、组建和/或活动。

62. 诸成员国不应当适用使利益无效或减少利益且具有以下情形的任何授权要求和

程序：

（1）不符合本议定书第 61 款规定标准的；

（2）该成员国未曾确定且在本条约签署日未适用的。

63. 在确认一成员国履行了本议定书第 62 款所述义务时,应当考虑向全体成员国开放成员资格的国际组织的国际标准。

64. 若一成员国适用有关服务贸易、组建和/或活动的授权要求与程序,该成员国应当确保：

（1）颁发授权的主管机构名称已发布或在其他情况下已传达给一般公众。

（2）全部授权要求和程序已经在该成员国法律中确定,确定或适用任何授权程序与要求的任何法令在其有效(生效)日前已经公布。

（3）主管机构已经决定在该成员国法律规定的合理期限内颁发或拒绝准许证,且此期限通常等于自按该成员国法律被认为已安排的申请收到(到达)日起 30 个工作日。该期限应当根据要求获得和处理为执行授权程序所必要的全部文件和/或信息的最少时间予以确定。

（4）对从事活动的权利收取的费用除外,对提交和审议申请所收取的费用不得构成限制服务贸易、组建或活动且以主管机构审议申请和颁发准许证所发生的支出为基础。

（5）本款第(3)分款所述期限届满时且经申请人请求,该成员国主管机构根据本议定书第 60 款将其申请的现状通知申请人,指明是否认为正当执行该申请。

在任何情况下,应当给予申请人本议定书第 57、58、60、62 和 64 款规定的权利。

（6）经申请被拒绝的申请人书面请求,拒绝申请的主管机构书面通知申请人该拒绝的理由。本规定不应当理解为,要求主管机构披露阻碍执法或其他情况下违反该成员国公共利益或重大安全利益的信息。

（7）若主管机构拒绝申请归因于其不当执行,申请人可以重新申请。

（8）对提供服务颁发的准许证在其载明的该成员国全境有效。

VII. 投资

1. 总则

65. 本节的规定应当适用于诸成员国投资者自 1991 年 12 月 16 日开始在另一成员国领土内作出的全部投资。

66. 本议定书第 2 款第 24 分款含义内的组建应当构成一种投资形式。本议定书第 69 至 74 款的规定除外,本议定书的全部规定应当适用于此种投资。

67. 投资方式和投资或再投资形式的变化,不应当影响其作为投资的合格性,但上述变化不得与接受国法律相抵触。

2. 投资的法律待遇与保护

68. 各成员国应当确保在其领土内对其他诸成员国投资者从事的投资和有关投资活动的公正、公平待遇。

69. 本议定书第 68 款规定的待遇不应当低于该成员国对其国内(本国)投资者从事投资和有关投资活动所给予的待遇。

70. 各成员国给予其他任何成员国投资者及其投资、有关投资活动的待遇,不应当低于相同(相似)情形下给予任何第三国投资者及其投资、与该投资有关的活动的待遇。

71. 诸成员国应当按投资者选择、依据最惠国待遇,给予本议定书第69、70款规定的待遇。

72. 各成员国应当为其领土内其他成员国投资者的投资创造有利条件,并应当根据其法律提供从事上述投资的措施。

73. 各成员国应当根据其法律保留限制其他诸成员国投资者活动的权利、对本议定书第69款所述国民待遇适用和采取其他例外的权利。

74. 本议定书第70款的规定不应当理解为,使一成员国有义务将避免双重征税国际条约或其他税收协定和本议定书第46款所述条约下现在或未来对该成员国可适用的任何待遇、优惠或特权的利益,扩展至其他诸成员国投资者的投资和与投资有关的活动。

75. 各接受国应当对完成该接受国全部有关税收和其他法律下之义务的其他诸成员国投资者,担保以下事项:

(1)使用和处置为了接受国法律不禁止的任何目的因投资所产生的收入的权利;

(2)按投资者自由处置权,将本议定书第8款所述的与投资有关的资金(现金)和支付自由转移至任何国家的权利。

76. 各成员国应当根据本国法律在其领土内担保和保证保护其他诸成员国投资者的投资。

3. 投资者的赔偿和担保

77. 投资者应当有权因一成员国领土内民变、敌对行为、革命、叛乱、紧急状态或其他类似情形对其投资造成的损害获得赔偿。

78. 接受国在根据投资者最惠国待遇对上述损害采取赔偿措施方面,应当给予上述投资者的待遇不低于该接受国给予其本国投资者或第三国投资者的待遇。

4. 征收中担保投资者权利

79. 一成员国投资者在另一成员国领土内作出的投资不应当遭受直接或间接征收、国有化和后果等同征收或国有化的其他措施(以下简称"征收"),但是为了公共利益、按接受国法律确定的程序采取的措施是非歧视的且涉及迅速与充分补偿的情形除外。

80. 本议定书第79款所述补偿应当相当于实际征收日或公众知悉即将征收之日的前一日从投资者处征收投资的市场价值。

81. 应当在接受国法律规定期限内不迟延地支付本议定书第79款所述的补偿,但不迟于自征收日起3个月内,且应当以可自由兑换货币从接受国领土自由转移到国外。

若迟延支付补偿,应当计算自征收日至实际支付补偿日期间的利息,利率按美元提供实际贷款6个月内国内银行间市场利率计算,但不低伦敦同业拆借利率(libor),或者按投资者与该成员国之间的协议所确定的程序进行。

5. 投资者权利的转让

82. 已根据对投资接受国领土内投资者投资的防止非商业风险担保向其投资者完成支付的一成员国或其授权机构,可以按与投资者相同范围的代位行使该投资者的权利。

83. 本议定书第82款所述权利应当根据接受国的法律行使,但不得损害本议定书第

21、24、29、30 和 32 款的规定。

6. 投资争端解决程序

84. 接受国与另一成员国投资者之间产生于接受国领土内该投资者投资或与其有关的一切争端,包括依据本议定书第 77 款接受为损害补偿额的范围、术语或次序和本议定书第 79 至 81 款规定的补偿,或本议定书第 8 款规定的资金支付和转移的争端,应当尽可能通过谈判解决。

85. 若自争端任何一方书面通知谈判之日起 6 个月内通过谈判未解决争端,可以按投资者选择将该争端提交以下解决:

(1)接受国对审理相关争端有正当管辖权的一法院;

(2)争端当事方可以协议同意的任何国家商会的国际商事仲裁院;

(3)临时仲裁庭,争端当事方另有协议除外,该仲裁庭应当根据《联合国国际贸易法委员会仲裁规则》设立并行事;

(4)依据 1965 年 3 月 18 日《解决国家与他国国民间投资争端公约》设立的"解决投资争端国际中心"(ICSID),以解决该公约规定下的争端(若该公约已对是争端当事方的两成员国生效)或者《解决投资争端国际中心附加便利规则》下的争端(若公约对是争端当事方的一个或两个成员国未生效)。

86. 已将拟解决的争端提交本议定书第 85 款第(1)、(2)项规定的一国内法院或一仲裁院的投资者,应当无权利将该争端再提交其他任何法院或仲裁院。

投资者对本议定书第 85 款所述法院或仲裁院作出的选择,应当是最终的。

87. 依据本议定书第 85 款对审理的争端作出的任何仲裁决定,应当是最终的且对争端当事方有约束力。各成员国应当确保根据其法律执行上述决定。

《服务贸易、组建、活动和投资的议定书》附件1

通讯服务贸易程序

1. 本程序应当适用于管辖通讯领域活动的诸成员国措施。

2. 本程序不应当适用于邮政领域的活动。

3. 本程序中的任何规定不应当理解为,要求任何成员国(或要求其管辖下的服务提供者有义务)对不与公共通讯网络相连的任何通讯网络确定特别要求。

4. 本程序中使用的术语应当具有以下含义:

(1)"公共通讯网络",指包含通讯工具和网线、意图根据一成员国法律向该成员国领土内任何通讯服务用户提供有偿通讯服务的一种技术系统。

(2)"通用通讯服务",指一成员国编制的、规定应由通用服务营运商向任何位置的任何用户提供通讯服务并遵守已建立的强制性质量和保证可购性之价格水平的清单。

(3)"通讯服务",指诸如接受、处理、储存和送交电子信息之类的活动。

5. 各成员国应当确保关于获取公共通讯网络和通讯服务的信息保持可公开获得,包括关于以下事项的信息:提供服务的条款,技术连接上述网络,负责草拟和采取涉及上述获取和使用标准的机构,连接终端和其他设备的条款,对公告、注册或许可的要求和可以规定的其他任何授权程序。

6. 应当根据诸成员国授权机构颁发的许可证,在领土疆界内从事与提供通讯服务有关的活动,并遵守其确定的条款、使用按诸成员国法律确定的程序为每位营运商指定的编号。

7. 使用无线电频谱提供通讯服务并持有在该成员国领土内从事相关活动许可证的营运商,应当有义务取得该成员国授权机构对无线电电子设备分配各自频带、无线电频道或无线电频率和指定各自无线电频率和/或频道的决定。

8. 应当根据诸成员国法律确定的程序实施频带、无线电频道或无线电频率的分配,无线电频率或频道的指定,和使用无线电频谱的准许证颁发。

9. 应当以诸成员国法律确定的程序和数额收取、分配与使用无线电频谱有关的费用。

10. 诸成员国应当采取一切适当措施(包括立法和行政行动)确保非歧视和平等获取通讯网络和服务。

11. 每位通讯营运商(不考虑其在通讯服务市场的地位)应当按本成员国法律、根据不低于向诸成员国可比较条件下营运的其他通讯营运商提供的条款,连接公共通讯网络(若技术上可行)。

12. 诸成员国可以对某些种类的通讯服务确定和执行国家价格表管理。这些价格表应当建立在各成员国法律要求的基础上。

诸成员国应当向全体成员国的人员担保按东道国与其营运商缔结提供通讯服务之服务合同后的东道国价格表提供服务。

13. 诸成员国对价格表不受国家管理的通讯服务种类,应当确保竞争法的可用性和有效适用,以防止对诸成员国通讯服务提供者与接受者之间竞争条款的任何扭曲。

14. 到 2020 年 1 月 1 日,委员会理事会应当批准对诸成员国通讯传送服务定价的共同方法。

15. 诸成员国应当基于营运商之间的协议和依据网络技术能力,采取一切必要措施确保由诸成员国通讯营运商进行的无障碍通讯传送(包括传输种类)。

16. 诸成员国应当保证不使用本地和长途通讯(通过完成其领土内国际电话)的补贴。

17. 应当根据诸成员国法律分配和使用无线电频谱资源和编号资源。

18. 诸成员国应当确保根据本领域国际组织建议确定的共同原则和规则在其领土内提供通用通讯服务。各成员国应当有权利独立确定提供通用服务的义务。这些义务不应当视为反竞争,只要根据竞争方面透明、非歧视和中立履行这些义务且不应当比对该成员国确定的通用服务种类要求更多的负担。

19. 诸成员国管理机构应当独立于通讯营运商且不应当对他们负责。上述机构的一切决定应当对该市场全体参与者是公正的。

《服务贸易、组建、活动和投资的议定书》附件2

诸成员国对全部部门和活动保留"水平"限制的清单

限制	适用限制的理由 (本条约附件16诸款)	适用限制的理由 (管制性法令)
I. 白俄罗斯共和国		
1. 获取(包括限制获取)补贴和其他国家支持措施的条款和程序,应当由白俄罗斯共和国法律确定,且全部适用,但不得损害《欧亚经济联盟条约》(以下简称"本条约")第ⅩⅩⅣ、ⅩⅩⅤ节的规定。	第23、26款	《白俄罗斯共和国预算法典》《白俄罗斯共和国税法典》,白俄罗斯共和国关于相应年度国家预算的法律,2006年3月28日《关于改进向法人和个体经营者提供国家支持的程序的法律管理》的第182号总统令,白俄罗斯共和国、国家和地方机构的管制性法令
2. 外国法人和个体经营者仅可以根据租赁权持有地块。	第23、26款	2007年12月27日《关于没收和分配地块》的第667号总统令,《白俄罗斯共和国土地法典》
3. 私人合伙人选择程序和特许协议重要条款清单应当根据白俄罗斯共和国法律确定。根据特许协议确定拥有和使用特许权主题的活动和权利,包括确定其条款与条件。	第15至17、23、26、31、33款	2013年7月12日《关于特许权》的白俄罗斯共和国第No.63-Z号法律,2009年8月6日《关于对白俄罗斯共和国境内投资活动设置附加条件》的第10号总统令,2013年7月12日《关于投资》的白俄罗斯共和国第No.53-Z号法律
4. 在特殊地域或水域提供动物群以供使用的优先权,应当赋予白俄罗斯共和国法人和国民。	第23、26款	2007年7月10日《关于动物群》的白俄罗斯共和国第No.257-Z号法律
5. 仅应当由隶属于(包括在该系统中的)一特别授权国家机构的国家组织实施土地管理(关于土地存量、土地使用计划、构建[恢复]和确定地块边界的活动)和旨在改进土地使用与保护效能的其他土地管理活动。	第16,17,23,26,31款	2010年7月5日《关于国家专属所有财产和国家专属从事活动》的白俄罗斯共和国第No.169-Z号法律,2007年12月27日《关于没收和分配地块》的白俄罗斯共和国第667号总统令
6. 技术储备、不动产及其权利注册和其交易仅应当由隶属于(包括在该系统中的)一国家特别授权机构的国家组织实施。	第16、17、23、26、31款	2010年7月15日《关于国家专属拥有财产和国家专属从事活动》的白俄罗斯共和国第No.169-Z号法律,2002年7月22日《关于不动产及其权利注册和其交易》的白俄罗斯共和国第No.133-Z号法律

续表

限制	适用限制的理由 （本条约附件 16 诸款）	适用限制的理由 （管制性法令）
7. 为了交易目的和/或与其具有其他重要法律行动，国家财产估价仅应当由国家组织、国有股份超过法定资本 50% 的从事评估活动的组织和隶属于（包括在该系统中的）一特别授权国家行政机构的组织实施。	第 16、17、23、26、31 款	2006 年 10 月 13 日《关于估价活动》的白俄罗斯共和国第 615 号总统令
8. 结果具有全国和跨部门重要性的大地测量与地图工作仅应当由隶属于（包括在该系统中的）一特别授权国家行政机构的国家组织实施。	第 16、17、23、26、31 款	2010 年 7 月 5 日《关于国家专属所有财产和国家专属从事活动》的白俄罗斯共和国第 No. 169-Z 号法律
Ⅱ. 哈萨克斯坦共和国		
1. 获取（包括限制获取）补贴和其他国家支持措施的条款和程序，应当由哈萨克斯坦共和国法律和其政府机构确定，且全部适用，但不得损害《欧亚经济联盟条约》（以下简称"本条约"）第ⅩⅩⅣ、ⅩⅩⅤ节的规定。	第 23、26 款	《哈萨克斯坦共和国预算法典》，哈萨克斯坦共和国关于相关年度国家预算的法律，哈萨克斯坦共和国及其国家与地方政府机构的管制性法令
2. 外国人不得私人拥有指定给农业生产和森林种植的地块。已付清的临时用于耕作和农业商品生产的土地权利应当赋予外国人最高 10 年。	第 23、26 款	《哈萨克斯坦共和国土地法典》
3. 不应当允许外国人私人拥有位于哈萨克斯坦共和国边境、边境带和其海港边境内的任何土地。 紧邻哈萨克斯坦共和国国家边境缓冲区的农业土地（3 公里区域内），在其划界与定界前，可以仅提供给哈萨克斯坦共和国国民和法人临时使用，但是哈萨克斯坦共和国关于哈萨克斯坦共和国国家边境的法律另有规定除外。	第 23、26 款	《哈萨克斯坦共和国土地法典》，1994 年 9 月 21 日《关于哈萨克斯坦共和国境内运输》的哈萨克斯坦共和国第 No. 156-XⅢ 号法律，2013 年 1 月 16 日《关于哈萨克斯坦共和国国家边境》的哈萨克斯坦共和国第 No. 70-V 号法律
4. 永久使用土地的权利不得赋予外国土地使用者。	第 23、26 款	《哈萨克斯坦共和国土地法典》

续表

限　制	适用限制的理由 (本条约附件 16 诸款)	适用限制的理由 （管制性法令）
5. 对哈萨克斯坦共和国政府与底土使用者之间按 2010 年 6 月 24 日《关于底土和底土使用》的哈萨克斯坦共和国第 No. 291-Ⅳ号法律缔结的底土使用合同,该合同条款在本条约生效前应当适用。①	第 16、17、23、26、31、33、35 款	2010 年 6 月 24 日《关于底土和底土使用》的哈萨克斯坦共和国第 No. 291-Ⅳ号法律,1996 年 1 月 27 日《哈萨克斯坦共和国关于底土和底土使用的法律》,1995 年 6 月 28 日《哈萨克斯坦共和国关于石油的法律》
6. 对哈萨克斯坦共和国政府与底土使用者之间按 2010 年 6 月 24 日《关于底土和底土使用》的哈萨克斯坦共和国第 No. 291-Ⅳ号法律缔结的底土使用合同,在本条约生效后②: 6.1. 哈萨克斯坦共和国应当根据各投资合同保留源自投资者需求的权利、采购源自哈萨克斯坦共和国法人之服务的权利。 6.1.1. 对勘探和采掘固体矿物质,不超过投资者在执行投资合同中采购全部服务的 50%。 6.1.2. 对勘探和采掘碳氢化合物。 6.1.2.1. 至 2016 年 1 月 1 日,不超过投资者在执行投资合同中采购全部服务的 70%。 6.1.2.2. 自 2016 年 1 月 1 日至哈萨克斯坦共和国加入世界贸易组织日,不超过投资者在执行投资合同中采购全部服务的 60%。 6.1.2.3. 自哈萨克斯坦共和国加入世界贸易组织之日起,不超过投资者在执行投资合同中采购全部服务的 50%。 6.2. 哈萨克斯坦共和国加入世界贸易组织 6 年内,在举行吸纳分包商的招标时,若分包商熟练雇员至少 75% 是哈萨克斯坦共和国国民,投资者应当有条件地降低哈萨克斯坦共和国法人提交投标价格的 20%,但是该哈萨克斯坦共和国法人需满足招标文件中规定的标准和质量特性。	第 16、17、23、26、31、33、35 款	2010 年 6 月 24 日《关于底土和底土使用》的哈萨克斯坦共和国第 No. 291-Ⅳ号法律,1996 年 1 月 27 日《哈萨克斯坦共和国关于底土和底土使用的法律》,1995 年 6 月 28 日《哈萨克斯坦共和国关于石油的法律》

----

① 应当按《哈萨克斯坦共和国加入世界贸易组织议定书》中规定的程序和条款保留和适用这些例外。

② 应当按《哈萨克斯坦共和国加入世界贸易组织议定书》中规定的程序和条款保留和适用这些例外。

续表

限制	适用限制的理由 (本条约附件 16 诸款)	适用限制的理由 (管制性法令)
6. 3. 哈萨克斯坦共和国加入世界贸易组织后届满 6 年,在举行吸纳分包商的招标时,若分包商熟练雇员至少 50%是哈萨克斯坦共和国国民,投资者应当有条件地降低哈萨克斯坦共和国法人提交投标价格的 20%,但是该哈萨克斯坦共和国法人需满足招标文件中规定的标准和质量特性。 6. 4. 哈萨克斯坦共和国在确定提供底土使用权的条款时,不应当设置当地劳工或服务超过 50%的最低数,但受以下约束: 6. 4. 1. 已被给予底土使用权的投资者(以下简称"投资者")吸纳本地劳工的数量应当以主管、管理人和专业人员的数量为基准,在哈萨克斯坦共和国对世界贸易组织的准入服务市场特别承诺表内为了哈萨克斯坦共和国国民的人员进入和临时停留的目的按公司内部转移所规定的这些条款含义内(以下简称"熟练工"),按平等比例计算。 6. 4. 2. 应当按为哈萨克斯坦共和国法人所缔结的全部合同项下提供服务的年度支付总额(成本)的一比例,计算向投资者提供全部服务中的本地劳工。① 但是向哈萨克斯坦共和国法人支付的数额,应当减去任何级别分包协议下向不是哈萨克斯坦共和国法人的组织支付的任何服务费额。	第 16、17、23、26、31、33、35 款	2010 年 6 月 24 日《关于底土和底土使用》的哈萨克斯坦共和国第 No. 291-Ⅳ号法律,1996 年 1 月 27 日《哈萨克斯坦共和国关于底土和底土使用的法律》,1995 年 6 月 28 日《哈萨克斯坦共和国关于石油的法律》

---

① 若哈萨克斯坦共和国一法人未在哈萨克斯坦共和国领土内从事协议的活动,不应当考虑与该法人的诸合同。"哈萨克斯坦共和国法人"还指个体经营者。

续表

限　制	适用限制的理由 (本条约附件 16 诸款)	适用限制的理由 (管制性法令)
6.4.3. 哈萨克斯坦共和国在确定向中标人授予底土使用权时，不应当考虑潜在投资者可以报价大量劳工和超过 50% 服务的事实。 6.5. 哈萨克斯坦共和国应当保留源于投资者的需求的权利，按各投资合同以本条约附件 28 中清单第Ⅱ节第 5 款规定的程序和条款采购货物。	第 16、17、23、26、31、33、35 款	2010 年 6 月 24 日《关于底土和底土使用》的哈萨克斯坦共和国第 No.291-Ⅳ号法律，1996 年 1 月 27 日《哈萨克斯坦共和国关于底土和底土使用的法律》，1995 年 6 月 28 日《哈萨克斯坦共和国关于石油的法律》
7. 与本地劳工有关的例外应当保留并按本条约附件 28 清单第Ⅱ节第 6 款规定的有关采购的条件和程序予以适用。上述采购由萨姆鲁克-卡泽纳国家福利基金(NWF)、萨姆鲁克-卡泽纳直接或间接拥有 50% 或以上投票权股份的组织、国家直接或间接拥有的公司(国有股份在 50% 或以上)根据 2012 年 2 月 1 日《关于国家福利基金》的哈萨克斯坦共和国第 No.550-Ⅳ号法律和 2009 年 5 月 28 日《关于批准采购国家管理控股、国家控股、国家公司和国家管理控股、国家控股或国家公司直接或间接拥有 50% 或以上股份(参股)的组织提供货物、工程和服务的示范规章》的哈萨克斯坦共和国第 787 号政府令进行。①	第 16、17、23、26、31、33、35 款	2012 年 2 月 1 日《关于国家福利基金》的哈萨克斯坦共和国第 No.550-Ⅳ号法律，2009 年 5 月 28 日《关于批准采购国家管理控股、国家控股、国家公司和国家管理控股、国家控股或国家公司直接或间接拥有 50% 或以上股份(参股)的组织提供货物、工程和服务的示范规章》的哈萨克斯坦共和国第 787 号政府令

———————

① 应当按《哈萨克斯坦共和国加入世界贸易组织议定书》中规定的程序和条款保留和适用这些例外。

续表

限制	适用限制的理由 (本条约附件 16 诸款)	适用限制的理由 (管制性法令)
8. 国家机构可以拒绝向申请人颁发从事具有使用国家战略资源和/或涉及使用或获取哈萨克斯坦共和国境内战略设施的准许证,若它可能造成诸权利集中在来自一国家的一人或人群。遵守本项要求对相关当事人的交易也应当是强制性的。为了确保国家安全,哈萨克斯坦共和国政府应当对哈萨克斯坦共和国战略资源(设施)所有权的转让和出现施加限制。为了执行哈萨克斯坦共和国政府相关决定(法令)的目的,若将股份投放有组织的证券市场,国家管理控股公司直接或间接拥有其大多数股份的发行人应当无权向外国的国民和/或法人、无国籍人出售股份。	第 15、16、23、26、31、33 款	2012 年 1 月 6 日《关于国家安全》的哈萨克斯坦共和国第 No. 527-Ⅳ 号法律,2003 年 7 月 2 日《关于证券市场》的哈萨克斯坦共和国第 No. 461 号法律
9. 私人合伙人选择程序和特许协议重要条款清单应当是根据哈萨克斯坦共和国法律确定的。应当保留委派专属私人合伙人的权利。公共合伙人的单独权利和义务应当由授权公共合伙人行使。	第 15 至 17、23、26、31、33 款	2006 年 7 月 7 日《关于特许权》的哈萨克斯坦共和国第 No. 167-3 号法律
10. 可以对哈萨克斯坦共和国大陆架内的活动施加限制。	第 15 至 17、23、26、31、33 款	2010 年 6 月 24 日《关于底土和底土使用》的哈萨克斯坦共和国第 No. 291-Ⅳ 号法律
11. 在特殊地域或水域提供野生植物供使用的优先权,应当赋予哈萨克斯坦共和国法人和国民。	第 23 和 26 款	2004 年 7 月 9 日《关于保护、复制和使用野生动物群》的哈萨克斯坦共和国第 No. 593-Ⅱ 号法律
Ⅲ. 俄罗斯联邦		
1. 获取(包括限制获取)补贴和其他国家支持措施的条款和程序,应当由联邦、地区和自治市机构确定并全部适用,但不得损害本条约第 XXⅣ 和 XXⅤ 节的规定。	第 23、26 款	《俄罗斯联邦预算法典》,关于相应年度联邦预算的联邦法律,俄罗斯联邦、其组成部分、自治市的管制性法令

续表

限 制	适用限制的理由 (本条约附件 16 诸款)	适用限制的理由 (管制性法令)
2. 应当禁止农业土地和边境区土地的外国所有权关系,且可以限制其他种类的土地。应当准许土地租赁,期限最长 49 年。	第 23、26 款	《俄罗斯联邦土地法典》,2002 年 7 月 24 日《关于农业土地交易》的第 No. 101-FZ 号联邦法律
3. 外国人拥有超过法定(股份)资本 50%(或其组合股份)的俄罗斯法人可以按租赁期限专属拥有农业土地。此租赁期限不应当超过 49 年。	第 23、26 款	《俄罗斯联邦土地法典》,2002 年 7 月 24 日《关于农业土地交易》的第 No. 101-FZ 号联邦法律
4. 可以根据俄罗斯联邦各管制性法令,对涉及传统住宅土地、土著人和少数种群经济活动土地、位于俄罗斯联邦边境区和其他特别地区地块的交易,予以限制或禁止。	第 23、26 款	《俄罗斯联邦土地法典》,1993 年 2 月 1 日《关于俄罗斯联邦国家边境》的第 No. 4730-I 联邦法律
5. 对本条约附件 16 第 6 款第 22 分款第 2 项、第 3 项中规定程序的服务贸易,俄罗斯联邦法人应当有作为承包人、供应商、承运商或其他情况下按与投资者的各个协议(合同)参与生产分享协议的优先权。	第 23 款	1995 年 12 月 30 日《关于生产分享协议》的第 No. 225-FZ 号联邦法律
6. 可以依据俄罗斯联邦各管制性法令,限制或禁止其他任何成员国人员在封闭型行政区实体中组建法人、开设分支机构与代表处、注册为个体经营者,以及其他任何成员国人员获取在封闭型行政区实体地区注册的法人的资本股份和在封闭型行政区实体中注册的法人、分支机构与代表处的活动(包括使用外国资本)。	第 15 至 17、23、26、31、33 款	1992 年 7 月 14 日《关于封闭型行政区实体》的第 No. 3297-1 号联邦法律
7. 可以对俄罗斯联邦大陆架内的活动施加限制。	第 15 至 17、23、26、31、33 款	1995 年 11 月 30 日《关于俄罗斯联邦大陆架》的第 No. 187-FZ 号联邦法律
8. 在特殊地域或水平提供野生动植物供使用的优先权,应当赋予俄罗斯联邦法人和国民。	第 23、26 款	1995 年 4 月 24 日《关于动物群》的第 No. 52-FZ 号联邦法律

续表

限制	适用限制的理由 (本条约附件 16 诸款)	适用限制的理由 (管制性法令)
9. 对 2012 年 1 月 1 日前缔结的生产分享协议(以下简称"协议")①: 投标缔结协议的条款应当规定俄罗斯联邦法人按俄罗斯联邦政府确定的比例参与执行协议。 协议应当规定投资者的以下义务: 给予俄罗斯法人作为承包商、供应商、承运商或基于与投资者各协议(合同)的其他任何资格参与协议下的工程的优先权。 吸纳是俄罗斯联邦国民的工人,数量不低于所涉全体工人的 80%;仅在该协议下工程初期阶段或缺乏俄罗斯联邦国民的合格工人和专家时,吸纳外国工人和专家。 以不低于协议项下每年施工所获得的加工设备、设施和原材料(包括租赁和其他)总费用的 70%,采购原产于俄罗斯的对勘探、开采、运输和加工矿产品所要求的设备、设施和原材料,上述获得和使用的费用应当由结构产品偿还给投资者。为此目的,若由俄罗斯法人和/或国民在俄罗斯联邦境内制造组件、部件、构造物和由俄罗斯联邦法人和/或国民在俄罗斯联邦境内生产按价值计算至少 50% 的组装物,该设备、设施和原材料视为原产于俄罗斯。诸成员国应当在协议中包括以下要求的条件:投资者按协议施工所采购和/或使用的用于开采、运输和加工(若按协议要求)的加工设备至少 70%(按价值计算)应当是俄罗斯原产的。本规定不应当适用于主要管道运输的使用、协议未规定的建筑及其采购。	第 23、26 款	1995 年 12 月 30 日《关于生产分享协议》的第 No. 225-FZ 号联邦法律

① 应当按 2011 年 12 月 16 日《俄罗斯联邦加入 1994 年 4 月 15 日建立世界贸易组织马拉喀什协定议定书》中规定的程序和条款保留和适用这些限制。

续表

限　制	适用限制的理由 (本条约附件 16 诸款)	适用限制的理由 (管制性法令)
10. 应当根据俄罗斯联邦法律确定私人合伙人选择程序和特许协议重要条款清单。应当保留指派专属私人合伙人的权利。公共合伙的单独权利和义务可以由授权公共合伙人行使。	第 15 至 17、23、26、31、33 款	2005 年 7 月 21 日《关于特许协议》的第 No. 115-FZ 号联邦法律
11. 其他任何成员国人员缔结的交易和形成建立控制从事至少一项国防与国家安全战略重要性活动的俄罗斯经济实体,应当由俄罗斯联邦授权机构按俄罗斯联邦管制性法令规定的程序批准。 外国政府、国际组织及其控制的人,包括在俄罗斯联邦领土上设立的上述者,不应当实施对从事至少一项国防与国家安全战略重要性活动的俄罗斯经济实体形成建立控制的任何交易。 外国投资者或人员集团应当有义务向授权机构提交关于获取从事至少一项国防与国家安全战略重要性活动的俄罗斯经济实体法定资本 5% 或以上的信息。	第 15、16、23、26、31、33 款	2008 年 4 月 29 日《关于国防和国家安全战略重要性经济实体中外国投资程序》的第 No. 57-FZ 号联邦法律
12. 外国国民、无国籍人和外国组织不得拥有位于海港范围内的地块。	第 23、26 款	2007 年 11 月 8 日《关于俄罗斯联邦境内海港和修正俄罗斯联邦某些立法行为》的第 No. 261-FZ 号联邦法律

附件 17

金融服务议定书

1. 本议定书根据《欧亚经济联盟条约》(以下简称"本条约")第 70 条制定,且适用于诸成员国影响金融服务贸易的措施、金融服务提供者的组建和/或活动。

2. 本议定书的规定不应当适用于依据国家权力职能以非商事为基准和不按竞争条款提供的服务、从事的活动和提供补贴。

3. 本议定书中使用的术语应当具有以下含义:

(1)"国家组织",指一成员国的一国家政府机构或一国家(中央)银行,或该成员国所有或控制的专属行使该国家政府机构或国家(中央)银行委派权力的一组织。

(2)"活动",指按本议定书规定设立的法人、分支机构和代表处的活动。

(3)"一成员国法律",指一成员国的法律、其他管制性法令和一成员国国家(中央)银行的管制性法令。

(4)"信贷组织",指一成员国的具有以生产利润为营运主要目的,根据该成员国规制银行业活动之授权机构颁发的许可证营运且有权根据注册地领土成员国法律从事银行业营运的法人。

(5)"许可证",指一成员国授权机构颁发的使其持有者在该成员国领土内从事特定活动的一种特别准许证(文件)。

(6)"成员国措施",指一成员国的法律和该成员国一授权机构或其官员的任何决定、行为或不行为。

若一成员国制定(发布)官方非约束文件,经证明事实上该建议针对的大多数人员遵守了该建议,该建议可以视为为了本议定书目的的一项措施。

(7)"国民待遇",指一成员国在金融服务贸易中向另一成员国人员和金融服务提供的待遇不低于相似情形下给予自己人员和本国领土内金融服务的待遇。

(8)"共同金融市场",指诸成员国满足以下标准的金融市场:

对诸成员国金融市场领域规制和监管的协调一致要求;

在其他诸成员国领土内相互承认一成员国授权机构颁发的银行业、保险部门和证券市场服务部门的许可证;

在本联盟整个领土内从事提供金融服务的活动,无须组建法人;

诸成员国授权机构之间的行政合作,包括交换信息。

(9)"金融服务贸易/提供",指以下列方式从事提供金融服务,包括服务的制成、分销、营销、销售和交付:

从一成员国领土至另一成员国领土;

一成员国人员在该成员国领土内向另一成员国人员(服务消费者);

一成员国金融服务提供者通过其在另一成员国领土内的组建和活动。

(10)"金融服务提供者",指提供金融服务的一成员国任何自然人或法人。

(11)"证券市场专业参与者",指有权根据注册地成员国法律在该成员国领土内证券市场从事专业活动的一成员国法人。

(12)"最惠国待遇",指一成员国在金融服务中向另一成员国人员和金融服务提供的待遇不低于相似情形下给予第三国人员和金融服务的待遇。

(13)"金融服务部门",指整个金融服务部门(包括全部次级部门),和为了免除一成员国义务、限制和条件的目的,一个、多个或全部单独的金融服务次级部门。

(14)"保险公司",指有权根据注册地成员国法律从事保险(再保险)活动的一成员国法人。

(15)"经济可行性分析",指根据要求和市场需求,以对服务提供者在其符合特定产业经济规划目标方面进行经济可行性评估方式,对组建和/或活动、服务提供颁发授权。

(16)"授权机构",指按一成员国法律被授权行使管理和/或监控和控制金融市场、金融组织(金融市场单个领域)的该成员国一机构。

(17)"组建"指:

设立和/或取得一法人(参与一已设立或组建法人的资本),具有注册地成员国法律规定的任何法律组织形式和所有权形式;

通过(直接或经第三方)获得确定一成员国一法人作出决定的机会,取得控制该法人,包括通过管理投票权股份(股权)赋予的投票权、参与该法人董事会(监事会)和其他管理机构;

开办分支机构;

开办代表处。

(18)"金融服务",指具有金融性质的服务,包括以下:

(ⅰ)保险和与保险有关的服务:

(a)保险(共保):人寿保险、其他种类保险;

(b)分保;

(c)保险中介,诸如经纪业务、代理中介;

(d)辅助性保险服务,诸如咨询、精算服务、风险评估和申索解决服务。

(ⅱ)银行业服务:

(a)接受公众存款和其他应偿还资金;

(b)发放全部种类的贷款和信用,包括消费者信用、抵押贷款、商事交易代理和融资;

(c)融资租赁;

(d)支付和划拨的各种服务;

(e)在证券交易所、直接交易市场或其他市场以自身和客户的费用交易外汇、衍生品(包括期货和期权)、与汇率和利率有关的工具(包括掉期交易和远期交易);

(f)本分款所述全部活动中的咨询、中介和其他辅助性金融服务,包括与分析信用条款有关的参考和分析材料。

(ⅲ)证券市场服务:

(a)在证券交易所、直接交易市场或其他市场以自身和客户的费用交易金融工具;

（b）参与全部种类证券的发出（发行），包括担任代理人（公共或私人）提供担保与安排，和提供与上述发出（发行）有关的服务；

（c）金融市场经纪业务；

（d）诸如现金或证券之类资产的管理、各种集体投资与资产管理、养老资金投资组合的管理、保管与储存服务、信托服务；

（e）金融资产清算服务，包括证券、衍生品和其他金融工具；

（f）金融信息的提供与转移、金融数据处理、其他金融服务提供者提供和转让相关软件；

（g）本分款所述全部活动中的咨询、中介和其他辅助性金融服务，包括：研究，推荐直接与组合投资、关于获取、重组和公司战略的建议。

本议定书的其他术语应当具有《服务贸易、组建、活动和投资议定书》（本条约附件16）规定的含义。

4. 各成员国应当对根据本议定书附件1中诸成员国单独国别清单规定的条款独立或经中介从一成员国领土向另一成员国领土提供的以下种类金融服务，给予金融服务提供者（其他诸成员国法人）国民待遇和最惠国待遇：

（1）与以下有关的风险保险：

国际海洋运输和商业航空运输、商业太空发射与货运（包括卫星），在此方面该保险全部或部分影响运输货物、运输工具和所产生的与运输有关的民事责任；

国际转运中运输的货物。

（2）再保险和辅助性保险服务，诸如咨询与精算服务、风险评估和解决申索。

（3）提供和转移金融信息、处理金融数据和其他金融服务提供者的相关软件。

（4）咨询和其他辅助性服务，包括对证券市场服务和银行业服务提供参考资料（但对涉及分析信用史的中介或服务、直接与证券投资有关的研究和建议、关于获取、重组和公司战略的建议除外）。

5. 各成员国应当允许本国人员在另一成员国领土内消费本议定书第4款第（1）至（4）项所述的金融服务。

6. 各成员国应当对其领土内金融服务提供者的组建和/或活动，按本议定书第3款规定，给予另一成员国人员国民待遇，并受本议定书附件2中各成员国单独国别清单规定限制的约束。

7. 各成员国应当对其领土内金融服务提供者的组建和/或活动，按本议定书第3款规定，给予另一成员国人员最惠国待遇。

8. 涉及与第三国金融服务贸易的全部事项、有国家参与资本的法人的活动、金融服务消费者的权利、参与私有化、保护投资者权利、支付与转移、限制支付与转移、赔偿、对投资者担保（包括征收、投资者权利转让和投资争端解决中的担保），应当由《服务贸易、组建、活动和投资议定书》（本条约附件16）统辖。

9. 本议定书的规定应当适用于本条约生效日已组建且仍存在的和本条约生效后组建的法人、分支机构和代表处。

10. 本议定书附件1规定的除外，在本议定书第4款所列部门中，不应当允许任何成

员国对另一成员国与服务贸易有关的金融服务和金融服务提供者,适用或施加以下限制:

以配额形式、垄断、经济可行性分析和其他任何数量形式,限制金融服务提供者的数量;

以配额形式、垄断、经济可行性分析和其他任何数量形式,限制任何金融服务提供者的交易;

本议定书附件1规定的除外,在本议定书第4款所列部门中,不应当允许任何成员国对另一成员国金融服务提供者适用或施加作为金融服务贸易条件的强制性组建要求。

11. 本议定附件2中各成员国单独国别清单规定的限制除外,不应当允许任何成员国在其领土内对另一成员国金融服务提供者有关组建和/或活动,适用或施加以下限制:

(1)限制组建形式,包括法人的法律组织形式;

(2)以配额形式、垄断、经济可行性分析和其他任何数量形式,限制组建法人、分支机构和代表处的数量;

(3)限制法人资本中被购买股份数量或对法人的控制程度;

(4)以配额形式、垄断、经济可行性分析和其他任何数量形式,限制已组建法人、分支机构或代表处在其活动过程中从事的交易。

12. 涉及自然人进境、离境、居住和雇用的全部事项,应当由本条约第XXVI节统辖,并受本议定书附件2中各成员国单独国别清单规定限制的约束。

13. 对本议定书附件1单独国别清单中规定的金融服务和本议定书附件2单独国别清单规定的限制组建和/或活动,各成员国应当确保以合理、客观和公平方式适用本成员国影响金融服务贸易的措施。

14. 若要求对金融服务提供授权,一成员国授权机构应当在提交被视为按本国法律和规章要求正确执行的申请后合理时限内,通知申请人关于该申请的决定。经申请人请求,一成员国授权机构应当无不当迟延地提供关于申请处理进展的信息。

15. 为了保证与资格要求和程序、技术标准和许可要求有关的措施不构成对金融服务贸易不必要障碍,诸成员国应当有权经为此目的可以设立的适当机构制定任何必要规则。这些规则中的要求特别应当:

(1)建立在诸如提供服务的资格和能力之类的客观和透明标准的基础上;

(2)不比要求保证服务质量更多的负担;

(3)在许可程序的情形下,不构成限制服务提供。

16. 在依据本议定书第15款对本议定书附件1单独国别清单中规定的金融服务部门制定的规则生效前,诸成员国不应当适用使本议定书附件1单独国别清单所列条件下提供的利益无效或减少的许可或资格要求和技术标准。

在此情形下,一成员国适用的许可或资格要求和技术标准应当符合本议定书第15款第(1)至(3)分款规定的标准,且应当符合该成员国签署本条约日可以合理期望的要求和标准。

17. 若一成员国对金融服务提供者的组建和/或活动适用许可,该成员国应当保证:

(1)一成员国负责颁发许可证的授权机构的名称已经发布或其他情况下已经使公众注意。

（2）许可程序不得限制组建或活动，且与从事活动权利直接相关的许可要求对该活动不构成不合理的障碍。

（3）全部许可程序和要求已在一成员国法律中确定，且该成员国确定或适用许可程序和要求的法律已在其有效（生效）日之前公布。

（4）收取的与提交和审议许可证申请有关的任何费用不得构成对组建和活动的限制，且以一成员国许可机构就审议申请和颁发许可证所发生的支出为基础。

（5）在一成员国对决定颁发（或拒绝颁发）许可证确定的时限届满后，经申请人请求，该成员国负责颁发许可证的各授权机构已将其申请状态通知申请人，指明该申请是否被认为正当实施。在任何情况下，应当给申请人技术性矫正申请的机会。在已经收到一成员国可适用法律规定的全部文件和信息之前，上述申请不应当认为已正当实施。

（6）经被拒绝申请的申请人书面请求，一成员国负责许可但拒绝申请的授权机构将拒绝理由书面通知申请人。本规定不应当理解为，要求授权机构披露信息，若披露阻碍一成员国正当执法或在其他情况下违反该成员国公共利益或重大安全利益。

（7）若申请已被拒绝，申请人应当有权递交新的申请，尝试消除导致拒绝的任何问题。

（8）所颁发的许可证在该成员国整个领土内有效。

18. 应当由活动从事地领土成员国的法律确定在本成员国领土内金融服务市场从事活动的许可证颁发程序和条款。

19. 本议定书中的任何规定不应当阻止诸成员国采取审慎措施，包括为保护投资者、存款人、保险单持有人、受益人和服务提供者对其承担信托责任的人的利益的措施，或者要求确保金融系统完整和稳定的措施。若上述措施不符合本议定书的规定，诸成员国不应当将其用作逃避本条约下该成员国承担任何义务的手段。

20. 本议定书中的任何规定不应当理解为，要求一成员国披露与个人客户账户有关的信息、其他任何机密信息或公共组织持有的信息。

21. 基于不低于在一成员国已适用的标准和最佳实践的国际原则和标准或国际最佳实践，该适用的标准和最佳实践应当在以下服务部门形成金融市场管理领域的协调一致要求：

银行业部门；

保险部门；

证券市场中的服务部门。

22. 在银行业部门，诸成员国应当受国际最佳实践和《巴塞尔银行监管委员会银行业有效监管核心原则》指导，协调管理和监管信贷组织的要求，包括与以下有关的要求：

（1）"信贷组织"术语和信贷组织的法律地位。

（2）信贷组织、银行业集团及其附属机构、银行控股公司披露信息的程序和条件。

（3）以《国际财务报告标准》为基准对会计（财务）报表的要求。

（4）信贷组织设立程序和条件，特别是关于：

对创始文件的要求；

信贷组织以法人（分支机构）形式国家注册的程序；

确定信贷组织最低法定资本,其构成与支付方法的程序;

对信贷组织主管人员职业资格和商业声誉的要求;

颁发从事银行业经营许可证的程序和条件,包括对获得从事银行业经营许可证的文件要求。

(5)拒绝信贷组织注册和颁发从事银行业经营许可证的理由。

(6)信贷组织清算(包括强制清算)或重组的方法、程序和条件。

(7)撤销向信贷组织颁发的从事银行业经营许可证的理由。

(8)信贷组织以合并、从属和转型形式重组的程序和具体特性。

(9)确保信贷组织财务可靠性,包括确定允许信贷组织的其他活动、从银行业经营中分离、审慎标准、要求的准备金和特别供给。

(10)诸成员国授权机构监管信贷组织、银行控股公司和银行业集团的程序。

(11)对信贷组织和银行控股公司适用制裁的数额、程序和期限。

(12)对银行业集团和银行控股公司活动和财务可靠性的要求。

(13)建立和运行居民存款保险体系(包括存款补偿额)。

(14)信贷组织财务复兴和破产的程序(包括债权人权利规制、申索优先权)。

(15)确认为银行业经营的交易的清单。

(16)有权从事银行业经营某些处理部分的组织的清单和状况。

23. 在保险部门,诸成员国应当受国际最佳实践和《国际保险监管者协会保险监管核心原则》指导,协调管理和监管保险市场专业参与者的要求,包括与以下有关的要求:

(1)"保险市场专业参与者"术语和保险市场专业参与者的法律地位。

(2)保证保险市场专业参与者财务可持续性,包括有关:

保险准备金充分满足其保险、共保、分保和互保义务;

被接受包含保险准备金的资产的组成和结构;

法定和权益资本构成的最低水平和程序;

转让保险组合的条款和程序。

(3)对以《国际财务报告标准》为基准的会计(财务)报表的要求。

(4)建立和许可保险活动的程序与条件。

(5)成员国授权机构监管保险市场专业参与者的程序。

(6)对金融市场违反行为的保险市场参与者和/或专业参与者适用制裁的数额、程序和期限。

(7)对保险市场专业参与者专业资格和商誉的要求。

(8)拒绝颁发从事保险活动许可证的理由。

(9)保险市场专业参与者清算的方法、程序和条件,包括强制清算(破产)。

(10)撤销已向保险市场专业参与者颁发的保险活动许可证的理由。

(11)保险市场专业参与者以合并、从属或转型形式重组的程序与具体特性。

(12)对保险集团和保险控股公司之构成的要求和对其财务可靠性的要求。

24. 在证券市场服务部门,诸成员国应当协调对以下活动的要求:

证券市场经纪业务活动;

证券市场经销商活动;

管理证券、金融工具、资产、养老金投资组合和集体投资;

识别相互义务的活动(清算);

存款活动;

维护证券持有人的注册;

组织证券市场交易的活动。

25. 诸成员国应当受国际最佳实践和国际证券委员会组织、经济合作与发展组织的原则指导,协调管制和监管证券市场的要求,包括关于:

(1)确定法定资本构成与支付的程序和资本充足的要求;

(2)颁发证券市场活动许可证的程序和条件,包括对被要求取得该许可证的文件要求;

(3)对证券市场专业参与者专业资格和商誉的要求;

(4)拒绝给予证券市场活动许可证的理由和其无效、限制或暂停的理由;

(5)对以《国际财务报告标准》为基准的会计(财务)报表的要求和对内部会计与内部控制组织的要求;

(6)证券市场专业参与者清算(包括强制清算)或重组的程序、方法和期限;

(7)撤销证券市场专业参与者证券市场营运许可证的理由;

(8)对证券市场违反行为的证券市场参与者和/或专业参与者适用制裁的数额、程序和条件;

(9)诸成员国授权机构监管证券市场主体(参与者)活动的程序;

(10)对证券市场专业参与者活动的要求;

(11)对发行人发出(发行)证券的要求;

(12)对外国证券在诸成员国证券市场放置和流通的要求;

(13)对信息发布数量、质量和频率的要求;

(14)能够使诸成员国发行人证券在本联盟整个领土放置和流通,并受发行人注册国管制机构注册证券发出(发行)的约束;

(15)信息披露领域的要求,与非法使用内幕信息和操纵证券市场作斗争。

26. 诸成员国应当基于国际审计标准协调审计要求。

27. 诸成员国应当在管制、控制和监管其金融市场(包括银行业部门、保险部门和证券市场服务部门)领域形成诸成员国授权机构之间的配合机制。

诸成员国应当根据本联盟内国际条约交换信息,包括机密信息。

28. 各成员国应当保证其影响或可能影响本议定书涵盖事项的法律发布在官方渠道上和可能时发布在互联网专用网站上,以便权利和/或义务可能受此法律影响的任何人可以熟悉之。

发布上述法律应当澄清其目的,在适当时间保证法律确定性和权利、义务可能受该成员国法律影响的人员的合理预期,但在任何情况下应当在其生效日前。

29. 各成员国应当对本议定书涵盖事项的现在和/或计划立法行为,确定书面回复任何人询问的机制。应当自收到之日起 30 个日历日内,向利害关系人提供全部询问的回复。

30. 为了防止金融市场系统性风险,诸成员国应当就符合透明度、负责任和可信赖性原则的评级机构之活动的要求,协调法律。

31. 一成员国在确定适用与提供金融服务有关的措施时,可以承认任何另一成员国审慎措施。此承认可通过协调诸成员国法律来实现,也可以建立在与一相关成员国协议或安排的基础上或者单边给予。

32. 是承认另一成员国审慎措施之协议或安排的当事方的一成员国,可能或现实均应当使其他诸成员国磋商加入此类协议或安排。此协议或安排可以包括规则、控制、此等规则的执行机制和诸当事方之间的信息交换。

33. 应当协调诸成员国金融市场活动的特别要求,以保证剩余分歧不阻碍本联盟内金融市场有效运行。

34. 本议定书中的任何规定不应当排除一成员采取或适用以下措施,但是此等措施不得以在诸成员国人员之间就相关服务贸易、组建和/或活动创立一种武断或不合理歧视手段的方式予以适用:

(1)要求保护公共道德或维护公共秩序。公共秩序的例外可以仅适用于对一项社会基本利益存在真实和充分严重威胁的情形。

(2)要求保护人类、动植物的生命或健康。

(3)要求按本议定书规定遵从法律或规章,包括与以下有关的法律或规章:

防止误导和欺诈行为或不遵守民事法律合同的后果;

在处理和传播个人数据中保护个人隐私,保护个人记录和账户的机密性。

(4)对提供国民待遇,不符合本议定书第4、6款,但是实际给予待遇中的差异的目标是在服务贸易方面保证对另一成员国人员的公平或有效税收或者征税。

(5)不符合本议定书第4、7款,但是待遇中的差异是相关成员国缔结一项税收协定的结果,包括避免双重征收协定。

35. 本议定书中的任何规定不应当理解为,阻止任何成员国采取其认为对保护其国防或国家安全领域基本利益所必要的措施。

36. 诸成员国应当保证逐渐减少本议定书附件1和附件2中各自国别清单规定的例外和限制。

37. 若诸成员国已经完成法律协调和相互承认许可证的条款,诸成员国应当对那些金融服务部门终止本议定书附件1和附件2各自国别清单规定的全部措施。

《金融服务议定书》附件 1

诸成员国按《金融服务议定书》
（《欧亚经济联盟条约》附件 17）第 4 款
应当给予国民待遇和承担该议定书
第 10 款义务的金融服务次级部门清单

部门（次级部门）	限　制	限制的描述	适用限制的理由（管制性法令）	限制的有效性
I . 白俄罗斯共和国				
1. 与以下有关的风险保险： －国际海洋运输 －国际商业航空运输 －国际商业太空发射 －全部或部分包含以下的国际保险 ——国际旅客运输 ——进出口船货与运输工具的国际运输，包括产生的与其相关的责任 ——使用国际交通的货物运输 ——加入合同与保险绿卡证书国际系统后单个运输工具跨境运输责任	不限制	——	——	——
2. 再保险与转分保	不限制	——	——	——
3. 保险代理和保险经纪服务	限制	应当禁止涉及在白俄罗斯境内为外国保险人缔结和分销保险合同的保险中介（本清单第 1 款所列部门和保险经纪人再保险活动例外）。	2006 年 8 月 25 日《关于保险活动》的白俄罗斯共和国第 530 号总统令	——

续表

部门(次级部门)	限制	限制的描述	适用限制的理由(管制性法令)	限制的有效性
4. 辅助性保险服务,包括咨询与精算服务、风险评估与解决申索服务	不限制	—	—	—
Ⅱ. 哈萨克斯坦共和国				
1. 与以下有关的风险保险: -国际海洋运输 -国际商业航空运输 -国际商业太空发射 -全部或部分包含以下的国际保险: —国际旅客运输 —进出口船货与运输工具的国际运输,包括产生的与此有关的责任 —使用国际交通的货物运输 —加入合同与保险绿卡证书国际系统后单个运输工具跨境运输责任	限制	不限制,但以下情形除外: 法人或其独立分支机构位于哈萨克斯坦共和国领土的财产利益和是哈萨克斯坦共和国居民的自然人和财产利益,仅可由哈萨克斯坦共和国居民的保险公司承保。 应当禁止是哈萨克斯坦共和国居民的自然人和法人进行与为了哈萨克斯坦共和国非居民的保险费(费用)有关的支付和转移。 强制保险合同应当以是哈萨克斯坦共和国居民的保险人净容纳量为基础。	2002年12月18日《关于保险活动》的哈萨克斯坦共和国第No.126-Ⅱ号法律	

续表

部门(次级部门)	限制	限制的描述	适用限制的理由 (管制性法令)	限制的有效性
2. 再保险与转分保	限制	按有效再保险合同划拨给是哈萨克斯坦共和国居民的再保险组织的最高保险费额,应支付给再保险人(让与人)佣金的净额,不应当超过按有效保险(再保险)合同应收保险费总额的60%(和加入WTO后不超过85%)。 强制保险合同应当以保险人净容纳量为基础,或者应当对再保险转移给是哈萨克斯坦共和国居民的再保险人。	2008年8月22日哈萨克斯坦共和国金融市场与金融组织监管局《关于批准计算保险(再保险)组织审慎标准的标准价值与方法和报告执行审慎标准的形式与条款的指南》的第131号决定	N/D
3. 保险代理与保险经纪服务	限制	不限制,但以下情形除外: 代表不是哈萨克斯坦共和国居民的保险公司缔结保险合同(为在哈萨克斯坦共和国境外旅行的交通工具所有权人民事责任保险合同除外)的中介,在哈萨克斯坦共和国领土应当禁止,但哈萨克斯共和国批准的国际条约中另有规定除外。	2002年12月18日《关于保险活动》的哈萨克斯坦共和国第No. 126-II号法律	N/D

续表

部门(次级部门)	限制	限制的描述	适用限制的理由 (管制性法令)	限制的有效性
4. 辅助性保险服务，包括咨询与精算服务、风险评估与解决申索服务	不限制	—	—	—
Ⅲ. 俄罗斯联邦				
1. 与以下有关的风险保险： -国际海洋运输 -国际商业航空运输 -国际商业太空发射 -全部或部分包含以下的国际保险： —国际旅客运输 —进出口船货与运输工具的国际运输,包括产生的与此有关的责任 —使用国际交通的货物运输 —加入合同与保险绿卡证书国际系统后单个运输工具跨境运输责任	不限制	—	—	—
2. 再保险与转分保	不限制	—	—	—
3. 保险代理与保险经纪服务	限制	应当禁止与代表外国保险人在俄罗斯联邦领土内缔结和分销保险合同有关的保险中介,但本清单第 1 款所列部门除外。	1992 年 11 月 27 日《关于俄罗斯联邦境内保险活动之组织》的俄罗斯联邦第 No. 4015-Ⅰ 号法律	
4. 辅助性保险服务，包括咨询与精算服务、风险评估与解决申索服务	不限制	—	—	—

《金融服务议定书》附件 2

诸成员国对组建和/或活动保留限制的清单

限制	限制的描述	适用限制的理由 （管制性法令）	限制的 有效性
	I．白俄罗斯共和国		
1.《金融服务议定书》第 6、11 款（《欧亚经济联盟条约》附件 17，以下简称"附件17"）	若外国投资者配额超过白俄罗斯共和国保险公司法定资本 30%，白俄罗斯共和国金融部应当停止注册有外国投资的保险公司或终止向此等保险公司颁发保险活动许可证。 每家保险公司应当获得白俄罗斯共和国金融部事先授权(批准)：以外国投资者或其附属(非独立)商业实体的费用取得增加其法定资本额，其法定资本中达到 5%或以上的转让股份，其法定资本(股权)达到 5%或以上的转让股份，其法定资本(股权)中代表外国投资者和/或外国投资者附属(非独立)商业实体的转让股份。 白俄罗斯共和国境内保险公司的白俄罗斯参与者应当获得白俄罗斯共和国金融部事先授权(批准)：取得其法定资本(股权)中外国投资者和/或是该外国投资者附属(非独立)经济实体的保险公司的所有权(经济或经营管理)的转让股份。 具有以下情形的，应当拒绝上述授权(批准)： 其导致超过白俄罗斯共和国保险公司法定资本中外国资本参与的配额； 保险人或其股东意图向其转移法定资本股份的法人已经营运至少 3 年且最近 3 年因其活动没有任何利润； 其被要求确保白俄罗斯国家安全(包括经济领域)或保护国家保险公司利益； 是外国投资者附属(非独立)商业实体和/或外国投资者拥有股份超过其法定资本 49%的保险公司可以在白俄罗斯境内设立单独分支机构，并在取得白俄罗斯共和国金融部事先授权(批准)后代表其他保险公司的创办人。若其导致超过外国资本参与白俄罗斯共和国保险公司法定资本的配额，应当拒绝上述事先批准。	2006 年 8 月 25 日《关于保险活动》的白俄罗斯共和国第 530 号总统令，2006 年 9 月 11 日《关于确定外国投资者在白俄罗斯共和国保险公司法定资本中的配额》的白俄罗斯共和国部长理事会第 1174 号决定 2006 年 8 月 25 日《关于保险活动》的白俄罗斯共和国第 530 号总统令	N/D

续表

限制	限制的描述	适用限制的理由 (管制性法令)	限制的 有效性
1.《金融服务议定书》第6、11款(《欧亚经济联盟条约》附件17,以下简称"附件17")	是外国投资者附属机构或关联公司的保险公司不得在白俄罗斯共和国境内从事人寿保险(自然人的人寿保险合同除外)、强制保险(包括强制国家保险)、与向国家交付或提供服务或施工有关的财产保险、白俄罗斯共和国及其行政区实体财产利益保险。	2006年8月25日《关于保险活动》的白俄罗斯共和国第530号总统令	N/D
	外国投资者对保险公司法定资本股份(股权)的支付和保险经纪人的支付,应当专属用现金作出。	2006年8月25日《关于保险活动》的白俄罗斯共和国第530号总统令	
2. 附件17第6、11款下的限制	保险代理人和保险经纪人仅可由白俄罗斯共和国的人员代表。	2006年8月25日《关于保险活动》的白俄罗斯共和国第530号总统令	N/D
3. 附件17第6、11款下的限制	白俄罗斯共和国银行业系统的外国资本参与限于50%。 外国投资信贷组织仅经白俄罗斯共和国国家银行事先批准才可以设立。白俄罗斯共和国银行业系统中外国资本参与达到规定额(配额)时,白俄罗斯共和国国家银行应当停止外国投资银行的国家注册。 白俄罗斯共和国国家银行应当有权采取任何措施执行本限制。颁发上述授权(批准)应当考虑外国资本参与白俄罗斯共和国银行业系统的配额使用情况和各非居民创办人的财务状况与商誉。	2000年10月25日第No.441-Z号法律《白俄罗斯共和国银行业法典》,2008年9月1日《关于外国资本参与白俄罗斯共和国银行业系统的额度(配额)》的白俄罗斯共和国国家银行委员会第129号决定	N/D
4. 附件17第6、11款下的限制	白俄罗斯共和国境内金融服务领域的许可证应当颁发给以白俄罗斯共和国法律规定的法律组织形式设立的白俄罗斯共和国法人。	2000年10月25日第No.441-Z号法律《白俄罗斯共和国银行业法典》	N/D
5. 附件17第6、11款下的限制	一保险公司管理人及其副职和首席会计师的职能仅由白俄罗斯共和国国民、永久居住在白俄罗斯共和国的外国国民和无国籍人行使,且仅按雇用合同进行。	2006年8月25日《关于保险活动》的白俄罗斯共和国第530号总统令	N/D

续表

限 制	限制的描述	适用限制的理由 （管制性法令）	限制的 有效性
6. 附件 17 第 6、 11 款下 的限制	要求许可证的活动仅可由白俄罗斯共和国的法人和在白俄罗斯共和国境内正当注册的个体经营者从事。 受许可证约束的活动应当根据白俄罗斯共和国法律确定。	2010 年 9 月 1 日《某些活动许可管理》的白俄罗斯共和国第 450 号总统令	N/D
Ⅱ. 哈萨克斯共和国			
1. 附件 17 第 6、 11 款下 的限制	授权机构在招标程序组织者资本中的股份可以超过总投票权股份的 50%。	2003 年 7 月 2 日《关于证券市场》的哈萨克斯坦共和国第 No. 461-Ⅱ号法律	N/D
2. 附件 17 第 6、 11 款下 的限制	要求许可证的活动可仅由哈萨克斯坦共和国的法人和个体经营者从事。 应当根据哈萨克斯坦共和国法律确定受许可证约束的活动。	2007 上 1 月 11 日是《关于颁发许可》的哈萨克斯坦共和国第 No. 214-Ⅲ号法律	N/D
3. 附件 17 第 6、 11 款下 的限制	银行应当以合股公司形式设立。	1995 年 8 月 31 日《关于哈萨克斯坦共和国境内银行与银行业活动》的哈萨克斯坦共和国第 No. 2444 号法律	N/D
4. 附件 17 第 6、 11 款下 的限制	应当禁止在哈萨克斯坦共和国境内开办非居民银行的分支机构。	1995 年 8 月 31 日《关于哈萨克斯坦共和国境内银行与银行业活动》的哈萨克斯坦共和国第 No. 2444 号法律	N/D
5. 附件 17 第 6、 11 款下 的限制	保险（再保险）公司应当以合股公司形式设立。	2000 年 12 月 18 日《关于保险活动》的哈萨克斯坦共和国第 No. 126-Ⅱ号法律	N/D
6. 附件 17 第 6、 11 款下 的限制	应当禁止在哈萨克斯坦共和国境内开办非居民保险公司分支机构。	2000 年 12 月 18 日《关于保险活动》的哈萨克斯坦共和国第 No. 126-Ⅱ号法律	N/D

续表

限 制	限制的描述	适用限制的理由 (管制性法令)	限制的 有效性
7. 附件 17 第 6、 11 款 下 的限制	应当以有限责任合伙或合股公司的法 律组织形式设立保险经纪人。	2000 年 12 月 18 日《关于保 险活动》的哈萨克斯坦共和 国第 No. 126-Ⅱ号法律	N/D
8. 附件 17 第 6、 11 款 下 的限制	应当以合股公司形式设立自愿养老储 蓄基金。	2013 年 6 月 21 日《关于哈 萨克斯坦共和国境内养老金 供给》的哈萨克斯坦共和国 第 No. 105-V 号法律	N/D
9. 附件 17 第 6、 11 款 下 的限制	应当禁止在哈萨克斯坦共和国境内开 办是哈萨克斯坦共和国非居民的养老 储蓄基金的分支机构和代表处。	2013 年 6 月 21 日《关于哈 萨克斯坦共和国境内养老金 供给》的哈萨克斯坦共和国 第 No. 105-V 号法律	N/D
10. 附件 17 第 6、 11 款 下 的限制	中央托管人应当仅是哈萨克斯坦共和 国境内从事托管活动的组织。中央托 管人应当以合股公司形式设立。	2003 年 7 月 2 日《关于证券市 场》的哈萨克斯坦共和国第 No. 461-Ⅱ号法律	N/D
11. 附件 17 第 6、 11 款 下 的限制	证券市场专业参与人应当是以合股公 司法律组织形式设立的法人(但对转 让代理人除外)。	2003 年 7 月 2 日《关于证券市 场》的哈萨克斯坦共和国第 No. 461-Ⅱ号法律	N/D
12. 附件 17 第 6、 11 款 下 的限制	证券交易所应当是以合股公司法律组 织形式设立的法人。	2003 年 7 月 2 日《关于证券市 场》的哈萨克斯坦共和国第 No. 461-Ⅱ号法律	
13. 附件 17 第 6、 11 款 下 的限制	直接持有一银行流通股份(特权股份 和该银行赎回股份除外)25% 或以 上,或有机会直接使用该银行投票权 股份 25% 或以上的哈萨克斯坦共和 国非居民的一银行控股公司,仅可以 由哈萨克斯坦共和国非居民的金融 组织代表,并受其居住地国家合并监管 的约束。	1995 年 8 月 31 日《关于哈萨 克斯坦共和国境内银行与银行 业活动》的哈萨克斯坦共和国 第 No. 2444 号法律	N/D

续表

限　制	限制的描述	适用限制的理由 （管制性法令）	限制的 有效性
14. 附件 17 第 6、11 款下的限制	单一储蓄养老基金应当仅是哈萨克斯坦共和国领土内从事征收强制养老金缴款和强制职业养老金缴款的组织。	2013 年 6 月 21 日《关于哈萨克斯坦共和国境内养老金供给》的哈萨克斯坦共和国第 No. 105-V 号法律	N/D
15. 附件 17 第 6、11 款下的限制	共同注册员应当仅是哈萨克斯坦共和国领土内从事维护证券持有人注册处的组织。	2003 年 7 月 2 日《关于证券市场》的哈萨克斯坦共和国第 No. 461-Ⅱ号法律	N/D
16. 附件 17 第 6、11 款下的限制	直接持有保险（再保险）流通股份[特权股份和保险（再保险）公司赎回股份除外]25% 或以上，或有机会直接使用保险（再保险）公司投票权股份 25% 或以上的保险控股公司，仅可以由金融组织代表。	2000 年 12 月 18 日《关于保险活动》的哈萨克斯坦共和国第 No. 126-Ⅱ号法律	N/D
17. 附件 17 第 6、11 款下的限制	保险担保基金应当仅是哈萨克斯坦共和国领土内担保在强制清算保险公司时按强制保险合同向保险单持有人进行保险支付的组织。	2003 年 6 月 3 日《关于保险担保基金》的哈萨克斯坦共和国第 No. 423-Ⅱ号法律	N/D
18. 附件 17 第 6、11 款下的限制	提供强制存款担保的组织应当是以合股公司法律组织形式设立的非营利组织。提供强制存款担保的创办人（该组织的唯一股份持有人）应当由授权机构代表。	2006 年 7 月 7 日《关于强制担保存入哈萨克斯坦共和国第二层级银行存款》的哈萨克斯坦共和国第 No. 169-Ⅲ号法律	N/D
19. 附件 17 第 6、11 款下的限制	有国家参与的信用局应当以合股公司法律组织形式设立，且是以强制为基准收集要求编制供应者信用史信息的唯一专业非营利组织。	2004 年 7 月 6 日《关于信用局和哈萨克斯坦共和国境内信贷史构成》的哈萨克斯坦共和国第 No. 573-Ⅱ号法律	N/D
20. 附件 17 第 6、11 款下的限制	应当由以合股公司法律组织形式设立的有国家参与的非营利组织编制和维护保险合同数据库。	2000 年 12 月 18 日《关于保险活动》的哈萨克斯坦共和国第 No. 126-Ⅱ号法律	N/D

续表

限 制	限制的描述	适用限制的理由 (管制性法令)	限制的 有效性
Ⅲ. 俄罗斯联邦			
1. 附件 17 第 6、 11 款下 的限制	是外国投资者(主要组织)附属机构,或外国投资者持有法定资本 49%以上股份的保险公司,不得以从相应预算为此目的拨付给联邦行政机构(保险单持有人)的资金进行支出,不得从事俄罗斯联邦国民生命、健康、财产保险和与按国家和自治市要求采购货物、工程和服务有关的保险以及国家机关、自治市组织财产利益的保险。	1992 年 11 月 27 日《关于俄罗斯联邦境内保险业务组织》的俄罗斯联邦第 No.4015-I 号法律	N/D
	是外国投资者(主要组织)附属机构,或外国投资者持有法定资本 51%以上股份的俄罗斯联邦境内保险公司,不得从事与某年龄、年龄段生存国民,或国民生命中其他事件开始相关和与其死亡有关的财产利益保险,以及运载工具所有权人民事责任强制保险。 若外国投资者(主要组织)已是保险公司至少 5 年,是外国投资者(主要组织)附属机构,或外国投资者拥有法定资本 45%以上股份的保险公司,可以在俄罗斯联邦境内从事保险活动,按各国法律经营。 俄罗斯联邦法律对外国资本参与保险公司法定资本规定了 50%限额(配额)。应当根据俄罗斯联邦法律,发布保险公司外国资本额的信息、对本款第五至七项规定的外国投资采取或终止限制的信息。 若保险公司法定资本中外国资本额(配额)超过 50%,保险监管机构应当停止向是外国投资者附属机构或外国投资者拥有法定资本 49%以上股份的保险公司颁发从事保险活动的许可证。 保险公司应当取得保险监管机构的事先授权(批准),目的是以外国投资者和/或其附属机构的支出增加其法定资本和代表外国投资者(包括向该外国投资者出售)转让其股份(法定资本股份)。应当要求俄罗斯股东(参与者)取得监管机构事先授权(批准),以为了外国投资者和/或其附属机构利益转让其保险公司中的股份(法定资本股份)。 若超过保险公司法定资本中外国资本限额(配额),保险监管机构应当对是外国投资者附属机构,或外国投资者持有法定资本超过 49%股份,或因交易结果将变成超过上述限额的全体保险公司,拒绝事先授权(批准)。 全体外国投资者应当以俄罗斯联邦货币专门现金支付其在保险公司中的股份(股权)。 尽管本款中有任何规定,应当允许在俄罗斯联邦加入 WTO 前,许可从事保险活动的保险公司按各自许可证条款恢复从事其活动。	1992 年 11 月 27 日《关于俄罗斯联邦境内保险业务组织》的俄罗斯联邦第 No.4015-I 号法律	至 2017 年 8 月 22 日

续表

限　制	限　制　的　描　述	适用限制的理由 （管制性法令）	限制的 有效性
2. 附件17第6、11款下的限制	保险代理人和保险经纪人仅可以由俄罗斯联邦国民代表(本限制不应当适用于是自然人但未注册为个体经营者的保险代理人)。	1992年11月27日《关于俄罗斯联邦境内保险业务组织》的俄罗斯联邦第No.4015-I号法律	N/D
3. 附件17第6、11款下的限制	俄罗斯联邦银行业系统中外国资本参与应当限于最高50%。 为了控制俄罗斯联邦银行业系统中外国参与配额,应当要求中央银行的事先授权(批准)限于: 设立有外国参与的信贷组织,包括附属机构或分支机构; 以非居民的支出增加信贷组织法定资本; 向非居民转让信贷组织的股份(股权)。	俄罗斯联邦关于服务和基于2011年12月16日《俄罗斯联邦加入1994年建立世界贸易组织马拉喀什协定议定书》的国际义务	N/D
4. 附件17第6、11款下的限制	在俄罗斯联邦境内金融服务领域经营的许可证,应当颁发给以俄罗斯联邦法律规定的法律组织形式设立的俄罗斯联邦法人。	1990年12月1日《关于银行和银行业活动》的第No.395-I号联邦法律,1996年4月22日《关于证券市场》的第No.39-FZ号联邦法律,1992年11月27日《关于俄罗斯联邦境内保险业务组织》的第No.4015-I号联邦法律,2011年2月7日《关于结算和结算活动》的第No.7-FZ号联邦法律,2011年11月21日《关于有组织招标》的第No.325-FZ号联邦法律,1998年5月7日《关于非国家养老基金》的第No.75-FZ号联邦法律,2001年11月29日《关于投资基金》的第No.156-FZ号联邦法律,2013年3月14日《关于修正俄罗斯联邦某些立法行为》的第No.29-FZ号联邦法律	N/D

续表

限制	限制的描述	适用限制的理由 (管制性法令)	限制的 有效性
5. 附件 17 第 6、 11 款下 的限制	应当对有外国投资的信贷组织施加以下限制: 作为俄罗斯信贷组织唯一行政机构行事的人是外国国民或无国籍人的,该信贷组织的结构性行政机构应当由至少50%的俄罗斯联邦国民组成; 是俄罗斯联邦国民的雇员数量不应当低于外国投资俄罗斯信贷组织雇员总人数的 75%。	1997 年 4 月 23 日《关于"外国投资信贷组织注册的特殊特性和俄罗斯银行事先批准以非居民费用增加注册信贷组织法定资本的程序"规章》的俄罗斯银行第 No. 02-195 号令	N/D
6. 附件 17 第 6、 11 款下 的限制	作为一项规则,外国信贷组织代表处的外国职员人数不应当超过 2 人。若代表处要求更多合格雇员,应当以向俄罗斯银行总裁发出书面陈述方式证实此要求,并应当根据该陈述作出决定。	1997 年 10 月 7 日《关于在俄罗斯联邦境内开办和运行外国信贷组织代表处》的俄罗斯银行第 No. 02-437 号令	N/D
7. 附件 17 第 6、 11 款下 的限制	俄罗斯保险实体(法人)的管理(包括唯一行政机构)和首席会计师应当永久居住在俄罗斯联邦境内。	1992 年 11 月 27 日《关于俄罗斯联邦境内保险业务组织》的第 No. 4015-I 号联邦法律	至 2015 年 1 月 1 日
8. 附件 17 第 6、 11 款下 的限制	要求许可证的活动仅可以由俄罗斯联邦的法人和在俄罗斯境内正当注册为个体经营者从事。 应当根据俄罗斯联邦法律确定许可证管理下的活动。	2011 年 5 月 4 日《关于某些活动颁发许可证(和管辖该法第 1 条第 2 款所列活动的立法)》的第 No. 99-FZ 号联邦法律,1990 年 12 月 1 日《关于银行和银行业活动》的第 No. 395-I 号联邦法律	N/D
9. 附件 17 第 6、 11 款下 的限制	招标组织者法定资本中每位股东(人员关联集团)的股份不得超过 10%,但是该股东(人员关联集团)由俄罗斯联邦一授权机构或金融市场基础设施组织或同一控股集团成员代表的情形除外。	—	N/D
10. 附件 17 第 6、 11 款下 的限制	应当由根据俄罗斯联邦法律设立和营运的一单独组织维护俄罗斯联邦境内的保险史。	—	N/D
11. 附件 17 第 6、 11 款下 的限制	取得中央托管人地位的组织应当是俄罗斯联邦境内行使中央托管人职能的唯一组织。 中央托管人应当以合股公司形式设立。	2011 年 12 月 7 日是《关于中央托管人》的第 No. 414-FZ 联邦法律	N/D

附件 18

征收间接税和其支付货物进出口、施工与服务提供的控制机制的议定书

I. 总则

1. 本议定书根据《欧亚经济联盟条约》第 71 条和第 72 条制定,并确定征收间接税的程序和控制其支付进出口货物、施工和提供服务的机制。

2. 本议定书中使用的术语,应当具有以下含义:

"审计服务",指为从事审计会计、税务和财务报表的服务。

"会计服务",指为建立、保存和重建会计记录、编制和/或提交税务、会计和财务报表的服务。

"动产",指不动产以外的财产和运输工具。

"设计服务",指为艺术品、产品外观、建筑物外观、建筑物内部的设计和工业设计的服务。

"进口货物",指纳税人从另一成员国领土进入一成员国领土的货物进口。

"工程服务",指为准备货物(工程、服务)制造过程和销售、为准备工农业和其他基础设施建设与营运的工程技术和咨询服务,以及初步设计和最终设计服务(准备可行性研究、设计开发、技术测试和分析测试结果)。

"主管机构",指诸成员国金融与经济部、税务与海关机构。

"咨询服务",指提供明晰建议和其他咨询形式的服务,包括:识别和/或评估一人员在行政、经济、金融(含税务和会计)事项方面的问题和/或可能性,规划、组织和实施商业活动,职员管理。

"间接税",指增值税和消费税。

"营销服务",指与货物(工程、服务)制造和流通领域研究、分析、规划和预测有关的服务,目的是识别相应措施为货物(工程、服务)的制造和流通创造必要经济条件,包括描述货物(工程、服务)、制定定价与广告战略。

"纳税人(支付人)",指诸成员国税收、课税和关税的支付人(以下简称"纳税人")。

"科学研究",指按客户说明的研究。

"不动产",指地块、底土区、孤立水客体和固定连接土地的全部物(即未经不相称损害其用途不能移动的设施),包括森林、长久植被、建筑物、构造物、管道、输电线、作为财产组合物的企业和太空设施。

"零增值税率",指 0 的增值税构成,并有权扣除(抵消)相应增值税额。

"研究、开发和设计工作",指开发新产品样品、新产品或新技术的设计文件。

"工程",指产出可被法人和/或自然人使用的物质结果的活动。

"广告服务",指采取任何手段、以任何形式意图向不特定观众创设、分发、发布信息并故意塑造和维持法人、自然人、货物、商标、工程和服务中的利益的服务。

"货物",指任何动产和不动产、载运工具、市场销售或意图出售的各种能源。

"运载工具",指航空载运器和海上船舶、内陆航行船只、混合(江和海)船只、铁路或轨道滚动车辆单位、公共汽车、机动车辆(包括拖车和半拖车)、货运器皿、倾倒式卡车。

"服务",指产出在活动过程中被销售或消费的无形结果以及专利权、许可证、版权和其他权利转让的活动。

"数据处理服务",指为收集、编制信息、信息(数据)阵列系统化和按使用者处置权放置信息处理结果的服务。

"出口货物",指纳税人卖出的货物从一成员国出口至另一成员国。

"法律服务",指法律性质的服务,包括提供咨询和清晰说明、准备和法律审查文件、代表委托方出席法院。

Ⅱ. 货物出口适用间接税的程序

3. 若货物从一成员国出口至另一成员国,纳税人来自货物出口地领土的成员国,经向税务机构提交本议定书第4款规定的文件,应当适用零增值税率和/或免除消费税。

若货物从一成员国领土出口至另一成员国领土,纳税人应当有权按与该成员国法律规定的并适用于从该成员国出口至本联盟外货物的程序相似程序进行扣除(抵消)。

应当根据诸成员国法律确定货物销售地点,但本款另有确定者除外。

若一成员国纳税人向另一成员国纳税人销售货物,货物运送(运输)始于本联盟外、终于另一成员国,货物销售地点应当被认为是按允许供国内消费的海关程序货物放置地的成员国领土。

4. 为了确认适用零增值税率和/或免除消费税的有效性,货物出口地领土成员国的纳税人应当向税务机构提交以下文件(副本)和税务申报书:

(1)与另一成员国纳税人或不是本联盟成员的纳税人缔结的协议(合同)(以下简称"协议"),据此货物被出口;货物租赁或货物信用(商业贷款、物资贷款)下的租赁协议、货物信用(商业贷款、物资贷款)协议;货物制造协议;收费协议。

(2)确认在出口纳税人账户上实际收到出口货物销售收益的银行声明,但该成员国法律另有规定除外。

若该协议规定用现金结算、认为符合货物出口地领土成员国的法律,纳税人应当向税务机构提交确认纳税人收到的款额存入了其银行账户的银行声明(其副本)和确认实际收到来自货物购买者收益的现金发票副本,但是货物出口地领土成员国法律另有规定除外。

若按规定向承租人转让该货物所有权的租赁协议出口货物,纳税人应当向税务机构提交确认出口纳税人账户实际收到租赁支付(补偿该货物即租赁物最初成本)的银行声明(其副本),但是该成员国法律另有规定除外。

若属对外易货贸易交易或提供货物信用(商业贷款、物资贷款),出口纳税人应当向税务机构提交确认按上述交易收到(取得)了货物(施工、提供服务)进口的文件。

若该成员国法律对从该成员国领土出口至本联盟外的货物未规定提交本分款所述的

文件,不应当向税务机构提交本分款所述文件。

(3)按国际跨部门条约规定执行的货物进口和间接税支付申报表,并由货物进口地成员国税务机构标注,指明支付了间接税(免除或履行税收义务的其他程序)(以下简称"申报表",纸质副本、原件或一份副本,按税务机构酌情权),或者申报清单[纸质副本或纳税人电子(数字)签名的电子文本]。

纳税人应当在申报清单中载明申报表规定的全部详情和信息,此信息已按国际跨部门条约规定形式报告了税务机构。

申报清单的形式、填写程序和格式,应当由诸成员国税务机构管制性法令或诸成员国其他管制性法令规定。

若销售从一成员国领土出口至另一成员国的货物并将其置于另一成员国领土自由关税区或自由仓库区的海关程序下,应当向前者成员国税务机构提交货物置于上述海关程序下并由该另一成员国海关机构证明的海关声明,而不是上述申报表。

(4)该成员国法律要求的确认货物从一成员国向另一成员国移动的运输(海运)和/或其他文件。若该成员国法律对货物某些种类移动(包括不使用载运工具的货物移动)未规定执行这些文件,不应当提交此等文件。

(5)确认货物出口地领土成员国法律规定的零增值税率和/或免征消费税之有效性的其他文件。

若不随税务申报书一起提交确认适用零增值税率和/或免征消费税之有效性的文件符合产品出口地领土成员国法律,不应当向税务机构提交本款规定的文件,但对申报表(申报清单)除外。

若本款规定的文件已随增值税税务申报书一起提交了,该成员国法律另有规定除外,不应当随消费税相关申明提交本款规定的文件。

本款第(1)、(2)、(4)、(5)分款和第(3)分款第4项规定的文件,可以采取电子方式按诸成员国税务机构管制性法令或诸成员国其他管制性法令确定的程序提交。上述文件的格式应当由诸成员国税务机构管制性法令或诸成员国其他管制性法令规定。

5. 应当自货物装运(转让)之日起180个日历日内向税务机构提交本议定书第4款规定的文件。

若在规定时限内未提交上述文件,间接税应当是纳税(报告)期(含装运日)的应付预算,或该成员国确定的根据货物出口地领土成员国法律有权扣除(抵消)相应增值税额的其他任何纳税(报告)期的应付预算。

为了计算货物销售增值税的目的,货物装运日应当是向货物购买人(第一承运人)签发第一份最初会计(报告)文件之日,或签发该成员国对增值税纳税人规定的其他约束性文件之日。

为了计算自有原材料制造应税货物消费税的目的,货物装运日应当是向货物购买人(收货人)签发第一份会计(报告)文件之日;对应纳税收费货物,装运日应当是接收应税货物证明的签署日,但是应纳消费税货物制造地领土成员国法律另有规定除外。

若违反本款规定时限未支付、部分支付或延迟支付间接税,税务机构应当追偿该消费税,根据货物出口地领土成员国法律确定的程序与数额罚款,并应当适用诸手段确保履行该成员国法律确定的间接税、罚款和制裁的支付义务。

若纳税人提交了本议定书第4款规定的文件,应当根据货物出口地领土成员国法律,在本款确定的时限届满时,扣除(抵消)或返还已支付的间接税。违反间接税支付条款的利息额和罚款额应当是不可返还的。

6. 在消费税相关税务申报书中,应当记录货物量、出口至诸成员国应纳消费税货物装运日有效的消费税率、消费税额。

7. 税务机构应当核实适用增值税零税率和/或免除消费税和扣除(抵消)这些税的有效性,并采取(递交)货物出口地领土成员国法律下的各自决定。

若未向税务机构提交申报表,一成员国税务机构获得另一成员国税务机构确认实际全部支付间接税(或免征间接税)的电子确认函,该一成员国的税务机构有权发布(作出)决定,确认对从一成员国领土出口至另一成员国领土的货物销售交易,适用零增值税率和/或免除消费税,或扣除(抵消)这些税的有效性。

8. 若纳税人提交的货物移动与支付间接税信息不符合诸成员国税务机构间确定信息交换范围内所获得的数据,税务机构应当按货物出口地领土成员国法律规定的程序和数额,追回间接税和罚款,并应当采取诸手段确保履行该成员国法律确定的间接税、罚款和制裁的支付义务。

9. 本节关于增值税的规定还应当适用于体现制造协议下施工结果和从制造地领土成员国出口至另一成员国的货物。上述货物不应当视为收费货物。

10. 体现收费协议项下施工结果的货物的消费税税基,应当表现为应税收费货物的规模与数量(其他指标)、种类、对其已设定固定(特别)消费税率、对其已设定从价消费税率的应税收费货物成本。

11. 若出口货物因货物出售价格增加(降低)或因质量不合格和/或不完全交付而返回导致增加(减少),应当在协议当事人变更出口货物价格(协议返还)的税务(报告)期间,调整该出口货物增值税的税基,但一成员国法律另有规定除外。

若按规定向承租人转让所有权的租赁协议、按货物信用(商业贷款、物资贷款)协议或货物制造协议,货物(租赁物)从一成员国领土出口至另一成员国领土,经向税务机构提交本议定书第4款规定的文件,应当适用增值税零税率和/或扣除消费税(上述交易受该成员国法律下消费税约束时)。

按规定向承租人转让所有权的租赁协议从一成员国领土出口至另一成员国领土的货物(租赁物)的增值税税基,应当按该租赁协议中规定每项租赁支付的日期,以每项租赁支付下货物(租赁物)最初成本额确定。

应当按一成员国法律规定程序、在每项租赁支付下可分摊货物(租赁物)成本的范围内执行税收扣除(抵消)。

按货物信用(商业贷款、物资贷款)协议从一成员国领土出口至另一成员国领土的货物的增值税税基,应当由该协议规定的被转让(提供)货物成本体现;若该协议未规定任何成本,由装运文件中标明的成本体现;若协议和装运文件均未规定任何成本,由会计记录中所记载的货物成本体现。

12. 为了确保完成支付间接税,可以适用为税务目的管辖定价原则的成员国的法律。

Ⅲ. 征收货物进口间接税的程序

13. 从另一成员国领土进口至一成员国领土的货物间接税(按本议定书第27款中确定货物和/或对按自由关税区或自由仓库海关程序放置进口货物的除外),应当由货物进口地领土成员国税务机构在纳税人、货物所有人(含申请特别税收待遇的纳税人)的注册地征收,包括考虑本议定书第13.1至13.5款规定的特殊性。

为了本节目的,货物所有人应当是对货物行使所有权的人或按协议将货物所有权利转让给他的人。

13.1. 若按一成员国纳税人与另一成员国纳税人之间的协议获得货物,应当由货物进口进入地领土成员国纳税人、货物所有人支付,或该成员国法律有规定时由佣金代理人、受托人或代理人支付。

13.2. 若按一成员国纳税人与另一成员国纳税人之间的协议获得货物且该货物从一第三国领土进口,应当由货物进口进入地领土成员国的纳税人、货物所有人支付间接税。

13.3. 若一成员国纳税人通过佣金代理人、受托人或代理人向另一成员国纳税人出售货物,且该货物从该一成员国或一第三国领土进口,应当由货物进口进入地领土成员国的纳税人、货物所有人支付间接税,或该成员国法律有规定时由佣金代理人、受托人或代理人支付。

13.4. 若一成员国纳税人获得另一成员国纳税人以前进口至该一成员国领土的货物,且未付可适用该货物的间接税,应当由该货物进口进入地领土成员国的纳税人、货物所有人支付上述间接税,或该成员国法律有规定时由佣金代理人、受托人或代理人支付(若另一成员国纳税人通过佣金代理人、受托人或代理人出售该货物)。

若一成员国纳税人获得佣金代理人、受托人或代理人按与另一成员国纳税人缔结的佣金、委托或代理协议以前进口至该一成员国领土的产品,且未付可适用该货物的间接税,应当由该货物进口进入地领土成员国的纳税人、货物所有人支付上述间接税,或该成员国法律有规定时由进口该货物的佣金代理人、受托人或代理人支付。

13.5. 若按一成员国纳税人与不是本联盟成员国的一国家纳税人之间的协议获得货物且该货物从另一成员国领土进口,应当由该货物进口进入地领土成员国的纳税人、货物所有人支付间接税,或该成员国法律有规定时由佣金代理人、受托人或代理人支付(若通过佣金代理人、受托人或代理人出售该货物)。

14. 为了支付增值税的目的,应当根据购买货物(包括制造协议下生产货物)、货物信用(商业贷款、物资贷款)协议下接受货物、收费货物的成本和消费税货物应纳消费税,在纳税人进口货物注册日,确定间接税。

购买货物(含制造协议下生产的货物)的成本,应当作为该协议条款下支付给供应者的货物交易价。

按易货贸易协议、货物信用(商业贷款、物资贷款)协议获得货物的成本,应当由该协议中规定的货物成本体现;该协议未规定任何成本的,由装运文件中标明的成本体现;该协议和装运文件均未规定任何成本的,由会计记录中载明的货物成本体现。

为了确定税基的目的,以外币表示的货物(含制造协议下生产的货物)成本,应当按货物注册受理日该成员国国家(中央)银行汇率换算成本地货币。

从另一成员国领土进入至一成员国领土的收费产品的进口税基,应当按收费产品的成本和应税收费产品的应付消费税规定。以外国货币表示的收费产品成本,应当按收费产品注册受理日该成员国国家(中央)银行汇率换算成本地货币。

15. 按规定向承租人转让所有权的租赁协议从另一成员国领土进入一成员国领土进口货物(租赁物)的税基,应当确定为该租赁协议规定支付日的货物(租赁物)成本部分(不考虑实际的支付额和支付日)。外国货币表示的租赁支付应当在与确定税基时间(日期)对应日期的该成员国国家(中央)银行汇率换算成本地货币。

16. 消费税的税基应当由消费税进口货物数量(其他指标)体现,包括收费货物、种类、对其已设定固定(特别)消费税率、进口应税货物(含收费货物)成本、对其已设定从价消费税率。

计算消费税的税基应当由纳税人在进口应纳消费税货物(含收费货物)注册日确定,但不迟于应纳消费税产品进口地领土成员国法律确定的时限。

17. 从另一成员国领土进口至一成员国领土的货物应付间接税额,应当由纳税人按应税货物进口地领土成员国法律规定的税率计算。

18. 为了确保完全支付间接税,可以适用管辖为税收目的定价原则的成员国法律。

19. 间接税(排除对标明应税货物的消费税)应当不迟于以下月之当月第20日支付:

受理进口货物注册;

租赁协议规定的支付日。

应当在该成员国法律确定的期限内支付标明应税货物的消费税。

20. 纳税人应当按该成员国法律确定的形式或货物进口(含租赁协议下)地领土成员国主管机构批准的形式,不迟于进口产品注册月的下月第20日(租赁协议规定的支付日),向税务机构提交税务申报书。随该税务申报书,纳税人应当向税务机构提交以下文件:

(1)纸质副本形式的申报表(4份)和其电子形式,或纳税人电子签名的电子形式申报表。

(2)成员国法律有规定时,确认实际支付进口货物间接税的银行声明,或确认完成支付间接税之税收义务的其他任何文件。若纳税人在货物从另一成员国领土进口至一成员国领土并在该进口国销售此货物(工程、服务)时,已支付(弥补)了超出将返还(抵消)的税收、关税或间接税额,税务机构应当根据货物进口地领土成员国法律在支付进口货物间接税中,作出(递交)抵消上述支付的决定。在此情形下,不应当提交确认实际支付进口货物间接税的银行声明(其副本)。在租赁协议情况下,应当按该租赁协议在适当时提交本分款所述的文件。

(3)该成员国法律要求的并确认货物从一成员国向另一成员国移动的运输(装运)和/或其他文件。若该成员国对货物某些种类移动(包括不使用载运工具的移动)未规定提交上述文件,不应当提交上述文件。

(4)若该成员国法律规定了执行详细税务发票,在货物装运时根据该成员国法律制作此等税务发票。

若该成员国未规定执行详细税务发票,或从非成员国纳税人处购买货物,应当向税务机构提交出售人签发(制作)的其他文件,以替代详细税务发票。

(5)购买从一成员国领土进口至另一成员国领土的货物的协议;租赁货物情况下的租赁协议;货物信用(商业贷款、物资贷款)情况下的货物信用(商业贷款、物资贷款)协议;制造货物或收费货物协议。

(6)本议定书第13.2至13.5款规定情形下的信息声明,其由销售以前从第三成员国领土进口的货物的另一成员国纳税人或非成员国纳税人(管理人或个体经营者签字并盖公司印章证实)向一成员国纳税人提交,载明关于第三成员国纳税人和与该第三成员国纳税人就获得进口货物缔结的协议的以下信息:

纳税人在该成员国的身份号;

该成员国纳税人(组织或个体经营者)的全名;

该纳税人在该成员国的地址(住所);

该协议的编号和日期;

说明书的编号和日期。

若销售货物的该成员国纳税人不是所售货物的所有人(是佣金代理人、受托人或代理人),本分款第2项至第6项规定的信息应当提交给所售货物的所有人。

信息声明用外国语提交的,应当要求俄文翻译件。

若按本分款要求的信息包含在本款第(5)分款所述协议中,不应当提交信息声明。

(7)缔结的佣金、委托或代理协议。

(8)购买从另一成员国领土进口至一成员国领土的货物的协议,佣金、委托或代理协议(本议定书第13.2至13.5款规定情形,但佣金代理人、受托人或代理人支付间接税时除外)。

可以提交本款第(2)至(8)分款所述文件的副本,其需按一成员国法律确定的程序证明,或用诸成员国税务机构管制性法令或诸成员国其他管制性法令确定程序下的电子形式。应当由诸成员国税务机构管制性法令或诸成员国其他管制性法令确定上述文件的格式。

在租赁协议情形下,在首次支付增值税时,纳税人应当向税务机构提交本款第(1)至(8)分款规定的全部文件。据此,纳税人应当向税务机构提交本款第(1)至(2)分款指明的文件(其副本),同时随附税务申报书。

申报表和信息声明除外,若根据货物进口地领土成员国法律不提交本款所述文件和随附税务申报书,不应当向税务机构提交本款所述文件。

21.应当以纸质副本(4份)和电子形式或有纳税人电子(数字)签名的电子形式提交更新(替换)申报表。若以前未向税务机构提交本议定书第20款第(2)至(8)分款规定的文件,应当提供上述文件,并同时随附更新(替换)的申报表。

若提交的更新(替换)申报表未导致变更以前提交的税务申报书,纳税人不应当提交修正(补充)税务申报书,但该成员国法律另有规定除外。提交上述更新申报表不应当导致重建以前进口货物时支付的可扣除增值税额。

在该成员国法律确定情况下,不应当提交更新(替换)申报表。

22. 若不支付、未完全支付进口货物间接税,或在迟于本议定书第 19 款规定日期支付上述税,发现不提交税务申报书的事实,其提交违反了本议定书第 20 款确定的期限,或税务申报书载明的数据与诸成员国税务机构间信息交换范围内获得的数据不符,税务机构应当按货物进口地领土成员国法律确定的程序和数额,追偿间接税和罚款,并应当采取诸手段保证履行该成员国法律确定的间接税、罚款和制裁的支付义务。

23. 若进口货物在其注册月被退回,其退回归因于质量不合格和/或不完全交付,该货物的进口交易不应当记录在税务申报书中。

应当由协议当事方达成一致的申索,该货物后续交易相应的文件确认货物退回归因于质量不合格和/或不完全交付。这些文件可以包括该货物的转让和收货证明(若退回货物未运输)、运输(装运)文件(若退回货物被运输)、毁灭证明或其他文件。在部分退回该货物的情况下,上述文件应当随本议定书第 20 款规定的文件同时提交税务机构。

若因上述理由在受理货物注册月届满时退回进口货物,纳税人应当向税务机构提交相应的更新(补充)税务申报书和本款第 2 项所述文件(其副本)。

本款第 2 项所述文件可以以诸成员国税务机构管制性法令或诸成员国其他管制性法令确定程序中的电子形式提交。此等文件的格式应当由诸成员国税务机构管制性法令或诸成员国其他管制性法令规定。

若因质量不合格和/或不完全交付导致部分退回货物,应当向税务机构提交更新(替换)申报表,无须提交部分退回货物的信息。申报表应当以纸质副本(4 份)和电子形式或有纳税人电子(数字)签名的电子形式提交。

若因质量不合格和/或不完全交付货物导致全部退回,其详情已记录在以前提交的申报表中,不应当提交更新(替换)申报表。纳税人应当将载明全部退回货物信息的以前提交申报表详情,按诸成员国税务机构管制性法令或诸成员国其他管制性法令确定的程序和形式,通知税务机构。

若因质量不合格和/或未完全交付导致部分或全部退回货物,对这些货物以前支付并扣除的增值税,应当在退回货物的税期内支付,但是该成员国法律另有规定除外。

24. 若在受理纳税人货物注册月进口货物成本增加,为增值税支付目的的税基应当以进口货物更新成本与以前成本之间的差额予以增加。应当不迟于协议当事人变更进口货物价格月的下月第 20 日,完成增值税支付和提交税务申报书。

所获进口货物的更新价格与以前价格之间的差额应当记录在税务申报书中,并由纳税人与以下文件同时提交给税务机构:

纸质副本(4 份)和电子形式或有纳税人电子(数字)签名电子形式申报表,其指明更新成本与以前成本之间的差额;

协议当事人规定的确认进口货物价格增加的协议或其他文件和调整后的详细税务发票(若该成员国法律有规定)。对上述文件可以提交按一成员国法律确定程序证明的副本,或诸成员国税务机构管制性法令或诸成员国其他管制性法令确定程序的电子形式。上述文件的格式应当由诸成员国税务机构管制性法令或诸成员国其他管制性法令确定。

25. 若根据一成员国法律不支付间接税而进口至该成员国领土的货物用于给予免税或选择性支付程序以外的目的,该货物的进口应当按本节确定程序支付间接税。

26. 对从另一成员国领土进口至一成员国领土的货物所支付(抵消)的间接税额,应当按货物进口地领土成员国法律规定程序扣减(抵消)。

27. 受消费税标记(说明和控制标记、标签)管理的货物消费税,应当由诸成员国海关机构征收,但成员国法律另有规定除外。

IV. 征收施工和提供服务间接税的程序

28. 施工和提供服务的间接税,应当在认可为工程、服务(本议定书第31款所述工程除外)销售地点的成员国领土内征收。

对施工或提供服务,应当根据认可为工程、服务销售地点领土成员国法律确定间接税税基、税率、其征收程序和免税(税收豁免),但本节另有规定除外。

29. 具有以下情形的,一成员国领土应当认为是工程和服务的销售地点:

(1)该工程和服务直接关联位于该成员国领土的不动产;

本分款的规定还适用于不动产的出租、租借和其他种类租用。

(2)工程和服务直接关联位于该成员国领土内的动产或载运工具。

(3)在该成员国领土内提供的文化、艺术、教育(培训)、体育、旅游、休闲和运动领域的服务。

(4)该成员国纳税人是以下的购买者:

咨询、法律、会计、审计、工程技术、广告、设计、营销、数据处理的服务和科学研究、设计与实验、技术与实验(技术性)工程;

为开发计算机程序和数据库(计算机软件与信息产品)及其采用与修改、支持上述程序和数据库的工程和服务;

为在购买者所在地工作的职员招募服务。

本分款的规定还适用于:

证明国家保护工业产权、商标、商号、服务标识、版权和相关权利或其他相似权利的专利文件、许可证和其他文件的转让、授予、分派;

不动产的租借、出租和其他种类租用,但载运工具的租借、出租和其他种类租用除外;

为了协议主当事方利益或代表协议主当事方从事招募的人提供服务,履行本分款规定工程、服务的另一人提供服务。

(5)该成员国纳税人履行的工程或提供的服务,但本款第(1)至(4)分款另有规定的除外。

本分款的规定还适用于载运工具的租借、出租和其他种类租用。

30. 以下文件应当认为是确认工程或服务的销售地点:

诸成员国纳税人之间缔结的执行工程或提供服务的协议;

确认执行工程、提供服务的文件;

诸成员国法律要求的其他文件。

31. 若对从一成员国领土进口至另一成员国领土并在以后向其他国家领土出口收费产品的客户提供货物,从事收费经营,增值税征收和其支付控制的程序应当是本议定书第 Ⅱ 节下的规定,但本节另有规定除外。在此情况下,应当按从事收费经营的成本确定增值税税基。

32. 为了确认对本议定书第 31 款所述施工适用零增值税率的有效性,应当向税务机构提交以下纸质文件,并同时随附税务申报书:

(1)诸成员国纳税人之间的协议。

(2)确认工程执行事实的文件。

(3)确认出口(进口)本议定书第 31 款所述货物的文件。

(4)申报表(按诸成员国酌情权,纸质原件或副本)或申报清单[纸质副本或纳税人电子(数字)签名的电子文本]。

应当按本议定书第 4 款第(3)分款确定的程序提交申报清单。

若向本联盟外出口收费产品,不应当向税务机构提交申报表(申报清单)。

若从一成员国领土向另一成员国领土出口收费产品且该产品置于另一成员国领土自由关税区或自由仓库海关程序下,应当向该一成员国税务机构提交另一成员国海关机构证明的该货物置于上述程序下的海关声明,取代上述申报表(申报清单)。

(5)确认向本联盟外出口收费产品的海关声明。

(6)诸成员国法律规定的其他文件。

本款第(1)、(2)、(3)、(5)、(6)分款和第(4)分款第 4 项规定的全部文件,应当按诸成员国税务机构管制性法令或诸成员国其他管制性法令确定的程序,以电子形式提交。上述文件的格式应当由诸成员国税务机构管制性法令或诸成员国其他管制性法令规定。

若不提交同时随税务申报书的,确认适用零增值税率和/或免除消费税有效性的文件符合货物收费地领土成员国法律,不应当提交本款规定的文件,但对申报表(申报清单)除外。

33. 若纳税人实施和/或提供本节管辖其税务的多种工程和/或服务,且实施或提供某些工程或服务对实施或提供其他工程或服务是辅助性的,主要工程或服务的销售地点还应当视为辅助性工程或服务的销售地点。

附件 19

一般竞争原则和规则的议定书

Ⅰ．总则

1. 本议定书根据《欧亚经济联盟条约》(以下简称"本条约")第 ⅩⅧ 节制定,并确定其适用的具体特性、违反两个或多个成员国领土跨境市场(以下简称"跨境市场")一般竞争规则的处罚,委员会从事控制遵守跨境市场一般竞争规则的程序(包括诸成员国授权机构合作)、从事控制遵守竞争(反垄断)法的诸成员国授权机构之间配合、采取国家价格管制和对诸成员国采取价格管制之决定的异议。

2. 为了本条约第 ⅩⅧ 节的目的,本议定书中使用的术语应当具有以下含义:

(1)"纵向协议",指经济实体(市场参与者)之间的一种协议,依此,其中一方是货物购买者或货物潜在购买者,另一方是货物提供者或货物潜在出售者。

(2)"可互换货物",指用其功能性目的、适用、质量与技术特征、价格和其他参数在购买者消费(含为工业目的)时用其他种类货物实际代替或将愿意代替一种货物的范围内的可比较货物。

(3)"国家价格管制",指诸成员国国家政府和地方机构按诸成员国法律确定的程序,设定价格(价格表)、价格(价格表)附加费、最高或最低价格(价格表)、价格(价格表)最高或最低附加费。

(4)"国家或自治市优惠",指诸成员国行政或地方机构,或行使国家或地方机构职能的其他机构或组织向单个经济实体提供利益,通过转让国家或自治市财产和其他民事权利客体或财产免税、国家或自治市担保,确保对活动的更有利条件。

(5)"诸人员的一集团",指符合以下一项或多项标准的一组自然人或法人:

一经济公司(合伙、经济合伙)和一自然人或一法人,若此自然人或法人通过参与该公司(合伙、经济合伙)或按他方转让的权力(含按书面协议)持有该经济公司法定(股份)资本中投票权股份之总投票权 50% 以上;

一经济实体(市场参与者)和一自然人或一法人,若此自然人或法人行使该经济实体(市场参与者)唯一行政机构的职能;

一经济实体(市场参与者)和一自然人或法人,若此自然人或法人依据该经济实体(市场参与者)组成文件或与该经济实体缔结的合同(协议)有权向该经济实体(市场参与者)发出强制性指令;

诸经济实体(诸市场参与者),若由相同诸自然人担任组织性行政机构和/或董事会(监事会、基金会)成员 50% 以上;

一自然人及其配偶、父母(含收养关系父母)、子女(含收养关系子女)和兄弟姊妹;

诸人员,若其每位人员基于本分款第二至六项规定理由包括在有一相同人员的一集

团中,和其他人员基于本分款第二至六项规定理由之一包括在有这些人员之一的一集团中;

一经济公司(合伙、经济合伙),基于本分款第二至七项规定理由之一包括在一人员集团中的诸自然人和/或法人,若此诸自然人或诸法人通过参与该经济公司(合伙、经济合伙)或按其他当事人转让的权力持有该经济公司法定(股份)资本中投票权股份总投票权50%以上。

诸人员的一集团应当视为一单独的经济实体(市场参与者),且本条约和本议定书涉及诸经济实体的规定应当适用于诸人员的一集团,但本议定书规定的情形除外。

为了在诸成员国领土内执行竞争(反垄断)的目的,"诸人员的一集团"术语可以在诸成员国法律中规定,包括一人处置另一人法定(股份)资本中股份(股票)数额,在此中,该处置(参与)被认可是诸人员的一集团。

(6)"歧视性条件",指在一经济实体(一市场参与者)或数个经济实体(诸市场参与者)处于比本条约和/或诸成员国其他国际条约规定的条件、限制和具体特性约束下的另一经济实体(一市场参与者)或其他诸经济实体(诸市场参与者)更有优势时,进入商品市场的条件和货物生产、交换、消费、购买、销售与其他种类转让的条件。

(7)"支配地位",指一经济实体(一市场参与者、诸人员的一集团)或数个经济实体(诸市场参与者、诸人员的数个集团)在特定商品市场的此种地位:能使该经济实体(一市场参与者、诸人员的一集团)或数个经济实体(诸市场参与者、诸人员的数个集团)对各自商品市场货物流通一般条款施加决定性影响,和/或将其他诸经济实体(诸市场参与者)排挤出该商品市场,和/或阻碍其他诸经济实体(诸市场参与者)进入该商品市场。

(8)"竞争",指在诸经济实体中每个经济实体的独立行为消除或限制其每个经济实体能力以致单方影响相关商品市场货物流通一般条款时,诸经济实体的竞争性。

(9)"机密信息",指诸成员国强制性法令保护的各种信息,但按诸成员国法律认为是国家秘密的信息除外。

(10)"协调经济活动",指由第三人协调诸经济实体(诸市场参与者)行动的协议,诸经济实体(诸市场参与者)在此协议中达成一致行动,不包括在诸人员同一集团中与这些经济实体(诸市场参与者)之一的且不在该商品市场运行的协议。

(11)"间接控制",指一法人或一自然人通过直接控制关系约束一法人或数个法人确定一法人作出决定的可能性。

(12)"垄断性高价",指具有支配地位的经济实体设定的价格,若该价格超出了各货物生产、销售所需成本额、利润和按以下确定的价格:在本联盟内、外可适用的一商品市场具有货物购买者或销售者可比结构的竞争条件、货物流通的条件、进入该商品市场的条件、政府管制(包括税收、关税和价格表管制)(以下简称"可比商品市场")。自然垄断实体对各货物在诸成员国法律确定的价格表范围内设定的价格,不得认为是垄断性高价。

(13)"垄断性低价",指具有支配地位的经济实体设立的价格,若该价格低于各货物生产、销售所需成本额、利润和按本联盟内外可适用的可比商品市场竞争条件确定的价格。

(14)"不公平竞争",指一经济实体(一市场参与者、诸人员的一集团)或数个经济实

体(诸市场参与者、诸人员的诸集团)的以下任何行动:旨在违反诸成员国法律、一体化要求、公理性和公平性以获得商业活动中的优势,已经或可能造成诸竞争性经济实体或其商誉损害。

(15)"限制竞争征兆",指减少经济实体(诸市场参与者)数量(不包括进入某商品市场诸人员的单一集团),货物价格的增长或降低(不产生于该商品市场货物流通其他一般条件的相应变化),拒绝诸经济实体(不包括进入该商品市场从事独立活动的诸人员单一集团),按诸经济实体(诸市场参与者)之间的协议、按他人发出的约束性指令、因诸经济实体之间协议结果(不包括其在该商品市场诸人员同一集团中的行为)或能使一经济实体(一市场参与者)或数个经济实体(诸市场参与者)单方面影响商品市场货物流通一般条件的其他情形下确定该商品市场货物流通的一般条件。

(16)"直接控制",指一法人或自然人通过以下一种或数种行为确定一法人作出决定的可能性:

行使其行政机构的职能;

获得决定一法人商业营运条件的权利;

处置该法人法定(股份)资本中股份(股票)赋予的总投票权数50%以上。

(17)"协议",指以一份或多份文件形式的书面执行的协议和口头形式的协议。

(18)"货物",指意图销售、交换或其他种类流动的民事权利客体,包括工程、服务(含金融服务)。

(19)"商品市场",指不能由其他货物或可互换货物替代的货物的流动领域(包括地理上的),购买者可以在此领域基于经济、技术或其他机会或方便获取货物且此等机会或方便在其范围外不可获得。

(20)"经济实体",指从事经营以产生利润的一商事组织或非营利组织、个体经营者和其产生收入的专业活动经国家注册和/或按诸成员国法律给予许可的自然人。

(21)"经济集中",指影响或可能影响竞争形势的交易和其他行为。

3. 应当基于分析以下客观情况,确定一经济实体(一市场参与者)的支配地位:

(1)该经济实体(市场参与者)的份额及其与竞争者、客户份额的关系;

(2)该经济实体(市场参与者)单方面确定货物价格水平和对相关商品市场货物流通一般条件形成决定性影响的可能性;

(3)对进入商品市场进行经济、技术、行政或其他限制的可利用性;

(4)该经济实体(市场参与者)可以对商品市场货物流通一般条件形成决定性影响的期间。

4. 诸成员国法律可以对认定经济实体(市场参与者)支配地位确定其他(附加)条件。

应当由委员会根据其批准的评估跨境市场竞争状态的方法,决定跨境市场经济实体的支配地位。

Ⅱ. 协议的可接受性和例外

5. 本条约第76条第4、5款规定的协议、诸经济实体(诸市场参与者)之间基于联合活动的协议,应当认为是可接受的,若它们不对与此等协议目标不相关的经济实体施加任

何限制且不能消除各自商品市场的竞争,且若该经济实体(诸市场参与者)证明上述协议已经或可能导致以下结果:

(1)在世界商品市场,改进货物生产(销售)、促进技术(经济)进步或改善诸成员国境内制造货物的竞争性;

(2)消费者收到了相称部分的利益(好处),此利益系相关人员通过其行为获得的。

6. 具有以下情形的,应当准许"纵向"协议:

(1)其构成商事特许权协议;

(2)纵向协议当事方的每个经济实体在该协议涵盖货物之商品市场中的份额不超过20%。

7. 本条约第76条第3至6款的规定不应当扩展至包含在同一集团的诸经济实体(诸市场参与者)之间的协议,若这些经济实体(诸市场参与者)之一已经对另一经济实体(一市场参与者)建立了直接或间接控制,或者上述诸经济实体(诸市场参与者)处于一共同人的直接或间接控制,但是按诸成员国法律从事不得由单独经济实体(一市场参与者)平行履行的活动的诸经济实体(诸市场参与者)之间的协议除外。

Ⅲ. 对遵守一般竞争规则的控制

8. 诸成员国授权机构应当负责抑制诸成员国经济实体(市场参与者)、自然人和不是经济实体(市场参与者)的非营利组织在各成员国领土内违反本条约第76条规定的一般竞争规则的行为。

9. 若诸成员国经济实体(市场参与者)、自然人和不是经济实体(市场参与者)的非营利组织违反本条约第76条确定的一般竞争规则的行为对跨境金融市场竞争具有或可能具有负面影响,委员会应当负责抑制上述违反行为,但是应当根据诸成员国法律对负面影响跨境金融市场的违反行为实施抑制除外。

10. 委员会应当:

(1)审查关于出现违反本条约第76条确定的一般竞争规则征兆、已经或可能负面影响跨境市场竞争的陈词(材料),并采取必要的调查;

(2)根据诸成员国之授权机构、经济实体(市场参与者)、国家政府机构和自然人请求,或自身动议,启动和审查违反本条约第76条确定的一般竞争规则、已经或可能负面影响跨境市场竞争的案件;

(3)发出、作出约束诸成员国经济实体(市场参与者)的裁决、决定,包括以下裁决、决定:在本条约第XⅧ节和本议定书规定情形下对诸成员国经济实体(市场参与者)适用处罚,采取行动旨在终止违反一般竞争规则、消除此违反行为的后果、确保竞争、避免可能构成阻碍竞争出现和/或导致限制或消除跨境市场竞争和违反本条约第76条、本议定书规定情形中一般竞争规则的行为;

(4)要求和接受诸成员国国家政府、地方机构和履行此类机构职能的其他机构或组织、法人和自然人提供的信息,包括为行使控制遵守跨境市场一般竞争规则之权力所要求的机密信息;

(5)不迟于6月1日,向最高理事会提交关于跨境竞争形势和采取措施抑制违反这些

市场一般竞争规则的年度报告,并发布在本联盟互联网官方网站上;

(6)将违反一般竞争规则审查案件的决定发布在本联盟互联网官方网站上;

(7)行使为执行本条约第ⅩⅧ节和本议定书之规定所要求的其他权力。

11. 违反跨境市场一般竞争规则之陈词(材料)的审查程序、违反跨境市场一般竞争规则的调查程序及其诉讼程序,应当经委员会批准。委员会审查违反一般竞争规则案件时进行竞争形势分析的结果,应当包括在该案件审查结束后作出的委员会决定中。

为了行使控制遵守跨境市场一般竞争规则、为执行本条约第ⅩⅧ节和本议定书规定所要求的权力,委员会应当批准:

评估竞争形势的方法;

确定垄断性高(低)价的方法;

罚款的计算方法和实施罚款的程序;

不同经济部门适用一般竞争规则(若必要)的具体特性;

委员会与诸成员国授权机构间合作(包括信息交换)的程序。

12. 为了保证调查和准备违反本条约第76条确定的跨境市场一般竞争规则的案件材料,委员会应当以各个结构性单位(以下简称"委员会结构性授权单位")运转。

13. 在审查违反跨境市场一般竞争规则的陈词(材料)、审查违反跨境市场一般竞争规则案件中调查此等违反行为期间,委员会结构性授权单位应当要求对审查陈词(材料)所要求的全部信息,包括调查、审查源自诸成员国国家政府机构、地方机构、行使此等机构职能的其他机构或组织、法人和自然人的案件。

诸成员国的经济实体(市场参与者)、非营利组织、国家政府机构、地方机构、履行上述机构职能的其他机构或组织、法人和自然人,应当有义务在确定期限内向委员会提交委员会根据其权力所要求的,经其请求的信息、文件、声明、澄清。

14. 委员会关于实施处罚的决定、委员会约束违反人的履行某些行为的决定,应当认为是执行文件,且应当由犯有违反行为的经济实体(市场参与者)、不是经济实体(市场参与者)的非营利组织注册地成员国,或犯有违反行为的自然人永久或临时居住地成员国之执行司法令、其他机构命令的机构和官员予以执行。

对委员会在竞争领域的法令和行为(不行为),应当根据《联盟法院规约》(本条约附件2)规定的程序和按本议定书的规定,向联盟法院提出质疑。

若联盟法院收到针对委员会在违反跨境市场一般竞争规则案件中的决定的上诉后启动诉讼程序,应当暂停委员会决定的效力,直至联盟法院判决的生效日。

联盟法院应当在无申请人事先向委员会申请解决审判前程序中的事项的情况下,允许审查对委员会上述案件的决定的上诉。

15. 诸成员国授权机构的法令和行为(不行为)可以根据诸成员国程序性法律,向诸成员国司法机构提出质疑。

Ⅳ. 委员会对违反跨境市场一般竞争规则行为实施处罚

16. 委员会应当根据其批准的计算罚款方法和实施罚款程序,对违反本条约第76条确定的跨境市场一般竞争规则和向委员会不提交、迟延提交或提交明知错误的信息,处以

下列数额的罚款:

(1)本条约第76条第2款下的不可接受的不公平竞争,应当对官员和个体经营者处以2万至11万卢布罚款,对法人处以10万至100万卢布罚款。

(2)经济实体(市场参与者)缔结本条约第76条第3至5款下不可接受的协议和参与该协议,应当对官员和个体经营者处以2万至15万卢布罚款,对法人处以违反者在违反行为发生市场销售货物(工程、服务)所获收益额或违反者在违反行为发生市场购买货物(工程、服务)支出额的1%至15%的罚款,但不超过违反者从销售全部货物所获整个收益的1/50、不低于10万卢布;若违反者在违反行为发生市场从销售货物获得的收益额超过该违反者从销售全部货物所得总收益额的75%,罚款额为违反者在违反行为发生市场从销售货物(工程、服务)中获得收益额或违反者在违反行为发生市场购买货物(工程、服务)支出额的3‰至3%,但不超过违反者销售全部货物(工程、服务)所获整个收入的1/50、不低于10万卢布。

(3)本条约第76条第6款下不可接受的协调经济实体(市场参与者)之间经济活动,应当对自然人处2万至7.5万卢布、对官员和个体经营者处2万至15万卢布、对法人处20万至500万卢布的罚款。

(4)商品占支配地位的经济实体(市场参与者)具有构成滥用支配地位且本条约第76条第1款下不可接受的行为,应当对官员和个体经营者处以2万至15万卢布的罚款,对法人处以违反者在违反行为发生市场销售货物(工程、服务)所获收益或违反者在违反行为发生市场购买货物(工程、服务)支出额的1%至15%,但不超过违反者销售全部货物(工程、服务)整个收益的1/50、不低于10万卢比;若违反者在违反行为发生市场从销售货物获得的收益额超过该违反者从销售全部货物所得总收益额的75%,罚款额为违反者在违反行为发生市场从销售货物(工程、服务)中获得收益额或违反者在违反行为发生市场购买货物(工程、服务)支出额的3‰至3%,但不超过违反者销售全部货物(工程、服务)整个收入的1/50、不低于10万卢比。

(5)未或迟延向委员会提交本条约第ⅩⅧ节和本议定书中规定的信息(数据),包括未提供委员会要求的陈述(信息)、故意向委员会提供明知错误陈述(信息),应当对自然人处以1万至1.5万卢布罚款,对官员和个体经营者处以1万至6万卢布罚款,对法人处以15万至100万卢布罚款。

为了本议定书的目的,官员应当指经济实体(市场参与者)和不是经济实体(市场参与者)的非营利组织履行组织性、管理性或行政性和商业性职能的管理人员或雇员,和作为经济实体(市场参与者)和不是经济实体(市场参与者)的非营利组织唯一行政机构运行之组织的负责人。为了本议定书的目的,从事专业生产利润活动、受诸成员国法律下国家注册和/或授予许可约束的自然人,应当作为官员对违反跨境市场一般竞争规则的行为承担责任。

17. 本议定书第16款第(1)至(5)分款规定的罚款,应当划拨至违反者注册成员国(对法人)或违反者永久或临时居住地成员国(对自然人)的预算。

18. 本议定书第16款规定的罚款,应当由已经违反本议定书下一般竞争规则的经济

实体(市场参与者)、自然人或不是经济实体的非营利组织,用经济实体(市场参与者)、非营利组织注册成员国或自然人永久或临时居住成员国的货币,按上述成员国国家(中央)银行规定的利率,自委员会作出罚款决定之日起支付。

19. 已将其缔结的本条约第76条禁止的协议自愿通知委员会的一人员(诸人员的一集团),应当免除承担本议定书第16款第(2)分款下违反行为的责任,并受以下积累条件约束:

在该人员申请时,委员会按其酌情权没有相关违反行为的任何信息或文件;

该人员最初或以后拒绝参与本条约第76条下不可接受的协议;

所提交的信息和文件足以确定违反行为事件。

责任免除应当给予首先完成本款规定全部条件的人员。

20. 应当拒绝代表本条约第76条下不可接受协议数个当事方提交的陈述。

21. 可以采取最高理事会决定,修正本节下确定违反跨境市场一般竞争条件的罚款额和对法人施加的、根据违反者在所犯违反行为市场销售货物(工程、服务)所产生的收益或违反者在该市场购买货物(工程、服务)的支出计算罚款的例外。

V. 诸成员国授权机构间的合作

22. 为了执行本条约第ⅩⅧ节和本议定书的目的,诸成员国授权机构应当以发送通知方式在执法范围内合作,请求信息,要求和命令从事某些程序性活动、交换信息、协调诸成员国执行活动和经任何成员国请求执行执法活动。

应当由诸成员国授权机构中央办公室实施合作。

23. 若一成员国授权机构意识到其执行活动可能影响另一成员国保护竞争领域的利益,应当通知该另一成员国授权机构。

24. 在本议定书中,可能影响另一成员国保护竞争领域的利益,应当指诸成员国授权机构与以下有关的活动:

(1)另一成员国执法活动;

(2)反竞争行为(但兼并、获取和其他行为除外),包括在另一成员国领土内从事的这些行为;

(3)控制一个或多个交易当事人或在其他情况下决定其活动交易条件的一方当事人是按另一成员国法律注册或组建的人时的交易(其他行为);

(4)在另一成员国领土内使用胁迫措施要求或禁止执行竞争(反垄断)法范围内的任何行为。

25. 应当不迟于以下日期,发送通知:

(1)决定通知该成员国延长交易审查期限的日期;

(2)若作出决定而不延长审查期,不迟于对交易的决定日期。

26. 为了确保考虑另一成员国意见的可能性,本议定书第24款第(1)、(2)和(4)分款所述通知,应当在允许被通知成员国表达意见的合理期限内,由通知成员国将案件审查阶段发现的新事实发送给另一成员国,但在任何情况下,应当在该案件中作出决定或达成友好解决协议之前。

27. 通知应当以书面形式发送,且应当包含允许被通知成员国初步分析通知成员国影响被通知成员国利益的执行后果的充分信息。

28. 诸成员国可以提交信息或文件的请求,和命令从事某些程序性活动。

29. 信息与文件的请求、从事某些程序性活动的命令,应当以书面形式在一成员国授权机构的函件抬头写明,并指明:

(1)各案件(若有)被请求信息的数量、详细描述违反行为和其他相关事实、请求成员国法律下该行为的法定条件(包括可适用法律的文本);

(2)进入程序的人员和证人全名、其永久居住地或居所、国籍、出生地和出生日期,对法人,名称和地址(若可获得);

(3)收件人的准确地址、被送达文件的名称(在送达文件请求中);

(4)提交信息和采取行动的清单(为了进行询问,应当指明澄清和具体规定的客观情况、对被询问人提问的顺序和措辞)。

30. 信息与文件的请求、实施某些程序性活动的命令,还可以包括:

(1)指明执行被要求活动的期限;

(2)实施请求规定的确定程序的意向;

(3)允许请求成员国授权机构代表出席请求中执行规定活动和参与其中的意向,但其不得与各成员国法律相冲突;

(4)与执行请求或命令有关的其他意向。

31. 信息与文件的请求、实施某些程序性活动的命令,应当由请求成员国授权机构负责人或其副职签名。上述请求或命令应当随附请求文本或命令文本中提及的文件之副本和为适当执行该请求或命令的其他文件。

32. 要求支付执行成员国发生额外费用的专家审查和其他程序性活动的命令,应当按诸成员国授权机构之间的以前协议发送。

33. 诸成员国授权机构可以用邮政方式直接向位于另一成员国领土内的案件各参与人发送程序性文件。

34. 若在执行以前请求或命令中要求补充信息或对获得的信息予以澄清,应当允许发送信息与文件和实施某些程序性活动的重复请求。

35. 应当自收到之日起1个月内或诸成员国授权机构事先协议的其他任何期限,执行文件与信息请求和实施某些程序性活动的命令。

若要求其适用于该成员国其他国家机构或被请求成员国经济实体(市场参与者),上述期限应当按执行上述适用的时间予以延长。

36. 一成员国被请求授权机构应当实施请求或命令中规定的行为,并回答其所载全部问题。一成员国被请求授权机构可以经自身动议,实施上述请求或命令中没有规定的行为,但应当与执行上述请求或命令有关。

37. 若一成员国被请求授权机构在本议定书第35款规定期限内没有或不可能实施请求或命令,该授权机构应当将不可能执行该请求或命令,或执行该请求或命令的期望时间通知一成员国请求授权机构。

38. 诸成员国授权机构应当审查信息与文件请求、实施某些程序性活动的命令的执行情况,并保持相互通知不当执行的任何情况。

39. 一成员国领土内的一组织或一特别授权官员在其管辖权范围内作出或证实并盖有官方印章的文件,在其他诸成员国领土内应当接受,无须任何特别证明。

40. 若执行请求或命令可能损害被请求成员国主权、安全、公共秩序或其他利益,或与其法律相冲突,可以拒绝行政违法行为案件中的法律协助。

41. 各成员国应当独自承担所产生的与执行请求或命令有关的费用。

在某些情况下,诸成员国授权机构可以协商承担费用的不同程序。

42. 诸成员国在执行实施某些程序性活动或其他行为的命令期间,应当实施以下行为:

(1)询问各案件程序下的人员和证人;

(2)收集本案程序所要求的文件;

(3)检查受该命令约束的人的辖区、建筑物、文件和财产(但该人的住所除外);

(4)获取本案中或审查本案中程序所要求的源自政府机关或官员的信息;

(5)将文件或其副本送达给各案件的参与者;

(6)专家审查和其他行为。

43. 各案件中的程序性或其他行为,应当根据被请求成员国法律实施。

44. 若按被请求成员国法律,某些程序性活动要求送交授权官员作出的特别决定,应当在命令执行地递交。

45. 经诸成员国协议,被请求成员国领土内的某些程序性行为可以依据被请求成员国法律在请求成员国授权机构代表出席和参与下实施。

46. 诸成员国授权机构受其法律要求约束,应当交换以下信息:

(1)商品市场形势,经济重构下非垄断方法和实际效果,防止、限制和抑制垄断活动与发展竞争中的方法和实践经验;

(2)包含在具有支配地位和从事向诸成员国商品市场提供产品的公司的国内注册中;

(3)涉及违反诸成员国竞争(反垄断)法案件的审查行为。

47. 诸成员国授权机构应当通过交换信息和技术援助,在发展国内法律和竞争(反垄断)政策方面开展合作。

48. 一成员国授权机构应当按其酌情权向另一成员国授权机构提供反竞争行为的任何信息,若提供成员国授权机构认为此信息与另一成员国授权机构执法有关或可以用作此等活动的基准。

49. 一成员国授权机构有权向另一成员国发送概要要求使用所请求信息之案情的各信息请求。

收到上述请求的一成员国授权机构应当向另一成员国请求授权机构提供对其可适用的信息,若该授权机构认为该信息与请求国授权机构执法活动有关或可以用作此等活动的基准。

所请求的全部信息应当在诸成员国授权机构协议的期限内提供,但不迟于自收到请求之日起60个日历日内。

收到的信息应当仅用于相关请求或协调的目的,且未经传递该信息的成员国授权机构同意,不应当披露或转移给第三人。

50. 若一成员国认定另一成员国领土内实施的任何反竞争行为负面影响其利益,它可以将其通知反竞争行为实施地领土成员国,并请求该成员国启动适当执法行动,旨在抑制反竞争行为。此项合作应当通过诸成员国授权机构执行。

上述通知应当载明关于反竞争行为性质、其对通知成员国利益的可能后果的信息,以及交换补充信息和授权通知成员国提供其他种类合作的提议。

51. 一旦收到根据本议定书第50款的信息和在诸成员国授权机构协商(若要求实施此种协商)后,通知成员国应当决定启动执法行动或延长通知中规定的以前已启动的执法行动。被通知成员国应当将作出的决定通知给通知成员国。该成员国在实施通知中规定的关于反竞争的执法行动时,应当将适当执法行动结果通知给通知成员国。

被通知成员国在决定启动执法行动时,应当受其法律支配。

本议定书第50和51款的规定,不应当限制通知成员国行使其法律规定的执法行动的权利。

52. 在对相关交易执行执法行动(执行行动)相互利益的情形下,诸成员国授权机构可以协议合作履行执法行动。诸成员国授权机构在决定上述合作时,应当考虑以下因素:

(1)更有效使用面对执法活动和/或减少履行执法活动过程中诸成员国发生费用的物质和信息资源的可能性;

(2)诸成员国获得实施执法活动要求的信息的可能性;

(3)此等合作的预期结果——提高合作成员国实现其执法活动目标的可能性。

53. 已经适当通知另一成员国的一成员国可以限制或终止本议定书内的合作和另一成员国根据其法律独立执行的执法行动。

54. 若第三国经济实体(市场参与者)行为消极影响诸成员国商品市场竞争,诸成员国应当通过对该经济实体(市场参与者)以相同方式、在相同范围内、按平等条件适用诸成员国法律规则(不考虑其法律形式和注册地),对上述行为实施协商一致竞争政策,以及按本节确定的程序进行合作。

55. 在合作范围内提供本议定书第22至53款规定的信息和文件,应当是机密的,仅用于本议定书规定的目的。仅应当经提供信息的成员国授权机构书面同意,才准许为了其他目的使用此信息和向第三人转移此信息。

56. 诸成员国应当保证保护另一成员国授权机构提供的信息、文件和其他数据,包括个人数据。

VI. 委员会与诸成员国授权机构间监管遵守一般竞争规则的合作

57. 诸成员国授权机构在向委员会提交违反一般竞争规则的声明、委员会审查违反跨境市场一般竞争规则声明时,在委员会调查上述违反行为、审查违反跨境市场一般竞争规则案件和其他案件期间,委员会和诸成员国授权机构应当相互配合。

若诸成员国授权机构相互有兴趣讨论执法行为、信息交换和协调诸成员国法律的最紧迫事项,委员会与诸成员国授权机构合作,应当组织诸成员国授权机构首脑和委员会负

责竞争与反垄断管制的行政局成员级别的会议。

委员会应当与诸成员国授权机构中央办公室合作。

58. 一成员国授权机构可以在审查的任何阶段作出将违反一般竞争规则的声明提交委员会审查的决定,并根据提交声明的成员国法律确定的具体特性予以实施。

一成员国授权机构一经作出上述决定,应当向委员会发送单独书面申请。

上述申请应当载明:

提交机构的名称;

其行为(不行为)包含违反一般竞争规则征兆的经济实体的名称;

描述包含违反一般竞争规则征兆的行为(不行为);

已识别违反行为征兆的商品市场边界;

该成员国授权机构认为已违反本条约第76条。

申请应当随附审查已识别违反一般竞争规则征兆的文件和该成员国授权机构认为申请委员会审查所必要的文件。

一成员国授权机构向委员会提交申请应当视为暂停该授权机构审查违反一般竞争规则的声明的理由,直至委员会作出调查违反一般竞争规则、向该成员国有适当管辖权的授权机构提交该声明(材料)或退回该声明的决定。

一成员国授权机构应当自其向委员会发送之日起15个营业日内将申请人声明转递给委员会的情况通知申请人。

委员会应当自收到违反跨境市场一般竞争规则声明之日起不超过5个营业日的期限内,将收到上述审查声明通知诸成员国授权机构和申请人。

59. 委员会调查违反跨境市场一般竞争规则或将声明(材料)转递给诸成员国有适当管辖权的授权机构的决定,应当视为该成员国授权机构终止审查声明的理由。

60. 若委员会认定抑制违反一般竞争规则是授权机构管辖权范围的事项,可以在其审查的任何阶段作出决定,将审查的声明转递给一成员国授权机构。

在上述决定的情形下,委员会授权结构性单位应当草拟向该成员国授权机构的恰当请求,由委员会负责竞争与反垄断管制的行政局成员签名。

上述请求应当载明:

其行为含有违反一般竞争规则的经济实体(市场参与者)的名称;

描述包含违反一般竞争规则征兆的行为(不行为);

已识别违反行为征兆的商品市场边界。

上述请求应当随附审查已识别违反一般竞争规则征兆的文件和委员会认为审查该成员国授权机构请求所必要的文件。

委员会应当自发出声明日起5个营业日内将声明转递给一成员国授权机构情况通知申请人。

61. 委员会在调查违反一般竞争规则和审查违反跨境市场一般竞争规则案件期间,若依请求所获得的信息不足以作出决定,可以向诸成员国授权机构发送实施以下程序性活动的合理意见:

询问受调查或相应程序约束的人员和证人;

再制作调查或诉讼所要求的文件;

检查违反一般竞争规则案件中受调查或诉讼约束的人员辖区、建筑物、文件和财产(但对该人员住所除外);

向相关案件参与人送达文件或其副本;

专家审查和其他行动。

在受委员会调查或违反一般竞争规则案件程序下的违反者之注册地成员国领土内实施的程序性活动,应当由委员会授权结构性单位雇员和违反行为发生地成员国和/或已识别对竞争有负面影响的成员国的代表出席或参与下,予以实施。

在违反行为发生地或已识别对竞争负面影响的成员国领土内实施程序性活动时,委员会授权结构性单位雇员、违反者注册成员国授权机构代表应当出席。

若委员会授权结构性单位雇员和/或一成员国相关授权机构代表不可能出席程序性活动,执行委员会合理意见的一成员国授权机构应当有权独立实施上述程序性活动,但是不可能出席上述程序性活动的书面通知不迟于其实施活动前5个营业日发送。

62. 实施某些程序性活动的合理意见应当书面提出且包含:

(1)被请求案件(若有)信息的数量、详细描述违反行为和与其有关的其他事实、本条约第76条下行为的合法条件;

(2)受委员会实施调查或程序约束的人员和证人的全名、永久居住地或居所、国籍、出生地与出生日期,对法人,名称和地址(若可以获得此等信息);

(3)收件人的准确地址和送达文件的名称(被要求时);

(4)提交信息和采取行动的清单(为了询问,应当指明澄清和具体规定的客观情况、对被询问人提问的顺序和措辞)。

63. 实施某些程序性活动的合理意见还可以包括:

(1)指定执行被要求活动的期限;

(2)实施意见中确定命令规定活动的意向;

(3)委员会应当出席和参与执行意见中规定活动的结构性单位雇员的全名,但其不得与询问成员国法律相冲突;

(4)与执行该意见有关的其他意向。

64. 实施某些程序性活动的合理意见应当由委员会行政局负责竞争与反垄断管制的成员签名。合理意见应当随附其文本中提及的文件副本和要求其适当执行的其他文件。

65. 执行委员会合理意见的一成员国授权机构,应当按该成员国法律实施委员会合理意见中列明的程序性活动,且仅涉及居住在执行成员国领土上的人员。

66. 实施专家审查和其他程序性活动(代表执行成员国,其执行要求额外费用),应当按委员会和该成员国处理发送意见的授权机构的报酬事项协议执行。

67. 实施某些程序性活动的合理意见,应当在收到1个月内或委员会与该成员国处理发送意见的授权机构之间的事先协议期限内执行。

若合理意见适用于该成员国其他某国家机构或执行成员国经济实体(市场参与者),上述期限应当按执行上述适用的时间予以延长。

68. 执行成员国授权机构应当实施合理意见中提及的行为,回复所提的问题,并可按其自

身动议实施上述意见中未规定的行为,但应当与执行上述意见有关。

69. 若未执行合理意见或不可能在本议定书第67款规定的期限内执行,一成员国授权机构应当将不可能执行上述意见或不可能在其期望执行的时间执行,通知委员会。

70. 仅在执行合理意见可能损害执行成员国主权、安全或公共秩序或与其法律相冲突时,才可以全部或部分拒绝实施某些程序性活动的合理意见,该成员国应当将其书面通知委员会。委员会行政局应当有权将一成员国授权机构拒绝执行合理意见的合法性事项提交委员会理事会审查。

71. 委员会应当接受一成员国领土内一组织或一特别授权官员在管辖权范围内准备或证实并盖有收到合理意见的授权机构印章的文件,无须任何特别证明。

72. 若需要补充信息或澄清执行以前合理意见中获得的信息,应当允许发送实施某些程序性活动的重复合理意见。

73. 若在违反跨境市场一般竞争规则的单独案件内向诸成员国两个或以上授权机构发送实施某些程序性活动的合理意见,上述诸成员国授权机构与委员会之间的配合应当由委员会结构性授权单位雇员协调。

74. 委员会在调查违反一般竞争规则或对违反跨境市场一般竞争规则案件实施程序期间,可以向诸成员国授权机构递交关于信息与文件的请求。

75. 信息与文件的请求应当以书面形式实施,且包括:

请求的目的;

要求案件(若有)信息的数量、详细描述违反行为和与其有关的其他事实、本条约第76条和本议定书下行为的合法条件;

受审查案件约束之人的以下信息(若可获得):

对自然人,全名、永久居住地或居所、国籍、出生地和出生日期,对法人,名称和住所地;

应当提供信息的期限,但不少于自收到请求之日起10个营业日;

提交信息的清单。

上述请求应当随附请求文本中提及的文件副本、为适当执行请求所要求的其他文件。

76. 一成员国授权机构应当按其酌情权,在请求中确定的期限内提供信息。

77. 若未执行请求(其执行可能损害该成员国主权、安全和公共秩序),该成员国授权机构应当在自收到请求之日起不超过10个营业日的期限内将其通知委员会,指明不可能提供信息的理由;若未在委员会确定的期限内提供信息,指明提交信息的期限。

78. 若委员会在调查违反一般竞争规则和对违反跨境市场一般竞争规则案件实施程序期间向诸成员国政府机构、一成员国法人或自然人发送信息与文件请求,委员会应当同时向该成员国授权机构发送被请求政府机构操作、被请求法人注册、被请求自然人临时或永久住所的上述请求副本。

79. 若要求对执行以前请求中获得的信息补充任何信息或澄清,可以向一成员国授权机构发送信息与文件的重复请求。

80. 诸成员国授权机构向委员会提供的且包含机密信息的文件,应当按本联盟内国际条约处理。

VII. 对诸成员国领土内货物和服务采取国家价格管制

81. 诸成员国应当在例外情形下对不处于自然垄断地位的商品市场实施国家价格管制,包括紧急情况、自然灾害、国家安全事务,只要通过对竞争形势有较少消极影响的任何措施不可以消除已经出现的问题。

82. 作为一项临时措施,诸成员国可以对某些区域的某些种类社会性相关货物,在某期限内按诸成员国法律规定的程序,采取国家价格管制。

在特定区域对一种社会性相关货物适用本款下国家价格管制的总期限,不得超过1年内的90个日历日。本期限可以由与委员会的协议予以延长。

83. 成员国应当自作出各项决定之日起不超过7个日历日的期限内,将采取本议定书第81和82款下的国家价格管制,通知其他诸成员国。

84. 本议定书第81至83款规定不应当适用于全部服务(包括自然垄断实体的服务)的国家价格管制和政府采购、货物干预。

85. 除本议定书第84款所列服务外,本议定书第81至83款规定还不应当适用于以下货物的国家价格控制:

(1)天然气;

(2)供家庭使用的液化气;

(3)电能和热能;

(4)伏特加酒、烈酒和超过28%的其他酒精饮料(最低价格);

(5)源自粮食原材料的乙烷基(威士忌)酒精饮料(最低价格);

(6)固体燃料、燃料油;

(7)核电循环产品;

(8)为家庭目的的煤油;

(9)石油和石油产品;

(10)医药产品;

(11)烟草产品。

86. 若委员会收到一成员国抗议另一成员国采取本议定书第81和82款规定国家价格管制之决定的上诉,委员会可以根据本议定书第87款规定理由的可适用性,作出需要取消国家价格管制的决定。

87. 若国家价格管制导致或可能导致限制竞争,包括以下,委员会可以作出需要取消国家价格控制的决定:

对进入市场设置障碍;

减少不包含在诸人员同一集团的市场的经济实体(市场参与者)之数量。

抗议另一成员国采取国家价格管制之决定的成员国应当证明,可以采取对竞争状况有较少消极影响的其他手段实现采取国家价格管制的目标。

委员会应当自收到本议定书第86款下的上诉之日起不超过2个月的期限内,对需要取消国家价格管制的可适用性或缺乏性,作出决定。

88. 委员会应当按其确定的程序,复审一成员国抗议另一成员国采取国家价格管制

之决定的上诉。

89. 委员会依据本议定书第 87 款作出需要取消国家价格管制的决定,应当不迟于作出此决定日的次日,发送给已作出采取国家价格管制决定的成员国,并应当按已作出采取国家价格管制决定的成员国法律执行。

若一成员国不同意委员会关于需要取消国家价格控制的决定,应当将此事项提交最高理事会。在此情况下,委员会的决定在最高理事会对其审查之前不是可执行的。

附件 20

自然垄断实体活动共同规制原则和规则的议定书

Ⅰ. 总则

1. 本议定书根据《欧亚经济联盟条约》(以下简称"本条约")第78条制定,旨在为规制本议定书附件1规定领域诸成员国自然垄断实体活动创设适用共同原则和一般规则的法律框架。

2. 本议定书中使用的术语,应当具有以下含义:

"国内市场",指用于自然垄断实体服务流通的一成员国市场。

"获取自然垄断实体服务",指在技术上可行时,一成员国自然垄断实体按不低于向本国消费者提供相似服务的优惠条款向另一成员国消费者提供与自然垄断有关的服务。

"自然垄断",指在因生产工艺和服务提供的特殊技术特性而创立竞争环境以满足某特殊种类服务是不可能的或经济上不可行时的一种服务市场状态。

"诸成员国法律",指各成员国与自然垄断领域有关的国内法。

"诸成员国国家授权机构",指诸成员国对自然垄断活动实施规制和/或控制的机构。

"服务提供",指代表某一民事流转客体的服务提供和货物制造(销售)。

"消费者",指使用或意图使用自然垄断实体提供的任何服务的民事权利主体(自然人或法人)。

"自然垄断实体",指在诸成员国法律确定的自然垄断领域提供服务的经济实体。

"自然垄断领域",指被合法认为是自然垄断的服务流通领域,消费者可以在此领域购买自然垄断实体服务。

Ⅱ. 规制自然垄断实体活动的一般原则

3. 诸成员国在规制和/或控制本议定书附件1和附件2规定的自然垄断领域自然垄断实体活动中,应当受以下原则指导:

(1)维持诸成员国消费者与自然垄断实体的利益平衡,确保对消费者的服务可获得性及其适当质量、自然垄断实体的有效运行和有效发展;

(2)改进规制效能,旨在减少自然垄断领域数量并在以后为这些领域的竞争发展创造条件;

(3)使用自然垄断实体弹性价格表(价格)规制,要考虑产业特性及其活动范围、市场条件、中长期宏观经济与产业预测和对这些实体的价格表(价格)规制措施,包括可能适用不基于消费者(消费者集团)与任何成员国隶属关系所设定的差别价格表;

(4)在各国内市场分析发现该市场处于自然垄断状况时,采取规制;

(5)减少进入国内市场的障碍,包括采取保证获得自然垄断实体服务的方式;

（6）适用规制自然垄断实体的程序，保证决定的独立性、持续性、公开性、客观性和透明性；

（7）若技术上可行，强制自然垄断实体与消费者缔结提供规制性服务的合同，其应当根据诸成员国法律确定，但本条约第ⅩⅩ和ⅩⅪ节条款另有规定的除外；

（8）确保自然垄断实体遵守获得自然垄断实体服务的规则；

（9）聚焦对特殊自然垄断实体的规制；

（10）确保设定的价格表（价格）服从受规制自然垄断领域的服务质量；

（11）保护消费者利益，包括涉及自然垄断实体对使用相关规制服务价格表（价格）的各种违反；

（12）创造经济条件，使其有利于自然垄断实体降低成本、采用新技术和改进使用投资的效能。

Ⅲ. 自然垄断实体的规制种类和方法

4. 诸成员国应当基于本议定书确定的规制自然垄断共同原则与规则，对诸成员国自然垄断实体适用多种规制。

5. 在规制自然垄断实体活动中，应当适用以下种类的规制（形式、途径、方法和手段）：

（1）价格表（价格）规制；

（2）本议定书确定的规制种类；

（3）诸成员国法律确定的其他规制种类。

6. 可以通过以下方式，确保自然垄断实体提供服务的价格表（价格）规制，包括确定有关（参与）自然垄断实体服务的成本：

（1）国家机构对自然垄断实体的被规制服务设定（批准）价格表（价格），包括基于国家机构批准适用方法（公式）与规则的其限制水平，和国家机构分别控制遵守规定的价格表（价格）；

（2）国家机构确定（批准）自然垄断实体用于设定、适用价格表（价格）的上述适用方法和规则，以及国家机构控制自然垄断实体设定、适用价格表（价格）。

7. 诸成员国国家机构在价格表（价格）规制中，还可以根据诸成员国法律，单独或合并适用以下价格表（价格）控制方法：

（1）合理经济成本的方法；

（2）指数化的方法；

（3）投资资本获得性的方法；

（4）比较分析自然垄断实体活动效能的方法。

8. 价格表（价格）规制应当考虑：

（1）补偿自然垄断实体与实施被规制活动有关的合理经济成本；

（2）获得合理经济利润；

（3）鼓励自然垄断实体降低成本；

（4）考虑自然垄断实体服务的可靠性与质量后对其服务设定价格表（价格）。

9. 在设定价格表(价格)时,可以考虑以下因素:

(1)诸成员国领土内自然垄断运行的具体特性,包括技术要求和规章的具体特性;

(2)国家补贴或其他国家支持措施;

(3)市场条件,包括非规制市场部分的价格水平;

(4)辖区发展计划;

(5)国家税收、预算、创新、环境与社会政策;

(6)能效措施和生态方面。

10. 在计算自然垄断实体成本时,自然垄断实体服务的价格表(价格)规制应当规定自然垄断实体被规制服务种类的单独会计支出,包括投资、收入和营运资产。

11. 可以依据长期规制参数,包括被规制服务可靠性和质量水平、与提供各被规制服务有关的成本的变化动力、回报率、投资资本回报期限和其他参数,规制自然垄断实体服务的价格表(价格)。

为规制自然垄断实体价格表(价格)的目的,可以适用用比较分析自然垄断实体效能的方法所获得的长期规制参数。

12. 可以在本条约第ⅩⅩ和ⅩⅪ节中确定本议定书第4至11款在某些自然垄断领域适用的具体特性。

Ⅳ. 获取自然垄断实体服务的规则

13. 诸成员国应当在其法律中确定确保获取本议定书第2款规定自然垄断实体服务的规制性规则。

诸成员国国家机构应当确保控制遵守消费者获得和关联(参与、使用)自然垄断实体服务的规则。

14. 确保消费者获得自然垄断实体服务的规则应当包括:

(1)合同必备条款和合同缔结与执行程序;

(2)确定技术能力可适用性的程序;

(3)提交关于自然垄断实体提供服务及其价格、获取条件、潜在销量、提供此服务的技术或技术性能力的信息的程序;

(4)获得公共信息,允许向利害关系人提供与自然垄断实体服务流通条款和/或获得此服务条款相比较之可能性的条件;

(5)可以不视为贸易秘密的信息清单;

(6)处理投诉、申索和解决与自然垄断实体服务有关争端的程序。

15. 若差别条款基于消费者与任何成员国隶属关系原则不适用,应当允许诸成员国自然垄断实体对诸成员国消费者适用获取其服务的差别条款(按本条约第ⅩⅩ和ⅩⅪ节中确定的,考虑每个单独自然垄断领域的具体特性),并受遵守各成员国法律的约束。

16. 不损害本议定书第15款规定,诸成员国法律不应当含有确定诸成员国消费者以其与任何成员国隶属关系为基准获得自然垄断实体服务的差别条款的规则。

17. 应当在本条约第ⅩⅩ和ⅩⅪ节中确定本议定书第13至16款在某些自然垄断领域(包括运输)适用的具体特性。

V. 诸成员国国家机构

18. 诸成员国应当有根据其法律主管规制和/或控制自然垄断实体活动的国家机构。诸成员国国家机构应当根据诸成员国法律、本条约和诸成员国其他国际条约运行。

19. 诸成员国国家机构的职能应当包括：

(1)自然垄断实体提供服务的价格表(价格)规制；

(2)在诸成员国法律规定的情形下,规制取得自然垄断实体服务,包括设定关联(参与)自然垄断实体服务的费用(价格、价格表、收费)；

(3)保护自然垄断服务消费者的利益；

(4)审议投诉与申索,解决与设定、适用规制性价格表(价格)和获取自然垄断实体服务有关的争端；

(5)审查、批准或整合自然垄断实体投资项目和控制其执行；

(6)确保自然垄断实体遵守诸成员国法律对转递贸易秘密信息的限制；

(7)控制自然垄断实体的活动,包括通过检查或其他形式(监控、分析、专家审查)；

(8)诸成员国法律规定的其他职能。

VI. 委员会的职权

20. 委员会应当行使以下权力：

(1)若一成员国意图在自然垄断领域包含本议定书附件1或附件2未规定的其他自然垄断领域,经该成员国向委员会分别申请,对扩大诸成员国自然垄断领域作出决定。

(2)分析、建议协调制订和执行国家机构与自然垄断领域有关之决定的方法。

(3)从事诸成员国自然垄断实体规制制度与实践的比较分析,并草拟各年度报告与备忘录。

(4)促进协调自然垄断领域生态与能效方面的规制措施。

(5)经与诸成员国国家机构协议,提请最高理事会审议本款第(3)至(4)分款所述工作的结果；与诸成员国协议,提议在自然垄断领域建立诸成员国规制性法令(其应当受制于着手处理和确定执行协调本领域法律之各项措施的后果)。

(6)控制本条约第 X IX 节的执行。

《自然垄断实体活动共同规制原则和规则的议定书》附件 1

诸成员国自然垄断领域

序号	白俄罗斯共和国	哈萨克斯坦共和国	俄罗斯联邦
1	经主管道的石油及石油产品的运输	经主管道运输石油和/或石油产品的服务	经主管道的石油与石油产品运输
2	电力输送与分销	为电力输送和/或分销的服务	电力输送服务
3		电力供应与消费的技术性调度服务；电力产出与消费的平衡服务；确保电力荷载的服务（2016 年 1 月 1 日）。	电业操作性调度管理服务
4	铁路运输通讯提供的确保公共运输交通、铁路交通管理和铁路运输的服务	主要铁路网的服务	铁路运输

《自然垄断实体活动共同规制原则和规则的议定书》附件 2

诸成员国自然垄断领域

序号	白俄罗斯共和国	哈萨克斯坦共和国	俄罗斯联邦
1	经主线和支线管道的天然气运输	储存服务、经连接性与主管道和/或天然气分销系统的可销售天然气运输、经营组柜单位、经连接性管道运输未净化气	经管道的天然气运输
2	运输终端、机场服务；航空导航服务。	航空导航服务；港口和机场服务。	运输终端、港口和机场的服务

续表

序号	白俄罗斯共和国	哈萨克斯坦共和国	俄罗斯联邦
3	公共通讯与公共邮政服务	因技术不可能或经济不可行缺乏竞争服务提供者提供各种通讯服务时的通讯服务,但通用通讯除外; 财产出租(租借)或电缆导管和技术上与通讯网络连接公共通讯网络有关的其他固定资产租用的服务; 公共邮政服务。	公共通讯和公共邮政服务
4	热能的输送和分销	热能的生产、输送、分销和/或供应服务	热能的输送服务
5	水的集中供应和处理	水的供应和/或处理服务	使用中央系统和事业单位基础设施系统的水供应和水处理
6			使用内陆水道基础设施的服务
7		使用特许权合同下铁路运输的铁路服务	
8		附近路线服务	
9			北部海路水域船只破冰支持

附件 **21**

确保获取电力领域自然垄断实体服务
(含基础定价和价格表政策)的议定书

1. 本议定书根据《欧亚经济联盟条约》(以下简称"本条约")第 81 和 82 条制定,并确定获取电力领域自然垄断实体服务的共同原则和规则。

2. 本议定书中使用的术语,应当具有以下含义:

"国内电(力)需求",指各成员国领土内消费所要求的电(力)量。

"获取电力领域自然垄断实体服务",指一成员国国内市场主体使用另一成员国领土内电力领域自然垄断实体服务的可能性。

"电力替代",指相互接连一电力系统和同时向其供应平等电量,并向位于一成员国境内的各类供应点输电。

"洲际输电",指诸成员国授权组织就电(力)的流动和/或替代提供服务。根据一成员国法律,应当在输送(传输)服务协议或其他民事法律合同(包括电力买卖合同)中正式书面确定各自的关系。

"诸成员国共同电力市场",指诸成员国国内市场主体之间的,与根据共同规则和各自协议买卖电及相关服务、运行有关的关系的系统。

"电(力)流动",指确保一成员国领土内生产的电(力)经另一成员国输电网在位于其边境的相互供应点转移。

"国内市场主体",指是一成员国电(力)市场主体、根据该成员国法律在电力领域营运的人,电力领域包括:电(力)的生产、买卖、分销,向消费者供电,为输电提供服务,电业操作性调度、电力销售和组织电的买卖。

"电力领域自然垄断实体服务",指根据诸成员国法律,对电(力)经输电网输送、电业操作性调度管理的服务,和与自然垄断领域有关的其他服务。

3. 诸成员国之间应当在电力领域,基于以下原则相互配合:

利用诸成员国电力系统平行运行的技术和经济优势;

避免在执行上述平行运行中的经济损失;

将基于市场关系和公平竞争的机制用作建立一种可持续体系的主要工具之一,以满足电力需求;

逐渐建立以诸成员国平行电力系统为基础的诸成员国共同电力市场,并考虑诸成员国电力市场现行模式的具体特性;

逐步协调诸成员国电力领域的法律;

协调技术标准与规章。

应当根据共同原则、规则和本条约第ⅩⅨ节确定的方法,对电力领域自然垄断实体活动实施规制。

4. 诸成员国应当促进协调其电力开发项目,以确保电力领域长期有效合作。

5. 应当根据以下原则,建立本联盟共同电力市场:

以平等互利和避免对任何成员国经济损害为基础的合作;

平衡电力发电商、消费者和诸成员国共同电力市场其他主体的经济利益;

逐步协调诸成员国电力领域的法律,包括诸成员国共同电力市场主体披露信息的条款;

优先使用以市场关系和公平竞争为基础的机制,目的是构建可持续体系,以满足竞争活动中的电力需求;

确保现行技术能力下在执行洲际输电中按优先使用涵盖诸成员国国内需求的服务的条件,容易获得电力领域自然垄断实体的这些服务;

逐渐转变电力领域国内纵向一体化公司的结构,以识别竞争和垄断活动;

根据诸成员国协商一致的共同电力市场模式,发展诸成员国电力领域的洲际关系;

以诸成员国平行电力系统为基础,逐渐建立诸成员国共同电力市场,并考虑诸成员国电力市场现行模式的具体特性;

遵守相互协商一致的平行运行条款,利用诸成员国电力系统平行运行的技术和经济优势;

在市场一体化各阶段,确保电力发电商和消费者进入诸成员国电力市场,并顾及其国民经济利益;

诸成员国主体之间的电力贸易顾及诸成员国的能源安全。

6. 诸成员国在现有技术能力范围内,应当确保自由获得电力领域自然垄断实体的服务,并按以下原则提供优先使用上述服务,以涵盖诸成员国国内电力需求:

对国内电力市场主体的平等要求,按服务提供地领土成员国法律确定;

在提供获取电力领域自然垄断服务中,考虑诸成员国法律,服从优先使用满足诸成员国国内需求的服务;

确保电力设施的适当技术条件,在提供电力领域自然垄断实体服务中影响诸成员国电力系统平行运行;

合同性书面确立产生于诸成员国国内电力市场主体之间的关系;

诸成员国电力领域自然垄断实体提供已付款的服务。

7. 应当基于以下原则,确保洲际输电:

(1)毗邻成员国应当在其现有技术能力范围内,实施经其电力系统的洲际输电,但受优先供应诸成员国国内电力需求的约束。

(2)应当依据以下优先性确定洲际输电的技术能力:

确保其电力系统被用于洲际输送的成员国国内电力需求;

确保电力从一成员国部分电力系统经一毗邻成员国电力系统输送到该成员国的其他部分电力系统;

确保电力从一成员国电力系统经另一成员国电力系统输送到其他成员国电力系统;

确保经一成员国电力系统的洲际输电,以履行涉及第三成员国电力工程实体的义务。

(3)在洲际输电中,诸成员国授权组织应当受基于该成员国法律补偿洲际输电成本的原则的指引。

(4)履行第三成员国电力工程实体之义务的洲际输电,应当按考虑了各成员国法律的双边基准予以规制。

8. 为了不阻碍经成员国电力系统的洲际输电,诸成员国应当执行协商一致的一揽子基本措施,即:

在电力供应新日历年开始前,诸成员国授权组织应当在列入电力产出与消费国家预报平衡表中宣布意图洲际输送的计划电量,包括在计算自然垄断实体服务价格表中为了统计上述供应的目的;

诸成员国授权组织应当以计算洲际输电计划成本为基础,依据达成的协议缔结合同。

为了不阻碍经诸成员国电力系统的洲际输电,各成员国授权组织应当适用《成员国间洲际电(力)输送共同方法》,包括本议定书附件载明的确定洲际输电技术条件和数量的程序、确定与洲际电(力)输送有关服务的价格的协商一致办法。

根据诸成员国法律选择的组织应当根据上述方法,确保其国家整个领土内的洲际输电。

9. 应当根据提供与执行洲际输电有关的服务的国家的法律,实施洲际输电和运行对确保洲际输电所要求的电力供应网设施。

10. 若诸成员国授权组织拒绝洲际输电,该组织应当提交指明拒绝理由的支撑材料。

11. 应当根据诸成员国法律,实施电力领域自然垄断实体服务的定价(设定价格表)。

诸成员国电力领域垄断实体服务的价格表,不应当超过对其国内电力市场主体的类似价格表。

12. 应当考虑其他现行国际条约,解决涉及洲际输电关系中的一切分歧。

《确保获取电力领域自然垄断实体服务(含基础定价和价格表政策)的议定书》附件

成员国间洲际输电的方法

1. 关于提交报表和制定列入电力产出与消费平衡表的洲际输电年度预报量的程序的基本规定,包括计算自然垄断实体服务价格表中考虑的事项

1.1 在白俄罗斯共和国领土内

1.1.1 负责洲际输电的组织应当根据提交的申请,确定白俄罗斯国家输电网洲际输电年度预报量。

1.1.2 应当不迟于上一年4月1日提交下一日历年的申请。申请应当指明年度洲际输电和最大量、月分解量。

1.1.3 白俄罗斯共和国授权组织在审议申请时,应当受根据本《方法》确定的现有技术能力的指引。

若报表的洲际输电量超出该整年或其任何单独月的可用技术能力,白俄罗斯共和国

授权组织应当向已提交申请的组织发送合理拒绝通知。

1.1.4　白俄罗斯共和国授权机构批准的报表洲际输电量,应当以输电合同附件的形式书面确定,并在计算输电服务价格表中予以考虑。

1.1.5　经诸成员国授权组织在洲际输电计划年的上年4月1日之前相互协议,可以调整意图洲际输电的电量。

1.2　在哈萨克斯坦共和国领土内

1.2.1　应当根据授权执行洲际输电的组织向哈萨克斯坦共和国输送系统经营者提交的申请,确定哈萨克斯坦共和国国家输电网的洲际输电年度预报量。

1.2.2　应当不迟于上年4月1日提交下一日历年的申请。申请应当载明年度洲际输电量和月分解量,指明哈萨克斯坦共和国边境电力接受和输出点。

1.2.3　哈萨克斯坦共和国系统经营者在审议报表时,应当受根据本《方法》确定的现有技术能力的指引。若报表的洲际输电量超出整年或任何单独月的可用技术能力,哈萨克斯坦共和国系统经营者应当向已提交申请的组织发送合理拒绝通知。

1.2.4　哈萨克斯坦共和国系统经营者批准的报表洲际输电量,应当以输电合同附件的形式书面确定,并在计算输电服务价格表中予以考虑。

1.2.5　一经编制哈萨克斯坦共和国统一电力系统电与电力预报平衡表,应当在计划年的上年10月15日前确定政府间双边条约下的供电量,并与批发市场实体达成协议。

1.2.6　经洲际输电组织授权的实体建议,可以调整意图洲际输电的电量,并在洲际输电计划年的上年11月1日前执行。

1.3　在俄罗斯联邦领土内

1.3.1　管理俄罗斯联邦国家(全俄罗斯)统一电网的授权组织,应当根据编制俄罗斯统一电力系统内俄罗斯联邦子实体合并预报平衡表的程序,在计划供应年的上年4月1日前,与诸成员国从事管理国家输电网的授权组织达成协议,向俄罗斯联邦价格表管理局和俄罗斯统一电力系统经营者发送其提案。

1.3.2　协调一致提案应当由俄罗斯联邦价格表管理局复审,并在俄罗斯联邦法律规定期限内草拟的俄罗斯联邦子实体下个日历年电(力)产出与消费合并预报平衡表中考虑。

1.3.3　应当在计算电力领域自然垄断服务价格(价格表)中,考虑意图洲际输电且批准属俄罗斯联邦子实体电力产出与消费合并预报平衡表一部分的电(力)量。

1.3.4　在计划年的上年11月1日前,经管理国家统一电网的组织提议,并经诸成员国授权机构(组织)批准,可以调整意图洲际输电的电(力)量,和分别调整对电力领域自然垄断服务规定的价格(价格表)。

2. 确定以制定年月日计划为基础的洲际输电技术可行性与计划量和电力系统每日营运模式的程序,包括确定计划制定协调人职能与权力的规定

2.1　术语

为了本《方法》第2节的目的,应当使用以下术语:

"控制性跨段",指一系列输电线路(PTL)、诸成员国电力系统之系统经营者调度中心认定的电网其他要素和确保电力系统稳定营运、可靠性和耐用性的被控制电力转移。

"最大允许电流量",指在输电网跨段中满足正常营运全部要求的最高流量。

"洲际跨段",指诸成员国电力系统之系统经营者认定的一供应点或一组供应点,位于连接诸毗邻国电力系统(单独电力区)的洲际输电线路上,由技术性计划和电力平行运行模式的任务进行区分。

在此使用的其他术语,应当具有《获取电力领域自然垄断实体服务(含基本定价和价格表政策)的议定书》(《欧亚经济联盟条约》附件21)确定的含义。

2.2　总则

2.2.1　制定计划阶段解决的问题:

–制定年度计划:审核执行诸成员国间规定电(力)供应量的技术可行性和电力产出与消费预报平衡表中阐明的诸成员国间洲际输电,并考虑限制进出口跨段的电力供应网设备年度维护计划表及其必要调整;

–制定月计划:审核执行电力产出与消费年度预报表中阐明成员国间规定电(力)供应量和洲际输电,并考虑维修限制其进出口跨段的供电网设备的月计划表及其必要调整;

–制定日计划:审核执行诸成员国间下一日每小时供应量和洲际输电,并考虑诸成员国间的实际电路与模式、计划与非计划及紧急关闭限制进出口跨段供电网设备、供应量和洲际输电。

2.2.2　应当由俄罗斯统一电力系统与哈萨克斯坦统一电力系统、俄罗斯统一电力系统与白俄罗斯一体化电力系统使用平行电力系统计算模型(以下简称"计算模型"),实施制定诸成员国间洲际输电计划量的计划(可行性计算)。

2.2.3　计算模型应当代表在制定计划目的所要求的范围内俄罗斯统一电力系统、哈萨克斯坦统一电力系统和白俄罗斯一体化电力系统技术上相互连接部分的计算模型,并包含以下描述:

–电网等效电路的列和参数;

–有功和无功节点荷载;

–各节点中有功或无功发电;

–最小和最大有功和无功发电;

–输送限制。

2.2.4　作为一项规则,对符合冬季、夏季最大、最小荷载协议小时的基本模型(基本设计表),计算模型应当建立在诸成员国电力系统之系统经营者批准的等效电路的基础上。应当为典型电路和模式指明洲际和国内控制段最大允许转移量,若其实质性影响执行洲际供应(交换)。

2.2.5　俄罗斯统一电力系统的系统经营者应当是计划制定协调人。

2.2.6　应当由俄罗斯统一电力系统之系统经营者、国家统一电网管理组织与行使白俄罗斯一体化电力系统、哈萨克斯坦统一电力系统之系统经营者职能的组织共同批准的文件确定:计算模型的构成,计划制定各阶段的持续更新信息[包括包含在计算模型中的电力设施和电力系统(电力系统等同者)清单],其编制和更新的程序与时间规制,制定年月日计划的数据交换格式与手段,电力系统每日营运模式。

2.3　计划制定协调人的职能与权力和诸成员国电力系统其他系统经营者

2.3.1 计划制定协调人应当：

－构建基本计算模型；

－为制定计划目的,组织与行使白俄罗斯一体化电力系统之系统经营者、哈萨克斯坦统一电力系统之系统经营者职能的组织交换信息；

－为制定计划目的,根据从行使白俄罗斯一体化电力系统和哈萨克斯坦统一电力系统之系统经营者的组织获得的数据,计算电力模型；

－若计算结果证明该电力模型不可行或超出了供应和洲际输电规定额下该计算模型控制段的最大允许流量,调整诸成员国电力系统间的洲际流量(其部分),并考虑《获取电力领域自然垄断实体服务(含基本定价和价格表政策)的议定书》(《欧亚经济联盟条约附件21》)第4款第2分款规定的优先原则,

(1)确保洲际输电使用其电力系统的成员国的国内需求；

(2)确保从一成员国一部分电力系统经毗邻成员国电力系统向该一成员国另一部分电力系统的洲际输电；

(3)确保从一成员国电力系统经另一成员国电力系统向其他成员国的洲际输电；

(4)确保经一成员国电力系统的洲际输电,以履行与非本联盟成员的诸第三国电力工程实体有关的义务；

－将上述计算结果传送给行使白俄罗斯一体化电力系统和哈萨克斯坦统一电力系统之系统经营者职能的组织。

2.3.2 若计算证明电力模型不可行或超出了计算模型控制性跨段中最大允许流量,计划制定协调人应当将要求调整电力系统净转移量(余额)的值,通知使白俄罗斯一体化电力系统、哈萨克斯坦统一电力系统之系统经营者职能的组织和俄罗斯国家统一电网管理组织。

行使白俄罗斯一体化电力系统与哈萨克斯坦统一电力系统之系统经营者职能的组织和俄罗斯国家统一电网管理组织,应当依据前述优先原则调整全体合同下的供电(力)量,或者采取其他措施消除对基于计划制定协调人计算所认定的控制性跨段中允许转移要求的违反行为。

行使白俄罗斯一体化电力系统、哈萨克斯坦统一电力系统之系统经营者职能的组织和俄罗斯国家统一电网管理组织,应当将调整全体合同下合同供电量的信息,通知该合同下诸成员国国内电力市场主体。

2.3.3 若未收到行使白俄罗斯一体化电力系统、哈萨克斯坦统一电力系统之系统经营者职能的组织的相关制定计划数据,或收到的数据含有技术错误或故意虚假信息,计划制定协调人应当有权使用应受行使白俄罗斯一体化电力系统、哈萨克斯坦统一电力系统和俄罗斯统一电力系统之系统经营者职能的组织批准文件统辖的信息、内容和申请程序。

2.4 制定年度计划

2.4.1 应当按行使白俄罗斯一体化电力系统、哈萨克斯坦统一电力系统和俄罗斯统一电力系统之系统经营者职能的组织确定的条款和程序实施制定年度计划。

2.4.2 行使白俄罗斯一体化电力系统、哈萨克斯坦统一电力系统和俄罗斯统一电力系统之系统经营者职能的组织草拟计划日历年供电网设备维护表草案,并递交给计划制

定协调人。计划制定协调人应当编制计划日历年供电网设备合并维护表,并发送给行使白俄罗斯一体化电力系统、哈萨克斯坦统一电力系统之系统经营者职能的组织和俄罗斯国家统一电网管理组织。应当由行使白俄罗斯一体化电力系统、哈萨克斯坦统一电力系统和俄罗斯统一电力系统之系统经营者职能的组织确定供电网设施(其维护应当在年度和月度维护表中达成一致)清单和草拟时限。

2.4.3　行使白俄罗斯一体化电力系统、哈萨克斯坦统一电力系统和俄罗斯统一电力系统之系统经营者职能的组织,应当向计划制定协调人递交对根据典型营业日高峰时段电(力)预报平衡表编制的各国电力系统年度计划所要求的信息(消费、发电、净转移、供电网设施维护)。

2.4.4　制定计划的结果应当获得俄罗斯统一电力系统与哈萨克斯坦统一电力系统和俄罗斯统一电力系统与白俄罗斯一体化电力系统之间净转移的更新预报值。

2.4.5　计划制定协调人应当计算各模型,将计算结果发送给行使白俄罗斯一体化电力系统和哈萨克斯坦统一电力系统之系统营运者职能的组织。

2.5　制定月计划

2.5.1　应当根据行使白俄罗斯一体化电力系统、哈萨克斯坦统一电力系统和俄罗斯统一电力系统之系统经营者职能的组织确定的条款和程序,在用于制定年度计划相同样式之后,实施制定月计划,并交换数据和月分解结果。

2.6　制定日与日常计划

2.6.1　应当根据行使白俄罗斯一体化电力系统、哈萨克斯坦统一电力系统和俄罗斯统一电力系统之系统经营者职能的组织确定的条款和程序,实施制定日与日常计划。

2.6.2　行使白俄罗斯一体化电力系统、哈萨克斯坦统一电力系统和俄罗斯统一电力系统之系统经营者职能的组织,应当以每日为基准,以24小时日更新数据形式向计划制定协调人递交对更新计划日(以下简称"＊日")计算模型所要求的数据(从上午12点至下午12点),包括:

－电力系统220千伏和更高者供电网设施要素的计划维护;

－电力系统累积性每小时电力消费与发电图表(含行使白俄罗斯一体化电力系统、哈萨克斯坦统一电力系统和俄罗斯统一电力系统之系统经营者职能的组织在编制计算模型时确定的单独电力区);

－每小时净电流量图表(电力系统亏损应当视为正净电流量)。

俄罗斯国家统一电网管理组织应当与行使白俄罗斯一体化电力系统、哈萨克斯坦统一电力系统之系统经营者职能的组织达成协议,将全部种类合同下俄罗斯统一电力系统、哈萨克斯坦统一电力系统和白俄罗斯一体化电力系统之间每小时供电图表的积累值,包括诸成员国间的洲际输电,递交给计划制定协调人。

2.6.3　若行使白俄罗斯一体化电力系统、哈萨克斯坦统一电力系统之系统经营者职能的组织未向计划制定协调人递交更新计算模型数据,计划制定协调人应当使用行使白俄罗斯一体化电力系统、哈萨克斯坦统一电力系统和俄罗斯统一电力系统之系统经营者职能的组织确定的、在编制计算模型时达成的替代信息。

2.6.4　计划制定协调人应当更新计算模型,计算电力模式。

2.6.5　计划制定协调人应当计算各模式,将计算结果以达成的格式发送给行使白俄罗斯一体化电力系统、哈萨克斯坦统一电力系统之系统经营者职能的组织。

2.6.6　若诸成员国间报表的供应量和洲际输电不可行,行使白俄罗斯一体化电力系统、哈萨克斯坦统一电力系统之系统经营者职能的组织和俄罗斯国家统一电网管理组织,应当采取措施调整供应量和洲际输电量,并考虑本《方法》第2.3.1款规定的优先性。

2.6.7　若因电力消费和/或电路不可预测变化和供应合同条款变化,在一运行日内,要求调整诸成员国间供应与洲际输电的计划量,行使白俄罗斯一体化电力系统、哈萨克斯坦统一电力系统之系统经营者职能的组织应当将以下提交计划制定协调人:

－当前日更新计算模型的信息,形成计划量中*日剩余小时每小时更新数据组,其对应为了制定后续24小时计划目的所输送的信息;

－指明提议改变诸成员国间供应和洲际输电之计划量的申请。

2.6.8　对24小时内的每个时间段,应当对递交信息和传递计算结果规定最终时间("关闭")。不应当允许在"关闭"后发送数据。计划制定协调人应当更新计算模型,计算*日剩余小时的电流模式。

2.6.9　制定计划结果应当编制*日剩余小时诸成员国间供应和洲际输电的每小时更新表。若在模式日调整时间之后因线路和模式条件变化不可能编制每小时更新表,可以根据诸成员国授权经济实体间所定各特别供电合同紧急援助或强制供电条款,变更诸成员国间的供应和洲际输电。

3. 授权组织和执行洲际输电的诸成员国主体清单,指明确保洲际输电内各组织的职能

3.1　在白俄罗斯共和国领土内

3.1.1　在白俄罗斯共和国领土内,应当由白俄罗斯一体化电力系统和行使白俄罗斯一体化电力系统管理职能的组织主持和执行洲际输电,并执行以下职能:

－经输电网的输电服务(在行使白俄罗斯一体化电力系统管理职能的组织整体协调下由其下级组织进行);

－洲际输电技术调度(由行使白俄罗斯一体化电力系统管理职能的组织进行);

－配合诸毗邻国电力系统以管理其平行运行和确保可持续性(由行使白俄罗斯一体化电力系统管理职能的组织进行)。

3.2　在哈萨克斯坦共和国领土内

3.2.1　在哈萨克斯坦共和国领土内,应当由该系统经营者组织和执行洲际输电,执行以下职能:

——经国家电网的输电服务;

——为技术调度电的供应与消费提供服务;

——为平衡电产出与消费的服务;

——配合诸毗邻国电力系统以管理其平行运行和确保其可持续性。

3.3　在俄罗斯联邦领土内

3.3.1　根据俄罗斯联邦法律,执行经俄罗斯统一电力系统的诸成员国间洲际输电应

当要求与以下有关的一系列行动:

3.3.1.1 为电业操作性调度管理提供服务,包括管理俄罗斯统一电力系统与其他诸成员国电力系统的平行运行,确保电(力)替代和协调制定计划;

3.3.1.2 为经国家统一电网的输电(包括确保诸成员国间洲际输电)提供服务;

3.3.1.3 批发电(力)市场电(力)周转的具体特性,包括在要求确保电(力)平等量协调和同时供应输入俄罗斯统一电力系统和经位于俄罗斯联邦和诸成员国边境不同供应点输出时。

3.3.2 应当由以下授权组织确保诸成员国间的洲际输电:

3.3.2.1 俄罗斯统一电力系统的系统经营者,其为负责组织并管理俄罗斯统一电力系统与哈萨克斯坦统一电力系统、白俄罗斯一体化电力系统的平行运行。

3.3.2.2 国家统一电网管理组织,其负责提供与诸成员国间洲际输电程序下经俄罗斯统一电力系统的电流动有关的服务,是俄罗斯统一电力系统与哈萨克斯坦统一电力系统、白俄罗斯一体化电力系统平行运行的组织,包括与制定洲际输电计划(年、月、小时)的外国授权组织合作、分销跨俄罗斯联邦和诸成员国国家边境流动的每小时实际电量、考虑商事合同下调整计划量;确定跨俄罗斯联邦和诸成员国间国家边境流动的实际电量每小时偏离计划值;在位于诸成员国共同边境供应点对电进行商业计量。

3.3.2.3 一商事经营者,其是负责安排允许在批发市场交易的电、电力和其他商品与服务批发贸易的一组织。

3.3.2.4 负责为计算批发市场参与者要求和义务提供服务的一组织。

3.3.2.5 商事代理人,其是电(力)批发市场的一参与者,从事进出口业务,提供获取诸成员国间声明参与电(力)批发市场的洲际输电电量,确保解决与实际净转移偏离计划值有关的分歧。

4. 洲际输电自然垄断实体价格表中包括的组成部分清单

4.1 在白俄罗斯共和国领土内

4.1.1 应当用以下公式计算包含在执行诸成员国间洲际输电时自然垄断实体价格表中的经白俄罗斯输电网的洲际输电 C_{net} 服务成本(以下简称"TN"):

$C_{net} = C(1+IF)(1+P)(1+DT)$。其中:

C:可归于诸成员国间洲际输电的 TN 维护与运行总成本,按授权国家机构规定的程序确定;

IF:向创新基金的缴款(百分比);

P:按白俄罗斯共和国法律规定程序确定的利润贡献(百分比);

DT:税收扣除(百分比);

总成本应当包括维护与修理成本、工资、折旧、其他资本性支出(辅助材料、第三方能源、社会保障缴款等)、电力耗损的补偿成本。

4.1.2 应当用以下公式计算白俄罗斯一体化电网中洲际输电服务价格表:

$T = \dfrac{C_{net}}{E_t}$。其中:

T:白俄罗斯一体化电力系统洲际输电服务价格表;

E_t：白俄罗斯一体化电力系统电网中成员国间洲际输电总量。

4.2　在哈萨克斯坦共和国领土内

4.2.1　应当根据哈萨克斯坦共和国法律,用以下公式计算经国家电网、适用于从事输电(含洲际输电)的消费者的输电价格表(含诸成员国间的洲际输电)：

$$T=\frac{Z+P}{W_{total}}(KZT/kWH)。$$ 其中：

T：输电价格表,包括经国家电网网络(KZT/kWh)的、成员国间适用于从事输电(含洲际输电)的消费者的洲际输电;

Z：哈萨克斯坦共和国国家电网输电的综合成本,按其法律下的程序确定(mln. KZT);

P：在提供输电(含洲际输电)服务中有效运行国家电网所必要的利润水平,按哈萨克斯坦共和国法律下的程序确定(mln. KZT);

W_{total}：国家电网按协议和合同输送总电量(mln. KWh)。

4.2.2　根据哈萨克斯坦共和国法律,在计算国家电网输电价格表中,价格表营业收入应当包括国家电网输电总成本、在提供输电服务中对其有效运行所要求的利润水平(以所涉资产为基准确定)。

应当根据哈萨克斯坦共和国法律确定包含在输电服务价格表中的成本。

4.3　在俄罗斯联邦领土内

4.3.1　总则

根据俄罗斯联邦法律,经国家统一电网提供输电的价格表应当以两种比率形式规定:电网维护率和国家统一电网中电耗的补偿率。

相似地,包含在经俄罗斯统一电力系统为诸成员国间洲际输电提供服务的价格表中的成本构成应当分为:国家统一电网设施维护的成本部分和国家统一电网中电和能耗补偿的成本部分。

4.3.2　决定包含在诸成员国间洲际输电自然垄断实体价格表中的成本

4.3.2.1　诸成员国间洲际输电服务价格表对维护国家统一电网的各部分成本清单

维护国家统一电网的比率应当适用于支付诸成员国间洲际输电的报表电量,并在从电网被用于诸成员国间洲际输电的国家电力系统转移电的出口点确定。

在计算维护国家统一电网设施的比率中,应当考虑国家管理机构对相关结算期间规定的以下经济合理成本:

—营运成本;

—不可控制成本;

—投资的已投资本(折旧费)的回收;

—已投资本的回报。

4.3.2.2　诸成员国间洲际输电服务价格表对国家统一电网中电(力)损耗的各部分成本清单

国家统一电网电(力)耗损的补偿成本,应当基于国家统一电网标准电耗减去均衡电价中记载的电耗量、电网用于诸成员国间洲际输电的国家电力系统的电流适当出口点之供应点群每结算期末的批发市场电(力)购买价确定,并考虑各国市场基础设施组织的服务成本。

5. 与洲际输电有关的组成部分清单,不列入自然垄断实体价格表

5.1 在白俄罗斯共和国领土内

在白俄罗斯共和国内,系统成本应当包括确保诸成员国间洲际输电所要求的维持储备发电能力的成本,由授权公共机构批准,并在考虑洲际输电总量占经白俄罗斯一体化电力系统电网输电总额的比例、诸成员国间洲际输电技术调度的服务成本后确定。

5.2 在哈萨克斯坦共和国领土内

根据哈萨克斯坦共和国法律,诸成员国间洲际输电服务价格表不考虑任何成本。

5.3 在俄罗斯联邦领土内

为了确保电(力)替代,受诸成员国间洲际输电约束的电量,应当是在递交价格投标批发市场、价格投标下一日竞争选择、确定市场价格中的占比和与在俄罗斯统一电力系统边境不同供应点协调且同时供应平等电量有关的系统成本的份额。系统成本由以下部分构成:

5.3.1 与经俄罗斯统一电力系统执行诸成员国间洲际输电中的电力荷载耗损成本补偿和系统限制有关的部分(节点价格中的差异):

$S_m^1 = \sum_k (\max [\lambda_h^{ext} - \lambda_h^{ent}; 0] \times V_h^{ITE})$。其中:

λ_h^{ext}:作为下一日价格投标选择结果所设定的、以对应洲际输电下从俄罗斯统一电力系统电力转移出口点的进出口跨段中月(m)小时(h)表示的价格;

λ_h^{ent}:作为下一日投标价格选择结果所设定的、以对应洲际输电下进入俄罗斯统一电力系统电力转移进口点的进出口跨段中月(m)小时(h)表示的价格;

V_h^{ITE}:以月(m)小时表示的经俄罗斯统一电力系统的洲际输电量。

5.3.2 与执行俄罗斯统一电力系统经营模式确保洲际输电的储备发电能力有关的部分:

$S_m^2 = Peak_m \times (K_{planFTPZi}^{res} - 1) \times P_{COM\_prel}^{FTPZi}$。其中:

$Peak_m$:以月(m)表示的对应报表洲际输电最大每小时量的高峰电力;

$K_{planFTPZi}^{res}$:各年电力竞争选择中系统经营者在FPTZi中所占计划储备比率;

$P_{COM\_prel}^{FTPZi}$:各年FPTZi中对消费者竞争选择的初步价格(由系统经营者根据电力批发市场的规则确定);

FPTZi:电力自由转移区,包括对应执行洲际输电中从俄罗斯统一电力系统电力出口点的供应点。

在确定洲际输电成本中,应当考虑对消费者计划价格之间的差异,由对应洲际输电进出点的电力自由转移区(电力自由转移区群)中电力竞争选择结果确定。

6. 对根据诸成员国法律洲际输电合同注册的要求

6.1 在白俄罗斯共和国领土内

经白俄罗斯共和国电力系统执行的诸成员国间洲际输电,应当受根据本《方法》第1节和第2节第2.4、2.5和2.6款意图洲际输电的电(力)量协议与白俄罗斯共和国授权组织缔结的合同的约束。

各合同下的洲际输电服务成本,应当用以下公式确定:

$$C_{ITE}=C_{net}+C_{syst}。$$

6.2　在哈萨克斯坦共和国领土内

在哈萨克斯坦共和国领土内,应当根据哈萨克斯坦共和国政府批准的标准格式缔结的提供输电服务合同执行诸成员国间的洲际输电。上述洲际输电合同可以考虑输电的具体特性。

6.3　在俄罗斯联邦领土内

应当按以下合同实施经俄罗斯统一电力系统的诸成员国间洲际输电:

6.3.1　与白俄罗斯共和国或哈萨克斯坦共和国的授权组织的一商事代理机构合同,其为了确保获取自然垄断服务和相互关联并同时在俄罗斯统一电力系统边境不同供应点供应报表洲际输电的平等电(力)量。

应当用以下公式在上述合同中确定每月经俄罗斯统一电力系统诸成员国间洲际输电的成本:

$$Q_m^{ITE}=Q_m^{UNEG\_ITE}+Q_m^{SO\_ITE}+Q_m^{CO\_ITE}。$$ 其中:

$Q_m^{UNEG\_ITE}$:国家统一电网服务成本,应根据俄罗斯法律支付;

$Q_m^{SO\_ITE}$:系统经营者服务成本,应根据俄罗斯法律支付;

$Q_m^{CO\_ITE}$:与经俄罗斯统一电力系统执行洲际输电、在批发电(力)市场从事活动有关的月(m)服务成本。

$$Q_m^{CO\_IET}=S_m^1+S_m^2+Q_m^{CSCO\_ITE}+Q_m^{CCSC\_ITE}+Q_m^{AGENT\_ITE}。$$ 其中:

$Q_m^{CSCO\_ITE}$:负责安排准许在批发市场交易的电、电力、其他商品与服务贸易的商业经营者的月(m)成本;

$Q_m^{CCSC\_ITE}$:计算本条约确定资产和义务进入批发市场交易系统的综合服务月(m)成本;

$Q_m^{AGENT\_ITE}$:双边确定的和商事代理人所定合同规定的商事代理人的成本。

6.3.2　电力领域行使操作性调度管理职能和经国家电网输电(流动)的诸成员国组织之间关于平行运行电力系统的合同(技术性协议)。

6.3.3　电力买卖合同,其补偿诸成员国授权经济实体之间在跨越诸成员国边境电力流动过程中产生的实际流量偏离计划值。

7. 交换诸成员国经济实体间每小时实际洲际电流量的商业计量数据的程序

7.1　本程序的目的

本程序规定获取每小时商业计量数据中双边合作的主要领域,基于使用每小时商业计量数据和将上述数据更新至供应点的值的协商一致办法,确定经洲际输电线路(以下简称"IPTL")的哈萨克斯坦共和国与俄罗斯联邦间电力流动每小时操作性转移①的程序,和交换与协调调整至供应点的值的商业计量数据的程序。

---

①　每小时操作性转移指对包含在转移中的全部计量点,从使用商业计量设施技术能力的电力商业计量自动系统中所获得的每小时计量数据。

应当按交换 IPTL 计量点每小时电流量值的双边协定,确定编制、交换 IPTL 每小时商业计量数据的条款和程序。

7.2 信息的操作性交换

诸成员国各经济实体应当以日为基准(或诸成员国达成的其他基准),编制 IPTL 中每小时电流量值、交换数据、从事各自的计算和评估数据的相符性。

协议一致的数据传送格式应当用于操作性交换包含经 IPTL 输送的每小时电(力)流量值的信息。

7.3 计算供应点每小时值

应当按双边协定中计算协议一致输送和接受电的实际量的方法,计算供应点每小时值。

8. 确定经诸成员国洲际输电线路实际净电(力)流量的程序

本程序已由诸成员国授权组织设计,用于确定每日历月经洲际跨段流动的实际电量。

应当将经诸成员国流动的实际净电转移计算为各供应点(WSaldo_gran)每日历月接受(WP1_gran)和/或输送电量的代数总量。

应当用以下公式计算每日历月为接受、输送和平衡模式中的全体操作 IPTL 交付至海关边境(供应点)的电值:

$$WR1\_bord = \sum W(factR1)i,$$

$$WT2\_bord = \sum W(factT1)i,$$

$$WSaldo\_bord = WR1\_bord + WT1\_bord。$$ 其中:

$W(factR1)i$:每日历月在各供应点为 IPTL 数量(i)接受的实际电量。应当将此值嵌入计算净转移的本公式,并考虑其征象(传输方向);

$W(factT1)i$:每日历月在各供应点为 IPTL 数量(i)输送的实际电量。应当将此值嵌入计算净转移的本公式,并考虑其征象(传输方向);

R:每日历月在操作洲际跨段上的 IPTL 数量。

9. 计算本联盟内执行洲际输电中洲际跨段实际电流量偏离计划值的量与值的程序

洲际跨段上的实际供应,应当包括以下部分:洲际输电量、诸成员国经济实体所定合同下的电量、紧急援助量、因净电流量实际值偏离计划值的量。

依据动议,俄罗斯国家统一电网管理组织、俄罗斯统一电力系统的系统经营者、行使白俄罗斯一体化电力系统和哈萨克斯坦统一电力系统之系统经营者职能的组织,应当根据以下原则,计算实际净电流量每小时偏离计划值:

-在经俄罗斯统一电力系统执行洲际输电中,洲际输电每小时值应当等于日调度表中记载的各计划值;

-商事合同下每计量期每小时的实际每小时供电量应当等于日调度表中记载的各自计划值,并考虑协议一致的适当调整;

-在与诸第三电力系统关系内解决的每小时偏离量(外部平衡)应当记录在本联盟内的偏离中。确定外部平衡量的程序应当在诸成员国有关电力系统的系统经营者(有俄罗斯国家统一电网管理组织参与)之间相一致;

-紧急援助量应当由提供紧急援助中的国内全国市场主体所定买卖电合同的条款

金砖国家法律报告 第四卷
BRICS LAW REPORT

确定。

根据本《方法》第 6 节下为确保各成员国洲际输电所定合同,每小时偏离量应当受诸成员国授权经济实体之间财务解决办法的约束。

根据遵守电力系统平行运行合同(技术性协议)条款的要求,包括诸成员国电力系统日常管理和维护洲际跨段上协议一致净电流量的要求,偏离的成本应当向国内全国电力市场主体补偿其因参与全国电力市场系统平衡所发生的全部合理费用。

偏离成本的计算应当考虑计量买/卖电(力)量的程序,以确保电力系统平行运行,其额度不超过电力系统平行运行合同(技术性协议)或支配诸成员国间电力领域关系的其他合同所规定的值。

补偿偏离所买卖电(力)的数量和价格参数(其在计算中使用)应当由俄罗斯联邦商业基础设施组织的计量文件支持。

在计算合同下的供应成本时,不准许双重计算电量。

附件 22

关于获取天然气运输领域使用天然气运输系统
自然垄断实体服务的规则(含基础定价与价格政策)的议定书

1. 本议定书根据《欧亚经济联盟条约》(以下简称"本条约")第 79、80 和 83 条缔结,并建立天然气领域合作框架,确立提供获取天然气运输领域使用天然气运输系统自然垄断实体服务的原则和条款,以满足诸成员国需求。

2. 本议定书中使用的术语应当具有以下含义:

"国内天然气需求",指各成员国要求消费的天然气容量。

"天然气",指在诸成员国领土内开采和/或生产的气态烃和其他气的可燃混合物,主要由甲烷构成,用天然气运输系统、以压缩气态运输。

"天然气生产成员国",指在其领土上天然气产量超出其消费的成员国。

"天然气消费成员国",指在其领土上天然气消费超出其产量的成员国。

"天然气运输系统",指为天然气运输所设计的设施,包括天然气主管道和单独生产过程连接的相关设施,但为了天然气分销网络的除外。

"获取天然气运输领域自然垄断实体服务",指为了运输天然气,向使用诸成员国自然垄断实体控制的天然气运输系统提供权利。

"平等净价定价",指尤其根据以下原则为满足国内需求所制定的天然气批发价:

对天然气生产成员国,市场批发价应当按此计算,即提取在这些国家征收关税、收费、税收与其他费用的价值的外部市场销售价和天然气生产成员国境外运输成本,并考虑天然气供应商外部和内部市场中运输成本方面的差异;

对天然气消费成员国,市场批发价应当按此计算,即天然气生产国天然气生产商制定的批发价,从外部市场销售价中扣除关税、收费、税收、其他费用和天然气生产成员国境外天然气运输成本。

"天然气运输服务",指使用天然气运输系统运输天然气的服务。

"授权机构",指诸成员国授权控制本议定书执行的国家机构。

3. 诸成员国应当逐渐建立本联盟共同天然气市场,并基于以下主要原则提供获取天然气运输领域使用诸成员国天然气运输系统的自然垄断实体的服务:

(1) 不适用相互贸易中的进出口关税(其他相等关税、税收和费用);

(2) 优先供应诸成员国国内天然气需求;

(3) 供应诸成员国国内需求的天然气运输价格和价格表应当根据诸成员国立法设定;

(4) 统一诸成员国与天然气有关的规范和标准;

(5) 确保环境安全;

(6) 以信息(包括国内天然气消费数据)为基础的信息交换。

4. 应当仅就源自诸成员国领土的天然气按照本议定书条款,给予获得天然气运输领

域自然垄断实体的服务。本议定书的规定不应当适用于获取源自第三国领土天然气运输领域自然垄断实体服务的关系和本天然气运输领域往来联盟领土的关系。

5. 应当确保获取本议定书规定的、天然气运输领域使用诸成员国天然气运输系统的垄断实体服务受诸成员国实施一系列措施的约束,包括以下活动:

(1) 以信息(包括国内天然气消费数据)为基础,建立信息交换系统;

(2) 根据本议定书,建立草拟指标(预期)平衡的机制;

(3) 统一诸成员国与天然气有关的规范和标准;

(4) 维持市场价格,以确保诸成员国领土内天然气销售的商业可获利性。

诸成员国一旦实施本款规定的一系列措施,应当执行各自的议定书。

6. 诸成员国应当寻求在全体成员国领土内实现平等净价定价。

7. 全体成员国实施本议定书第5款规定的一系列措施时,应当在天然气运输系统现有技术能力和可用能力范围内,考虑协商一致的本联盟天然气指标(预期)平衡和根据经济实体民事法律合同,按照以下规则,确保其他成员国经济实体获取位于诸成员国领土内的天然气运输系统以运输天然气,满足诸成员国国内需求:

(1) 应当根据与不是运输实施地领土成员国天然气运输系统所有人的天然气生产商的平等条款(包括与价格表有关的条款),赋予诸成员国经济实体获取其他成员国天然气运输系统;

(2) 应当由诸成员国经济实体之间根据诸成员国法律缔结的民事法律合同确定使用天然气运输系统的运输容量、价格与价格表和天然气运输其他条款。

诸成员国应当便利、正当执行经济实体间缔结的在其领土上使用主管道运输天然气的现存合同。

8. 诸成员国授权机构应当根据计算天然气、石油和石油产品指标(预期)平衡的方法和经委员会参与,制定和同意本联盟(对生产、消费和供应以满足国内需求的)天然气指标(预期)平衡,汇编5年期平衡且每年10月1日前更新。

诸成员国应当为诸成员国内部市场提供获取天然气领域自然垄断实体服务,并审议同意的天然气平衡。

9. 诸成员国应当在以下领域寻求制定长期互利合作:

(1) 跨越诸成员国领土的天然气运输;

(2) 天然气管道、地下天然气储存设施和与天然气有关的其他基础设施的建设、重建和运行;

(3) 提供要求满足诸成员国国内天然气需求的服务。

10. 诸成员国应当确保统一管辖位于诸成员国领土内天然气运输系统运行的管理性和技术性文件。

11. 本议定书不应当影响诸成员国参与的其他国际条约下的权利义务。

应当由诸成员国法律管辖诸成员国在天然气运输领域不受本条约规制的关系。

12. 本条约第 XVIII 节的规定应当适用于从事天然气运输的自然垄断实体,并考虑本议定书规定的具体特性。

13. 在建立本条约第83条第3款规定的本联盟共同天然气市场的一国际条约生效前,诸成员国间在天然气供应领域缔结的双边条约应当适用,除非各成员国另有约定。

附件23

石油与石油产品共同市场组织、
管理、运行和发展的议定书

1. 本议定书根据《欧亚经济联盟条约》(以下简称"本条约")第79、80和84条缔结,并确定石油领域合作框架,建立本联盟石油与石油产品共同市场的原则、获取石油与石油产品运输领域自然垄断实体服务的原则。

为确保有效利用诸成员国燃料和能源复合物可能性的目的和为诸成员国国民经济提供石油与石油产品,本议定书的制定考虑了2008年12月12日《建立欧亚经济共同体共同能源市场的概念》的规定。

2. 本议定书中所用术语具有以下含义:

"获取石油与石油产品运输领域自然垄断实体服务",指为了运输石油与石油产品,向使用诸成员国自然垄断实体控制的石油与石油产品运输系统提供权利。

"石油与石油产品",指根据《欧亚经济联盟对外贸易单独商品命名》和《欧亚经济联盟海关税则》规定的货物。

"诸成员国石油与石油产品共同市场",指诸成员国经济实体在诸成员国领土内在生产、运输、供应、加工和营销被要求满足诸成员国需求石油与石油产品领域的一系列商事与经济关系。

"本联盟石油与石油产品指标(预期)平衡",指按确定天然气、石油与石油产品指标(预期)平衡的方法所确定的估价体系。

"石油与石油产品运输",指旨在以任何手段移动石油与石油产品的行动任务,包括使用自发送人的接受点至接受人的交付点的管道,含卸载、填充、不同运输工具种类间转移、储存和混合。

3. 诸成员国在建立本联盟石油与石油产品共同市场时,应当受以下基本原则指导:

(1) 不适用相互贸易中的数量限制和出口关税(其他相等关税、税收和费用)。本联盟关税区以外所进口的石油与石油产品出口关税支付程序应当受诸成员国间的条约管辖,包括双边条约。

(2) 确保优先供应诸成员国石油与石油产品需求。

(3) 统一诸成员国涉及石油和石油产品的规范和标准。

(4) 确保环境安全。

(5) 本联盟石油与石油产品共同市场的信息支持。

4. 诸成员国应当实施建立本联盟石油与石油产品共同市场的下列措施:

(1) 以海关信息为基础,创建信息交换系统,包括用全部运输模式供应、进出口石油与石油产品的信息;

(2) 建立防止违反本议定书条款的控制机制;

（3）统一诸成员国涉及石油与石油产品的规范和标准。

5. 本议定书第 4 款中所述措施应当通过诸成员国或其授权机构签署各自国际条约框架内的方法或规则予以执行。

6. 诸成员国在遵守各成员国间国际条约前提下、在现有技术能力范围内，应当确保以下条件：

（1）保证使用诸成员国领土内现存运输系统长期运输本国制造之加工石油与石油产品的可行性；

（2）为按向石油与石油产品运输实施地领土成员经济实体提供的相同条件在诸成员国领土内注册的经济实体，获取位于各成员国领土内的石油与石油产品运输系统。

7. 应当根据各成员国法律规定使用石油与石油产品运输系统的石油与石油产品运输服务价格表。

应当以不超过对石油与石油产品运输实施地领土成员国经济实体规定的价格表水平，对诸成员国经济实体规定石油与石油产品运输服务价格表。

诸成员国应当无义务在为石油与石油产品运输实施地领土成员国经济实体规定的价格表以下，为诸成员国经济实体规定石油与石油产品运输服务价格表。

8. 诸成员国授权机构应当根据计算天然气、石油与石油产品指标（预期）平衡的方法并经委员会参与，制定和同意以下者：

（1）每年 10 月 1 日前，下个日历年本联盟石油与石油产品指标（预期）平衡；

（2）本联盟石油与石油产品长期指标（预期）平衡，必要时可以根据诸成员国石油生产、制造和石油产品消费的实际变化予以调整。

应当每年在诸成员国授权机构间的议定书中确定一成员国领土内生产的石油跨越另一成员国领土运输的容量和方向。

9. 诸成员国石油与石油产品内部市场应当由诸成员国国家机构规制。诸成员国应当根据各成员国法律采取措施使其石油与石油产品市场自由化。

10. 本议定书不应当影响诸成员国是缔约国的其他国际条约下的其权利义务。

11. 本条约第 XVIII 节的规定应当适用于从事石油与石油产品运输的自然垄断实体，并考虑本议定书规定的具体特性。

12. 在本条约第 84 条规定的建立本联盟石油与石油产品共同市场之国际条约生效前，诸成员国之间关于供应石油与石油产品、确定与支付出口关税（其他相等关税、税收与费用）的双边条约应当适用，除非各成员国另有约定。

附件 24

关于协调(协商)一致运输政策的议定书

Ⅰ. 总则

1. 为了执行协调(协商)一致运输政策的目的,根据《欧亚经济联盟条约》第 86 和 87 条缔结本议定书。

2. 本议定书中使用的术语应当具有以下含义:

"民用航空",指用于满足人口与经济需要的航空。

"共同运输领域",指以运输领域诸成员国协调一致法律为基础的具有旅客无障碍交通、货物与运输工具转移、诸成员国技术与技术能力之特征的诸成员国一系列运输系统。

"诸成员国法律",指各成员国的国家法律。

"运输服务共同市场",指暗含对提供运输服务的平等和对等条件的一种经济关系形式,由本议定书和本联盟内国际条约以运输种类确定市场运行具体特性。

3. 应当由各成员国依据加入世界贸易组织时规定的义务且在其他国际条约内执行本议定书。

Ⅱ. 公路运输

4. 由在一成员国领土内注册的承运人执行的国际公路货物应当以自由准许为基准在以下中予以实施:

(1) 上述承运人注册的成员国与另一成员国之间;

(2) 经其他诸成员国领土转运;

(3) 其他诸成员国之间。

5. 至 2015 年 7 月 1 日,诸成员国应当已采用了在一成员国领土内注册的承运人自 2016 年至 2025 年期间在另一成员国领土内地点之间执行公路货物运输的逐渐自由化方案,指明此自由化的内容与条件。

诸成员国可以有本款第一项所述公路货物运输自由化的不同水平和比率。

6. 本议定书第 5 款中所述逐渐自由化方案应当经最高理事会批准。

7. 应当由国际条约确定关于规制本联盟内公路货运服务的协调(协商)一致运输政策的具体特性。

8. 诸成员国应当采取协商一致措施,消除影响国际公路运输发展和本联盟内公路运输服务形成的全部障碍。

9. 应当根据本议定书附 1,按程序实施(公路)运输控制。

Ⅲ. 航空运输

10. 应当在协调(协商)一致运输政策范围内,采取逐渐建立航空运输服务共同市场

方式,发展本联盟内航空运输。

诸成员国应当为适用标准和国际民航组织(ICAO)推荐实践的共同方法努力协调。

11. 应当以下列原则为基础,建立航空运输服务共同市场:

(1) 确保遵从民用航空领域的国际条约、构成本联盟法律的法令、国际法条例与原则;

(2) 根据民用航空领域国际法条例与原则,协调诸成员国法律;

(3) 确保公平、诚实竞争;

(4) 根据国际民航组织的要求和推荐实践,促进航空队重建、机场地面基础设施现代化和发展;

(5) 确保飞行安全和航空安保;

(6) 确保诸成员国航空公司非歧视获取航空基础设施;

(7) 扩大诸成员国间的航空服务。

12. 诸成员国确认各成员国应当对其领土上空域具有完全和排他主权。

13. 本联盟内诸成员国航空器营运应当按诸成员国国际条约和/或根据诸成员国法律颁发的准许证实施。

14. 本节规定应当仅适用于民用航空。

Ⅳ. 水路运输

15. 本联盟内水路运输应当发展为协调(协商)一致运输政策的一部分。

16. 悬挂一成员国国旗的船舶根据诸成员国在执行本议定书中缔结的其国际航运条约,应当具有货物、旅客及其行李运输的权利,在毗邻内陆水道国旗国与另一成员国间从事拖航,在另一成员国内陆水道转运,但是港口之间的运输与拖航、至(自)另一成员国与第三国的港口之间的运输除外。

17. 在一成员国内陆水道航行的船舶应当在该成员国船舶注册处注册,且应当由在该成员国船舶注册处已注册此船舶的成员国居民所有。

Ⅴ. 铁路运输

18. 在促进进一步发展互利经济关系和考虑确保获取诸成员国铁路运输服务之需要与国家规制这些服务价格表的约定方法(诸成员国法律规定了此等规制时)期间,应当明确规定以下目标:

(1) 逐渐建立铁路运输领域运输服务共同市场;

(2) 确保诸成员国消费者按不低于对各成员国消费者确立的条款条件获取各成员国领土上运输中的铁路运输服务;

(3) 维护诸成员国铁路服务消费者经济利益与铁路运输组织经济利益间的平衡;

(4) 能使一成员国铁路运输组织进入另一成员国铁路运输服务国内市场;

(5) 根据《规制获取铁路运输服务(含价格表政策框架)的程序》附录1和2(本议定书附2),能使承运人获取诸成员国基础设施服务。

19. 获得铁路运输服务(包括价格表政策框架)应当按本议定书附2规定的程序规制,且受相关国际条约调整。

《关于协调(协商)一致运输政策的议定书》附1

在欧亚经济联盟外部边境运输(公路)控制的程序

1. 本程序根据《协调(协商)一致运输政策的议定书》(《欧亚经济联盟条约》附件24)制定,并确定在本联盟外部边境执行运输(公路)控制的程序。

2. 本程序中使用的术语具有以下含义:

"车辆重量和尺寸",指车辆的集中车轴装载量与尺寸(长、宽、高),不论有无货物。

"本联盟外部边境",指本联盟关税区的外部范围,分为诸成员国领土和不是本联盟成员的国家领土。

"检查点",指根据成员国法律装备的实施运输(公路)控制的固定或机动站(岗)。

"运输(公路)控制机构",指成员国授权的为在一成员国领土内从事运输(公路)控制的主管机构。

"承运人",指根据所有权或其他法律理由使用车辆的法人或自然人。

"车辆",指:

对货物运输,卡车、拖车式卡车、小车(卡车)式拖拉机或半拖式拖拉机、底盘;

对旅客运输,有行李运输拖车的旨在运输旅客及其行李的超过9个座位(含司机座位)的机动车辆。

"运输(公路)控制",指对国际公路运输的控制。

本程序中未明示规定的其他术语,应当具有国际条约(含本联盟内国际条约)下确定的含义。

3. 本程序确定运输(公路)交通控制机构对进入(离开、过境)诸成员国领土之车辆在本联盟外部边境执行运输(公路)控制的共同方法。

4. 经另一成员国领土至一成员国领土的在途车辆,应当在本联盟外部边境所设的检查点,根据该车辆过境领土成员国法律和本程序第7、8款,接受运输(公路)控制。

5. 应当检查为了运输(公路)控制目的所要求的车辆、文件,应当根据车辆在本联盟外部边境过境地成员国法律和依据本程序执行检查结果。

6. 运输(公路)控制机构应当相互承认因运输(公路)控制所签发的全部文件。

7. 除了跨越其国家边境进入本联盟关税区的成员国的法律规定的运输(公路)控制活动外,该成员国运输(公路)控制机构还应当在检查点实施以下活动:

(1) 证实车辆载重与尺寸遵守与过境领土之其他诸成员国法律确定标准相似的标准,以及经其他诸成员国领土运输超大和/或超重货物,或通过超大和/或超重车辆的特别准许中规定的数据;

(2) 证实准许承运人经其他诸成员国领土、承运人遵守装运种类和车辆规格遵从上述准许所规定的要求;

(3) 证实特别准许承运人运输超大和/或超重货物,或者通过超大和/或超重车辆,以及特别准许在过境其他成员国领土运输危险货物;

（4）证实准许（特别准许）过境其他诸成员国领土从（至）第三国运输；

（5）若根据其他诸成员国法律，允许不经准许而过境其他成员国领土，以运输（公路）控制机构约定形式，为多边准许下实施的运输签发记账凭证。

8. 对经本联盟外部边境离开的车辆，除了本程序第7款所述行动外，运输（公路）控制机构还应当履行以下检查：

（1）检查承运人对车辆已通过诸成员国领土公路支付费用的收据可用性，若根据诸成员国法律支付此等费用是强制性的；

（2）检查承运人（司机）确认支付违反对诸成员国领土上国际公路运输确立的程序的罚金或法院处以承运人（司机）的各自行政罚款的收据可用性，若通过一成员国领土的准许或计账凭证载明了运输（公路）控制机构对承运人（司机）处以此罚金（罚款）的标注；

（3）检查诸成员国承运人车辆对国际公路运输的可准许性；

（4）若收到本程序第9款所述的来自另一成员国运输（公路）控制机构的通知，检查承运人的要求文件的可用性。

9. 若在本程序第7款规定的控制活动过程中，发现被控车辆参数有任何不相符，或无或不符合诸成员国法律规定的文件，一成员国运输（公路）控制机构应当按诸成员国运输（公路）控制机构约定的形式向司机签发通知，其载明以下信息：

（1）认定的不相符；

（2）要求在抵达另一成员国领土前取得遗失文件；

（3）车辆在途中的另一成员国运输（公路）控制机构最近检查点，应当要求承运人在此地点确认消除通知中规定的被控车辆参数不符处和/或文件。

10. 签发通知的信息应当提交给另一成员国运输（公路）控制机构，并应当录入认定不相符的运输（公路）控制机构的数据库。

11. 若一成员国运输（公路）控制机构向承运人签发了本程序第9款下的通知，另一成员国运输（公路）控制机构应当在检查点有权核实执行该通知，且基于适当理由的可用性、根据该另一成员国法律对承运人（司机）适用诸措施。

12. 车辆仅可以在承运人出示本程序第7、8款规定的文件时被放行离开本联盟领土。

13. 一经确立被控车辆参数不相符，或无或不符合诸成员国法律规定的文件，第一成员国运输（公路）控制机构应当在跨越本联盟外部边境去另一成员国领土的途中车辆离开时将上述情况通知给另一成员国运输（公路）控制机构。

14. 诸成员国应当以互惠为基准，协调其在本联盟外部边境运输（公路）控制的关于以下的法律、方法和技术：

（1）公共公路（含国际运输走廊）上车辆载重参数的要求；

（2）对车辆通过另一成员国公共公路的充分支付费用建立控制系统；

（3）建立解决与第三国承运人产生的争端的机制；

（4）对违反本联盟领土上国际公路运输要求的车辆建立返还（扣留）机制。

15. 若具有以下情形，准许（特别准许）应当视为无效：

（1）上述准许被执行于或用于违反其签发主管机构所属成员国法律；

(2) 特别准许中规定的车辆载重和/或尺寸参数不符合该车辆称重和测量结果;

(3) 车辆特征不符合过境诸成员国领土的准许证中规定的车辆特征。

16. 若在控制活动过程中认定车辆参数(特征)不符合准许证中规定的参数(特征),一成员国运输(公路)控制机构应当有权要求另一成员国运输(公路)控制机构确认准许证的有效性。

17. 为了本程序的目的,诸运输(公路)控制机构应当:

(1) 缔结分别的议定书,向另一成员国运输(公路)控制机构通报管辖运输(公路)控制要求的其国家规制性法令的规定,相互通报这些法令中的任何变化,根据本程序交换被要求执行运输(公路)控制的文件样本。

(2) 相互、定期交换因运输(公路)控制活动所获得的信息。交换此等信息及其构成的格式和程序应当由运输(公路)控制机构确定。

(3) 组织维护经一成员国领土至另一成员国领土过境车辆数据库,并交换此数据库中载明的信息。

18. 应当电子地实施交换因运输(公路)控制活动所获得的信息。

19. 运输(公路)控制机构可以提供因运输(公路)控制活动所获得的关于使货物移动的国际运输车辆的其他信息。

20. 为了编写和登记运输(公路)控制活动与车辆之结果的目的,运输(公路)控制机构应当使用载明关于本程序第7款至第9款下运输(公路)附加控制活动结果之信息的信息资源,并确保相互使用这些信息资源。

21. 诸成员国应当在确定程序范围内,将在本联盟外部边境执行运输(公路)控制程序中的任何变化通报非本联盟成员的国家的主管机构。

《关于协调(协商)一致运输政策的议定书》附 2

规制获取铁路运输服务(含价格表政策框架)的程序

1. 本程序根据《协调(协商)一致运输政策的议定书》[《欧亚经济联盟条约》(以下简称"本条约")附件 24]制定,确定规制获取铁路运输服务(含价格表政策框架),适用于铁路运输服务领域诸成员国铁路运输组织、消费者和授权机构之间的关系。

2. 本程序中使用的术语具有以下含义:

"获取铁路运输服务",指一成员国铁路运输组织按不低于适用于向其客户提供类似服务的条款向另一成员国客户提供铁路运输服务。

"获取基础设施服务",指承运人根据本程序附 1 和附 2 中规定的规则获得进入运输服务基础设施的可能性。

"基础设施",指铁路运输基础设施,包括主要和车站轨道、电力供应工具、信号与通讯工具、装置、设备、建筑物、构造物和技术上要求其营运的其他工具。

"铁路运输组织",指向客户提供铁路运输服务的一成员国自然人或法人。

"运输进程",指在铁路运输方式之旅客、货物、行李、货物-行李和邮件运输的准备、

执行和完成中从事的一系列相互关联组织性和技术性营运。

"承运人",指按根据其他合法理由拥有或使用全部机车车辆(含牵引车)的适当许可证,在货物、旅客、行李、货物-行李和邮件运输中从事活动的铁路运输组织。

"消费者",指意图使用或正在使用铁路运输服务的一成员国自然人或法人。

"铁路运输服务价格表",指铁路运输服务成本的货币价值。

"铁路运输服务",指铁路运输组织提供(履行)的服务(工作),即:

与该组织有关的货运与额外服务(工作),和实施货运(含空机车车辆);

旅客、行李、货物-行李、邮件的运输,和与此等运输有关的额外服务(工作);

基础设施服务。

"基础设施服务",指与使用运输基础设施有关的服务和本程序附2所列其他服务。

3. 铁路运输组织应当向消费者提供获取铁路运输服务,不考虑其对一成员国的从属关系、其组织与法律形式,但应考虑本程序和诸成员国法律。

4. 诸成员国应当确保诸成员国承运人获取基础设施服务,并遵从本程序附1和附2中规定的原则和要求。

本程序附1和附2的规定不应当适用于诸成员国承运人之间在诸成员国基础设施某些方面按上述承运人间根据诸成员国法律缔结的合同(协议)提供使用机车和机车人员之服务的关系。

5. 必要时,应当按本联盟内国际条约确定建立运输服务共同市场之内提供其他铁路运输服务的程序和条件。

6. 应当根据诸成员国法律和国际条约设定(变更)铁路运输服务价格表和/或其门槛水平(价格限制),若根据诸成员国法律能使价格表分化,还应遵守以下原则:

(1) 补偿与提供铁路运输服务直接有关的合理经济成本;

(2) 根据诸成员国法律,确保铁路运输发展;

(3) 确保铁路运输服务价格表透明,和在经济条件激剧变化时进一步审查上述价格表和/或其门槛水平(价格限制)的可能性,并事先通知诸成员国;

(4) 确保设定铁路运输服务价格表时的决策公开;

(5) 将协调一致方法适用于确定自然垄断范围内所提供的铁路运输服务的货运命名和价格表设定规则;

(6) 根据各成员国法律,确定各成员国境内铁路运输服务价格表的货币。

7. 应当根据成员国法律设定(变更)铁路运输服务价格表和/或其门槛水平(价格限制)。

8. 在经过诸成员国领土的铁路货运中,统一价格表应当按每个运输种类予以适用(出口、进口和内部价格表)。

9. 为了改善诸成员国铁路运输的竞争性,为铁路货运创造有利条件,吸引以前非铁路运输的新货物流动,确保使用以前未用或未充分利用的铁路运输路线,鼓励诸成员国提高铁路货运交通,鼓励不断采用新设备和技术,铁路运输组织应当有权按经济可行性在诸成员国授权机构根据诸成员国法律设定或约定的其门槛水平(价格限制)范围内,变更铁路货运服务价格表水平。

10. 铁路运输组织应当行使其权利,在根据诸成员国授权机构按其法律批准的方法(技术、程序、规则、指示或其他条例)设定的门槛水平范围内,改变铁路货运价格表水平,但需遵守不允许为诸成员国境内某些货物制造商创设优势的基本原则。

11. 改变铁路货运服务价格表水平的决定应当根据诸成员法律正式公布,并在其生效前不少于10个营业日,按强制性基准,发送给诸成员国授权当局和委员会。

12. 若铁路运输组织关于改变铁路货运服务价格表的行为违反了消费者的权利和利益,消费者应当有权向此消费者停留地或居住地成员国反垄断机构提出申请,保护其被违反的权利与利益。

若消费者对其行为提出诉请的铁路运输组织位于该消费者停留或居住地点,成员国国家反垄断机构应当根据此成员国法律审查消费者的申请。

若消费者对其行为提出申请的铁路运输组织不位于该消费者停留或居住地点,该成员国国家反垄断机构应当在认定和确认该消费者申请中载明的要求是合理的后,在不低于10个营业日内,向委员会发送调查请求。该成员国国家反垄断机构自向委员会递交请求之日起3个营业日内,应当向该消费者和已违反在设定门槛水平(价格限制)范围内价格表水平变更条款的铁路运输组织所在地成员国国家反垄断机构发送上述请求的通告。

委员会应当根据上述请求,审议消费者的申请,并根据本联盟内国际条约下确定的规则发出决定。

13. 若经第三成员国领土的两个成员国之间的和使用另一成员国铁路的一成员国领土之间的铁路运输货物,和若自一成员国领土经另一成员国领土至使用诸成员国海港的第三国运输货物,以及方向相反,每一成员国应当适用各成员国统一价格表。

14. 若自一成员国领土经另一成员国领土至第三国和方向相反过境运输货物(经诸成员国海港运输货物除外),和若从第三国至其他第三国经诸成员国领土过境货物运输,应当根据1996年10月18日《建立独立国家联合体成员国境内铁路运输协调一致价格表政策的概念》适用协调(协商)一致价格表政策。

15. 诸成员国应当指派授权机构负责执行本程序。

16. 诸成员国应当自本条约生效日起不低于30日,相互通报和向委员会通报上述指派和其授权机构官方名称。

《规制获取铁路运输服务(含价格表政策框架)的程序》附录1

获取欧亚经济联盟内铁路运输基础设施的规则

Ⅰ.总则

1. 本规则管辖本联盟内不同基础设施部分提供获取铁路运输基础设施领域承运人与基础设施营运人之间的关系。

2. 应当根据一成员国法律管辖该成员国领土内提供获取基础设施服务领域承运人与基础设施营运人之间的关系,但本规则第1款规定的关系除外。

Ⅱ.定义

3. 本规则中使用的术语应当具有以下含义:

"列车运行日程表",指基础设施营运人的法定和技术文件,其在基础设施部分中建立全体类别列车运行组织、在比例尺网格上生动显示一常规日的列车线路,具有(对计划年)分离标准、选择性(对某些期间)与操作性(对现行计划日)日程表类型。

"提供基础设施服务长期合同",指基础设施营运人与承运人之间缔结的不低于期限的提供基础设施服务合同。

"额外申请",指承运人为了在列车运行标准日程表有效期内实施额外运输所提交的获取基础设施服务的申请。

"获取基础设施服务",指承运人为实施运输而获得基础设施服务的可能性。

"国家(全网)承运人",指从事货物、旅客、行李、货物–行李或邮件运输并确保在一成员国全体基础设施中执行列车编组计划的承运人,包括与特殊和军事交通有关者。国家(全网)承运人的地位应当在各成员国法律中规定。

"列车运行线",指在列车运行日程表上列车路线的地理表示,标明列车的始发站、终点站与中转站、始发与抵达时间、技术站、平均途中时间、其他技术和技术上的参数。

"基础设施营运人",指具有其自身基础设施并合法使用该基础设施和/或根据基础设施所在地成员国法律提供基础设施服务的铁路运输组织。

"列车编组计划",指基础设施营运人根据承运人列车编组计划草案所批准的法律与技术文件,其确定在列车站排列之列车类型和目的,并考虑基础设施部分过境能力和列车站处置能力。

"基础设施部分过境能力",指在一计数期(1日)内可以通过基础设施部分的诸列车和列车组的最大量,其取决于基础设施、机车车辆、列车运行组织方法的技术与技术上的能力,并考虑不同类别列车的通过。

"列车运行时刻表",指载明以列车运行日程表为基础的在诸特定日历日列车运行信息的文件。

"安全证书",指证明遵守运输过程参与者安全管理制度和铁路运输安全规则的文件,按成员国法律确定的程序签发。

"基础设施部分",指在基础设施营运人规定的机车循环区内邻近诸成员国两个毗邻基础设施接合点的铁路运输基础设施部分。

4. 本规则中使用的其他术语应当具有《协调(协商)一致运输政策的议定书》、《规制获取铁路运输服务(含价格表政策框架)的程序》和《提供欧亚经济联盟内铁路基础设施服务的规则》(以下简称《服务提供规则》)中规定的含义。

Ⅲ.获取基础设施服务的一般原则

5. 应当在不同基础设施部分和基于以下原则,给予获取基础设施服务:

(1)基础设施所在地成员国法律对承运人确定的要求平等,考虑基础设施部分过境能力内的技术能力与技术上的能力;

（2）根据基础设施所在地成员国法律,在基础设施服务领域,对承运人适用共同定价（价格表）政策;

（3）基础设施服务清单上信息的可利用性,基于基础设施技术和技术上能力的这些服务提供程序,这些服务的价格表、费用和收费;

（4）为有效利用基础设施能力的基础设施修理、维护和维修合理计划,并确保运输进程持续性和相关进程的一体化与安全;

（5）保护在规划、组织运输活动和提供基础设施服务中知悉的构成商业或国家秘密的信息;

（6）在基础设施过境能力有限时根据标准列车运行日程表,向承运人优先提供获取基础设施;

（7）承运人确保所用机车车辆恰当技术条件。

6. 应当使用以下选择标准执行向承运人提供基础设施的优先（次序）原则:

（1）列车类别的定义,根据基础设施所在地成员国法律或按基础设施营运人不违反基础设施所在地成员国法律的规章,确定其优先（次序）。

（2）在列车同一类别的情况下,取决于:

提供基础设施服务长期合同的可利用性,并考虑履行运输容量合同义务;

承运人利用基础设施部分的运载能力;

出示提供基础设施服务的有效合同。

（3）在本款第（1）和（2）分款中规定的同一标准的情况下,根据基础设施所在地成员国法律执行竞争程序。

IV. 获取基础设施服务的条件

7. 应当由具有以下者的基础设施营运人提供获取基础设施服务:

（1）成员国授权机构根据基础设施所在地成员国法律签发的从事运输活动的许可证;

（2）成员国授权机构根据基础设施所在地成员国法律签发的安全证书;

（3）从事组织、管理和实施运输进程且持有根据基础设施所在地成员国法律确认其资格和培训的文件的熟练雇员。

8. 应当基于以下提供获取基础设施服务:

（1）为组织列车运行和在基础设施部分内分流的基础设施技术能力和技术上的能力;

（2）列车货运编制计划和列车运行日程表;

（3）按本规则第 III 部分规定,基础设施能力可利用性、承运人使用基础设施部分的提案、基础设施营运人以基础设施服务获取原则为基础的基础设施部分分配能力;

（4）根据基础设施所在地成员国法律,无阻碍铁路运输的任何禁止和限制;

（5）在基础设施所在地成员国法律规定的情形下,经与其他当局和组织协商一致所颁发的承运人授权的可利用性。

9. 可以赋予承运人获取列车日程表中某些列车运行线路基础设施服务的权利,期限

不超过列车运行时刻表的有效期,但对产生于长期合同的权利除外。

V. 提供获取基础设施服务

10. 应当基于基础设施所在地成员国法律要求提供获取基础设施服务,并包含以下步骤:

(1) 基础设施营运人制定和公布基础设施部分的技术规格;

(2) 承运人根据本附件递交获取本联盟内铁路基础设施服务的申请(以下简称"申请");

(3) 基础设施营运人审议申请;

(4) 批准列车运行日程表和时刻表;

(5) 根据基础设施所在地成员国法律,缔结提供基础设施服务合同。

若承运人是使用的基础设施的营运人,不应当要求提交申请和缔结合同。

11. 应当按本规则确定的程序、基于额外申请,赋予获取标准列车运行日程表未规定的额外运输基础设施服务。

VI. 基础设施部分的技术规格

12. 基础设施营运人应当每年在不迟于收到申请的开始日前 3 个月,按基础设施营运人符合基础设施所在地成员国法律确定的程序,批准和公布基础设施部分的技术规格。

13. 基础设施部分的技术规格应当包括:

(1) 被要求组织列车运行与分流的基础设施部分和车站的技术规格,指明基础设施部分的长度和牵引类型、重量标准与列车长度、不同类型列车的运行速度;

(2) 国际旅客交通列车日程表的列车运行线路草案;

(3) 货运列车在独立国家联合体参加国铁路运输理事会决定确定的各洲际接合处交汇和转运(换乘)的预计时间;

(4) 基础设施部分的过境能力,但国家(全网)承运人根据基础设施所在地成员国法律要求的基础设施部分过境能力除外。

14. 基础设施营运人可以在基础设施部分技术规格中,对基础设施部分沿线的规划运输和组织列车交通,规定其他任何信息和条件。

VII. 申请的递交与审查

15. 承运人应当向基础设施营运人递交申请。

16. 应当由基础设施所在地成员国法律和/或基础设施营运人不违反基础设施所在地成员法律的规章确定受理和审议申请的开始日与结束日、列车标准日程表最初草案、提交本规则第24和26款规定信息的截止日。

17. 申请应当随附以下者:

(1) 列车计划日程运行线路草案;

(2) (以季度和月、货物类型表示的)交通计划年度容量的信息;

(3) 为运输所计划的列车数量信息;

(4) 承运人为提供运输所提供的机车类型与特征的信息;

(5) 确认承运人遵守本规则第7款所列要求的文件。

18. 承运人向基础设施营运人提交的纸质申请和其所附的全部文件:

应当由承运人装订、编号并盖章,由其首脑或授权代表签名;

应当以俄语或基础设施营运人法定注册国语言提交,且不应当包含更正或补充和提交时用不同语言;应当随附正式认证的俄语译本。

申请所附的文件可以是正本或副本。若提交文件副本,签署申请的承运人首脑或其授权代表应当书面确认这些文件的准确性和完整性。

19. 以电子形式提交的申请应当根据本规则第17款递交,但需考虑电子文件流转要求,且应当进行电子签名。

20. 基础设施营运人应当登记,并向承运人签发载明申请的登记序列号、收件日期和提交文件清单。

21. 基础设施营运人应当查证收到的申请符合本规则第17至19款规定的要求。

22. 若申请不符合本规则规定的要求,基础设施营运人应当在收到申请的5个营业日内将拒绝申请书面通知承运人,并指明拒绝的理由。

23. 基础设施营运人在审议申请期内(不低于审议申请截止日之前1个月),应当在必要时有权要求承运人提供为编制列车标准日程表所要求的任何补充信息(数据)。

基础设施营运人所要求的补充信息(数据)应当由承运人自收到基础设施营运人要求的5个营业日内递交,并受递交和登记申请的要求的约束。

24. 基础设施营运人应当起草列车标准日程表最初草案,并考虑收到的承运人申请和最大利用基础设施部分交叉能力。

基础设施营运人应当在其确定的期限内将审议承运人申请的结果通知承运人。

25. 若承运人对审议申请的最初结果持有异议,基础设施营运人可以举行协调批准程序,旨在通过谈判解决相关承运人间的全部分歧(冲突)。在此过程中,基础设施营运人应当有权利向承运人提供不同于其申请中指明者的其他列车计划线路。

26. 基础设施营运人在完成本节规定的全部程序后,应当将考虑全部调整(若有)后的批准(不批准)申请通知承运人。

VIII. 列车标准日程表与时刻表的制作、制定和批准

27. 应当由基础设施营运人按基础设施所在地成员国法律中确定的程序,制定和批准一年期的列车标准日程表和时刻表,并考虑所收到的承运人申请和所举行的协调一致审批程序。

28. 应当由基础设施营运人制作列车标准日程表,并考虑以下:

(1) 确保列车交通安全;

(2) 最高效利用基础设施部分的过境能力、运载能力和列车站的处理能力;

(3) 维护和维修基础设施部分的可能性。

29. 应当基于优先(次序)原则制定列车标准日程表。

30. 列车标准日程表应当于日历年5月最后星期日上午12点生效,于下个日历年5

月最后星期六上午 12 点终止。

31. 可以按基础设施营运人确定的程序对货物列车调整列车标准日程表和时刻表。

IX. 缔结基础设施服务提供合同

32. 应当依据基础设施营运人适用的协议,于不迟于列车标准日程表生效前 10 个日历日缔结基础设施服务提供合同。

33. 基础设施服务提供合同的缔结应当受《服务提供规则》的约束。

附条件申请的基础设施提供合同应当在不迟于执行运输日历月开始前 1 个月缔结。

34. 若承运人对已提供基础设施服务的营运人欠债,或若有基础设施所在地成员国法律规定的其他情形,基础设施营运人应当有权拒绝与承运人缔结合同。

X. 附条件申请

35. 应当根据本规则第 17 至 19 款规定的要求起草附条件申请。

36. 应当由基础设施营运人登记附条件申请,并向承运人签发载有连续登记号、附条件申请收到日期和递交文件清单的文件。

37. 应当于不迟于执行运输日历月开始前 2 个月提交附条件申请。

38. 应当在收到日起 1 个月内审查附条件申请遵从本规则确立的要求。审议附条件申请后,可以缔结合同或现行合同附件。

39. 基础设施营运人可以考虑调配承运人附条件申请下的列车额外日程表线路。

40. 在制作列车标准日程表中,不应当考虑本规则第 16 款规定的截止日届满后收到的申请,且应当将此申请视为附条件申请。

41. 应当根据基础设施所在地成员国法律规定的程序,调配附条件申请下的列车日程线路。

42. 应当由承运人承担部分准许或拒绝附条件申请的全部风险。

XI. 显示信息的程序

43. 基础设施营运人应当在其互联网官方网站上发布基础设施部分的技术规格、支配基础设施获取程序的管制性法令和基础设施营运人规章的清单,并考虑基础设施所在地成员国法律的要求。

44. 基础设施营运人和全体承运人应当服从基础设施所在地成员国法律,包括国家安全要求,并受限制传播含有分级为国家秘密(国家秘密)或分级信息之信息的约束。

XII. 争端解决程序

45. 承运人与基础设施营运人之间产生于本规则或与本规则有关的全部争端与分歧,应当通过谈判解决。

46. 若在谈判过程中,承运人与基础设施营运人未达成协议,全部争端与分歧应当根据基础设施所在地成员国法律确定的程序解决。

《获取欧亚经济联盟内铁路运输基础设施的规则》附件

获取欧亚经济联盟内铁路运输基础设施申请表

日期＿＿＿＿＿＿＿　　　　　　　　　　　　编号＿＿＿＿＿＿

期间:自＿＿＿＿＿＿至＿＿＿＿＿＿

基础设施营运人(名称、法定地址、邮政地址)＿＿＿＿＿＿＿＿＿＿＿＿＿＿＿＿＿

＿＿＿＿＿＿＿＿＿＿＿＿＿＿＿＿＿＿＿＿＿＿＿＿＿＿＿＿＿＿＿＿＿＿＿＿＿＿

承运人(名称、法定地址、邮政地址)＿＿＿＿＿＿＿＿＿＿＿＿＿＿＿＿＿＿＿

(若可获得)本联盟内铁路基础设施服务提供合同的编号和日期:

＿＿＿＿＿＿＿＿＿＿＿＿＿＿＿＿＿＿＿＿＿＿＿＿＿＿＿＿＿＿＿＿＿＿＿＿＿＿

本人兹确认本申请所附＿＿＿＿＿＿页、副本＿＿＿＿＿＿份的以下文件(信息)＊完整和

准确:

(1)＿＿＿＿＿＿＿;

(2)＿＿＿＿＿＿＿;

(3)＿＿＿＿＿＿＿。

＿＿＿＿＿＿＿＿＿　　　　　　　　　　　　　　　　＿＿＿＿＿＿＿＿＿

　承运人签字　　　　　　　　　　　　　　　　　　　　　　盖章

＊　按《获取欧亚经济联盟内铁路运输基础设施的规则》第17款规定随附文件(信息)。

《规制获取铁路运输服务(含价格表政策框架)的程序》附录 2

提供欧亚经济联盟内铁路基础设施服务的规则

I. 总则

1. 本规则确定诸成员国铁路基础设施部分边境内运输活动计划与组织范围内提供服务的程序与条件,此等服务的清单,基础设施能力日程计划与分配的统一原则,过境基础设施服务提供合同的基本条件,基础设施营运人与承运人的权利、义务与责任。

II. 定义

2. 本规则中使用的术语应当具有以下含义:

"非日程安排列车",指不包括在列车日程表中的列车(紧急与消防列车、排障雪犁、无汽车的机车、特别自身推进机车车辆),其旨在消除列车交通障碍、实施紧急作业和车辆相关再定位(其次序由基础设施所在地成员国法律或基础设施营运人不违反基础设施所在地成员国法律的规章确定)。

"运输进程日程安排",指在营运环境中交通控制与分流的进程。

"分流移动",指列车结构(机车车辆的连接/解钩)中的变化、诸列车的组成(分离)、场地间诸列车的再定位、机车进入列车的移动与安装或机车与列车的脱离、车厢侧面侧点定位或脱离和其他作业。

"紧急情况",指因基础设施设备失灵威胁列车安全或对列车通行产生障碍的情形。

"基础设施营运人",指拥有自身基础设施并合法使用基础设施和/或根据基础设施所在地成员国法律提供基础设施服务的铁路运输组织。

"运输计划编制",指根据已缔结的服务提供合同,对一固定时期(年、月、日)在基础设施设备(诸段和诸车站)上制定运输计划。

"列车交通日计划",指基础设施营运人为了编制运输进程日程和组织计划日中的列车交通所起草的文件。

"技术计划",指基础设施营运人根据运输合并计划、承运人技术性计划和从独立国家联合体参与国铁路运输理事会获得的信息所起草的文件。

3. 本规则中使用的其他术语应当具有《协调(协商)一致运输政策的议定书》《规制获取铁路运输服务(含价格表政策框架)的程序》和《获取欧亚经济联盟内铁路运输基础设施的规则》(以下简称《获取规则》)中规定的含义。

III. 基础设施营运人提供的服务

4. 铁路运输基础设施服务清单(以下简称"服务清单")应当包括与根据本规则附件为实施运输而使用基础设施有关的基本服务。

5. 应当在考虑运输进程技术特性和基础设施所在地成员国法律要求后,确定构成基础设施服务的作业(工作)清单。

6. 应当遵从基础设施所在地成员国法律,包括顾及国家安全,提供本规则附件中所列的基础设施服务。

7. 基础设施营运人与承运人达成协议后,应当有权根据基础设施所在地成员国法律,提供本规则附件中未列的其他服务。

IV. 基础设施服务提供程序

8. 提供基础设施服务包含基础设施营运人与承运人之间在运输组织与实施以下进程中的合作:

(1) 运输的技术计划编制和基准;

(2) 运输的月度与作业计划编制;

(3) 铁路基础设施服务提供合同(以下简称"合同")下的运输;

(4) 基础设施营运人与承运人间的信息交换。

9. 应当根据本规则、《获取规则》、基础设施所在地成员国法律和基础设施营运人不违反基础设施所在地成员国法律的规章,实施运输的计划编制与基准、运输量的调整和列车日程表。

10. 基础设施营运人在编制作业计划时应当执行经批准的列车交通日计划(列车日程表和批准的技术计划,包括在独立国家联合体参与国际铁路理事会决定认定的洲际连接处列车与车厢交换计划)。

11. 运输应当包含基础设施营运人和承运人的一系列组织性与技术性相互关联作业,并应当根据本规则、基础设施所在地成员国法律和基础设施营运人不违反基础设施所在地成员国法律的规章予以实施。

12. 应当遵从基础设施所在地成员国法律确立的标准(包括根据交通安全要求)和基础设施营运人不违反基础设施所在地成员国法律的规章,使用基础设施。

13. 应当根据基础设施所在地成员国法律维护基础设施。

14. 运输进程日程表编制和能力分配的统一原则应当如下:

(1) 单一营运人在基础设施部分使用的列车交通控制;

(2) 服从列车日程表中载明的全部相关进程规范和标准;

(3) 确保列车运行安全和职业健康及安全;

(4) 该营运人分配交通优先次序。

15. 为了确保列车安全通过基础设施,应当由基础设施营运人或其授权代表编制运输进程计划。

应当根据列车日程表、批准的列车日交通计划,按车站列车运行与分流作业的操作规则、指令确定的程序、基础设施所在地成员国法律和/或基础设施营运人不违反基础设施所在地成员国法律的规章批准的信号与通讯,实施编制运输进程日程表。

16. 应当由基础设施营运人规制列车的接收、派遣与中转,基础设施部分使用的任何运载工具(机车车辆)或自行推进机械的分流运行。

基础设施营运人关于这些进程的处置(指令),包括确保服从列车安全要求、列车日

程表标准与基础设施长度单位操作程序的处置,应当约束运输进程中的全体参与者。

17. 为了执行运输进程的目的,基础设施营运人和承运人应当使用基础设施营运人信息系统,在基础设施所在地成员国法律规定的范围内,交换信息(数据)。

18. 应当由基础设施营运人以单个合同为基准,向承运人提供涉及基本信息的补充信息。

19. 具有以下情形的,基础设施营运人可以拒绝向承运人提供已订合同下的基础设施服务:

(1) 运输的终止或限制,包括根据基础设施所在地成员国法律对货物、行李和货物－行李进出口的限制;

(2) 出现紧急情况时不能提供基础设施服务;

(3) 实施非日程表列车的运输;

(4) 威胁国家安全的或紧急情况,不可抗力、敌对状态、封锁、传染病或超出基础设施营运人和承运人控制的阻止履行合同项下义务的其他情形;

(5) 授权机构遵循基础设施所在地成员国政府决定,对提供基础设施服务设立不同程序;

(6) 基础设施所在地成员国法律规定的其他情况。

20. 若在本规则第 19 款规定情形下拒绝向承运人提供基础设施服务,基础设施营运人应当按合同规定的程序将其不能履行义务通知承运人。

21. 基础设施营运人应当采取必要步骤,组织偏离列车日程表的或该表未规定的运行的列车通过。

22. 应当由根据基础设施所在地成员国法律和/或基础设施营运人不违反基础设施所在地成员国法律的规章批准的格式所起草的文件,确认基础设施营运人实际提供基础设施服务及其依据服务清单对每项服务的实际量。

V. 基础设施服务提供合同及其基本条款条件

23. 应当按基础设施营运人与承运人之间书面缔结的合同提供基础设施服务。

24. 上述合同不应当包含违反《获取规则》、本规则或违反基础设施所在地成员国法律的任何条款。

25. 若在合同期限内发现存在《获取规则》第 17 款规定情形和本合同规定的承运人已提供无效信息(对预测数字除外),基础设施营运人应当有权根据基础设施所在地成员国法律终止合同。

26. 应当禁止转让本合同下的承运人请求权,但本规则第 27 款中规定的除外。

27. 承运人在不可能使用产生于合同的权利的情况下,若另一承运人有一项按本合同规定条款与条件缔结的可用合同,可以经基础设施营运人同意,将此项权利转让给另一承运人。

28. 合同应当包括以下基本条款与条件:

(1) 合同的标的(服务量、基础设施能力份额、日程表路线)、基础设施部分;

(2) 基础设施服务提供的时间与条件;

(3) 服务成本(价格表、价格、费率)或其确定程序;

(4) 支付服务的程序与条款(结算程序、支付方式、支付货币);

(5) 合同项下各当事人对损害、不履行或不当履行其合同下义务的责任(罚款、罚金);

(6) 不可抗力(超出当事人控制的特殊事件或情形);

(7) 合同终止(废除)的有效性、理由和程序,包括合同终止(废除)的条款与条件。

29. 若经递交额外运输的额外申请可以获得一项有效合同(或本合同附件),基础设施营运人和承运人之间可以缔结一次性合同。

VI. 基础设施营运人与承运人的权利义务

30. 承运人应当有权:

(1) 向基础设施营运人发送组织运输的提案;

(2) 根据本规则和《获取规则》获得为了组织运输所要求的容量信息,并有义务遵从基础设施所在地成员国法律要求,包括国家安全要求,并受限制传播构成国家秘密(国家秘密)或分级信息之信息的约束;

(3) 根据合同条款,获得进入基础设施服务和运输活动基础设施服务,包括为途中列车的基础设施服务;

(4) 行使基础设施所在地成员国法律和/或所定合同确定的其他权利。

31. 承运人应当:

(1) 向基础设施营运人提供为提供基础设施服务所要求的信息和文件;

(2) 确保遵从基础设施所在地成员国法律或基础设施营运人不违反基础设施所在地成员国法律的规章所确定的铁路安全要求;

(3) 将导致(可能导致)违反基础设施所在地成员国法律所确定的铁路运输领域安全要求之事件或情况通知基础设施营运人,并采取措施消除(防止)此等违反;

(4) 确保遵从基础设施所在地成员国法律和基础设施营运人不违反基础设施所在地成员国法律的规章所确定的铁路运输交通与作业安全要求;

(5) 确保保护承运人知悉的构成基础设施营运人商业(官方)秘密的信息;

(6) 根据基础设施所在地成员国法律,按规定比例支付基础设施服务费,并按合同规定的容量、条款与条件对基础设施营运人的到期款项作出其他支付;

(7) 偿付单个合同未涵盖的基础设施营运人发生的与在车站车厢(列车)再定位(移动)和/或掌握承运人机车车辆有关的费用;

(8) 将其在基础设施所在地成员国法律确定的条款范围内拒绝合同项下提供的服务书面通知基础设施营运人;

(9) 确保根据基础设施所在地成员国法律对特殊条件货物和超大货物铁路运输进行协议和附加条件;

(10) 确保在协议范围内运输和遵从具有铁路运输基础设施部分运送能力和/或沿线列车站处理能力的铁路运输其他参数(条件);

(11) 赔偿基础设施营运人和/或第三人的任何损害;

（12）履行基础设施所在地成员国法律确定的其他义务。

32. 基础设施营运人应当有权：

（1）采取措施确保交通安全，包括：

对基础设施部分的列车设定临时或永久速度限制；

在自动和视觉检查手段发现的任何技术瑕疵或在列车机车车辆中识别出的商业缺陷危及交通安全时，在车站停止列车或延期；

在妨碍列车运行的情形下使用承运人资源（机车车辆、职员），以恢复基础设施运行；

向承运人发出安排（命令、指令、指示、警告等），要求其遵从铁路交通安全、列车日表标准、编制列车计划与程序、在基础设施站（长度单位）的作业进程。

（2）在合同缔结阶段，要求承运人提供铁路运输安全证书、受运输许可约束的全部活动类型许可证。

（3）在合同执行阶段，要求承运人提供确认遵从铁路运输安全要求的全部文件。

（4）对合同作出单方修正和补充；在与列车日程表中确立的份额比较，承运人未完全使用基础设施部分能力分配份额的情况下调整分配给承运人的能力份额（交通线路）。

（5）在承运人使用基础设施时违反合同的情况下，在具有可用掌控能力的车站或在其当地基础设施中，对承运人机车车辆的再定位（移动）和掌控作出决定。

（6）因超出基础设施营运人控制的不将其认可为违反合同的原因，拒绝承运人进入基础设施[若系第三人引起的，包含毗邻（邻近）铁路管理者和/或当地基础设施所有人]。

（7）作出单边决定，在某些铁路服务方面暂停提供与运输有关的服务，或者在发生紧急情况时，诸如自然人或法人为灾难和进入紧急状态或其他妨碍交通情形，部分提供服务。

（8）若出现紧急状况且在要求恢复基础设施时间内取消已分配列车日程表线路，限制进入基础设施。

（9）行使基础设施所在地成员国法律和/或所定合同确定的其他权利。

33. 基础设施营运人应当：

（1）受理和审议承运人关于组织运输的提案和为提供基础设施服务所要求的信息与文件；

（2）根据本规则和《获取规则》及时向承运人提供为组织运输所要求的容量的信息，并有义务遵守基础设施所在地成员国法律的要求（包括国家安全要求），受限制传播含有构成国家秘密（国家秘密）或分级信息之信息的约束；

（3）根据本规则在基础设施技术或技术上的能力范围内，分配基础设施交叉能力；

（4）在合同规定的时间内、按合同规定的程序，将列车运行日程表中导致约定提供服务之时间与条件的任何变化，通知承运人；

（5）按合同中规定的条件，将对基础设施的任何事件、损害和可能阻碍承运人使用基础设施履行其活动的其他情形，通知承运人；

（6）确保保护基础设施营运人在提供基础设施服务中知悉的构成承运人商业（官方）秘密的信息；

（7）维护所要求的技术设备处于良好条件，并采取措施防止和消除自然或人为紧急事件引起的列车运行中断；

（8）履行基础设施所在地成员国法律确定的其他义务。

VII. 争端解决程序

34. 基础设施营运人与承运人之间产生于本规则或与本规则有关的或在提供服务过程中产生的一切争端与分歧，应当通过谈判解决。

35. 若在谈判过程中，承运人与基础设施营运人未达成协议，一切争端与分歧应当按基础设施所在地成员国法律确定的程序解决。

《提供欧亚经济联盟内铁路基础设施服务的规则》附件

铁路运输基础设施服务清单

项目号	白俄罗斯共和国	哈萨克斯坦共和国 *	俄罗斯联邦**
1	提供基础设施和实施为列车运行（通过）所要求的活动，包括承运人牵引设备的供电	提供基础设施和实施为列车运行（通过）所要求的活动	提供基础设施和实施为列车运行（通过）所要求的活动，包括承运人牵引设施的供电
2	提供基础设施和实施对确保列车分流运行所要求的活动，包括承运人牵引设施的供电	提供基础设施和实施对确保列车分流运行所要求的活动	提供基础设施和实施对确保列车分流运行所要求的活动，包括承运人牵引设备的供电
3	旨在确保列车运行和运输货物、行李、货物–行李的安全的技术与商业控制服务	—	旨在确保列车运行安全的技术与商业控制服务

---

　*　包括对哈萨克斯坦共和国在俄罗斯联邦领土上拥有的基础设施部分。
　**　包括对俄罗斯联邦在哈萨克斯坦共和国领土上拥有的基础设施部分。

附件 25

采购规制程序的议定书

Ⅰ.总则

1. 本议定书根据《欧亚经济联盟条约》(以下简称"本条约")第 XXII 节缔结,并确定规制采购的程序。

2. 本条约第 XXII 节和本程序中使用的术语具有以下含义:

"门户网站",指一成员国在互联网上提供获取采购信息单独点的一单独官方网站。

"客户",指国家机构、地方机构、预算组织[含国家(自治市)机构]和一成员国采购法规定情况下的其他人员,其根据该法律从事采购。成员国采购法可以规定设立根据该法行事的采购组织者。在此,不应当允许将客户缔结采购协议(合同)的职能转让给采购组织者。

"采购",指公共(自治)采购,专指客户在成员国采购法规定情形下使用财政和其他资金购买货物、工程、服务和其他采购,以及与执行采购协议(合同)有关的关系。

"采购信息",指举行采购的通告、采购说明[含采购协议(合同)草案],此等通告和说明的变化,采购说明的澄清,草拟的采购程序议定书,采购结果信息,采购协议(合同)详细内容和此等协议的附录,采购协议(合同)执行结果的信息,收到成员国授权政府监管和/或控制当局采购领域主张的信息,此等主张的内容和对此等当局发出主张和监管之审查结果采取的行动。全部采购信息应当强制性发布在门户网站上。

"国民待遇",指规定的此种待遇,即为采购目的,每一成员国应当对源自诸成员国领土的货物、工程和服务,向诸成员国潜在供应商和诸成员国提供货物、施工和提供服务的供应商所提供的待遇,不低于给予源自他们国家领土的货物、工程和服务以及他们国家提供货物、施工和提供服务的潜在供应商和供应商的待遇。应当根据本联盟关税区有效的确定货物原产地的规则确定货物原产地国。

"电子交易平台(电子平台)营运人",指根据本成员国法律占有电子交易平台(电子平台)并有为其运行所要求的和/或确保其运行的软硬件、从事商业活动的法人或自然人。

"供应商",指是采购协议(合同)下供应商、执行人或承包人的人员。

"潜在供应商",指任何法人或任何自然人(含个体经营者)。

"电子交易平台(电子平台)",指为从事以电子格式的采购操作,根据一成员国法律选择的一互联网网站。在此情况下,可以根据一成员国采购法确定由门户网站代表一电子交易平台(电子平台),并表明电子交易平台(电子平台)有限数量。

"电子采购格式",指运用互联网、门户网站和/或电子交易平台(电子平台)以及软硬件组织和从事采购的程序。

3. 除非成员国法律另有所指,不应当要求使成员国法律服从本议定书。

II. 采购领域的要求

4. 应当使用以下者从事诸成员国的采购：

(1) 公开招标,其中可以规定两个阶段的程序和投标人资格预审；

(2) 要求定价(要求报价)；

(3) 要求提案(若成员国采购法规定)；

(4) 公开电子拍卖(以下简称"拍卖")；

(5) 交易所交易(若成员国采购法规定)；

(6) 来自单一渠道或单一供应商(执行人、承包商)的采购。

诸成员国应当确保仅以电子格式举行招标、拍卖,且倾向于以执行采购其他方法转换成电子格式。

5. 应当考虑本议定书附1第1至4款中的要求,从事以招标为基础的采购。

6. 从事基于要求定价(报价)程序的采购应当受本议定书附1第5款规定要求的约束。

7. 从事基于要求提案的采购,在本议定书附2和本议定书附3第10、42、44、47、59和63款规定的情形下,若由成员国采购法确定,应当考虑本议定书附1第6款规定的要求。

8. 根据本议定书附4从事基于拍卖的采购,应当考虑本议定书附1第7和8款中规定的要求。

成员国应当有权在其采购法中确定经拍卖程序采购货物、工程和服务的较广泛范围。

9. 商品交易所可以用于交换商品(含本议定书附4规定的货物)。

成员国应当有权利在其法律中规定为了采购目的所准许的商品交易所。

10. 在本议定书附3规定情况下从事来自一渠道或单一供应商(执行人、承包商)的采购,应当考虑本议定书附1第10款中规定的要求。

成员国可以在其采购法中减少本议定书附3规定货物、工程和服务的清单。

11. 成员国可以在其采购法中单边确定与需要维护采购程序结束前潜在供应商信息机密有关的采购程序具体特性和采购某些货物、工程与服务的具体特性,期限不超过2年。

应当按本议定书第32和33款中规定的程序采取与确定上述具体特性有关的决定和行动。

12. 客户应当独立实施采购,或者若成员国采购法规定了采购组织者的运行,应当在采购组织者参与下实施采购。

13. 成员国采购法应当规定不诚信供应商登记册的构成和维护,包括关于以下的信息：

(1) 不履行或不当履行其采购协议(合同)下义务的供应商；

(2) 回避缔结采购协议(合同)的潜在供应商；

(3) 客户已单方终止与其有采购协议(合同)的供应商,若在执行协议(合同)过程中发现供应商未满足对潜在供应商和供应商的文件要求或就其遵守此等要求提供了虚假信息而允许他们在采购程序中变为成功投标人、导致缔结上述协议。

成员国采购法可以规定,本成员国不诚信供应商登记册中载入以下者的任何信息:履行此登记册中所载人员之单独执行机构职能的合议执行机构和人员的创办人、成员。

基于成员国在采购领域的法院判决和/或授权监管和/或控制机构的决定,一经确认本款第二至四项规定的信息(确定事实),登记册中应当载明不诚信供应商,期限2年。

载入不诚信供应商登记册中的人员可以按司法程序,对该登记册的记录提出上诉。

成员国采购法可以对本议定书附3第1和6款中规定的潜在供应商和供应商之不诚信供应商登记册中的记载,规定例外。

14. 成员国采购法可以规定客户以本成员国不诚信供应商登记册中和/或其他成员国不诚信供应商登记册中所载信息为基准,实施准许参与采购的权利、义务。

15. 成员国应当限制参与采购:

(1) 根据其采购法,采取确定采购某些类型货物、工程和服务中潜在供应商和供应商的任何附加要求的方式;

(2) 在本议定书确定的其他情形中。

16. 成员国采购法应当对以下者施加禁止:

(1) 含有对潜在供应商和供应商任何难以量化和/或难以处理的要求的采购条件;

(2) 准许未满足采购说明要求的潜在供应商参与采购;

(3) 依据采购公告和/或采购说明中未规定的理由,拒绝准许潜在供应商参与采购。

17. 不应当允许向潜在供应和供应商收取任何参与采购费用,但成员国采购法规定的情况除外。

18. 成员国采购法可以对潜在供应商和供应商确定关于提供投标担保和采购协议(合同)执行担保的要求。

成员国采购法应当确定投标担保和采购协议(合同)执行担保的金额和形式。参与采购的投标担保额不应当超过采购协议原始(最大)价款(采购估算成本)的5%,采购协议(合同)执行的担保额不应当超过采购协议(合同)原始(最大)价款(采购估算成本)的30%,但采购协议(合同)规定了预付款的除外。在后者情况下,采购协议(合同)执行的担保额应当等于预付款额至少50%。

供应商应当有权拒绝含有要求供应商提供预付款的采购协议(合同)。

成员国采购法应当确定至少两种(类)投标担保和采购协议(合同)执行担保。

可以特别由以下者表示投标担保和采购协议(合同)执行担保:

向客户银行账户作出的担保货币缴付,或在成员国采购法确定时,向采购组织者或电子交易平台(电子平台)营运人银行账户作出的担保货币缴付;

银行担保。

应当由成员国法律确定为了采购目的的银行担保要求。

成员国采购法应当确定在该法规定情况下向潜在供应商和供应商及时返还投标担保和采购协议(合同)执行担保的要求。

19. 采购程序中的采购说明和其他文件不应当包含对任何商标、服务标识、商号、专利、实用新型、工业设计、货物原产地名称、制造商或供应商名称的任何要求或指示,但是精确描述采购标的的其他任何方法不可用的情形除外(在此情形下,客户应当在采购说明

中载明"或其相等物或类似物"文字）。本规定不应当适用于在要求它确保采购货物（含主要或固定设备的再供应、升级和翻新）一致性时采购货物与客户使用的任何货物不相容的情形。

客户应当有权按根据构成本联盟法律的国际条约、法令和该成员国法律规定的技术规章、标准和其他要求所界定的,确定与采购标的技术和品质特征有关的标准特性、要求、符号和术语。

20. 专门委员会（含招标、拍卖和投标委员会）成员不得由因采购结果有个人利害关系的自然人［含已递交申请参与招标、拍卖、要求定价（要求报价）或要求提案的自然人］、已申请参与招标、拍卖、要求定价（要求报价）或要求提案的潜在供应商的雇员,或可能受潜在供应商影响的自然人［含是潜在供应商的参与人（股东）、其管理机构雇员与潜在供应商的债权人］和在采购领域直接控制采购程序的成员国授权监管和/或控制机构的官员进行代表。

21. 采购协议（合同）应当载明以下强制性条件：

(1) 当事人不履行或不当履行其采购协议（合同）下的义务的责任;

(2) 支付程序,客户因评估其遵从采购协议（合同）确定要求［含关于数量（容量）、完整性和质量］合规性而接受采购结果的程序。

22. 成员国法律应当对以下者规定禁止：

(1) 在该法未涵盖的情况下,确定采购协议（合同）给予潜在供应商和供应商人数任何限制的任何条款与条件;

(2) 在对方当事人适当履行其协议（合同）下义务的情况下和在该法未涵盖的情况下,客户和供应商单方放弃任何合约义务;

(3) 变更合约义务条款,含变更采购协议（合同）价款,但该法规定的除外。不应当允许未按比例减少采购协议（合同）价款时减少货物数量、工程量和服务量。

23. 在成员国法律规定的情况下,应当允许与多个供应商缔结采购协议（合同）。

24. 成员国采购法可以要求缔结规定货物或工程采购、后续维护、服务使用期限内营运、修理和处置所供应的货物或因履行工作（协议或合同有效期）所创设的标的的采购协议（合同）。

25. 成员国采购法可以规定采购协议（合同）草案中包含要求的特殊采购程序,其构成各自采购说明的有机组成部分、其执行的任何附加条款（含与采购标的无关的条款）。

26. 成员国采购法可以规定潜在供应商和/或供应商按采购协议（合同）向客户强制性提交关于全体合作承包商和分包商的信息。

27. 成员国采购法可以规定采购协议（合同）的银行业支持。

28. 诸成员国应当寻求到2016年已全部转换成以电子格式缔结采购协议（合同）。

29. 诸成员国应当确保信息公开和采购透明,包括采取以下方式：

(1) 各成员国创建门户网站;

(2) 在门户网站上发布（公布）与采购有关的信息和不诚信供应商登记册（含用俄语）;

(3) 在门户网站上发布（公布）本成员国在采购领域的管制性法令（含用俄语）;

(4) 若成员国采购法有规定,电子交易平台（电子平台）有限数量的身份和/或作为获取电子格式采购信息和与此等采购有关的电子服务的单独点的门户网站身份；

（5）免费组织和无阻碍获取与采购有关的信息、不诚信供应商登记册和诸成员国在采购领域的发布在其网站上的管制性法令，以及确保最广泛可能搜索上述信息、登记册和法令的可能性。

Ⅲ. 国民待遇及其提供的具体特性

30. 各成员国应当确保对源自其他成员国领土的货物、工程与服务，对其他成员国提供上述货物、工程和服务的潜在供应商和供应商，在采购领域的国民待遇。

31. 成员国在例外情况下并按其法令中所确定的，可以单方采取排除上述国民待遇，但期限不超过 2 年。

32. 成员国在采购领域的授权监管机构和/或控制机构应当提前但不迟于关于采取本议定书第 31 款下排除的法令通过日之前 15 个日历日，将关于采纳该法令，书面通知委员会和各成员国，并提供其采纳的合理性。

收到上述通知的成员国可以向通知机构申请，提议举行各自磋商。

发送上述通知的成员国不得拒绝举行上述磋商。

33. 委员会应当有权自法令采纳日起 1 年内决定需要废除成员国按本议定书第 31 款通过的建立任何排除的法令。

若委员会决定取消上述法令，已采纳该法令的成员国应当确保在 2 个月内对该法令采取分别变更(其无效)。

委员会应当根据本议定书第 31 款和涉及法令废除的诸成员国之申请，审议采取法令的通知，并应当按委员会确定的程序对废止上述法令作出决定。

若自委员会依据本议定书第 31 款对废除已采法令的决定生效日起 2 个月内，向其交付上述决定的成员国未执行该决定，各成员国应当有权对该成员国放弃国民待遇。放弃的通知应当立即提交委员会和各成员国。

34. 若成员国未履行其本条约第 XXII 节下的义务，其他诸成员国有权向委员会提出上诉。委员会审查此申请后，应当作出以下决定之一：

无违反行为；

承认有违反行为且需要该成员国消除。

若自消除上述违反行为的决定日起 2 个月内，向其递交上述决定的成员国未执行此决定，其他各成员国应当有权对该成员国单边放弃国民待遇。

上述放弃的通知应当立即提交委员会和各成员国。

Ⅳ. 确保采购参与人员的权利和合法利益

35. 各成员国应当采取措施防止、发现和阻止违反其采购法。

36. 应当由本条约第 XXII 节、本议定书和本成员国采购法确定采购领域被确保人员的权利与合法利益之数额。

37. 为了确保本领域人员的合法权益和对遵守本成员国采购法行使控制，各成员国应当根据其法律确保采购领域授权监管和/或控制机构可利用性。在此情形下，可以由具

有以下权力的单独机构履行这些职能：

（1）采购领域的控制（含通过调查）。

（2）审查针对违反本成员国采购法的采购中客户、采购组织者、电子交易平台（电子平台）营运人、门户网站营运人、商品交易所、各委员会和其他人员的决定和行为（不作为）的请求与申请。在此情况下，不仅可以由任何潜在供应商而且可以由任何其他人，根据本成员国采购法，对在递交参与采购申请截止日前采购中的客户、采购组织者、电子交易平台（电子平台）营运人、门户网站营运人、商品交易所、各委员会和其他人员作出（裁判）的决定和行为（不作为）进行上诉。

（3）预防和调查违反本成员国采购法，并对上述违反行为采取救济措施（包括对救济上述违反行为发出约束令和责令参与人对上述违反行为承担责任）。

（4）建立和维护不诚信供应商登记册。

V．确保改善采购效率和旨在履行社会功能的措施

38．成员国采购法应当建立编制采购计划的要求。

39．成员国采购法可以规定提高采购效率的以下规则：

（1）由确定所采购货物、工程与服务的要求的采购标准化和/或确保客户功能的标准成本；

（2）采购的公共控制与公共讨论；

（3）反倾销措施的适用；

（4）专家和专家组织的参与。

40．在成员国采购法规定的情形和程序中，可以为刑事执法体系中的机构和企业、残疾人组织、中小型经营和社会性非营利组织确定采购中的利益。

应当由客户在采购公告和采购说明中规定关于上述利益的信息。

41．为了探讨采购领域执法最紧迫事项、信息分享、改进和协调法律、共同制定指南性资料的目的，委员会应当与诸成员国采购领域相关监管和/或控制机构一起，每年至少举办3次管理者和专家级别的会议。

《采购规制程序的议定书》附1

对来自单独渠道或单独供应商（执行人、承包商）的招标、要求定价（要求报价）、要求提案、拍卖和采购之组织与行为的要求

1．应当以电子格式举行招标，其中规定以电子文件形式递交投标。

成功投标人应当是对执行采购协议（合同）提供最佳条款的潜在供应商。

不应当允许确定违反成员国采购法的引起任何倾向性或难以处理的遴选供应商的评估标准、评估程序和投标书比较。

2．招标的举行应当受以下要求的约束：

(1) 批准招标说明。

(2) 批准招标委员会的组成。

(3) 在成员国采购法规定期限内(但不少于递交招标投标截止日之前15个日历日)在门户网站上发布(公布)招标公告。若招标公告和/或招标说明中有变化,应当延长递交投标的截止日,以确保在门户网站的变化发布(公布)日与投标递交结束日之间不少于10个日历日。不应当允许变更采购协议(合同)的主题。

(4) 招标说明条款的澄清和在门户网站上发布(公布)此澄清不迟于递交投标截止日之前3个日历日。若有要求,应当不迟于递交投标书截止日前5个日历日提供招标说明条款澄清。

(5) 以电子文件在电子交易平台(电子平台)和/或门户网站上递交投标。

(6) 招标委员会开标和审标,以确定符合准许潜在供应商参与招标的招标说明要求的投标。

(7) 在不迟于招标委员会作出各项决定之日的次日,在门户网站发布(公布)开标、审标和准许潜在供应商参与招标、各潜在供应商开标、审标和准许之结果的公告的报告。

(8) 评估、比较准许参与招标的潜在供应商递交的投标书,成功投标人的选择,在门户网站发布的各自报告。在不迟于招标委员会作出各项决定之日的次日,将上述评估、比较结果和确定的成功投标人通知各潜在供应商。

(9) 自选择成功投标人的决定作出之日起不早于10个日历日或营业日和不迟于30个日历日按选择为成功投标人的潜在供应商投标书和招标说明中规定的条款缔结采购协议(合同),或者在成员国法律规定情况下,招标无效。成员国采购法还应当建立客户和潜在供应商之间基于需要与提供执行采购协议(合同)最佳条款之一潜在供应商缔约采购协议(合同)而缔结采购协议(合同)的程序和优先次序,以及发生招标无效时的客户程序。

(10) 在电子交易平台(电子平台)上发布(公布)招标结果信息,和/或在不迟于招标委员会作出各自决定之日的次日将招标结果通知每位潜在供应商。

3. 在规定投标人预审的招标过程中,本附件第1和2款中规定的要求应当适用,并考虑以下具体特性:

(1) 应当从已经通过预审的潜在供应商中选择成功投标人;

(2) 额外要求应当适用于为了预审目的的潜在供应商、供应商,且不得用作评估、比较投标书的标准。

4. 在成员国采购法确定的情形和程序中,可以按两个步骤程序举行招标。

招标的第一个步骤应当包括专家(专家委员会)以潜在供应商根据客户规格制定的技术提案为基准所准备的采购货物、工程和服务的技术规格。

招标的第二个步骤应当包含按本附件第1和2款中规定要求进行招标所规定的招标活动。

5. 为了适用要求定价(要求报价)之方法的目的,成员国采购法应当设定采购协议(合同)初始(最大)价款(采购的估算成本),包括对《采购规制程序议定书》(《欧亚经济联盟条约》附件25)附2和附4中所列货物、工程和服务的采购。

要求定价(要求报价)下的成功投标人应当是提供采购协议(合同)最低价格的潜在供应商。

各成员国应当寻求将要求定价(要求报价)转换为占主导地位的拍卖程序。

若系要求定价(要求报价)下的采购,应当在成员国采购法确定的条款内在门户网站上发布(公布)每项公告,但不低于递交申请参与要求定价(要求报价)程序截止日之前4个营业日。

应当在电子交易平台(电子平台)上发布(公布)要求定价(要求报价)程序期间编辑报价委员会报告。报价委员会作出决定的公告应当不迟于决定作出日的次日发送给各潜在供应商。

6. 仅可以对《采购规制程序的议定书》(《欧亚经济联盟条约》附件25)附2规定的货物、工程和服务进行要求提案程序下的采购。

要求提案程序下的成功投标人应当是根据成员国采购法提供执行采购协议(合同)最佳条款的潜在供应商。

若系要求提案程序下的采购,应当在该成员国采购法确定条款范围内,在门户网站上发布(公布)各项通告,但不低于递交要求提案投标截止日之前的5个营业日。

要求提案程序期间编辑的委员会报告应当发布(公布)在门户网站上。委员会作出决定的公告应当不迟于其作出日的次日发送给各潜在供应商。

7. 为了参与拍卖,若成员国采购法有规定,潜在供应商应当受门户网站和/或电子交易平台(电子平台)强制认证的约束,期限至少3年。

8. 举行拍卖应当受以下要求约束:

(1) 批准拍卖说明。

(2) 批准拍卖委员会。

(3) 在成员国采购法规定条款范围内,在电子交易平台(电子平台)上发布(公布)每项拍卖公告和招标说明,但不低于递交拍卖投标截止日之前15个日历日。若拍卖公告和/或拍卖说明中有变化,应当延长拍卖投标递交截止日,以确保在电子交易平台(电子平台)和/或门户网站上变化发布(公布)日与投标递交日之间的期限不少于7个日历日。不应当准许变更采购协议(合同)的范围。若成员国采购法规定了短期内可以举行拍卖的采购协议(合同)最初(最大)价格(采购的估算成本),该成员国采购法可以规定比本分款规定期限更短的递交拍卖投标的期限,但不少于自上述变化在电子交易平台(电子平台)和/或门户网站上发布(公布)日起递交拍卖投标截止日之前3个日历日。

(4) 拍卖说明条款的澄清和此澄清在电子交易平台(电子平台)和/或门户网站上的发布(公布)不迟于递交拍卖投标截止日之前3个日历日。若有要求,提供拍卖说明条款的澄清应当不迟于递交拍卖投标截止日之前5个日历日。

(5) 在电子交易平台(电子平台)和/或门户网站上以电子形式递交拍卖投标。

(6) 拍卖委员会开标和审标,以确定投标遵守关于准许各潜在供应商进入本款第(8)分款中规定程序的拍卖说明要求。

(7) 不迟于拍卖委员会作出各项决定之日的次日,在电子交易平台(电子平台)和/门户网站上发布(公布)拍卖投标的开标与审标报告、准许潜在供应商参与本款第(8)分款中规定程序,和各潜在供应商开标、审标和准许之结果的公告。

(8) 以拍卖方式对价格减少举行减少采购协议(合同)最初(最大)价格(采购的估算成本)的程序。在此情况下,成员国可以规定,若采购协议(合同)价格减少至采购协议(合同)最初(最大)价格(采购的估算成本)的 0.5% 和更低,应当采取提高供应商向客户支付采购协议(合同)价格的方式进行拍卖。

(9) 应当在完成日,在电子交易平台(电子平台)和/或门户网站上发布(公布)本款第(8)分款中所述的程序结果报告,并将此程序结果通知各潜在供应商。

(10) 拍卖委员会审查参与本款第(8)分款中所述程序的潜在供应商递交的拍卖投标,以认定潜在供应商满足拍卖说明规定的要求和确定成功投标人,并在不迟于拍卖委员会作出各项决定之日的次日,在电子交易平台(电子平台)和/或门户网站上发布(公布)各项报告和将本次审查结果与拍卖成功投标人的认定,通知各潜在供应商。

(11) 自决定拍卖成功投标人之日起,不早于 10 个日历日或营业日或不迟于 30 个日历日,按选择为成功投标人的潜在供应商拍卖投标书和拍卖说明中规定的条款条件,以此潜在供应商提供的采购协议(合同)价格,根据本款第(8)分款中规定的程序结果报告,缔结采购协议(合同),或者在成员国采购法规定情形下拍卖无效。成员国采购法还应当确定客户与潜在供应商之间基于需要与提供采购协议(合同)最低执行价格的一潜在供应商缔结采购协议(合同)而缔结采购协议(合同)的程序和优先次序,以及出现拍卖无效时的客户程序。

(12) 在不迟于拍卖委员会作出各项决定之日的次日,在电子交易平台(电子平台)和/或门户网站上发布(公布)拍卖结果信息,和将拍卖结果通知各潜在供应商。

9. 若成员国采购法有规定,可以进行采购,不适用支配选择供应商和缔结采购协议(合同)的规则。在《采购规制程序的议定书》(《欧亚经济联盟条约》附件25)附3规定情况下,此等采购应当按该成员国民事法律进行。

10. 应当在完成采购协议(合同)价格的各自计算和合理性后,实施从单独渠道或单独供应商(执行人、承包商)的采购。

应当在该成员国采购法中规定发布从单独渠道或单独供应商(执行人、承包商)的采购信息。

《采购规制程序的议定书》附2

请求按要求提案程序采购的情形清单

1. 客户终止的采购协议(合同)之主题的货物、工程或服务的采购,受《采购规制程序的议定书》(《欧亚经济联盟条约》附件25)第22款要求的约束。在此情形下,若采购协议(合同)终止之前,供应商已部分履行其采购协议(合同)规定的义务,在以本款为基准缔结新采购协议(合同)时,应当在考虑被终止采购协议(合同)下的货物供应量、工程履行量或服务提供量后,减去已供的货物数量、履行的工程量或提供的服务,并应当按已供应的货物数量、已履行的工程量或已提供的服务的比例减少采购协议的价款。

2. 医药委员会决定管理病人医疗指标(为救命原因的特异性)所要求的药品采购,应当记入病人医疗档案和医药委员会分类账。在此情况下,药品的采购量不应当超过病人治疗期间所要求的药品量。若按本款采购,各采购协议(合同)的范围不得包含管理2名或以上病人所要求的药品。

《采购规制程序的议定书》附3

要求采购自单独渠道或单独供应商(执行人、承包商)的情形清单

1. 与自然垄断经营领域有关的服务采购,但为销售液化天然气的服务、依据本成员国法律和价格(价格表)规章下工程与技术服务的服务、电力供应服务或与有担保电力供应商买卖电(力)除外。

2. 为麻醉药品和精神物质之储存和进出口的服务采购。

3. 以本成员国法律规定的价格(价格表)取得货物、工程和服务。

4. 旨在补充公共博物馆、图书馆、档案馆、电影与摄影基金和其他类似基金的文化财产供应(包括博物馆的物件和收藏品、稀有珍贵图书、手稿、档案文件,含历史、艺术或其他文化意义的复制品)。

5. 履行与动员培训有关的工作。

6. 从本成员国立法性法令规定的特定人员处获取货物、工程和服务,和获取执行当局根据其权力或其下级国家机构、100%投票权股份(所有权利益)属于国家且拥有本成员国立法性法令或本成国首脑法令确定的适当权力的国家(单一)企业与法人专属供应、履行或提供的货物、工程和服务。

7. 因发生不可抗力事件而获取某些货物、工程和服务,包括紧急事件(紧急控制和/或紧急反应)、意外事故、紧急医疗干预需求和不适宜更耗时采购类型的其他情况。

8. 从刑事执法系统的机构与企业、医疗与行业(劳工)医务室和医疗与行业(劳动)场所,以及从职员名册中不低于50%残疾人的残疾人公共社团,获得货物、工程和服务。

9. 处罚执行机构基于与法人所定协议,对为了违反雇用的目的的生产货物、工程和服务而获得原料、供应品和组件,但是上述机构应当以这些协议规定的资金支出获得此等原料、供应品和组件。

10. 基于无效采购程序结果的采购(在本成员国采购法规定的情况下)。

11. 为了国防、国家安全和法律执行目的的通讯服务。

12. 确定一成员国法律可以规定并允许从单独渠道或单独供应商(执行人、承包商)采购的交易最大量;在此情况下,上述数额不应当各自确定(诸成员国应当寻求使此门槛最低化,以使获得潜在供应商的采购最大化)。

13. 根据成员国法律,向单独供应商下武器与军事设备供应订单,以及获得武器、军事和特定设备之修理(现代化)的工程与服务。

14. 从本成员国首脑法令或安排、本成员国最高执行当局安排或本成员国首脑决定或指示中规定的潜在供应处的特定采购。与采取此等行为有关的决定和行动应当按《采

购规制程序的议定书》(《欧亚经济联盟条约》附件 25)第 32 和 33 款执行。

15. 获得某些作者的艺术与文字作品(获得电影分销项目除外)、特定表演者的表演、特定生产者的唱片,若一单独人员对上述作品、表演或唱片拥有专属权利。

16. 订阅某些时期印刷和电子出版物,采购某些作者印刷与电子出版物,为国家和自治市教育机构、国家和自治市图书馆、公共研究组织、特定出版商拥有使用出版物专属权的印刷与电子出版物出版商的活动提供获取电子出版物的服务。

17. 为参观动物园、戏院、影院、歌剧院、马戏团、博物馆、展览馆和体育赛事下订单,以及为销售参观歌剧、教育、娱乐活动门票与季节门票、短途旅行票和观光旅游提供服务签订采购协议(合同)。

18. 获得展览会、研讨会、大会、会议、论坛、讲习班、培训的资料和支付参与这些活动的费用,以及与客户选择的是项目组织者的供应商(执行人、承包商)按本成员国法律确定的程序缔结参与多种客户要求举办项目的服务采购协议(合同)。

19. 采购教育服务和来自自然人的指导服务。

20. 歌剧或娱乐组织、博物馆、俱乐部、电影组织或其他任何文化组织在文化领域下订单,或有一个或多个特定自然人(诸如影视编剧、演员、表演人、电视或广播节目嘉宾、舞蹈编剧、设计、指挥、剧本编剧、动物训练师、作曲人、伴奏、作词人、摄影、影音操作、作者、诗作者、导演、指导、雕刻、舞蹈指导、合唱指挥、绘画和创作或实施文学或艺术作品的其他艺术家)的广播组织和来自自然人的下定单,包括制造和提供布景、舞台家具、舞台服装(含鞋帽)、为创设布景与服装所要求的材料和为本款所述组织创作和/实施作品所要求的道具、化装、假发与木偶的个体经营者或法人。

21. 设计人控制制定资本结构设计说明、设计人监督各设计人资本结构的构建、重组和检查的服务采购。

22. 对保护诸成员国人类文化遗址(历史与文化纪念碑)实施技术与建筑监管下定单。

23. 与参与创造性赛事(赛事、竞争、庆典、比赛)、展览会、研讨会、大会、论坛、讲习班、实习、教育实践场所的雇员商务旅行、学生和研究生旅行有关的服务采购,包括往返这些事项聚集点、租住住宿、交通服务、膳食和与招待支出有关的商品、工程与服务。

24. 对与支持访问外国首脑、外国政府首脑、国际组织、议会代表、政府代表和外国代表有关的服务提供(宾馆服务、交通、计算机设备维护、伙食)下订单。

25. 获取为确保成员国首脑和其他受保护人员安全、安保所要求的货物、工程与服务和意图使受保护人员停留的物品(家用服务、宾馆服务、交通、计算机设备维护、卫生与流行病安全、安全伙食),以及为成员国首脑活动创建视频档案和信息支持的服务。

26. 从出售国家或动员物资储备中采购有形资产。

27. 当客户从一特定供应商已采购货物后要求追加各自货物数量时货物追加采购量不超过采购协议(合同)下采购货物数量的 10%(应当由该合同规定的此货物数量除以该合同原始价格,确定供应追加货物的单价)。

28. 若套房建筑物中的房屋被私人所有或表示为国家、自治市财产,根据管理组织的住房法律,按套房建筑物中房屋所有人或地方当局的选择,采购套房建筑物管理服务。

29. 根据成员国法律,缔结获取法令中规定的非住宅建筑物、构造物或房屋采购协议

(合同),以及租用非住宅建筑物、构造物或房屋,采购租用房屋技术维护、安保和管理服务,采购交由国家或自治市客户免费使用的一处或多处非住宅房屋技术维护、安保和管理服务,若向使用位于一建筑物内(含交由免费使用和/或营运管理的房屋)非住宅房屋的其他人提供这些服务。

30. 所要求的采购涵盖采购结果前和采购协议(合同)生效前时期的每日和/或每周要求,若按本成员国法律确定的每项清单在该年第 1 个月内进行上述采购。在此情下,采购量不得超过满足采购期间客户需求的货物数量、工程量和服务量,但不超过 2 个月。

31. 根据本成员国法律,获得正式授权机构执行操作性调查活动、调查行动的货物、工程和服务,以确保受国家保护的安全,以及获得具有所要求的科学、技术或其他具有专业知识的官员、专家的服务。

32. 获取自然资源管理权利。

33. 获取在国外的雇员的培训、再培训和高级培训服务。

34. 获取评级机构服务和金融服务。

35. 为盲人和视力受害个体获取专业图书馆服务。

36. 获取法人授权资本(授权资金)中的证券和股份。

37. 根据本成员国法律规定的清单,获取在本成员国举行选举或公民投票所要求的货物、工程和服务。

38. 根据本成员国最高执行当局批准的清单和在执行本成员国同意的国际组织资助投资项目内,获取本成员国国际条约下的货物、工程和服务。

39. 缔结为界定、划定、检测国家边境和海洋界定的大地测量、制图、地形和水文支持的采购协议(合同),以履行本国国际义务。

40. 获取与使用诸国家、政府、国际和国内组织、以慈善和国际基准营运的外国非政府组织和基金会免费提供给本成员国最高执行当局的货币资助有关的货物、工程和服务,以及在各自协议对获取货物、工程和服务规定了其他程序时获得分配给共同筹资的这些货币资金。

41. 获得自然人国家教育令下的服务(若该自然人已经独立选择教育组织)。

42. 获取诸成员国海外国民医疗待遇服务,及其交通与支持服务。

43. 获取是来自拥有采购货物、工程和服务专属权利的人员的知识产权之客体的货物、工程和服务。

44. 诸成员国海外机构和代表客户的客户单独海外分支机构为了其在外国领土内活动和维和行动的目的获取货物、工程和服务。

45. 获得国际新闻组织提供信息的服务。

46. 获取为执行货币活动和管理本成员国国家资金、养老金资产的活动所要求的货物、工程和服务。

47. 获得咨询与法律服务,以保护和代表国际仲裁、国际商事仲裁和国际法院中的本国或客户利益。

48. 从按本成员国法律确定的人员处获得财产信托管理服务。

49. 获得统计数据处理服务。

50. 获得法院执行官根据本成员国破产、土地和国家财产私有化法律从事执行程序、按本国法律拍卖出售的财产(资产)。

51. 获得律师向有权根据本成员国法律接受免费服务的人员提供的服务。

52. 获得进入国家物资储备的货物,目的是在本成员国法律确定的事件中对市场施加规制性影响。

53. 获取国家物资储备重要价值保存服务。

54. 获得本成员国法律确定情况下的宇航员准备和宇航员太空任务组织服务,以及宇宙飞船设计、安装和检测服务。

55. 获得专业维护企业的航空设备修理服务。

56. 根据本成员国最高执行当局批准的清单,获取制造国家和部门奖章及其部门支持文件、国家认证标识、护照(包括公务和外交护照)、本成员国国民身份卡、外国人在本成员国的居住准许证、无国籍人身份卡、民事地位注册证书的服务,以及从本成员国最高执行当局遴选的供应商采购要求特定保护水平的印刷品。

57. 采购珍贵金属和珍贵矿石,以补充国家珍贵金属矿石基金。

58. 获取从事繁重工作或有害(特别是有害)和/或危险环境条件下的工作和关联增加风险和使用机器与设施的工作的雇员强制健康检查服务。

59. 以统辖本领域的国家行政当局批准的日历年计划为基准,获得参与和/或准备本成员国国家运动队所要求的和本成员国国家运动队出席奥林匹克运动会、残奥会和其他国际赛事所要求的体育用具与设备、体育全套服装。

60. 使用从本成员国首脑或本成员国政府首脑储备金中分配的在威胁本成员国或其行政区实体之政治、经济和社会稳定形势下立即花费的资金,获得货物、工程和服务。

61. 获取为法律执行和国家特别当局与侦查、压制爆炸物与爆炸装置、恐怖主义操作行为和释放人质、扣押与压制武装罪犯、极端恐怖主义者、有组织犯罪集团成员、严重和特别严重刑事犯罪者有关的特别力量运行所要求的货物、工程和服务。

62. 获得社会服务保障范围规定的提供给身体和/或精神障碍引起永久残废的人员(由这些人员构成的家庭)和/或无固定住所人员、因年老而不能自理人员(由这些人员构成的家庭)的特殊社会服务,以及评估和确定上述特殊社会服务之条件的服务。

63. 在本成员国法律规定情形下,获得民间手工艺产品。

《采购规制程序的议定书》附4

使用拍卖程序采购货物、工程或服务的清单

1. 农产品、狩猎产品、农业与狩猎服务,但与狩猎、渔业和竞技繁殖有关的活动物、产品和服务除外。*

---

* 儿童教育组织、健康保健组织、社会服务机构、儿童娱乐组织的采购和为这些机构、组织提供服务的采购除外。

2. 林业与伐木产品、林业与伐木服务。

3. 渔业产品、鱼类孵化场与养鱼场的产品、与渔业有关的服务。*

4. 煤、褐煤和泥煤。

5. 原油与天然气，它们的采掘服务。

6. 金属矿石。

7. 石头、黏土、沙和其他类型矿物原料。

8. 食品和饮料。*

9. 纺织物和纺织品。

10. 服装、皮草与皮草制品，但儿童服装除外。

11. 皮革与皮革货物、鞍与鞋类。

12. 木材、木制品、软木、草编制品，但家具除外。

13. 纸浆、纸、纸板及其制成品。

14. 印刷与出版品，但是宣传资料、图纸、草稿、打印相片、纪念品和礼品系列（垫子和笔记本）、选举和公民投票权的选票除外。

15. 焦炉产品。

16. 有机和无机合成品。

17. 橡胶与塑料制品。

18. 其他非金属矿产品，但是家用玻璃、内饰产品、非建筑非防火陶瓷产品除外。

19. 冶金业产品。

20. 金属产品，但机械、设备、核反应堆和核反应堆部件、电粒子加速器除外。

21. 不包括在其他类别中的机械与设备，但是武器、弹药及其部件、用于国家经济目的的炸药除外。

22. 办公器具和计算机设备。

23. 不包含在其他任何类别中的电机和电子设备（含电子装置）。

24. 无线电广播、电视和通讯的设备与仪器。

25. 医疗设备与仪器、衡量仪器、摄影与录像设备（但本成员国采购法中规定的医疗设备和医疗装置除外）。

26. 机动车辆、拖车和半拖车、车身、机动车辆零部件、车库设备。

27. 商务和旅客船舶以外的运载工具、战舰、航空器和航天器、航空设备与部件。

28. 制成品，但是首饰和相关商品、乐器、游戏与玩具、劳动过程中的培训设备、教具与学校设备、工艺品、艺术作品与收集品、裸片、人类毛发、动物毛发、人造毛发及其物品除外。

29. 可适合用作新原材料形式的废金属。

30. 机动车辆的交易、维护与修理，和摩托车服务。

31. 批发与佣金交易服务，但机动车辆和摩托车服务除外。

32. 陆路运输服务，但是列车运输、地铁运输和管道运输服务除外。

33. 水路运输服务。

34. 辅助性和补充性运输服务、旅游与观光领域的服务，但是旅行社和协助旅游者的其他服务除外。

35. 通讯服务,但是快递服务、国家邮政与通讯服务除外。

36. 金融中介服务,但是保险与退休金服务、债券安排服务除外。

37. 金融中介的辅助性服务,但是估价服务除外。

38. 办公设备、计算机和相关周边装置的维护与修理服务。

39. 建筑物的清洁服务。

40. 包装服务。

41. 废品处理服务、卫生处理和类似服务。

附件 26

保护和执行知识产权的议定书

Ⅰ . 总则

1. 本议定书根据《欧亚经济联盟条约》第 XXIII 节制定,并统辖知识产权保护与执行领域的关系。

2. 为了本议定书的目的,知识财产应当指根据国际条约、构成本联盟法律的国际条约与法令和诸成员国法律有权享受法律保护的科学、文学和艺术作品、电子计算机程序(计算机程序)、唱片、表演、商标与服务标识、地理标志、货物原产地名称、发明、实用新型、工业设计、育种成果、集成电路拓扑、生产秘密(专有技术)以及其他知识财产。

Ⅱ . 版权与相关权利

3. 版权应当适用于科学、文学和艺术作品。作品的作者应当特别拥有以下权利:

(1) 对作品的专属权利;

(2) 作者身份的权利;

(3) 署名的权利;

(4) 作品不可侵犯的权利;

(5) 公开作品的权利;

(6) 诸成员国法律确定的其他权利。

4. 诸成员国应当确保遵守作者作品专属权、共同作者作品专属权和作者死后发表著作专属权的保护期,其不应低于 1886 年 9 月 9 日《保护文学艺术作品伯尔尼公约》(截至 1971 年修正)和 1994 年 4 月 15 日世界贸易组织《与贸易有关的知识产权协定》规定的截止期限。

电子计算机程序(计算机程序),包括源代码和目标代码,应当按类似于 1886 年 9 月 9 日《保护文学艺术作品伯尔尼公约》(截至 1971 年修正)下的作品,受到保护。

以内容选择或安排方式表示创造性产品的组合作品(大百科全书、汇编和其他作品)应当受到保护,但不损害组合作品各构成部分作者的权利。组合作品的作者应当对作品编辑(材料的选择与安排)拥有版权。组合作品应当受版权保护,不考虑其所基于或构成的项目是否受版权保护。

衍生作品(文学或艺术作品的翻译、改编、音乐的安排和文学艺术作品的其他改变)应当类似于原著受到保护,但不得损害原著作者的权利。衍生作品作者应当对其他(原始)作品的有效翻译和其他改编拥有版权。

5. 诸成员国应当就电影作品赋予权利持有人准许或禁止在其他成员国领土内向公众商业出租原作品或其版权作品副本。

6. 对表演活动(表演)结果、唱片的财产权利、个人非财产权利和诸成员国法律确定的其他权利应当与版权有关(相关权利)。

表演者应当指作为创造性作品结果已创造出了表演的自然人,包括艺术表演者(表演角色、朗读、唱歌、弹奏乐器或其他情况下涉及执行文学艺术作品或民间艺术作品的演员、歌唱家、音乐家、舞蹈家或其他人,包括各类马戏或木偶演出),以及戏剧导演(已经领导歌剧表演、马戏演出、木偶演出、戏剧或娱乐表演的综艺演出或其他种类演出的人员)和指挥。

诸成员国应当以互惠为基准,赋予诸成员国表演者以下权利:

对表演的专属权利;

名称权,意指在唱片复本上和在运用表演的其他情形下标出自己名称的权利、列出表演者团队名称的权利,但是使用表演阻止列出表演者或表演者团队名称的情形除外。

诸成员国法律确定的其他权利。

7. 表演者行使其权利应当尊重每项表演部分的作者的权利。表演者的权利应当在表演部分的版权出现并在生效时予以认可且应当独立有效。

8. 唱片制作人(制造人)应当是已采取倡议且负责首次记录表演声音、其他声音或声音表达的人员。若无相反证据,唱片制作人(制造人)应当是以通常方式在唱片复本和/或其包装上标明名称或称号的人。

诸成员国应当赋予各成员国唱片制作人(制造人)以下权利:

对唱片的专属权利;

诸成员国法律确定的其他权利。

9. 诸成员国应当确保遵守表演和唱片专属权保护期限,其不应当低于 1994 年 4 月 15 日世界贸易组织《与贸易有关的知识产权协定》和 1961 年 10 月 26 日《保护表演者、唱片制作人和广播组织的国际公约》所列的截止期限。诸成员国法律可以规定保护这些权利的更长期限。

10. 除非诸成员国法律另有规定,权利集体管理组织应当是基于从版权和相关权利的作者、表演者、唱片制作人(制造人)和其他持有人处获得的权力,以及在以集体为基准管理相关权利中从权利集体管理其他组织处获得的权力行事以确保作者和其他权利持有人对使用版权或相关权利客体获得报酬的组织。

本联盟内的一国际条约应当统辖产生于与权利集体管理组织活动有关的目的是能公平使用版权和相关权利的一切关系。

Ⅲ. 商标与服务标识

11. 商标与服务标识(以下简称"商标")应当指诸成员国准许并保留货物和/或服务民事流通领域参与者货物和/或服务不同于民商事中其他参与者货物和/或服务的个性化、根据诸成员国法律和国际条约受到保护的称号。

根据诸成员国法律,商标可以注册为语言、可视、三维和其他称号或其组合。可以用任何色彩或色彩组合注册一项商标。

12. 商标权利持有人根据本成员国法律应当对使用商标具有专属权利,应当有权处

置此项专属权利,并应当有权阻止其他人使用有关同类货物和/或服务的与混同点类似的商标或称号。

13. 商标最初注册的有效期应当是 10 年。经权利持有人请求,可以无限次延长此期限,每次期限至少 10 年。

可以在一成员国领土内就全部或部分货物和/或服务,对在该成员国领土内商标注册的个性化,因按该成员国法律规定方式注册后持续任何 3 年期未使用该商标而提前终止法律保护,但是超出权利持有人控制的原因不使用商标的情况除外。

可以按商标注册地成员国法律规定的程序和理由,质疑和宣告商标法律保护无效。

Ⅳ. 欧亚经济联盟商标和欧亚经济联盟服务标识

14. 诸成员国应当注册欧亚经济联盟商标和欧亚经济联盟服务标识(以下简称"本联盟商标")。本联盟商标应当在诸成员国领土内同时享受法律保护。

只有以图形形式表示的称号才可以注册为本联盟商标。

本联盟商标持有人根据诸成员国法律应当具有使用本联盟商标的专属权利,并应当有权处置此专属权利,还应当有权阻止他人使用有关同类货物和/或服务的与其混同点类似的本联盟商标或某一称号。

15. 应当由本联盟内一项国际条约统辖在诸成员国领土内产生的涉及本联盟商标之注册、法律保护和使用的关系。

Ⅴ. 商标和本联盟商标专属权用尽的原则

16. 商标和本联盟商标专属权利用尽的原则应当适用于诸成员国领土,根据此原则,商标和/或本联盟商标持有人或经其同意的其他人合法直接进入任何成员国领土民事流通的与货物有关的商标或本联盟商标之使用,不应当视为违反商标或本联盟商标的专属权利。

Ⅵ. 地理标志

17. 地理标志应当指识别货物源自一成员国领土或该领土内一区域或地点,若货物的质量、声誉或其他特征很大程度上归因于其地理原产地。

18. 若一成员国法律或一成员国是缔约国的国际条约规定了法律保护,可以在该成员国领土内给予地理标志法律保护。

Ⅶ. 货物原产地名称

19. 受法律保护的货物原产地名称应当指,代表或包含一国家、城乡居民点、地点或其他地理对象当代或历史、正式或非正式、全称或缩写的名称,以及代表其一衍生的名称,此名称因其在与相关货物的使用而著名,该货物的特殊性质专门或主要由该地理区域特有的任何自然条件和/或人文因素确定。

这些规定应当适用于允许将货物认定为源自某一特殊地理客体的称号,该称号不包含此客体名称但因在与特殊性质符合本款第一项规定要求的货物有关时使用此称号而著名。

20. 代表或包含特殊地理客体名称但已变成作为某种货物称号而普遍使用、与其生产地点无关的称号,不应当视为货物原产地名称。

可以按诸成员国法律规定的程序和理由,质疑和宣告货物原产地名称法律保护无效。

21. 关于货物原产地名称,诸成员国应当规定允许利害关系人阻止以下的法律救济措施:

(1) 在货物称号或外观上使用任何手段,指明或表明本货物源自原产地真实地点以外的一地理区域,在此程度上误导消费者认为是货物原产地点和特殊性质。

(2) 其任何使用,其构成 1883 年 3 月 20 日《保护工业产权巴黎公约》第 10-bis 条含义内的不公平竞争行为。

VIII. 欧亚经济联盟货物原产地名称

22. 诸成员国应当注册欧亚经济联盟货物原产地名称(以下简称"本联盟货物原产地名称")。本联盟货物原产地名称应当在全体成员国领土内同时享受法律保护。

23. 应当由本联盟内一国际条约统辖在诸成员领土内产生的与本联盟货物原产地名称之注册、法律保护和使用有关的一切关系。

IX. 专利权

24. 发明、实用新型或工业外观设计应当根据诸成员国法律予以保护,并由证明发明、实用新型和工业外观设计优先权、作者身份和专属权的专利予以确认。

25. 发明、实用新型或工业外观设计的作者应当有以下权利:

(1)对发明、实用新型、工业外观设计的专属权利;

(2)作者身份的权利。

26. 在诸成员国法律规定的情形下,发明、实用新型或工业外观设计的作者应当拥有此等其他权利,包括获得专利的权利,对使用职务的发明、实用新型或工业外观设计的报酬权。

27. 发明、实用新型、工业外观设计的有效期限应当是:

(1)发明,至少 20 年;

(2)实用新型,至少 5 年;

(3)工业外观设计,至少 5 年。

28. 发明、实用新型或工业外观设计的专利应当赋予专利持有人以不违反诸成员国法律的任何方式使用发明、实用新型或外观设计的专属权利,以及禁止其他任何人使用其的权利。

29. 诸成员国可以规定限制专利赋予的权利,但是此等例外不应当不合理损害发明、实用新型和工业外观设计的正式使用,不得不合理地损害专利持有人合法利益,并考虑第三人的合法利益。

X. 育种成果

30. 应当按诸成员国法律确定的情形和程序,保护植物品种与动物繁殖(育种成果)的权利。

31. 育种成果的作者应当有以下权利:

(1) 育种成果的专属权利;

(2) 作者身份的权利。

32. 若有诸成员国法律规定的情形,育种成果的作者应当享有其他权利,包括获得专利的权利、育种成果署名的权利、使用职务育种成果的报酬权。

33. 育种成果专属权利的有效期应当是,植物品种和动物繁殖至少25年。

XI. 集成电路拓扑

34. 集成电路拓扑应当指,记录在有形介质上的集成电路一组要素的空间几何排列和它们间的连接。

35. 应当根据诸成员国法律保护集成电路拓扑的知识产权。

36. 应当赋予集成电路拓扑作者以下权利:

(1) 对集成电路拓扑的专属权利;

(2) 作者身份的权利。

37. 在诸成员国法律规定的情形下,集成电路拓扑的作者应当享有其他权利,包括使用职务拓扑的报酬权。

38. 集成电路拓扑专属权利的有效期应当是10年。

XII. 生产秘密(专有技术)

39. 生产秘密(专有技术)应当指:任何种类(工业、技术、经济、组织性数据等)的信息,包括科学与技术领域智力活动结果的信息,和对不知悉的第三人和不能合法获得的第三人具有现实或潜在商业价值的从事职业活动方法的信息;关于此信息,信息持有人已经界定为商业秘密待遇。

40. 应当根据诸成员国法律行使生产秘密(专有技术)的法律保护。

XIII. 保护知识产权的执法措施

41. 应当按本联盟内一项国际条约协调本联盟内诸成员国保护知识产权的行动。

附件 27

工业合作议定书

1. 本议定书中所使用的术语应当具有以下含义:

"优先经济活动",指全体成员国确定为产业合作主要方向中执行优先的活动。

"工业合作",指诸成员国经济实体之间在工业领域的坚强和互利合作。

"本联盟内工业政策",指诸成员国在产业合作主要方向中独立地、会商和协调委员会后所从事的活动。

"工业",指根据国家经济活动分类,与采矿和制造业有关的一系列经济活动,但食品加工除外。应当由《欧亚经济联盟条约》相关节统辖其他产业种类。

"工业集群",指相互关联工业和相关组织的一集团,其互为补充并由此提高竞争优势。

"技术平台",指创新性基础设施客体,其基于全体利益关系人(商业、科学、国家和公共组织)参与,能使通讯高效并创造出高级商业技术、高科技、创新性和竞争性产品。

2. 委员会在本联盟内工业合作主要方向中提供磋商、协调诸成员国活动时,应当有以下权力:

(1)以下中的协助:

信息交换,举行磋商、对讨论与工业合作主要方向发展有关事项设立联合新平台,包括创新活动的承诺领域;

制定旨在深化诸成员国间执行本联盟内工业政策中合作的提案;

对有关执行工业改革与构性变化、鼓励创新与工业发展事项,交换经验;

制定和执行联合方案或项目;

为诸成员国工业园区制定交流方案;

参与诸成员国中小型企业的工业合作;

信息交换;

诸成员国制定和实施反全球工业经济危机的共同措施;

就建立欧亚技术平台,提出建议。

(2)以下的执行:

向各成员国递交关于进一步发展各参与者有兴趣的工业合作的建议;

监控和分析本联盟内工业合作主要方向的执行情况;

审查工业发展中的国际经验,以确定对各成员国有关的工业发展方法。

(3)以政府间理事会决定方式:

准备联合方案和项目的发展、融资和执行的条文草案;

辨别对发展本联盟内工业合作的行政和其他障碍,并制定后续消除这些障碍的议案;

起草建立产品共同制造合作生产链的提案;

监控本联盟内工业产品市场和第三国出口市场；

分析诸成员国工业发展；

与诸成员国合作制定其他(补充)文件,诸如本联盟内工业合作主要方向中工业政策的规则、命令和执行机制,以及合作的框架协定。

上述职能清单不是全面的,可以由政府间理事会决定予以扩展。

附件 **28**

给予工业补贴共同规则的议定书

I . 总则

1. 本议定书根据《欧亚经济联盟条约》(以下简称"本条约")第 93 条缔结,并应当确定管辖给予工业货物补贴的共同规则,包括提供或接受直接与工业货物制造、销售(含储存、从一成员国领土出口和运输)和/或消费有关的服务。

2. 本议定书国使用的术语应当具有以下含义:

"行政区实体",指俄罗斯联邦(含地方自治当局)、白俄罗斯共和国和哈萨克斯坦共和国(含明斯克市、阿什塔纳市和阿拉木图市)区域的组成实体。

"同类产品",指与一项特定补贴下在一成员国领土制造、从其领土出口和运输的货物完全相同的货物,或者无此等货物时,特征与一项特定补贴下在一成员国领土制造、从其领土出口和运输的货物类似的其他任何货物。

"补偿措施",指抵消补贴成员国一项特定补贴对申请采取的成员国一经济部门消极影响的一项措施。

"主管当局",指负责从事调查的一成员国国家政府当局。

"对国民经济部门实质损害",指经证据确认,因从已在工业产品制造、运输或储存中提供补贴的成员国领土进口此等产品而损害国民经济部门状况,并表现出一成员国领土内同类产品生产、销售量减少,降低了制造此产品的获利性,对此部门中的存货、就业、工资和投资水平产生消极影响。

"同类产品本国制造商",指从事调查的成员国境内同类产品的制造商。

"国民经济部门",指一成员国境内的全体制造商,或在该成员国境内同类产品制造总量中所占份额至少 25% 的制造商。

"补贴接受者",指是补贴受益人的工业产品制造商。

"补贴货物制造商",指已提供特定补贴的成员国的补贴产品制造商。

"工业货物",指在《欧亚经济联盟对外经济活动商品命名》中分类为 25 至 97 组的货物和鱼与鱼产品,但《欧亚经济联盟对外经济活动商品命名》下分类为第 2905 43 000 0 细目和 2905 44 子目、第 3301 目和 3501 至 3505 目、第 4101 至 4103 目和第 4301 目、第 5001 00 000 0 至 5003 00 000 0 细目、第 5101 至 5103 目、第 5201 00 至 5203 00 000 0 细目、第 5301 和 5302 目[第 2905 43 000 0 细目-甘露醇;第 2905 44 子目-山梨醇;第 3301 目-精油;第 3501 至 3505 目-白蛋白类物质、变性淀粉、胶;第 3809 10 子目-表面处理,第 3824 60 子目-山梨(糖)醇、其他产品,第 4101 至 4103 目-生皮;第 4301 目-未制成衣的皮草;第 5001 00 000 0 至 5003 00 000 0 细目-生丝和丝废料;第 5101 至 5103 目-毛与动物毛发;第 5201 00 子目至 5203 00 000 0 细目-原棉、废棉、拉绒棉纤维;第 5301 目-生亚

麻;第 5302 目-生大麻]除外。上述货物描述不是必然穷尽的。

委员会理事会应当对《欧亚经济联盟对外经济活动商品命名》编码清单作出任何变更。

"补贴货物",指在使用特定补贴的补贴成员国制造、运输、储存或出口的工业货物。

"补贴成员国",指其补贴当局提供补贴的成员国。

"补贴当局",指就提供补贴作出决定的成员国一个或多个国家当局或地方自治当局。

"补贴",指:

(a) 一成员国一补贴当局(或一成员国一授权机构)提供的财政资助,用于产生(确保)利益并通过以下予以实施:

直接划拨资金(例如以减值和其他贷款形式),获取法定资本中的股份或其增资,或划拨上述资金的义务(例如,贷款担保);

全部或部分放弃征收在其他情况下本应包含在该成员国税收中的付款(例如免税、债务减免)。在此情况下,免除出口工业货物在意图国内消费时对同类产品征收的关税和税费,或者以不超过实际计算额的额度对此等关税和税费的任何减少或退税,应当视为补贴;

提供货物或服务(但是旨在维护和发展共同基础设施的工业货物或服务除外);

购买工业货物。

(b) 减少从任何成员国领土进口工业货物或增加向任何成员国领土出口工业货物并产生优势的其他任何形式收入或价格支持。

"对国民经济部门实质性损害威胁",指经证据确认,对国民经济部门实质性损害的不可避免性。

"对国民经济部门损害",指对国民经济部门的实质性损害、对国民经济部门的实质性损害威胁,或在建立国民经济部门中的明显放缓。

Ⅱ. 特定补贴

3. 为了确定一项补贴对补贴当局运行领土内的工业企业、工业部门、工业企业集团或诸工业部门(以下简称"某些企业")是不是特定的,应当适用以下原则:

(1) 若补贴当局或规制补贴当局行使职能的法令仅限于某些企业获得一项补贴,且工业企业集团或工业部门群体不包括补贴成员国领土内全体工业企业或工业部门,此项补贴应当视为是特定的;

(2) 若补贴当局或规制补贴当局履行职能的法令建立了确定获得一项补贴及其额度的权利的客观标准或条件(标准是中立的,与其他企业比较,对某些企业不创设优势,在性质上是经济性的,且适用方法是平行的,例如依据雇员数量或企业规模),此补贴不应当视为是特定的,但是获得此项补贴的权利应当是自动的且严格遵守上述标准与条件;

(3) 若有理由相信,以适用本款第(1)和(2)分款中所列原则为基础的表面上是非特定的一项补贴事实上可能是特定的,可以考虑以下因素(需考虑补贴当局运行领土内经济活动多样化程度和此补贴的有效期):

有限数量的某些企业使用此补贴；

某些企业显著使用此补贴；

向一些企业提供不成比例的大量金额；

补贴当局在决定提供此补贴时所适用的离散化方法。

4. 其使用限于位于构成补贴当局运行领土一部分的指定地理区域内某些企业的补贴,应当视为是特定的。一成员国国家当局在其整个运行领土内采取或改变现行税率,不应当认为是一项特定补贴。

5. 属于本议定书第Ⅲ节规定范围的任何补贴,应当视为是特定的。

应当根据本节基于一项补贴的特异性证据,确定该项补贴的特定性质。

6. 成员国应当有权向委员会申请,以便同意其提供一项特定补贴。

诸成员国不应当对按委员会批准期限、条款和额度提供的补贴,适用补偿措施。诸成员国应当基于强制性基准,将规定提供本联盟内国际条约下确定期限内补贴的和本议定书第7款中规定的管制性法令,通知给委员会。

若一成员国有理由相信,另一成员国提供一项特定补贴可能损害国民经济部门,该成员国有权启动委员会的各自程序。

若程序结果确认存在损害该国民经济部门,委员会应当决定提供上述特定补贴的此成员国有义务消除导致该损害的条件,除非参与该程序的诸成员国在本联盟内国际条约下确定的和本议定书第7款规定的时限内另行达成协议。

委员会应当确定执行上述决定的合理时间。

若对其采取上述决定的一成员国未在确定的时限内执行委员会决定,其他诸成员国可以向本联盟法院提出申请。

本款规定的适用应当受本条约第105条第1款中规定的过渡条款的约束。

7. 诸成员国应当按本联盟内一项国际条约确定:

与委员会间特定补贴协议和委员会作出相关决定的程序;

委员会进行议程的程序(包括关于违反条件,提供和使用本议定书确定的特定补贴的程序);

委员会就特定补贴可准许性或不准许性作出决定的标准(包含考虑发展诸成员国制造商之间现存和新合作关系);

委员会要求关于已提供补贴的信息的程序和条款。

该国际条约生效日在本条约第105条第1款中规定。

8. 若一成员国确定了补贴接受者履行某些产品制造中某些技术操作以便获得一特定补贴的要求,其他成员国中的另一成员国的制造商执行上述操作,应当视为根据最高理事会确定的程序适当执行了上述要求。

Ⅲ. 禁止性补贴

9. 应当禁止以下种类的补贴:

(1) 一项出口补贴,即一项可能补贴,作为其提供的几个条件的单独条件或之一,具有从提供此补贴的成员国领土出口至另一成员国领土的结果;

（2）一项替代性补贴，即一项可能补贴，作为其提供的几个条件的单独条件或之一，具有使用源自提供此项补贴的成员国领土的工业货物；

（3）一项补贴被认为是具有一项活动的可能，特别是，若存在此事实证据，即在法律上不约束自补贴成员国领土工业产品出口之结果或源产此成员国领土工业货物之使用的此项补贴提供了事实上关联实际或预期出口（出口）或出口收入或关联源产补贴成员国领土工业产品的使用要求。

向经济实体提供的执行出口的一项补贴这一单纯事实，不得用作其认为是一项出口补贴的根据。

10. 若一成员国提供特定补贴导致损害另一成员国国民经济一部门，应当禁止此补贴。

必须根据本议定书第 V 部分证明对国民经济部门的任何损害。

11. 诸成员国不应当保持或采取基于被要求遵守以获得特定补贴并遵守以下条件之一的补贴成员国管制性法令或法令所适用的措施：

（1）应规定以下要求：

经济实体采购或使用源自采取该措施的成员国领土或源自补贴当局规定任何本地资源的工业货物（不考虑是否规定了特定货物及其本地制造量或价值量，或制造量或价值量的比例）；

以与一经济实体出口且源自采取该措施的成员国的工业货物之数量或价值有关的数额，限制该经济实体采购或使用从任何成员国领土进口的工业货物。

（2）应限制以下者：

经济实体从任何成员国领土进口用于本地制造或与此制造有关的工业货物（包括取决于源自采取该措施的成员国领土并由另一成员国经济实体进口的货物的数量或价值）；

采取限制任何经济实体获得应得任何成员国货币收益额的方式，限制经济实体从任何成员国进口用于本地制造的或与此制造有关的工业货物；

经济实体向任何成员国领土出口工业货物，或经济实体在任何成员国领土销售工业货物（取决于该经济实体货物的规格或数量或价值，或其本地制造数量、价值的比例）。

12. 若提供特定补贴导致严重损害任何成员国利益，应当禁止此等补贴。当另一成员国提供的特定补贴导致以下者，应当发生了严重损害一成员国利益：

（1）替代来自补贴成员国市场的同类产品，或限制增长源自任何成员国领土进口至补贴成员国市场的同类产品；

（2）替代来自第三国市场的源自任何成员国领土的同类产品，或者限制增长向第三国进口该同类产品；

（3）基于任一成员国相同市场，与源自另一成员国的同类产品价格比较，从使用特定补贴的补贴成员国领土制造、运输或出口之工业货物的显著抑价；或在相同市场显著管制价格增长、价格降低或丧失销售。

13. 应当根据本节确定和根据本议定书第 V 节证明本议定书第 12 款中所述的利益严重损害。

14. 在诸成员国领土内不应当提供或保持本议定书第 11 节规定的措施以及禁止性

补贴,包括以下者(在此情况下,货物出口应当指从补贴成员国领土向另一成员国领土的货物出口):

(1) 免除出口商向本成员国强制出售部分外汇收入的项目,或允许使用通过汇率差异对出口商产生利益的本国货币部分贬值的多重汇率。

(2) 与适用于国内市场运输的相比较,成员国根据多个优惠条款对出口发货采取或实施内部运输与运价表。

(3) 与适用于国内市场销售的同类产品制造相比较,按多个优惠条款提供用于出口产品制造的货物和服务。

(4) 全部或部分免除、延缓或减少经济实体已缴或应缴的税款或任何其他费用且具有出口效果的可能性,或者使用源自提供这些利益的成员国领土的货物。在此情况下,若对税款未缴付征收了受缴付约束的罚款,缓缴不应当代表禁止性补贴。按零税率征收出口货物增值税,不应当表明是一项禁止性补贴。

(5) 具有出口效果的特定减免可能性,和与国内市场销售的同类产品比较,将货物税基减少至更大范围。

(6) 与适用于计算用于制造国内市场销售之同类产品的货物和服务税基的免除、减少、缓缴或特定减免相比较,将适用于计算用于制造出口产品之货物和服务税基的税收免除、减少、缓缴或特定减免降低至更大范围。

(7) 与用于制造国内消费之同类产品的相同原材料和其他材料相比较,以更低税率征收用于制造出口产品的原材料和其他材料的关税,或者与用于制造国内市场销售之同类产品的相同原材料和其他材料相比较,将对用于制造出口产品的原材料和其他材料的关税退税降低至更大范围。

(8) 若制成品中国内原材料和其他材料的成分是强制性的(不考虑是否规定了特定货物、其数量或价值或其在本地制造中的数量或价值比例),减免或退还对用于产品制造中的进口原材料和其他材料已征收的进口税。

(9) 对出口货物价值增长或货币风险的出口信用担保、保险项目、保险或担保项目下的包含长期营运成本和损失,不收取足额保费。

(10) 以低于出口信用接受人本应实际支付市场条件下使用可比较信用(服从信用的相同期限、货币等)的比率给予这些出口信用,或偿还出口商或金融机构发生与信用有关的全部或部分成本。遵从《经济合作与发展组织官方支持出口信用的安排》利率条款的出口信用做法,不应当认为是禁止性补贴。

(11) 降低出售给企业的电力或能源价格,但是此等补贴应当具有出口效果或使用国内产品而非进口产品的可能性。

15. 委员会按本议定书指导,不应当批准任何禁止性补贴为可准许补贴。

本款的适用应当受本条约第105条第1款中规定的过渡条款约束。

16. 若一成员国有理由相信,另一成员国补贴当局提供了禁止性补贴和/或采取了根据本议定书要求获得特定补贴的措施,前者成员国应当有权向该另一成员国申请,请求进行取消禁止性补贴或措施的磋商。

17. 若自收到正式外交渠道的本议定书第16款规定的磋商照会之日起2个月内,诸

成员国未达成协议,应当根据本条约第93条解决现存分歧。

若基于争端解决结果,决定诸成员国之一提供了本议定书第9和12款中规定的禁止性补贴和/或适用了本议定书第11款所述的措施,该成员国应当立即取消上述禁止性补贴或措施,不考虑上述禁止性补贴或措施是否导致损害了其他成员国国民经济,并应当根据本议定书第89至94款采取与此等禁止性补贴有关的补偿措施。

18. 补贴当局在规定的过渡期内,应当有权依据本议定书附件通过适用措施提供补贴。

IV. 可准许补贴

19. 根据本议定书不禁止的和不表现为特定补贴的补贴,应当确认为可准许的补贴。提供此等补贴不得扭曲诸成员国间的相互贸易。

诸成员国可以无限提供上述补贴,本议定书关于反补贴和应对措施或禁止提供补贴的条款对上述补贴不应当适用。

20. 诸成员国应当有权不经委员会同意而提供本节规定的补贴。

本节规定的适用应当受本条约第105条第1款中规定的过渡条款约束。

21. 本议定书第VII节中规定的系本议定书第II节下特定的但诸成员国承认是不扭曲相互贸易的补贴,不应当给予采取本议定书第VIII节下补偿措施的理由。

V. 调查程序

22. 旨在分析一成员国领土内提供的补贴与本议定书规定的相符性、确定因从已提供补贴的成员国领土进口补贴货物存在损害国民经济部门或替代补贴成员国市场同类产品的调查,在该成员国领土内已注册同类产品国内制造商提出书面申请后,应当由主管当局实施,或主管当局根据自身动议实施(以下简称"申请")。

23. 应当由同类产品国内制造商或此等制造商社团(包括构成国民经济某部门的诸制造商)和上述人员按代表人注册的成员国法律正式授权的代表提出申请(以下简称"申请人")。

24. 申请应当载明:

(1) 申请人信息;

(2) 货物的描述(指明原产地国和《欧亚经济联盟对外经济活动商品命名》编码);

(3) 特定补贴存在、性质和内容的信息;

(4) 补贴产品制造商的信息;

(5) 同类产品国内制造商的信息;

(6) 递交申请日之前3年,补贴货物进口至向其主管当局提出申请的成员国领土数量的变化信息;

(7) 自向其主管当局提出申请的其他诸成员国领土出口同类产品的变化信息;

(8) 补贴产品进口或替代补贴成员国市场同类产品导致损害国民经济部门的证据,此证据应当以描述国民经济部门经济状况的客观因素为基础,并可以用数量术语表示(包括该货物的制造量、销售量、在本成员的市场份额、生产成本、价格、生产能力利用率数

据、生产力、利润边际、制造与销售的获利性、在本国民经济部门的投资水平);

(9) 申请日前3年,同类产品(用数量和价值表示)进口至本联盟关税区的数量变化信息;

(10) 申请日前3年,自本联盟关税区出口同类产品的数量变化信息;

(11) 分析可能影响审议期间国民经济部门的其他因素。

25. 为了可比性目的,应当在申请中用委员会确定的为维护对外贸易统计的货币单位具体描述成本指数。

26. 申请连同其非机密版本(若申请载有机密信息)应当提交主管当局并由该主管当局在收到日登记。

27. 可以基于以下理由,拒绝申请:

申请不符合本议定书第23款中确定的要求;

未表达本议定书第24款中规定的信息;

申请人递交不准确信息。

不得以其他任何理由拒绝申请。

28. 主管当局在作出启动调查决定前,应当将收到申请的书面通知发送提供审议下特定补贴的成员国授权当局。

29. 主管当局为了决定启动调查,应当自申请登记日起30个日历日内,根据本议定书第24款,审查申请中载明的证据和信息的充分性和可靠性。若主管当局要求申请人补充任何信息,此期限可以延长,但必须不超过自申请登记日起40个日历日。

30. 申请人可以在启动调查之前或在其进行期间撤销申请。

若申请人在启动调查前撤回申请,此申请应当视为未提交。

若在调查期间撤回申请,应当根据主管当局决定终止或继续调查。

31. 主管当局在受理审议的申请后、在启动调查决定之前,应当向已提供补贴的成员国授权当局提议举行磋商,以弄清提供此项特定补贴的可利用性、数额、使用和后果,以达成一项相互可接受的解决办法。可以在调查过程中举行此等磋商。

32. 举行上述磋商不应当排除主管当局决定启动调查和依据调查结果准备关于在另一成员国领土内提供的特定补贴符合本议定书规定和/或因从提供特定补贴的成员国进口补贴产品造成了损害国民经济部门的报告,和向提供特定补贴领土成员国发送适用补偿措施的通知。

33. 主管当局应当在本议定书第29款中所述期限届满前,决定启动或拒绝调查。

主管当局作出拒绝开展调查后,应当自决定日起10个日历日内将拒绝开展调查的理由书面通知申请人。

主管当局决定启动调查后,应当自决定日起5个工作日内,将此决定书面通知已提供补贴的成员国授权当局和其已知的其他利害关系人,应当发布启动调查公告。启动调查公告发布日应当视为调查启动日。

34. 若主管当局有违反本议定书的和/或存在因补贴货物进口至本成员国领土损害国民经济部门的或补贴产品替代已提供特定补贴的成员国或其他任何成员国市场同类产品的证据,主管当局可以决定启动调查(包括根据其自身动议)。

若无充分证据,不得启动任何调查。

35. 主管当局决定启动调查后,应当向其所知的同类产品全体国内制造商和被调查补贴产品的制造商发出要求其为了调查目的予以回答的问题清单。

调查清单应当在其直接发送给同类产品国内制造商的或补贴产品制造商的代表之日或自邮件方式派发日起 7 个日历日内,视为收到。

向其发送问题清单的同类产品国内制造商和被调查补贴产品的制造商,应当自其收到上述清单日起 30 个日历日内,向主管当局递交其回答。经同类产品国内制造商和被调查补贴产品制造商书面提出合理执行请求,主管当局可以延长此期限,但不超过 10 个日历日。

36. 主管当局为了查证调查期间提交的信息或获得与调查有关的任何补充信息,可以在已提供补贴的成员国领土内开展调查,但需经被调查补贴产品各自制造商的同意,以及事先通知各自成员国政府代表且在其领土内开展调查的此成员国不反对。

主管当局为了查证调查期间提交的信息或获得与调查有关的任何补充信息,应当有权利派遣其代表至同类产品国内制造商地点,与利害关系人举行谈判和磋商,检查被调查补贴产品的样品,采取对调查所要求的不违反开展调查成员国法律的其他全部行动。

37. 主管当局在调查过程中可以向正在提供或已提供被调查补贴的成员国当局和其他利害关系人发送与进行调查有关的信息请求。

38. 利害关系人可以在不晚于调查通知中规定的日期,递交调查所要求的任何信息(含机密信息),指明其来源。主管当局应当有权利要求利害关系人提供补充信息。

39. 与调查有关的证据和信息应当用开展调查的成员国国家语言向主管当局递交,外文原件应当随附根据已确立程序正式认证的译本。

40. 主管当局在调查过程中根据本议定书考虑保护机密信息的需要后,应当经利害关系人书面请求,向其提供机会,以审查任何利害关系人书面递交的作为与调查有关的证据的信息。主管当局应当根据本议定书能使调查参与人审查与调查有关的和在调查过程中使用的其他全部信息,但是机密信息除外。

41. 海关程序和维持国家统计领域被授权的诸成员国国家政府(行政)当局、诸成员国其他国家政府(行政)当局和地区(地方)国家政府(行政)当局,应当协助调查,并在主管当局请求时提供开展调查所要求的全部信息(包括机密信息)。

42. 调查期间不应当超过自其启动日起 6 个月。

主管当局向其国家政府提交审议调查结果之日,应当视为调查完成。

43. 主管当局应当在调查后准备关于在另一成员国领土提供的补贴是否遵守本议定书规定的报告。

44. 若调查结果确认违反了本议定书和/或对国民经济部门产生了损害,已开展调查的主管当局的成员国应当向提供审议下特定补贴的领土成员国提交采取补偿措施的声明。

45. 在确定国民经济部门时,开展调查的主管当局的成员国可以视为具有两个或多个竞争市场的领土。若这些市场之一内的同类产品国内制造商在此一市场销售其制造的至少80%同类产品且位于开展调查的成员国领土其余部分的同类产品制造商在很大程度上不能满足此市场同类产品的需求,此一市场内同类产品的国内制造商可以视为国民经济的一单独部门。在此情况下,即使一国民经济部门的主要部分未遭受任何损害,也可以确定对该国民经济部门存在损害,前提是,补贴货物的销售集中在诸竞争市场之一,且补贴产品进口对上述诸市场之一内同类产品至少80%国内生产商造成了损害。

46. 应当基于补贴接受人产生的利益额确定特定补贴额。在计算利益额时,主管当局应当考虑以下者:

(1) 补贴当局对该组织的资本参与不应当视为提供一项特定补贴,若上述参与不得视为不遵守各自成员国领土内有效的共同投资实践(包括提供风险资本);

(2) 若借款组织向国家支付的金额与该组织本应支付其在各自成员国信用市场可以获得的可比较商业贷款的金额之间没有差额,主管当局提供的贷款不应当视为一项特定补贴。在其他情况下,上述两者金额之间的差额应当视为利益。

(3) 主管当局提供的贷款担保不应当视为提供一项特定补贴,若接受此担保的组织对主管当局担保的贷款所支付的金额与该组织对无国家担保的可比较商业贷款本应支付的金额之间没有差额。在其他情况下,上述两者金额之间的差额在调整此差额的费用后,应当视为利益。

(4) 补贴当局实施的任何货物供应、服务提供或购买服务不应当视为提供一项特定补贴,若上述货物或服务以低于适当报酬供应或不以多于适当报酬购买。应当根据各自成员国市场此等货物和服务买卖的市场通常条件(包括其价格、质量、可利用性、流动性、运输和货物买卖的其他条件)确定报酬的适当性。

47. 应当按进口至正在开展调查的主管当局的成员国领土的货物或在提供特定补贴的领土的成员国市场或另一成员国市场销售的货物的每单位(吨、立方米、件等)计算补贴额。

48. 在计算补贴额时,若通货膨胀率高至扭曲所获得的结果,应当考虑各自成员国的通货膨胀指数。

49. 应当根据为了支出目的已经提供特定补贴的成员国支出额,确定货物每单位补贴额。

50. 在计算上述货物每单位补贴额时,货物成本应当计算为补贴接受人在提供补贴前12个月内销售总价值,对此,所要求的数据是可利用的。

51. 在计算补贴时,应当从补贴总额中扣除获得补贴所产生的任何登记费用或其他费用额。

52. 若对生产、出口或运输的工业货物某一金额没有提供补贴,应当按补贴提供期间此货物制造、销售或出口量的金额除以补贴总额进行计算,并考虑(必要时)进口补贴货物占该货物制造、销售或出口总量的份额。

53. 若对固定资产开发或获取提供补贴,应当按在已提供此特定补贴的成员国给定经济部门中此等固定资产平均折旧期中分摊,计算该补贴额。货物每单位补贴额的计算还应当考虑调查涵盖期以前对购买固定资产提供的补贴,对此,折旧期未届满。

54. 在计算补贴额时,若补贴价值对同一货物在不时间或对不同目的是不同的,加权平均指标应当适用于以货物制造量、销售量和出口量为基础的补贴额。

55. 若以免税形式提供补贴,应当以计算适用免税的近12个月货物销售总额确定货物成本。

56. 应当汇总不同补贴当局在日历年期间执行或为了执行不同项目所提供的补贴。

57. 若就补贴货物,确认在补贴成员国市场或另一成员国市场的同类产品份额中已有负面变化,应当确定同类产品替代补贴成员国市场或另一成员国市场,或限制增长同类产品进口至补贴成员国领土或限制增长同类产品出口至另一成员国领土的事实。应当确定某一期间充分证明各自货物市场发展之证据趋势的此事实,此期间在正常条件不应当低于1年。

58. 补贴成员国市场或另一成员国市场同类产品份额的负面变化应当包括以下状况之一:

(1) 补贴货物市场份额的增长;

(2) 补贴货物市场份额在无特定补贴时本应减少的情形下仍然无变化;

(3) 补贴货物市场份额以其在无特定补贴时本应减少的更慢比例减少。

59. 应当采取比较相关市场补贴货物价格与在未使用补贴的任何成员国领土制造或运输至或出口至此成员国的货物价格的方法,确立抑价。应当按相同贸易水平在可比较时期作出上述比较。在比较中,应当考虑影响价格可比较性的全部因素。若不能实施上述比较,可以以平均出口价格为基础,确立抑价。

60. 若根据本条约第93条,两个成员国产生关于在一第三成员国市场存在本议定书第12、57至59、61和62款下严重损害利益的争端,该第三成员国应当按其处置权向争端成员国提供与争端主题和本第三成员国市场中源自争端成员国领土之货物的份额变化有关的全部统计信息,以及相关货物之价格的统计信息。在此情况下,该第三成员国有权不进行市场和价格的任何特别分析,且不提供认为是商业秘密或国家秘密的任何信息。

61. 不得基于相应期间存在的以下情况确立严重损害利益的事实:

(1) 存在禁止或限制从确定严重损害利益之事实的成员国领土出口货物,或存在禁止或限制从该成员国领土进口货物至另一成员国市场;

(2) 进口同类产品并实行贸易垄断或国家贸易这些产品的成员国授权当局采取决定,因非商业理由,将从确定严重损害利益之事实的成员国进口调整至从另一成员国进口;

(3) 对意图从确定严重损害利益之事实的成员国出口的货物的制造、质量、数量或价格产生严重负面影响的自然灾害、罢工、交通中断或其他不可抗力情形;

(4) 存在限制从确定严重损害利益之事实的成员国出口的协议;

(5) 自愿减少从确定严重损害利益之事实的成员国出口工业货物的可能性(包括该成员国经济实体已自主将这些同类出口调整至新市场的情形);

(6) 不遵守货物进口至其领土的成员国的标准和/或其他行政要求。

62. 若无本议定书第61款中所述的情形,应当依据向本联盟法院提交的或本联盟法院独立取得的信息确定存在严重损害利益。

63. 应当基于分析补贴产品进口量、此进口对开展调查的主管当局的成员国市场同类产品价格和同类产品国内制造商的影响,确定因进口补贴货物对国民经济部门的任何损害。

64. 主管当局在分析补贴货物进口量时,应当确定是否已存在补贴货物进口增长(用与开展调查的主管当局的成员国同类产品制造或消费有关的绝对值或相对值)。

65. 主管当局在分析补贴货物进口对开展调查的主管当局的成员国同类产品价格的影响时,应当确定以下:

(1) 补贴货物的价格是否低于该成员国市场同类产品的价格;

(2) 补贴货物的进口是否导致降低该成员国市场同类产品的价格;

(3) 补贴货物的进口是否阻碍该成员国市场同类产品价格的增长,其在无此进口时本应发生。

66. 补贴货物进口影响国民经济部门的分析应当显示出对与此国民经济部门状况有关的经济因素的评估,包括:

(1) 同类产品制造的以前或可能未来的减少,其占开展调查的主管当局的成员国市场的份额、利润、生产力、从所吸引的投资中的收入或生产力利用率;

(2) 影响开展调查的主管当局的成员国市场同类产品价格的因素;

(3) 对现金流、同类产品存货、就业、制造增长率和吸引投资的能力的以前或可能未来的消极影响。

67. 若可用数据允许基于诸如生产过程、同类产品制造商和利润之类的标准分配同类产品制造商,应当就开展调查的主管当局的成员国同类产品制造,评估补贴货物对国民经济部门的影响。若可用数据不允许识别同类产品制造商,应当就与同类产品比较的货物最狭窄群体或范围之制造商和对其可用的被要求信息,评估补贴货物对该国民经济部门的影响。

68. 应当基于对全部相关证据和按主管当局处置权的可用信息的分析,确定存在因补贴货物进口对国民经济部门的任何损害。主管当局应当特别分析同类产品进口供应至本联盟关税区和来自其他成员国供应的动态与影响。在分析补贴货物进口量和此进口对国民经济部门影响过程中确定的一个或数个因素,对确定因进口补贴货物对该国民经济部门的损害,均不应当是决定性的。除了补贴货物外,主管当局还应当分析同一期间造成损害国民经济部门的其他已知因素。主管当局不应当将上述损害视为因补贴货物进口对该国民经济部门的损害。

69. 主管当局在确定因补贴货物进口对国民经济部门造成实质性损害威胁时,应当考虑全部可用因素,包括以下:

(1) 一项或诸项补贴的性质和金额及其对贸易的可能影响;

(2) 补贴货物进口的增长率,其表示此等进口中进一步增长的真实机会;

(3) 补贴成员国补贴货物制造商是否有充分机会增加补贴货物进口,或者此机会中的增长是否明显不可避免;

(4) 补贴货物的价格水平,若此价格水平可能导致开展调查的主管当局的成员国市场同类产品价格降低或管制和导致补贴货物需求进一步增长;

(5) 制造商可利用的补贴货物存货。

70. 本议定书第 69 款中规定的一个或多个因素对确定补贴货物造成该国民经济部

门实质性损害威胁,均不应当是决定性的。

71. 若主管当局在基于分析本议定书第 69 款中所述因素的调查期间,确定在无补偿措施时补贴货物进口持续和此进口对国民经济部门造成实质性损害具有不可避免性,应当作出存在对国民经济部门实质性损威胁的决定。

72. 调查中的利害关系人应当包括:

(1) 同类产品的国内制造商,多数参加人是同类产品制造商的国内制造商协会;

(2) 被调查补贴货物的制造商,多数参加人是此货物制造商的补贴货物制造商协会;

(3) 补贴成员国和/或补贴成员国的授权机构;

(4) 公共消费者协会(若被调查补贴货物主要由自然人消费);

(5) 被调查补贴货物的消费者(在制造过程中使用此产品)和此等消费者的协会。

73. 本议定书第 72 款中所述的利害关系人应当在调查期间独立操作或通过开展调查的主管当局的成员国法律下正式授权的代表操作。

若一利害关系人在调查期间通过授权代表行事,主管当局应当将关于调查主题的全部信息递交给仅通过此代表的该利害关系人。

74. 利害关系人向主管当局提供的信息应当视为机密,若此人指明理由确认披露该信息将向第三人提供竞争优势或对提交此信息的人或从其获得信息的人产生负面后果。未经递交利害关系人准许,不应当披露机密信息,但诸成员国法律规定的情形除外。

主管当局应当有权要求已递交机密信息的每位利害关系人提供其非机密版本。非机密版本对理解提交的机密信息实质内容应当是充分详细的。若利害关系人在回应上述要求中主张不可以用非机密形式呈现机密信息,此人应当提供适当理由。

若主管当局确立利害关系人提供的理由对将此信息视为机密是不充分的,或者若未递交机密信息非机密版本的利害关系人未递交适当理由或递交不构成此等理由的信息,主管当局可以忽视此信息。

75. 主管当局应当对披露其成员国法律规定的机密信息承担责任。

VI. 一般例外

76. 本议定书中的任何规定不应当理解为:

(1) 要求任何成员国提供该国认为其披露会违反其根本安全利益的任何信息。

(2) 阻止任何成员国采取其认为对保护其根本安全利益所必要的任何行动:

与可裂变物质或其源物质有关的行动;

为武器、弹药、军事物质、其他货物和物质的开发、制造和贸易的行动,以及为供应军事机构目的直接或间接实施的行动;

在战时或国际关系其他紧急事件时采取的任何行动。

(3) 阻止任何成员国依据《联合国宪章》下其保护世界和平与国际安全义务采取任何行动。

77. 本议定的规定不应当阻止诸成员使用扭曲贸易的特定补贴,若在例外情形下采取此等补贴(但是这些措施的目的的不限于从其他诸成员国领土进口货物)和若要求采取此等补贴以保护:

(1) 公共道德、公共法律秩序和国家安全;

(2) 人类、动植物生命或健康;

(3) 艺术、历史或考古价值的国宝;

(4) 知识产权;

(5) 可耗尽自然资源(若结合限制国内生产或消费采取此等措施)。

VII. 提供不构成采取补偿措施理由的特定补贴

78. 以与经济实体的合同为基准,为资助经济实体、大学和研究机构实施研究活动提供特定补贴,不应当视为是采取任何补偿措施的理由,但是上述资助包含不超过工业研究成本的75%或竞争前阶段发展成本的50%,且其提供仅包含:

(1) 员工成本(仅对从事研究活动的研究人员、技术人员和其他支持性员工);

(2) 专门或永久用于研究活动的工具、设备、土地与建筑物的成本(依据商业基准的销售除外);

(3) 专门用于研究活动的咨询和同等服务的成本(含购买研究成果、技术知识、专利等);

(4) 因研究活动直接发生的额外间接成本;

(5) 因研究活动直接发生的当期费用。

79. 为了本节目的,工业研究活动应当指:旨在发现新知识的任何规划研究或重要研究,希望此新知识可用于开发新产品、工艺或服务和显著改进现有产品、工艺或服务。

竞争前阶段发展应当指:工业研究成果转化为意图出售或使用的新型、改变或改进产品、工艺或服务的一项计划、蓝图、布局(包括创造不适合商业用途的首次原型)。这些发展还可以包括制定替代产品、方法或服务的概念和设计,以及初步的试点或示范设计,但是这些发展不得用于或适用于工业或商业用途。这些发展不应当包括对现有产品、生产线、处理过程、服务和其他通常作业的当期和定期变化,即使此等变化导致了改进。

80. 本议定书第78款中规定的不构成采取补偿措施理由的可接受资助水平的确定,应当与各自特定项目整个执行期发生的相关总成本有关。

在执行合并工业研究与竞争前阶段发展的计划的情况下,不构成采取措施之理由的可准许资助水平应当不高于考虑本议定书第78款所述全部成本后对这两个类型计算出的可准许水平算术平均值。

81. 本议定书的规定不应当适用于高等教育机构或研究机构独立从事的基础科学研究。基础科学研究应当指:与任何工业或商业目的无关的普通科学技术知识的扩展。

82. 作为普遍性区域发展一部分对成员国领土弱势地区提供的资助,应当是非特定的(受本议定书第II部分约束),并应当在各自地区间分配,前提是:

(1) 每个弱势地区代表了一个清晰界定的且紧密的行政和经济区;

(2) 基于指明不仅因暂时客观情况产生本区域困难的中立和客观标准,将此区域视为弱势地区(应当在法律、规章或其他官方文件中清晰规定此等标准以便它们能够被证实);

(3) 本款第(2)分款中所述的标准应当包括以3年为一期进行衡量的以下列至少一

个参数为基础的经济发展衡量:

人均收入或每户家庭平均收入或人均国内生产总值,其不应当超过相关地域平均率的 85%;

失业率,其应当至少是该地区平均率的 110%。

83. 普遍性区域发展应当指:构成一项内部一致且普遍适用的区域发展政策一部分并暗示对本区域发展不产生影响或几乎不产生影响的单个地理位置不提供区域发展补贴的区域补贴计划。

中立与客观标准应当指:对某些区域不提供超出消除或减少区域发展政策内区域间差别所要求的利益的标准。在此方面,区域补贴计划应当包含每个补贴计划下可以提供资助的最大额。这些最大额应当根据被资助区域发展水平予以区分,并应当花在创造投资或就业机会上。在这些金额范围内,资助应当足以广泛分配,以避免超前使用补贴或根据本议定书第 II 节对某些企业提供不成比例大额补贴。

84. 资助现有生产能力(表示采取环境保护新要求前至少 2 年营运生产能力)适应法律和/或规章施加的并对经济实体给予额外限制或增加其财务负担的环境保护新要求,不应当认为是任何补偿措施的理由,但是上述资助:

(1) 是一项一次性的、非重复发生的措施;

(2) 额度不超过适应成本的 20%;

(3) 不包含企业承担的补贴设备替代和营运成本;

(4) 直接与经济实体计划的减少污染有关且与减少污染相称,不包含可能实现的节省生产成本;

(5) 对能够向新设备和/或生产工艺转换的全体经济实体是可获得的。

VIII. 补偿措施与应对措施的采取和申请

85. 一成员国主管当局应当有权根据本议定书第 V 节确定的程序,就另一成员国领土内提供的补贴遵守本议定书规定开展调查,或对其他诸成员国使用本议定书第 11 款中所述措施开展调查。已启动调查的主管当局应当将启动调查通知诸成员国。主管当局应当有权利要求关于调查进度的必要信息。

86. 若作为调查结果,一成员国主管当局确立另一成员国补贴当局提供了一项特定补贴且此项特定补贴导致了损害开展调查的主管当局的成员国国民经济部门,该主管当局可以向补贴成员国发出采取补偿措施的申请。此申请应当包含该项补贴未遵守本议定规定的证据。

87. 若在根据本议定书第 6 款所进行的程序结束时,委员会确认对诸成员国之一国民经济部门存在损害,该成员国主管当局应当有权向补贴成员国发出采取补偿措施的申请。此申请应当包含根据本条约第 93 条第 6 款第 3 分款该项补贴不合规的证据。

诸成员国不应当对委员会根据本议定书第 6 款批准的补贴适用补偿措施。

本款规定的适用应当受本条约第 105 条第 1 款中规定的过渡条款约束。

88. 收到上述申请的成员国可以在不超过 2 个月的期限内或基于争端解决结果,自愿准许反补贴措施申请。

89. 收到采取反补贴措施申请并根据本条约第 93 条或基于争端解决结果已自愿认可该申请有效性的成员国,应当在 30 日内采取申请中所述的反补贴措施。

90. 本议定书第 89 款下采取的反补贴措施应当按采取反补贴措施申请中的规定,显示提供补贴的总额和这些资金(资产)整个使用期间补贴额应计的利息。

应当根据本议定书计算补贴额。

利率应当等于提供补贴日通行再融资率的 1.5 且由补贴成员国中央银行规定。应当采取适用自补贴提供日至反贴补措施执行日整个期间复合利息的方式计算此利率。

复合利息是对包含前一年应计利息的金额每年收取的利息。

91. 应当在补贴额(含全部相关利息)已从补贴接受人收回并划拨至补贴成员国预算后,视为已经完成反补贴措施。

92. 若从本议定书第 91 款规定的人以外的任何来源征收反补贴措施资金,应当视为反补贴措施未完成。

经申诉国与被申诉国相互协议且仅为了避免补贴接受人逃避支付构成反补贴措施的资金,可以变更施加反补贴措施的来源。

93. 执行反补贴措施应当构成准许申请采取被视为执行的反补贴措施的充分理由。

94. 若该成员国未在确定的时限内执行准许的采取反补贴措施申请,申请成员国应当有权采取应对措施,此应对措施应当与反补贴措施大约成正比。

为了本议定书的目的,应对措施应当指:采取此应对措施的成员国就该应对措施所针对的成员国临时暂停其任何现行贸易与经济条约下的义务(但与石油天然气有关的义务除外)。

应对措施应当是临时性的且应当由申诉成员国仅适用至违反本条约规定的措施被废止或以符合本条约规定的方式被改变或诸成员国另行达成协议。

IX. 通知

95. 诸成员国(诸成员国授权当局)应当每年相互通知和向委员会通知下年度联邦(国家)和地区(自治市、地方)级别计划提供的全部补贴,但不迟于 12 月 1 日。

诸成员国不应当将提供补贴的信息归入机密信息,但本议定书第 76 款中规定的情形除外。

96. 依据本议定书第 95 款发送通知的信息来源应当是联邦/国家预算和行政区实体预算草案中与费用有关的部分。

97. 诸成员国(诸成员国授权当局)应当以季度为基准且不迟于报告季度下月第 30 日,以确定形式,相互发送和向委员会发送报告季中联邦(国家)和地区(自治市、地方)级别提供全部补贴的通知。

本款规定的适用应当受本条约第 105 条第 1 款中规定的过渡条款约束。

98. 诸成员国应当每年且不迟于报告年次年 7 月 1 日,以确定形式相互发送和向委员会发送报告年中联邦(国家)和地区(自治市、地方)级别提供全部补贴的通知。这些通知应当载明另一成员国和委员会评估提供补贴额和其遵守本议定书规定的充分信息。

99. 应当由委员会会商诸成员国(诸成员国授权当局)后批准本节规定的诸成员国补

贴的通知形式和其完成程序。

100. 补贴通知应当载明以下信息：

（1）补贴项目的名称和该补贴的简要描述或识别（例如"小型商业发展"）；

（2）此通知的报告期；

（3）补贴的主要目的和/或目的（关于补贴目的的信息通常包含在管制性法令中，按其提供补贴）；

（4）提供补贴的基准（按其提供补贴的管制性法令名称，和该法令的简要描述）；

（5）补贴的形式（资助、贷款、免税等）；

（6）提供补贴的主体（制造商、出口商或其他人）与方法（用于提供补贴的资金、货物每单位固定或可变额，在后者情况下，标明确定额度的机制），以及提供补贴的机制与条件；

（7）补贴额（分配补贴的年度额或总额，若可能，产品每单位的补贴）；

（8）补贴期间和/或可适用于补贴的其他任何时限（含补贴的开始日和结束日）；

（9）影响贸易的数据（准许评估补贴影响贸易的统计数据）。

101. 本议定书第100款中所述的信息在可能范围内应当包含各补贴货物或各工业部门制造、消费或进出口的以下统计数据：

（1）近3年的可利用统计数据；

（2）采取补贴的前一年或补贴中最近主要变化。

《给予工业补贴共同规则的议定书》附件

不受提供工业补贴共同规则议定书规定约束的措施清单

措施	该措施的过渡期
I.白俄罗斯共和国	
与根据 2009 年 4 月 4 日关于发展客用小汽车的总统令第 175 号和 2009 年 11 月 27 日海关同盟委员会《关于白俄罗斯共和国、哈萨克斯坦共和国和俄罗斯联邦海关同盟共同关税税则规章》的第 130 号决定缔结的投资协定有关的措施*	至 2020 年 12 月 31 日,除非白俄罗斯共和国加入世界贸易组织议定书另有规定
II.哈萨克斯坦共和国	
1. 根据哈萨克斯坦共和国政府 2010 年 3 月 12 日关于批准"2020 年商业路线图"计划的第 301 号决议,外向型产业中银行贷款利率补贴	对 2011 年 7 月 1 日前贷款机构发放的贷款,至 2016 年 7 月 1 日
2. 根据充分加工标准视为源产哈萨克斯坦共和国的货物在从自由仓库区域出口至关税同盟关税区其余区域时根据哈萨克斯坦共和国 2008 年 12 月 10 日《关于进入预算的税收和其他强制支付》的第 99-I 号法典(《税收法典》)、哈萨克斯坦共和国政府 2009 年 10 月 22 日《关于批准原产地、编制和签发原产地审查证书、认证和签发原产地证书规则》的第 1647 号决议和 2010 年 6 月 18 日《关于自由仓库和自由仓库海关程序的协定》,免除此等关税和税收	至 2017 年 1 月 1 日
3. 根据充分加工标准视为源产哈萨克斯坦共和国的货物在从经济特区地区出口至关税同盟关税区其余区域时根据 2010 年 6 月 18 日《关税同盟关税区自由(特别)经济区和自由关税区海关程序的协定》、2011 年 7 月 21 日哈萨克斯坦共和国《关于哈萨克斯坦共和国境内经济特区》的第 469-IV 号法律和哈萨克斯坦共和国政府 2009 年 10 月 22 日《关于批准原产地、编制和签发原产地审查证书、认证和签发原产地证书规则》的第 1647 号决议,免除关税和税收	至 2017 年 1 月 1 日

续表

措施	该措施的过渡期
4. 与根据 2010 年 6 月 11 日哈萨克斯坦共和国工业与贸易部《关于与是哈萨克斯坦共和国居民的法人的机动车辆工业组装协议之缔结、条款和标准格式的某些事项》的第 113 号令,2009 年 11 月 27 日海关同盟委员会《关于白俄罗斯共和国、哈萨克斯坦共和国和俄罗斯联邦海关同盟共同关税税则规章》的第 130 号决定缔结的投资协定有关的措施	至 2020 年 12 月 31 日,除非哈萨克斯坦共和国加入世界贸易组织议定书另有规定
5. 2015 年 1 月 1 日前依据哈萨克斯坦共和国 2010 年 6 月 24 日《关于底土和底土使用》的第 291-IV 号法律缔结的哈萨克斯坦共和国政府与底土使用者间底土使用合同中的本地成分	至 2020 年 1 月 1 日,除非哈萨克斯坦共和国加入世界贸易组织议定书另有规定
6. 根据哈萨克斯坦共和国 2012 年 2 月 1 日《关于国家福利基金》的第 550-IV 号法律和哈萨克斯坦共和国政府 2009 年 5 月 28 日《关于批准采购国家管理控股公司、国家控股公司、国家公司和由国家管理控股公司、国家控股公司或国家公司直接或间接拥有 50% 及以上股份(参股权益)的组织提供的货物、工程和服务的示范规章》第 787 号决议,Samruk-Kazyna 国家福利基金(NWF)、由 Samruk-Kazyna 直接或间接拥有投票权股份(参股权益)的组织和由国家直接或间接拥有的公司(国家股份达到 50% 或以上)进行采购中的本地成分	至 2016 年 1 月 1 日,除非哈萨克斯坦共和国加入世界贸易组织议定书另有规定

Ⅲ. 俄罗斯联邦

措施	该措施的过渡期
1. 与 2011 年 2 月 28 日前缔结的投资协定有关的措施,包括俄罗斯联邦 1998 年 2 月 5 日《关于吸引投资发展国内汽车业的额外措施》的总统令第 135 号、俄罗斯联邦政府 2005 年 3 月 29 日《关于修正与进口汽车组件供国内组装有关的俄罗斯关税税则》的第 166 号决议和海关同盟委员会 2009 年 11 月 27 日《关于白俄罗斯共和国、哈萨克斯坦共和国和俄罗斯联邦关税同盟共同关税税则规章》第 130 号决定的规定*	过渡期应当与其签署时规定的协定条款一致,并可以延长 2011 年 12 月 16 日《俄罗斯联邦加入 1994 年建立世界贸易组织马拉喀什协定议定书》规定的期限,但不得超过 2 个日历年
2. 根据 2006 年 1 月 10 日《关于加里宁格列地区经济特区和修正俄罗斯联邦某些立法行为》的第 16-FZ 号联邦法所适用的措施	至 2016 年 4 月 1 日

＊其适用需服从最高理事会批准的"机动车辆工业组装"观念在诸成员国领土适用的条件。

附件 **29**

国家农业支持措施的议定书

1. 本议定书根据《欧亚经济联盟条约》第 94 和 95 条缔结,并应当适用于本议定书第 II 节规定的货物(以下简称"农业货物")。

2. 本议定书中使用的术语应当具有以下含义:

"行政区实体",指白俄罗斯共和国、哈萨克斯坦共和国行政区实体和地区(含明斯克、阿什塔纳和阿拉木图)、俄罗斯联邦构成实体和自治市。

"国家农业支持",指成员国政府或其他国家或地方当局在农业货物制造利益方面直接或通过其授权代理人提供的财政资助。

"补贴当局",指对提供国家农业支持作出决定的成员国一个或多个国家或地方当局。根据成员国法律,其补贴当局可以指派或指示授权代理人(任何组织)履行其与提供国家农业支持措施有关的职能。上述授权代理人(任何组织)的行为应当视为补贴当局的行为。成员国首脑旨在提供国家农业支持措施的法令应当视为其补贴当局的行为。

I. 国家农业支持措施

3. 国家农业支持措施应当包括:

(1)对诸成员国间农业货物相互贸易不产生扭曲效果的措施(以下简称"无扭曲贸易效果措施");

(2)对诸成员国间农业货物相互贸易产生最扭曲效果的措施(以下简称"最大扭曲贸易效果措施");

(3)对诸成员国间农业货物相互贸易产生扭曲效果的措施(以下简称"扭曲贸易效果措施")。

4. 无扭曲贸易效果措施应当包括本议定书第 III 节中规定的措施。诸成员国可以无限制适用无扭曲贸易效果措施。

5. 最大扭曲贸易效果措施应当包括:

提供与作为具有从提供国家支持措施成员国领土至其他任何成员国领土的以前或可能的农业货物出口后果的单独条件或多个条件之一关联的国家农业支持措施;

提供与作为获取或使用专门源自对其领土内农业货物生产提供此项国家支持措施的成员国领土农业货物之单独条件或多个条件之一关联的国家农业支持措施,不考虑特定货物标志、其数量、国内货物产出或使用量或价值比例和用于国内货物生产的当地化水平。

本议定书第 IV 节中规定了最大扭曲贸易效果措施清单。

6. 诸成员国不应当适用最大扭曲贸易效果措施。

7. 扭曲贸易效果措施应当包括不得认定为本议定书第 4 和 5 款规定措施的措施。

8. 扭曲贸易效果措施的水平按国家农业支持额占所制造的农业货物总值的百分比计算,按准许量确定,不应当超过本款第三项下义务生效前的 10%。

计算扭曲贸易效果措施准许水平的方法应当由诸成员国考虑国际经验后制定,并由委员会理事会批准。

诸成员国与扭曲贸易效果措施有关的义务应当根据上述方法确定,并由最高理事会批准。

本款规定的适用应当考虑《欧亚经济联盟条约》第 106 条规定的过渡条款。

9. 一成员国一旦参加入世界贸易组织(WTO),其承诺作为加入 WTO 条件的与扭曲贸易效果措施有关的义务应当成为其在本联盟内的义务。

10. 应当考虑计算本议定书第 8 款规定的扭曲贸易效果措施准许水平的方法,根据本议定书第 V 节计算国家农业支持额。

Ⅱ. 受国家农业支持共同规则约束的货物

11. 对《欧亚经济联盟对外经济活动商品命名》中的以下货物,国家农业支持共同规则应当适用:

(1)《欧亚经济联盟对外经济活动商品命名》第 01-24 组,但第 03 组(鱼和甲壳类、软体动物和其他水生无脊椎动物)、第 1604 目(加工或保藏鱼)和第 1605 目(加工或保藏甲壳类、软体动物和其他水生无脊椎动物)除外;

(2)《欧亚经济联盟对外经济活动商品命名》第 2905 43 000 0 细目(甘露醇);

(3)《欧亚经济联盟对外经济活动商品命名》第 2905 44 子目[D-葡萄糖醇(山梨醇)];

(4)《欧亚经济联盟对外经济活动商品命名》第 3301 目(有或无萜烯精油,含凝香体和净油;树脂类;提炼精油,脂肪精油浓缩物、固定油、蜡类和用吸香法或浸渍法取得的类似产品;精油分解萜烯副产物;精油水馏物和水溶液);

(5)《欧亚经济联盟对外经济活动商品命名》第 3501 至 3505 目[酪蛋白、酪蛋白酸盐和其他酪蛋白衍生物;酪蛋白胶;白蛋白(含一种或多种乳清蛋白浓缩物,含量超过以干物质为基础的乳清蛋的 80% 重量比例),白蛋白盐和其他白蛋白衍生物;明胶(含表面处理或未处理、上色或未上色长方形或正方形板片)和明胶衍生物;鱼胶;其他动物源明胶(不含第 3501 目中包含的酪蛋白胶);蛋白胨及其衍生物;其他地方未规定或未包括在内的其他蛋白质物质及其衍生物;铬化或未铬化兽皮或内脏粉;糊精和其他改性淀粉(例如预胶化或酯化淀粉);以淀粉、糊精或其他改性淀粉为基础的胶,但第 3503 00 800 1 细目(干鱼胶)和第 3503 00 800 2 细目(液鱼胶)除外];

(6)《欧亚经济联盟对外经济活动商品命名》第 3809 10 子目[未另行规定或包括的用于纺织、造纸或类似工业的以淀粉质子物质为基础的整理剂、加速染色或固定染料的物质、其他产品和制备(例如敷料和媒染剂)];

(7)《欧亚经济联盟对外经济活动商品命名》第 3824 60 子目[山梨(糖)醇,但第 290544 子目中的山梨(糖)醇除外];

(8)《欧亚经济联盟对外经济活动商品命名》第 4101 至 4103 目[牛类或马类动物生

皮(新鲜、盐制、干燥、石灰制或其他保藏,但鞣制、羊皮纸包裹或未附加处理的除外),有或无毛,双重或非双重;羊或羔羊生皮(新鲜、盐制、干燥、石灰制或其他保藏,但鞣制、羊皮纸包裹或未附加处理的除外),有或无毛,双重或非双重,本组注释1c排除的那些以外的;其他生皮(新鲜、盐制、干燥、石灰制或其他保藏,但鞣制、羊皮纸包裹或未附加处理的除外),有或无毛,双重或非双重,被本组注释1b或1c排除的那些以外的];

(9)《欧亚经济联盟对外经济活动商品命名》第4301目[生皮(含适合制造皮产品的头、尾、掌或其他部位或切块),《欧亚经济联盟对外经济活动商品命名》第4101、4102或4103目中规定生皮以外的];

(10)《欧亚经济联盟对外经济活动商品命名》第5001 00 000 0至5003 00 000 0细目[适合缫丝的蚕茧;生丝(未捻纱);丝废料(含不适合缫丝的茧、废茧丝和松散原料)];

(11)《欧亚经济联盟对外经济活动商品命名》第5101至5103目(未粗梳或精梳的羊毛;细或粗的、未粗梳或精梳的动物毛;废羊毛、细或粗的动物毛废料,含纱线废料,但不含松化原料);

(12)《欧亚经济联盟对外经济活动商品命名》第5201 00至5203 00 000 0细目[未粗梳或精梳的棉花;棉废料(含纱线废料和松化原料);粗梳或精梳棉纤维];

(13)《欧亚经济联盟对外经济活动商品命名》第5301目[生亚麻或加工亚麻,但未纺;亚麻屑和废料(含纱线废料和松化原料)];

(14)《欧亚经济联盟对外经济活动商品命名》第5302目[生或加工大麻(大麻L.),但未纺;大麻屑和废料(含纱线废料和松化原料)]。

Ⅲ. 无扭曲贸易效果措施

12. 在农业货物制造商(以下简称"制造商")利益中实施的无扭曲贸易效果措施应当符合以下基本标准:

(1) 支持应当从预算(无申索财政收入)中提供,包括国家项目下,但不由消费者资金支出。无申索财政收入应当指成员国永久或临时拒绝的强制支付额;

(2) 支持不应当导致维持制造商的价格。

13. 除了本议定书第12款中规定的标准外,无扭曲贸易效果措施还应当符合本议定书第14至26款规定的特定标准和条件。

14. 国家提供一般服务项目应当对提供给农业或农村人口的服务或利益规定预算资金(使用无申索财政收入)的分配,但是直接支付给从事农业货物制造或加工的人员除外。

15. 可以在以下地区实施国家提供一般服务项目:

(1) 与环境项目和特定产品研究项目有关的科学研究,含一般研究;

(2) 病虫害防治,包括与病虫害作斗争的普遍性措施和与特殊产品有关的措施,诸如早期预警、检疫和消除体系;

(3) 一般和特别职员培训;

(4) 信息传播、咨询服务,含向制造商和消费者提供促进信息和研究成果传播的手段;

(5) 检验服务,含为了健康保健、安全、标准化和质量分类目的的普遍性检验服务和单个农业货物检验;

(6) 营销和促进农业货物的服务,含市场信息、特殊农业货物的咨询与促进(不含销售者可能用于降低农业货物销售价格的或向客户直接提供经济利益的非特定任务费用);

(7) 基础设施服务,含电力供应、公路和其他交通工具、市场和港口设施、供水、大坝与排水系统、与环境保护项目结合的基础设施开发。在所有情况下,资金应当仅向意图供普遍使用的重要且公共的基础设施设备或建设分配,但是分配用于支付有利益的维护性客户运营成本或损失利润的资金除外。

16. 确保粮食安全的国家储备应当使用为了粮食库存积累和储存目的所预算的并在成员国法律规定保证国家粮食安全的项目内分配的资金(无申索财政收入)创建,并应当符合以下要求:

(1) 确保粮食安全的国家储备的额度与积累应当遵守仅与粮食安全有关的预先确定目标;

(2) 储备的构成与分配进程在财务上应当上透明的;

(3) 应当按现行市场价格采购粮食产品;应当以不低于适当质量特定产品的现行国内市场价进行粮食储备销售。

17. 应当使用预算资金(无申索财政收入)支出向需要的部分人口提供国内粮食援助。

提供的国内粮食援助应当符合以下要求:

应当由成员国法律确定接受国内粮食援助的权利;

应当用直接粮食供应形式向利害关系人提供国内粮食援助,或对这些人员按市场价或补贴价购买粮食以提供资金形式提供上述援助;

在提供国内粮食援助框架内,应当按现行市场价购买粮食产品;资金的资助和分配应当是透明的。

18. 用向制造商直接支付形式(用无申索财政收入和支付种类)执行的国家支持措施应当遵守本议定书第12款规定的标准和可适用于本议定书第19至26款规定的单个直接支付类型的其他标准。本议定书第19至26款中规定的除外,直接支付应当遵守本议定书第19款第(2)和(3)分款中规定的要求,和本议定书第12款中规定的普遍标准。

19. 制造商收入的"无关"支持应当符合以下要求:

(1) 应当由成员国法律确定支付的合格性,其取决于收入水平、制造商地位、特定固定基础期内生产因素的使用或产出水平;

(2) 应付额不应当取决于产品(含家畜)的类型或数量、制成品的国内或世界价格和生产因素;

(3) 不应当要求产品制造接受支付。

20. 授权国家政府当局财政参与保险和收入保障项目,应当符合以下要求:

(1) 支付的合格性应当取决于收入损失(仅考虑农业活动产生的收入),其超过前3年期平均总收入的30%或按前5年期为基准计算出的3年平价值的净收入形式相等额(排除这些或类似项目下收到的任何支付),不含最高年和最低年比率。符合此条件的任何制造商应当有权接受支付。

(2) 补偿额不得超过制造商有资格接受支持年份的收入损失的70%。

(3) 应付额不应当取决于产品(含家畜)类型或数量、制成品国内或世界价格和生产因素。

(4) 若农产品制造商在1个日历年内根据本款和本议定书第32款接受国家支持,补偿总额不得超过制造商总损失的100%。

21. 自然或其他灾害情况下直接实施或通过授权国家政府当局(其授权组织)参与作物和动物保险项目的支持付款应当符合以下要求:

(1) 应当在授权国家政府当局正式承认实际发生自然或其他灾害(含本成员国领土内疾病暴发、虫害、蝗虫入侵、野火、旱灾、水灾和其他严重天气事件、人为事故、核事故和军事行动等)后,产生支付的合格性;

(2) 应当以生产损失额为基础确定支付额,其不超过前3年期平均产出或以前5年期为基准计算出的3年平均产出的30%,排除最高和最低年比率;

(3) 应当对自然或其他灾害导致的收入、家畜(含与动物兽医服务有关的支出)、农地闲置和其他因素的损失,作出支付;

(4) 支付额不应当超过自然或其他灾害导致制造商损失的总额,不考虑未来产品的类型和数量;

(5) 支付额不应当超过为防止或减轻本款第(3)分款中规定的进一步损失所要求的水平;

(6) 若制造商根据本款和本议定书第20款在1个日历年内收到了,补偿总额不得超过该制造商总损失的100%。

22. 通过鼓励制造商停止其活动的项目培育结构性改变,应当规定以下:

(1) 支付的合格性应当基于旨在促进从事制造适销农产品的人终止活动或其向其他经济部门布局的项目下明确界定的标准;

(2) 支付应当取决于资助接受人全部或按一贯基准终止制造适销农产品。

23. 通过废止使用资源的项目培育结构性改变,应当规定以下:

(1) 支付的合格性应当以旨在停止使用制造农产品的土地或其他资源(含家畜)的项目下清晰界定的标准为基础;

(2) 支付应当取决于从制造适销农产品领域退出土地3年,在家畜情况下,其屠宰后进一步拒绝饲养;

(3) 支付应当既不要求也不规定选择性使用已从制造适销农产品领域退出的土地或其他资源;

(4) 支付不应当取决于产出的类型和数量、制成品的国内或世界价格和使用仍然生产的土地或其他资源。

24. 用鼓励投资方式培育结构性改变,应当规定以下:

(1) 支付的合格性应当基于旨在援助制造商因客观合理结构性损失的财政或物质重建活动的国家项目下清晰界定的标准,上述支付的合格性还可以基于国家农地非国有化清晰规定项目;

（2）支付额不应当基于且不应当取决于制成品（含家畜）类型或数量，但本款第（5）分款中规定的要求除外；

（3）支付额不应当基于且不应当取决于特定产品的国内或世界价格；

（4）支付应当仅规定被要求实施意图支付的投资的期限；

（5）在执行支付时，不应当指定或指示应制造农产品的支持接受人，但不制造特定产品的要求除外；

（6）支付应当限于对补偿结构性损失所要求的额度。

25. 进行环境保护项目下的支付应当考虑以下：

（1）支付合格性的条件应当是制造商参与国家环境保护或保存项目，此合格性应当取决于完成国家项目规定的特定条件，包括与生产方法或要求原材料有关的条件；

（2）支付额应当限于与执行国家项目有关的额外成本或收入损失。

26. 区域支持项目下实施支付，应当考虑以下：

（1）应当赋予在弱势地区营运的制造商获得支付的权利。弱势地区应当指成员国法律确定的行政和/或经济区域；

（2）应付额不应当基于和不应当取决于农产品（含家畜）的类型或产出，但应当与减少此等产品生产有关；

（3）支付额不应当基于和不应当取决于特定产品的国内或世界价格；

（4）支付应当仅提供给有资格得到支持的地区的生产商，且对该地区营运的全体制造商是可获得的；

（5）与生产因素有关的支付应当按超出该生产因素门槛水平的递减规模执行；

（6）支付额应当限于与特定地区农业货物制造有关的额外成本或收入损失。

IV. 最扭曲贸易效果措施

27. 以下措施应当确认为具有最扭曲贸易效果的措施：

（1）取决于农业货物出口效果，对农业货物特定制造商、制造商群体或协会的直接执行支付（包括实物支付）；

（2）以低于提供给本成员国国内市场购买者类似货物的价格，出售或提供出口至另一成员国的农业货物非商业存货；

（3）以国家资金或其他资金支出，对出口至另一成员国领土的有政府支持所供资金的农业货物的执行支付，包括以农产品上或用作制造出口至另一成员国产品为基准之农产品上征税收入负担经费的支付；

（4）对出口至另一成员国领土的农业货物减少营销或促进成本提供国家支持（促进出口普遍性服务和咨询服务除外），包括处理、改进产品质量的成本、其他加工成本和与国际装运有关的成本；

（5）根据比对意图供国内消费的农业货物运输所确定的更优惠条款，对意图出口至另一成员国的农业货物运输设置国内价格表；

（6）取决于意图供出口至另一成员国领土的产品清单中包含的农业货物，提供国家农业支持。

Ⅴ. 国家农业支持量的计算

28. 在计算国家农业支持量时,应当考虑以下:

（1）直接划拨资金;

（2）提供履行担保(例如贷款担保);

（3）国家以超出市场价的价格取得货物、服务、证券、公司(财产综合体)或其部分、公司法定资本中的利益(含获取股份)、其他财产、知识产权等;

（4）全部或部分放弃收取欠国家预算或行政区实体预算的付款(诸如对欠预算的支付免除债务);

（5）优惠或无偿提供货物或服务;

（6）与旨在维持市场价格的措施相结合的价格支持。

29. 在直接划拨的情况下,国家农业支持额应当等于免费提供的资金额(例如以资助、补偿等形式)。若以偿还为基准、按比可用市场(银行贷款、债券等市场)中的条件更有利条件提供资金,支持额应当按此确定,即在该市场接受时使用这些资金本应要求支付的金额与实际支付额之间的差额。

30. 提供履行担保下的国家农业支持额应当按此确定,即以可用保险市场违反相应义务的保险风险价格表为基准的本应支付额与向补贴当局提供担保的应付额之间的差额。

履行担保的预算成本应当按根据本款第一项计算出的水平超出额,纳入国家支持。

成员国应当在本议定书第Ⅵ节规定的通知中载明允许评估提供国家履行担保的国家支持水平的信息。

31. 在国家以超出市场价的价格获得货物、服务、证券、公司(财产综合体)或部分、公司法定资本中的普通股(含收购股份)、其他财产、知识产权等的情况下,国家农业支持额应当按此计算,即对所获资产的实际支付额与以主要市场价对这些资产本应要求的支付额之间的差额。

对符合正常投资实践之条件的获取公司股份、增加其在公司法定资本中普通股等的国家支出额,不应当包含在国家支持措施内。

32. 在全部或部分放弃收取欠诸成员国和行政区实体预算的付款,国家农业支持额应当等于制造商对预算的未偿付财务义务额,包括无此支持可能产生的负债。延期履行义务情况下的国家农业支持额应当确定为以利息形式对使用在可用信用市场获得的等于延期负债额的借款的应付额。

33. 在优惠或免费提供货物或服务的情况下,国家农业支持额应当按市场价值与获得(提供)货物或服务实际支付额之间的差额计算。

34. 与旨在与维持市场价格水平相结合的价格支持额,应当按此计算,即执行价格控制或适用价格控制措施的农业货物特定类型量的产品之国内管制价格与调整货物(例如基本乳脂)质量和加工质量水平的世界参考价格之间的差额。旨在维持价格的预算支出(例如货物的购买与储存成本)不应当包含在计算价格支持中。

VI. 国家农业支持的通知

35. 诸成员国应当相互书面通知和向委员会书面通知当年计划在联邦或国家和行政实体级别上的国家农业支持全部项目,包括关于国家农业支持额与程序的信息。此通知应当包含本成员国授权当局和委员会评估诸成员国提供国家农业支持额及其遵守本议定书的充分信息。诸成员国不应当将提供的国家农业支持信息归入分类信息类型。诸成员国应当不迟于5月1日相互发送和向委员会发送上述通知。

36. 诸成员国发送的本议定书第35款规定通知应当包含按支出部门、分部门和履行职能与管理部门分类之类型进行分解的联邦或共和国预算中的支出信息,以及提供国家农业支持之程序和范围的规则。诸成员国行政区实体的预算支出应当以其他任何方式反映在上述通知中。

37. 一成员国或其授权当局经另一成员国或委员会要求,应当提交关于联邦或国家和行政区实体级别的国家农业支持量和地区的信息清单。

38. 诸成员国授权当局应当在报告年的下年12月1日前相互发送和向委员会发送通知,指明其国家领土内报告年期间提供的国家农业支持。

39. 对当年计划的国家农业支持项目和报告年提供的国家农业支持的通知形式,应当由委员会与诸成员国合作制定,并经委员会批准。

VII. 诸成员国的责任

40. 若一成员国违反本议定书第6和8款,该成员国应当在合理时间停止实施最扭曲贸易效果措施或超出准许额度的扭曲贸易效果措施,并应当向其他诸成员国支付等于最扭曲贸易效果措施额或超出准许额的扭曲贸易效果措施额的补偿。支付补偿的程序应当由最高理事会确定。若一成员国未支付上述补偿,其他诸成员国应当有权采取应对措施。

附件 30

提供成员国工人及其家庭成员医疗待遇的议定书

1. 本议定书根据《欧亚经济联盟条约》第 XXVI 节缔结,并统辖向诸成员国工人及其家庭成员医疗提供待遇。

2. 本议定书中使用的术语应当具有以下含义:

"永久居住国",指病人系其国民的国家。

"医疗(健康保健)组织",指从事根据一成员国法律确定程序颁发的许可证下其核心(法定)活动为医疗活动的法人(不考虑其法律组织形式),或随其核心(法定)活动从事医疗活动的其他法人(不考虑其法律组织形式),或根据一成员国法律注册为从事医疗活动个体经营者的自然人。

"病人",指接受或寻求医疗护理的一成员国工人或其家庭成员,不考虑其疾病和条件。

"医疗护送",指为挽救病人生命和保护病人健康的病人运输[包括在威胁生命条件下所在医疗(健康保健)组织不能适当处理的病人和受紧急事件、自然灾害影响以及遭受对他人构成威胁的疾病的病人]。

"紧急医疗护理",指在意外紧急疾病和无威胁病人生命任何明显征兆的慢性疾病条件与恶化时提供的一系列医疗服务。

"紧急营救护理",指对紧急疾病、事故、伤害、中毒或威胁病人生命其他条件所提供的一系列医疗服务。

3. 雇用国应当根据其法律和国际条约确定的程序和条件向诸成员国工人及其家庭成员提供医疗待遇。

4. 雇用国国家与自治市健康保健体系的医疗(健康保健)组织应当免费向诸成员国工人及其家庭成员提供紧急医疗护理和紧急营救护理,不考虑健康保险单的可利用性。

在向诸成员国工人及其家庭成员提供紧急医疗护理和紧急营救护理中发生的医疗(健康保健)组织一切费用,应当根据健康保健经费有效制度,从雇用国预算体系相关预算中偿付。

5. 若在消除病人其他生命或健康立即威胁后病人在雇用国医疗(健康保健)组织持续治疗,应当根据价格表或协商价格,由病人直接支付或从雇用国法律不禁止的其他来源直接支付。

6. 若要求病人医疗护送至病人永久居住国,应当由医疗(健康保健)组织将病人健康记录发送至永久居住国的大使馆和/或授权当局。

病人医疗后护理的可能性和医疗后护送程序,应当根据诸成员国法律确定。医疗后护送应当由在运输期间向病人提供要求的医疗护理(包括使用医疗设备)的移动救护队实施。

与病人医疗后护送有关的费用,应当根据健康保健经费有效制度,从永久居住国预算体系相关预算中偿还,或从永久居住国法律不禁止的其他来源中偿还。

附件 31

欧亚经济联盟在多边贸易体系内运行的议定书

本联盟内的全部相应关系应当由 2011 年 5 月 19 日《多边贸易体系内关税同盟运行条约》统辖。

附件32

欧亚经济联盟内社会保障、特权与豁免规章

Ⅰ. 总则

1. 本规章中使用的术语应当具有以下含义:

"东道国",指本联盟一机构所在地的一成员国。

"联盟诸机构房屋",指用于官方目的和供委员会行政局成员、本联盟法院法官、官员和雇员居住的建筑物或其一部分。

"诸成员国代表",指诸成员国向本联盟各机构的会议和本联盟内举行的事件派送的代表团首脑和成员。

"社会保障(社会保险)",指对临时伤残与女性的强制保险、对职业事故与疾病的强制保险。

"委员会行政局成员、本联盟法官、官员的家庭成员",指与委员会行政局成员、本联盟法官、官员永久居住的配偶、未成年人和抚养人。

"雇员家庭成员",指与雇员永久居住的配偶和未成年人。

2. 委员会行政局成员、本联盟法院法官、官员与雇员应当是国际公务员。他们在行使其权力[在履行官方(服务)职责]时,不应当寻求或接受诸成员国国家政府当局或官员和非本联盟成员的任何国家当局的指示。他们应当避免与其国际公务员身份不匹配的任何行为。

3. 各成员国应当有义务严格尊重委员会行政局成员、本联盟法院法官、官员与雇员的权力国际性质,且不应当影响他们履行其服务职责。

Ⅱ. 本联盟的特权与豁免

4. 本联盟各机构的财产与资产应当对任何行政或司法干预形式享有豁免权,但本联盟放弃其豁免的情况除外。

5. 不论位于何处的本联盟各机构房屋和本联盟档案与文件(包括官方通信)应当豁免搜查、征用、没收或阻碍这些机构正常履行职能的其他任何形式干预。

6. 东道国相关国家政府和行政当局的代表不得进入本联盟各机构的房屋,但经委员会行政局主席、本联盟法院院长或其代表同意和基于他们批准的条件除外,和要求立即采取保护措施的消防或其他客观情况除外。

7. 仅经委员会行政局主席、本联盟法院院长或其替代者同意,东道国相关国家政府与行政当局决定实施的任何行动才可以在本联盟各机构房屋内执行。

8. 本联盟各机构房屋不得用作任何成员国法律下被公诉的人或释放至一成员国或非本联盟成员的任何国家的人的庇护所。

9. 本联盟房屋的不可侵犯性不应当允许其用于与本联盟职能和使命不匹配的任何目的,不应当损害诸成员国自然人或法人的安全与利益。

10. 东道国应当采取适当措施保护本联盟房屋不受任何干扰或损害。

11. 本联盟各机构应当免除在东道国征收的税收、关税、费用和其他收费,但是对特定服务的付款和本规章第 44 和 45 款下的扣除与缴款除外。

12. 意图供本联盟各机构官方使用的物体和其他财产在诸成员国领土内应当免除关税、税收和海关费用。

13. 对其官方通讯工具,本联盟各机构应当适用的条件不低于东道国提供给外交使团的有利条件。

14. 本联盟各机构可以在其占用的房屋和其车辆上放置本联盟旗帜、徽章或其他任何标志。

15. 受遵守诸成员国法律的约束,本联盟各机构可以根据其目的和职能,出版和分发印刷品,其出版由构成本联盟法律的国际条约和法令规定。

16. 东道国应当协助本联盟购买或获取为本联盟各机构执行其职能所要求的房屋。

17. 本联盟应当与诸成员国相关国家政府与行政当局合作,以确保恰当管理司法和遵守执法机构指示,和防止滥用本规章规定的特权与豁免。

Ⅲ. 委员会行政局成员、本联盟法院法官、官员与雇员的特权与豁免

18. 非东道国国民的委员会行政局成员和本联盟法院法官应当享有 1961 年 4 月 18 日《外交关系维也纳公约》对外交代表规定范围内的特权和豁免。

上述豁免不应当扩展至以下情形:

与位于东道国领土内的私人不动产有关的财产请求;

与继承有关的请求,若委员会成员、本联盟法院法官或其家庭成员担任遗产遗嘱执行人、信托人,或作为私人且不代表本联盟一机构的继承人或受遗赠者;

与超出《欧亚经济联盟条约》(以下简称"本条约")规定权力的职业活动有关的请求。

本规章第 19 款第(1)分款的规定应当适用于不是东道国国民的委员会行政局成员和本联盟法院法官。

与委员会行政局成员和本联盟法院法官共同居住的非东道国国民的家庭成员应当受本规章第 19 款第(3)至(5)分款的约束。

系东道国国民和/或在东道国领土内永久居住的委员会行政局成员和本联盟法院法官的家庭成员,不应当享有与属于此家庭成员车辆或此家庭成员驾驶车辆造成交通事故有关的损害赔偿请求下的东道国民事管辖豁免。

19. 官员应当:

(1) 不受其在官方职权内发言或撰写文字和实施全部行为的刑事、民事和行政责任约束;

(2) 免除本联盟各机构支付的薪酬和其他报酬的税负;

(3) 免除国家服务义务;

(4) 免除东道国的出入境限制、外国人登记和获得临时居住许可;

(5) 在国际危机时,享有与外交使节相同的回国特权。

20. 系东道国国民和/或永久居住在东道国境内的官员,不应当受本规章第19款第(2)至(5)分款规定的约束。

21. 与官员共同居住的非东道国国民和/非永久居住在东道国境内的官员家庭成员,应当受本规章第19款第(3)至(5)分款规定的约束。

22. 委员会行政局成员、本联盟法院法官、官员与雇员的认证应当由关于本联盟诸机构驻东道国境内条件的国际条约管辖。

23. 委员会行政局成员、本联盟法院法官、官员与雇员不应当为其个人利益或他人利益从事任何经营或其他商业活动,但科学、艺术和教学活动除外。

上述科学、艺术或教学活动产生的任何收入应当根据国际条约和东道国法律纳税。

24. 委员会行政局成员、本联盟法院法官、官员及其家庭成员应当遵守东道国与使用车辆可能造成第三人损害之保险有关的法律。

25. 雇员就犯下属于直接履行其服务职责部分的行为,不应当受东道国任何司法或行政当局管辖权约束,但是提出以下情况的除外::

(1) 与属于雇员车辆或由雇员驾驶车辆造成交通事故有关的损害赔偿请求;

(2) 对雇员行为造成人员死亡或人身伤害的请求。

26. 雇员应当免除东道国的出入境限制、外国人登记和取得临时居住许可。

27. 本规章第25和26款的规定不应当适用雇员与其国籍成员国国家政府和行政当局之间的关系。

28. 委员会行政局成员、本联盟法院法官、官员与雇员享有的特权和豁免不应当规定他们的私人利益,但应当规定在本联盟利益方面高效独立行使其权力[履行官方(服务)职责]。

29. 委员会行政局成员、本联盟法院法官、官员与雇员、他们的家庭成员应当自其进入东道国领土时起、在其目的地路途上,或他们已抵达东道国领土时自委员会行政局成员、本联盟法院法官、官员与雇员推定其权力[官方(服务)职责]时起,享有本规章规定的特权与豁免。

30. 若终止委员会行政局成员、本联盟法院法官、官员与雇员的权力[履行官方(服务)职责],其特权与豁免、与其共同居住的家庭成员特权与豁免应当在此等人员离开东道国时或指派其离开东道国的合理时间内正式停止,以首先发生者为准。若家庭成员停止成为委员会行政局成员、本联盟法院法官、官员与雇员的家庭成员,这些家庭成员的特权与豁免应当终止。在此情况下,若上述人员意图在合理时间内离开东道国,其特权与豁免应当仍然有效至其离境时。

31. 若委员会行政局成员、本联盟法院法官、官员或雇员死亡,已与他们共同居住的家庭成员应当继续享有特权与豁免至其离开东道国或至指定离开东道国的合理时间,以最早到来者为准。

32. 委员会行政局成员、本联盟法院法官、官员就其职能框架内发言或撰写文字和其官方职权内实施的全部行动,应当在终止其权力后仍然有效。本款规定的适用不应当损害本条约或本联盟内国际条约规定的委员会行政局成员、本联盟法院法官或官员责任

情形。

33. 根据本规章享有特权与豁免的全体人员,应当在不损害其特权与豁免的条件下,尊重东道国法律。他们不应当有权干预上述东道国内政。

34. 若豁免妨碍司法行政且解除此豁免不损害赋予此豁免的目的,可以剥夺委员会行政局成员、本联盟法院法官、官员或雇员的豁免。

35. 可以解除豁免的情形如下:

(1) 最高理事会对委员会行政局成员和本联盟法院法官;

(2) 委员会理事会对委员会的官员和雇员;

(3) 本联盟法院院长对本联盟法院官员和雇员。

36. 应当书面实施放弃豁免且应当特别明示。

IV. 诸成员国代表的特权与豁免

37. 诸成员国代表在履行其官方职能中和旅行至本联盟各机构组织在诸成员国境内举行事件所在地期间,应当享有以下特权与豁免:

(1) 就其在职权方面可能犯下的全部行为,豁免个人逮捕或拘留,和豁免司法与行政当局管辖;

(2) 住处不可侵犯;

(3) 免除海关检查随身行李和手提行李,除非有充分理由相信携带不意图供官方或个人使用的物品和其他财产,或事件举办成员国法律禁止或限制进出口的物体和其他财产;

(4) 免除东道国的进出境限制、外国人登记限制和获取临时居住许可。

38. 本规章第37款的规定不应当适用于成员国代表与该代表现行或以前国籍成员国当局之间的关系。

39. 诸成员国代表享有的特权与豁免不应当规定他们的私人利益,但应当规定其成员利益方面高效、独立履行其官方职能。

40. 诸成员国占有的房屋、全部家什、其他财产和代表为了官方业务使用的车辆,应当免除搜查、征用、扣押或任何强制执行程序。

41. 诸成员国的档案和文件应当在任何时间不可侵犯,且不考虑所使用媒体和其所在位置。

42. 若它不符合关于为了国家安全理由所禁止或限制进入区域的法律与规章,东道国应当在为诸成员国全部代表履行官方职能所要求的范围内,提供通过其领土移动和旅行的自由。

V. 本联盟各机构中的劳工关系与社会保障

43. 委员会行政局成员、本联盟法院法官、官员与雇员的劳工关系应当由东道国法律管辖,并考虑本规章规定。

44. 委员会行政局成员、本联盟法院法官、官员和雇员的退休利益,应当由其国籍成员国法律统辖。

委员会行政局成员、本联盟法院法官、官员和雇员的退休金缴款应当由本联盟各机构根据其国籍成员国法律确定的程序和金额,从本联盟对其国籍成员国退休基金的预算中支付,不得从其薪酬中扣减。委员会行政局成员、本联盟法院法官、官员和雇员的退休金应当由其国籍成员国支付。

45. 应当根据适用于东道国国民的相同条件和程序下的东道国法律,向委员会行政局成员、本联盟法院法官、官员和雇员提供社会保障(社会保险)和社会保险利益,但退休金保险除外。

向本委员会行政局成员、本联盟法院法官、官员和雇员付款中的社会保障(社会保险)缴款,应当根据东道国法律确定的程序,从本联盟的预算中支付。

社会保障(社会保险)利益应当由东道国支付,不与其他诸成员国相互结算。

46. 为了确定退休金或社会保障(社会保险)利益的目的,应计退休金或资历的年限,应当根据委员会行政局成员、本联盟法院法官、官员和雇员国籍成员国法律,包含作为上述人员的服务期间。

在确定委员会行政局成员、本联盟法院法官、官员和雇员社会保障(社会保险)利益时,根据确定其社会保障(社会保险)时其国籍成员国法律和东道国法律,其服务期间应当包括在应计退休金或资历的年限中。

47. 在根据委员会行政局成员、本联盟法院法官、官员和雇员国籍成员国法律、确定社会保障(社会保险)利益时的东道国法律确定他们退休金额时,应当考虑上述人员在任期期间收到的收入。

48. 应当在委员会行政局成员和本联盟法院法官任期期间向其提供以下社会保障:

(1)45个日历日的带薪年休假;

(2)包括家庭成员在内的医疗护理,以及从本联盟预算中支付的交通服务;

(3)若委员会行政局成员和本联盟法院法官(和其家庭成员)在本联盟各机构所在城市地区无居住房屋,向其提供本联盟官方居住房屋,从本联盟预算中支付;

(4)包含委员会行政局成员的以下任职期间:在提供其国籍成员国法律对公务员规定的社会保险的公共(民事)服务期间;和在对部长(联邦部长)确定委员会行政局该成员国籍国法律规定的(合格)退休(社会)保障额(退休金月增加额)的部长(联邦部长)任职期限;

(5)包含本联盟法院法官在其国籍国法官资历的任职期间。

49. 应当由东道国主管当局管理向委员会行政局成员和本联盟法院法官提供社会保障(含医疗护理和交通服务)。

50. 当委员会行政局成员从职位上退休(提前终止《欧亚经济委员会规章》规定的是俄罗斯联邦国民的委员会行政局成员的权力的情形除外),其应当享有老年(残疾)保险退休金月增加额。退休金月增加率应当根据俄罗斯联邦法律对联邦部长规定的程序和条件以该金额确定。应当由退休金提供领域负责规划和执行国家政策的联邦行政当局首脑确定退休金月增加额。退休金月增加额应当从联邦预算中确定。

当终止本联盟法院法官的权力时,其应当有权享受任命本联盟法院法官的成员国法律对该成员国最高法院院长规定的保障和津贴。应当根据任命该法官的成员国法律确定

的程序对本联盟法院法官确定这些保障和津贴。

51. 在官员和雇员履行其官方(服务)职责期间,应当向官员、雇员及其家庭成员提供从本联盟预算中支付的医疗护理,还应当向委员会各部门负责人和本联盟法院秘书处首脑提供从本联盟预算中支付的交通服务。

52. 在履行官员和雇员官方(服务)职责期间,应当向在本联盟各机构所在城市地区无居住房屋的官员、雇员(包括其家庭成员)提供从本联盟预算中支付的公务性居住房屋。

53. 若是俄罗斯联邦国民并在受雇于委员会和本联盟法院之前已拥有联邦公共(民事)服务职位的委员会和本联盟法院的官员、雇员已经免去在委员会和本联盟法院拥有的职位(因任何不法行为免职的情形除外)且从事民事服务至少15年,以及在免去其委员会和本联盟法院职位即刻前已拥有其职位至少12个月,其应当有权享受根据俄罗斯联邦法律对联邦民事公务员规定的程序所确定的长寿退休金。应当由退休金提供领域负责规划、执行国家政策和法律管理的联邦行政当局首脑根据委员会行政局主席和本联盟法院院长推荐,作出确定长寿退休金的建议(决定)。

长寿退休金额应当以此为基准计算:官员、雇员的平均月薪;对根据委员会和本联盟法院官员、雇员职位对应经俄罗斯联邦政府批准的清单与在俄罗斯联邦政府办公室和俄罗斯联邦最高法院行政中联邦民事公务员职位相等身份的民事公务员所确定的基本薪酬(月报酬)应当确定的最大额。

俄罗斯联邦法律下的长寿退休金应当从联邦预算中支付。

54. 委员会和本联盟法院官员、雇员的雇用期应当包括他们在其国籍成员国为了确定公共(民事)服务期社会保障和给予公务员(联邦民事公务员)长寿退休金之目的的公共(民事)服务期间。

55. 向委员会行政局成员、本联盟法院法官、官员、雇员提供医疗护理和交通服务,应当由政府间理事会确定。

附件 33

终止在建立海关同盟和共同经济空间范围内缔结的 与《欧亚经济联盟条约》生效有关的国际条约的议定书

在建立海关同盟和共同经济空间范围内缔结的与《欧亚经济联盟条约》(以下简称 "本条约")生效有关的以下国际条约,应当停止效力。

I.自本条约生效起终止的国际条约

1. 2007 年 10 月 6 日《建立共同关税区和设立共同关税同盟条约》。

2. 2007 年 10 月 6 日《使旨在建立关税同盟法律框架的国际条约生效、退出和加入的 程序的议定书》。

3. 2008 年 1 月 25 日《关税同盟对外和相互货物贸易海关统计协定》。

4. 2008 年 1 月 25 日《共同关税与税则规章的协定》。

5. 2008 年 1 月 25 日《与第三国有关的共同非关税管制措施的协定》。

6. 2008 年 1 月 25 日《适用与第三国有关的保障、反倾销与反补贴措施的协定》。.

7. 2008 年 1 月 25 日《对关税同盟内货物进出口、施工和服务提供征收间接税的原则 的协定》。

8. 2008 年 12 月 12 日《给予关税豁免的议定书》。

9. 2008 年 12 月 12 日《确保统一适用确定跨越关税同盟海关边境移动货物关税价值 的规则的议定书》。

10. 2008 年 12 月 12 日《白俄罗斯共和国、哈萨克斯坦共和国和俄罗斯联邦海关当局 间交换对确定和控制货物海关价值所要求的信息的议定书》。

11. 2008 年 12 月 12 日《适用于进口关税不同于共同关税税则的例外情况的条件和程 序的议定书》。

12. 2008 年 12 月 12 日《海关程序与海关体制种类的协定》。

13. 2008 年 12 月 12 日《申报跨越关税同盟海关边境货物海关价值的协定》。

14. 2008 年 12 月 12 日《货物申报程序的协定》。

15. 2008 年 12 月 12 日《关税同盟成员国境内关税计算与支付程序的协定》。

16. 2008 年 12 月 12 日《对正确确定跨越关税同盟海关边境移动货物海关价值实施控 制的程序的协定》。

17. 2008 年 12 月 12 日《在关税同盟参加国清关和海关控制的程序的协定》。

18. 2008 年 12 月 12 日《关税同盟委员会秘书处的协定》。

19. 2008 年 12 月 12 日《适用关税配额的条件和机制的协定》。

20. 2009 年 6 月 9 日《采取和适用与第三国有关的影响共同关税区货物贸易的措施 的程序的协定》。

21. 2009 年 6 月 9 日《对外货物贸易领域许可规则的协定》。

22. 2009 年 12 月 11 日《对关税同盟内进出口货物征收间接税程序和对第三方支付控制机制的议定书》。

23. 2009 年 12 月 11 日《对关税同盟内施工和提供服务征收间接税的程序的议定书》。

24. 2009 年 12 月 11 日《对外贸易统计和相互贸易统计传递程序的议定书》。

25. 2009 年 12 月 11 日《关税同盟委员会海关统计中心地位的议定书》。

26. 2009 年 12 月 11 日《相互承认从事评估(确认)活动的证书(合规评估)(确认)机构和检测实验室(中心)认证的协定》。

27. 2009 年 12 月 11 日《受强制性合规评估(确认)约束货物在关税同盟关税区流通的协定》。

28. 2009 年 12 月 11 日《关税同盟动物卫生措施协定》。

29. 2009 年 12 月 11 日《关税同盟植物检疫协定》。

30. 2009 年 12 月 11 日《关税同盟卫生措施协定》。

31. 2009 年 12 月 11 日《修正 2008 年 1 月 25 日〈对关税同盟内货物进出口、施工和提供服务征收间接税的原则的协定〉的议定书》。

32. 2010 年 5 月 20 日《在关税同盟内确定、适用划拨、分配进口关税(具有同等效果的其他税、税费)的程序的协定》。

33. 2010 年 5 月 21 日《修正 2009 年 12 月 11 日〈关税同盟植物检疫协定〉的议定书》。

34. 2010 年 5 月 21 日《修正 2009 年 12 月 11 日〈关税同盟动物卫生措施协定〉的议定书》。

35. 2010 年 5 月 21 日《修正 2009 年 12 月 11 日〈关税同盟卫生措施协定〉的议定书》。

36. 2010 年 7 月 5 日《对关税同盟共同关税区运行体制某些临时例外的议定书》。

37. 2010 年 9 月 21 日《在关税同盟共同关税区交换对外贸易和相互贸易电子文件中适用信息技术的协定》。

38. 2010 年 9 月 21 日《建立、运行和发展关税同盟对外贸易和相互贸易一体化信息系统的协定》。

39. 2010 年 11 月 18 日《白俄罗斯共和国、哈萨克斯坦共和国和俄罗斯联邦境内技术管制共同原则和规则的协定》。

40. 2010 年 11 月 19 日《在采取与第三国有关的保障、反倾销和反补贴措施前为了调查目的向调查机构递交含有机密信息的程序的协定》。

41. 2010 年 11 月 19 日《在过渡期适用保障、反倾销和反补贴措施的协定》。

42. 2010 年 11 月 19 日《关于移民工人及其家庭成员法律地位的协定》。

43. 2010 年 11 月 19 日《获取电力领域自然垄断实体服务(包括定价与价格表政策框架)的协定》。

44. 2010 年 12 月 9 日《国家(自治市)采购协定》。

45. 2010 年 12 月 9 日《国家农业支持共同规则的协定》。

46. 2010 年 12 月 9 日《提供工业补贴共同规则的协定》。

47. 2010 年 12 月 9 日《竞争共同原则与规则的协定》。

48. 2010 年 12 月 9 日《管制自然垄断实体活动的共同原则与规则的协定》。

49. 2010 年 12 月 9 日《保护和执行知识产权领域共同管制原则的协定》。

50. 2010 年 12 月 9 日《白俄罗斯共和国、哈萨克斯坦共和国和俄罗斯联邦境内石油与石油产品共同市场组织、管理、运行与发展的程序的协定》。

51. 2010 年 12 月 9 日《天然气运输领域经天然气运输系统的自然垄断实体服务获取规则的协定》。

52. 2010 年 12 月 9 日《管制获取铁路运输（含价格表政策框架）的协定》。

53. 2010 年 12 月 9 日《协商一致宏观经济政策的协定》。

54. 2010 年 12 月 9 日《协商一致货币政策的协定》。

55. 2010 年 12 月 9 日《在金融市场设置条件以确保资本自由流动的协定》。

56. 2010 年 12 月 9 日《共同经济空间诸成员国境内服务贸易和投资的协定》。

57. 2011 年 6 月 22 日《在关税同盟外部边境执行运输（公路）控制的协定》。

58. 2011 年 10 月 18 日《采取修正和补充 2008 年 1 月 25 日〈适用与第三国有关的保障、反倾销和反补贴措施的协定〉的议定书》。

59. 2011 年 10 月 19 日《与进口关税支付有关的信息交换程序的议定书》。

60. 2011 年 11 月 18 日《欧亚经济联盟委员会条约》。

61. 2011 年 12 月 15 日《2010 年 12 月 9 日〈协商一致货币政策协定〉缔约国实施货币管制授权当局合作条约》。

62. 2012 年 8 月 24 日《修正 2008 年 12 月 12 日〈适用于进口关税不同于共同关税税则的例外情况的条件和程序的议定书〉的议定书》。

63. 2013 年 5 月 29 日《统计领域信息交换协定》。

64. 2013 年 7 月 21 日《修正 2008 年 12 月 12 日〈适用关税配额的条件和机制的协定〉的议定书》。

65. 2013 年 9 月 25 日《修正 2008 年 1 月 25 日〈共同关税税则协定〉的议定书》。

Ⅱ. 依据本条约第 102 条在委员会各项决定生效日终止的国际条约

1. 2008 年 1 月 25 日《确定货物原产地国共同规则的协定》。

2. 2008 年 12 月 12 日《关税同盟关税优惠共同制度的议定书》。

3. 2008 年 12 月 12 日《确定来自发展中和最不发达国家货物的原产地规则的协定》。

（《欧亚经济联盟条约》（下）附件 8 至附件 33，由邓瑞平译）

附2 俄罗斯联邦外国投资联邦法*

第N160-FZ号联邦法

（经 2002 年 3 月 21 日第 N31-FZ 号联邦法、2002 年 7 月 25 日第 N117-FZ 号联邦法、2003 年 12 月 8 日第 N168-FZ 号联邦法、2005 年 7 月 22 日第 N117-FZ 号联邦法、2007 年 6 月 3 日第 N75-FZ 号联邦法、2007 年 6 月 26 日第 N118-FZ 号联邦法、2008 年 4 月 29 日第 N58-FZ 号联邦法、2011 年 7 月 19 日第 N248-FZ 号联邦法、2011 年 12 月 6 日第 N409-FZ 号联邦法、2014 年 2 月 3 日第 N12-FZ 号联邦法、2014 年 5 月 5 日第 N106-FZ 号联邦法修正）

目 录

序言

---

* 本译文根据本联邦法非官方英译本并结合相应中译本译出。非官方英译本可从 http://investmentpolicyhub. unctad. org/获取，2018 年 1 月 4 日访问。

序　言

本联邦法规定俄罗斯联邦领土内外国投资者投资的权利及其所获收入与利润的基本保证、外国投资者营运活动的术语和条件。

本联邦法旨在关涉和有效利用俄罗斯经济中的外国物质与金融资源、高端机器设备与技术、管理经验，为外国投资者活动提供稳定环境，遵守国际法规定的外国投资法律待遇和投资合作国际实践。

第1条　本联邦法统辖的关系和法律的可适用性

(1)本联邦法应当统辖与外国投资者在俄罗斯领土内投资期间外国投资者权利国家保证有关的关系。

(2)本联邦法不包含与银行、其他信贷组织和保险组织外国资本投资有关的关系，其由俄罗斯联邦关于银行与银行业活动的法律、俄罗斯联邦关于保险的法律统辖。

本联邦法也不包含与非商事组织为实现某些有用社会目标的外国资本投资有关的关系，其中包括教育、慈善、科学和宗教目标，其由俄罗斯联邦关于非商事组织的法律统辖。

本联邦法第7、16条不包含与经济特区工业和制造活动、技术与创新或旅游活动和居民娱乐活动有关的关系。

第2条　本联邦法中使用的基本术语

为了本联邦法的目的，使用以下术语：

"外国投资者"，指按其设立地国家法律确定民事法律资格并按该国法律有权在俄罗斯联邦领土内投资的外国法律实体；按其设立地国家法律确定民事法律资格并按该国法律有权在俄罗斯联邦领土内投资的不是外国法律实体的外国组织；按其公民身份国的法律确定民事法律资格和能力并按该国法律有权在俄罗斯领土内投资的外国公民；永久居住在俄罗斯联邦领土外无公民身份但按永久居住国法律确定民事法律资格和能力并按该国法律有权在俄罗斯联邦领土内投资的人员；按俄罗斯联邦国际条约有权在俄罗斯联邦领土内投资的国际组织；遵守联邦法律规定程序的外国国家。

"外国投资"，指以外国投资者拥有的民事法律下客体形式，以在俄罗斯联邦领土内

营运活动为目的的外国资本投资,包括货币、证券(以外币和俄罗斯联邦货币表示)、其他财产、智力活动成果具有金钱价值(知识财产)的专属权利、服务和信息,但是按联邦法律禁止或限制民事法律下以此类客体进行交易者除外。

"外国直接投资",指外国投资者至少获得以俄罗斯联邦民事法律下经济合伙或公司形式在俄罗斯领土内设立或将设立的商事组织之法定(总)资本10%股份(出资);在俄罗斯联邦领土内将设立的外国法律实体分支机构的固定资产;外国投资者作为出租人实施《独联体海关同盟对外经济活动》(CIS CC FEA)第ⅩⅥ和ⅩⅦ节下规定的具有至少100万卢布海关价值的设备的融资租赁(租赁)。

"投资项目",指外国直接投资之经济可行性、范围和期限的实体化,包括遵从俄罗斯联邦法律规定的标准详细阐明的设计和成本测算文件化。

"优先投资项目",指包括在俄罗斯联邦政府批准的名单主体中的外国投资总额至少10亿卢布(不低于自本联邦法生效日按俄罗斯联邦中央银行汇率的外国货币等值额)的投资项目,或者外国投资者在外国投资商事组织法定(总)资本中具有至少100万卢布(不低于自本联邦法生效日按俄罗斯联邦中央银行汇率的外国货币等值额)的最低股份(出资)的投资项目。

"投资项目合理期限",指通过使用外国直接投资建立投资项目开始之日至折旧后纯利润累积额与外国投资商事组织、外国法律实体分支机构或有效融资租赁协议下出租人的投资成本额之间的差额之日。

"再投资",指外国投资者或外国投资商事组织以在俄罗斯联邦领土内营运活动为目标,用从外国投资中收到的收入或利润进行的主要投资。

"总税负",指实施外国投资之投资项目的外国投资者和外国投资商事组织自建立投资项目开始时起以进口关税(排除在按俄罗斯联邦法实施对外货物贸易时适用旨在保护俄罗斯联邦经济利益之措施所产生的关税)、联邦税(排除俄罗斯联邦领土内制造货物的货物税、增值税)形式所支付的税率总额和向国家非预算基金的缴款(排除向俄罗斯联邦养老基金的缴款)。

第3条 俄罗斯联邦领土内外国投资的法律规制

(1)本联邦法、其他联邦法律、俄罗斯联邦其他规制性法令和俄罗斯联邦国际条约使俄罗斯联邦领土内外国投资的法律规制具有效力。

(2)俄罗斯联邦主体在涉及其权限、与俄罗斯联邦和俄罗斯联邦主体共同权限的范围内事项,遵从本联邦法和其他联邦法律,有权制定管辖外国投资的法律和其他规制性法令。

第4条 外国投资活动和外国投资商事组织活动的法律待遇

(1)外国投资者活动和使用投资所获利润的法律待遇,不应当低于给予俄罗斯投资者活动和使用投资所获利润的法律待遇,但联邦法律规定的豁免除外。

(2)联邦法律仅可以在为了保护宪法体制、道德、健康、其他人权利和合法利益、国防和国家安全的目的范围内设立对外国投资者的限制性豁免。

为了俄罗斯联邦社会经济发展目的,可以设立以外国投资者特权形式的激励性豁免。应当由俄罗斯联邦法律规定给予此等特权的种类及其程序。

(3)在俄罗斯联邦领土内设立的外国法律实体分支机构履行代表设立其的外国法律实体(以下简称"总部组织")按总部组织设立和活动目的是商事性质的代表处之部分或全部功能,总部组织直接负责其承担的与实施俄罗斯联邦领土内上述活动有关的义务,但是俄罗斯联邦法律另有规定除外。总部组织可以在终止其分支机构、代表处之日起停止其业务。

相关记录载入登记表之日为外国法律实体分支机构或代表处的委派之日,变更国家注册信息系统中外国法律实体分支机构委派信息之日,或终止委派外国法律实体分支机构、代表处之日。

(4)外国投资商事组织的附属和非独立公司在其实施俄罗斯联邦领土内营运活动期间,不应当享受本联邦法确立的法律保护、保证和特权。

(5)外国投资者,在俄罗斯领土内设立的外国投资者拥有法定(总)资本至少10%股份的外国投资商事组织,在其再投资期间,应当享受本联邦法规定的全部范围的法律保护、保证和特权。

(6)俄罗斯商事组织应当自外国投资者成为其股份持有人之日起取得外国投资商事组织地位。自该日起,该外国投资商事组织和外国投资者应当享受本联邦法规定的法律保护、保证和特权。

自外国投资者停止为其股份持有人(若股份持有人中存在少数外国投资者,自全体外国投资者停止为其股份持有人)之日起,该商事组织应当丧失外国投资商事组织地位。自该日期起,上述商事组织和外国投资者应当丧失本联邦法规定的法律保护、保证和特权。

第 5 条　保证俄罗斯联邦领土内外国投资者活动的法律保护

(1)给予俄罗斯领土内外国投资者在本联邦法、其他联邦法律、俄罗斯联邦其他规制性法令和俄罗斯联邦国际条约中规定的权利和利益的全面、无条件保护。

(2)外国投资者有权按俄罗斯联邦民事法律获得因国家机关、地方自治政府机关或其官员不法行为(不作为)遭受损失的赔偿。

第 6 条　保证外国投资者在俄罗斯联邦领土内使用各种投资形式

外国投资者有权在俄罗斯联邦领土内以俄罗斯联邦法律不禁止的任何形式实施投资。

外国投资商事组织法定(总)资本中的投资估价应当遵从俄罗斯联邦法律。

应当以俄罗斯联邦货币进行投资估价。

外国国家、国际组织或其控制下的组织安排的交易导致获得构成俄罗斯商事组织部分注册资本的、投票权(股份)总数25%以上的直接或间接处置权或给予阻止此等组织管理机构作出决定的其他任何机会的,需事前按《外国投资进入确保国防和国家安全具有重要意义经济组织的实施程序的联邦法》第9至12条规定秩序,得到批准,但是根据国际条约设立的国际金融组织参与的交易除外。

遵从本联邦法第1条,第7、16条不包含与经济特区工业、制造、技术和创新或旅游、娱乐活动有关的关系。

第 7 条　保证外国投资者向其他人转让权利义务

(1)外国投资者遵从俄罗斯联邦民事法律,有权按协议向其他人转让其权利(转让请

求权)和义务(转让债务),并有义务按法律或法院判决向其他人转让其权利(转让请求权)和义务(转让债务)。

(2)若外国国家或其授权的国家机关向俄罗斯联邦领土内实施投资的外国投资者提供保证下的外国投资者利益执行了支付,且向该外国国家或其授权的国家机关转让上述投资方面的权利(请求权),权利(请求权)的此等转让在俄罗斯联邦境内应当确认为合法。

第8条 保证外国投资者或外国投资商事组织之财产国有化和征用的补偿

(1)外国投资者或外国投资商事组织的财产不受强制性占用,包括国有化、征用,但是俄罗斯联邦法律或俄罗斯联邦国际条约规定的情形和理由除外。

(2)在征用情形下,应当按征用财产的价值向外国投资者或外国投资商事组织偿还。当实施征用的客观情况终止,外国投资者或外国投资商事组织应当有权根据司法程序,请求返还剩余财产,但应当返还其收到的低于财产价值损失的补偿额。

在国有化情形下,应当赔偿外国投资者或外国投资商事组织的国有化财产或其他损失。应当根据本联邦法第10条规定的程序解决赔偿争端。

第9条 对俄罗斯联邦法律变化不利于外国投资者和外国投资商事组织的保证

(1)若联邦新法律和俄罗斯联邦其他规制性法令生效改变进口关税率(排除因遵从俄罗斯联邦法律在实施对外货物贸易中适用旨在保护俄罗斯联邦经济利益的措施所产生的关税)、联邦税率(排除俄罗斯联邦领土内制造货物的货物税率、增值税率)和向国家非预算基金的缴款(排除向俄罗斯联邦养老金缴款),或者,与外国投资开始建立优先投资项目之日的联邦法律和俄罗斯联邦其他法令下有效的总税负和制度相比较,有效联邦法和俄罗斯联邦其他法令中的修正导致增加实施优先投资项目的外国投资者和外国投资商事组织的活动的总税负,或对俄罗斯联邦境内外国投资建立约束性和限制性制度,上述的新联邦法、法令和修正在本条第(2)款下规定的期限内,以外国投资者和外国投资商事组织进口至俄罗斯联邦关税区域的货物用于指定的实施优先投资项目为条件,不应当适用。

若外国投资者在外国投资商事组织法定(总)资本中的股份(出资)构成超过了25%,本款第1段的规定应当扩展至该外国投资商事组织;还应当扩展至实施优先投资项目的外国投资商事组织,不考虑外国投资者在此类组织法定(总)资本中的股份(出资)。

(2)应当在投资项目合理期限内保证本条第(1)款下规定期限、条件和环境的稳定性,但是自外国投资项目开始建立之日起不超过7年。应当根据俄罗斯联邦政府确立的程序、依据项目种类区分投资项目合理期限。

(3)在例外情况下,外国投资者和外国投资商事组织在制造或建设交通基础设施、其他基础设施领域实施外国投资总额至少10亿卢布(不低于自本联邦法生效日起按俄罗斯联邦中央银行汇率的外国货币等值额)的优先投资项目,其合理期限超过7年的,俄罗斯联邦政府应当作出决定,将本条第(1)款下规定的有效条款、条件和制度的有效期限扩展至上述外国投资者和外国投资商事组织。

(4)本条第(1)款的规定不应当扩展至随时对俄罗斯联邦法令采取的修正或新颁布的俄罗斯联邦法令和俄罗斯联邦其他规制性法令,以保护宪法体系基本原则、道德、健康、他人权利和合法利益、国防和国家安全。

（5）俄罗斯联邦政府应当：

（a）在不利于外国投资者方面,建立评估征收进口关税、联邦税和向国家非预算缴款、俄罗斯联邦领土内实施外国投资之约束性和限制性制度的变化标准;

（b）认可本联邦法第 24 条规定的联邦行政机关登记优先投资项目的程序;

（c）监管外国投资者和外国投资商事组织履行其在本条第（2）、（3）款规定期限内实施优先投资项目的义务。

若外国投资者和外国投资商事组织未履行本条第（1）款中规定的义务,应当根据本条剥夺给予他们的特权。因给予特权所产生的未支出资金,应当根据俄罗斯联邦政府规定的程序返还。

第 10 条　保证恰当解决外国投资者在俄罗斯联邦领土内实施外国投资和营运活动产生的争端

所产生的与俄罗斯联邦领土内实施投资和营运活动有关的外国投资者争端,应当根据俄罗斯联邦国际条约和联邦法律,在法院、仲裁院或国际仲裁院解决。

第 11 条　保证收入、利润和其他合法所得资金在俄罗斯联邦领土内使用和转移出俄罗斯联邦领土

外国投资者在支付俄罗斯联邦法律规定的税费后,应当有权利为了遵守本联邦法第4 条第（4）款规定的再投资目的,或为了不与俄罗斯联邦法律冲突的其他目的,在俄罗斯联邦领土内自由使用收入和利润,并且将其与较早实施投资有关的收入、利润和其他合法所得资金以外国货币无障碍转移出俄罗斯联邦,包括以下:

（a）以利润、股息、利息和其他收入形式收到的收入;

（b）按协议或其他交易履行外国投资商事组织或在俄罗斯联邦领土内开办分支机构的外国法律实体的义务的资金;

（c）外国投资者收到的与外国投资商事组织、外国法律实体分支机构或投资资产转让、其他权利和智力活动成果专属权有关的资金;

（d）本联邦法第 8 条中规定的补偿。

第 12 条　保证外国投资者将最初作为外国投资进入俄罗斯联邦领土的财产和以文件或电子记录记载形式的信息自由转移出俄罗斯联邦的权利

最初作为外国投资进入俄罗斯联邦领土的财产和以文件或电子记录记载形式的信息的外国投资者,应当有权将上述财产和信息自由转出俄罗斯联邦领土(无须在此方面适用配额、许可证和其他对外贸易非关税管制)。

第 13 条　保证外国投资者获取证券的权利

外国投资者有权按俄罗斯联邦证券法获得俄罗斯商事组织的股票、其他证券和国家证券。

第 14 条　保证外国投资者参与私有化

外国投资者可以根据俄罗斯联邦关于国家和自治市财产私有化的法律所确立的程序和条款,以获取国家和自治市财产所有权、私有化组织法定资本(出资)股份的方式,参与国家和自治市所有权财产的私有化。

第 15 条　保证给予外国投资者地块、其他自然资源、建筑物、构造物和其他不动产的权利

应当按照俄罗斯联邦法律和俄罗斯联邦主体法律,实施外国投资者获得地块、其他自然资源、建筑物、构造物和其他不动产的权利。

外国投资商事组织可以通过招标(拍卖、投标)获得地块租赁的权利,但是俄罗斯联邦法律中另有规定的除外。

遵从本联邦法第 1 条,第 16 条不包含与经济特区工业、制造、技术和创新或旅游、娱乐活动有关的关系。

第 16 条　给予外国投资者和外国投资商事组织支付关税的利益

根据俄罗斯联邦关税法和税法,给予外国投资者和外国投资商事组织在其实施优先投资项目期间支付关税的利益。

第 17 条　俄罗斯联邦主体和地方自治政府机关给予外国投资者的特权和保证

在其职权范围内行事的俄罗斯联邦主体和地方自治政府机关,可以在外国投资者实施投资项目方面,用俄罗斯联邦主体预算资源、地方预算与非预算资源,给予外国投资者特权和保证、提供资金和其他支持形式。

第 18 条　俄罗斯联邦反垄断法和外国投资者遵守公平竞争原则

外国投资者应当遵守俄罗斯联邦反垄断法,避免不公平竞争和限制性商业做法,包括通过在俄罗斯联邦领土内设立外国投资商事组织或外国法律实体分支机构以制造高需求产品并因此为了促进相似外国制造产品的目的迅速生利,以及通过恶意价格协议,或分配销售市场协议或参与招标(拍卖、投标)协议。

第 19 条　外国投资商事组织和外国法律实体分支机构总部组织履行财产保险

外国投资商事组织按其酌情权,外国法律实体分支机构按其总部组织酌情权,应当对损失风险(危险)、财产损失或损害、民事责任和营运风险实施财产保险,但是俄罗斯联邦法律另有规定的除外。

第 20 条　外国投资商事组织的设立和停业

(1)外国投资商事组织的设立和停业应当按期限和根据《俄罗斯联邦民法典》、其他联邦法律规定的程序进行,但是俄罗斯联邦法律遵守本联邦法第 4 条第(2)款可以规定的情形除外。

(2)系外国投资商事组织的法律实体应当受关于法律实体国家登记的联邦法(经 2002 年 7 月 25 日第 N117-FZ 号联邦法、2003 年 12 月 8 日第 N169-FZ 号联邦法修正)规定秩序的国家登记约束。

第 21 条　外国法律实体分支机构的设立和停业

为了在俄罗斯联邦领土内履行总部组织实施的活动的目的,可以设立外国法律实体分支机构,并根据外国法律实体(总部组织)的决定予以停业。

应当根据俄罗斯联邦政府规定的程序采取认可方式,对外国法律实体分支机构的设立、活动和停业实施国家控制。

本联邦法第 24 条规定的联邦行政机关应当负责外国法律实体分支机构的认可。

为了保护宪法体系基本原则、道德、健康、他人权利和合法利益、国防和国家安全的目的,可以拒绝认可外国法律实体分支机构。

第 22 条　外国法律实体分支机构规章的要求

(1)总部组织应当向本联邦法第 24 条规定的联邦行政机关提交外国法律实体分支机构规章和其他文件,其清单和要求由俄罗斯联邦政府适当考虑本条第 2、3 款后批准。

(2)外国法律实体分支机构规章中应当规定以下事项:其分支机构和总部组织的名称,总部组织的组织与法律形式,该分支机构在俄罗斯联邦领土内的地点和其总部组织的法定地址,该分支机构的设立目标、活动种类和构成,该分支机构固定资产中的出资额和出资期限,管理该分支机构的程序。外国法律实体分支机构规章可以包括反映该分支机构在俄罗斯联邦领土内不与俄罗斯联邦法律冲突的活动具体特性的信息。

(3)应当由总部组织根据国内或世界价格估价外国法律实体分支机构固定资产中的出资资金。出资资金的估价应当以俄罗斯联邦货币进行。应当在外国法律实体分支机构规章中规定外国法律实体分支机构固定资产中的出资资金评估价值。

(4)自认可之日起有效的外国法律实体分支机构有权在俄罗斯联邦领土内实施营运活动。

外国法律实体分支机构自剥夺其认可之日起,应当终止俄罗斯联邦领土内的营运活动。

第 23 条　制定和执行外国投资领域的国家政策

俄罗斯联邦政府根据"关于俄罗斯联邦政府"的宪法,制定和实施国际投资合作领域的国家政策。

俄罗斯联邦政府应当:

(a)决定对俄罗斯联邦领土内外国投资实施阻止和限制的可行性,制定列明上述阻止和限制的法案。

(b)规定监管俄罗斯联邦领土内外国投资者活动的措施。

(c)批准本联邦法第 2 条规定的优先投资项目清单;制定吸引外国投资的联邦方案和保证其实施;吸引来自国际金融组织和外国国家的投资贷款,向俄罗斯发展预算和联邦有重要意义的投资项目提供资金。

(d)就国际投资合作事项,与俄罗斯联邦主体相互配合。

(e)监督与外国投资者草拟和签署外国投资者可能实施大规模投资项目的投资协议。

(f)监督草拟和签署提供激励和相互保护投资的俄罗斯联邦国际条约。

第 24 条　联邦行政机关负责协调吸引外国直接投资

俄罗斯联邦政府应当指派一联邦行政机关负责协调吸引外国直接投资至俄罗斯联邦经济。

第 25 条　宣布废止较早通过的与本联邦法颁行有关的某些法令和具体条款

鉴于颁行本联邦法,以下应当视为被废止:

(a)《俄罗斯苏维埃社会主义联邦共和国"关于在俄罗斯苏维埃社会主义联邦共和国外国投资"的法律》(《俄罗斯苏维埃社会主义联邦共和国人民代表大会和俄罗斯苏维埃社会主义联邦共和国最高苏维埃的决定》,1991 年第 29 号,1008);

(b)《俄罗斯苏维埃社会主义联邦共和国最高苏维埃"关于在俄罗斯苏维埃社会主义

联邦共和国外国投资的法律"生效的决定》(《俄罗斯苏维埃社会主义联邦共和国人民代表大会和俄罗斯苏维埃社会主义联邦共和国最高苏维埃的决定》,1991 年第 29 号,1009);

(c)《"关于采取修正和补充与颁行'标准化''保证措施持续性''产品和服务证书'俄罗斯联邦法律有关的俄罗斯联邦法令"的联邦法》第 6 条(《俄罗斯联邦法律汇编》,1995 年,第 26 号,2397);

(d)《"关于采用修正和补充与颁行'俄罗斯联邦仲裁院'联邦宪法和俄罗斯联邦仲裁程序法典有关的俄罗斯联邦法令"的联邦法》,第 1 条第 4 款(《俄罗斯联邦法律汇编》,1997 年,第 47 号,5341)。

第 26 条　使俄罗斯联邦法律服从本联邦法

(1)兹提议俄罗斯联邦总统和俄罗斯联邦政府使其法令遵从本联邦法。

(2)俄罗斯联邦政府应当按正当进程将本联邦法产生的修正俄罗斯联邦法令的提案呈递俄罗斯联邦之联邦议会国家杜马。

第 27 条　使俄罗斯联邦领土内设立外国法律实体的规章服从本联邦法

本联邦法生效前在俄罗斯联邦领土内已设立分支机构的总部组织应当:

(a)使外国法律实体分支机构规章自本联邦法生效之日起 6 个月内遵从本联邦法;

(b)使外国法律实体分支机构自本联邦法生效之日起 1 年内被认可。

(本条被 2014 年 5 月 5 日第 N106-FZ 号联邦法废止,自 2015 年 1 月 1 日起失效)

第 28 条　本联邦法生效

本联邦法自其正式公布之日生效。

俄罗斯联邦总统

叶利钦

莫斯科克里姆林官

1999 年 7 月 9 日

第 N160-FZ 号

(邓瑞平译)

✳邓瑞平 *

印度《2019 年仲裁和调解(修正)法》导论

　　印度《2019 年仲裁和调解(修正)法》(以下简称"本法")是对其《1996 年仲裁和调解法》(以下简称"1996 年法")的第二次重大修正①。本法标志着印度当代仲裁法的新发展方向和印度将其建设成为世界仲裁中心的开始努力。

一、本法的制定背景与基本进程

　　随着全球化步伐不断加快,需要解决的商事争端迅速增长。越来越多的国家加速行业化和自由化进程,无不期望有良好的国际国内营商环境,特别是良好的法律环境,因而全球范围内对仲裁的需求进一步增长,②许多国家愈加特别重视仲裁和仲裁法领域的营商环境建设。在此背景下,印度因近年来经济社会发展良好,特别是其良好国际经济贸易形势,印度民间提出了"21 世纪属于印度"③的倡议和宏伟目标。在仲裁领域,印度官方提出了将印度建设成为全球仲裁中心④、国际仲裁领导中心⑤或国际商事仲裁中心⑥的目标。但是,印度要实现上述民间或官方目标,要走很多和很长的路。其中重要之一是需加强与仲裁有关的立法建设,特别是有关仲裁组织和仲裁机构的立法建设。印度因长期受

　　* 邓瑞平(1963—),男,四川蓬安人,西南大学法学院教授、博士生导师,西南大学金砖国家法律研究院院长。

　　① 第一次修正法案是《2015 年仲裁和调解(修正)法》(以下简称"2015 年修正法")。

　　② Arnold Thomas, The Arbitration & Conciliation (Amendment) Bill, 2019, https://www. indiafilings. com/learn/the-arbitration-conciliation-amendment-bill-2019/, last visited on 2020-4-20.

　　③ Ashutosh Ray, 2019 In Review, India, International Commercial Arbitration, Investment Arbitration, http://arbitrationblog. kluwerarbitration. com/2020/02/12/2019-in-review-india/, last visited on 2020-3-28.

　　④ Arnold Thomas, The Arbitration & Conciliation (Amendment) Bill, 2019, https://www. indiafilings. com/learn/the-arbitration-conciliation-amendment-bill-2019/, last visited on 2020-4-20.

　　⑤ Sanjna Pramod, The Indian Arbitration and Conciliation (Amendment) Act, 2019: Double Whammy, https://www. hkiac. org/content/indian-arbitration-and-conciliation-act, last visited on 2020-04-23.

　　⑥ Rachel Thomas, Salient Features of The Arbitration And Conciliation (Amendment) Act, 2019, https://viamediationcentre. org/readnews/MzA =/Salient-Features-of-the-Arbitration-and-Conciliation-Amend-ment-Act-2019, last visited on 2020-04-23.

英国影响,重视临时仲裁超过机构仲裁,①加之 2015 年修正法存在诸多问题②和在印度仲裁成本高、不快捷等原因,印度商事争端当事人宁愿选择新加坡、英国(伦敦)、法国等作为其仲裁解决商事争端的仲裁地。③ 基于以上情况,印度政府认为有必要再次修正 1996 年法。

2016 年 12 月,印度政府成立了退休法官 B. N. Srikrishna 任主席的高级别委员会,以审查和改革仲裁机构化。该委员会于 2017 年 8 月 3 日提交报告,提出了改进印度境内仲裁的若干措施,以加强机构仲裁和消除 2015 年修正法的某些歧义。依据该委员会建议,提出了《2018 年仲裁和调解(修正)法案》[The Arbitration and Conciliation (Amendment) Bill, 2018,简称"2018 年法案"]。2018 年 8 月,印度议会下院人民院通过了该法案,但上院联邦院未通过。该法案最终因人民院解散而终止。2019 年 7 月 18 日,经较小变化的 2018 年法案由联邦院通过,称为《2019 年仲裁和调解(修正)法案》(简称"2019 年法案")。随后于 2019 年 8 月 1 日人民院通过了 2019 年法案。④ 2019 年 8 月 9 日,印度总统批准本法,本法自此日生效。⑤

二、本法的主要内容与特点

本法由 16 节条文构成,主要内容与特点如下:

(一)旨在将印度建设成为一个全球仲裁中心

本法规定了多项措施,要求在规定时间框架内解决争端,为解决机构性争端提供强有

---

① Sanjna Pramod,The Indian Arbitration and Conciliation (Amendment) Act, 2019: Double Whammy, https://www. hkiac. org/content/indian-arbitration-and-conciliation-act, last visited on 2020-04-23.

② 例如机构仲裁的重要性、仲裁保密性、2015 年修正法的可适用性、仲裁员资格、仲裁裁决自动停止等问题。See Sanjna Pramod, The Indian Arbitration and Conciliation (Amendment) Act, 2019: Double Whammy, https://www. hkiac. org/content/indian-arbitration-and-conciliation-act, last visited on 2020-04-23; Ashutosh Ray , 2019 In Review, India, International Commercial Arbitration, Investment Arbitration, http://arbitrationblog. kluwerarbitration. com/2020/02/12/2019-in-review-india/, last visited on 2020-3-28.

③ Sanjna Pramod, The Indian Arbitration and Conciliation (Amendment) Act, 2019: Double Whammy, https://www. hkiac. org/content/indian-arbitration-and-conciliation-act, last visited on 2020-04-23; Rachel Thomas, Salient Features of The Arbitration And Conciliation (Amendment) Act, 2019, https://viamediationcentre. org/readnews/MzA =/Salient-Features-of-the-Arbitration-and-Conciliation-Amendment-Act-2019, last visited on 2020-04-23.

④ Sanjna Pramod, The Indian Arbitration and Conciliation (Amendment) Act, 2019: Double Whammy, https://www. hkiac. org/content/indian-arbitration-and-conciliation-act, last visited on 2020-04-23; Chanaka Kumarasinghe, Sadhvi Mohindru, Legislative Reforms to The Indian Law On Arbitration, https://www. hfw. com/sectors/Legislative-reforms-to-the-Indian-Law-on-Arbitration, last visited on 2020-04-23

⑤ Chanaka Kumarasinghe, Sadhvi Mohindru, Legislative Reforms to The Indian Law On Arbitration, https://www. hfw. com/sectors/Legislative-reforms-to-the-Indian-Law-on-Arbitration, last visited on 2020-04-23; Sanjna Pramod, The Indian Arbitration and Conciliation (Amendment) Act, 2019: Double Whammy, https://www. hkiac. org/content/indian-arbitration-and-conciliation-act, last visited on 2020-04-23.

力的和可依赖的机制,同时确保对仲裁员的问责。这些措施可以使印度成为解决组织之间和商业之间商事争端的国内、国际仲裁中心。①

(二)设立印度仲裁理事会

本法明确规定设立名称为"印度仲裁理事会"的分离、独立且法定的组织,以升级印度境内的仲裁机构。② 该组织具有独立法人地位,有取得、持有、处置动产与不动产、缔约契约、起诉与应诉的权力③,行使本法赋予职能和履行本法规定的职责,例如:促进本国境内选择性争端解决体系,包括调解、仲裁④和选择性争端解决(ADR)机制的其他形式⑤;制定提升仲裁机构的政策和创制关于选择性争端解决中的专业标准政策。⑥ 其组成人员来自最高法院法官、高等法院首席法官、国内外仲裁机构仲裁职业人员和杰出学者,司法部、财政部和工商团体的代表。⑦ 本法的此项内容和特点,在世界各国仲裁立法中不多见。

(三)快速指定仲裁机构任命仲裁员

依据本法规定,若当事人不能任命仲裁员,最高法院和各高等法院有权力从印度仲裁理事会认证的仲裁机构中指定案件仲裁机构分别任命国际、国内仲裁中的仲裁员;指定机构只能任命符合合格标准的仲裁员。⑧ 此项内容和特点不但对印度加强机构仲裁和减少法院沉重负担具有重要意义,而且使印度仲裁员任命制度与国际接轨。⑨

(四)明确仲裁员的合格条件

本法第8表"仲裁员的资格和经历"和"适用于仲裁员的一般规范"规定了仲裁员的条件,要求仲裁员必须符合本法规定的资格条件并经认证。仲裁员合格的基本条件之一是,具有10年以上实践的《1961年律师法》含义内的律师。此项条件排除印度境内无资格的律师担任位于印度的仲裁机构仲裁员。此外,合格仲裁员还包括具有特定年限资历

① Arnold Thomas, The Arbitration & Conciliation (Amendment) Bill, 2019, https://www.indiafilings.com/learn/the-arbitration-conciliation-amendment-bill-2019/, last visited on 2020-4-20.
② Ashutosh Ray, 2019 In Review, India, International Commercial Arbitration, Investment Arbitration, http://arbitrationblog.kluwerarbitration.com/2020/02/12/2019-in-review-india/, last visited on 2020-3-28.
③ 本法第10节中第43B节"印度仲裁理事会的设立与组建"。
④ Arnold Thomas, The Arbitration & Conciliation (Amendment) Bill, 2019, https://www.indiafilings.com/learn/the-arbitration-conciliation-amendment-bill-2019/, last visited on 2020-4-20.
⑤ Chanaka Kumarasinghe, Sadhvi Mohindru, Legislative Reforms To The Indian Law On Arbitration, https://www.hfw.com/sectors/Legislative-reforms-to-the-Indian-Law-on-Arbitration, last visited on 2020-04-23.
⑥ 其具体职能职责,见本法第10节中的第43D节。
⑦ 见本法第10节中的第43C节第(1)分节。
⑧ 见本法第3节第(i)至(vi)项。
⑨ Chanaka Kumarasinghe, Sadhvi Mohindru, Legislative Reforms To The Indian Law On Arbitration, https://www.hfw.com/sectors/Legislative-reforms-to-the-Indian-Law-on-Arbitration, last visited on 2020-04-23; . Sanjna Pramod, The Indian Arbitration and Conciliation (Amendment) Act, 2019: Double Whammy, https://www.hkiac.org/content/indian-arbitration-and-conciliation-act, last visited on 2020-04-23.

的特许会计师、成本会计师和公司秘书等。① 此项内容和特点在世界各国仲裁立法中罕见。

(五)取消国际商事仲裁的严格时限

依据本法规定,印度取消了国际商事仲裁中作出裁决的严格强制时间限制。以前要求仲裁庭在仲裁庭组成 12 个月内发出裁决,否则仲裁庭和仲裁员会受到处罚,本法取消了此要求而规定:仲裁庭应当尽力在完成仲裁请求 12 个月内结束仲裁程序。② 此规定具有较大灵活性,赋予印度仲裁机构特别是仲裁庭对国际商事仲裁案件复杂程度的审结酌情权,也符合当代国际商事仲裁普遍实践和主要国家仲裁法和仲裁机构仲裁规则的规定。

(六)明确仲裁程序的机密性

本法规定,为了执行裁决的目的而披露是必要的裁决除外,仲裁员、仲裁机构和仲裁协议当事人应当保守全部仲裁程序的机密性。③ 此规定对仲裁员、仲裁机构和争端当事人施加了重要的保密要求。此规定克服了本法的主法 1996 年法及其 2015 年修正法的缺陷。但依据本法规定,此项保密要求不涉及当事人可以合理披露仲裁程序的情形,例如:与仲裁有关的法院程序,当事人可以在此启动刑事诉讼、提起反对仲裁的禁令等。④

(七)进一步保护与仲裁有关的善意行为

本法规定,不应当针对本法或据此所定规则或规章善意进行或意图进行的任何事情,提起任何诉讼或其他法律程序。⑤ 按此规定,本法特别保护仲裁员、仲裁机构免受与按法律作出或意图作出的行为有关的法律程序。此项规定与国际仲裁实践保持一致,是印度仲裁法中的一项积极发展。⑥

(八)明确 2015 年修正法的适用范围

按本法规定,当事人另有约定除外,2015 年修正法不适用于 2015 年 10 月 23 日前启动的仲裁程序及其产生的或与其有关的法院程序;2015 年修正法仅适用于 2015 年 10 月 23 日和以后启动的仲裁程序、该仲裁程序产生的或与该仲裁程序有关的法院程序。⑦此项规定源自印度最高法院在 Board of Control for Cricket in India v. Kochi Cricket Pvt. Ltd 案⑧

---

① 关于仲裁员资格条件,见本法第 14 节和第 8 表。
② 参见本法第 6 节第(a)项。
③ 见本法第 9 节中的第 42A 节。
④ Sanjna Pramod, The Indian Arbitration and Conciliation (Amendment) Act, 2019: Double Whammy, https://www.hkiac.org/content/indian-arbitration-and-conciliation-act, last visited on 2020-04-23.
⑤ 见本法第 9 节中的第 42B 节。
⑥ Chanaka Kumarasinghe, Sadhvi Mohindru, Legislative Reforms To The Indian Law On Arbitration, https://www.hfw.com/sectors/Legislative-reforms-to-the-Indian-Law-on-Arbitration, last visited on 2020-04-23.
⑦ 见本法第 13 节。
⑧ Civil Appeal Nos. 2879-2880 OF 2018 ,[Arising out of SLP (C) Nos. 19545-19546 of 2016].

中的判决,此判决澄清了 2015 年修正法可适用性问题。

三、对本法的简要评价

本法是印度仲裁立法的一次重要发展,是填补《1996 年仲裁和调解法》及其 2015 年修正法的漏洞和适应世界主要国家仲裁立法、重要商事仲裁机构仲裁实践并有某些特色发展的一次立法。具体言之,本法的主要优势体现在:(1)它是围绕将印度建设成为国际商事仲裁中心这一目标所进行的一项国内立法布局。印度在 2018 年、2019 年还颁布了与这项目标配套的另两项重要立法:《2018 年商事法院、高等法院商事庭与商事上诉庭(修正)法》①和《2019 年新德里国际仲裁中心法》②。本法和相关立法能够促进印度境内仲裁产业这一新产业的发展,使印度成为商事实体寻求选择性争端解决服务的目的地。③ (2)它是对此前本领域立法之漏洞、模糊、严格性的重要填补、澄清和灵活化。1996 年法缺乏机构仲裁、仲裁保密性等事项的规定;2015 年修正法缺乏其可适用性、仲裁员具体资格条件和仲裁裁决自动停止等事项的明确、清晰规定;2015 年修正法关于国际商事仲裁中作出裁决时限的强制性规定和对超时限仲裁庭和仲裁员处罚的规定均是非常严格的,缺乏必要的灵活性,不利于发挥仲裁员积极性和印度仲裁事业的发展。本法基本上解决了上述漏洞、模糊和非灵活性问题。(3)它适应了世界国际商事仲裁发展的实践和有关国际标准。主要表现为以下规定:最高法院指定国际商事仲裁和高等法院指定国内仲裁的仲裁机构任命仲裁员,作出国际商事仲裁裁决的时限灵活性,保护与仲裁有关的善意行为,等。(4)它具有一定印度特色,主要表现为以下规定:国家支持的印度仲裁理事会的综合性制度,仲裁员的具体资格条件,印度仲裁理事会对仲裁机构的分级与对仲裁员的认证,等。(5)本法能够为印度产生多重良好效果,例如:加快仲裁解决纠纷的进程,减轻法院负担,提高仲裁程序的质量、效率和可靠性,等。

但是应当看到,本法也存在不足,可能会产生一些消极后果,主要有:(1)本法大量保留印度对其法律市场的开放,禁止任命外国律师担任印度仲裁地仲裁的仲裁员。④ (2)仲裁员认证的条件较严格,当外国当事人不得选择外国人担任仲裁员时,会排斥仲裁地位于印度境内的仲裁。⑤ (3)虽然本法明确了 2015 年修正法仅适用于 2015 年修正法生效日及之后的仲裁程序,但是 2015 年修正法缺乏其可适用性的清晰性导致大量法院诉讼,本法可

---

① The Commercial Courts, Commercial Division And Commercial Appellate Division Of High Courts (Amendment) Act, 2018, Act No. 28 of 2018.

② The New Delhi International Arbitration Centre Act, 2019, Act No. 17 of 2019.

③ Arnold Thomas, The Arbitration & Conciliation (Amendment) Bill, 2019, https://www. indiafilings. com/learn/the-arbitration-conciliation-amendment-bill-2019/, last visited on 2020-4-20.

④ Sanjna Pramod, The Indian Arbitration and Conciliation (Amendment) Act, 2019: Double Whammy, https://www. hkiac. org/content/indian-arbitration-and-conciliation-act, last visited on 2020-04-23.

⑤ Sanjna Pramod, The Indian Arbitration and Conciliation (Amendment) Act, 2019: Double Whammy, https://www. hkiac. org/content/indian-arbitration-and-conciliation-act, last visited on 2020-04-23.

能会因此产生进一步模糊和诉讼。① （4）印度仲裁理事会通过制定政策对仲裁特别是国际商事仲裁干预过大,会导致本国当事人和外国当事人选择自治性强的外国作为仲裁地或外国仲裁机构,解决其商事纠纷。有人分析本法关于仲裁机构的指定与定级、仲裁程序及时行为和仲裁员资格条件三个方面的规定后认为,国际社会通常批评印度是一个"非友好"仲裁的法域,本法试图改变这种面貌且本法真正是迈向印度成为国际仲裁中心这个正确方向的一步,但印度离成为一个全球仲裁中心的距离还很远。②

2019 年仲裁和调解(修正)法*

法律与司法部

(立法部门)

2019 年 8 月 8 日,新德里

2019 年 8 月 9 日收到总统批准议会以下法律,兹公布其基本信息:

印度《2019 年仲裁和调解(修正)法》导论

2019 年第 33 号

[2019 年 8 月 9 日]

进一步修正《1996 年仲裁和调解法》的一项法律。

议会于印度共和国第 70 年颁布本法,内容如下:

目　录

---

① Chanaka Kumarasinghe, Sadhvi Mohindru, Legislative Reforms To The Indian Law On Arbitration, https://www.hfw.com/sectors/Legislative-reforms-to-the-Indian-Law-on-Arbitration, last visited on 2020-04-23.

② Subhiksh Vasudev, The 2019 amendment to the Indian Arbitration Act: A classic case of one step forward two steps backward?, http://arbitrationblog.kluwerarbitration.com/2019/08/25/the-2019-amendment-to-the-indian-arbitration-act-a-classic-case-of-one-step-forward-two-steps-backward/# comments, last visited on 2020-03-23.

* 译自《印度公报》专号 2019 年 8 月 9 日第 52 号第 Ⅱ 部分第 1 节本法英文本。目录系译者增加。

8. 修正第 37 节

9. 嵌入新节第 42A 和 42B 节

10. 嵌入新部分第 IA 部分

11. 修正第 45 节

12. 修正第 50 节

13. 嵌入新的第 87 节

14. 嵌入新附表第 8 表

15. 修正 2016 年第 3 号法

16. 修正第 4 表

1. 短标题和生效

(1)本法可称为《2019 年仲裁和调解(修正)法》。

(2)保留本法中另行规定,本法应当自中央政府以《官方公报》中公告指定日期生效,且可以对本法不同条款指定不同生效日期,此等任何条款中对本法生效的任何提及应当视为对该条款生效的提及。

2. 修正第 2 节

在《1996 年仲裁和调解法》(1996 年第 26 号法,以下简称"主法")第 2 节中,

(i)在第(1)分节中,

(A)在(c)条款之后,应当嵌入以下条款:

"(ca)'仲裁机构',指按本法由最高法院或一高等法院指定的一仲裁机构;";

(B)在(h)条款之后,应当嵌入以下条款:

"(i)'规定的',指按本法制定的规则所规定的;

(j)'规章',指理事会按本法制定的规章。";

(ii)在第(2)分节但书中,应当用"(b)条款"文字、括号和字母替代"(a)条款"文字、括号和字母。

3. 修正第 11 节

在主法第 11 节中,

(i)在第(3)分节之后,应当嵌入以下分节:

"(3A)最高法院和高等法院应当随时有权力为了本法目的指定理事会已分级的仲裁机构:

但是,就高等法院管辖权,若无任何可利用的分级仲裁机构,相关高等法院首席法官可以保持履行仲裁机构职能和职责的仲裁员小组,对仲裁员的任何提及应当视为是为了本节目的一仲裁机构,当事人一方任命的仲裁员应当有权享有第 4 表中规定比率的费用:

但是,相关高等法院首席法官可以随时审查仲裁员小组。";

(ii)在第(4)分节中,应当用以下内容替代一长行中"应当作出任命"开始至"此法院指定"结束的部分:

"在国际商事仲裁中由最高法院依据当事人申请所指定的或在国际商事仲裁以外的仲裁中由高等法院依据当事人申请所指定(视情况而定)的仲裁机构应当作出任命";

（iii）在第（5）分节中，应当用以下内容替代"应当作出任命"开始至"此法院指定"结束的部分：

"应当依据第（4）分节中所含规定根据当事人申请作出任命"；

（iv）在第（6）分节中，应当用以下内容替代"当事人可以请求"开始至"此法院指定"结束的部分：

"在国际商事仲裁中由最高法院根据当事人申请所指定的或在国际商事仲裁以外的仲裁中由高等法院依据当事人申请所指定（视情况而定）的仲裁机构应当作出任命"；

（v）应当删除第（6A）和（7）分节；

（vi）在第（8）分节中，应当用"第（4）、（5）和（6）分节中所述的仲裁机构"文字、括号和数字代表"最高法院或视情况而定的高等法院或该法院指定的人员或机构"文字；

（vii）在第（9）分节中，应当用"最高法院指定的仲裁机构"文字替代"最高法院或其指定的人员或机构"文字；

（viii）应当删除第（10）分节；

（ix）应当用以下分节替代第（11）至（14）分节：

"（11）若按第（4）、（5）或（6）分节向不同仲裁机构已作出超过1个的请求，按相关分节向其首先作出请求的仲裁机构应当有权任命。

（12）若第（4）、（5）、（6）和（8）分节中所述事项产生国际商事仲裁或其他任何仲裁，对这些分节中仲裁机构的提及应当视为提及第（3A）分节下指定的仲裁机构。

（13）本节下作出的任命一名或数名仲裁员的申请应当由仲裁机构自向对方当事人送达通知之日起30日期限内处置。

（14）仲裁机构应当确定仲裁庭的费用及其向仲裁庭支付的方式，但受第4表中规定比率约束。

［解释］为消除疑问，兹澄清，若双方当事人已约定按仲裁机构规则确定费用，本分节不应当适用于国际商事仲裁和（国际商事仲裁以外的）其他仲裁。"。

4. 修正第 17 节

应当删除主法第 17 节第（1）分节中的"或在作出仲裁裁决之后但在根据第 36 节执行之前的任何时间"文字和数字。

5. 修正第 23 节

应当在主法第 23 节第（3）分节之后嵌入以下分节：

"（4）应当自该仲裁员或全体仲裁员（视情况而定）收到其书面任命之日起 6 个月期限内完成本分节下的请求或抗辩陈述。"。

6. 修正第 29A 节

在主法第 29A 节中，

（a）应当用以下分节替代第（1）分节：

"（1）仲裁机构应当自第 23 节第（4）分节下诉请完成日起 12 个月期限内作出国际商事仲裁以外事项的裁决：

但是，可以尽可能快速作出国际商事仲裁事项中的裁决，且可以尽力自第 23 节第（4）

分节下诉请完成日起 12 个月期限内作出处置该事项。";

(b)在第(4)分节中,应当嵌入以下但书:

"但是,若第(5)分节下的申请未决,仲裁员的授权应当持续至处置上述申请:

但是,在减少费用之前应当给予仲裁员被听审的机会。"。

7. 修正第 34 节

在主法第 34 节第(2)分节(a)条款中,应当用"依据仲裁庭记录确立"文字替代"提供此证据"文字。

8. 修正第 37 节

在主法第 37 节第(1)分节中,应当用"尽管其他任何现行有效法律中有任何规定,一项上诉"文字替代"一项上诉"文字。

9. 嵌入新节第 42A 和 42B 节

在主法第 42 节之后,应当嵌入以下诸节:

"42A. 信息的机密性

尽管其他任何现行有效法律中有任何规定,仲裁员、仲裁机构和仲裁协议当事人应当保持全部仲裁程序的机密性,但是为了执行裁决的目的披露是必要的裁决除外。

42B. 保护善意采取的行动

不应当针对按本法或据此所定规则或规章善意进行或意图进行的任何事情提起任何诉讼或其他法律程序。"。

10. 嵌入新部分第 I A 部分

应当在主法第 I 部分之后嵌入以下部分:

"第 IA 部分　印度仲裁理事会

43A. 定义

在本部分中,除非上下文另有要求,

(a)'主席',指按第 43C 节第(1)分节(a)条款任命的印度仲裁理事会主席。

(b)'理事会',指按第 43B 节建立的印度仲裁理事会。

(c)'成员',指理事会成员,且包括主席。

43B. 印度仲裁理事会的设立与组建

(1)中央政府应当为了本法目的,以《官方公报》中公告方式,设立一个名称为"印度仲裁理事会"的一理事会,以执行和履行本法下的职责和职能。

(2)理事会应当是以上述名义的法人,具有永久存续、持有公章,和受本法约束具有获取、持有、处置动产与不动产和缔结契约的权力,且应当以上述名义起诉或应诉。

(3)理事会总部应当位于新德里。

(4)理事会可以经中央政府事先批准在印度其他地点设立办公室。

43C. 理事会的组成

(1)理事会应当由以下诸成员组成:

(a)具有仲裁专业知识和从事仲裁活动或管理阅历的已是最高法院法官、高等法院首席法官或高等法院法官或杰出人士一名,由中央政府会商印度首席法官后任命,担任

主席；

（b）在国内和国际机构仲裁领域具有坚实知识和阅历的杰出仲裁职业人员一名，由中央政府提名，担任成员；

（c）在仲裁和选择性争端解决法领域具有研究和教学经历的杰出学者一名，由中央政府任命，担任成员；

（d）法律与司法部法律事务司的印度政府秘书或其不低于联合秘书级别的代表，依职权担任成员；

（e）财政部支出司的印度政府秘书或其不低于联合秘书级别的代表，依职权担任成员；

（f）认可工商团体的代表一名，由中央政府以轮流为基准选择，担任兼职成员；和

（g）首席执行官，依职权担任成员兼秘书。

（2）理事会主席和诸成员、非职权性成员应当任职自其入职日起3年。

但是，在主席情形下已满70岁和在成员情形下已满67岁的任何主席、成员或非职权性成员不应当任职。

（3）第（1）分节（b）和（c）条款中所述主席和成员的薪酬、津贴和其他条款条件，应当按中央政府规定。

（4）兼职成员应当有权享有中央政府规定的差旅和其他津贴。

43D. 理事会的职责与职能

（1）理事会的职责应当是采取一切必要措施促进和鼓励仲裁、调解、调停或其他选择性争端解决机制，和为此目的，就与仲裁有关的一切事务，建立、运行和维持统一职业标准制定政策和指南。

（2）为了履行和执行本法下的职责和职能目的，理事会可以——

（a）制定管辖仲裁机构定级的政策；

（b）认可提供仲裁员合格鉴定的专业学院；

（c）审查仲裁机构和仲裁员的定级；

（d）与法律事务所、法律大学和仲裁学院合作，举办仲裁领域的培训、讲习班和课程；

（e）制定、审查和更新规范以确保仲裁与调解的满意水平；

（f）担任观点和技术交流的论坛，将此论坛采纳为使印度成为国际国内仲裁与调解强健中心所创建的一个平台；

（g）就被采纳为制定容易解决商事争端的规定的各种措施，向中央政府作出建议；

（h）通过加强仲裁机构，促进机构仲裁；

（i）对与仲裁、调解有关的各种主题和其奖励证书开展检查与训练；

（j）建立和维护印度境内作出裁决的存放处；

（k）提出关于仲裁机构职员、培训和基础设施的建议；和

（l）中央政府可以决定的其他职能。

43E. 空缺等不使理事会程序无效

理事会任何行为或程序不应当仅因以下原因而无效：

（a）理事会设立中的任何空缺或任何缺陷；

(b)在任命人员担任理事会成员中的任何缺陷;或

(c)理事会程序中不影响案件实质的任何不当行为。

43F. 成员的辞职

主席、专职或兼职成员可以采取书面通知亲自递交中央政府方式辞职:

但是,除非中央政府准许其尽快交出职位,主席、专职或兼职成员应当继续任职至收到上述通知之日起届满 3 个月,或至正式任命为其继任者的人接替其职位,或至其任期届满,以较早者为准。

43G. 成员的免职

(1)一成员具有以下情形者,中央政府可以对其免职:

(a)是一名未清偿的破产者;或

(b)在其任职期间的任何时间(兼职成员除外)从事任何有偿聘用;或

(c)已宣判犯下中央政府认为涉及道德堕落的违法行为;或

(d)已获得可能有害影响其作为成员之职能的财务或其他利益;或

(e)已滥用其职位使其继续任职有害公共利益;或

(f)已成为身体或心理上不能担任成员。

(2)尽管第(1)分节中有任何规定,任何成员不应当因该分节(d)和(e)条款中规定理由被免职,除非最高法院根据中央政府在此方面向其作出的证明并基于依据最高法院在此方面规定的程序举行的调查并报告给该成员其应当依据该理由或诸理由被免职。

43H. 专家的任命与理事会专门委员会的设立

理事会可以按规章规定的条款条件、依其认为履行职能所必要任命专家和设立专门委员会。

43-I. 仲裁机构定级的一般规范

理事会应当按规章规定方式、以涉及处理国内或国际商事仲裁的基础设施、仲裁员品质与水准、履职和遵守时限的标准为基准,进行仲裁机构定级。

43J. 合格鉴定的规范

仲裁员的资格、阅历和合格鉴定规范应当是第 8 表中的规定:

但是,中央政府可以会商理事会后以《官方公报》中公告方式修正第 8 表,且第 8 表自此被视为已被相应修正。

43K. 裁决的存放处

理事会应当以规章规定方式维护印度境内作出的仲裁裁决和规章规定的与此有关的其他记录的电子存放处。

43L. 理事会制定规章的权力

理事会为了按本法履行其职能和执行其职责,可以会商中央政府后,制定符合本法规定和按本法所定规则的规章。

43M. 首席执行官

(1)应当有一名理事会首席执行官,其应当负责理事会的日常管理。

(2)首席执行官的资格、任命和其他服务条款条件应当按中央政府的规定。

(3)首席执行官应当履行和实施规章规定的职能和职责。

（4）应当有理事会秘书处，其由中央政府规定的官员和雇员数构成。

（5）理事会雇员和其他官员的资格、任命和其他服务条款条件应当按中央政府的规定。"。

11. 修正第 45 节

在主法第 45 节中，应当用"除非其表面认定"文字替代"除非其认定"文字。

12. 修正第 50 节

在主法第 50 节第（1）分节中，应当用"尽管其他任何现行有效法律中有任何规定，一项上诉"文字替代"一项上诉"文字。

13. 嵌入新的第 87 节

在主法第 86 节之后，应当嵌入以下节并应当视为已嵌入，且自 2015 年 10 月 23 日生效：

"87. 2015 年 10 月 23 日前启动的仲裁程序和相关法院程序的效力

除非当事人另有约定，由《2015 年仲裁和调解（修正）法》（2016 年第 3 号法）对本法作出的修正应当——

（a）不适用于——

（i）《2015 年仲裁和调解（修正）法》（2016 年第 3 号法）生效前启动的仲裁程序；

（ii）上述仲裁程序产生的或与上述程序有关的法院程序，不考虑此等法院程序是否在《2015 年仲裁和调解（修正）法》（2016 年第 3 号法）生效之前或之后启动的；

（b）仅适用于《2015 年仲裁和调解（修正）法》（2016 年第 3 号法）生效日或之后启动的仲裁程序和因此等仲裁程序产生的或与此等仲裁程序有关的法院程序。"。

14. 嵌入新附表第 8 表

在主法第 7 表之后，应当嵌入以下附表：

"第 8 表

（见第 43J 节）

仲裁员的资格和经历

任何人应当无资格成为仲裁员，除非他——

（i）是《1961 年律师法》（1961 年第 25 号法）含义内的一名律师，其具有作为律师的实践经历 10 年；或

（ii）是《1949 年特许会计师法》（1949 年第 38 号法）含义内的一名特许会计师，其具有作为特许会计师实践经历 10 年；或

（iii）是《1959 年成本与工厂会计师法》（1959 年第 23 号法）含义内的一名成本会计师，其具有作为成本会计师实践经历 10 年；或

（iv）是《1980 年公司秘书法》（1980 年第 56 号法）含义内的一名公司秘书，其具有作为公司秘书实践经历 10 年；或

（v）已是印度法律服务部门的一名官员；或

（vi）已是有法律学位的一名官员，其在政府、自治机构、公共部门事业法律事务中或在私人部门高级管理职位上有经历 10 年；或

（vii）已是有工程学学位的一名官员，其在政府、自治组织、公共部门事业中担任工程

师或在私人部门高级管理职位或自我雇用上有经历 10 年;或

(viii)已是一名官员,其在中央政府或邦政府有高级管理经历,或在公共部门事业或政府公司或著名私人公司有高级管理经历;

(ix)其他任何情况下的一人员,其具有学位水平的教育资格且在政府、自治组织、公共部门事业中在通讯、信息、知识产权领域或其他专业领域在科学或技术中或在私人部门高级管理职位上有经历 10 年,视情况而定。

适用于仲裁员的一般规范

(i)仲裁员应当是公平、诚实的一般声誉且在实现解决争端中能够适用客观性的人;

(ii)仲裁员必须是公正、中立的且避免达成可能影响公正性或在当事人中可能合理产生偏袒或偏见印象的任何财务业务或其他关系;或

(iii)仲裁员不应当介入任何法律程序,避免与其仲裁的任何争端有关的任何潜在冲突;

(iv)仲裁员未曾宣告犯下涉及道德堕落的违法行为或经济违法行为;

(v)仲裁员应当熟知《印度宪法》、自然正义原则、衡平法、普通与习惯法、商法、劳工法、侵权法、作出和执行仲裁裁决;

(vi)仲裁员应当具有关于仲裁国内、国际法律制度的强健理解力和关于此方面的最佳国际实践;

(vii)仲裁员应当能够理解民商事争端中合同义务的关键要素,能够将法律原则适用于争端情况,还能够将司法判决适用于与仲裁有关的给定事项;和

(viii)仲裁员应当能够在提交其裁判的任何争端中提议、推荐或撰写理由充分且可强制执行的仲裁裁决。"。

15. 修正 2016 年第 3 号法

《2015 年仲裁和调解(修正)法》第 26 节应当删除,且应当视为已经删除,并自 2015 年 10 月 23 日生效。

16. 修正第 4 表

在主法第 4 表中,应当用"[见第 11 节第(3A)分节]"括号、文字、数字和字母替代"[见第 11 节第(14)分节]"括号、文字和数字。

印度政府秘书

G. Narayana Raju 博士

(邓瑞平译)

附1　2018年商事法院、高等法院商事庭与商事上诉庭(修正)法 *

法律与司法部
（立法部门）

2018年8月21日,新德里

收到总统批准以下议会法律,兹公布基本信息:

2018年商事法院、高等法院商事庭与商事上诉庭(修正)法
2018年第28号

［2018年8月20日］

修正《2015年商事法院、高等法院商事庭与商事上诉庭法》的一项法律。

由议会于印度共和国69年颁布本法,内容如下:

目　录

---

* 译自《印度公报》专号2018年8月21日第41号第Ⅱ部分。

16. 修正第20节

17. 嵌入新的第21A节

18. 修正附表

19. 本法规定适用于其生效日或之后提起的案件

20. 废止与保留

1. 短标题和生效

(1)本法可称为《2018年商事法院、高等法院商事庭与商事上诉庭(修正)法》。

(2)保留另有规定,本法应当视为已于2018年5月3日生效。

2. 修正长标题

《2015年商事法院、高等法院商事庭与商事上诉庭法》(2016年第4号法,以下简称"主法")长标题"商事法院"文字之后,应当嵌入"商事上诉法院"文字。

3. 修正第1节

在主法第1节中,应当用以下分节替换第(1)分节:

"(1)本法可称为《2015年商事法院法》"。

4. 修正第2节

在主法第2节中,

(Ⅰ)(a)条款应当编号为(aa),并在(aa)条款之前嵌入以下条款:

"(a)'商事上诉法院',指按第3A节指定的商事上诉法院;";

(Ⅱ)在(i)条款中,应当用"应不低于30万卢比"文字,替换"应不低于1000万卢比"文字。

5. 替换第Ⅱ章标题

在主法第Ⅱ章中,用以下标题替换章的标题:

"商事法院、商事上诉法院、高等法院商事庭和商事上诉庭"。

6. 修正第3节

在主法第3节中,

(a)在第(1)分节中,应当用以下但书,替换该但书:

"但是,对具有最初民事管辖权的高等法院,邦政府可以按其认为必要,会商所涉高等法院后,经公告,对本邦全部或部分地区规定应不低于30万卢比的金钱价值或更高价值。

但是,对该高等法院具有最初民事管辖权的地域,邦政府可以按其认为必要,经公告,规定应不低于30万卢比或不高于该地域诸地区法院可行使金钱管辖权的金钱价值。";

(b)在第(1)分节后,应当嵌入以下分节:

"(1A)尽管本法中有任何规定,邦政府可以按其认为必要,会商所涉高等法院后,经公告,对本邦全部或部分地区规定应不低于30万卢比的金钱价值或更高价值。";

(c)在第(3)分节中,

(i)应当用"邦政府可以"文字,替换"邦政府应当"文字;

(ii)应当用以下文字,替换"商事法院,来自本邦高级司法服务局干部":

"商事法院,与地区法官同级或一地区法官级别以下一法院同级"。

7. 嵌入新节第 3A 节

在主法第 3 节后,应当嵌入以下节:

"3A. 高等法院具有普通最初民事管辖权的地域除外,邦政府可以为了履行本法下赋予商事上诉法院的管辖权和权力的目的,会商所涉高等法院后,经公告,规定这些商事上诉法院为地区法官级别的其认为必要的数量。"。

8. 修正第 4 节

在主法第 4 节中,应当用"普通最初民事管辖权"文字,替换"普通民事管辖权"文字。

9. 删除第 9 节

应当删除主法第 9 节。

10. 修正第 12 节

在主法第 12 节第(1)分节中,

(i)在(c)条款中"特定价值"文字之后,应当嵌入文字"和";

(ii)应当删(d)条款结尾出现的"和"字;

(iii)应当删除(e)条款。

11. 嵌入新的第ⅢA 章

在主法第Ⅲ章后,应当嵌入以下章:

"第ⅢA 章

诉前调解与和解

12A. 诉前调解与和解

(1)不应当启动不预期本法下的任何临时紧急救济措施,除非原告根据中央政府所定规则规定的方式和程序用尽诉前调解这项救济措施。

(2)中央政府可以经公告批准为了诉前调解目的、按《1987 年法律服务机构法》(1987 年第 39 号法)设立的机构。

(3)尽管《1987 年法律服务机构法》(1987 年第 39 号法)中有任何规定,经中央政府按第(2)分节批准的机构应当自原告按第(1)分节提出申请之日起 3 个月期限内完成调解程序:

但是,经双方当事人同意,可以延长调解期限 2 个月;

但是,双方当事人剩余的期限由诉前调解占用,为了《1963 年时效法》(1963 年第 36 号法)下时效的目的,不应当计算此期限。

(4)若商事争端双方当事人达成和解,该和解应当简化为书面形式且应当由争端双方当事人和调解人签字。

(5)按本节达成的和解应当具有与它是《1996 年仲裁和调解法》(1996 年第 26 号法)第 30 节第(4)分节下基于协议条款的仲裁裁决相同的地位和效力。"。

12. 修正第 13 节

在主法第 13 节中,应当用以下替换第(1)分节:

"(1)不服地区法官级别以下商事法院的判决或命令的任何人,可以自该判决或命令之日起 60 日期限内向商事上诉法院上诉。

(1A)不服地区法官级别以下商事法院或高等法院商事庭(视情况而定)的判决或命令的任何人,可以自该判决或命令之日起 60 日期限内向该高等法院商事上诉庭上诉。

但是,一项上诉应当排除经本法和《1996 年仲裁与调解法》(1996 年第 26 号法)第 37 条修正的《1908 年民事诉讼法典》(1908 年第 5 号法)第 XLⅢ 号令下特别列举的商事法庭或商事法院发布的此等命令。"。

13. 修正第 14 节

在主法第 14 节中,应当用"商事上诉法院和商事上诉庭"文字,替换"商事上诉庭"文字。

14. 修正第 15 节

在主法第 15 节第(4)分节中,应当用"和第 XV-A 号令"文字、数字和字母,替换"和第 XIV-A 号令"文字、数字和字母。

15. 修正第 17 节

在主法第 17 节中,应当用"诸商事法院、诸商事上诉法院"文字,替换出现的"诸商事法院"和"商事法院"。

16. 修正第 20 节

在主法第 20 节中,应当用"诸商事法院、诸商事上诉法院"文字,替换"商事法院"文字。

17. 嵌入新的第 21A 节

在主法第 21 节之后,应当嵌入以下节:

"21A. 中央政府制定规则的权力

(1)中央政府可以经公告,制定实施本法条款的规则。

(2)特别是且不损害上述权力的普遍性,此等规则可以规定以下任何事项:

(a)第 12A 节下诉前调解的方式和程序;

(b)中央政府所定规则被要求或可以规定的或与由中央政府制定规则进行规定的条款有关的其他任何事项。

(3)中央政府按本法所定每项规则在其制定后尽快呈递议会各院。若在议会会期,总期限为 30 日,可以包含一次、两次或更多次后续会议和在该会议期届满前进行的上述会议或后续会议。两院均同意对该规则作出任何修改,或两院均同意不应当制定该规则,视情况而定,该规则据此应当仅以此修改的方式有效或无效,视情况而定。但是,任何此等修改或无效不应当损害以前按该规则已做任何事情的有效性。"。

18. 修正附表

在主法的附表中,

(i)第 4 款第(D)分款(iv)中,

(a)应当删除开头部分"第一项但书之后"文字;

(b)应当用"但是"文字,替换"进一步但是"文字;

(ii)在第 11 款中,应当用"商事法院、商事上诉法院"文字,替换"商事法院"文字;

(iii)在第 11 款之后,应当嵌入以下且应当视为自 2015 年 10 月 23 日起生效:

"12. 在附件 H 之后,应当嵌入以下附件:

'附件 I

真实性声明

（按第 1 表、第 VI 号令规则 15A 和第 XI 号令规则 3)

本人＿＿＿＿＿＿宣誓人兹庄严宣誓肯定和声明如下：

1. 本人是上述案件的当事人且有资格作出本宣誓。

2. 本人充分知悉本案事实,还审查了与此有关的全部相关文件和记录。

3. 本人认为,第＿＿＿＿＿段中所作的陈述据我所知是真实的,第＿＿＿＿＿段中所作的陈述是根据本人收到的本人相信是正确的信息,第＿＿＿＿＿段中所作的陈述是根据法律建议的。

4. 本人认为,无任何虚假陈述,未隐瞒任何重要事实、文件和记录,且本人已经包括了依据本人对本诉讼相关的信息。

5. 本人认为,已经披露了处于本人权力、占有、控制或保管中的属于本人提起本诉讼之事实和情况的全部文件和原告所附的其副本,且本人没有处于本人权力、占有、控制或保管下的其他任何文件。

6. 本人认为,上述诉状包含了全部＿＿＿＿＿页,每页已由本人正式签名。

7. 本人表示,附于此的附件是本人递交和依赖文件的真实副本。

8. 本人表示本人知道,对任何虚假陈述或任何隐瞒,本人应当对按现行有效法律针对本人所采取的行动承担责任。

地点：

时间：

宣誓人

认证

本人,＿＿＿＿＿＿兹宣布,据本人所知,上述作出的陈述是真实的 。

于＿＿＿＿＿＿年＿＿＿＿＿＿月＿＿＿＿＿＿日在＿＿＿＿＿＿(地点)进行认证。

宣誓人'。"。

19. 本法规定适用于其生效日或之后提起的案件

保留另有规定,本法的规定应当仅适用于本法生效日的当日或之后提起的与商事争端有关的案件。

20. 废止与保留

(1)兹废止《2018 年商事法院、高等法院商事庭和上诉庭(修正)条例》(2018 年第 3 号条例)。

(2)尽管上述条例被废止,按上述条例所做的任何事或采取的任何行动,应当视为已经按本法相应规定做了或采取了。

———————————

印度政府秘书

G. Narayana Raju 博士

（邓瑞平译）

附2 2019年新德里国际仲裁中心法*

目 录

---

* 译自本法英文本,可从 https://indiacode.nic.in/bitstream/123456789/11413/1/a2019-17.pdf#search = Act No. 10 of 2019 获取。

第 V 章　仲裁院和仲裁研究院

第 VI 章　附则

2019 年新德里国际仲裁中心法

2019 年第 17 号法

[2019 年 7 月 26 日]

为规定设立和组建为了创建独立、自治制度的机构化仲裁目的的新德里国际仲裁中心和获得、划转选择性争端解决国际中心的事业,和为了更好管理仲裁将此事业赋予新德里国际仲裁中心以使它成为一机构仲裁中心,并宣布新德里国际仲裁中心是一国家重要机构,以及规定与此相关或附属事项,制定一部法律。

鉴于争端解决程序对印度经济和在我们国家经商的全球认知有重大影响且它对激励商事争端诉讼当事人的信心和信任已变成必要;

且鉴于迅速变化的经济活动需求快速解决争端和创设、建立机构仲裁;

且鉴于选择性争端解决国际中心在中央政府支持下并按《1806 年社团注册法》(1860 年第 21 号法)注册,于 1995 年设立,具有促进选择性争端解决机制和为此提供便利的宗旨;

且鉴于选择性争端解决国际中心为建设基础设施和进行其他便利设施已接受土地、以拨款方式接受实质性资助和从中央政府的其他利益;

且鉴于选择性争端解决国际中心 20 多年来已不能积极从事和面对仲裁生态系统中的发展,且已不能创造与仲裁动态性质保持步伐的优秀声誉;

且鉴于中央政府任命的高级委员会所从事的研究表明选择性争端解决国际中心未处理国际仲裁的增长需要、未承担最佳受案量和未成为仲裁当事人的较好选择;

且鉴于接管选择性争端解决国际中心事业包括其区域办公室是有益的,不干扰其活动和不负面影响其作为一社团的特性,但要利用其使用中央政府提供的公共资金已建立的现存基础设施和其他便利设施,为国内和国际仲裁组建名为新德里国际仲裁中心的一强健机构;

且鉴于认为有必要宣布新德里国际仲裁中心为一国家重要机构,为其作为以促进快速、有效解决机制方式的一主要仲裁中心的整体发展。

议会于印度共和国第70年颁布本法,全文如下:

第 I 章 序文

1. 短标题和生效

(1)本法可称为《2019年新德里国际仲裁中心法》。

(2)本法应当视为已于2019年3月2日生效。

2. 定义

(1)本法中,除非上下文另有要求,

(a)"本中心",指按第3节建立和组建的新德里国际仲裁中心;

(b)"主席",指第5节(a)条款中所述的本中心主席;

(c)"首席执行官",指按第21节任命的首席执行官;

(d)"委员会",指第19节所述的本中心相关委员会;

(e)"保管人",指按第11节第(2)分节被任命为涉及事业的保管人;

(f)"基金",指按第25节维持的本中心基金;

(g)"成员",指本中心的全职或兼职成员,且包括主席;

(h)"公告",指发布在《官方公报》上的公告;

(i)"规定的",指中央政府按本法所定规则规定的;

(j)"规章",指本中心按本法制定的规章;

(k)"本社团",指选择性争端解决国际中心,其按《1860年社团注册法》(1860年第21号法)注册,并在新德里有其注册办公室;

(l)"规定日期",指中央政府以公告方式可以规定的日期;

(m)"事业",指中央政府按第7节赋予本中心的本社团事业。

(2)本法中使用但未定义而《1996年仲裁和调解法》(1996年第26号法)中界定的其他全部单词或词组,应当具有该法中规定的相同含义。

第 II 章 设立和组建新德里国际仲裁中心

3. 设立和组建新德里国际仲裁中心

(1)为了按本法行使权力和履行职能的目的,中央政府应当经公告设立称为"新德里国际仲裁中心"的一团体。

(2)本中心是以上述名称的一法人,具有永久存续性和公章,并受本法规定约束有获取、持有和处置动产与不动产以及缔结合约的权力,并应当以所述名称起诉或应诉。

4. 宣布新德里国际仲裁中心为国家重要机构

(1)鉴于新德里国际仲裁中心的宗旨是使其成为一国家重要机构,兹宣布新德里国际仲裁中心是一国家重要机构。

（2）本中心总部应当位于新德里,经中央政府事先批准,它可以在印度境内和国外设立分支机构。

5. 中心的构成

本中心应当由以下成员构成:

（a）一人,其是最高法院或高等法院的现任法官或一杰出人士,在从事或管理仲裁、法律或管理学领域具有专业知识和经验,由中央政府会商印度首席法官后任命,任主席;

（b）2 名杰出人士,其在国内和国际机构仲裁中具有实质性知识和经验,由中央政府任命,任全职或兼职成员;

（c）认可的工商团体代表一人,由中央政府以轮流为基准遴选,任兼职成员;

（d）法律与司法部法律事务司不低于联合秘书级别的秘书,按职权任成员;

（e）财政部费用司提名的一名财务顾问,按职权任成员;和

（f）首席执行官,按职权任成员。

6. 主席和成员的任期与条件等

（1）主席和成员的任期应当为自其入职之日起 3 年,且有资格连任:

但是,主席在已经年满 70 周岁后、成员在年满 65 周岁后不应当任职。

（2）对主席和全职成员的条款与条件、应付津贴应当按规定。

（3）被任命填补偶然空缺的成员任期应当是已被任命的该成员任期的剩余期。

（4）兼职成员应当享有规定的差旅或其他津贴。

第Ⅲ章　社团事业的取得与划转

7. 划转与赋予

在和自规定日期,作为本社团组成部分或与本社团有关的事业、与此事业有关的本社团权利、物权和权益,应当依据本法处于已划转并赋予中央政府。

8. 赋予的一般效力

（1）按第 7 节赋予的事业应当视为包括全部资产、权利、租赁物、权力、授权、特权和全部财产（动产和不动产）,含土地、建筑物、工厂、工程、器材、汽车和其他运载工具、现金余额、资金（含构成本团体组成部分或与本团体有关的储备金、投资、账面债务）,《2019 年新德里国际仲裁中心条例》（2019 年第 10 号条例）生效前本社团所有、占有、权力或控制中即刻产生于此等财产的其他全部权利和利益,全部账簿、登记和与上述有关的任何性质的其他全部文件。

（2）按第 7 节已赋予中央政府的上述全部财产或资产应当凭此赋予的强制力免除或解除任何信托、义务、抵押、负担、留置或影响它们的其他任何负担,或应当视为已撤销任何法院或其他当局以任何方式限制使用此等全部或任何部分财产或资产,或对此等全部或任何部分财产或资产指定任何接受人的任何扣押、禁令、判决或命令。

（3）与已按第 7 节赋予中央政府任何事业有关的曾赋予本社团的在规定日期之前任何时间或规定日期之前即刻有效的任何许可证或其他文书,应当根据其与此等事业有关的期限和为了此等事业目的在该日期当日或之后继续有效,或者若按第 10 节直接将此事业赋予本中心,本中心在此等许可证或其他文书方面应当被视为替代,如同该许可证或其

他文书已经赋予了本中心,且本中心应当在本社团按其条款本应持有它的剩余期限内持有

(4)若在规定日期的当日,由或针对本社团提起或选择的与已按第7节赋予中央政府任何财产或资产有关的任何性质的任何诉讼、上诉或其他程序待决,此同一者不应当因本法有任何规定划转本社团该事业而撤销、终止或以任何方式受到有害影响,但可以由或针对中央政府继续、起诉或执行该诉讼、上诉或其他程序,或者在按第10节将本社团事业指令赋予本中心时,由或针对本中心继续、起诉或执行。

9. 规定日之前的负债

对规定日期以前任何期间的与任何事业有关的每项负债,针对本社团而非中央政府,是可以强制执行的。

10. 中央政府直接授权中心事业的权力

(1)尽管第7和8节中有任何规定,中央政府应当尽快在规定日期后经公告指令,本社团的事业、特权和与已按第7节赋予中央政府该事业有关的权益,应当在公告发布之日或公告中规定的较早或较晚日期赋予本中心。

(2)若按第(1)分节将与该有关的本社团权利、物权和权益赋予本中心,本中心应当视为在和自该赋予之日被视为已经成为与该事业有关的所有者,中央政府与该事业有关的权利与负债应当视为在和自该赋予日分别成为本中心的权利和负债。

11. 事业的管理等

(1)与已按第7节赋予中央政府有关的事业、权利和权益事务的总指挥、指导、控制和管理,应当——

(a)在中央政府已按第10节第(1)分节作出指令时,赋予本中心;或

(b)在中央政府未作出此等指令时,赋予中央政府按第(2)分节指定的保管人,

按上述任命的本中心或保管人据此应当有权与该社团一样行使全部权力和做全部事情,被授权行使与其事业有的权力和做与此事业有关的事情。

(2)中央政府可以任命任何人为它未按第10节第(1)分节作出指令的事业的保管人。

(3)上述任命的保管人应当收取中央政府规定的报酬,并应当在中央政府期望的期间任职。

12. 负责管理事业的人交付全部资产的义务

(1)在赋予管理本中心资产或按第11节第(2)分节任命保管人时,在上述赋予或任命之前即刻负责管理事业的全部人员应当有义务将其保管下与该事业有关的全部资产、账簿、登记和其他文件交付本中心或保管人(视情况而定)。

(2)中央政府可以向保管人发出其在客观情况下认为期望的保管人权力和职责的指令,该保管人也可以在其认为必要时在任何时间向中央政府申请关于应当实施管理事业方式或与此管理过程中产生的其他任何事项有关的指示。

(3)在规定日期占有、控制任何簿册、文件或与该事业有关的其他文档的任何人,应当负责向中央政府、保管人或本中心(视情况而定)解释上述簿册、文件或其他文档,并应当将它们交付中央政府、保管人或本中心,或中央政府或本中心在此方面可以规定的人员

或人员团体。

（4）中央政府或本中心可以采取或责令采取一切必要措施确保占有已按本法赋予中央政府或本中心的全部事业。

（5）本社团应当在中央政府在此方面可以允许的期限内,向中央政府提供自《2019 年新德里国际仲裁中心条例》(2019 年第 10 号条例)生效日起属于该事业的其全部财产和资产完整详细清单,且中央政府、保管人或本中心为此目的应当向本社团或组织提供一切合理便利措施。

13. 中央政府或本中心的某些权力

截至规定日期,截至排除其他全部人员,中央政府应当有权接受欠本社团的与已赋予中央政府、保管人或本中心(视情况而定)事业有关的任何款项,并在《2019 年新德里国际仲裁中心条例》(2019 年第 10 号条例)生效后实现,尽管此实现属于《2019 年新德里国际仲裁中心条例》(2019 年第 10 号条例)生效前的一期间。

14. 中心的宗旨

本中心的宗旨应当是:

（a）促进目标改革,将自身发展成为从事国际和国内仲裁的一流机构;

（b）促进科学研究,提供教育与培训,组织仲裁、调解、调停和其他选择性争端解决机制的会议或讨论会;

（c）为调解、调停和仲裁程序提供便利和管理协助;

（d）将认可仲裁员、调解员、调停员小组和诸如鉴定人、调查人之类的认可专家小组维持在国内和国际水平;

（e）为确保作为仲裁和调解领域专业机构的本中心可靠性,与其他全国和国际机构合作;

（f）在印度境内外建立设施以促进本中心的活动;

（g）为本中心将采纳的选择性争端解决机制的不同模式制定参数;和

（h）其认为适当的经中央政府批准的其他宗旨。

15. 中心的职能

不损害第 14 节中的规定,本中心应当努力——

（a）以最职业方式便利从事国际和国内仲裁与调解;

（b）为在全国和国际水平上实施仲裁与调解提供成本效益和及时的服务;

（c）促进选择性争端解决领域的相关事项的研究,和促进争端解决制度改革;

（d）从事选择性争端解决和相关事项的法律与程序知识教育,提供传播这些知识,授予证书和其他学术或职业荣誉;

（e）向处理仲裁、调解和调停的人员给予在选择性争端解决和相关事项方面的培训;

（f）为促进选择性争端解决,与全国和国际其他社团、机构和组织合作;和

（g）履行中央政府为促进选择性争端解决可以委托给它的其他职能。

16. 空缺等不使中心的程序无效

本中心的任何行为或程序不应当仅因以下而无效:

（a）本中心组成中的任何空缺或任何瑕疵;或

(b)任命人员为担任本中心成员中的任何瑕疵;或

(c)本中心程序中不影响案件实质的任何不当行为。

17. 成员的辞职

主席、全职成员或兼职成员可以经亲自签名向中央政府递交书面通知方式辞职:

但是,除非经中央政府准许尽快交出其职位,该主席或全职成员应当继续任职,起至收到该通知之日起届满3个月,或直至正式任命为其后任的人入职,直至其任期届满,以较早者为准。

18. 成员的解职

(1)一成员具有以下情形的,中央政府可以解除其职务:

(a)是未清偿的破产者;或

(b)在其任期的任何时间(兼职成员除外)已从事任何付费雇用;或

(c)已被宣判犯下中央政府认为涉及伦理恶劣的违法行为;或

(d)已获得可能有害影响其作为成员之职能的财务或其他利益;或

(f)已在身体或精神上变成不能担任成员。

(2)尽管第(1)分节中有任何规定,不应当基于该分节第(d)和(e)条款中规定的理由解除任何成员职务,除非最高法院经中央政府在此方面向其作出提请,基于调查并根据最高法院在此方面规定的程序,已经报告该成员应当根据该一或诸理由解职。

19. 中心的专门委员会

(1)本中心可以设立认为对管理其职能各方面所必要的诸专门委员会。

(2)第(1)分节中所述诸委员会的组成和职能应当按规定。

(3)委员会应当在规章规定的时间、地点召开会议,并应当遵守规章规定的在该会议上关于处理业务的规则和程序,包括法定人数。

20. 中心的会议

(1)主席应当通常主持本中心的会议:

但是,在其缺席时,其他成员从他们自身出席会议的成员中选择的成员应当主持会议。

(2)确保本中心作出的决定被执行是主席的职责。

(3)主席应当行使按本法指派给他的其他权力和履行按本法指派给他的其他职责。

(4)本中心应当召开会议每年至少4次,并遵守规章规定的方式和其会议程序,包括在会议上的法定人数。

(5)提交本中心任何会议的全部问题应当——

(a)由出席会议并投票的多数票决定,若票数相等,主席或其缺席时的主持人应当具有决定性一票;

(b)尽可能快速处理,且本中心应当在收受申请之日起60日期限内处理同一者:

但是,若任何此等申请不能在上述60日期限内处理,本中心应当书面记录其不能在该期限内处置此申请的原因。

(6)主席可以邀请不是成员的任何专家出席本中心的会议,但是此受邀请人在会议上应当无权投票。

21. 首席执行官

（1）应当有一位本中心执行官,其应当负责本中心的日常管理,且他为了此目的应与本中心和秘书处保持联络。

（2）首席执行官服务的任命、资格、条款和条件应当是规章可以规定的。

（3）首席执行官应当行使规章规定的或本中心可以委派给他的权力和履行规章规定的或本中心委派的职能。

22. 权力的委派

本中心为了实施其权力、职能和职责的目的,经书面普通或特别命令,可以规定也可以由本中心首席官、任何官员或诸官员行使本法或按本法赋予或施加给它的权力（制定规则的权力除外）与职责和（若有）约束行使、履行此等权力与职责的条件与限制。

23. 秘书处

（1）应当有由以下组成的本中心秘书处——

（a）注册官,其应当监督本中心的活动;

（b）法律顾问,其处理与国内和国际仲裁有关的事务;和

（c）可以规定的其他官员或雇员的数量。

（2）注册官、法律顾问和其他官员雇员的资格、经历、选择模式和职能应当按规定。

第Ⅳ章 财务、账目和审计

24. 中央政府的拨款

中央政府在议会按法律在此方面作出适当拨款后,可以在每个财政年按其认为为了本法目的所利用的适当方式和数额向本心支付款额。

25. 中心的基金

（1）本中心应当维持应当向其贷记以下基金:

（a）中央政府提供的全部钱款;

（b）在或关联仲裁、调解、调停或其他程序中收到的全部费用或其他收费;

（c）本中心对向当事人提供设施所收到的全部钱款;

（d）本中心以捐款、资助、捐赠形式收到的全部钱款,和从其他来潮的收入;和

（e）从投资收入中收到的金额。

（2）贷记入该基金的全部钱款应当存入本中心可以决定的银行或以本中心可以规定的方式投资。

（3）本基金应当用于满足诸成员的薪酬、其他津贴和本中心的开支,包括在按本法行使其权力和改造其职责过程中发生的费用。

26. 账目与审计

（1）本中心应当维持适当账目和其他相关记录,并按会商印度审计长和总审计师后可以规定的形式和方式准备年度会计报表,包括资产平衡表。

（2）本中心账目应当由印度审计长和总审计师审计,他发生的与此审计有关的任何支出应当由本中心向印度审计长和总审计师支付。

（3）印度审计长、总审计师和由其任命的与本中心账目审计有关的任何其他人,应当

具有与印度审计长和总审计师在审计中央政府账目中所具有的相同权利、特权和权威,特别是应当具有要求出示簿册、账目、相关凭证、其他文件或文档和检查本中心办公室的权利。

(4)由印度审计长、总审计师和其在此方面任命的其他任何人证实的本中心账目,随同其审计报告一起,应当每年提交给中央政府,中央政府应当责成将同一者呈递议会每院。

27. 事业资产与负债的评估

与本法下任何事业有关的资产和负债,应当责成由印度审计长、总审计师授权的任何代理机构按他规定的方式评估,对提出的与其关的请求的支付应当由他在本社团与中央政府之间解决,并应当由本社团或中央政府(视情况而定)按印度审计长、总审计师规定方式支付。

第V章　仲裁院和仲裁研究院

28. 仲裁院

(1)本中心应当设立仲裁院,其应当建立仲裁员名册和应详细审查声誉好的仲裁员准入仲裁小组的申请以维持常设仲裁员小组。

(2)仲裁院应当由声誉好、具有全国和国际水平、经验丰富的仲裁从业者和在选择性争端解决与调解领域有广泛阅历的人员组成。

(3)本中心应当以规章方式制定准入基础结构小组的标准,以维持在国际商事仲裁和国际商事仲裁以外仲裁中具有专业知识的声誉好的仲裁员库。

(4)本中心秘书处的注册官应当担任仲裁院成员秘书。

29. 仲裁研究院

(1)本中心可以设立仲裁研究院——

(a)培训仲裁员,特别是在国际商事仲裁领域,以与每个著名国际仲裁机构竞争;

(b)从事选择性争端解决领域和关联领域的研究;和

(c)为实现本法宗旨提出建议。

(2)为了第(1)分节目的,可以组建一常设三人成员委员会,以向本中心提议和提交关于(若有)对按本法所定规则和规章进行必要修正的报告。

第VI章　附则

30. 制定规则的权力

(1)中央政府可以经公告制定实施本法条款的规则。

(2)特别是且不损害上述权力的普遍性,此等规则可以规定——

(a)第6节第(2)分节下主席和全职成员的条款与条件、应付其薪酬与津贴;

(b)第6节第(4)分节下应付兼职成员中的差旅和其他津贴;

(c)第19节第(2)分节所述诸专门委员会的组成和职能;

(d)第23节第(1)分节(c)条款下本中心秘书处官员、雇员人数;

(e)第23节第(2)分节下本中心注册官、法律顾问和其他官员、雇员的资格、经验、选择模式和职能；

(f)第26节下会计报表，包括资产平衡表；和

(g)关于按本法将作出或可以作出规定的其他任何事项。

31. 制定规章的权力

(1)本中心可以经中央政府事先批准，采取公告方式，制定符合本法和据此所定规则的规章，以对为了赋予本法目的以效力的目的所必要或有益的全部事项进行规定。

(2)特别是且不损害上述权力普遍性，此等规章可以规定：

(a)第19节第(3)分节下关于委员会在会议上的处理业务所遵守的时间、地点和程序规则，包括法定人数；

(b)第20节第(4)分节下关于本中心或任何委员会在会议上的处理业务所遵循的时间、地点和程序规则，包括该会议的法定人数；

(c)第21节第(2)分节下首席执行官服务的任命、资格、条款和条件；

(d)第21节第(3)分节下首席执行官的权力和职能；

(e)第28节第(3)分节下准入声誉好的仲裁员小组的标准；和

(f)本中心认为与对履行其本法下职能有必要进行规定有关的其他任何事项。

32. 规则与规章的呈报

按本法制定的每项规则与规章应当在其制定后尽快呈递议会每院。若在会期，其总期限为30日，由一次、两次或多次后续会议和此会期届满前即刻进行上述会议或后续会议构成。若两院均同意在该规则或规章中作出任何修改，或两院均同意不应当规定该规则或规章，该规则或规章因此仅以修改形式有效或无效，视情况而定。但是任何此等修改或无效不应当损害以前按该规则或规章已做任何事情的有效性。

33. 保护善意采取的行动

不应当对按本法，或据此所定规则善意地已经或意图做的任何事情，针对本中心、主席、诸成员或其雇员和仲裁员，提出任何诉讼、指控或其他法律程序。

34. 清除障碍的权力

(1)若在实施本法规定中出现任何障碍，中央政府可以采取在《官方公报》中发布命令方式，作出不与本法规定相冲突、明显对清除此障碍所必要的规定：

但是，自本法生效日起届满2年期限后，不应当作出本法下的任何命令。

(2)按本节作出的每项命令，应当在其作出后尽快呈报议会每院。

35. 废止与保留

(1)兹废止《2019年新德里国际仲裁中心条例》(2019年第10号条例)。

(2)尽管有上述废止，按《2019年新德里国际仲裁中心条例》(2019年第10号条例)已做的任何事情或已采取的任何行动，应当视为按本法规定已经做了或采取了。

（邓瑞平译）

附3　印度《2013年公司法》(下)

第XII章　董事会会议及其权力

173. 董事会会议

(1)每家公司应当在其成立日起30日内召开第一次董事会会议,并在此后以董事会两次连续会议间隙期不超过120日的方式每年召开董事会会议最低4次。

但是,中央政府可以经公告指令,本分节的规定不应当适用于任何种类或类别的公司,或者应当适用但受公告中规定的例外、改变或条件的约束。

(2)参加董事会会议的董事可以出席,或者通过视频会议或规定的其他视听工具参加会议。此等视频会议或视听工具能够记录和确认董事参会,并记录和保存上述会议进程及日期、时间。

但是,中央政府可以经公告规定不应当在通过视频会议或其他视听工具的会议上处理的事项。

(3)应当以向每位董事在公司注册的地址书面发出不少于7日的通知方式召集董事会会议,上述通知应当采取亲自递交、邮政或电子手段发送。

但是,可以采取较短时间的通知召集董事会会议处理紧急业务,但受(若有)至少一位独立董事出席会议的条件约束。

但是,若独立董事缺席上述董事会会议,在此会议上作出的决定应当向全体董事传阅,且只有在(若有)至少一位独立董事核准此项决定时才应当是最终决定。

(4)负责按本节发出通知但未发出的公司每位官员,应当被处以2.5万卢比的罚款。

(5)若一人公司、小型公司和关闭公司在日历年的每半年已经召开了至少一次董事会会议且两次会议的间隙期不少于90日,其应当视为已经遵守了本节规定。

但是,本分节和第174节中包含的任何规定,不应当适用于董事会仅有一名董事的一人公司。

174. 董事会会议的法定人数

(1)公司董事会会议的法定人数应当是其董事总人数的2/3或者两名董事,以较高者为准。为了本分节下的法定人数目的,应当计算以视频会议或其他视听工具参会的董事。

(2)尽管董事会存在任何空缺,留任董事可以行事;但是,若董事会成员减少到本法对董事会会议规定的法定人数以下,为了将董事人数提高到对法定人数的规定或召开公司大会的目的且不是为了其他目的,留任董事可以行事。

(3)若利害关系董事的人数在任何时间超过或等于董事会董事总人数,不是利害关系董事且出席会议董事的人数不低于2人,此人数应当是此时间的法定人数。

[解释]为了本分节的目的,"利害关系董事"指第184节第(2)分节含义内的董事。

(4)若董事会会议因期望法定人数未能召开,除非公司章程另有规定,此次会议自动推迟到下周相同日在相同时间、相同地点进行,或者若该日是国家假日,推迟至不是国家假日的下一个接续日在相同时间、相同地点召开。

[解释]为了本节的目的,

(ⅰ)一个数的任何小数点应当算作一;

(ⅱ)"总人数"不应当包括职位空缺的董事。

175. 以传递方式通过决议

(1)除非决议以草案形式随同必要文件(若有)一起采取亲自递交、邮政、信使方式或通过规定的电子手段向全体董事或专门委员会全体成员(视情况而定)的公司注册地址传递,且有权对该决议投票的多数董事或成员已经赞成,任何决议不应当视为已经以传递方式经董事会或委员会正式通过。

但是,若不低于现行公司董事会总人数1/3的董事要求传递下的任何决议必须在会议上作出决定,主席应当将该决议提交董事会会议作出决定。

(2)第(1)分节下的决议应当在董事会或专门委员会(视情况而定)下次会议上说明,且载入此会议的纪要。

176. 任命董事中的瑕疵不使已采取的行动无效

作为董事的人员作出的任何行为不应当视为无效,尽管嗣后注意到其任命因任何瑕疵或无资格而无效或者依据本法或公司章程任何规定被终止。

但是,本节中的任何规定不应当视为在公司已注意到该董事的任命无效或已被终止后给予其所作任何行为的有效性。

177. 审计委员会

(1)每家上市公司和规定的其他种类或诸种类公司的董事会应当设立审计委员会。

(2)审计委员会应当由最少3名董事和构成多数的独立董事组成。

但是,包括主席在内的审计委员会多数成员应当是具有阅读、理解财务报告能力的人员。

(3)本法生效前即刻存在的公司每个审计委员会,应当在本法生效一年内根据第(2)分节重组。

(4)各审计委员会应当根据董事会书面规定的职能条款行事。此等条款其中包括:

(ⅰ)公司审计员之任命、薪酬和任职条件的建议;

(ⅱ)审查和监控审计的独立性、履职和审计过程有效性;

(ⅲ)检查财务报表及其审计员报告;

(ⅳ)公司与相关当事人交易的批准或任何后续变更;

(ⅴ)彻查企业间的贷款和投资;

(ⅵ)任何必要时,评估公司的经营或资产;

(ⅶ)评定内部财务控制和风险管理系统;

(ⅷ)监控通过公开报价和相关事务产生的资金的最终用途。

(5)审计委员会可以要求审计员评论内部控制系统、审计范围,包括审计员监测、复审其提交董事会之前的财务报表,还可以讨论内部与法定审计员、公司管理有关的任何相关事项。

(6)审计委员会应当有权调查与第(4)分节规定项目或董事会向其提及项目有关的任何事宜,且为此目的,应当有权力从外部资源获得专业建议和充分获取公司档案中记载

的信息。

（7）审计委员会审议审计员报告时,公司审计员和关键管理性员工应当有权利在审计委员会会议上接受听证,但不应当有投票权。

（8）第134节下的董事会报告应当披露审计委员会的组成,在董事会未接受审计委员会任何建议时在该报告中披露同一内容并附理由。

（9）每家上市公司或规定的种类或诸种类公司应当建立董事和职员以规定方式报告真实关注的值守机制。

（10）第（9）分节的值守机制应当提供防止使用此机制人员欺骗的充分保障措施,并规定在适当或例外情形下直接进入审计委员会主席。

但是,公司应当在其网站上或董事报告中披露建立上述机制的详情。

178. 提名与薪酬委员会和利益相关人关系委员会

（1）每家上市公司或规定的其他种类或诸种类公司应当设立由不低于独立董事一半的3名或以上非执行董事组成的提名与薪酬委员会:

但是,可以任命公司主席(不论是否为执行或非执行的)为提名与薪酬委员会成员,但不应当主持本委员会。

（2）提名与薪酬委员会应当确定根据标准合格成为董事和任命为高级管理人员的人员并向董事会推荐其任命和解任,应当实施每位董事的履职评价。

（3）提名与薪酬委员会应当确切规定确定董事之合格性、积极贡献和独立的标准,向董事会推荐与董事、关键管理性员工和其他雇员薪酬有关的政策。

（4）提名与薪酬委员会在规定第(3)分节下政策期间,应当确保:

（a）薪酬的水平和构成是合理的且充分吸引、保留和激励董事为成功运行公司所要求的才能;

（b）薪酬关系履行情况清楚且符合适当履职基准;和

（c）董事、关键管理性员工和高级管理人员的薪酬平衡反映对公司运行及其目的是适当的短期与长期履职目标之固定性支付和激励性支付。

但是,上述政策应当在董事会报告中披露。

（5）在财务年度任何时间由1000名以上股东、债券持有人、存款持有人和其他任何担保权益持有人构成的公司的董事会,应当设立由非执行董事的主席和董事会决定的其他成员组成的利益相关人关系委员会。

（6）利益相关人关系委员会应当审议和解决公司担保权益持有人的投诉。

（7）按本节设立的各委员会的主席,或者其缺席时在此方面授权的本委员会其他任何成员,应当出席公司大会。

（8）若违反第177节和本节规定,公司应当被处以50万卢比的罚金,公司的每位失职官员应当被处以最高1年的监禁,或最低2.5万卢比、最高10万卢比的罚金,或两者并处。但是,利益相关人关系委员会善意未审议任何投诉的解决办法,不应当构成违反本节。

［解释］"高级管理人员"一词,指排除董事会成员的构成执行董事以下级别全体管理成员的、属核心管理团队成员的公司职员,包括职能部门首脑。

179. 董事会的权力

（1）公司董事会应当有权行使公司授权行使的全部权力和授权从事的全部行为与事项。

但是，董事会在行使上述权力和从事上述行为与事项中，应当遵守本法、备忘录或不冲突且据此正式制定的任何规章在此方面规定的条款，包括公司在大会上制定的规章。

但是，董事会不应当行使本法下或公司备忘录或章程或其他情况下指令或要求由公司在大会上行使的任何权力或从事的任何行为或事项。

（2）公司在大会上作出的任何规章不应当使董事会在未制定本规章时本应有效的任何以前行为无效。

（3）公司董事会应当代表公司以董事会会议通过决议方式行使以下权力：

（a）就未付股份的款项，对股东作出催缴；

（b）授权按第68节回购证券；

（c）在印度境内外发行证券，包括债券；

（d）借款；

（e）投资公司资金；

（f）提供贷款，或对贷款提供担保或保证；

（g）批准财务报表和董事会报告；

（h）使公司业务多样化；

（i）批准合并、并购或重组；

（j）接管其他公司，或获得另一公司控制性或实质性利益；

（k）规定的其他事项。

但是，董事会可以采取通过会议决议方式，按其规定条件，将（d）至（f）条款中规定的权力委派给公司的任何董事委员会、常务董事、经理、其他任何主要官员或分支办公室的主要官员。

但是，银行业公司在日常业务过程中接受随时或其他情况下应返还的公众存款和凭支票、汇票、命令或其他支付工具的付款，或银行业公司将存款按董事会规定条件存放在另一银行业公司，不应当视为本节含义内本银行业公司的借款或作出的贷款，视情况而定。

［解释Ⅰ］（d）条款中的任何规定不应当适用于银行业公司向其他银行业公司、印度储备银行、印度国家银行或本法设立或按本法设立的其他任何银行的借款。

［解释Ⅱ］对公司与其银行之间的交易，公司行使（d）条款规定的权力应当指公司与其银行以透支、现金信用或其他方式就借款作出的安排，不是指采取实际利用所作此等安排的手段进行的实际逐日操作透支、现金信用或其他账目。

（4）本节中的任何规定不应当视为影响公司在大会上对董事会行使本节规定任何权力施加限制和条件的权利。

180. 对董事会权力的限制

（1）公司董事会应当行使仅经公司以特别决议方式同意的以下权力：

（a）出售、出租或其他情形下处置公司全部或实质上全部经营，或公司拥有一种以上

经营时处置此等任何经营的全部或实质上全部。

[解释]为了本条款的目的,

（ⅰ）"经营",应当指公司投资超过其前一财务年度每份审计平衡表 20% 净值的一种经营,或在前一财务年度期间产生公司总收入 20% 的一种经营;

（ⅱ）任何财务年度"实质上全部经营",应当指前一财务年度每份审计平衡表经营价值 20% 或以上。

（b）其他情况下投资信托证券,其因任何并购或合并收到补偿额。

（c）需要借款时的借款,其与本公司已借款项之和将超过其已付股份资本与自由储备金的总额,日常经营中从本公司的银行获得的临时贷款除外。

但是,银行业公司在日常业务过程中接受随时或其他情况下应返还的公众存款和凭支票、汇票、命令或其他支付工具的付款,不应当视为本条款含义内的本银行业公司借款。

[解释]为了本条款的目的,"临时贷款"指按需要或自诸如短期、现金信用安排、票据贴现和发放季度性短期贷款之类的贷款之日起 6 个月内应返还的贷款,但不包括为了资本性质之财务支出目的所产生的贷款。

（d）免除董事偿还所欠任何债务,或给予此偿还以宽限时间。

（2）公司在大会上通过的与行使第（1）分节（c）条款所述权力有关的特别决议,应当规定董事会可以借款的最高总额。

（3）第（1）分节（c）条款中的任何规定,不应当影响:

（a）善意购买或租赁取得任何财产、投资或该条款所述经营的购买人或其他人的权益;或

（b）公司日常业务由出售或出租构成或组成时的公司任何财产的出售或出租。

（4）公司通过同意第（1）分节（a）条款所述交易的任何特别决议,可以规定在此等决议中能够规定的条件,包括与使用、处置或投资产生于交易的销售收入有关的条件。

但是,本分节不应当视为授权公司使其任何减资有效,但根据本法所载规定除外。

（5）公司发生的超出第（1）分节（c）条款施加限额的任何债务不应当有效或可执行,除非出借人证明其善意提供此贷款且不知悉已经超出了此条款施加的限额。

181. 公司向真实慈善基金等捐款

公司董事会可以向真实且慈善的基金和其他基金捐款。

但是,若任何财务年度的任何捐款总额超出前三个财务年度平均净利润 5%,应当要求经公司大会事先批准此等捐款。

182. 禁止和限制政治捐款

（1）尽管本法其他条款中有任何规定,政府公司和已存在少于三个财务年度的公司之外的公司,可以直接或间接向任何政党捐赠任何款额。

但是,第（1）分节所述款额或（视情况而定）公司在任何财务年度可以捐赠的总额,不应当超过前三个财务年度平均净利润的 7.5%。

但是,除非董事会会议通过授权作出捐款的决议且此等决议应当受本节其他规定约束并认为在法律上其授权作出和接受该捐款是正当的,公司不应当作出此等捐款。

(2)不损害第(1)分节规定的普遍性,

(a)公司代表自身或基于自身导致向其知悉在作出或给予捐款或捐赠时正在从事可以合理认为可能影响公众支持一政党的任何活动的人员所给予的捐款或捐赠,也应当视为为了政治目的向该人员捐献此等捐款或捐赠额;

(b)公司在任何刊物(系具有纪念品、手册、小册子或类似物品性质的出版物)上刊登广告直接或间接发生的支出额,也应当视为:

(ⅰ)若上述刊物由或代表一政党发行,向该政党捐赠上述金额;和

(ⅱ)若上述刊物不是由或代表一政党发行但为了利用该政党,是为了政治目的的捐赠。

(3)每家公司应当在其损益表中披露其在本财务年度向任何政党捐赠的该表涉及的任何金额,列出捐赠总额、已捐赠政党名称的具体细节。

(4)若公司作出的任何捐款违反本节规定,该公司应当被处以捐献额最高 5 倍的罚金,公司的每位失职官员应当被处以最高 6 个月的监禁和捐献额最高 5 倍的罚金。

[解释]为了本节的目的,"政党"指按《1951 年人民代表法》(1951 年第 43 号法)第 29A 节注册的一政党。

183. 董事会和其他人员向国防基金等捐款的权力

(1)尽管本法第 180、181 和 182 节或其他任何条款、备忘录、章程或与公司有关的其他任何文书中包含任何规定,任何公司的董事会或行使公司董事会权力或在大会上行使公司权力的任何人员或机构,可以向国防基金或中央政府为了国防目的批准的其他任何基金捐献其认为适当的款额。

(2)每家公司应当在其损益表中披露与该表有关的财务年度期间向第(1)分节所述基金捐款的总额。

184. 董事披露利益

(1)每位董事应当在其作为董事参加的董事会第一次会议上和此后各财务年度董事会第 1 次会议上,或已披露中有任何变化时在此等变化后召开的第一次董事会会议上,以规定方式披露其在应包含股权的任何公司、诸公司、法人、企业或其他个人社团中的关切或利益。

(2)以任何方式直接或间接关切或有利益与以下者已达成或将达成的合同、安排或提议合同、安排的公司每位董事,应当在讨论此合同、安排的董事会会议上披露其关切或利益,且不应当参加此次会议:

(a)法人,该董事或该董事与其他任何董事联合持有该法人 20% 及以上股权,或者是该法人的发起人、经理、首席执行官;或

(b)企业或其他实体,该董事是其合伙人、所有人或成员,视情况而定。

但是,若任何董事在达成此等合同或安排时不关切或无利益但在达成后变得关切或有利益,其应当在变得关切或有利益时即刻或在变得关切或有利益后召开的第一次董事会会议上披露其关切或利益。

(3)公司达成的未按第(2)分节披露或以任何方式直接或间接关切或有利益的董事参与的合同或安排,应当按公司选择权是无效的。

（4）若公司董事违反第（1）或（2）分节,该董事应当被处以最高1年监禁,或最低5万卢比、最高10万卢比的罚金,或两者并处。

（5）本节中的任何规定:

（a）不应当损害限制公司董事关切或有利益与公司任何合同或安排的法律规则运行;

（b）若一公司任何董事持有或两个或多个董事共同持有另一公司已付股份资本不高于20%,应当适用于两公司间达成或将达成的合同或安排。

185. 向董事等贷款

（1）保留本法中的另行规定,任何公司不应当直接或间接向其任何董事或向此董事有利益的其他任何人提供贷款,包括账面债务表示的任何贷款,或者对上述董事或其他任何人取得的任何贷款给予任何保证或提供任何担保。

但是,本分节中的任何规定不应当适用于:

（a）向常务或全职董事提供以下任何贷款:

（ⅰ）作为公司扩大其全体雇员的部分服务条件;或

（ⅱ）依据成员经特别决议批准的任何计划;或

（b）公司,其在日常业务过程中对任何贷款的到期还款提供诸贷款,给予担保或提供保证,且对上述诸贷款按不低于印度储备银行宣布的银行利率的利率收取利息。

[解释]为了本节目的,"向此董事有利益的其他任何人"一词,指:

（a）贷款公司的任何董事,或是其控股公司或上述任何董事之任何合伙人或亲属的公司的任何董事;

（b）上述任何董事或亲属是合伙人的任何企业;

（c）上述任何董事是董事或成员的任何私人公司;

（d）任何法人,在其大会上上述任何董事单独或上述两或多个董事共同可以行使或控制总投票权力不低于25%;或

（e）任何法人,其董事会、常务董事或经理习惯于根据贷款公司董事会、任何董事或诸董事的指令或指示行事。

（2）若违反第（1）分节提供任何贷款、给予担保或提供保证,公司应当被处以最低50万卢比、最高250万卢比的罚金;被提供贷款、被给予担保或被提供保证的此等董事或其他人,对其获得的任何贷款,应当被处以最高6个月监禁,或最低50万卢比、最高250万卢比的罚金,或两者并处。

186. 公司贷款与投资

（1）不损害本法所含规定,除非另有规定,公司应当通过不超过两层投资公司进行投资。

但是,本分节规定不应当影响:

（ⅰ）一公司获得印度境外一国家设立的其他任何公司,若此等其他公司按上述国家法律具有超过两层的投资附属机构;

（ⅱ）源自具有为了满足任何法律、规则下或按任何现行有效法律制定的规章下要求的目的的任何投资附属机构的子公司。

（2）任何公司不应当直接或间接:

(a)向任何人或其他法人提供贷款;

(b)向其他任何法人或个人提供与贷款有关的任何担保或保证;和

(c)以捐款、购买或其他方式获得其他任何法人的证券,

超过其已付股份资本、自由储备和证券溢价账户的60%,或自由储备和溢价账户的100%,以较多者为准。

(3)若第(2)分节下给予的任何贷款或担保或提供的任何保证超过该分节规定的限额,以大会通过特别决议方式事先批准应当是必需的。

(4)公司应当在财务报表中向其成员披露以下全部细节:给予的贷款、作出的投资、给予的担保或提供的保证,和贷款、担保或保证之接受者提议利用贷款、担保或保证的目的。

(5)公司不应当作出任何投资,或给予任何贷款、担保、保证,除非对其认可的决议在董事会上通过并经出席会议的全体董事同意且在维持任何定期贷款时得到公共金融机构的事先批准。

但是,若迄今作出贷款和投资的总额、向或在全体其他法人中提供担保或保证的数额、提议作出的投资或给予担保或保证,未超出第(2)分节规定的限额,且按贷款条款条件在向公共金融机构分期偿还贷款或支付其利息中无任何不履行行为,不应当要求公共金融机构事先批准。

(6)按《1992年印度证券交易委员会法》(1992年第15号法)注册的和规定公司种类或诸种类下涵盖的任何公司,不应当从事超过规定限额的企业间贷款或存款,且应当在其财务报表中提供此货款或存款的详情。

(7)不应当以低于政府保证最近贷款限期1年、3年、5年或10年普通收益利率给予任何贷款。

(8)在返还本法生效前后接受的存款或支付其利息中失职的任何公司在失职存续期间,不应当给予任何贷款、提供任何保证或进行获取。

(9)按本节给予贷款、提供保证或进行获取的每家公司,应当保存应载明上述详情和按规定方式维护的注册簿。

(10)第(9)分节所述注册簿应当保存在公司注册办公室,且:

(a)应当在上述办公室开放查阅;和

(b)可以由任何成员摘录,向支付了规定费用的公司任何成员提供其副本。

(11)第(1)分节除外,本节中所含任何规定不应当适用于:

(a)银行业公司、保险公司或住房金融公司在日常业务过程中或从事公司融资业务或提供基础设施的公司所作出的贷款、给予的担保或提供的保证;

(b)以下任何获取:

(ⅰ)按《1934年印度储备银行法》(1934年第2号法)注册且主要业务是获取证券的非银行业金融公司进行的,但是,对非银行业金融公司的豁免应当是与其投资和贷出活动有关;

(ⅱ)主业务是获取证券的公司进行的;

(ⅲ)根据第62节第(1)分节(a)条款进行的配股。

(12)中央政府可以为了本节目的制定规则。

(13)若公司违反本节规定,其应当被处以最低 2.5 万卢比、最高 50 万卢比的罚金,公司的每位失职官员应当被处以最高 2 年的监禁和最低 2.5 万卢比、最高 10 万卢比的罚金。

[解释]为了本节目的,

(a)"投资公司"一词,指其主业务是获取股份、债券或其他证券的公司;

(b)"基础设施"一词,指表Ⅵ中规定的设施。

187. 以自身名义持有公司投资

(1)公司以任何财产、证券或其他资产作出或拥有的全部投资,应当以自身名义作出或持有:

但是,若有必要,本公司可以以本公司任何代名人或诸代名义持有其子公司的股份,以确保该子公司的成员数不被减少至法定限额以下。

(2)本节中的任何规定不应当阻止公司:

(a)在是本公司的银行业者保存为收取任何股息或其应付利息的任何股份或证券;或

(b)为便利转让,在是本公司的银行的印度国家银行或列表银行保存,或向此等银行转让或以此等银行自身名义持有的股份或证券:

但是,若自本公司向上述印度国家银行或列表银行转让股份或证券之日起或本公司以此等银行名义首次持有股份或证券之日起 6 个月内未发生上述股份或证券转让,本公司应当在上述期限届满后尽快拥有印度国家银行或列表银行向其再转让的股份或证券,或者视情况而定,再次以自身名义持有该股份或证券;或

(c)以担保偿还本公司提供的任何贷款或履行本公司承担的任何债务的方式,将任何股份或证券保存在任何人处或向其转让;

(d)在本公司作为受益所有人以证券形式持有投资时,以托管人名义持有投资。

(3)若依据第(2)分节公司未以自身名义持有本公司已投资的任何股份或证券,其应当保持应载明规定详情的注册簿。该注册簿应当在营业时间免费向公司任何成员或债券持有人开放,但受公司以章程方式或在大会中施加合理限制的约束。

(4)违反本节规定的公司应当被处以最低 2.5 万卢比、最高 250 万卢比的罚金;公司的每位失职官员应当被处以最高 6 个月的监禁,或最低 2.5 万卢比、最高 10 万卢比的罚金,或两者并处。

188. 关联当事人的交易

(1)经董事会以董事会会议决议同意并受规定条件约束除外,任何公司不应当就以下事项与关联当事人缔结任何合同或安排:

(a)出售、购买或供应任何货物或物资;

(b)销售或其他情况下处置或购买任何种类财产;

(c)出租任何种类财产;

(d)获取或提供任何服务;

(e)为买卖货物、物质、服务或财产指定任何代理人;

(f)任命该关联当事人担任本公司、其子公司或关联公司的任何利益职位或职务;和

(g)承销本公司任何证券或其衍生品的认购。

但是,若公司拥有已付股份资本不低于规定的数额或总额,不应当缔结任何合同或安排,但经公司以特别决议事先同意的除外。

但是,若公司任何成员是相关当事人,该成员不应当对批准将缔结的任何合同或安排的上述特别决议投票。

但是,本节中的任何规定还不应当适用于本公司在不是以管辖范围为基准的交易以外的日常业务过程中缔结的任何交易。

[解释]在本节中,

(a)"利益职位或职务",指以下情形的职位或职务:

(i)董事拥有的职位或职务,若拥有此等职位或职务的董事以其作为董事有权通过薪酬、费用、佣金、津贴、任何免费租住或其他途径享有的薪酬方式接受公司任何事项;

(ii)董事以外的个人、任何企业、私人公司或其他法人拥有的职位或职务,若持有此等职位或职务的个人、企业、私人公司或法人以工资、薪酬、费用、佣金、津贴、任何免费租住或其他方式接受公司的任何事项。

(b)"管辖范围为基准的交易"一词,指两个关联当事人之间从事的如同两者不相关因而无利益冲突的交易。

(2)第(1)分节下缔约的任何合同或交易应当在董事会报告中提及,并附缔结该合同或安排的合理理由,提交给股东。

(3)若董事或任何雇员缔结的任何合同或安排未得到董事会同意或经第(1)分节下大会特别决议批准,和自缔结此合同或安排之日起3个月内未经董事会或在大会上的股东(视情况而定)批准,此等合同或安排按公司选择权应当是无效的;若该合同或安排是与属于任何董事的关联当事人缔约的或由其他任何董事批准的,该董事应当对此合同或安排所造成的任何损失向公司赔偿。

(4)不损害第(3)分节中所含任何规定,应当向公司公开对违反本节规定缔结上述合同或安排的董事或其他任何雇员追偿因此等合同或安排造成任何损失的程序。

(5)已经缔结或批准违反本节规定的合同或安排的公司任何董事或其他任何雇员,应当:

(i)属于上市公司的,被处以最高1年的监禁,或最低2.5万卢比、最高50万卢比的罚金,或者两者并处;和

(ii)属于其他任何公司的,被处以最低2.5万卢比、最高50万卢比的罚金。

189. 董事有利益的合同或安排的注册簿

(1)每家公司应当保存按规定方式且包含规定详细内容分别记载第184节第(2)分节或第188节适用的全部合同或安排的详细情况的一个或多个注册簿,此等注册簿应当提交至下次董事会会议并由出席会议的全体董事签字。

(2)每位董事或关键管理性员工应当在其任命或其职位让渡(视情况而定)的30日内向公司披露第184节第(1)分节规定的与其在其他关联体中的关切与利益有关并要求包含在该分节下注册簿中的详情和规定的与其自身有关的其他信息。

(3)第(1)分节所述注册簿应当保存在公司注册办公室,应当在该办公室、在营业时

间开放查阅,并可以对其摘录;公司应当经公司任何成员请求在规定范围内,以规定方式并支付规定费用后提供其副本。

(4)按本节保存的注册簿还应当在公司每次年度大会开始时予以提交,且应当在会议持续期间向有权利出席会议的任何人员保持开放和可获取。

(5)第(1)分节中的任何规定不应当适用于以下任何合同或安排:

(a)出售、购买或供应任何货物、物资或服务,若此等货物和物资的价值或此等服务的费用在任何年度未超过 50 万卢比;或

(b)银行业公司在其日常业务过程中为收账票据的。

(6)未遵守本节和据此所定规则的每位董事应当被处以 2.5 万卢比的罚款。

190. 与常务或全职董事的雇用合同

(1)每家公司应当在其注册办公室保存:

(a)与常务或全职董事的服务合同是书面的,该合同的副本;或

(b)上述合同不是书面的,列出其条款的书面备忘录。

(2)按第(1)分节保存的合同或备忘录副本应当免费向公司任何成员开放查阅。

(3)若在遵守第(1)或第(2)分节规定中出现任何失职,公司应当被处以 2.5 万卢比的罚款,其每位失职官员应当被处以每项失职行为 5000 卢比的罚款。

(4)本节的规定不应当适用于私人公司。

191. 向董事支付因转让经营、财产或股份的职位等损失

(1)就以下事项,公司任何董事不应当:

(a)转让公司任何经营或财产的全部或任何部分;或

(b)将源自以下的将公司全部或任何股份转让给任何人员:

(ⅰ)向全体股东作出的报价;

(ⅱ)为了使一公司成为其控股公司的法人或子公司,由或代表其他法人作出的报价;

(ⅲ)为了获取行使或控制行使公司任何大会上的总投票权力不低于1/3,由或代表个人作出的报价;或

(ⅳ)对给定范围附条件接受的其他任何报价,接受以补偿方式对以下损失之一的任何支付:职位的,作为退职对价的,与此等损失或从本公司或上述经营或财产之受让人退职有关的,源自股份受让人或其他任何人(不是本公司)的;除非对上述受让人或个人提议支付规定的具体细节(包括其总额)已经向公司成员披露且公司在大会上已批准此提议。

(2)第(1)分节中的任何规定不应当影响公司以补偿形式向本公司常务或全职董事职位损失、视为退职或与此损失或退职有关的损失作出的任何支付,但受规定限额或优先顺序的约束。

(3)若第(1)或(2)分节下的支付因本次会议或下次会议所要求的法定人数而未批准,提议不应当视为已批准。

(4)若公司董事违反第(1)分节接受任何支付额,或者在会议批准前进行了所提议的支付,董事所接受的金额应当视为其以信托方式为公司已经接受了。

（5）若公司董事违反本节规定,该董事应当被处以最低 2.5 万卢比、最高 10 万卢比的罚金。

（6）本节中的任何规定不应当损害要求披露本节下接受的任何支付或向董事作出的其他类似支付的任何法律。

192. 限制所涉董事的非现金交易

（1）任何公司不应当缔结以下安排:

（a）公司董事或其控股公司、子公司、关联公司或与其相关的人员以现金以外的对价获取或将获取本公司的资产;或

（b）本公司以现金以外的对价获取或将获取该董事或相关人员的资产,

除非经公司大会决议事先批准上述安排。若该董事或相关人员是其控股公司的董事,本分节下的批准还应当要求获得该控股公司在大会上通过决议。

（2）第（1）分节下本公司或控股公司大会批准决议的通知应当包括该安排的详情和注册估价师正式计算的此安排中所涉资产的价值。

（3）公司或其控股公司违反本节规定缔结的任何安排应当按本公司请求而无效:

（a）任何金钱补偿或属本安排主题的其他对价不再可能且由其他任何人已赔偿了本公司遭受的任何损失或损害;或

（b）其他任何人善意获得了价值的任何权利且无违反本节规定的通知。

193. 一人公司的合同

（1）若股份或担保有限的一人公司与本公司唯一成员且是本公司董事缔结合同,除非是书面合同,该公司应当确保在备忘录载明或在缔结合同后公司董事会第一次会议纪要中记录该合同或报价的条款。

但是,本分节中的任何规定不应当适用于公司在日常业务过程中缔结的合同。

（2）公司应当自董事会批准之日起 15 日内将本公司缔结的和第（1）分节下董事会会议纪要记录的每份合同,通知注册官。

194. 禁止董事或关键管理性员工远期交易公司证券

（1）公司任何董事或任何关键管理性员工不应当在本公司、其控股公司、子公司或关联公司购买:

（a）按特定价格、在特定时间内请求交付或作出交付相关股份特定数量或相关债券特定数量的权利;或

（b）按其选择,以特定价格、在特定时间内要求交付或作出交付相关股份特定数量或相关债券特定数量的权利。

（2）若公司董事或任何关键管理性员工违反第（1）分节,该董事或关键管理性员工应当被处以最高 2 年的监禁,或最低 10 万卢比、最高 50 万卢比的罚金,或者两者并处。

（3）若董事或其他关键管理性员工违反第（1）分节获取任何证券,其应当遵守第（2）分节所含规定,负责退还公司的相同数额,公司不应当在注册簿中注册以其名义获取的证券;若证券是非物质化形式,公司应当通知托管人不得记录此等获取。在上述两种情形下,此等证券应当继续以转让人名义保留。

[解释]为了本节目的,"相关股份"和"相关债券",指相关人是其全职董事或其他关

键管理性员工的公司的股份、债券,或者其控股公司、子公司的股份、债券。

195. 禁止证券内幕交易

(1)包括公司任何董事或关键管理性员工在内的任何人不应当进行内幕交易。

但是,本分节包含的任何规定不应当适用于日常业务、职业或雇用过程中或任何法律下的任何通讯。

[解释]为了本节目的,

(a)"内幕交易",指:

(ⅰ)若合理期待公司的任何董事、关键管理性员工或其他官员可以获取公司证券任何非公共价格敏感信息,此等董事、关键管理性员工或其他任何官员作为本人或代理人认购、出售、交易或同意认购、购买、出售或交易任何证券的行为;或

(ⅱ)关于向任何人获取,或直接或间接交流任何非公共价格敏感信息的咨询行为。

(b)"价格敏感信息",指直接或间接涉及公司的且若公布可能严重影响公司证券价格的任何信息。

(2)若任何人违反本节规定,其应当被处以最高5年的监禁,或最低50万卢比、最高2.5亿卢比或内幕交易所生利润额3倍(以较高者为准)的罚金,或两者并处。

第ⅩⅢ章 管理性职工的任命和薪酬

196. 常务董事、全职董事或经理的任命

(1)任何公司不应当在同一时间任命或聘用常务董事和经理。

(2)任何公司不应当任命或重新任命任何人担任其常务董事、全职董事或经理的期限每次超过5年,但是,不应当早于其任期届满前1年进行重新任命。

(3)任何公司不应当任命或继续雇用具有以下情形的任何人担任常务董事、全职董事或经理:

(a)年龄21周岁以下或已满70周岁的,但是,可以经通过特别决议任命年满70周岁的人员,在此情形下,附于动议通知的解释性声明应当指明任命此人的合理性;

(b)未清偿债务的破产者,或在任何时间被判决为破产者;

(c)在任何时间已延期支付其债权人,或与债权人作出或在任何时间已作出组合的;或

(d)在任何时间已被法院宣告犯罪并判处6个月以上徒刑。

(4)受第197节和表Ⅴ的约束,应当任命常务董事、全职董事或经理,其任命条款条件和应付薪酬应当由董事会在会议上批准,此次会议应当经下次公司大会决议批准。若上述任命与该表规定的条件相冲突,由中央政府批准。

但是,召集董事会或大会审议此等任命的通知应当载明此等任命的条款条件、应付薪酬和(若有)此任命中一名或多名董事的其他事项(包括利益)。

但是,应当在此任命的60日内向注册官提交规定形式的报告。

(5)受本法规定的约束,若常务董事、全职董事或经理的任命未得到公司在大会上批准,其在上述审批之前所作任何行为不应当认为是无效的。

197. 最大综合管理性薪酬和无利润或利润不足时的管理性薪酬

(1)公众公司在任何财务年度应付给其董事(包括常务董事和全职董事)的总管理性薪酬,不应当超过公司在该年度按第 198 节规定方式计算出的净利润的 11％,但是董事薪酬不应当从毛利润中减去的除外。

但是,经中央政府批准,公司在大会上可以授权支付超过公司净利润 11％的薪酬,但受表 V 规定的约束。

但是,经公司在大会上批准除外,

(ⅰ)应付给任何一名常务董事、全职董事或经理的薪酬不应当超过公司净利润的 5％;若有 1 名以上此等董事,支付给此等全体董事和经理的薪酬之和不应当超过净利润的 10％;

(ⅱ)应支付给非常务董事或非全职董事的薪酬不应当超过:

(A)若有常务董事、全职董事或经理,公司净利润的 1％;

(B)在其他任何情况下,净利润的 3％。

(2)上述百分比应当不包括按第(5)分节应支付各董事的任何费用。

(3)尽管第(1)、(2)分节中包含任何规定,但受表 V 规定的约束,若公司在任何财务年度无利润或利润不足,公司不应当以薪酬方式向其董事(包括任何常务董事、全职董事、经理)支付任何金额,不包括按第(5)分节及其以下条款应支付给诸董事的费用,但是根据表 V 规定的除外。若不能遵守上述规定,需经中央政府事先批准。

(4)应支付给公司诸董事(包括任何常务或全职董事或经理)的薪酬,应当根据且遵从本节,由公司章程或决议确定,或公司章程要求时由公司在大会上通过的特别决议确定。上述确定的应付董事薪酬应当包含其在其他任何能力方面提供服务应付给他的薪酬。

但是,具有以下情形的,不应当包括此等任何董事在其他能力方面提供服务的任何薪酬:

(a)所提供的服务具有专业性质;和

(b)提名与薪酬委员会认为,若公司包含于第 178 节第(1)分节或者董事会在其他情形下,该董事拥有从事职业的必备资格。

(5)董事可以接受以出席董事会或其专门委员会费用方式或为了董事会决定的其他任何目的的费用方式的薪酬。

但是,此等费用的数额不应当超出规定的数额。

但是,可以规定不同种类公司的不同费用和有关独立董事的费用。

(6)可以采取月支付或公司净利润特定百分比方式,或者部分采取一种方式和部分采取另一种方式向董事或经理支付薪酬。

(7)尽管本法其他任何条款中含有任何规定,但受本节约束,独立董事不应当享有股票期权,可以接受以第(5)分节规定费用方式的薪酬、参加董事会和其他会议的支出补偿和诸成员批准的与佣金有关的利润。

(8)应当以第 198 节所述方式计算为了本节目的的净利润。

(9)若任何董事以薪酬方式直接或间接提取或接受超出本节规定限额或(在要求时)

未经中央政府事先认可的任何金额,该董事应当将此金额返还给公司,且在返还此金额前其以信托方式代公司持有该金额。

(10)除非经中央政府准许,公司不应当放弃追偿按第(9)分节应返还的任何金额。

(11)若表V因无利润或利润不足可以适用,与任何董事有关、意图提高金额或具有提高金额效果的任何规定,无论其包含在公司备忘录、章程、其缔结的协议、公司在大会上或董事会通过的任何决定中,不应当具有任何效力,除非上述提高是根据该表规定的条件以及未遵守此等条件时获得了中央政府批准。

(12)每家上市公司应当在董事会报告中披露每位董事薪酬与雇员中间值薪酬的比率和规定的其他详细情况。

(13)若公司代表其常务董事、全职董事、经理、首席执行官、首席财务官或公司秘书为赔偿其任何人对任何疏忽、失职、不当行为、违反职责或违反信托可能犯下与公司有关的罪行负有任何责任采取了任何保险,对此保险支付的保险费不应当作为应付上述任何员工的部分薪酬。

但是,若证实此等人员有罪,对此保险支付的保险费应当作为部分薪酬。

(14)受本节规定的约束,从本公司收取任何佣金且是公司常务或全职董事的任何董事,不应当无资格从本公司的任何控股公司、子公司收取任何薪酬或佣金,但受公司在董事会报告中对其披露的约束。

(15)若任何人违反本节规定,其应当被处以最低10万卢比、最高50万卢比的罚金。

198. 利润的计算

(1)为了第197节目的,在计算公司任何财务年度净利润中,

(a)应当对第(2)分节中规定的金额给予贷记,不应当对第(3)分节中规定的金额给予贷记;和

(b)应当减去第(4)分节中规定的金额,不应当减去第(5)分节中规定的金额。

(2)在进行前述计算中,应当对接受来自任何政府或任何政府在此方面设立或授权的任何公共当局的补助和补贴给予贷记,但是中央政府另行指令的除外。

(3)在进行前述计算中,不应当对以下金额给予贷记:

(a)以本公司股份或债券额外费用方式体现的利润,此等股份或债券由本公司发行或出售;

(b)本公司出售罚没股份的利润;

(c)资本性质的利润,包括出售公司经营、任何业务或其任何部分所得利润;

(d)出售本公司任何不动产、在经营中构成的资本性质固定资产、任何经营所得的利润,除非公司业务全部或部分包括买卖此等任何财产或资产;

但是,若出售任何固定资产的金额超过其拆余价值,应当对不高于该固定资产原始成本与其拆余价值之差的超出价格给予贷记;

(e)净准备金中确认的资产或负债执行额的任何变化,包括按公平价值衡量此资产或负债的损益账盈余。

(4)在进行前述计算中,应当减去以下金额:

(a)全部通常工作费;

(b)董事的薪酬;

(c)支付或应支付给公司任何员工成员、公司聘用或雇用的任何工程师、技术人员或其他人员的红利或佣金,不论以全职或兼职为基准;

(d)中央政府公告属于超额或反常利润税性质的任何税收;

(e)对特别原因或在特殊情形下征收的且由中央政府在此方面公告的任何营业利润税;

(f)本公司发行的债券利息;

(g)本公司执行的抵押物利息,以本公司固定或浮动资产负担形式担保贷款或预付的利息;

(h)无担保贷款和预付的利息;

(i)修理费,不论对动产或不动产,但修理不具有资本性质;

(j)开支,包括按第 181 节作出的捐款;

(k)第 123 节规定范围内的折旧;

(l)收入上的超支,其在本法生效日或之后开始的任何年度根据本节计算净利润时已发生,限于必须确定净利润之年以前任何后续年度未减去上述超支;

(m)根据任何法律责任应支付的任何补偿或损害赔偿,包括违约所产生的责任;

(n)以风险保险方式满足诸如(m)条款规定的任何责任所支付的任何金额;

(o)在会计年度期间视为坏账、注销或调整的债务。

(5)在进行前述计算中,以下金额不应当减去:

(a)本公司按《1961 年所得税法》(1961 年第 43 号法)应支付的所得税和超级税,或不属于第(4)分节(d)和(c)条款下的其他任何所得税;

(b)依据诸如第(4)分节(m)条款所述责任以外的其他情形,自愿作出的任何补偿、损害赔偿或支付;

(c)资本性质的损失,包括出售本公司经营、任何经营业务或其部分的损失,不包括就任何资产销售收益或残存价值而出售、丢弃、拆毁或毁损该资产的拆余价值超出额;

(d)净准备金中确认的资产或负债之执行额的任何变化,包括按公平价值衡量此资产或负债的损益账余额。

199. 某些情形下追偿薪酬

不损害本法和其他任何现行有效法律下的任何责任,若因欺诈或未遵守本法或据此所定规则下的任何要求而要求公司编制其财务报表,该公司应当对过去或现在任何常务董事、全职或兼职董事、经理、首席执行官(无论其称谓)在要求重编财务报表年度接收的薪酬,在超出每份重编财务报表中本应向其支付的部分,进行追偿。

200. 中央政府或公司规定薪酬限制

尽管本章中包含任何规定,中央政府或公司就本公司无利润或利润不足情形下对第 197 节下的任何任命或任何薪酬给予第 196 节下的批准后,可以在本法规定的限制内按其认为适当的公司利润额或百分比规定薪酬。中央政府或公司在规定薪酬时,应当关注以下事项:

(a)公司财务状况;

(b)相关个人在其他任何能力方面获得的薪酬或佣金;

(c)其在其他任何公司获得的薪酬或佣金;

(d)相关个人的专业资格和经历;

(e)规定的其他事项。

201. 某些申请的形式和程序

(1)根据本章向中央政府提出的每份申请应当是规定的形式。

(2)(a)在公司按前述各节向中央政府提出申请前,应当由或代表公司向公司成员发出一般通知,载明提议进行申请的性质。

(b)应当用本公司的注册办公室所在地区主要语言、在该地区发行的一家报纸上发布上述通知至少一次,且在该地区流通的英文报纸上以英文发布至少一次。

(c)通知的副本和公司出具的正式发布此通知的证明,应当作为申请的附件。

202. 常务或全职董事或经理职位损失的补偿

(1)公司可以采取职位损失补偿、作为退职对价或与此等损失或退职有关的方式,向常务或全职董事进行支付,但不得向其他任何董事支付。

(2)具有以下情形的,不应当按第(1)分节进行支付:

(a)董事因本公司重组,与其他任何法人或诸法人合并且任命为重组公司或合并后公司的常务或全职董事、经理或其他官员而辞职;

(b)董事因上述公司重组或合并以外的原因辞职;

(c)董事职位按第 167 节第(1)分节空缺;

(d)本公司正在关闭,不论按法庭命令或自愿,但关闭归因于董事的疏忽或失职;

(e)董事已犯欺诈或违反信托,其涉及或是本公司、其任何子公司或控股公司事务重大疏忽或重大管理不善行为;和

(f)董事已发生或已直接或间接参与导致其职位终止。

(3)依据第(1)分节向常务或全职董事、经理进行的支付,不应当超出其剩余任期或 3 年期(以较短者为准)拥有职位本应获得的薪酬,按其停止拥有职位之日前 3 年期间实际获得的平均薪酬为基准计算;若其拥有职位少于 3 年,按实际期间计算。

但是,若发生公司在董事停止拥有职位日之前或之后 12 个月内的任何时间开始关闭,公司在关闭上的资产减去关闭费用后不足以偿还股东出资的股份资本(含额外费用),不应当向董事进行任何支付。

(4)本节中的任何规定不应当视为禁止向常务或全职董事、经理支付其在其他任何能力方面向本公司提供服务的任何薪酬。

203. 关键管理性员工的任命

(1)属于规定种类或诸种类公司的每家公司应当有以下全职关键管理性员工:

(ⅰ)常务董事、首席执行官或经理,或无前述者的全职董事;

(ⅱ)公司秘书;和

(ⅲ)首席财务官。

但是,依据公司章程不应当任命或再次任命个人担任公司主席和本法生效日后的同一时间担任公司常务董事或首席执行官,除非:

(a) 公司章程另有规定;或

(b) 公司不从事多种业务。

但是,第一项但书条款中包含的任何规定不应当适用于按中央政府公告从事多种业务且为每种业务任命了一或多名首席执行官的一种类或诸种类公司。

(2) 应当以董事会决议方式任命公司每位全职关键管理性员工,该决定载明任命的期限、条款条件(包括薪酬)。

(3) 全职关键管理性员工不应当在一家以上公司拥有职位,但同一时间在其子公司任职者除外。

但是,本节分中的任何规定不应当剥夺关键管理性员工经董事会准许担任任何公司的董事。

但是,在本法生效日同一时间拥有一家以上公司职位的全职关键管理性员工,应当在本法生效后 6 个月内选择其愿望继续拥有关键管理性员工职位的一家公司。

但是,若一个人是另一家公司的但不是一家以上其他公司的常务董事或经理,其任命或聘用由董事会会议决议作出或批准并经出席会议的全体董事同意,董事会会议和其决议动议的特别通知已经发送给印度境内的全体董事,本公司可以任命或聘任该人担任常务董事。

(4) 若任何关键管理性员工职位出现空缺,应当自该空缺之日起 6 个月内由董事会在董事会会议上填补空缺。

(5) 若公司违反本节规定,公司应当被处以最低 10 万卢比、最高 50 万卢比的罚金;公司每位失职董事和关键管理性员工应当被处以最高 5 万卢比的罚金,若违反行为是一持续性行为,进一步罚金为违反行为持续期间第一日后每日最高 1000 卢比。

204. 审计较大公司的秘书

(1) 每家上市公司和规定的其他种类公司应当在依据第 134 节第(3)分节作出的董事会报告中附上由公司事实秘书按规定形式作出的秘书审计报告。

(2) 为公司事实秘书审计公司秘书档案或相关记录提供一切协助和便利,应当是公司的义务。

(3) 董事会应当在其依据第 134 节第(3)分节作出的报告中全面解释公司事实秘书在其第(1)分节下的报告中所作的任何合格性、意见或其他评论。

(4) 若公司、其任何官员或公司事实秘书违反本节规定,该公司、公司的每位失职官员或公司事实秘书应当被处以最低 10 万卢比、最高 50 万卢比的罚金。

205. 公司秘书的职能

(1) 公司秘书的职能包括:

(a) 向董事会报告遵守本法、据本法所定规则或可适用于公司的其他法律的情况;

(b) 确保本公司遵守可适用的秘书标准;

(c) 履行规定的其他职责。

[解释]为了本节目的,"秘书标准"指依《1980 年公司秘书法》(1980 年第 56 号法)第 3 节成立的"印度公司秘书协会"发布的和中央政府批准的秘书标准。

(2) 第 204 和 205 节中包含的任何规定,不应当影响本法或其他任何现行有效法律下

董事会、公司主席、常务董事或全职董事的职责和职能。

第XIV章　检查、质询和调查

206. 要求信息、检查簿册和进行质询的权力

(1)若注册官在详细审查公司提交的任何文件或其收到的任何信息时认为有必要提供与公司有关的进一步信息、解释或文件,可以书面通知公司在通知规定的合理时间内:

(a)书面提供上述信息或解释;或

(b)提交上述文件。

(2)收到第(1)分节下的通知后,尽其所知和权力在注册官规定的或延长的时间内向注册官提供上述信息或解释和提交文件,应当是公司及其相关官员的义务。

但是,若上述信息或解释涉及任何过去期间,在该期间曾受雇于本公司的官员经注册官通过向其送达书面通知进行要求,还应当尽其所知提供上述信息或解释。

(3)若未按第(1)分节在规定时间内向注册官提供信息或解释,或注册官在审查提供的文件时认为提供的信息或解释是不充分的,或注册官在详细审查提供的文件时认为公司存在不满意的事务状态且未披露要求信息的充分、公正陈述,他可以采取另行通知方式,要求公司在通知规定的时间和地点提交为了其检查可以要求的进一步账簿、簿册、文件和解释。

但是,注册官在送达本分节下任何通知之前,应当书面记录其发出该通知的理由。

(4)若注册官基于可获取的或任何人向其提供的信息,或向其作出的表示认为,公司正在从事不诚实或非法目的的业务,或未遵守本法的规定,或者没有解决投资者的投诉,注册官可以在将书面命令对此作出陈词通知公司后,要求公司在他规定的时间内书面提供命令中所列事项的任何信息或解释,并在向公司提供听证的合理机会后进行他认为合适的质询。

但是,若中央政府认为客观情况显示合理,可以为了从事本分节下的质询目的对其任命的质询员或调查员发出指令。

但是,若公司已经或正在从事不诚实或非法目的的业务,公司的每位失职官员应当按第447规定的方式对不诚实负责。

(5)不损害本节前述条款,中央政府认为客观情况显示合理时,可以指令其任命的调查员检查公司的簿册和文件。

(6)中央政府可以采取一般或特别命令关注客观情况,授权任何法定机构从事检查公司或某种类公司的账簿。

(7)若公司未按本节要求提供任何信息、解释或提交任何文件,公司和其每位失职官员应当被处以最高10万卢比的罚金,和违反行为持续期间第一日后每日最高500卢比的追加罚金。

207. 调查与质询守则

(1)若注册官或调查员要求第206节下的账簿、其他簿册和文件,公司每位董事、官员或其他雇员的义务是向注册官或调查员提供此等全部文件和注册官或调查员要求形式的陈述、信息或解释,并应当向注册官或调查员提供与此等检查有关的一切协助。

(2)进行第 206 节下检查或质询的注册官或调查员可以在检查或质询(视情况而定)过程期间,

(a)制作或责令制作账簿、其他簿册和文件的副本;或

(b)在此等簿册中作出或责令作出象征已进行调查的任何识别标记。

(3)尽管其他任何现行有效法律或任何合同中有相反规定,进行检查或质询的注册官或调查员,在审理与以下事项有关的案件期间,应当拥有《1908 年民事诉讼法典》(1908 年第 5 号法)赋予民事法院的全部权力:

(a)在进行检查或质询的注册官或调查员规定的地点和时间,查找、制作账簿、其他文件;

(b)传唤和强制人员出席和审查其宣誓;和

(c)在任何地点检查公司的任何账簿和其他文件。

(4)(i)若公司的任何董事或官员违反注册官或调查员按本节发出的指令,该董事或官员应当被处以最高 1 年的监禁和最低 2.5 万卢比、最高 10 万卢比的罚金。

(ii)若公司董事或官员已宣告犯有本节下的违法行为,该董事或官员应当自宣告犯罪之日起,视为已使其职位空缺,并自职位空缺日起应当不合格拥有任何公司的职位。

208. 作出检查报告

注册官或调查员在检查或质询第 206 节下的账簿和第 207 节下的其他簿册、文件后,应当向中央政府提交书面报告,随附包含支持其有必要进一步调查公司事务的理由的建议之文件(若有)和报告(若必要)。

209. 搜查和扣押

(1)若注册官或调查员基于其占有或其他情况下的信息有合理根据,相信公司的或与关键管理性员工、任何董事、审计员或(公司未任命公司秘书时的)公司事实秘书有关的簿册或文件可能被毁损、毁坏、篡改、伪造或隐匿,他可以在获得特别法院扣押上述簿册和文件的命令后,

(a)经所要求的协助,进入和搜查簿册或文件保存的地点;和

(b)允许公司自费复制、摘录簿册或文件后,扣押其认为必要的簿册和文件。

(2)注册官或调查员应当将第(1)分节下扣押的簿册和文件尽快且在任何情况下自扣押后不迟于第 180 日,返还给对被扣押簿册或文件进行保管或有权力的公司。

但是,若再次必要,注册官或调查员可以采取书面命令延长 180 日期限,传召簿册和文件。

但是,注册官或调查员在按上述规定返还此等簿册和文件之前,可以复制、摘录或在其上或任何部分作识别标志,或以其认为必要的其他方式处理此等事项。

(3)《1973 年刑事诉讼法典》(1974 年第 2 号法)有关搜查或扣押的规定,应当经必要变通后适用于本节下进行的每项搜查和扣押。

210. 调查公司事务

(1)若中央政府认为基于以下有必要调查公司事务,可以命令调查公司事务:

(a)收到第 208 节下注册官或调查员的报告;

(b)公司通过本公司应当被调查的特别决议的公告;或

(c)公共利益。

(2)若法院或法庭在应当调查公司事务的任何程序中发布了命令,中央政府应当命令调查该公司事务。

(3)为了本节目的,中央政府可以任命一人或多人担任调查员调查公司事务,并以中央政府指示的方式提交报告。

211. 设立严重欺诈调查办公室

(1)中央政府应当经公告设立名称为"严重欺诈调查办公室"的办公室调查与公司有关的欺诈行为。

但是,在设立第(1)分节下严重欺诈调查办公室之前,中央政府依据2003年印度政府第45011/16/2003-Adm-I号决议设立的严重欺诈调查办公室应当视为是为了本节目的的"严重欺诈调查办公室"。

(2)严重欺诈调查办公室应当由一名负责人领导,并由中央政府从以下领域具有才华、正直和阅历的人员中任命的专家数组成:

(ⅰ)银行业;

(ⅱ)公司事务;

(ⅲ)税务;

(ⅳ)法院审计;

(ⅴ)资本市场;

(ⅵ)信息技术;

(ⅶ)法律;或

(ⅷ)规定的其他领域。

(3)中央政府应当经公告任命严重欺诈调查办公室一名负责人,其应当是不低于印度政府联合秘书级别并具有处理公司事务知识和阅历的官员。

(4)中央政府可以任命其认为为有效履行本法下严重欺诈调查办公室职能所必要的专家、其他官员和雇员。

(5)严重欺诈调查办公室负责人、专家、其他官员和雇员的服务条款条件,应当按规定。

212. 严重欺诈调查办公室调查公司事务

(1)不损害第210节规定,若中央政府认为因以下情形有必要由严重欺诈调查办公室调查公司事务:

(a)收到第208节下注册官或调查员的报告;

(b)公司通过应当调查其事务的特别决议的公告;

(c)处于公共利益;或

(d)中央政府或邦政府任何部门的请求,

中央政府可以采取命令将调查上述公司事务指派严重欺诈调查办公室和其负责人,可以委任其认为为了上述调查目的所必要的调查员人数。

(2)若中央政府为本法下的调查向严重欺诈调查办公室指派了任何情形,中央政府或任何邦政府其他机构不应当在与本法下任何违法行为有关的情形下和在已经启动此等任何调查的情形下进行调查程序,不应当进一步与之进行相关程序,相关机构应当将有关本法下上述违法行为的相关文件和档案移交严重欺诈调查办公室。

(3)若中央政府已将公司事务调查委派严重欺诈调查办公室,该办公室应当以本章规定方式和程序实施调查,并在命令规定的期限内向中央政府提交报告。

(4)严重欺诈调查办公室及其负责人应当指定一名调查官调查公司事务,该调查官应当拥有第217节下调查员的权力。

(5)公司及其官员、雇员(是或曾受雇于本公司)应当有义务向调查官提供其进行调查所要求的全部信息、文件和协助。

(6)尽管《1973年刑事诉讼法典》(1974年第2号法)包含任何规定,引起本法第447节规定惩处欺诈的该法典第7节第(5)和(6)分节、第34节、第36节、第38节第(1)分节、第46节第(5)分节、第56节第(7)分节、第66节第(10)分节、第140节第(5)分节、第206节第(4)分节、第213节、第229节、第251节第(5)分节、第339节第(3)分节和第448节应当是可审理的,按上述条款被起诉任何违法行为的任何人不应当按保释或其自身约束予以释放,但以下除外:

(i)已给予公诉人反对上述释放申请的机会;和

(ii)虽然公诉人反对申请,但法院认为有合理理由相信他未犯上述违法罪行且其在保释期间不可能犯任何违法行为。

但是,若特别法院指令,16周岁以下、妇女、生病或体弱的人员可以保释。

但是,特别法院不应当审理本分节所述任何违法行为,但根据以下者作出的书面控告除外:

(i)严重欺诈调查办公室及其负责人;或

(ii)中央政府在此方面以一般或特别书面命令授权的其任何官员。

(7)第(6)分节规定的限制给予保释是《1973年刑事诉讼法典》(1974年第2号法)或其他任何现行有效法律下关于给予保释的补充。

(8)若中央政府在此方面以一般或特别命令授权的严重欺诈调查办公室负责人、副负责人或助理负责人基于其占有的资料有理由相信(书面记录此等相信的理由),任何人已犯有第(6)分节所述各条款下应惩处的任何违法行为,他可以逮捕上述人员并应当尽快告知其逮捕的理由。

(9)严重欺诈调查办公室负责人、副负责人或助理负责人按第(8)分节逮捕上述人员后,应当立即以密封信封和规定方式向严重欺诈调查办公室提交命令副本,随附其占有的该分节所述资料,严重欺诈调查办公室应当在规定期限内保存上述命令和资料。

(10)应当在24小时内将按第(8)分节逮捕的任何人带至有管辖权的司法裁判官或大都市司法官,视情况而定。

但是,24小时期限应当排除从逮捕地点至裁判官法院途中所必要的时间。

(11)若中央政府有指令,严重欺诈调查办公室应当向中央政府提交临时报告。

(12)严重欺诈调查办公室完成调查后,应当向中央政府提交调查报告。

(13)尽管本法或其他任何现行有效法律中包含任何规定,任何相关人经在此方面向法院提出申请,可以获得调查报告副本。

(14)中央政府收到调查报告并审查后(和接受其认为合适的法律建议后),可以指令严重欺诈调查办公室启动起诉公司及其现在或曾经受雇于此公司的官员、雇员或直接或间接涉及此公司事务的其他任何人员。

(15)尽管本法和其他任何现行有效法律中包含任何规定,为构建指控向特别法院提交的调查报告应当视为《1973年刑事诉讼法典》(1974年第2号法)第173节下警官提交的报告。

(16)尽管本法包含任何规定,严重欺诈调查办公室按《1956年公司法》(1956年第1号法)规定采取或启动的任何调查或其他行动,应当按该法继续程序,如同本法未曾通过。

(17)(a)若严重欺诈调查办公室按本法正在调查任何违法行为,持有与上述违法行为有关的任何信息或文件的其他任何调查机构、邦政府、警察机构、所得税机构应当将其可利用的上述信息或文件提交严重欺诈调查办公室。

(b)严重欺诈调查办公室应当与其他任何调查机构、邦政府、警察机构、所得税机构分享其任何可用信息或文件,此信息或文件可能对上述调查机构、邦政府、警察机构、所得税机构按其他任何法律调查或审查任何违法行为或事项是相关的或有用的。

213. 其他情况下调查公司事务

法庭可以——

(a)经以下者申请:

(ⅰ)在有股份资本的公司情形下,不低100名成员或不低于持有最低总投票权1/10的成员;或

(ⅱ)在无股份资本的公司情形下,不低于公司成员注册簿中人员的1/5,且为证明申请人有充分理由寻求调查公司事务之命令的目的所必要的证据予以支持;或

(b)若认为有其他客观情况表明以下者,经其他任何人向其申请或在其他情形下:

(ⅰ)正在从事的公司业务具有意图欺诈其债权人、成员或其他任何人,或为了欺诈或非法目的的其他情形,或以暴虐其任何成员的方式、为了任何欺诈或非法目的设立本公司;

(ⅱ)公司设立或其事务管理中的相关人员随其对公司或其任何成员已犯有欺诈、不当行为或其他管理不善行为;或

(ⅲ)就公司成员可以合理期望的公司事务,未向公司成员提供全部信息,包括与应付公司常务董事、其他董事或经理的佣金之计算有关的信息,

向相关当事人提供听证的合理机会后命令中央政府任命的调查员应当调查公司事务。若发布了上述命令,中央政府应当任命1名或多名主管人员调查涉及上述事项的公司事务,并就此按中央政府指定方式向其报告。

但是,若调查后证明:

(ⅰ)正在从事的公司业务意图欺诈其债权人、成员或其他任何人员或具有欺诈或非法目的的其他情形,或为了任何欺诈或非法目的设立本公司;或

(ⅱ)公司设立或其事务管理中所涉任何人员已经随之犯有欺诈罪行,

公司的每位失职官员和公司设立或其事务管理中的所涉人员应当按第447节规定方式承担欺诈责任。

214. 担保支付调查费用

若中央政府依据第 210 节第(1)分节(b)条款或第 213 节下法庭作出的命令发出命令进行调查,中央政府可以在任命第 210 节第(3)分节或第 213 节(b)条款下的调查员之前,要求申请人提供不超过规定额 2.5 万卢比的其认为适当的担保,以支付调查的成本和费用。若调查产生起诉,此担保额应当返还给申请人。

215. 不得任命企业、法人或社团为调查员

不应当任命任何企业、法人或其他社团担任调查员。

216. 调查公司所有权

(1)若向中央政府表明有理由,中央政府可以任命 1 名或多名调查员为确定以下人员真实性的目的,调查和报告与公司及其成员有关的事项:

(a)对公司真正或表面成功或失败具有或已有财务利益的人员;或

(b)有或已有能力控制或实质性影响公司政策的人员。

(2)不影响中央政府第(1)分节下的权力,若法庭在其任何程序过程中以命令指示,为了第(1)分节规定的目的应就公司成员关系调查公司事务和与公司有关的其他事务,中央政府应当任命该节下的 1 名或多名调查员。

(3)中央政府在任命第(1)分节下的调查员时,可以界定调查范围,不论是扩展或另外情形的事项或期限方面,特别是可以将调查限于特殊股份或债券相关的事项。

(4)受调查员任职条件的约束,调查员的权力应当扩展至调查显示存在任何安排或非正式协议的客观情况。此等安排或协议虽不具有法律约束力但实际上被遵守或已遵守或很可能遵守且与其调查目的有关。

217. 调查员的程序、权力等

(1)处于依据本章所载规定之调查下的公司全体官员、其他雇员和代理人(包括其前任官员、雇员和代理人)和第 219 节下被调查的其他任何法人或人员事务时该法人或人员的全体官员、其他雇员和代理人(包括其前任官员、职员),应当有以下义务:

(a)向调查员或其在此方面授权的任何人保存和提供本公司的或与本公司、其他法人或人员(视情况而定)有关的处于其保管或权力下的全部簿册和文件;和

(b)在其他情况下,给予调查员能合理提供的与调查有关的一切协助。

(2)若上述信息的提供或上述文件的提交对其调查目的有关或必要,调查员可以要求第(1)分节所述法人以外的任何法人向其本人或其在此方面认为必要所授权的任何人提供上述信息或提交上述簿册、文件。

(3)调查员在其保管下保留第(1)或(2)分节下提交的任何簿册和文件不应当超过 180 日,并将同一者返还给公司、法人、企业或代表其提交簿册和文件的个人。

但是,若再次需要簿册和文件,调查员可以以书面命令方式要求该簿册和文件延长 180 日。

(4)调查员可以审查以下者与公司、其他法人或人员(视情况而定)事务有关的宣誓:

(a)第(1)分节所述任何人员的;和

(b)经中央政府事先批准的其他任何人员的,

且为此目的,可以要求上述任何人员出席。

　　但是,若系第212节下的调查,严重欺诈调查办公室及其负责人的事先批准在(b)条款下应当是充分的。

　　(5)尽管其他任何现行有效法律或合同中有任何相反规定,进行本章下调查的系中央政府官员的调查员,在审理与以下事项有关的案件期间,应当具有《1908年民事诉讼法典》下赋予法院的全部权力:

　　(a)在上述人员规定的地点和时间,查找、制作账簿和其他文件;

　　(b)传唤和强制人员出席和审查其宣誓;和

　　(c)在任何地点检查公司的任何簿册、注册簿和其他文件。

　　(6)(ⅰ)若公司任何董事或官员违反注册官或调查员按本节发出的指令,其应当被处以最高1年的监禁和最低2.5万卢比、最高10万卢比的罚金。

　　(ⅱ)若公司的董事或官员已被宣告犯有本节下的违法行为,该董事或官员应当自宣告犯罪之日起视为已空缺其职位,应当无资格在任何公司拥有职位。

　　(7)第(4)分节下任何审查的通知应当书面记载,应当向被审查人宣读,由其阅读或签字,并据此用于针对他的证据。

　　(8)若无任何正当理由未作出或拒绝作出以下行为:

　　(a)向调查员或其在此方面授权的任何人员提交其第(1)或第(2)分节下有义务提交的任何簿册或文件;

　　(b)提供其第(2)分节下有义务提交的任何信息;

　　(c)按第(4)分节要求时亲自到调查员面前,或回答调查员依据该分节向其提出的任何问题;或

　　(d)签署第(7)分节所述任何审查的通知,

其应当被处以最高6个月的监禁和最低2.5万卢比、最高10万卢比的罚金,和未能或拒绝持续期间第1日后每日最高2000卢比的进一步罚金。

　　(9)中央政府、邦政府、警察或法定机构的官员应当向调查员提供调查员要求,经中央政府事先批准,为检查、质询或调查目的的协助。

　　(10)中央政府可以与外国政府缔结协定,互惠安排协助本法或外国相应有效法律下任何检查、质询或调查,可以采取公告方式递交涉及该外国已进行互惠安排的本章申请,但受认为有益于执行与该国协定的变更、例外、条件和资格的约束。

　　(11)尽管本法或《1973年刑事诉讼法典》(1974年第2号法)包含任何规定,若在调查公司事务过程中调查员向印度主管法院提出申请,指明在一国家或印度境外一地点获得或可以获得证据,此法院可以向位于该国或该地点有权处理的法院或当局发出请求函,请求口头或其他方式审查任何人、认定知晓的本案事实或情况、记录在审查过程中所作的陈述,还要求上述人员或其他任何人提供其可能占有与本案有关的任何文件或事物,和向发出请求函的印度法院转寄所取得或收集的全部证据或其验证副本,或所收集的事物。

　　但是,应当以中央政府在此方面规定的方式传递请求函。

　　但是,按本分节记录的任何陈述或收到的任何文件或事物,应当视为在调查过程期间收集的证据。

　　(12)中央政府收到一国或印度境外一地点法院或当局有权在该国或该地点发出的

请求审查任何人或提供与该国或该地点调查公司事务有关的任何文件或事项的请求函后,可以在其认为合适时将此请求函转交给相关法院,该相关法院应当据此传唤上述人员到庭,记录其陈述或形成提交的任何文件或事物,或向任何调查员发送调查函。调查员应当据此按本法调查公司事务的相同方式调查公司事务,并应当在 30 日内或该相关法院允许进一步行动的延长期内向其提交报告。

但是,按本分节取得或收集的证据或其验证副本,或收集的事物,应当由该法院转交给中央政府,中央政府按其认为合适的方式递交印度境外的外国或地点发出请求函的法院或当局。

218. 调查期间保护雇员

(1)尽管其他任何现行有效法律中包含任何规定,若:

(a)在按第 210、212、213 或 219 节调查公司、其他法人或人员事务和与其有关的其他事项,或按第 216 节调查公司成员关系和与公司有关的其他事项、公司或法人股份所有权关系或债券,或公司、其他法人或人员的或与其有关的事务或事项的过程期间;或

(b)在按第 ⅪⅤ 章就公司活动和事务管理对相关任何人的任何程序待决期间,

上述公司、其他法人或人员提议——

(ⅰ)解聘或暂停任何雇员;或

(ⅱ)无论采取解雇、免职或降级或其他方式惩罚雇员;或

(ⅲ)改变雇用条款使雇员不利,

该公司、其他法人或人员(视情况而定)应当获得法庭批准针对雇员所提议的行动。若法庭反对所提议的行动,其应当以邮政方式向公司、其他法人或相关人员发送其反对的书面通知。

(2)若公司、其他法人或相关人员在作出第(1)分节下的申请 30 日内未收到法庭批准,其可以仅在此时对雇员采取提议的行动。

(3)若公司、其他法人或相关人员不服法庭提出的反对,其可以在收到反对通知的 30 日内以规定方式并支付规定费用优先选择向上诉庭提起上诉。

(4)上诉庭对上诉的决定应当是最终的并约束法庭、公司和法人或相关人员。

(5)为消除疑问,兹宣布,本节的规定应当具有效力,不损害其他任何现行有效法律的规定。

219. 调查员调查与公司有关事务等的权力

若第 210、212 或 213 节下任命调查公司事务的调查员认为为了调查目的有必要调查以下事务:

(a)是或在任何相关时间曾是本公司的子公司、控股公司或其控股公司的子公司的其他任何法人;

(b)由是或在任何相关时间曾是本公司常务董事或经理的作为常务董事或经理的任何人管理的其他任何法人;

(c)董事会由本公司提名或习惯于根据本公司或其任何董事指令或指示行事的其他任何法人;或

(d)是或在任何相关时间曾是本公司常务董事、经理或雇员的任何人员,

他应当经中央政府事先批准,在其认为调查结果与其被任命调查公司事务有关的范围内,调查并报告其他任何法人、常务董事或经理的事务。

220. 调查员扣押文件

(1)若调查员在本章下的调查过程中有合理理由相信公司、其他法人、公司董事或经理的或与其有关的簿册和文件可能被毁损、毁坏、篡改、伪造或隐匿,该调查员可以:

(a)在要求的协助下,以要求的方式进入簿册和文件保存地点;和

(b)允许公司自费复制、摘录簿册和文件后,为调查目的扣押其认为必要的簿册和文件。

(2)调查员应当保管本节下扣押的簿册和文件至其认为必要的调查结束,并应当将同一者返还给公司、其他法人或对被扣押文件有保管权或权力的常务董事或其他任何人员,视情况而定。

但是,调查员在返还上述簿册、文件之前,可以复制、摘录此等簿册和文件,或在其上或其任何部分标注识别标记,或以其认为必要的方式处理此等簿册、文件。

(3)《1973年刑事诉讼法典》(1974年第2号法)涉及搜查或扣押的规定,应当经必要变通后适用于本节下的每项搜查或扣押。

221. 冻结质询和调查的公司资产

(1)若基于中央政府向法庭作出的证明,与按本章质询或调查公司事务有关的证明,或第244节下规定的成员人数或拥有公司未偿债务金额10万卢比的债权人或有合理理由的其他任何人员提出的任何投诉,向法庭显示很可能发生以损害公司、其股东或债权人利益或为了公共利益转移、转让或处置公司资金、资产或财产,法庭可以采取命令指示,在命令规定的3年期限内不应当进行上述搬移、转移或处置,或可以按法庭认为适当的条件和限制进行。

(2)若公司资金、资产或财产的任何转移、转让或处置违反第(1)分下的法庭命令,公司应当被处以最低10万卢比、最高250万卢比的罚金;公司的每位失职官员应当被处以最高3年的监禁,或最低5万卢比、最高50万卢比的罚金,或两者并处。

222. 对证券施加限制

(1)若就第216节下的任何调查或基于任何人在此方面提出的投诉,向法庭显示,有充分理由查明公司发行或将发行任何证券的相关事实且法庭认为除非施加其认为适当的限制否则不能查明此等事实,法庭可以采取命令指示,此证券应当在命令中规定的3年期内遵守法庭认为适当的限制。

(2)若任何公司的证券发行、转让或行事违反了第(1)分节下的法庭命令,公司应当被处以最低10万卢比、最高250万卢比的罚金;公司的每位失职官员应当被处以最高6个月的监禁,或最低2.5万卢比、最高50万卢比的罚金,或两者并处。

223. 调查员的报告

(1)按本章任命的调查员可以且在中央政府指令时应当向中央政府提交临时报告,在调查结束时,应当向中央政府提交最终报告。

(2)第(1)分节下作出的每项报告应当是书面的或按中央政府指示打印。

(3)可以在此方面向中央政府提出申请获得第(1)分节下作出的报告副本。

(4)按本节任命的任何调查员的报告应当按以下方式之一认证:

(a)被调查事务的公司的盖章;或

(b)具有报告保管权的公共官员按《1872 年印度证据法》(1872 年第 1 号法)出具的证书,

且上述报告应当在与其所含任何事项有关的任何法律程序中采纳为证据。

(5)本节中的任何规定不应当适用于第 212 节所述的报告。

224. 依据调查员报告采取行动

(1)若根据按第 223 节作出的调查员报告,向中央政府显示,与按本章被调查的公司、其他法人或其他任何人员有关的任何人犯有应负刑事责任的任何违法行为,中央政府可以对该违法行为起诉此人。向中央政府提供与起诉有关的必要协助,应当是公司或其他法人全体官员和其他雇员的职责。

(2)若任何公司或其他法人按本法关闭且根据第 223 节下作出的任何报告向中央政府显示,以第 213 节所述任何情形为由这样做是有益的,除非公司或其他法人已被法庭命令关闭,中央政府可以要求其在此方面授权的任何人向法庭提交:

(a)该公司或法人关闭的诉状,理由是其关闭是公平和公正的;

(b)第 241 节下的申请;或

(c)上述两者。

(3)若根据上述任何报告,向中央政府显示,按本章被调查事务的公司或任何法人为了公共利益应当对以下事项提起诉讼程序:

(a)对与公司或法人发起、成立、事务管理有关的任何欺诈、不法行为或其他不当行为,追偿损害赔偿;或

(b)对已误用或不当保留公司或法人任何财产的追偿,

中央政府本身可以以上述公司或法人名义提起关闭程序。

(4)上述公司或法人应当对中央政府在依据第(3)提起的或相关任何程序中发生的任何费用或支出向中央政府偿付。

(5)若调查员作出的报告陈述公司中已发生欺诈且公司的任何董事、关键管理性员工或其他任何人或实体因此等欺诈已取得了不当好处或利益,不论以任何资产、财产、现金或其他任何方式,中央政府可以就追缴上述资产、财产或现金(视情况而定)和上述董事、关键管理性员工、官员或其他负有无限责任制的个人责任,向法庭申请适当命令。

225. 调查费用

(1)中央政府按本章任命的调查员进行调查的费用或附属费用,第 214 节下的费用除外,应当由中央政府首先支付,但应当由以下人员在下列规定的范围内偿还:

(a)基于按第 224 节成立的起诉被宣告有罪,或提起的程序中被命令支付损害赔偿或返还任何财产的任何人,范围为他在同一程序中被命令支付宣告其犯罪或命令其支付损害赔偿或返还上述财产的法院所规定的费用,视情况而定;

(b)上述提起程序中指名的任何公司或法人,范围为因上述程序结果由其返还任何金额或财产的数额或价值;

(c)除非因调查结果按第 224 节提出起诉,

（ⅰ）调查员报告处理的任何公司、法人、常务董事或经理；和

（ⅱ）按第 213 节已任命调查员时的调查申请人，

范围为中央政府的指令。

（2）公司或法人按第（1）分节（b）条款应负责的任何数额应当首先在该条款所述的金额或财产上收取。

226. 公司等自愿关闭不停止调查程序

尽管可以按本章启动调查，但不应当仅以下述事实为由停止或中止此调查：

（a）已按第 241 节提出申请；

（b）公司已通过特别决议关闭；或

（c）法庭中公司关闭的其他任何程序未决。

但是，若法庭在（c）条款所述程序中发布关闭令，调查员应当将其调查程序未决通知法庭，法庭应当发布其认为适当的命令。

但是，关闭令中的任何规定不应当赦免公司任何董事或其他雇员参加调查员面前的程序或作为调查员裁决结果的任何责任。

227. 法律顾问和银行业者不得披露某些信息

本章中的任何规定不应当要求以下者向法庭、中央政府、注册官或中央政府任命的调查员披露以下信息：

（a）法律顾问，向其以该身份作出的任何保密通讯，但其客户名称和地址方面的除外；或

（b）任何公司、法人或其他人的银行业者，其任何顾客之事务的任何信息，但上述公司、法人或人员的除外。

228. 外国公司的调查等

本章的规定应当经必要变通后适用于与外国公司有关的检查、质询或调查。

229. 对提供虚假陈述、损毁毁灭文件的处罚

若在检查、质询或调查过程中被要求提供解释或作出陈述的人，或也被调查的公司官员或雇员，

（a）毁坏、损毁、伪造、隐匿、篡改或无授权清除与公司或法人财产、资产或事务有关的文件，或是上述毁坏、损毁、伪造、隐匿、篡改或无授权清除的当事人；

（b）错误获取涉及公司或法人的任何文件，或是此等错误获取的当事人；

（c）提供虚假的或其明知虚假的解释，

他应当对欺诈按第 447 节规定方式受处罚。

第ⅩⅤ章　妥协、安排和合并

230. 与债权人和成员妥协或作出安排的权力

（1）若以下者之间提议妥协或安排：

（a）公司与其债权人或其任何种类；或

（b）公司与其成员或其任何种类，

法庭可以经公司、其任何债权人或成员申请，或公司关闭时清算人的申请，命令按法庭指

令方式召集、举行或召开债权人或其种类,或成员或其种类的会议。

[解释]为了本分节目的,"安排"包括采取不同种类股份合并的方法或将股份分解为不同种类股份的方法或采取此两种方法的公司股份资本重组。

(2)按第(1)分节提出申请的公司或其他任何人应当采取宣誓书方式向法庭披露以下情况:

(a)与公司有关的全部重要事实,诸如公司最近财务状况、公司账目最近审计师报告、针对公司的任何调查或程序的待决;

(b)包含在妥协或安排中(若有)的减少公司股份资本;

(c)不低于价值上75%担保债权人同意的任何企业债务重组方案,包括:

(ⅰ)规定表格的债权人责任声明;

(ⅱ)保护其他担保和非担保债权人的保障措施;

(ⅲ)审计师报告,其显示批准的企业债务重组后公司资金要求应当符合以董事会向其提供的估价为基础的流动性检测标准;

(ⅳ)若公司提议采纳印度储备银行规定的企业债务重组指南,其效果的声明;和

(ⅴ)注册估价师作出的关于公司股份、财产和全部资产(有形和无形、动产或不动产)的估价报告。

(3)若根据第(1)分节下法庭命令提议召集会议,应当分别向全体债权人或某种类债权人,公司全体成员或某种类成员和公司债券持有人的在公司注册地址发送通知,并应当随附披露妥协或安排详情的声明、估价报告副本(若有),解释对其债权人、关键管理性员工、发起人和非发起人成员、债券持有人的影响和妥协或安排对公司董事、债券受托人任何实质利益的影响,以及规定的其他事项。

但是,上述通知和其他文件还应当在公司网站(若有)上发布,且若为上市公司,这些文件应当发送给证券交易委员会和证券上市的证券交易所以发布在其网站上,还应当以规定方式发布在报纸上。

但是,若会议通知还应当以公告形式发布,其应当载明相关人员免费从公司注册办公室获取妥协或安排副本的时间。

(4)第(3)分节下的通知应当规定被通知人员可以亲自或通过代理人或自收到上述通知之日起1个月内以邮政表决方式在会议上投票。

但是,对妥协或安排的任何反对,应当仅由至少持有10%股份或拥有最近每项被审计财务报表总欠债至少10%的人员作出。

(5)第(3)分节下的通知和规定形式的全部文件,还应当发送给中央政府、所得税当局、印度储备银行、证券交易委员会、注册官、各自证券交易所、官方清算人、按《2002年竞争法》第7节第(1)分节设立的印度竞争委员会(若必要)和可能受妥协或安排影响的其他行业监管者或当局,应当要求上述者自收到上述通知之日起30日内应发表意见(若有),应当推定上述者在此期限内对提议无意见。

(6)若在依据第(1)分节召开的会议上,在价值上代表债权人或某种类、成员或某种类成员(视情况而定)3/4的多数人亲自、由代理人或以邮政表决方式投票同意妥协或安排,且法庭以命令方式认可此妥协或安排,该妥协或安排应当约束公司、全体债权人或该

种类债权人、全体成员或该种类成员(视情况而定)或公司关闭时的公司清算人和出资人。

(7)法庭按第(6)分节作出的命令应当规定以下全部或任何事项:

(a)若妥协或安排规定将优先股转换为普通股,应当给予此等优先股东选择权,即获得以现金表示的股息应付欠款或接受等于应付股息价值的普通股;

(b)保护任何种类债权人;

(c)若妥协或安排导致股东权利变动,应当按第48节给出对其的影响;

(d)若债权人按第(6)分节同意妥协或安排,应当撤销在按《1986年疾弱工业公司(特别条款)法》(1986年第1号法)成立的工业与金融重组局的任何待决程序;

(e)法庭认为对有效执行妥协或安排条款所必要的其他事项,包括异议股东的退出报价(若有)。

但是,除非公司审计师出具的达到了妥协或安排方案中所提议的会计处理(若有)符合第133节下规定的会计标准的效果的证明已提交法庭,法庭不应当认可任何妥协或安排。

(8)法庭命令应当由公司自收到此命令之日30日内提交注册官。

(9)若持有至少90%价值的债权人或某种类债权人以宣誓书方式同意和确认妥协或安排方案,法庭可以免除召集债权人或某种类债权人会议。

(10)法庭不应当认可与本节下证券任何回购有关的妥协或安排,除非此等回购是根据第68节进行的。

(11)任何妥协或安排可以包含以规定方式作出的接管报价。

但是,若为上市公司,接管报价应当符合证券交易委员会制定的每项规章。

(12)不服的当事人若对上市公司以外的公司的接管报价有任何不服,可以以规定方式向法庭提出申请,法庭可以基于申请发出其认为合适的命令。

[解释]为消除疑虑,兹宣布,第66节的规定不应当适用于本节下依据法庭命令被执行的减少股份资本。

231. 法庭执行妥协或安排的权力

(1)若法庭作出第230节下的命令,认可与公司有关的妥协或安排,其——

(a)应当有权力监督妥协或安排的执行;和

(b)可以在作出命令时或此后任何时间,就任何事项发出或对妥协或安排作出其认为为适当执行妥协或安排所必要的命令或变更。

(2)若法庭认为按第230节认可的妥协或安排经或不经变更不能满意地执行,且公司不能支付其每项方案的债务,法庭可以命令关闭该公司。此命令应当视为是按273节作出的命令。

(3)本节的规定在其可以的范围内还适用于与本法生效前已作出认可妥协或安排的命令有关的公司。

232. 公司的并购与合并

(1)若按第230节向法庭申请认可公司与该节所述任何人员之间提议的妥协或安排,并向法庭证明:

(a)为了本公司或涉及任何两家或多家公司并购或合并的诸公司之重组方案目的，或与之有关，已提出妥协或安排；和

(b)按此方案，要求将任何公司(以下简称"出让人公司")全部或任何部分经营、财产或负债转让给另一公司(以下简称"受让人公司")，或提议分离并转让给两家或多家公司，

法庭可以根据此申请命令按法庭指示方式召集、举行和召开债权人或某种类债权人，或成员或某种类成员的会议，第 230 节第(3)至(6)分节的规定应当经必要变通后予以适用。

(2)若法庭按第(1)分节已作出命令，还应当要求并购公司或与提议分离有关的公司对法庭命令的会议通报以下事项：

(a)并购公司董事草拟和采纳的方案提议条款草案；

(b)确认方案草案已经提交注册官；

(c)并购公司董事采纳的报告，其解释妥协对各种类股东、关键管理性职工、发起人和非发起人股东的影响，特别展示股份交换比率，详细说明任何具体估价困难；

(d)若有，涉及估价的专家报告；

(e)若任何并购公司最近年度账目涉及的财务年度在为批准方案目的召集公司首次会议之前超过 6 个月结束，补充会计报表。

(3)法庭在自身认为已遵守第(1)和(2)分节中规定的程序后，可以采取命令方式认可妥协或安排，或采取后续命令对以下者进行规定：

(a)自各当事人确定之日起，向受让人公司转让出让人公司全部或任何部分经营、财产或负债，除非法庭为了其书面记录的原因另行决定；

(b)受让人公司对在出让人公司中按妥协或安排由受让人公司向或为任何人拨付或拨出的任何股份、债券、保险单或其他类似工具的拨款。

但是，受让人公司不应当因妥协或安排结果以自身名义或任何信托名义持有任何股份(无论代表自身或其任何子公司、关联公司)，且应当注销或消灭上述任何股份；

(c)任何出让人公司在转让日起诉或应诉的任何待决法律程序，由受让人公司继续起诉或应诉；

(d)任何出让人公司未经关闭的解散；

(e)在法庭指示的期间，以其指示的方式，向不同意妥协或安排的任何人作出拨款；

(f)若任何非居民股东按中央政府规定的外国投资规范或指南或根据任何现行有效法律持有股份资本，受让人公司应当按命令中规定方式向此等股东拨款；

(g)向受让人公司移交出让人公司雇员；

(h)若出让人公司是上市公司、受让人公司是非上市公司，

(A)受让人公司在成为上市公司之前应当继续为非上市公司；

(B)若出让人公司的股东选择退出受让人公司，应当根据预先确定价格公式或在作出估价之后对此等股东所持股份价值和其他利益的支付予以拨款，法庭可以作出本规定下的安排。

但是，本分节下对任何股份的支付额或估价额不应当低于证券交易委员会按其制定

的任何规章已规定的数额;

(i)若出让人公司被解散,由出让人公司在其法定资本上支付的费用应当与受让人公司在其随后合并法定资本上应付的任何费用进行抵消;和

(j)认为对保证充分有效实施并购或合并所必要的附属、间接和补充事项。

但是,除非公司审计师出具的达到了妥协或安排方案中所提议的会计处理(若有)符合第133节下规定的会计标准的效果的证明已提交法庭,法庭不应当认可任何妥协或安排。

(4)若本节下的命令规定了转让任何财产或负债,依据该命令,此等财产应当转让给受让人公司,责任应当转让给受让人公司并成为其负债。若该命令有指示,任何财产可以免除依据妥协或安排应当终止效力的任何负担。

(5)与作出命令有关的每家公司应当自收到此命令认证副本之日的30日内将其提交注册官注册。

(6)本节下的方案应当清晰载明本方案应当生效的起始指定日期,且本方案应当视为自该日而非随后指定日生效。

(7)与作出命令有关的每家公司应当在完成方案之前,每年在规定时间内,以规定方式向注册官提交经特许会计师、成本会计师或公司事实秘书正式证明的声明,其指明本方案是否正在遵守法庭命令。

(8)若出让人公司或受让人公司违反本节规定,该出让人公司或受让人公司(视情况而定)应当被处以最低10万卢比、最高250万卢比的罚金;此等出让人公司或受让人公司的每位失职官员应当被处以最高1年的监禁,或最低10万卢比、最高30万卢比的罚金,或两者并处。

[解释]为了本节目的,

(ⅰ)在涉及并购的方案中,按该方案,若一家或多家公司(包括与提议妥协或安排有关的公司)的经营、财产和负债转让给另一现存公司,其为吸收式并购;若两家或多家公司(包括与提议妥协或安排有关的公司)的经营、财产和负债将转让给一新公司(不论是否为公众公司),其是新公司设立式并购。

(ⅱ)向并购公司的推荐涉及吸收式并购时是向出让人公司和受让人公司推荐,涉及新公司设立式时是向出让人公司推荐;

(ⅲ)方案涉及分离,若按此方案,对提议的妥协或安排,公司经营、财产和负债被分离并转让给其中每家是现存公司或新公司的两家或多家公司;和

(ⅳ)财产包括每项描述的资产、权利和利益,负债包括每项描述的债务和义务。

233. 某些公司的并购或合并

(1)尽管有第230和232节规定,两家或多家小公司之间或控股公司与其全资子公司之间或规定的某种类或某些种类公司之间可以缔结并购或合并方案,但受以下约束:

(a)出让人公司或诸公司和受让人公司30日内向各自公司之注册办公室所在地的注册官或官方清算人或受提议方案影响的人发出提议方案通知,邀请其提出异议或意见(若有);

(b)诸公司在各自大会上审议收到的异议和意见,由拥有总股份数至少90%的各自

成员或某种类成员在大会上批准该方案;

(c)涉及并购的各公司以规定方式向其所在地公司注册办公室提交偿付能力声明;和

(d)代表指定各自公司债权人或某种类债权人价值9/10的多数在公司召集的会议上批准该方案。为了书面或其他方式批准目的,应当提前21日向其债权人发出会议通知,并随附方案。

(2)受让人公司应当将上述批准的方案以规定方式提交中央政府、公司注册办公室所在地的注册官和官方清算人。

(3)若注册官或官方清算人对方案无异议或意见,中央政府收到方案后应当注册并向诸公司签发确认书。

(4)若注册官或官方清算人有任何异议或意见,其可以在30日内将书面异议或意见传递给中央政府。

但是,若未作出上述任何传递,应当推定其对方案无异议。

(5)若中央政府收到异议或意见后或因任何原因认为,此方案不是处于公共利益或处于债权人利益,可以在收到第(2)分节下方案的60日内向法庭提出申请,阐明其异议并请求法庭可以按第232节审议该方案。

(6)若法庭收到中央政府或任何人的申请后,为了书面记录的原因,认为应当按第232节规定的每项程序审议该方案,法庭可以据此发出指令或发布其认为适当的命令确认此方案。

但是,若中央政府对方案无任何异议或未按本节向法庭提出申请,应当视为其对此方案无异议。

(7)第(6)分节下确认方案的命令副本应当传递给对受让人公司和相关人员有管辖权的注册官,注册官应当注册此方案并向诸公司发出其确认书。此确认书应当传递给出让人公司或诸公司所在地的注册官。

(8)第(3)或(7)分节下的方案注册应当视为具有不经关闭程序而解散出让人公司的效力。

(9)方案注册应当具有以下效力:

(a)向受让人公司转让出让人公司的财产或负债,使该财产和负债成为受让人公司的财产和负债;

(b)出让人公司财产上的负担(若有)是可适用和可执行的,如同此负担是受让人公司财产上的负担;

(c)出让人公司在任何法院起诉或应诉的待决法律程序应当继续由受让人公司起诉或应诉;和

(d)若方案中规定了购买不同意股东持有的股份或解决不同意债权人的到期债款,其数额在其未付范围内应当成为受让人公司的责任。

(10)受让人公司不应当以自身名义或代表自身、其任何子公司或关联公司的任何信托并购或合并、持有任何股份。应当撤销或消灭关于并购或合并的上述全部股份。

(11)受让人公司应当向注册官提交申请并随附注册的方案,申请中载明变更的法定资本,并缴付变更资本所欠规定费用。

但是,在与受让人公司并购或合并之前由出让人公司支付其法定资本的费用(若有),应当与受让人公司应付其由并购或合并增加的法定资本的费用相抵消。

(12)对第230节所述的妥协或安排方案或第232节第(1)分节(b)条款所述的公司分离或转让,本节规定应当经必要变通后适用于第(1)分节规定的公司或诸公司。

(13)中央政府可以规定诸公司按规定方式并购或合并。

(14)本节涵盖的公司可以将第232节规定用于批准任何并购或合并方案。

234. 本国公司与外国公司的并购或合并

(1)除非按其他任何现行有效法律的另行规定,本章的规定应当经必要变通后适用于按本法注册的公司与在中央政府随时公告国家管辖区设立的公司之间的并购或合并。

但是,中央政府会商印度储备银行后,可以对本节下规定的并购或合并制定规则。

(2)受其他任何现行有效法律之规定的约束,外国公司经印度储备银行事先批准,可以与按本法注册的公司并购,反之亦然。按为此目的草拟的每项方案,并购方案条款条件可以规定以现金或存托凭证或部分现金和部分存托凭证支付并购公司股东的对价。

[解释]为了第(2)分节的目的,"外国公司"术语指在印度境外设立的任何公司或法人,不论是否在印度有营业地点。

235. 获取不同意多数股东批准方案或合同的股东之股份的权力

(1)若涉及将一公司(出让人公司)股份或任何种类股份转让给另一公司(受让人公司)的方案或合同在受让人公司提出报价后4个月内已由持有所涉转让股份(不是受让人公司或其子公司或其指定人在报价日已持有的股份)价值至少9/10的股东批准,受让人公司可以在上述4个月届满后2个月内的任何时间按规定方式,向本公司期望获得其股份的任何不同意股东发送通知。

(2)若发送了第(1)分节下的通知,除非不同意股东自通知发送之日起1个月内向法庭提出申请且法庭认为另行作出命令是适当的,受让人公司应当有权且有约束力地以方案或合同下同意股东向受让人公司转让股份的条款获取不同意股东的股份。

(3)若受让人公司已按第(1)分节发送通知且法庭未根据不同意股东申请作出相反命令,受让人公司在通知发送之日起届满1个月时或不同意股东向法庭提出的申请待决时在申请被处理后,应当向出让人公司发送通知副本并附转让文书,由出让人公司指定的任何人代表不同意股东或受让人公司代表自身执行转让,向出让人公司支付或划拨表明受让人公司对依据本节本公司有权获取的股份的应付款额或其他对价。出让人公司应当:

(a)据此将受让人公司注册为上述股份的持有人;和

(b)在上述注册日起1个月内,将上述注册事实和表明受让人向不同意股东应付价款的数额或其他对价的收据,通知不同意股东。

(4)出让人公司按本节收到的任何款项应当支付至一单独账户,按此收到的此等任何款额或其他任何对价应当由此公司以信托方式代表有权分别收取上述款额或其他对价的各自持有,且应当在60日内向有权享受的股东支付。

(5)对本法生效前受让人公司向出让人公司股东提出的报价,本节应当有效,并经以下变更:

（a）第（1）分节中,用"受影响的股份"文字替代"转让涉及的股份,不是在报价日由受让人公司或其子公司或其指定人已持有的股份"文字;和

（b）第（3）分节中,应当删除"附转让文书,由出让人公司指定的任何人代表不同意股东或受让人公司代表自身执行转让"文字。

[解释]为了本节目的,"不同意股东"包括已经不同意方案或合同的股东和未曾或未拒绝根据方案或合同将其股份转让给受让人公司的股东。

236. 购买少数股权

（1）若获取人或与获取人配合的人成为一公司已发行普通股份资本90%或以上的注册股东,或任何人员或人员集团依据合并、股份交换、证券转换或其他任何原因成为一公司90%多数股东或持有一公司已发行普通股份资本90%,此等获取人、人员或人员集团应当将其购买剩余普通股份的意图通知该公司。

（2）第（1）分节下的获取人、人员或人员集团应当向公司少数股东提出以注册估价员根据规定的规则所作估价为基准确定的价格购买其持有普通股份的报价。

（3）不损害第（1）和（2）分节规定,公司少数股东可以向多数股东提出以根据第（2）分节下规定规则确定的价格购买公司少数普通股权的报价。

（4）多数股东应当将等于第（2）或（3）分节（视情况而定）下其获取股份的价值的款额存入出让人公司运行至少1年的单独银行账户以支付给少数股东,并应当在60日内将上述款额支付给有权享受的股东。

但是,若在上述60日内因任何原因未向有权享受的股东作出上述支付,或者已在上述60日内作出支付但有权享受的股东未收到或未请求产生于上述支付的付款,上述支付应当持续1年。

（5）若出现本节下的购买,出让人公司应当担任转让代理人接收价款并向少数股东支付、接受股份交付并向多数股东交付上述股份,视情况而定。

（6）若在公司规定时间内不存在股东实物交付股份,应当视为已注销股份证书,应当授权出让人公司依照被注销股份发行股份、根据法律完成转让、从第（4）分节下多数股东进行的存款中以分派上述支付方式向少数股东提前支付价款。

（7）若大股东或诸股东要求全部购买并用存于公司的存款向已死亡或停止退出的任何股东或诸股东支付价款,其继承人、继任人、管理人或受托人未在传递记录上提出,上述股东作出出售少数普通股权报价的权利应当继续,并自多数获取或多数股权之日起3年期内是可用的。

（8）若根据本节已获取少数股东股份,并在后续获得的转让日或之前,持有75%或以上少数普通股权的诸股东谈判或达成以更高价格提议或协商一致转让其持有股份的谅解,但未披露基于上述谈判、谅解或协议发生转让的事实或可能性,多数股东应当与上述少数股东以比例为基准分享其收到的增加补偿。

[解释]为了本节目的,"获取人"和"配合的人"词组应当分别具有《1997年印度证券交易委员会（实质性获取股份和接管）规章》规章2第（1）分规章（b）和（c）条款中对其指定的含义。

（9）尽管有以下情形,若一股东或多数普通股东未获得全部购买少数普通股东的股

份,本节的规定应当继续适用于剩余少数普通股东:

(a)剩余少数普通股东的本公司股份已退出;和

(b)已经届满1年,或印度证券交易委员会按《1992年印度证券交易委员会法》(1992年第15号法)制定的规章中规定的期限届满。

237. 中央政府规定公共利益下诸公司合并的权力

(1)若中央政府认为两家或多家公司应当合并在公共利益上是根本的,中央政府可以采取《官方公报》公告的命令方式,规定这些公司并入成为一独立公司,此命令中可以规定其结构、财产、权力、权利、权力机构、特权、责任、职责和义务。

(2)第(1)分节下的命令还可以规定受让人公司继续起诉或应诉出让人公司起诉或应诉的任何待决法律程序和中央政府认为赋予合并效力所必要的间接、附属和补充条款。

(3)合并前每家出让人公司的每位成员或债权人(包括债券持有人)在受让人公司中具有的利益和针对受让人公司具有的权利,应当尽量与其在他是原始成员或债权人的公司相同。若上述成员或债权人在受让人公司中的利益或针对受让人公司的权利低于其在原公司的利益或针对原公司的权利,其应当有权享受规定评估机构应当评估的范围内的补偿。上述每项评估应当在《官方公报》上发布。上述评估的补偿应当由受让人公司支付给相关成员或债权人。

(4)不服第(3)分节规定机构作出任何补偿评估的任何人,可以自该评估在《官方公报》发布之日起30日内,选择向法庭上诉,法庭应当就此作出补偿评估。

(5)不应当按本节作出任何命令,除非:

(a)提议命令的副本已以草案形式发送给每家相关公司;

(b)选择第(4)节下上诉的期限已届满,或若已选择提出任何上诉,该上诉已最终处理;和

(c)中央政府依据它在其规定期限内收到的上述任何公司、其任何种类股东,或其任何债权人或任何种类债权人意见或异议,已经审议命令草案或对命令草案作出其认为适当的变更。上述规定期限应当自该公司收到上述命令草案副本之日起不低于2个月。

(6)按本节作出的每项命令副本应当尽快呈递议会每院。

238. 股份转让方案报价的注册

(1)对涉及将出让人公司中股份或任何种类股份转让给第235节下受让人公司的方案或合同的每项报价,

(a)载明上述报价和出让人公司董事建议出让人公司成员接受上述报价的通告,应当随附规定的信息且应当是规定方式;

(b)上述每项报价应当载明出让人公司出具的或代表其出具的声明,披露本公司已采取的步骤,以保证将来可以得到必要现金;和

(c)每项通告应当提交给注册官注册,在注册前不应当发布此种任何通告。

但是,注册官可以因书面记录原因拒绝注册未包含(a)条款下要求给出的信息或以可能给人虚假印象方式列出此等信息的通告,并在提出申请的30日内将此等拒绝传递给当事人。

(2)对注册官拒绝注册第(1)分节下任何通告的命令的上诉,应当向法庭提起。

(3)发布未提交注册和未按第(1)分节(c)条款注册的通告的董事,应当被处以最低 2.5 万卢比、最高 50 万卢比的罚金。

239. 保存被合并公司的簿册和文件

按本章已与其合并,或其股份已被另一家公司获取的公司的簿册和文件,未经中央政府事先准许和在给予此等准许前,不应当处理。为了查明簿册和文件是否包含在出让人公司发起、成立、事务管理、其合并或其股份获取方面犯有违法行为的任何证据的目的,中央政府可以任命人员审查簿册和文件。

240. 官员对并购、合并等以前所犯违法行为的责任

尽管其他任何现行有效法律中有任何规定,在出让人公司并购、合并或获取前出让人公司失职官员犯有本法下违法行为的责任,应当在上述并购、合并或获取之后继续。

第 X Ⅵ 章　强迫和管理不善的预防

241. 强迫等情形下向法庭申请救济

(1)对以下投诉的公司任何成员:

(a)已经或正在以损害公共利益、对其或其他任何成员或诸成员损害或强迫,或损害本公司利益的方式从事公司事务;或

(b)在公司管理或控制中,不论以董事会成员、经理、公司股份所有权关系或无股份资本的成员关系的变动方式或无论其他任何方式,已经对公司任何债权人(包括债券持有人)或任何种类股东的利益发生实质性变化(不是债权人或股东带来的变化),以及因上述变化,很可能将以损害公司的利益或其成员或任何种类成员的利益的方式从事公司事务,

可以向法庭申请本章下的任何命令,但上述成员有权利按第 244 节申请。

(2)若中央政府认为正在以损害公共利益的方式从事公司事务,其本身可以向法庭申请本章下的命令。

242. 法庭的权力

(1)若法庭根据第 241 节下提出的申请认为,

(a)已经或正在以损害或强迫任何成员或诸成员、损害公共利益或损害公司利益的方式从事公司事务;和

(b)关闭公司会不公平地损害成员或诸成员,但其他方面的事实会证明以公司应当关闭是恰当和公正的为由作出关闭令有理,

法庭为了结束指控的事项,可以作出其认为适当的命令。

(2)不损害第(1)分节下权力的普遍性,该分节下的命令可以规定:

(a)未来公司事务行为规范;

(b)公司或公司其他成员购买公司任何成员的股份或利益;

(c)若公司按上述购买其股份,其股份资本随之减少;

(d)限制转让公司股份或配股;

(e)基于法庭认为在案件客观情况下是公正、公平的条款条件,终止、撤销或变更公司与常务董事、其他任何董事或经理无论以何种方式达成的任何协议;

(f)终止、撤销或变更公司与第(e)条款所述人员以外的任何人之间的任何协议,

但是,不应当终止、撤销或变更上述任何协议,但在正当通知和取得相关当事人同意后的协议除外;

(g)撤销本节下申请日之前3个月内由或针对公司作出或进行的、与财产有关的任何转让、支付、执行或其他行为,这些行为若由或针对个人作出或进行,在他无力偿债中会视为一种欺诈性优先权;

(h)免去公司常务董事、经理或任何董事的职务;

(i)追偿任何常务董事、经理或董事在其任职期间利用追偿方式进行的不正当收益,包括向投资者教育与保护基金的划拨或向可确认受害人的偿还;

(j)按第(h)条款作出免去现任常务董事或经理职务的命令之后,可以任命公司常务董事或经理的方式;

(k)任命担任董事的人数,法庭可以要求此等董事对法庭指示的事务向法庭报告;

(l)收取法庭认为适当的费用;

(m)法庭认为应当作出规定是公正、公平的其他任何事项。

(3)第(1)分节下法庭命令的认证副本应当由公司在法庭命令的30日内提交注册官归档。

(4)法庭可以经程序的任何当事人申请,作出其认为依据明显公正公平条款条件规制公司事务行为是适当的任何临时命令。

(5)若第(1)分节下法庭命令对公司备忘录、章程作出任何变更,尽管本法有其他规定,公司无权力未经法庭许可对备忘录、章程作出与命令不符的任何变更,但在命令准许范围内者(若有)除外。

(6)受第(1)分节规定约束,命令对公司备忘录、章程作出的变更应当在全部方面具有公司依据本法规定作出正式变更的相同效力,所述规定据此应当适用于变更的备忘录、章程。

(7)变更或准许变更公司备忘录或章程的每项命令认证副本,应当由公司自作出命令后30日内提交给注册官,注册官应当对其注册。

(8)若公司违反第(5)分节规定,其应当被处以最低10万卢比、最高250万卢比的罚金;公司每位失职官员应当被处以最高6个月的监禁,或最低2.5万卢比、最高10万卢比的罚金,或两者并处。

243. 终止或变更某些协议的后果

(1)若按第242节作出的命令终止、撤销或变更该节第(2)分节所述协议,

(a)上述命令不应当给予任何人依据该协议或其他,对公司就损害赔偿、职位丧失补偿或在其他任何方面,提出任何请求权;

(b)其协议被终止、撤销的常务董事、其他董事或经理,自终止或撤销该协议的命令之日起5年,未经法庭许可,不应当被任命为或担任该公司的常务董事、其他董事或经理。

但是,除非申请许可的意图的通知已送达中央政府且给予中央政府就此事项举行听证的合理机会,法庭不应当给予本条款下的许可。

(2)明知担任公司常务董事、其他董事或经理违反了第(1)分节(b)条款的任何人和

明知是上述违反的一方当事人的公司每位其他董事,应当被处以最高 6 个月的监禁,或最高 50 万卢比的罚金,或两者并处。

244. 第 241 节下申请的权利

(1)公司下列成员应当有权利按第 241 节申请:

(a)在有股份资本的公司的情况下,不低于公司成员 100 名、不低于公司成员总数 1/10(以较少者为准)或持有不低于公司发行股份资本 1/10 的任何成员或诸成员,但受申请人已付全部催缴款项和其股份上其他应付款项这一条件约束;

(b)在无股份资本的公司的情形下,不低于其成员总数的 1/5。

但是,法庭基于在此方面向其提出的申请,可以放弃(a)或(b)条款中规定的任何或全部要求,以能使成员按第 241 节申请。

[解释]为了本分节的目的,若由两个或多个人共同持有任何股份或诸股份,他们应当仅计算为一个成员。

(2)若公司任何成员有权按第(1)分节提出申请,已获得剩余成员书面同意的任何一位或多位成员可以代表或为其全体提出申请。

245. 种类诉讼

(1)若第(2)分节中指明数量的成员或诸成员、寄托人或诸寄托人或其任何种类(视情况而定)认为正在以损害公司、其成员或储户的利益的方式从事公司事务管理或活动,可以代表寻求以下全部或任何命令的成员或寄托人向法庭提出申请:

(a)遏制公司犯下超越公司备忘录或章程的行为;

(b)遏制公司违反公司备忘录或章程的任何规定;

(c)宣布变更公司备忘录或章程的决议无效,若该决议以隐瞒重要事实或向成员或寄托人虚假陈述方式通过;

(d)遏制公司和其董事按上述决议行事;

(e)遏制公司从事违反本法或其他任何现行有效法律之规定的行事;

(f)遏制公司采取违反成员通过的决议的行动;

(g)源自或针对以下的,请求损害赔偿或补偿,或要求其他任何合适行动:

(ⅰ)公司或其董事的任何欺诈、非法行为、遗漏或举止或任何类似行为,或其部分遗漏或举止;

(ⅱ)公司审计员(包括审计事务所)在审计报告中作出的或为任何欺诈、非法或不当行为或举止的任何不当或误导性事实陈述;或

(ⅲ)任何专家、咨询者、顾问或其他任何人向公司作出的或为任何欺诈、非法或不当行为或举止,或其部分的任何类似行为或举止的任何错误或误导性陈述。

(h)寻求法庭认为适当的其他任何救济。

(2)若成员或寄托人源自或针对审计事务,寻求任何损害赔偿或补偿,或要求其他任何合适行动,此责任应当归于该事务所和涉及在审计报告中作出任何不当或误导性陈述或以欺诈、非法或不法方式行事的每位合伙人。

(3)(ⅰ)第(1)分节规定的成员必要数量应当是以下:

(a)在有股份资本的公司的情况下,不低于公司成员 100 名或不低于规定的其成员总

数百分比(以较低者为准),或持有不低于规定的公司发行股份资本百分比的任何成员或诸成员,但受申请人已付全部要求款项和其股份上其他应付款项这一条件约束。

(b)在无股份资本的公司的情况下,不低于其成员总数的1/5。

(ⅱ)第(1)分节规定的寄托人必要数量,应当不低于100名寄托人或不低于规定的寄托人总数量百分比(以较少者为准),或公司对其欠下规定的公司总存款百分比的任何寄托人或诸寄托人。

(4)法庭在审议第(1)分节下的申请中,应当特别考虑:

(a)该成员或寄托人在提出寻求命令的申请中是否善意行事;

(b)其面前的就第(1)分节(a)至(f)条款规定的任何事项涉及公司董事或官员以外的任何人员的任何证据;

(c)诉因是不是该成员或寄托人可能以自身权利而不是通过本节下命令所进行的一诉因;

(d)在其面前的按本节下在正在进行程序的事项中没有直接或间接个人利益的成员或寄托人意见的任何证据;

(e)若诉因是即将发生的行为或不行为,无论该行为或不行为是否可能和按客观情况很可能:

(ⅰ)在其发生前由公司授权;或

(ⅱ)在其发生后由公司核准。

(f)若诉因是已发生的行为或不行为,不论该行为或不行为可能和按客观情况很可能由公司核准。

(5)若法庭承认按第(1)分节提出的申请,其应当注重以下:

(a)承认申请的公告应当以规定方式送达给该种类的全体成员或寄托人;

(b)任何管辖区普遍的全体相似申请应当合并为一个单独申请,应当允许该种类成员或寄托人选择领头申请人。若该种类成员或寄托人不能达成一致,法庭应当有权力任命领头申请人,该领头人应当负责源自申请方的程序;

(c)不应当允许同一诉因的两个诉讼申请;

(d)应当由公司或对任何不公平行为负责的其他任何人支付与种类诉讼申请有关的成本或费用。

(6)法庭发布的任何命令应当约束公司、全体成员、寄托人和审计员,包括审计事务所、顾问、咨询者或与公司关联的其他任何人。

(7)未遵守法庭按本节发布的命令的任何公司,应当被处以最低50万卢比、最高250万卢比的罚金;公司的每位失职官员应当被处以最高3年的监禁,或最低2.5万卢比、最高10万卢比的罚金。

(8)若向法庭提出的申请是不必要的或滥诉,法庭因书面记录原因,应当驳回申请并命令申请人向对方当事人支付命令中规定的不超过10万卢比的费用。

(9)本节中的任何规定不应当适用于银行业公司。

(10)受遵从本节的约束,任何人、人员集团或代表受第(1)分节规定任何行为或不行为影响的人的任何个人社团,可以按本节提出申请或采取其他任何行动。

246. 某些条款适用于第 241 或 245 节下的程序

第 337 至 341 节(包括两者)的规定应当经必要变通后适用于按第 241 节或第 245 节向法庭提出的申请。

第 XⅦ 章   注册估价员

247. 注册估价员的估价

(1)若要求对本法规定下的公司任何财产、股票、股份、债券、证券、信誉或其他资产(以下简称"资产")、净价值或负债进行估价,其应当由具有规定资质和经历并以规定方式、按规定条款条件注册为估价师的、由审计委员会或无审计委员会时由公司董事会任命的人员估价。

(2)按第(1)分节任命的估价师应当:

(a)对要求估价的任何资产作出公正、真实和公平的估价;

(b)在实施评估师职能期间履行适当审慎;

(c)根据规定的规则作出估价;和

(d)在资产估价期间或之后任何时间,不对其具有直接或间接利益或成为此利益的任何资产从事评估。

(3)若估价师违反本节规定或据此所定规则,其应当被处以最低 2.5 万卢比、最高 10 万卢比的罚金。

但是,若估价师违反上述规定具有欺诈公司或其成员的意图,其应当被处以最高 1 年的监禁和最低 10 万卢比、最高 50 万卢比的罚金。

(4)若估价师已按第(3)分节被宣判有罪,其应当负责——

(ⅰ)将其收到的酬金返还给公司;和

(ⅱ)向因其报告中错误或误导性陈述导致损失的公司中其他任何人支付损害赔偿。

第 XⅧ 章   从公司注册簿中删除公司名称

248. 注册官从公司注册簿中删除公司名称的权力

(1)若注册官有正当理由相信,

(a)公司在其成立的 1 年内未开始其业务;

(b)备忘录的出资人未支付其承诺自公司成立日起 180 日期间内应支付的出资,和第 11 节下具有此种效力的声明自其成立日 180 日内未提交;或

(c)公司在近 2 个财务年度期间未实施业务或经营和未在上述期限内提出取得第 455 节下休眠公司地位的申请,

他应当向公司和公司全体董事发送通知,其意图从公司注册簿中删除公司名称,要求他们自通知之日起 30 日内报送其陈述并附相关文件副本(若有)。

(2)不损害第(1)分节规定,公司在消灭其全部负债后,可以采取特别决议或依据已缴股份资本经 75% 成员同意,根据第(1)分节规定的全部或任何理由,以规定方式向注册官申请从公司注册簿中删除本公司名称。注册官应当在收到上述申请后,以规定方式发布公告。

但是,若公司受特别法管制,还应当获得按此特别法组建或设立的管制机关批准并附该申请。

(3)第(2)分节中的任何规定,不应当适用于第 8 节下注册的公司。

(4)按第(1)或(2)分节发出的公告,应当以规定方式发布,还应当在《官方公报》上发布一般公共信息。

(5)在公告中规定的时间届满时,除非公司出示相反理由,注册官可以从公司注册簿中删除其名称,并应当将删除公告在《官方公报》上发布。在《官方公报》上发布此公告时,公司应当处于解散状态。

(6)注册官在发出第(5)分节下的命令之前,应当自身确信,在合理期限内,已就实现所欠公司全部款额或公司就支付或解除其负债或义务作出了充分准备,并在必要时获得了公司常务董事、董事或负责管理的其他人的必要承诺。

但是,尽管有本分节中所述承诺,甚至在从公司注册簿删除公司名称的命令日以后,公司资产应当可用于支付或履行其全部负债和义务。

(7)第(5)分节下被解散公司的每位董事、经理或履行管理权力的其他官员和每位成员的责任,应当继续和可以被执行,如同该公司未解散。

(8)本节中的任何规定不应当影响法庭关闭其名称已从公司注册簿删除的公司的权力。

249. 某些情况下限制提出第 248 节下的申请

(1)若公司具有以下情形,在前 3 个月的任何时间,不应当代表公司提出第 248 节下的申请:

(a)从一邦至另一邦,已变更其名称或其注册办公室;

(b)在终止贸易或其他情形下实施业务前即刻,为处置贸易或其他情况下从事业务正常过程中的收益的目的,已对其持有的财产或权利价值作出处置;

(c)已从事其他任何活动,但为了提出该节下申请、决定是否如此做、结束公司事务或遵守任何法定要求的目的是必要或有益的活动除外;

(d)就认可妥协或安排已向法庭提出申请且该事项未最终结束;或

(e)不论是自愿或法庭决定,正处于第 X X 节下的关闭状态。

(2)若公司违反第(1)分节提交了第 248 节第(2)分节下的申请,其应当被处以最高 10 万卢比的罚金。

(3)若第(1)分节下的条件导致注册官通知,公司应当撤回或注册官应当拒绝按第 248 节提交的申请。

250. 通知公司解散的效力

若公司处于第 248 节下的解散状态,其应当自该节下通知中所述的日期起停止作为公司的营运,向其颁发的企业证书应当自该日起应当视为已注销,但为了实现欠公司款额和为支付或履行该公司负债或义务的目的除外。

251. 欺诈性申请删除名称

(1)若认定公司按第 248 节第(2)款提出的申请具有逃避公司责任的目的或意图欺骗债权人或欺诈其他任何人,尽管已通知解散该公司,负责公司管理的人应当:

(a)共同或分别对因被通知解散的公司已遭受损失或损害的任何人或诸人负责;和

(b)按第447节规定的方式对欺诈受处罚。

(2)不损害第(1)分节中所含规定,注册官还可以建议起诉负责提交第248节第(2)款下申请的人员。

252. 向法庭上诉

(1)不服公告公司按第248节解散的注册官命令的任何人,可以自注册官命令之日起3年内向法庭提起上诉。若法庭认为,因注册官发布的命令缺乏任何理由,将公司名称从公司注册簿中删除是不合理的,可以命令在公司注册簿中恢复该公司名称。

但是,法庭在按本节发布命令之前,应当给予注册官、该公司和全体人员发表意见和被听证的合理机会。

但是,若注册官认为公司名称无意地或基于公司或其董事提供的错误信息已经从公司注册簿中删除并请求在注册簿中恢复,其可以自按第248节发布解散公司命令之日起3年内向法庭提出寻求恢复该公司的申请。

(2)公司应当自该命令之日或收到该命令之日起30日内向注册官提交法庭发布的命令副本,注册官应当在公司注册簿中恢复该公司名称并应当颁发新的企业证书。

(3)若公司、其任何成员、债权人或工人认为不服公司名称从公司注册簿中删除,法庭根据该公司、成员、债权人或工人在自按第248节第(5)分节公告发布于《官方公报》起3年期限届满前提出的申请,认为该公司在其名称删除时正在从事业务、营运或其他情况下在公司注册簿中恢复其名称是正当的,可以命令在公司注册簿中恢复该公司名称,且法庭可以采取命令发布其他指令或作出认为是正当的规定,将公司和其他任何人尽量处于公司名称未曾从公司注册簿中删除的相同状态。

第XIX章　疾弱公司的复活与复兴

253. 疾弱的确定

(1)若根据代表公司未偿债务额50%或以上的公司担保债权人要求,公司未在要求通知送达的30日内支付债务或未提供使债权人合理满意的担保或妥协,任何担保债权人可以按规定方式向法庭提出申请,并附上述未履行、非支付或未提供担保或妥协的相关证据,以确定该公司被宣告为疾弱公司。

(2)按第(1)分节提出申请的该分节下或在其任何程序阶段的申请人可以提起申请,停止关闭公司、执行、扣押公司任何财产和资产或类似行为的任何程序,或停止为上述财产和资产指定接收人的任何程序,和不应当提起或追偿任何钱款或执行公司任何担保的诉讼。

(3)法庭可以就第(2)分节下应当有效120日的申请发布命令。

(4)第(1)分节所述公司还可以根据以上第(1)和(2)分节规定的理由向法庭提出申请。

(5)不损害第(1)至(4)分节规定,若中央政府、印度储备银行、邦政府、公共金融机构、邦级机构或列表银行有充分理由相信任何公司已成为本法目的的疾弱公司,可以就该公司向法庭推荐确定对此公司可以采纳的措施。

但是,以下者不应当就任何公司作出本分节下的推荐:

(a)任何邦政府,除非属于该公司的全部或任何经营位于该邦;

(b)公共金融机构、邦级机构或列表银行,除非它就该公司以其提供或承诺的任何金融资助为由在该公司具有利益。

(6)若已经提交第(1)或(4)分节下的申请,

(a)该公司不应当处置其财产或资产,或其他情形下达成与此财产或资产有关的任何义务,但正常业务过程中要求的除外;

(b)董事会不应当采取可能损害债权人利益的任何步骤。

(7)法庭应当在收到第(1)或(4)分节下申请的60日内确定该公司是不是疾弱公司。

但是,除非已向该公司发送申请的通知并给予其在收到通知30日内回复该通知的合理机会,不应当就第(1)分节下的通知作出任何确定。

(8)若法庭认为一公司已成为疾弱公司,其应当在审议案件全部相关事实和情况后,尽快以书面命令决定,要求该公司在合理时间内偿还其第(1)分节下的债务是否可行。

(9)若法庭按第(8)分节认为是适当的,即要求疾弱公司在合理时间内支付其该分节下的债务是可行的,其应当以书面命令并受命令中规定的限制或条件约束,对公司给出其认为偿还债务是适当的时间。

254. 复活与复兴的申请

(1)若法庭按第253节确定一公司是一疾弱公司,该公司或其任何担保债权人可以向法庭申请确定就该公司复活与复兴可以采纳的措施。

但是,在向法庭已经作出任何推荐和呈递复活与复兴方案的情形下,若代表已付给借款人的针对金融资助的欠款价值额3/4的担保债权人已经采取措施追偿其《2002年金融资产证券化与重组和执行担保权益法》(2002年第54号法)第13节第(4)分节下的担保债务,上述推荐应当撤销。

但是,若代表已付给借款人的针对金融资助的欠款价值额3/4的担保债权人已经采取措施追偿其《2002年金融资产证券化与重组和执行担保权益法》(2002年第54号法)第13节第(4)分节下的担保债务,不应当作出本节下的任何推荐。

但是,若任何证券化公司或重组公司按《2002年金融资产证券化与重组和执行担保权益法》(2002年第54号法)第5节第(1)分节已经获得了该疾弱公司的金融资产,未经已经获取上述资产的证券公司或重组公司的同意,不得提出上述申请。

(2)第(1)分节下的申请应当随附:

(a)与上个财务年度有关的公司已审计财务报表;

(b)以规定方式正式认证并附规定费用的具体情况和文件;和

(c)规定方式的公司复活与复兴方案草案。

但是,若该疾弱公司无复活与复兴方案草案可提供,其应当随申请提交该效果的声明。

(3)应当自法庭按第253节确定该公司为一疾弱公司之日起60日内向法庭提交第(1)分节下的申请。

255. 计算时效时排除某些时间

尽管《1963 年时效法》(1963 年第 36 号法)或其他任何现行有效法律中有任何规定,在计算对以公司名义或代表公司按第 253 节第(1)分节已向法庭提起任何诉讼或申请规定的时效期间中,为确定宣告为一疾弱公司或在之后任何阶段,应当排除第 253 节第(3)分节下规定的曾可利用的停止令期间。

256. 临时管理人的任命

(1)法庭收到第 254 节下的申请后应当自此等收到之日起不迟于 7 日,

(a)确定一个自其收到日起不迟于 90 日的听审日期;

(b)任命临时管理人根据第 257 节规定召集公司债权人会议,此会议自其收到法庭任命令之日起不迟于 45 日举行,审议根据随第 254 节所作申请提供的详情和文件,该疾弱公司是否可能复活与复兴和临时管理人认为为此目的和自命令日起 60 日内向法庭提交其报告所必要的其他事项。

但是,若该公司未提交方案草案和董事会已作出此效力的声明,法庭可以指示临时管理人接管该公司的管理;和

(c)向临时管理人发出法庭认为对保护或保存疾弱公司资产及对该公司适当管理所必要的其他指令。

(2)若已经指示临时管理人接管公司管理,该公司董事及管理应当将全部可能协助和合作扩展至管理公司事务的临时管理人。

257. 债权人委员会

(1)临时管理人应当任命其可以决定的人数不超过 7 人的债权人委员会,并尽可能在该委员会中应当有各种类债权人一名代表。

(2)临时管理人应当决定债权人委员会会议的举行及其遵守的程序,包括任命会议主席。

(3)临时管理人可以指令任何发起人、董事或任何关键管理性员工出席债权人委员会任何会议并提供临时管理人认为必要的信息。

258. 法庭命令

若法庭在其规定的听审日和审议临时管理人按第 256 节第(1)分节提交的报告时认为,代表针对该疾弱公司欠款价值额 3/4 的债权人出席且投票已经决定:

(a)不可能复活与复兴该公司,法庭应当记录此意见并命令启动关闭该公司的程序;或

(b)采取公司可以复活与复兴的特定措施,该法庭应当为该公司任命管理人,并使该管理人草拟该疾弱公司复活与复兴方案。

但是,若法庭认为适当,可以任命临时管理人担任公司管理人。

259. 管理人的任命

(1)应当由法庭从中央政府或其授权任何组织或机构维护的数据库中以规定方式任命临时管理人或公司管理人(视情况而定)。该数据库由公司秘书、特许会计师、成本会计师和中央政府以公告方式规定的其他专业人员组成。

(2)临时和公司管理人的任职条款条件应当由法庭命令规定。

(3)法庭可以指令公司管理人接管公司的资产或管理。为了协助其管理公司,公司管理人经法庭同意,可以雇用适当专家服务。

260. 公司管理人的权力与职责

(1)公司管理人应当履行法庭指示的职能。

(2)不损害第(1)分节规定,可以要求公司管理人准备公司的以下事项:

(a)以下完整详细目录:

(ⅰ)任何性质的全部权益和负债;

(ⅱ)全部账簿、注册簿、示意图、计划、档案、产权文件和任何性质的其他全部文件。

(b)股东名册和分别显示在债权人、担保债权人、无担保债权人清单中的债权人名册;

(c)股份和资产的估价报告,以达到出售该公司任何行业经营、固定出租租金或股份交换比例的保留价格;

(d)保留价格、出租租金或股份交换比例的估价;

(e)若不能取得最新审计账目,公司的形式账目;和

(f)公司工人名单和其第325节所述的应得款项。

261. 复活与复兴方案

(1)在审议随第254节下申请的方案草案后,公司管理人应当准备或责令准备疾弱公司复活与复兴方案。

(2)按第(1)分节下准备的与任何疾弱公司有关的方案可以规定以下任何一种或多种措施:

(a)该疾弱公司的财务重组;

(b)采取该疾弱公司管理中任何变化或接管其管理的方式,适当管理该疾弱公司;

(c)以下合并:

(ⅰ)该疾弱公司与其他任何公司;或

(ⅱ)其他任何公司与该疾弱公司;

(d)由有偿付能力的公司接管该疾弱公司;

(e)出售或出租该疾弱公司部分或全部任何资产或业务;

(f)根据法律,使管理性员工、监管性员工和工人合理化;

(g)适当的其他预防性、改善性或救济性措施;

(h)偿还、重新安排或重组该疾弱公司对其任何债权人或种类债权人的债务或义务;

(i)与上述(a)至(h)条款规定措施有关或为此等措施的目的所必要或有益的附属、间接或补充措施。

262. 方案的认可

(1)公司管理人按第261准备的方案应当自其任命之日起60日内提交给由公司管理人召集会议的该疾弱公司债权人以获得其批准。上述期限可以由法庭延长至不超过120日的期限。

(2)公司管理人应当分别召集疾弱公司担保债权人和无担保债权人会议。若代表该公司对无担保债权人欠款价值额1/4的无担保债权人和代表担保债权人已付疾弱公司针对金融资助欠款价值额3/4的担保债权人同意该方案,公司管理人应当向法庭呈报其认

可该方案。

但是,若该方案涉及疾弱公司与其他任何公司合并,此方案应当经疾弱公司债权人按本分节同意后呈递两家公司大会由各自股东批准。除非该公司股东通过特别决议以变更或不变更方式批准该方案,不应当进行上述任何方案的程序。

(3)(ⅰ)公司管理人准备的方案应当由法庭审查,若法庭对该方案变更,其变更副本应当以草案方式发送给疾弱公司和公司管理人、合并情形下的其他任何相关公司。法庭可以在其认为必要的日报上发布或责令发布方案草案概要,在法庭规定的期限内征求意见和异议(若有)。

(ⅱ)完整方案草案应当保存在该公司的注册办公室所在地点或公告中所述地点。

(ⅲ)法庭可以依据收到来自疾弱公司、公司管理人、受让人公司和合并中其他任何相关公司、上述公司的任何股东、债权人或雇员的意见和异议,对方案草案作出其认为必要的修改。

(4)法庭收到第(3)分节下的方案,在认为该方案已根据本节被有效批准后,应当自收到日起60日内发布命令,认可该方案。

(5)若认可方案规定将疾弱公司任何财产或负债转让给其他任何公司或个人,或该方案规定将其他任何公司或个人的任何财产或负债转让给疾弱公司,依据该认可方案或在其规定的范围内,自该方案或其任何条款实施之日起,财产应当转让或赋予上述其他公司、个人或疾弱公司,负债成为上述其他公司、个人或疾弱公司的负债,视情况而定。

(6)法庭可以复审任何认可方案并作其认为适当的修改,或可以采取书面命令指示公司管理人准备为规定公司管理人认为必要的措施的新方案。

(7)第(4)分节下法庭准许的认可应当是已遵守与其规定重组、合并或其他任何措施有关的本方案的全部要求的最终证据,法庭官员书面证明真实的认可方案副本应当在全部法律程序中采纳为证据。

(8)第(4)分节中所述认可方案副本应当由疾弱公司自收到该副本之日起30日内提交注册官存档。

263. 方案的约束力

自认可方案或其任何条款开始实施之日起,该方案或条款应当约束疾弱公司和受让人公司或其他公司和上述公司的雇员、股东、债权人或担保人,视情况而定。

264. 方案的执行

(1)为了有效执行方案,法庭应当有执行、变更或终止任何合同、协议或依据公司与其他任何人缔结此等协议或合同的任何义务。

(2)若法庭认为有必要或有益,可以采取书面命令授权按第259节任命的公司管理人执行认可方案,直至此方案按命令规定的条款条件成功执行,可以为了此目的要求他就方案执行情况提交定期报告。

(3)若按认可方案出售疾弱公司经营的全部或重要资产,出售所得应当以法庭指令方式适用于该方案的执行,

但是,债务人和债权人应当在确定价值最终命令之前,有权力详细检查该价值并对价值复审提出上诉。

（4）若因任何原因难以执行该方案，或该方案因相关当事人、授权执行方案的公司管理人未执行该方案下的义务而失败，或无上述管理人，该公司、担保债权人或合并情形的受让人公司可以向法庭申请变更该方案，或声明方案失败和可以关闭该公司。

（5）若价值3/4的担保债权人同意变更方案或关闭公司，法庭应当在提交第（4）分节下的申请30日内，发布命令变更方案或宣布该方案失败（视情况而定）或发布命令关闭该公司。

（6）若已向法庭提出第（4）分节下的申请且该申请待决，且代表价值不少于付给疾弱公司的针对金融资助的欠款价值额3/4的担保债权人已采取措施追偿其《2002年金融资产证券化与重组和执行担保权益法》（2002年第54号法）第13节第（4）分节下的担保债务，上述申请应当撤销。

265. 基于公司管理人报告关闭公司

（1）若债权人未按第262节第（2）分节规定方式批准方案，公司管理人应当在15日内向法庭提交报告，法庭应当命令关闭该疾弱公司。

（2）法庭在发布第（1）分节下的命令时，应当根据第ＸＸ章规定进行关闭疾弱公司的程序。

266. 法庭评估违法董事等损害的权力

（1）若在监管或执行任何方案或提案（包含方案草案或提议）过程中，向法庭显示，已参与疾弱公司发起、成立或管理或其经营的任何人，包括疾弱公司的任何董事、经理、官员或正在或曾受雇于此公司的雇员，

（a）已误用或保留疾弱公司任何钱款或资产，或对该钱款或资产变成负责或负有责任；或

（b）已犯下与疾弱公司有关的任何违法、渎职、懈怠或违反信托，

它可以采取命令指示上述人员按法庭认为公正的有息或无息偿还或归还该钱款或资产，或将上述钱款或资产捐献给对违法、渎职、懈怠或违反信托有权以法庭认为公正和适当的赔偿方式享受的疾弱公司或其他人。

但是，法庭的上述指示不应当损害针对该人员可以采取的其他任何法律行动，包括以第447节规定方式对欺诈的任何惩处。

（2）若法庭基于其占有的涉及是或曾是疾弱公司董事、官员或其他雇员的任何人的信息和证据，认为此人为了公司目的以外的任何目的自己或与他人共同转移了该公司的资金或其他财产，或以高度损害公司利益方式管理了公司事务，法庭应当采取命令指示公共金融机构、列表银行和邦级机构自该命令之日起最高10年期间不得以任何名称，向上述人、上述人是合伙人的任何企业、上述人是董事的任何公司或法人提供任何金融资助，或自被任命为按本法注册的任何公司的董事起最高6年期间使上述董事、发起人、经理丧失资格。

（3）除非给予任何人被听审的合理机会，法庭不应当按本节对任何人作出任何命令。

267. 对某些违法行为的处罚

任何人违反本章、法庭或上诉庭任何方案或任何命令的规定，或向法庭作出虚假陈述或提供虚假证据，或试图篡改按本法提出的推荐或上诉记录，其应当被处以最高7年的监

禁或最高 100 万卢比的罚金。

268. 管辖权的阻止

不应当向任何法院或其他当局提起上诉,任何民事法院对由或按本章授权法庭或上诉庭的任何事项不应当有任何管辖权,任何法院或其他当局不应当对依据由或按本章赋予的任何权力采取或提议采取的任何行动给予禁令。

269. 复兴与破产基金

(1)为了复兴、复活和清算疾弱公司的目的,应当成立一个名为"复兴与破产基金"的基金。

(2)应当向访该基金贷记:

(a)中央政府为了该基金目的给予的资助款;

(b)公司作为捐款被存入基金的款额;

(c)源自其他任何渠道给予基金的款额;和

(d)来自基金钱款投资的收入。

(3)向基金捐赠任何款额的公司,在就该公司按本章或第ⅩⅩ章启动的程序的情况下,为向该公司工人进行支付或满足程序期间的附属费用,可以向法庭申请撤回不超过其捐赠额的资金。

(4)应当由中央政府任命的管理人按规定方式管理基金。

第ⅩⅩ章　关闭

270. 关闭的模式

(1)可以由以下关闭公司:

(a)由法庭;或

(b)自愿。

(2)尽管其他任何立法中包含任何规定,本法关于关闭的规定应当适用于以第(1)分节规定的任何模式关闭公司。

第Ⅰ部分　由法庭关闭

271. 法庭可以关闭公司的情形

(1)具有以下情形的,法庭可以基于第272节下的诉状关闭公司:

(a)该公司不能支付其债务;

(b)该公司经特别决议决定由法庭关闭本公司;

(c)公司行事已经违反印度主权利益和完整、国家安全、与外国的友好关系、公共秩序、体统或道德;

(d)法庭已按第ⅩⅨ章命令关闭公司;

(e)法庭基于注册官或中央政府以公告方式授权的其他任何人按本法提出的申请认为,已以欺诈方式从事公司事务、为了欺诈或非法目的成立公司、在公司事务形成或管理中的相关人员已犯下与公司有关的欺诈、非法行为或不当行为且关闭公司是适当的;

(f)公司在前 5 个连续财务年度向注册官提交其财务报表或年报中已作出不履行行

为；或

(g)法庭认为应当关闭公司是公正、公平的。

(2)具有以下情形的,应当视为公司不能支付其债务:

(a)公司对其负债到期额超过 10 万卢比的债权人(经指派或其他)以挂号邮件或其他方式在公司的注册办公室递交要求该公司支付上述到期债额的请求,公司未在收到上述请求后 21 日内支付该金额或未对该债务提供充分担保、重组或妥协以合理满足该债权人;

(b)基于任何法院或法庭支持公司债权人的命令或决定发出的任何执行或其他程序未全部或部分满足;或

(c)向法庭充分证实该公司不能支付其债务,法庭在确定公司不能支付其债务时应当考虑该公司的偶然和未来负债。

272. 关闭的诉状

(1)受本节规定的约束,应当由以下者向法庭提交关闭公司的诉状:

(a)本公司;

(b)任何债权人或诸债权人,包括任何偶然或未来债权人或诸债权人;

(c)任何出资人或诸出资人;

(d)第(a)、(b)和(c)条款中规定的全体或任何人共同;

(e)注册官;

(f)中央政府在此方面授权的任何人;或

(g)若属于第 271 节第(1)分节(c)条款下的情形,中央政府或邦政府。

(2)担保债权人、任何债券的持有人(不论是否就此债券或其他类似债券已任命一名或多名受托人)和债券持有人的受托人应当视为第(1)分节(b)条款含义内的债权人。

(3)出资人应当有权对关闭公司提出诉状,尽管其可以是完全付清股份的持有人,或该公司可能无任何资产或在清偿其负债后可能无任何剩余资产供股东之间分配,和他作为出资人最初分配给他股份或一些股份或他已拥有此等股份并在关闭公司开始前 8 个月期间至少 6 个月以自身名称登记或因前任持有人死亡已经转让给他。

(4)注册官应当有权以第 271 节第(1)分节规定的任何理由提交本节第(1)分节下的诉状,但以第 271 节第(1)分节(b)、(d)或(g)条款规定理由者除外。

但是,注册官不应当以该公司不能支付其债务为由提出诉状,除非包含在公司资产平衡表中的公司财务条件或按第 210 节任命的调查员报告向注册官显示该公司不能支付其债务。

但是,注册官应当获得中央政府对提交诉状的事先批准。

但是,中央政府不应当赋予其认可,除非已给该公司发表意见的合理机会。

(5)公司向法庭提交的关闭诉状应当仅在附有规定表格和规定形式的事务陈述时才被承认。

(6)在承认偶然或未来债权人提交关闭公司的诉状之前,应当获得承认该诉状的法庭许可。除非法庭认为存在关闭公司的真实情形,并在对费用已经给予法庭认为合理的担保之前,不应当给予上述许可。

(7)还应当将本节下提出的诉状副本交存注册官,注册官应当在不损害其他任何规定的情形下在收到上述诉状副本60日内将其看法提交法庭。

273. 法庭的权力

(1)法庭收到第272节下的关闭诉状后,可以发布以下任何命令:

(a)驳回诉状,承担或不承担费用;

(b)作出其认为合适的任何临时命令;

(c)在作出关闭令之前任命该公司的临时清算人;

(d)作出关闭该公司的命令,承担或不承担费用;或

(e)其认为合适的其他任何命令。

但是,应当自提交诉状之日起90日内作出本分节下的命令。

但是,法庭在任命第(c)条款下临时清算人之前,应当向该公司发送通知并向其提供发表其意见的合理机会(若有),除非法庭为了书面记录的特殊原因认为省掉该通知是适当的。

但是,法庭不应当仅以公司资产已为等于或超过其资产的金额作抵押,或公司无任何资产为由,拒绝作出关闭令。

(2)若以公司应当关闭是公正、公平的为由提交诉状,但法庭认为其他补救措施可用于请求人且请求人正在不合理地寻求关闭公司而不是寻求其他救济,法庭可以拒绝作出关闭令。

274. 提交事务声明的指令

(1)若公司以外的任何人向法庭提交关闭诉状,法庭认为辨认出了关闭公司的真实情形,应当采取命令指示该公司在该命令的30日内以规定形式和方式随同其事务陈述提交其异议。

但是,法庭可以对偶然或特殊情况允许30日的宽限期。

但是,法庭可以指令请求人对费用交存其认为合理的担保作为向公司发出指令的前提。

(2)未提交第(1)分节所述事务声明的公司应当丧失反对该诉状的权利,认定对上述不遵从负责的公司董事和官员应当承担第(4)分节下的处罚。

(3)公司董事和其他官员对法庭按第273节第(1)分节发布的关闭令,应当在此命令日的30日内以公司费用、按法庭规定方式向清算人提交截至命令日完成并审计的公司账簿。

(4)若公司任何董事或官员违反本节规定,该失职董事或官员应当被处以最高6个月的监禁,或最低2.5万卢比、最高50万卢比的罚金,或两者并处。

(5)注册官、临时清算人、公司清算人或法庭授权的任何人可以在此方面向特别法院提交投诉。

275. 公司清算人及其任命

(1)为了法庭关闭公司的目的,法庭在发布关闭令时,应当任命一名官方清算人或来自第(2)分节下维护的专家组中的一名清算人担任公司清算人。

(2)临时清算人或公司清算人应当从中央政府维护的专家组中任命。该专家组由特

许会计师、律师、公司秘书、成本会计师和有上述特许会计师、律师、公司秘书、成本会计师的企业或法人以及中央政府公告的或来自拥有规定复合型专业人才的企业或人员法人团体的且具有至少10年公司事务经历的其他专业人员的名称组成。

(3)若法庭任命临时清算人,法庭可以采取任命他或它的命令或后续命令限制其权力,但在其他情形下他应当具有清算人的相同权力。

(4)中央政府可以以不当行为、欺诈、不法行为、违反职责或无专业能力为由从第(2)分节下维护的专家组中删除任何人、企业或法人的名称。

但是,中央政府在从专家组中删除他或它的名称前,应当给予他或它听证的合理机会。

(5)应当由法庭根据要求履行的任务、该清算人的经历和公司的规模,规定任命临时清算人或公司清算人的条款条件和应付费用。

(6)关于任命为临时清算人或公司清算人,此等清算人(视情况而定)应当自任命日起7日内以规定形式将披露其任命方面的利益冲突或缺乏独立性(若有)的声明提交法庭,上述义务应当在其整个任职期间持续。

(7)法庭在发布关闭令期间,可以任命按第273节第(1)分节(c)条款任命的临时清算人担任公司清算人,从事公司关闭程序。

276. 免去和替换清算人

(1)法庭可以根据出示的合理理由或为了书面记录的原因,免去有以下任何理由的临时清算人或公司清算人(视情况而定)担任公司的清算人:

(a)不当行为;

(b)欺诈或非法行为;

(c)无专业能力或在行使权力和职能中未履行合理注意和审慎;

(d)无力担任临时清算人或公司清算人(视情况而定);

(e)在任职期间合理免职的利益冲突或缺乏独立性。

(2)若临时清算人或公司清算人(视情况而定)死亡、辞职或免职,法庭可以为了书面记录原因,将指定给他或它的工作移交给另一公司清算人。

(3)若法庭认为任何清算人应当对因欺诈、非法行为或在行使其权力和职能中未履行合理注意和审慎造成公司任何损失或损害负责,法庭可以向该清算人追偿或责令追偿上述损失或损害,并发布其认为合适的其他命令。

(4)法庭在发布本节下的任何命令之前,应当向临时清算人或公司清算人(视情况而定)提供听审的合理机会。

277. 告知公司清算人、临时算清人和注册官

(1)若法庭作出任命临时清算人或关闭公司的命令,其应当自发布命令之日起7日内将该命令的告知发送公司清算人、临时清算人和注册官,视情况而定。

(2)注册官收到任命临时清算人命令或关闭令的副本后,应当在其涉及该公司的记录中作出该效力的批注,并在《官方公报》中公告已经作出上述命令。在上市公司的情况下,注册官应当将上述任命或命令告知公司证券上市的证券交易所。

(3)关闭令应当视为是解除公司官员、雇员和工人的通知,但继续公司业务时除外。

(4)自发布关闭令之日起 3 周内,公司清算人向法庭申请组建关闭委员会以协助或监控公司清算人在实施第(5)分节规定职能中的清算程序进程。上述关闭委员会应当由以下人员组成:

(ⅰ)归属于法庭的官方清算人;

(ⅱ)担保债权人的被指定人;和

(ⅲ)法庭任命的专业人员。

(5)公司清算人应当是关闭委员会会议的召集人,关闭委员会应当协助和监控以下清算职能领域的清算程序:

(ⅰ)接管资产;

(ⅱ)审查事务声明;

(ⅲ)追偿公司的财产、现金或其他资产,包括从中产生的利益;

(ⅳ)复审公司审计报告和账目;

(ⅴ)出售资产;

(ⅵ)最终确定债权人和出资人;

(ⅶ)请求权的妥协、放弃与和解;

(ⅷ)支付股息(若有);和

(ⅸ)法庭不时指示的其他任何职能。

(6)公司清算人应当以月为基准向法庭提交报告并附由出席审议会议的成员正式签字的委员会会议纪要,直至向法庭提交公司解散最终报告。

(7)公司清算人应当拟制关闭委员会审议和批准的最终报告草案。

(8)公司清算人应当将关闭委员会批准的最终报告提交法庭,以对公司发布解散令。

278. 关闭令的效力

关闭公司的命令应当代表公司全体债权人和全体出资人实施,如同该命令对债权人和出资人的共同诉状作出。

279. 停止关闭令诉讼等

(1)若已经发布关闭令或已经任命临时清算人,不应当启动任何诉讼或其他法律程序,或者在关闭令发布日未决时不应当由公司起诉或应诉,但是经法庭许可并遵守法庭施加的条件的除外。

但是,向法庭提出寻求本节下许可的任何申请,应当由法庭在 60 日内处置完毕。

(2)第(1)分节中的任何规定不应当适用于最高法院或高等法院的任何未决上诉程序。

280. 法庭的管辖权

尽管其他任何现行有效法律中包括任何规定,法庭应当对受理和处置以下者具有管辖权:

(a)公司起诉或应诉的任何诉讼或程序;

(b)公司或针对公司提出的任何请求权,包括由或针对其在印度任何分支机构提出的请求权;

(c)按第 233 节提出的任何申请;

（d）按第 262 节提交的任何方案；

（e）优先权的任何问题或任何事项的其他任何问题，不论是法律的还是事实的，包括与公司资产、经营、行动、权利、授权、特权、利益、职责、责任、义务有关的或产生于公司关闭或与公司关闭有关的任何事项中的问题，

在作出关闭公司的命令前后，不论上述诉讼或程序是否已经或将开始，上述请求权或问题已经或将出现、上述申请是否已经或将提出、上述方案是否已经或将提交。

281. 公司清算人提交报告

（1）若法庭已作出关闭令或任命公司清算人，该清算人应当自命令之日起 60 日内向法庭提交载明以下具体详情的报告：

（a）公司资产的性质和详细资料，包括其位置和价值，分别说明手上或银行的现金余额（若有）和公司持有的可兑现证券（若有），

但是，为此目的，应当从注册估价师处获得上述资产的估价；

（b）发行、认缴和已付的资本额；

（c）公司的现行和偶然负债，包括其债权人的名称、地址和职业，分别说明担保与无担保债务额和担保债务情形下不论公司或其官员给出证券的具体情况、其价值和其给出日期；

（d）欠公司的债务，欠债人的名称、地址与职业，和账上可能实现的数额；

（e）公司扩大的担保（若有）；

（f）出资人的名单，出资人的应付款（若有）和任何未付催缴的详情；

（g）公司拥有商标和知识财产的详情（若有）；

（h）维持合同、合营企业和合作的详情（若有）；

（i）控股和子公司的详情（若有）；

（j）公司起诉或应诉的法律案件详情；和

（k）法庭指令或公司清算人认为必须包含的其他任何信息。

（2）公司清算人应当在其报告中载明公司发起或成立的方式、其认为任何人是否在公司发起或成立中已犯有任何欺诈或公司任何官员自公司成立是否已犯有与公司有关的任何欺诈和其认为适合提请法庭注意的其他任何事项。

（3）公司清算人还应当作出公司业务有效性或其认为使公司资产价值最大化所必要的步骤的报告。

（4）公司清算人还可以在其认为合适时作出任何进一步报告或诸报告。

（5）将自己书面描述为公司债权人或出资人的任何人，应当通过自身或其代理人有权在全部合理时间查阅根据本节提交的报告和支付规定费用后对其复制或摘录。

282. 法庭对公司清算人报告的指令

（1）法庭在审议公司清算人报告时应当规定应完成整个程序和公司解散的时限。

但是，若法庭在程序任何阶段或在审查公司清算人提交的报告时和在听审公司清算人、债权人、出资人或其他任何相关人以后，认为继续该程序不是有利或经济的，可以修改应当完成整个程序和公司解散的时限。

（2）法庭在审查公司清算人提交的报告时和在听审公司清算人、债权人、出资人或其

他任何利害关系人以后,可以命令出售作为公司的持续经营,或其资产或其部分资产。

但是,法庭可以在其认为适当时任命由法庭决定的公司债权人、发起人和官员组成的出售委员会,协助公司清算人进行本节下的出售。

(3)若法庭收到公司清算人、中央政府或任何人就公司方面已犯有欺诈的报告,法庭应当在不损害关闭程序的前提下,命令进行第210节下的调查,在审议上述调查报告时可以发布和发出第339至342节下的命令和指令,或指示公司清算人对涉嫌犯有欺诈罪的人提起刑事控告。

(4)法庭可以命令采取必要步骤和措施保护、保存或提高公司资产的价值。

(5)法庭可以发布或发出其认为适当的其他命令或指令。

283. 公司财产的监管

(1)若已发布关闭令或已任命临时清算人,公司清算人或临时清算人(视情况而定)应当根据法庭命令,立即监护或控制全部财产、财物和针对公司的或明显有权享有的可诉请求权,并采取必要步骤和措施保护、保存公司财产。

(2)尽管第(1)分节中有任何规定,公司全部财产和财物应当自公司关闭令之日起视为处于法庭监管。

(3)法庭对公司清算人的申请或其他情形,可以在作出关闭令后要求出资人名单中的现行任何出资人和公司的任何受托人、接收人、银行业者、代理人、官员或雇员立即或在法庭指令时间内,向公司清算人支付、交付、放弃或转让其监护或控制下的公司有权或明显有权享有的任何钱款、财产或簿册与文件。

284. 发起人、董事等与公司清算人合作

(1)现在或曾经受雇于公司或代为公司行事或与公司关联的发起人、董事、官员和雇员,应当将全部合作扩展至履行职能和职责的公司清算人。

(2)若任何人无合理理由未履行其第(1)分节下的义务,其应当被处以最高6个月的监禁,或最高5万卢比的罚金,或两者并处。

285. 出资人名单的确定和资产的适用

(1)法庭在发布关闭令后应当尽快确定出资人名单,在根据本法要求矫正的全部情况下矫正成员注册簿,并应当使公司资产适用于履行其负债。

但是,若向法庭显示不必要作出催缴或调整出资人权利,法庭可以省掉确定出资人名单。

(2)法庭在确定出资人名单中,应当区分有自身权利的出资人和代表他人或负责他人债务的出资人。

(3)法庭在确定出资人名单时,应当包括是或曾是成员的任何人,其应当负责对公司资产出资足以支付债务、负债、费用、关闭费用和支出、调整出资人本身之间权利的款额,但受以下条件的约束:

(a)已是成员但在关闭开始之前1年或以上已经停止成为成员的任何人,不应当负责出资;

(b)已是成员的人对其停止成员后合约规定的公司任何债务或负债,不应当负责出资;

(c) 已是成员的任何人不应当负责出资,除非向法庭显示现行成员不能满足根据本法要求由现行成员作出的出资;

(d) 在股份有限公司的情形下,不应当要求是或曾是成员的任何人的出资超出其作为成员应负责未付股份的款额;

(e) 在有限担保公司的情形下,不应当要求是或曾是成员的任何人的出资超出其承诺对公司资产出资的数额,条件是在公司关闭但公司有股份资本的情况下,上述成员应当负责在其持有未付股份的金额范围内出资。

286. 董事和经理的义务

在有限公司的情形下,是或曾是按本法规定其责任无限的董事或经理,应当增加其作为普通成员的出资责任(若有),应当负责进一步出资,如同其在关闭开始时是无限公司的成员。

但是,

(a) 若曾是董事或经理的人在关闭开始前 1 年或以上已停止持有职位,其不应当负责作出进一步出资;

(b) 曾是董事或经理的人对其停止拥有职位后合约规定的公司任何债务或负债,不应当负责作出进一步出资;

(c) 受公司章程约束,董事或经理不应当负责作出进一步出资,除非法庭认为有必要要求出资以满足该公司的债务和负债、关闭的费用和支出。

287. 咨询委员会

(1) 法庭在发布公司关闭令期间,可以指令应当有一咨询委员会向公司清算人提供建议并对法庭指示的事项向法庭提交报告。

(2) 法庭任命的咨询委员会应当由不超过 12 名成员组成,成员应当是公司债权人和出资人或法庭考虑清算下的公司情况后指令的其他人。

(3) 公司清算人应当自关闭令之日起 30 日召集从公司簿册与文件中确定的公司债权人和出资人会议,以能使法庭确定可以是咨询委员会成员的人员。

(4) 咨询委员会应当有权利在合理时间查阅清算下的公司账簿与其他文件、资产与财产。

(5) 咨询委员会与召集会议有关的规定、遵循此等规定的程序和与业务行为有关的其他事项,应当按规定。

(6) 应当由公司清算人主持咨询委员会会议。

288. 向法庭提交定期报告

(1) 公司清算人应当向法庭作出定期报告,并在任何情况下在每季度结束时就公司关闭进度按规定形式和方式作出报告。

(2) 法庭可以经公司清算人申请,复审其作出命令,并作出其认为适当的修改。

289. 法庭对申请停止关闭的权力

(1) 法庭可以在作出关闭令后的任何时间,对发起人、股东、债权人或其他任何利害关系人的申请在其确信时作出此命令,即在不超过 180 日、按其认为适当的条款条件停止,提供公司复活与复兴的机会是公正公平的。

但是,法庭应当仅在申请附有复兴方案时作出本分节下的命令。

(2)法庭可以在发布第(1)分节下的命令期间,要求申请人对法庭认为适当的费用提供担保。

(3)若法庭发布了第(1)分节下的命令,对审议和认可公司复活方案,第XIX章的规定应当适用。

(4)不损害第(1)分节的规定,法庭可以在作出关闭令后的任何时间,对公司清算人的申请作出命令,在法庭认为适当的期间和按其认为适当的条款条件,停止关闭程序或其任何部分。

(5)法庭在作出命令之前,可以按本节要求公司清算人向法庭提供此清算人认为与申请有关的任何事实或事项的报告。

(6)本节下作出的每项命令副本应当立即由公司清算人提交给注册官,注册官应当在其与公司有关的簿册和记录中作出该命令的批注。

290. 公司清算人的权力与职责

(1)受法庭在此方面指令的约束(若有),公司清算人在法庭关闭公司中,应当具有以下权力:

(a)在有利于公司关闭的范围内,实施公司业务;

(b)从事全部行为,并以公司名义或代表公司执行收据和其他文件,并在必要时使用公司的印章;

(c)以公开拍卖或私人合同方式,出售公司的动产、不动产和可诉请求权,有权力将上述财产转让给任何个人或法人,或者以打包形式出售同一者;

(d)出售作为公司持续经营的全部业务;

(e)增加公司资产担保上所要求的任何款额;

(f)以公司名义或代表公司,提起或应诉任何民事或刑事诉讼案件、起诉或其他法律程序;

(g)诚邀和确定债权人、受雇人或其他任何索赔人的请求权,并根据本法下确立的优先次序分配销售所得;

(h)查阅在注册官或其他任何当局档案中的记录和报告;

(i)在任何出资人破产中,证明针对其财产任何余额的等级或进行索偿,和在破产中就该剩余接收股息以作为从破产人中相分离的到期债务并与其他分离债权人按比例接收;

(j)以公司名义或代表公司制作、承兑、出票和背书任何兑现工具,包括支票、汇票、本票或信贷证券,在公司责任方面具有如同公司在其经营过程中由或代表公司已制作、承兑、出票或背书上述工具的相同效力;

(k)以其官方名义向任何死亡出资人发出管理函,以其官方名义从事为获得出资人或其财产所欠任何钱款但不便于以公司名义进行的其他任何必要行为,为了能使公司清算人发出管理函或为了追偿钱款的目的,在上述全部情形下,所欠钱款应当视为欠公司清算人本人的欠款;

(1)在履行其职责、义务、责任中或为保护公司资产,获得任何人的专业协助或任命任

何专业人员,任命代理人从事清算人本人不能从事的任何业务;

(m)为以下采取必要的全部行动、步骤,或签署、执行和核实必要的文件、契据、文书、申请、诉状、宣誓书、债券或工具:

(ⅰ)关闭公司;

(ⅱ)分配资产;

(ⅲ)履行其作为公司清算人的职责、义务和职能;和

(n)向法庭申请为关闭公司所必要的命令或指令。

(2)公司清算人按第(1)分节行使权力应当服从法庭的整体控制。

(3)尽管有第(1)分节的规定,公司清算人应当履行法庭在此方面规定的其他职责。

291. 向公司清算人提供专业协助

(1)公司清算人可以经法庭认可,任命1名或多名特许会计师、公司秘书、成本会计师、法律职业者或按必要条款条件协助其履行本法下职责和职能的其他专业人员。

(2)按本节任命的任何人员应当立即以规定形式向法庭披露其任命方面的任何利益冲突或缺乏独立性。

292. 公司清算人权力的行使与控制

(1)受本法规定的约束,公司清算人在管理公司资产和在债权人之间分配该资产,应当尊重债权人或出资人在任何大会上的决议作出的或咨询委员会给出的任何指示。

(2)债权人或出资人在任何大会上给出的任何指示在冲突情形下应当视为优先于咨询委员会给出的任何指示。

(3)公司清算人:

(a)为了确认债权人或出资人的愿望,可以在其认为适当的任何时间召集债权人或出资人会议;和

(b)应当在债权人或出资人(视情况而定)以决议方式指示的时间或经价值不低1/10的债权人或出资人在任何时间书面请求,召集会议,视情况而定。

(4)不服公司清算人任何行为或决定的任何人可以向法庭提出申请,法庭可以确认、取消或变更控告的行为或决定,并作出其认为客观情况下公正、适当的进一步命令。

293. 公司清算人保存簿册

(1)公司清算人应当按规定方式恰当保存簿册和规定的其他事项,在此等方式中,公司清算人能够获得会议所作记录或纪要。

(2)任何债权或出资人受法庭控制,可以亲自或通过代理人查阅此等任何簿册。

294. 审计公司清算人账目

(1)公司清算人应当以规定形式和方式适当、定期保持账簿,包括其作出的收付款账目。

(2)公司清算人应当在规定时间但不低于其任职期间每年2次,向法庭提交规定形式一式两份、应以规定形式和方式声明核实的其作为上述清算人的收付账目。

(3)法庭应当使账目以其认为适当的方式接受审计。为了审计目的,公司清算人应当向法庭提交法庭要求的付款凭证和信息。法庭可以在任何时间要求出示和检查公司清算人保存的任何账簿。

（4）若已审计公司账目，公司清算人应当向法庭交存其一份副本；另一份副本应当递交注册官，应当向任何债权人、出资人或利害关系人开放查阅。

（5）若第（4）分节所述账目与政府公司有关，公司清算人应当向以下者提交其副本：

（a）若中央政府是政府公司的成员，中央政府；或

（b）若邦政府是政府公司的成员，任何邦政府；或

（c）若中央政府和邦政府都是政府公司的成员，中央政府和任何邦政府。

（6）公司清算人应当在审计时打印账目或其概要，应当用邮政将账目或其概要的打印件发送给每位债权人和每位出资人。

但是，法庭可以在其认为适当的任何情况下，免于遵守本分节的规定。

295. 出资人支付债务和抵消的范围

（1）法庭在发布关闭令后的任何时间，可以发布命令，要求出资人名单上现行有效的任何出资人按命令指示方式，从他或他代表的人的资产中支付欠公司的任何钱款，不包括根据本法按任何催缴由他或资产应付的任何钱款。

（2）法庭在按第（1）分节作出命令中，可以：

（a）在无限公司的情况下，允许出资人以抵消方式由公司在与该公司独立交易或合同时欠他或他代表的资产的任何钱款，但不是在任何股息或利润方面欠其作为公司成员的任何钱款；和

（b）在有限责任公司的情况下，允许向负无限责任的任何董事或经理或其资产进行此等抵消。

（3）在任何公司的情况下，不论有限或无限公司，若已经全额支付全体债权人，可以允许出资人对公司欠其任何账目的任何钱款抵消任何后续请求。

296. 法庭作出催缴的权力

法庭可以在发布关闭令后的任何时间且在其已确定公司资产充足性之前或之后，

（a）催促出资人名单上全体或任何现行出资人在其责任范围内，支付法庭认为满足公司债务与负债、关闭费用和必要支出的任何钱款，以及在出资人之间调整其权利；和

（b）作出按上述所作任何要求的催缴支付命令。

297. 调整出资人的权利

法庭应当在出资人之间调整出资人的权利，并在有权享受的人员中分配任何余额。

298. 命令费用的权力

若公司资产不足以满足其责任，法庭可以作出命令，按法庭认为公正、适当的彼此间优先次序，支付超出资产的部分和关闭中发生的成本、费用与支出。

299. 传唤涉嫌占有公司财产的人员的权力

（1）法庭可以在任命临时清算人或发布关闭令后的任何时间，传唤公司任何官员，或明知或涉嫌占有公司任何财产、簿册或文件，或明知或涉嫌对公司负债的人员，或法庭认为能够提供涉及公司发起、成立、贸易、交易、财产、簿册、文件或事务信息的任何人员。

（2）法庭可以采取口头语言或根据书面质问或宣誓书，审查被传唤官员或人员有关上述事务的宣誓。在第一种情形下，可以减少其书面回答并要求其签字。

（3）法庭可以要求被传唤的任何官员或人员提交其监护或权力下与公司有关的任何簿

册和文件,但是若他主张在其提交簿册或文件上有任何留置权,此提交应当不损害此等留置权,法庭应当有权力确定与该留置权有关的全部问题。

(4)法庭可以指令清算人向其提交涉及其他人员占有公司债款或财产的报告。

(5)若法庭认定:

(a)某人对公司负债,法庭可以命令他向临时清算人或清算人(视情况而定)在法庭认为公正的时间或以其认为公正的方式支付其负债的数额或其任何部分,解除或不解除整个数额,以法庭认为适合为准,承担或不承担审查费用;

(b)一人员占有属于公司的任何财产,法庭可以命令他向临时清算人或清算人(视情况而定)在法庭认为适当的时间和按法庭认为适当的条件,交付该财产或其任何部分。

(6)若被传唤的任何官员或人员无正当理由未在指定时间到庭,法庭可以收取合适的费用。

(7)应当按《1908 年民事诉讼法典》(1908 年第 5 号法)支付钱款或交付财产判决的相同方式执行第(5)分节下作出的每项命令。

(8)依据第(5)分节作出的命令支付任何钱款或进行交付的任何人应当按上述支付或交付解除此等债务或财产的责任,除非该命令另有指示。

300. 命令审查发起人、董事等的权力

(1)若法庭已经作出关闭公司的命令,且公司清算人向法庭按本法作出的报告阐明其认为任何人在公司发起、成立、业务或自公司成立以来的事务行为中已犯有欺诈,法庭可以在审议该报告后指令上述人员或官员为此目的应当在法庭指定日到庭,并就公司发起、成立或业务行为或就其作为公司官员的行为和交易接受审查。

(2)公司清算人应当参与该审查,且为了审查目的,他或它经法庭在此方面的授权,应当聘用法庭许可的法律协助。

(3)该人员应当接受宣誓审查,回答法庭向其提出或允许向其提出的全部问题。

(4)按本节命令接受审查的人员——

(a)应当在其审查前自费向其提供公司清算人报告副本;和

(b)可以自费聘请有权按第 432 节出庭的特许会计师、公司秘书、成本会计师或法律职业者,这些人应当向其提出法庭认为为了能使其解释其给出的任何回答或使回答合格。

(5)若上述任何人向法庭申请针对其作出的或建议的任何费用,公司清算人的义务应当是出席听审上述申请并请求法庭注意向公司清算人显示的任何相关事项。

(6)若法庭在审议公司清算人提供的任何证据或听审其传唤的证人后允许提出第(5)分节下的申请,法庭可以命令向申请人支付其认为合适的费用。

(7)审查记录应当书面记下,应当向受审查人宣读或由其签字,向其提供副本,并因此可以用于针对他的证据,应当在所有合理时间向任何债权人或出资人开放查阅。

(8)若法庭认为合适,其可以随时延长审查。

(9)若有法庭指令,本节下的审查可以在法庭授权的任何人或当局面前举行。

(10)本节下法庭对审查行为(不是对费用)的权力,应当由在其面前依据第(9)分节举行审查的人员或当局行使。

301. 逮捕试图离开印度或潜逃的人员

若法庭在发布关闭令之前或之后的任何时间认为,占有公司财产、账目或文件的出资人或人员为了逃避催缴支付或逃避审查有关公司事务的目的,即将离开印度或其他情况下潜逃,或即将转移或隐匿其任何财产,法庭可以责令——

(a)在法庭命令的时间之前,扣留该出资人;和

(b)扣押其簿册与文件和动产,并在法庭命令的时间之前安全保管。

302. 法庭解散公司

(1)若已经完全关闭公司事务,公司清算人应当向法庭申请解散该公司。

(2)法庭应当根据第(1)分节下公司清算人提出的申请,或在法庭认为案件情况表明应作出解散公司命令是适当和合理的时,作出命令,该公司自命令之日起解散,公司应当据此被解散。

(3)该命令副本应当自作出之日起30日内由公司清算人提交注册官,注册官应当在与该公司有关的注册簿中记载解散该公司的纪要。

(4)若公司清算人未在第(3)分节规定的期限内提交命令副本,其应当被处以失职持续期间最高每日5000卢比的罚金。

303. 对本法生效前所作命令的上诉

本章中的任何规定不应当影响实施或执行本法生效前即刻由任何法院在公司任何关闭程序中作出的命令,对此等命令的上诉应当提交此等生效前听审此等上诉的主管当局。

第Ⅱ部分 自愿关闭

304. 自愿关闭公司的情形

有以下情形的,可以自愿关闭公司:

(a)公司大会通过决议,因公司章程规定的其持续期限届满或发生公司章程规定公司应解散的任何事件,要求自愿解散公司;或

(b)公司通过特别决议自愿解散本公司。

305. 提议自愿关闭时的偿付能力声明

(1)若提议自愿关闭公司,其董事、诸董事或公司有多于2名董事时的多数董事应当在董事会上以宣誓书核实的声明,其效力为董事们已经对公司事务进行全面调查和已形成公司无任何债务或其将是否有能力以自愿关闭中出售资产的收益全部支使其债务的意见。

(2)为了本法的目的,第(1)分节下作出的声明应当不具有任何效力,除非:

(a)声明在关闭公司决议通过之日前5周内作出,并在该日前提交注册官注册;

(b)声明载明公司正在关闭、未欺诈任何人或诸人员;

(c)声明附有根据本法规定准备的关于以下的公司审计员报告:自最近准备损益账目之日起至作出声明前即刻最近可行之日期间的公司损益账目、截至声明日编制的也载明公司在该日的资产和负债声明的资产负债表;和

(d)若公司有任何资产,声明附有注册估价师准备的公司资产估价报告。

(3)若公司依据作出声明后5周期限内通过的决议关闭公司,但其债务未全部支付或未全部提供,直至显示相反,应当推定董事或诸董事对他或他们第(1)分节下的意见无合

理理由。

(4)若公司任何董事按本节作出声明但无合理理由认为公司有能力从自愿关闭资产出售收益中全部支付其债务,该董事应当被处以最低3年、最高5年的监禁,或最低5万卢比、最高30万卢比的罚金,或两者并处。

306. 债权人会议

(1)公司应当召集对提议自愿关闭作出决议的公司会议,责令在同一日或下一日召开其债权人会议,且应当责令以挂号邮件方式将债权人会议通知和第304节下的公司会议通知发送给债权人。

(2)公司董事会应当:

(a)责令提交公司事务状况的完整报表、公司债权人名单(若有)、第305节下的声明副本和会议之前请求权估计额;和

(b)指定一名董事主持会议。

(3)若价值2/3的公司债权人认为:

(a)自愿关闭公司是为了全体当事人利益,该公司应当自愿关闭;或

(b)公司可能无力从自愿关闭资产出售收益中全部支付其债务,且通过决议认为法庭根据本章第Ⅰ部分规定关闭本公司应当是为了全体当事人利益,该公司应当在此后14日内向法庭提出申请。

(4)应当由公司在通过决议10日内将根据本节在债权人会议上通过任何决议的通知递交给注册官。

(5)若公司违反本节规定,其应当被处以最低5万卢比、最高20万卢比的罚金;公司失职董事应当被处以最高6个月的监禁,或最低5万卢比、最高20万卢比的罚金,或两者并处。

307. 自愿关闭决议的公布

(1)若公司已通过自愿关闭决议和通过第306节第(3)分节下的决议,应当自通过决议之日起14日内以公告方式在《官方公报》中发出通知,还应当在本公司的注册办公室或总部所在地区发行的一家报纸上发布。

(2)若公司违反第(1)分节规定,该公司和其每位失职官员应当被处以失职行为持续期间最高每日5000卢比的罚金。

308. 自愿关闭的开始

自愿关闭应当视为在通过第304节下的自愿关闭决议之日开始。

309. 自愿关闭的效力

在自愿关闭的情形下,公司应当自关闭生效起停止从事其业务,但为了有利于关闭其业务所要求的除外。

但是,公司的企业身份和企业权力应当持续至其解散。

310. 公司清算人的任命

(1)若通过了自愿关闭决议,公司为了关闭其事务、分配公司资产的目的,应当在其大会上从中央政府准备的专家组中任命一名公司清算人,并确定支付给公司清算人的酬金。

(2)若债权人已经按第 306 节第(3)分节通过了关闭公司的决议,本节下公司清算人的任命应当仅在价值上公司多数债权人同意后有效力。

但是,若上述债权人不同意任命上述公司清算人,债权人应当任命另一名公司清算人。

(3)债权人在批准任命本公司指定公司清算人或任命其选择的公司清算人(视情况而定)期间,应当通过合适的决议,并考虑公司清算人的酬金。

(4)任命为公司清算人后,该清算人应当从任命日起 7 日内以规定形式向公司和债权人披露其任职方面的利益冲突或无独立性,上述义务应当在其整个任命期间持续。

311. 免去公司清算人和填补其空缺的权力

(1)若公司和债权人已经作出任命公司清算人、上述债权人同意或作出任命,公司可以免去第 310 节下任命的公司清算人。

(2)若按本节寻求免去公司清算人,应当向其发出书面通知,载明公司或债权人(视情况而定)免去其职位的理由。

(3)若公司 3/4 的成员或价值 3/4 的债权人(视情况而定)在审议公司清算人提交的回复(若有)后,在其会议上决定免去该公司清算人,该清算人应当空缺其职位。

(4)若第 310 节下任命的任何公司清算人因死亡、辞职、免职或其他情形出现空缺,公司或债权人(视情况而定)以该节规定方式予以填补。

312. 将公司清算人任命通知递送给注册官

(1)公司应当将任命的公司清算人及其名称和具体情况、公司清算人职位出现的各空缺、填补上述各空缺所任命的公司清算人名称,在上述任命或发生空缺的 10 日内通知注册官。

(2)若公司违反第(1)分节规定,该公司及其每位失职官员应当被处以上述失职持续期间最高每日 500 卢比的罚金。

313. 终止董事会任命公司清算人的权力

任命公司清算人后,董事会、常务或全职董事和经理的全部权力应当终止,但是为了将公司清算人的上述任命通知注册官的目的除外。

314. 公司清算人在自愿关闭中的权力和职责

(1)公司清算人应当行使和履行公司或债权人(视情况而定)随时确定的职能、职责。

(2)公司清算人应当确定出资人名单,其应当是在此指名为出资人的人员之责任的表面证据。

(3)公司清算人为了获得公司普通决议或特别决议(视情况要求而定)认可的目的或其认为必要的其他目的,应当召集公司大会。

(4)公司清算人应当以规定形式和方式定期、适当维护账簿,公司成员、债权人和中央政府授权的任何官员可以检查此等账簿。

(5)公司清算人应当以规定形式和方式准备账目季度报表,并自每季度结束时 30 日内将正式审计的账目报表提交注册官。公司清算人未履行上述者,应当被处以未履行持续期间最高每日 5000 卢比的罚金。

(6)公司清算人应当支付公司的债务,并应当调整出资人之间的权利。

（7）公司清算人应当在履行其职责中遵守适当注意和审慎。

（8）若公司清算人未遵守本节规定，第（5）分节除外，其应当被处以最高 100 万户比的罚金。

315. 诸委员会的任命

若无公司债权人，公司在大会上和按第 306 节举行债权人会议时的上述债权人（视情况而定）可以任命其认为适当的诸委员会，监管自愿清算和协助公司清算人行使职能。

316. 公司清算人提交关闭进度报告

（1）公司清算人应当每季度以规定形式和方式向成员和债权人报告公司关闭进度情况；还应当召集必要的成员会议和债权人会议，但至少每季度各召集 1 次债权人会议和成员会议；以规定形式和方式通知成员和债权人公司关闭进度。

（2）若公司清算人未遵守第（1）分节规定，其应当就每项不遵守，被处以最高 100 万户比的罚金。

317. 公司向法庭报告审查某些人员

（1）若公司清算人认为任何人已犯有公司方面的欺诈行为，其应当立即向法庭报告。法庭应当在不损害关闭进程的前提下，命令开展第 210 节下的调查和审议该调查的报告。法庭可以发布、发出其认为必要的本章下的命令和指令，包括指令上述人员在法庭为此目的的指定日到庭并就公司的发起、成立或业务行为或就其作为公司官员或其他情形的行为和交易接受审查。

（2）与第（1）分节下指令的任何调查有关时，第 300 节经必要变通后应当适用。

318. 最后会议与公司解散

（1）若公司事务全部关闭，公司清算人应当准备显示已经处置公司财产与资产、公司债务已经全部了清或已满足债权人的报告，并召集公司大会，目的是向其呈报最后关闭账目和给予任何解释。

（2）应当由公司清算人按规定形式和方式召集第（1）分节下的会议。

（3）若公司多数成员在审议公司清算人报告后认为公司应当关闭，其可以通过公司解散决议。

（4）公司清算人应当在会议后 2 周内，

（a）向注册官发送：

（ⅰ）公司的最后关闭账目副本，并应当就每次会议及其日期作出报告；和

（ⅱ）会议上通过的决议副本；和

（b）按规定方式向法庭提出发布解散公司命令的申请，随附第（1）分节下的报告、与关闭有关的公司簿册与文件。

（5）若法庭在审议公司清算人报告后认为关闭进程已是公正、公平的，法庭应当自收到第（4）分节下的申请 60 日内发出解散公司的命令。

（6）公司清算人应当在 30 日内将第（5）分节下的命令副本提交注册官。

（7）注册官收到第（5）分节下法庭发布的命令副本后，应当立即在《官方公报》上发布该公司已解散的公告。

（8）若公司清算人未遵守本节规定，其应当被处以最高 10 万户比的罚金。

319. 公司清算人接受作为出售公司财产之对价的股份等的权力

(1)若提议自愿关闭一公司(出让人公司)或其正处关闭过程中,且提议将其全部或部分业务或财产转让或出售给另一公司(受让人公司),出让人公司的公司清算人经公司给予他一般授权或任何特别安排授权的特别决议认可,可以——

(a)以全部或部分补偿转让或出售股份、保险单或受让人公司中其他类似利益方式,接受出让人公司成员间的分配;或

(b)达成其他任何安排,公司成员可以据此替代接收现金、股份、保险单、其他类似利益或其额外利益,参与受让人公司的利益或接收受让人公司的其他任何利益。

但是,未经担保债权人同意,不应当达成上述任何安排。

(2)根据本节的任何转让、出售或其他安排应当约束出让人公司的成员。

(3)若出让人公司的任何成员未投票产生特别决议并向公司清算人书面表达其不同意,且在决议通过后 7 日内将不同意留存于公司的注册办公室,其可以要求该清算人——

(a)避免使该决议生效;或

(b)以协议或注册估价师确定的价格购买其利益。

(4)若公司清算人选择购买成员的利益,应当在公司解散前支付该成员以特别决议规定方式提出的购买价款。

320. 公司财产的分配

受本法优先于第 326 节下优先支付的规定的约束,公司在关闭时的资产应当适用于按同一比例满足其负债,并遵守上述适用,应当根据公司成员在公司中的权利和利益在成员间分配,除非公司章程另有规定。

321. 约束公司和债权人的安排

(1)即将关闭或正在关闭过程中的公司与其债权人达成的第 319 节所述安排以外的任何安排,应当约束公司和债权人,若公司决议认可或持有欠公司全体债权人总债务价值额 3/4 的债权人同意该安排。

(2)任何债权人或出资人可以自该安排结束起 3 周内,向法庭提出申请,法庭可以据此修正、变更、确认或撤销该安排。

322. 向法庭申请确定已有的问题等

(1)公司清算人、任何出资人或债权人可以向法庭申请:

(a)确定在公司关闭过程中产生的任何问题;或

(b)若公司正在由法庭关闭,就执行催缴、停止程序或其他任何事项方面,行使法庭可以行使的一切或任何权力。

(2)公司清算人、任何债权人或出资人可以申请法庭命令撤销关闭开始后对公司资产或财物生效的任何扣押、强制措施或执行。

(3)若法庭根据第(1)或(2)分节下的申请认为,问题的确定、要求行使权力或申请的命令将是公正、公平的,可以按其认为合适的条款条件准许该申请,或作出其认为适当的其他命令。

(4)按本节作出的停止关闭程序的命令副本应当由公司或规定的其他人立即提交注册官,注册官应当在其与该公司有关的簿册中作出该命令纪要。

323. 自愿关闭的费用

关闭中适当发生的全部费用、手续费和支出,包括公司清算人的酬金,应当从公司资产中优先于其他全部请求支付,但受担保债权人权利(若有)的约束。

第Ⅲ部分 可适用于每种关闭模式的规定

324. 所有类别债务采纳为证据

在每项关闭中(破产公司情形下,受根据本法或破产法规定的申请的约束),偶然事件应付的全部债务和针对公司(现在或未来、肯定或偶然、仅在损害中查明或合理)的全部请求权应当可采纳为针对公司的证据,应当是尽可能对可能受任何偶然事件约束、可能仅在损害中合理或因其他某些原因可能不承担某些价值的上述债务或请求权的公正估价。

325. 破产规则适用于破产公司的关闭

(1)在破产公司的关闭中,就以下方面,应当优先适用并遵守对被判定破产的人适用的破产法下现行有效的相同规则:

(a)可证明的债务;

(b)养老金和未来与偶然负债的估价;和

(c)担保债权人和无担保债权人各自的权利。

但是,每位担保债权人的担保权益应当视为受有利于工人在其中部分的同一比例费用的约束。若担保债权人替代放弃其担保权益和证明其债款,选择实现其担保权益,

(ⅰ)清算人应当有权代表工人并执行上述费用;

(ⅱ)清算人以执行上述费用方式所实现的任何款额应当适用于按比例受偿解除该工人的应付款;和

(ⅲ)欠担保债权人的不能实现的债务数额,或债权人担保权益中工人部分的数额,以较低者为准,应当为了第326节目的,按同一比例与工人的应付款排序。

(2)第(1)分节下的全体人员应当有权证明并接收产生于关闭下公司资产的股息,并按他们各自依据本节有权作出的向公司提出索赔。

但是,若担保债权人替代放弃其担保权益和证明其债款,进行实现其担保权益的程序,他应当负责清算人(包括临时清算人,若有)在担保债权人进行其实现之前为保存担保权益所发生的其承担部分的费用。

[解释]为了本分节的目的,清算人为保存担保权益所发生的应当由担保债权人负责支付的该部分费用,应当是全部费用减去按承担相同比例费用由工人承担的与担保权益有关的对担保权益价值的那部分费用额。

(3)为了本节、第326和327节的目的,

(a)"工人",与公司有关时,指公司雇员,是《1947年工业争端解决法》(1947年第14号法)第2节(s)条款含义内的工人。

(b)"工人应付款",与公司有关时,指公司欠其工人的以下款项总额:

(ⅰ)全部工资或薪酬,包括计时或计件应付的工资、任何工人就其向公司提供服务以佣金方式全部或部分获得的薪酬和《1947年工业争端解决法》(1947年第14号法)任

何条款下向任何工人应付的任何赔偿;

(ⅱ)成为应向任何工人支付的全部应计节假日报酬,或在其死亡情况下因在关闭令或决议生效前或由该关闭令或决议终止其雇用而向对该工人有权利的其他任何人支付上述报酬;

(ⅲ)除非本公司仅为了重组或与另一公司合并的目的,或除非本公司在关闭开始前按与《1923 年工人赔偿法》(1923 年第 8 号法)第 14 节所述保险人的合同有权利在公司任何工人死亡或丧失能力时能将该法下与任何赔偿或赔偿责任有关的全部应付款转让给或赋予该工人;

(ⅳ)公司维持的公积基金、退休基金、退职基金或为工人福利的其他任何基金欠任何工人的全部款项。

(c)"工人部分",与公司任何担保债权人的担保权益有关时,指按工人应付款额对工人应付款总额和对担保债权人到期债务额以相同比例对担保权益价值所承担的数额。

例证

公司担保债权人担保权益的价值为 10 万卢比。工人应付款总额为 10 万卢比。公司担保债权人的债务额为 30 万卢比。工人应付款额和欠担保债权人债务额的总和是 40 万卢比。因此担保权益的工人部分是担保权益价值的 1/4,即 2.5 万卢比。

326. 优先于优先支付

(1)尽管本法中或其他任何现行有效法律中有任何规定,在公司关闭中,

(a)工人的应付款;和

(b)欠担保债权人的债务,其在第 325 节第(1)分节但书条款(ⅲ)条款下与上述应付款按同一比例排列的范围内,

应当优先于其他全部债务支付。

但是,若公司关闭,对第 325 节第(3)分节(b)条款(ⅰ)分条款所述的、在关闭令前 2 年期内或规定的其他期限内应付的工资或薪酬,应当自资产出售日起 30 日内优先于其他全部债务(含欠担保债权人的债务)支付,并应当受规定担保债权人担保权益上的负担的约束。

(2)第(1)分节但书条款下的应付债务应当在向担保债权人作出任何支付之前全部支付,然后应当全部支付该分节下的应付债务,但是若资产不足以满足此等债务,应当按平等比例减少。

327. 优先支付

(1)在关闭中,遵守第 326 节规定,应当优先支付以下其他全部债务:

(a)公司在相关日期欠中央政府、邦政府或地方当局且在该日期前 12 个月内成为欠款和应付的全部财政收入、税收、地方税和市政服务税;

(b)所有工资或薪酬,包括计时或计件工作的应付工资,和任何雇员以佣金方式就向公司提供服务所得的全部或部分薪酬,以及在相关日期前 12 个月内不超过 4 个月期限的应付款,但受本分条款下对任何工人的应付额不应当超过通知额的这一条件约束;

(c)在解散公司前因终止雇用或关闭令(视情况而定)成为应付给任何雇员或其死亡时在其下提出请求的其他任何人的全部应计节假日薪酬;

(d)除非公司仅为了重组或与另一公司合并目的正在自愿关闭,作为人员雇主的公司在相关日期前12个月期间就《1948年雇员国家保险法》(1948年第32号法)或其他任何现行有效法律下的缴款所欠的全部款额。

(e)除非公司在关闭开始时按与《1923年工人赔偿法》(1923年第8号法)第14节所述任何保险人的合同具有能够向工人转让或赋予工人的权利,对公司任何雇员死亡或丧失能力按该法给予任何赔偿或承担任何责任所欠的全部款额:

但是,若该法下的任何赔偿是周付,经雇主按该法提出申请,本条款下的应付额应当是可履行时本可兑付上述周付的总额;

(f)公司维持的公积基金、退休基金、退职基金或为工人福利的其他任何基金欠任何雇员的全部款项;和

(g)在公司应付范围内,依据第213和216节进行任何调查的费用。

(2)若他人为了此目的向公司任何雇员本人或其死亡时通过其提出请求的其他任何人以预付钱款方式支付了工资、薪酬或应计节假日报酬,预付了钱款的人在关闭时应当对上述预付钱款或该雇员或其他人在关闭时按其权利本应有权享受优先权的因已进行支付而被扣减的已付数额,有优先权。

(3)本节所列债务应当——

(a)在它们中平等排列并全部支付,除非这些债务在资产不足以满足这些债务时按平等比例减少;和

(b)若可用于支付一般债权人的公司资产不足以满足这些债务,对公司创设任何浮动负担下的债券持有人请求权有优先权,并据此从构成该负担或受该负担约束的任何财产中予以支付。

(4)受保留关闭费用必要额度的约束,应当在资产足以满足的范围内立即履行本节下的债务;在按第(1)分节(d)条款给予优先权的债务的情况下,不应当要求其正式证据,但另有规定的除外。

(5)若债权人或其他人在关闭令之日前3个月内正在或已经为债务扣押了公司任何财产或物件,本节下给予优先权的债务在上述扣押财产或物件或其变卖所得上应当首先清偿。

但是,对上述任何清偿下已付的任何钱款,债权人或其他人应当与接受支付的人具有相同的优先权。

(6)节假日期间或因治疗疾病或其他原因未工作的任何报酬应当视为在该期间向公司提供服务的工资。

[解释]为了本节的目的,

(a)"应计节假日报酬"一词,与任何人有关时,包括依据雇用合同或任何制定法(含据此作出的任何命令或发出的任何指令)对其受雇于公司持续至有权允许享受节假日之时的正常过程中本应成为向其应付节假日期间报酬的全部款额;

(b)"雇员"一词不包括工人;和

(c)"相关日期"一词,指:

(i)在法庭关闭公司的情形下,临时清算人任命或首次任命之日,或若未作出上述

任命,关闭令之日,除非在上述任何一种情形下,在该日期前公司已启动自愿关闭;和

(ⅱ)在其他任何情况下,通过自愿关闭公司的决议之日。

328. 欺诈性优先

(1)若公司已给予系公司债权人或公司任何债务或责任的担保人或保证人的人员优先权,且公司做了或遭受了任何事情使该人置于公司即将清算时的状况比提出关闭申请6个月前未做该事情时他本应所处的状况更好,法庭在认为该交易是欺诈性优先时,可以作出其认为适当的命令,将该状况恢复到公司未给予该优先权时本应处的状况。

(2)若法庭认为在提出关闭申请前6个月内存在由公司或针对公司作出、采取或做出优先转让财产(动产或不动产)、商品的任何交付、支付或执行,法庭可以作出其认为适当的命令,宣布该交易无效,恢复其状况。

329. 非善意转让无效

公司作出的任何财产(动产或不动产)转让或商品的任何交付,但不是在提交法庭关闭的诉状前或通过自愿关闭公司的决议前1年期限内在其正常业务过程中,或善意有利于购买人或产权负担并以有价值的对价作出转让或交付,对公司清算人应当无效。

330. 某些转让无效

公司向为了全体债权人利益的受托人转让或分派其全部财产或资产,应当无效。

331. 具有欺诈性优先的人的责任和权利

(1)若公司正在关闭且作为在担保公司债务的抵押或负担财产上有利益的欺诈性优先权人在本法生效后作出、采取或进行的任何事情按第328节无效,但不损害本规定以外所产生的任何权利或责任,该优先权人应当承担相同责任和具有相同权利,如同其作为担保人对该债务在其利益的财产或价值上的抵押或负担的范围内(以较少者为准)承担个人责任。

(2)第(1)分节下优先权人的利益价值应当按构成欺诈性优先权的交易日确定,如同该利益免于公司债务之抵押或负担以外的全部产权负担。

(3)关于任何支付以其是担保人或保证人欺诈性优先权为由,向法庭提出的申请,法庭应当有决定作出支付的人与该担保人或保证人之间产生的与支付有关的任何问题的管辖权,并就此给予救济,尽管为了关闭目的不必要如此行事,且为了该目的,可以在追偿已付款额的诉讼案件中准许将该担保人或保证人作为第三方当事人。

(4)第(3)分节应当经必要变通后适用于金钱支付以外的交易。

332. 浮动负担的效力

若公司正在关闭,关闭开始前12个月内在公司财产或经营上创设的浮动负担应当无效,除非证明公司在创设该负担后立即破产,但是对该负担创设时或之后以对价支付给公司的任何现金额和按该金额年利率5%或中央政府在此方面公告的其他利率计算的利息的除外。

333. 放弃负有义务的财产

(1)若正在关闭的公司的任何部分财产由以下构成:

(a)按负有义务之契约承担的任何占有的土地;

(b)诸公司中的股份或股票;

（c）其他任何财产，其因占有人受履行任何义务行为或支付任何金钱额约束是不可出售的或不容易出售的；或

（d）无利益的合同，

尽管公司清算人根据该合同已经努力出售或占有该财产，或已履行与该财产有关的任何所有权行为，其经法庭许可并遵守本节规定，在关闭后 12 个月内或法庭准许延长的期限内的任何时间，以其签字的书面文件形式，可以放弃该财产。

但是，若清算人自关闭开始起 1 个月内未注意到存在上述任何财产，可以在其注意到该财产后 12 个月内或法庭准许延长的期限内的任何时间行使放弃财产的权力。

（2）放弃人应当自放弃日起操作确定公司在被放弃财产中或与该财产有关的利益和责任，但不应当影响其他任何人的权利、利益或责任，但是为了履行公司或公司财产之责任的目的所必要者除外。

（3）法庭在准许放弃之前或之时，可以要求向利害关系人发出通知，并施加其认为公正、适当地给予许可的条件和对此事项作出其认为公正、适当的其他命令。

（4）公司清算人在该财产任何利害关系人向其提出要求其决定放弃或不放弃的申请的任何情况下，应当无权放弃任何财产；该清算人自收到该申请后 28 日内或法庭准许延长的期限内，不得通知申请人其意图向法庭申请放弃。若该财产处于合同之下、公司清算人在上述申请之后未在上述规定或延长的期限内放弃合同，应当视为公司清算人已经接受合同。

（5）经针对公司清算人的有权享受利益或遵守与公司所定合同之负担的任何人申请，法庭可以作出命令，按法庭认为公正、适当的由任何一方当事人对履行合同支付赔偿的条款或其他条款，解除合同，并按该命令向可证明系关闭中债务的任何人支付赔偿。

（6）法庭经对任何被放弃财产主张任何利益或对任何被放弃财产主张承担本法下未解除的任何责任的任何人申请，并在听审其认为合适的任何人后，可以作出命令，将该财产赋予或交付给对该财产享受权利的任何人或以赔偿上述责任方式本应适当向其交付该财产的人或其受托人，由上述构成的财产应当据此按法庭认为适当的条款和根据作出的上述任何赋予令，赋予命令中在此方面指定名称的人，但不得违反此目的或为此目的进行分派。

但是，若被放弃财产具有租赁物性质，法庭不应当作出支持该公司下提出主张的任何人，不论是采取终止方式的转租承租人、抵押权人或负担持有人，但按对该人作出的以下条款除外：

（a）受与关闭开始时公司就该财产在租赁下遵守的相同责任和义务的约束；或

（b）若法庭认为适当，仅受如同该租赁在该日已指派给该人的相同责任和义务的约束，

且在上述任一情形下，如同该租赁物仅由赋予令中组成的财产构成。拒绝按上述条款接受赋予令的任何抵押权人或转租承租人应当排除在该财产上的全部利益或担保权益。若无任何人在公司下主张其愿意按上述条款接受命令，法庭应当有权力将该财产中的公司资产或利益赋予亲自、由其代表和单独或共同与公司负责履行该租赁物中承租人契约的任何人，以免除或解除公司全部资产及其创设的产权负担和利益。

(7)受本节下放弃之操作影响的任何人,应当视为对该影响应付赔偿额或补偿额的公司债权人,并可以据此证明是关闭中债务的金额。

334. 关闭开始后的转让等无效

(1)在自愿关闭情形下,在关闭开始后作出的公司股份任何转让(不是向公司清算人的转让或经公司清算人认可的转让)和公司成员地位任何改变,应当无效。

(2)在法庭关闭公司的情形下,在关闭开始后作出的财产任何处置(包括可诉请求权)和公司股份任何转让或其成员地位任何改变,应当无效,但法庭另有命令的除外。

335. 法庭关闭中的某些扣押、执行等无效

(1)若法庭关闭任何公司,以下者应当无效:

(a)在关闭开始后未经法庭许可对公司资产或物件的任何生效扣押、强制措施或执行;

(b)在上述开始后未经法庭许可对公司任何财产或物件进行的任何出售。

(2)本节中的任何规定不应当适用于追偿应付政府的任何税收、税款或任何欠款。

336. 清算中公司官员的违法行为

(1)若在犯下被指控违法行为时是或曾是自愿或法庭关闭或法庭后续命令关闭或通过自愿关闭决议的公司的官员——

(a)尽其知识和信念,未向公司清算人充分、真实披露公司全部财产(动产和不动产)以及如何、对谁和为何的对价以及公司处置任何部分财产的时间,但是作为公司日常业务过程中已处置的上述部分除外;

(b)未按公司清算人指令或法律要求向公司清算人交付其监护或控制下的公司上述所有部分动产和不动产;

(c)未按公司清算人指令或法律要求向公司清算人交付其监护或控制下的公司簿册和文件;

(d)在关闭开始前12个月内或关闭后任何时间,

(ⅰ)隐匿公司任何部分财产达到价值1000卢比或以上,或隐匿公司所欠或欠公司任何债务;

(ⅱ)欺诈性转移公司任何部分财产达到价值1000卢比或以上;

(ⅲ)隐匿、毁坏、损毁、伪造或密谋隐匿、毁坏、损毁、伪造影响公司财产或事务或与财产或事务有关的任何簿册或文件;

(ⅳ)在影响公司财产或事务或与财产或事务有关的任何簿册或文件中作出或密谋作出任何虚假记载;

(ⅴ)在影响公司财产或事务或与财产或事务有关的任何簿册或文件中参与、改变或作出或密谋参与、改变或作出任何遗漏;

(ⅵ)以任何虚假陈述或其他欺诈性行为,为了或代表公司在信贷上获得公司以后不支付的任何财产;

(ⅶ)在虚假自吹本公司事业下,为了或代表公司在信贷上获得公司以后不支付的任何财产;或

(ⅷ)典当、抵押或处置公司已在信贷上获得但未支付的任何财产,除非上述典当、抵

押或处置财产处于公司正常业务过程;

（e）在与公司事务有关的任何陈述中作出任何实质性遗漏;

（f）明知或相信关闭中任何人已证明虚假债务,未在 1 个月内将其通知公司清算人;

（g）关闭开始后阻止提交影响公司财产或事务或与财产或事务有关的任何簿册或文件;

（h）在关闭后或在关闭开始前 12 个月内的公司债权人任何会议上,试图以虚构损失或费用方式计算公司任何部分财产;或

（i）为了获得公司诸债权人或任何债权人同意的目的,对有关公司事务的协议或关闭,犯有任何虚假陈述或欺诈行为,

其应当被处以最低 3 年、最高 5 年的监禁和最低 10 万卢比、最高 30 万卢比的罚金。

但是,若被告证明其无意图欺诈或隐匿公司事务真实状况,或法律上胜诉,其应当是一种良好抗辩。

（2）若任何人典当、抵押或处置任何财产的数额达到第（1）分节（d）条款（viii）分条款情形下的违法行为,采取典当、抵押或其他情形下接受该财产,或明知该财产在上述情形下被典当、抵押或处置的任何人,应当被处以最低 3 年、最高 5 年的监禁和最低 30 万卢比、最高 50 万卢比的罚金。

［解释］为了本节目的,"官员"一词包括习惯于按公司董事会指令或指示行事的任何人。

337. 对官员欺诈行为的处罚

若在犯有被指控违法行为时是以后法庭命令关闭或通过自愿关闭决议的公司的官员的任何人,

（a）以欺骗或其他欺诈方式已经引诱任何人给予公司贷款;

（b）有欺诈公司债权人或其他任何人的意图,已在公司财产上作出或导致作出任何赠与、转让或担保,或已经导致或共谋发动执行公司财产;

（c）有欺诈公司债权人的意图,自针对公司所获得的金钱支付的任何不满意的判决或命令之日起以后或在该日前 2 个月内已隐匿或转移公司任何部分财产,

其应当被处以最低 1 年、最高 3 年和最低 10 万卢比、最高 30 万卢比的罚金。

338. 未保存适当账目的责任

（1）若公司正在关闭,显示公司在关闭开始前 2 年期间或公司成立至关闭开始期间（以较短者为准）未保存适当账簿,公司的每位失职官员应当被处以最低 1 年、最高 3 年的监禁和最低 10 万卢比、最高 30 万卢比的罚金,除非他证明自己诚实行事、在从事公司业务情形下该失职行为是可原谅的。

（2）为了第（1）分节的目的,具有以下情形的,应当视为任何公司未保存适当账簿:

（a）未保存对展示和解释公司业务之交易和财务状况所必需的账簿,包括对每日全部现金收支充分详情作出的记录;和

（b）公司业务已涉及商品交易的,未保存以充分详情显示该商品及其买卖者以便能够识别这些商品和买卖者的年度股票收益报表和全部商品买卖报表。

339. 欺诈性业务行为的责任

（1）若在公司关闭过程中,显示从事公司任何业务具有欺诈公司债权人、其他任何人

的意图或为了任何欺诈目的,法庭根据官方清算人、公司清算人或公司任何债权人或出资人的申请,在其认为适当时,可以宣告是或曾是公司董事、经理、官员或明知是以上述方式从事业务之当事人的任何人,按法庭指令对公司的全部或任何债务或其他责任承担个人无限责任。

但是,官方清算人或公司清算人(视情况而定)在听审本分节下的申请中,可以亲自提交证据或传唤证人。

(2)若法庭作出上述任何宣告,其可以发布认为为给予该宣告效力的目的是适当的进一步指令,特别是,

(a)为确定该宣告下对公司欠上述任何人任何债务或义务,或在他持有或赋予他公司任何资产的任何抵押或负担中之任何抵押、负担或任何利益负有责任的任何人的责任,或代表他的任何人的责任,或主张作为负责人员的受托人的任何人的责任,或代他行事的任何人的责任,作出规定;

(b)作出为执行本分节下施加的任何负担之目的所必要的进一步命令。

(3)若从事公司任何业务具有第(1)分节所述意图或目的,明知是以前述方式从事业务的一方当事人的每位人员应当按第447节对行为承担责任。

(4)尽管相关人员按其他任何现行有效法律以作出宣告的理由就事项可以受到处罚,本节的规定仍应当适用。

[解释]为了本节目的,

(a)"受托人"一词,包括凭负责人员指令向其或为其创设、签发、转让债务、义务、抵押或负担,或设置利益的任何人,善意给予此等任何人且不以作出宣告的理由通知任何事项,但不包括为了可估价对价的受托人,不包括婚姻方式的对价;

(b)"官员"一词,指已经习惯于按公司董事指令行事的任何人。

340. 法庭评估违法董事等损失的权力

(1)若在公司关闭过程中表明,已参与公司发起或成立的任何人或系公司的董事、经理、公司清算人或官员的任何人,

(a)已误用或保留公司任何钱款或财产,或对该钱款或财产成为负责或承担责任;或

(b)已犯有与公司有关的任何不当行为或违反信托,

法庭可以经官方清算人、公司清算人、任何债权人或出资人在第(2)分节在此方面规定的期限内提出申请,调查上述人员、董事、经理、公司清算人或官员,命令其分别返还或追偿该钱款或财产或其任何部分和法庭认为公正、适当利率的利息,或以赔偿方式对公司资产分摊法庭认为公正和适当的款额。

(2)应当自关闭令之日、关闭中首次任命公司清算人之日,或误用、保留、不当行为或违反信托之日起(视情况而定,以较长者为准)5年内提出第(1)分节下的申请。

(3)尽管事项可以是相关人员承担刑事责任的事项,本节仍应当适用。

341. 第339和340节下的责任扩展至企业或公司的合伙人或董事

若第339节下的宣告和第340节下的命令对企业或法人作出,法庭还应当有权力就相关时间是该企业的合伙人或该法人的董事的任何人,作出第339节下的宣告或发布第340节下的命令。

342. 起诉公司违法官员和成员

(1)若在法庭关闭过程中向法庭显示,是或曾是公司官员、任何成员的任何人员已犯与公司有关的任何违法行为,法庭可以根据关闭中任何利害关系人的申请或其自身动议,指令清算人起诉该违法人或将此事项提交注册官。

(2)若在自愿关闭过程中向公司清算人显示,是或曾是公司官员、任何成员的任何人已犯本法下与公司有关的任何违法行为,公司清算人应当立即向注册官报告此事项,并应当向注册官提供其要求的系公司清算人占有或控制下的、与处理事项有关的信息或簿册和文件,并给予注册官要求的为检查和复制任何簿册、文件的准入和设施。

(3)若向注册官作出了第(2)分节下的任何报告,

(a)注册官认为合适时,可以向中央政府提出命令申请,命令由其指派的任何人进一步调查公司事务和赋予此等人员从事本法下规定调查的全部权力;

(b)注册官认为本案是应当构成起诉的案件时,应当向中央政府报告此事项;中央政府在取得其认为适当的法律建议后,可以指令注册官起诉。

但是,注册官未首先给予被起诉人向注册官作出书面陈述和就此事项被听证的合理机会,不应当作出本条款下的任何报告。

(4)若在自愿关闭过程中向法庭显示,是或曾是公司官员或任何董事的任何人员已犯上述违法行为,且公司清算人就此事项未向注册官提交报告,法庭可以经关闭中的任何利害关系人申请或其自身动议,指令公司清算人提交上述报告。尽管该报告依据第(2)分节规定作出,但本节的规定应当具有效力。

(5)若按本节提出任何起诉,该清算人和是或曾是公司官员和代理人的每位人员的义务应当是,提供与起诉有关的其能合理给予的一切协助。

[解释]为了本分节的目的,"代理人"一词,与公司有关时,应当包括公司的任何银行业者或法律顾问和公司聘用为审计员的任何人员。

(6)若上述人员未给予或忽视给予第(5)分节要求的协助,其应当被处以最低2.5万卢比、最高10万卢比的罚金。

343. 公司清算人行使经认可的某些权力

(1)公司清算人可以——

(a)在法庭关闭公司时,经法庭认可;和

(b)在自愿关闭时,经公司特别决议认可和法庭事先批准,

(ⅰ)完全支付任何种类债权人;

(ⅱ)与债权人、主张是债权人的人员,或对公司某些或偶然事件具有或声称自己具有现实或未来任何请求权或公司据此承担责任的人员达成任何妥协或安排;或

(ⅲ)以任何方式、按可同意的条款,妥协有关或影响公司资产、责任或关闭的任何催缴,催缴责任、债务,能产生债务的责任,和仅在损害赔偿中明确或宣称的特定或偶然的、在公司与出资人或声称出资人、其他债务人和理解对公司有责任的人员之间存在或声称存在的任何现实或未来请求权以及全部问题,对履行上述任何催缴、债务、责任或请求权采取任何担保,并对上述方面给予完全解除。

(2)尽管第(1)分节中包含任何规定,在法庭关闭情况下,中央政府可以制定规则规

定,公司清算人可以在上述情况下(若有)和遵守规定的条件、约束和限制(若有),不经法庭许可,行使第(1)分节(b)条款(ⅱ)或(ⅲ)分条款所述任何权力。

(3)任何债权人或出资人可以按规定方式,就公司清算人行使或提议行使本节下的权力,向法庭申请。法庭应当在给予上述申请人和公司清算人合理机会后,发布其认为适当的命令。

344. 公司关闭状态的声明

(1)若公司处于法庭关闭或自愿关闭状态,由或代表本公司或本公司的公司清算人、公司财产接受人或管理人签发的每份发票、商品订单或业务函是标明本公司名称的文件,这些文件应当载明本公司处于关闭状态的声明。

(2)若公司违反第(1)分节规定,公司和蓄意授权或准许违反行为的公司每位官员、公司清算人、任何接受人或管理人,应当被处以最低5万卢比、最高30万卢比的罚金。

345. 公司簿册和文件是证据

若公司处于关闭状态,公司和公司清算人的全部簿册与文件在公司出资人之间,应当是支持其记录全部事项真实性的初步证据。

346. 债权人和出资人查阅簿册和文件

(1)公司任何债权人或出资人在作出公司关闭命令后的任何时间,可以仅根据并遵守规定规则,查阅公司簿册和文件。

(2)第(1)分节中包含的任何规定,不应当排除或限制任何现行有效法律赋予以下者的任何权利:

(a)中央政府或邦政府;

(b)任何当局或其官员;或

(c)按上述任何政府、当局或官员授权行事的任何人。

347. 公司簿册和文件的处置

(1)若公司事务已经完成关闭且公司即将解散,可以按以下方式处置公司和公司清算人的簿册和文件:

(a)在法庭关闭公司的情形下,以法庭指令方式;和

(b)在自愿关闭公司的情形下,按经债权人事先同意的特别决议指令方式。

(2)自公司解散起届满5年后,不应当对公司、公司清算人或因未立即将任何簿册或文件交给主张有利害关系而已接受委托的任何人设置任何责任。

(3)中央政府可以采取规则方式,

(a)防止在其认为适当的期间销毁已关闭的公司及其公司清算人的簿册和文件;和

(b)使公司任何债权人或出资人能就(a)条款规定的事项向中央政府投诉,和对中央政府就该事项作出的任何命令向法庭提起上诉。

(4)若任何人行事违反按第(3)分节制定的规则或作出的命令,其应当被处以最高6个月的监禁,或最高5万卢比的罚金,或两者并处。

348. 清算期间的信息

(1)若公司关闭自开始后1年内未结束,除非中央政府全部或部分免除公司清算人这样做,公司清算人应当在上述1年届满后2个月内并据此至结束关闭的可以规定不超过1

年的间隙期或更短间隙期,以规定形式将包含规定的、经有资格担任公司审计员的人员正式审计的涉及清算程序和清算情况之详细情况的报表,交存以下者:

(a)在法庭关闭公司的情形下,法庭;和

(b)在自愿关闭公司的情形下,注册官。

但是,若第294节适用,本分节所述上述审计应当是不必要的。

(2)若报表交存第(1)分节(a)条款下的法庭,应当同时向注册官交存一份副本,并由其与公司其他档案一起保存。

(3)若第(1)分节所述报表涉及政府公司清算,公司清算人应当将其副本提交给——

(a)中央政府,若中央政府是该政府公司的成员;

(b)邦政府,若邦政府是该政府公司的成员;或

(c)中央政府和任何邦政府,若中央政府和该邦政府是该政府公司的成员。

(4)书面阐明自身是公司债权人或出资人的任何人应当有权通过自身或其代理人在任何合理时间、支付规定费用,查阅第(1)分节所述报表,接受该报表副本或其摘录。

(5)欺诈性阐明自身是第(4)分节下的债权人或出资人的任何人,应当视为犯下《1860年印度刑法典》第182节下的违法行为,应当经公司清算人申请,据此被处罚。

(6)若公司清算人违反本节规定,其应当被处以违反行为持续期间每日最高5000卢比的罚金。

(7)若公司清算人作出故意违反,导致第(1)分节所述报表由无资格担任公司审计员的人审计,该公司清算人应当被处以最高6个月的监禁,或最高10万卢比的罚金,或两者并处。

349. 官方清算人向印度公共账户进行支付

每位官方清算人应当按规定方式在规定时间,将其作为任何公司的官方清算人所接受的钱款,支付至印度储备银行的印度公共账户。

350. 公司清算人将钱款存入列表银行

(1)每位公司清算人应当按规定方式在规定时间,将其权限范围内接受的钱款存入诸如列表银行,贷记入他在此方面开立的特别银行账户。

但是,若法庭认为有利于债权人、出资人或公司,它可以允许在其规定的其他银行开立账户。

(2)若任何公司清算人在任何时间保留超过5000卢比的金额或超过经该公司清算人申请授权给他的其他金额,除非他对保留的解释使法庭确信,他应当:

(a)按年利率12%支付保留超过部分的金额利息,还支付法庭决定的罚款;

(b)负责支付因其违反行为所发生的任何费用;和

(c)还负责不同意的全部薪酬或法庭认为公正、适当的部分薪酬,或还可以免去其职务。

351. 清算人不得将钱款存入私人账户

公司的官方清算人和公司清算人均不应当将其权限范围内接受的任何钱款存入任何私人账户。

352. 公司清算股息和未分配资产账户

(1)若任何公司正在关闭且清算人持有或控制代表以下的任何钱款,清算人应当立

即将该钱款存入列表银行维持的名为"公司清算股息和未分配资产账户"的特别账户:

(a)应付给任何债权人但自宣布日起6个月仍未付的股息;或

(b)应返还给任何出资人但自应返还之日起6个月仍未分配的资产。

(2)清算人应当在公司解散时在解散日将其持有的代表未付股息或未分配资产的任何钱款支付至公司清算股息与未分配资产账户。

(3)清算人在进行第(1)和(2)分节所述任何支付时,应当提交规定形式的报表,该报表就全部金额(包括上述支付)列明款项的性质、有权参与款项的人的名称和最后知晓地址、有权享受的每位人的金额及其主张的性质、其他规定详情。

(4)清算人应当有权取得列表银行出具按第(1)和(2)分节向其支付任何钱款的收据,该收据应当是公司清算人在此方面的有效履行。

(5)若公司正在自愿关闭状态,公司清算人在依据第348节提交报表时,应当说明拟制上述报表日之前6个月期间属第(1)和(2)分节下应付款的金额,并应当在提交上述报表之日14日内,将上述金额支付至公司清算股息与未分配资产账户。

(6)对依据本节或按以前任何公司法律支付至公司清算股息与未分配资产账户的任何钱款主张享受权利的任何人,可以就该钱款的支付向注册官提出申请。若注册官确信提出主张的人享有权利,可以向该人支付所欠金额。

但是,注册官应当自收到上述主张之日起60日期限内解决此人的请求,若未解决,注册官应当向地区长官报告,说明未解决的理由。

(7)已支付至公司清算股息与未分配资产账户但在此后15年期间仍未主张的任何钱款,应当转移至中央政府普通财政账户,但可以按第(6)分节优先主张上述转移的任何钱款并应当处理,如同上述转移未曾发生,且对该主张的支付令(若有)将按财政返还令对待。

(8)保留本应按本节由其支付至公司清算股息与未分配资产账户的任何钱款的任何清算人,应当——

(a)按年利率12%支付保留金额的利息,还应当支付注册官决定的罚款;

但是,中央政府可以在任何适当情况下全部或部分免除要求清算人按本条款支付的利息;

(b)负责支付因其失职所发生的任何费用;和

(c)若法庭决定关闭,还应当负责不同意的全部薪酬或法庭认为公正、适当的部分薪酬,和法庭免去其职务。

353. 清算人报告等

(1)若公司清算人在提交、交付或进行任何报告、账目或其他文件中,或在发出法律要求其提交、交付、作出或给出的任何通知中进行了任何违反行为,其在要求进行的通知送达其后14日内未做好改正该违反行为,法庭可以经公司任何出资人、债权人或注册官申请,作出命令,指令该公司清算人在命令规定期间内改正该违反行为。

(2)第(1)分节下的任何命令可以规定该公司清算人应当承担该申请的全部费用及其附属费用。

(3)本节中的任何规定不应当损害对公司清算人就上述任何违反行为施加处罚的任

何制定法的实施。

354. 确认债权人或出资人愿望的会议

(1)对与公司关闭有关的全部事项,法庭可以——

(a)注重以任何充分证据向法庭证明的公司债权人或出资人愿望;

(b)若其认为为了确认上述愿望的目的是适当的,指令按法庭指示方式召集、召开和进行债权人或出资人会议;和

(c)任命一人担任上述任何会议的主席并向法庭报告会议结果。

(2)在确认第(1)分节下债权人愿望期间,上述注重必须是债权人每项债务的价值。

(3)在确认第(1)分节下出资人愿望期间,上述注重必须是每位出资人可以投票的票数。

355. 法院、法庭或人员面前宣誓的宣誓书

(1)要求按本章规定或为了本章目的要求宣誓的任何宣誓书可以在以下地点宣誓:

(a)在印度,在任何法院、法庭、法官或合法授权取得和接受宣誓书的人面前;和

(b)在其他任何国家,在该国任何法院、法官或合法授权取得和接受宣誓书的人,或印度大使馆或领事馆官员面前。

(2)上述全部法院、法庭、法官、专员和在印度司法上行事的人员,应当采取司法函,其上有上述任何法院、法庭、人员、外交官或领事官的印章、盖印或签名,随附、粘贴或提交用于本章目的的任何宣誓书或其他任何文件。

356. 法庭宣告公司解散无效的权力

(1)若依据本章、第232节或其他规定已经解散公司,法庭可以在解散日之后2年内的任何时间,经公司的公司清算人或向法庭证明有利害关系的其他任何人申请,作出命令,按其认为适当的条款,宣告解散无效,并在此后采取该公司本未解散的程序。

(2)公司清算人或申请作出命令的人的义务应当是,在作出命令后30日内或法庭允许的宽限期内,将命令认证副本提交给注册官,注册官应当将该副本注册。若公司清算人或上述申请人未如此行事,其应当被处以违反行为持续期间每日最高1万卢比的罚金。

357. 法庭命令关闭的开始

(1)若在提交法庭关闭的诉状之前公司已通过自愿关闭决议,公司关闭应当视为自通过决议时开始,除非法庭基于欺诈、错误,认为另外指令是适当的,自愿关闭中采取的全部程序应当视为已正当采取。

(2)在其他任何情况下,法庭关闭公司应当视为在提交关闭诉状开始。

358. 计算时效中排除某些时间

尽管《1963年时效法》(1963年第36号法)和其他任何现行有效法律中有任何规定,在计算以法庭关闭的公司名义或代表该公司的任何诉讼或诉状的时效期限中,应当排除自公司开始关闭之日至关闭令发布之日以后1年期的期间。

第IV部分　官方清算人

359. 官方清算人的任命

(1)为了本法目的,就其涉及法庭关闭公司的范围,中央政府可以任命其认为履行官方

清算人职能所必要的多名官方清算人、联合官方清算人、副官方清算人或助理官方清算人。

(2)按第(1)分节任命的清算人应当是中央政府的全职官员。

(3)官方清算人、联合官方清算人、副官方清算人和助理官方清算人的工资和其他津贴应当由中央政府支付。

360. 官方清算人的权力与职能

(1)官方清算人应当行使和履行中央政府规定的权力和职能。

(2)不损害第(1)分节的规定,官方清算人可以——

(a)行使公司清算人按本法规定行使的全部或任何权力;和

(b)若法庭或中央政府指示,对关闭程序中产生的事项,从事质询或调查。

361. 简易清算程序

(1)若按本法关闭的公司,

(ⅰ)有不超过1000万卢比账面价值的资产;和

(ⅱ)属于规定种类或诸种类的公司,

中央政府可以命令其按本部分规定的简易程序关闭。

(2)若中央政府发布第(1)分节下的命令,其应当指定官方清算人担任公司的官方清算人。

(3)官方清算人应当立即监管或控制公司享有或明显享有权利的全部资产、物件和可诉请求权。

(4)官方清算人应当在其任命后30日内,以规定形式和方式向中央政府提交报告,包括按其观点,在公司的发起、成立和事务管理中是否犯有欺诈行为的报告。

(5)若中央政府收到第(4)分节下的报告后确信公司的发起人、董事或其他任何官员已犯有任何欺诈,其可以指令进一步调查公司事务和在规定时间内提交报告。

(6)中央政府在审议(5)分节下的调查报告后,可以命令按本章第Ⅰ部分或本部分规定进行程序。

362. 出售资产和追偿欠公司的债务

(1)官方清算人应当在其任命的60日内迅速处置全部资产,不论动产或不动产。

(2)官方清算人应当在其任命的30日内送达通知,催促公司债务人或出资人(视情况而定)将应付公司的金额在30日内交存官方清算人处。

(3)若任何债务人未交存第(2)分节下的金额,中央政府经官方清算人向其申请,可以发布其认为适当的命令。

(4)官方清算人按本节追偿的金额,应当根据第349节交存。

363. 官方清算人解决债权人请求权

(1)官方清算人在其任命的30日内,应当催促公司债权人按规定方式在收到上述催促的30日内证明其请求权。

(2)官方清算人应当按规定方式拟定债权人请求权的清单;每位债权人应当表达接受或拒绝该请求权,并附书面记录的理由。

364. 债权人上诉

(1)不服官方清算人第363节下决定的任何债权人,可以在该决定的30日内向中央

政府提出上诉。

(2)中央政府在传召官方清算人报告后,可以驳回上诉或变更官方清算人的决定。

(3)官方清算人应当向其请求权已被接受的债权人进行支付。

(4)中央政府认为必要,可以在请求权解决期间任何阶段,将该事项提请法庭作出必要命令。

365. 公司解散令

(1)若官方清算人确信公司已最终关闭,其应当向以下者提交最终报告:

(ⅰ)若未按第 364 节第(4)分节提请法庭,中央政府;和

(ⅱ)其他任何情况下,中央政府和法庭。

(2)中央政府或法庭(视情况而定)在收到上述报告后,应当命令解散该公司。

(3)若作出第(2)分节下的命令,注册官应当从公司注册簿中删除该公司的名称,并对此效力发布公告。

<h2 style="text-align:center">第 XXI 章</h2>

<h2 style="text-align:center">第 I 部分 按本法授权注册的公司</h2>

366. 有资格被注册的公司

(1)为了本部分的目的,"公司"一词包括按其他任何现行有效法律成立的适用本法下注册的任何合伙企业、有限责任合伙、合作社、社团和其他任何商业实体。

(2)尽管本法中有例外且受本法规定约束,不论在本法生效前后,依据议会的本法以外的任何立法或其他任何现行有效法律成立的或其他情况下依据法律组建的且由 7 名或以上成员组成的任何公司,可以按规定方式,在任何时间,依照本法注册为无限公司、股份有限公司、担保有限公司;其注册不应当仅以已发生具有公司关闭目的为由而无效。

但是:

(ⅰ)按《1882 年印度公司法》(1882 年第 6 号法)、《1913 年印度公司法》(1913 年第 7 号法)或《1956 年公司法》(1956 年第 1 号法)注册的公司,不应当根据本节注册;

(ⅱ)具有本法以外议会任何立法或其他任何现行有效法律规定成员有限责任的公司,不应当依据本节注册为无限公司或担保有限公司;

(ⅲ)只要一家公司具有分解成股份且金额固定的,或持有并可转换成股票的,或以一种方式部分分解与持有和以另一种方式部分分解与持有的固定金额永久已付或名义股份资本,并根据由上述股份或股票持有人成为其成员且无其他人员的原则成立,该公司应当根据本节注册为股份有限公司;

(ⅳ)未经出席或代表权允许代理人出席的多数成员在为此目召集的大会上同意,该公司不应当根据本节注册;

(ⅴ)若无议会任何立法或其他任何现行有效法律规定的有限责任成员的公司将注册为有限公司,上述要求同意的多数应当由不低于出席或代表权允许的代理人出席会议的成员 3/4 构成;

(ⅵ)若公司将注册为担保有限公司,其上述注册的同意应当随附宣布每位成员承诺

以下事项的决议:出资公司资产;若在其是成员期间或其停止成员后一年内发生公司关闭,支付公司债务与负债或在其停止成员之前合同已约定的债务、负债和公司关闭的负担与费用;在出资人本身之间按要求的金额调整其权利,但不超过规定金额。

(3)在计算为了第(1)分节目的所要求的多数中,若要求票决,关注点必须是每位成员根据公司规章有权享有的投票数。

367. 现存公司的注册证书

遵守本章关于注册的要求和支付第403节下属于应付款的费用(若有)后,注册官应当亲笔证实申请注册的公司已设立为本法下的公司,且在有限公司的情况下,该公司是有限的并据此应当按上述设立。

368. 在注册上赋予财产

在公司注册日依据本部分属于公司或赋予公司的全部动产和不动产(含可诉请求权),应当在上述注册上,将该公司在此方面的全部资产和利益转至或赋予按本法设立的公司。

369. 现存责任的保留

依据本部分的公司注册不应当影响该公司与注册前已发生任何债务、义务或由其、与其或代表其达成任何合同有关的权利或负债。

370. 未决法律程序的继续

由公司或公司的任何公共官员或成员起诉或应诉的在公司根据本部分注册时未决的全部诉讼和其他法律程序,可以按未发生注册的相同方式继续。

但是,不应当根据上述任何诉讼或程序中获得的任何决定或命令,针对公司任何个人成员的财产或人员发出执行令;但出现公司财产不足以满足该决定或命令时,可以获得关闭公司的命令。

371. 本部分下注册的效力

(1)若公司依据本部分注册,第(2)至(7)分节应当适用。

(2)议会任何立法、其他任何现行有效法律或构成或规范公司的其他文书(含在公司注册为担保有限公司情形下宣布担保金额的决议)中包含的全部规定,应当按以下相同方式和相同事件视为公司的条件和规章,即若公司已按本法成立,如同上述一部分规定本应要求嵌入注册备忘录、剩余部分载入注册章程。

(3)本法全部规定应当在全部方面以如同公司已按本法成立的相同方式,适用于公司、公司的成员、出资人和债权人,但受以下约束:

(a)表I中附表F不应当适用,但特别决议采纳的除外;

(b)本法与股份数量有关的规定不应当适用其股份未标明数量的任何公司;

(c)发生公司关闭时,每位人员应当是出资人,负责支付或出资注册前合同约定的公司债务和负债,或负责支付或出资对上述任何债务或负债在成员间调整权利后的任何款项,或在与上述债务或负债的范围内负责支付或出资关闭公司的费用、负担或支出;

(d)发生公司关闭时,每位出资人应当对公司资产在关闭过程中就上述任何负债其所欠全部金额负责出资;发生任何出资人死亡或破产,本法关于死亡出资人法律代表或破产出资人受托人(视情况而定)的规定,应当适用。

(4)尽管议会任何立法、其他任何现行有效法律或构成或规范公司的其他文书中有任何规定,本法关于以下的规定应当适用:

(a)无限公司注册为有限公司;

(b)注册为有限公司的无限公司权力,增加其股份资本名义金额的权力,和规定应当无权催缴其部分股份资本(发生关闭除外)的权力;

(c)有限公司决定应当无权催缴其部分股份资本的权力(发生关闭时除外)。

(5)本节中的任何规定不应当授权公司变更构成或规范公司在最初按本法设立时本应包含于备忘录的任何文书中的任何规定。

(6)本法的任何规定(第242节的规定除外)应当减损变更公司章程或规章的任何权力,该权力是依据议会任何立法、其他任何现行有效法律或构成或规范公司的其他文书中赋予公司的。

(7)在本节中,"文书"一词包括结算契据、合伙或有限责任合伙契据。

372. 法院停止或限制程序的权力

本法关于停止和限制在提交关闭诉状之后、作出关闭令之前任何时间针对公司的诉讼和其他法律程序的规定,在按本法注册公司的情况下,经债权人申请停止或限制,应当扩展至针对公司任何出资人的诉讼和其他法律程序。

373. 停止关闭令的诉讼

若已经作出关闭的命令,或已为依据本法注册的公司任命了临时清算人,不应就公司任何债务针对公司或其任何出资人进行或启动任何诉讼或其他法律程序,但经法庭许可和按法庭施加条件者除外。

374. 本部分下注册公司的义务

正在寻求本部分下注册的每家公司应当——

(a)在其按本部分注册之前,确保公司债权人已同意本部分下的公司注册或对此已给出其无异议;

(b)在一家报纸上按规定形式发布一份英文本和一份本地语言文本的一则广告,发出关于本部分下的通知,征求异议和适当发表意见;

(c)提交全体成员或合伙人经正式公证、规定以下内容的宣誓书:发生本部分下的注册时,应当向公司较早注册的注册当局或其他当局提交必要文件或文书,以供其作为合伙企业、有限责任合伙、合作社、社团或其他任何商业实体(视情况而定)的解散;

(d)遵守规定的其他条件。

第Ⅱ部分　未注册公司的关闭

375. 未注册公司的关闭

(1)受本部分规定的约束,应当按本法关闭任何未注册的公司。本法关于关闭的全部规定应当适用于未注册公司,并符合第(2)至(4)分节所述例外和额外规定。

(2)不应当按本法自愿关闭任何未注册公司。

(3)具有以下情形的未注册公司,可以关闭:

(a)该公司已解散、已停止营业或仅为了关闭其事务的目的正在从事业务;

(b)该公司不能支付其债务；

(c)法庭认为应当关闭该公司是公正、公平的。

(4)为了本法目的,具有以下情形的未注册公司,应当视为不能支付其债务：

(a)公司欠到期债务金额超过 10 万卢比的债权人通过派送或其他,以在公司主营业地留下或以交付给公司的公司秘书、董事、经理或主要官员方式,或者以法庭同意或指令的其他送达方式,向公司送达了亲手签名的要求,要求公司支付上述到期金额；

(b)就公司或作为成员特性的任何债务、正式要求,已构成任何诉讼或其他法律程序,或对有关到期款项请求此等诉讼或程序,且构成该诉讼或其他法律程序的书面通知已采取在公司主营业地留下,或交付给公司的公司秘书、董事、经理或主要官员,或法庭同意或指令的其他送达方式,送达了公司,该公司在通知送达后 10 日内未——

（ⅰ）支付、担保或妥协该债务或要求；

（ⅱ）获准使该诉讼或其他法律程序停止；或

（ⅲ）保障被告人满足该诉讼或其他法律程序和被告人因同一理由发生的全部费用、损害和支出；

(c)根据法庭或任何法院支持债权人的判决或命令对公司、公司任何成员或授权代表公司应诉之名义被告人的任何人签发了执行或其他程序,对此等执行或其他程序的反馈未全部或部分满足；

(d)证明使法庭确信公司不能支付其债务的其他情形。

[解释]为了本部分目的,"未注册公司"一词：

(a)应当不包括：

（ⅰ）按议会任何立法、印度其他法律或联合王国议会任何立法成立的铁路公司；

（ⅱ）按本法注册的公司；或

（ⅲ）按以前任何公司法注册且不是其注册办公室在印度分离前即刻位于缅甸、亚丁、巴基斯坦国家的公司；和

(b)保留上述规定,应当包括在向法庭提交关闭合伙企业、有限责任合伙、社团、合作社、协会或公司(视情况而定)的诉状之时由 7 名以上成员构成的任何合伙企业、有限责任合伙、社团、合作社、协会或公司。

376. 关闭外国公司(尽管已解散)的权力

若一法人在印度境外成立但在印度境内已从事业务,其可以按本部分作为未注册公司进行关闭,尽管该法人按或依据设立地国家法律已经解散或其他情况下已停止作为法人的存在。

377. 本章规定的累积

(1)本部分关于未注册公司的规定应当补充但不减损本法上文包含的关于法庭关闭公司的任何规定。

(2)法庭或官方清算人在未注册公司情况下可以行使或进行其在关闭按本法设立和注册的公司中本可行使的任何权力或进行的任何行为。

但是,未注册公司不应当视为是本法下且在本部分规定范围的公司,但发生其关闭的除外。

378. 某些情况下保留和建构赋予关闭合伙企业、社团或公司等权力的制定法。

本部分的任何规定不应当影响以下任何制定法的实施:规定按《1956 年公司法》(1956 年第 1 号法)或被此立法废止的任何立法关闭任何合伙企业、有限责任合伙、社团、合作社、协会或公司,或作为公司或未注册公司进行关闭。

但是,在上述任何制定法中对《1956 年公司法》(1956 年第 1 号法)或被该法废止的任何立法所包含的任何条款的提及,应当阅读为对本法中所含相应条款(若有)的提及。

第 XXII 章　印度境外设立的公司

379. 本法适用于外国公司

若一外国公司不低于 50% 已缴股份资本(不论普通股、优先股,或部分普通和部分优先股)由一名或多名印度公民,或在印度设立的一家或多家公司或法人,或一名或多名印度公民和在印度设立的一家或多家公司或法人单独或总计持有,上述公司应当遵守本章的规定和本法关于外国公司视同在印度设立的公司从事业务活动的其他规定。

380. 外国公司向注册官递交文件等

(1)每家外国公司应当在其设立印度营业地点的 30 日内,向注册官递交供注册的以下事项:

(a)该公司特许状、规章或备忘录和章程,或构成或界定该公司组织章程的其他文书的认证副本,以及非英语文书的认证英语译本;

(b)公司注册或主要办公室的完整地址;

(c)包含规定详细情况的公司董事和秘书名单;

(d)授权代表公司接受程序送达和被要求送达到该公司的任何通知或其他文件的居住在印度的一名或多名人员的姓名或地址;

(e)公司在印度办公室的全称地址,该地址视为其印度主营业地点;

(f)较早场合开设和关闭印度营业地点的具体情况;

(g)声明无公司董事或在印度的授权代表被宣告有罪或被阻止在印度境内外设立公司和管理;和

(h)规定的其他任何信息。

(2)若在本法生效时存在的每家外国公司在上述生效前未向注册官提交《1956 年公司法》(1956 年第 1 号法)第 592 节第(1)分节规定的文件或详细情况,其应当继续遵守根据该法提交文件和详细情况的义务。

(3)若在按本节交付给注册官的文件中作出或发生任何改变,外国公司应当在该改变的 30 日内向注册官交付供注册的包含规定形式之变更详情的报告。

381. 外国公司的账目

(1)每家外国公司应当在每个日历年,

(a)按规定形式拟制平衡表和损益账目,其包含规定的详情或附有规定的文件;和

(b)向注册官递交上述文件副本。

但是,中央政府可以公告指令,在任何外国公司或外国公司任何种类的情况下,(a)条款的要求不应当适用,或应当适用但遵守该公告中规定的例外和变更。

(2)若第(1)分节中规定的任何文件不是英语,应当附上认证的英语译本。

(3)每家外国公司应当随第(1)分节下向注册官递交的文件,向其发送规定形式的该公司在印度设立的截至提交第(1)分节所述平衡表拟制日的全部营业地点清单副本。

382. 显示外国公司名称等

每家外国公司应当——

(a)在印度从事业务的每个办公室或地点外部,明显展示该公司和其成立地国家的名称,用容易辨认的英文字符文字和该办公室或地点所在地常用语言或一种常用语言字符文字;

(b)在公司的全部商函、票据抬头、信函纸、全部通知和其他官方出版物上以可辨认的英文字符,标明公司和其成立国家的名称;和

(c)若公司成员责任是有限的,引起注意与以下有关的事实:

(ⅰ)在公司每份招股说明书、全部商函、票据抬头、信函纸、通知、广告和其他官方出版物中以可辨认的英文字符标明的;和

(ⅱ)在印度从事业务的每个办公室或地点外部,用容易辨认的英文字符文字和在该办公室或地点所在地常用语言或一种常用语言字符文字明显展示的。

383. 送达外国公司

若向第389节下已将其姓名和地址递交给注册官并留下的任何人发出,或用邮政或电子模式向已按上述递交给注册官的地址发送,被要求送达外国公司的任何程序、通知或其他文件应当视为充分送达。

384. 公司债券、年报、收费登记、账簿及其检查

(1)第71节规定经必要变通后应当适用于外国公司。

(2)第92节规定受按本法所定规则作出的例外、修改和调整的约束,应当按其适用于在印度设立的公司适用于外国公司。

(3)第128节的规定应当适用于外国公司,但限于要求外国公司在其印度主营业地保存该节规定的账簿、在印度业务过程中或与印度业务有关的收支钱款、进行买卖、资产与负债的范围。

(4)第Ⅵ章的规定经必要变通后,应当适用于任何外国公司创设或获得的财产负担。

(5)第ⅩⅣ章的规定经必要变通后,按其适用于在印度设立的公司适用于外国公司的印度业务。

385. 文件注册的费用

应当向注册官支付本章要求由注册官注册任何文件的规定注册费。

386. 解释

为了本章前述规定的目的,

(a)"证实的"一词,指以规定方式证实是真实副本或正确译本;

(b)"董事"一词,涉及外国公司时,包括习惯于根据公司董事会指令或指示行事的任何人员;和

(c)"营业地点"一词,包括股份转让或注册办公室。

387. 招股说明书的落款日期和所载详情

(1)除非招股说明书有落款日期且签字,任何人不应当在印度发行、流通或分发报价认购印度境外设立或将设立公司之证券的招股说明书,不论该公司是否已成立或已成立的公司在印度设立营业地点的时间。招股说明书还应:

(a)载明涉及以下事项的详情:

(ⅰ)构成或界定公司章程的文书;

(ⅱ)公司设立有效所依据的制定法或法律条款;

(ⅲ)上述文书、制定法或法律条款及其副本在印度的地址,若上述者中不是英语文本,有可供查阅的认证英语译本;

(ⅳ)公司将设立或已经设立的日期和国家;和

(ⅴ)公司是否已在印度设立营业地点及(若有)其在印度的主营业办公室地址;和

(b)阐明第26节下规定的事项:

但是,本分节(a)条款(ⅰ)、(ⅱ)和(ⅲ)分条款不应当适用于公司有权开始营业之日后2年以上的招股说明书。

(2)要求或约束证券申请人放弃遵守按第(1)分节施加的任何要求或意图将其归咎于招股说明书未规定之任何合同、文件或事项的通知的任何条件,应当无效。

(3)任何人不应当在印度发行第(1)分节所述公司或拟设公司的证券申请表,除非该表与遵守本章规定的招股说明书一起发行,且此等发行不违反第388节规定。

但是,若显示已发行的该表涉及善意邀请有关人员缔结证券承销协议,本分节不应当适用。

(4)本节——

(a)不应当适用于向公司现有成员或债券持有人发行与公司有关的招股说明书或申请表,不论证券申请表将有无权利放弃以利于他人;和

(b)应当适用于是否依据或参照公司信息或后续信息发行的招股说明书或申请表,但是关于要求招股说明书落款日期、发行涉及全部方面符合或将符合以前发行证券的招股说明书且目前在认可证券交易所交易或报价但受上述约束的除外。

(5)本节中的任何规定不应当限制或减少任何人按印度任何现行有效法律发生的或本法(本节除外)下发生的任何责任。

388. 对专家同意和配售的规定

(1)具有以下情形的,任何人不应当在印度发行、流通或分发报价认购在印度境外设立或将设立的公司的证券招股说明书,不论该公司是否已经设立或已成立的公司将在或将不在印度设立营业地点的时间:

(a)若招股说明书载有此种声明,即意图由专家作出其未曾给出,或在递交招股说明书之前已撤回的书面同意发行招股说明书,随同包含形式和内容的该声明;或招股说明书中未显示他已经给出和未曾按前述撤回其同意的声明;或

(b)招股说明书不具有效力,但依据其向全体有关人员作出了提供受第33和40节全部规定之约束(在其可适用的范围内)的申请表。

(2)为了本节的目的,若一项声明包含在表面上显示、提及并入或随其发行的任何报

告或备忘录中,该项声明应当视为包括在招股说明书中。

389. 招股说明书的注册

任何人不应当在印度发行、流通或分发报价认购在印度境外设立或将设立的公司的证券招股说明书,不论该公司是否已成立或已成立的公司将在或不在印度设立营业地点的时间,除非在印度发行、流通或分发招股说明书之前,公司管理机构决议已批准的、由公司主席和 2 名公司其他董事认证的招股说明书副本已递交注册官注册且该招股说明书在其面上说明已经按上述递交其副本,并在该副本上签注或该副本附上第 388 节要求的同意发行此招股说明书和规定的其他文件。

390. 印度存托凭证的报价

尽管其他任何现行有效法律中有任何规定,中央政府可以制定适用于以下的规则:

(a)印度存托凭证的报价;

(b)发行有关印度存托凭证的招募说明书或报价函中的披露要求;

(c)在托管模式方面和由监管人、承销商应当处理印度存托凭证的方式;和

(d)在印度境外设立或将设立的公司(不论其是否已成立或设立的公司将在或将不在印度设立任何营业地点)出售、转让和传送印度存托凭证的方式。

391. 第 34 至 36 节和第ⅩⅩ章的适用

(1)第 34 至 36 节(含两者)应当适用于:

(ⅰ)印度境外设立的公司按它们适用于印度公司发行招股说明书的第 389 节下招股说明书发行;

(ⅱ)外国公司发行印度存托凭证。

(2)第ⅩⅩ章应当经必要变通后适用于外国公司在印度营业地点终止,如同其是在印度设立的公司。

392. 违反行为的惩罚

不损害第 391 节,若外国公司违反本章规定,其应当被处以最低 10 万卢比、最高 30 万卢比的罚金,对持续性违反行为,追加违反行为持续期间第 1 日后每日最高 5000 卢比的罚金;该外国公司的每位失职官员应当被处以最高 6 个月的监禁,或最低 2.5 万卢比、最高 50 万卢比的罚金,或两者并处。

393. 公司不遵守本章不影响合同等的有效性

公司任何不遵守本章规定,不应当影响该公司缔结的任何合同、交易或事务,或其在此方面被起诉的责任,但该公司不应当有权就上述任何合同、交易或事务提出任何诉讼、主张任何抵消、提出任何反诉或建立任何法律程序,直至该公司已遵守本法对其适用的规定。

第ⅩⅩⅢ章　政府公司

394. 政府公司年度报告

(1)若中央政府是一家政府公司的成员,中央政府应当就该公司运行与事务年度报告,责令:

(a)在印度审计长与总审计师给出评论且审计报告按第 143 节第(6)分节但书条款

提交之前 3 个月内,筹备年度大会;和

(b)上述筹备后,尽快呈递议会两院,并附审计报告副本和印度审计长与总审计师对该审计报告作出的评论或补充。

(2)若除了中央政府外,任何邦政府还是政府公司的成员,该邦政府应当责令将第(1)分节下拟制的年度报告副本呈递该邦立法院或两院,随附审计报告副本和第(1)分节所述审计报告的评论或补充。

395. 一个或多个邦政府是公司成员的年度报告

(1)若中央政府不是政府公司的成员而每个邦政府是该公司成员或仅有一邦政府是一家公司的成员,该邦政府应当就该公司运行和事务年度报告,责令——

(a)在第 394 节第(1)分节规定时间内拟制;和

(b)上述准备后,尽快呈递该邦立法院或两院,并随附审计报告副本和该节第(1)分节所述审计报告的评论或补充。

(2)本节和第 394 节的规定,在其适用于其他任何政府公司的范围内,适用于一政府公司。

第ⅩⅩⅣ章　注册办公室和费用

396. 注册办公室

(1)为了行使和履行由或按本法或据此所定规则赋予中央政府的权力与职能的目的,和为了本法下公司注册的目的,中央政府应当经公告在其认为适当的地点设立其认为适当数量的注册办公室,规定此等办公室的管辖权。

(2)中央政府可以任命其认为公司注册和履行本法各种职能所必要的注册官、增补注册官、联合注册官、副注册官和助理注册官。上述官员可以行使的权力与职责应当按规定。

(3)服务的条款条件,包括应付第(2)分节下被任命人员的薪酬,应当按规定。

(4)中央政府可以指令为认证公司注册所要求的或与公司注册有关的文件刻制一枚或多枚印章。

397. 某些文件作为证据的可采纳性

尽管其他任何现行有效法律中有任何规定,复制或产生于公司以纸质或电子形式提交注册官的或由注册官储存于任何电子数据库储存设备或可读计算机媒体的且由注册官或中央政府按规定方式授权的其他任何人认证的报告和文件的文件,应当视为为了本法和据此所定规则之目的的文件,并据此在任何程序中无须进一步证据或提交原件而可采纳为原件任何内容或指令可采纳为证据的其载明任何事实的证据。

398. 关于电子形式提交申请、文件、查阅等的规定

(1)尽管本法中有任何相反规定且不损害《2000 年信息技术法》(2000 年第 21 号法)第 6 节所含规定,中央政府可以制定规则,要求自此等规则中的规定日起——

(a)应当以电子形式提交本法或据此所定规则要求提交或交付的申请、平衡表、招募说明书、反馈报告、备忘录、章程、担保详情或其他任何详情或文件,并以规定方式认证;

(b)以电子形式按本法要求送达或交付文件、通知、任何通讯或通报,并按规定方式认证;

(c)注册官应当以电子形式维持按本法或据此所定规则提交的申请、平衡表、招募说明书、反馈报告、注册簿、备忘录、章程、担保详情或其他任何详情或文件和报告,并按规定方式注册或认证(视情况而定);

(d)任何人可以按其他情况下用于本法或据此所定规则下的查阅,通过电子形式按规定方式查阅电子形式维持的备忘录、章程、注册簿、平衡表、报告或其他任何详情或文件;

(e)应当通过电子形式和以规定方式支付按本法或据此所定规则应付的费用、收费或其他金额;和

(f)注册官应当以电子形式、按规定方式登记已注册办公室的变化、备忘录或章程或招募说明书的变更,签发设立证书,注册、签发、记录或接受本法或据此所定规则下要求注册的文件、签发设立证书、记录通知、接受通讯(视情况而定),或按本法或据此所定规则履行职责、执行职能或行使权力,或进行本法指令注册官履行、执行、行使或做的任何行为。

[解释]为消除疑虑,兹澄清,按本法制定的规则不应当涉及处以罚金或其他金钱处罚、要求或支付费用,或违反本法规定或其惩处。

(2)中央政府可以采取公告方式制定通过电子形式实施第(1)分节规定的方案。

399. 注册官保存文件的查阅、制作和作为证据

(1)保留本法其他地方的另行规定,任何人可以——

(a)根据所定规则,支付规定的每次查阅费用后,用电子手段查阅注册官保存的该人根据本法已提交或注册的,或对根据本法被要求、授权记录或注册之事实作出记录的任何文件。

(b)支付规定费用后,要求获得任何公司的设立证书,或注册官证实的其他任何文件或任何部分的副本或摘录。

但是,本分节赋予的权利在关于以下方面,应当是可行使的:

(i)根据第 26 节向注册官递交的招募说明书,仅自该招募说明书发布日开始的 14 日期间,或在其他时间仅经中央政府准许;和

(ii)根据第 388 节第(1)分节(b)条款递交的上述文件,仅自该招募说明书之日起 14 日期间,或在其他时间仅经中央政府准许。

(2)经法庭或任何法院许可的除外,不得发出强迫提交注册官保存任何文件的程序。若上述任何程序已发布,该程序应当有经法庭或该法院许可发布的声明。

(3)本法下为公司注册在任何注册办公室保存或注册的任何文件的副本或其摘录,经注册官(不必要证明其官方地位)证实是真实副本,应当在全部法律程序中可采纳为与原件具有同等有效性的证据。

400. 电子形式排除、替代或补充物质形式

中央政府还可以在第 398 和 399 节下制定的规则中规定,为这些节规定的目的,电子形式应当排除、替代或补充物质形式。

401. 通过电子形式提供增值服务

中央政府可以提供通过电子形式的增值服务和收取规定的费用。

402.《2000 年信息技术法》条款的适用

《2000 年信息技术法》(2000 年第 21 号法)与电子记录(包括电子记录应当存档的方式和格式)有关的全部规定,在其不与本法冲突的范围内,应当适用于第 398 节下规定的电子形式记录。

403. 归档等费用

(1)本法下要求提交、归档、注册或记录的任何文件,或本法要求或授权注册的任何事实或信息,应当在相关条款规定的时间内提交、归档或记录,并支付规定费用。

但是,在相关条款规定提交、归档、注册或记录的时间后,自本应提交、归档、注册或记录(视情况而定)之日起 270 日期限内,可以提交、归档、注册或记录任何文件、事实或信息,支付规定的额外费用。

但是,不损害本法下其他任何法律行为或责任,还可以在第 1 项但书条款规定的第一时间之后,提交、归档、注册或记录上述任何文件、事实或信息,支付本节规定的额外费用。

(2)若公司在第(1)分节第 1 项但书条款规定的期限届满前未提交、归档、注册或记录该分节下的任何文件、事实或信息及支付额外费用,或有失职行为,该公司和其失职官员应当对上述不履行或失职承担本法下规定的处罚或惩处,但不损害支付费用和额外费用的责任。

404. 费用等贷记入公共账户

任何注册官、增补注册官、联合注册官、副注册官、助理注册官或中央政府的其他任何官员根据本法任何规定收到的全部费用、收费和其他金额,应当向印度储备银行的印度公共账户支付。

第ⅩⅩⅤ章　公司提供信息或统计数据

405. 中央政府指令公司提供信息或统计数据的权力

(1)中央政府可以采取命令方式要求一般性公司、任何种类公司或任何公司在命令规定的时间内提供与其设立或运行有关的信息或统计数据。

(2)第(1)分节下的每项命令应当发布在《官方公报》上,并可以按其认为适当的方式发送给一般性公司、任何种类公司,上述发布的日期应当视为是对此等公司或种类公司提供信息或统计数据的要求日,视情况而定。

(3)中央政府为了使自身确信公司依据第(1)分节下的命令提供的任何信息或统计数据是正确、完整的目的,可以采取命令方式要求上述公司提交处于其占有的记录或文件,或允许其认为必要的官员查阅上述者,或提供其认为必要的进一步信息。

(4)若任何公司未遵守第(1)或(3)分节下作出的命令,或明知提供的任何信息或统计数据在任何实质性方面是错误的或不完整的,该公司应当被处以最高 2.5 万卢比的罚金,其每位失职官员应当被处以最高 6 个月的监禁,或最低 2.5 万卢比、最高 30 万卢比的罚金,或两者并处。

(5)若外国公司在印度从事业务,本节中对公司的提及应当视为包括提及与且仅与上述业务有关的外国公司。

第ⅩⅩⅥ章 互助节俭公司

406. 修改本法适用于互助节俭公司的权力

(1)在本节中,"互助节俭公司"(Hidhi)指已经设立为"互助节俭公司"(Hidhi)的一家公司,宗旨是:培养其成员间节俭和节约习惯,为了其共同利益仅接受其成员的存款和向其成员提供贷款,遵守中央政府为规范此种类公司所规定的规则。

(2)保留另行明文规定,中央政府可以采取公告指令,本法的任何规定不应当适用于或按该公告中规定的例外、变更和调整适用于该公告中规定的任何互助节俭公司或任何种类或类别的互助节俭公司。

(3)提议发布第(2)分节下的每项公告副本应当以草案形式呈递议会每院。在会期,总期限为30日,由1个会议或2个或多个后续会议和本次会议届满前立即进行上述下一个会议或后续会议构成。若两院均不同意发布该公告或均同意对公告作出任何修改,不应当发布该公告,或视情况而定,仅以两院同意的形式发布。

第ⅩⅩⅦ章 全国公司法律庭和上诉庭

407. 定义

在本章中,除非上下文另有要求,

(a)"庭长",指上诉庭的庭长;

(b)"司法成员",指任命为法庭或上诉庭成员的人员,包括首席法官或庭长,视情况而定;

(c)"成员",指法庭或上诉庭司法性或技术性成员,包括首席法官或庭长,视情况而定;

(d)"首席法官",指法庭的首席法官;

(e)"技术性成员",指任命为法庭或上诉庭此等成员的人员。

408. 国家公司法律庭的设立

中央政府应当采取公告方式设立名称为"国家公司法律庭"的法庭,自公告规定之日起具有效力,由中央政府采取公告方式任命的一名首席和其认为必要的成员数组成,行使和履行由或按本法或其他任何现行有效法律赋予其的权力和职能。

409. 法庭首席法官和成员的资格

(1)首席法官应当是现任或已任一高等法院法官满5年的人员。

(2)任何人无资格任命为司法成员,除非他——

(a)现任或已任一高等法院法官;或

(b)现任或已任地区法官至少5年;或

(c)已经是一法院出庭律师至少10年。

[解释]为了(c)条款的目的,在计算一人已任一法院出庭律师的期间时,应当包括该人已担任一法庭司法职位、其成员职位或成为出庭律师后要求知晓法律的联盟级或邦级任何职位的任何期间。

（3）任何人应当无资格任命为技术性成员，除非他——

（a）已是印度公司法律服务局或印度法律服务局成员至少15年，其中至少3年应当是印度政府联合秘书薪酬等级或相当于该服务等级或以上；或

（b）是或曾作为特许会计师从业至少15年；或

（c）是或曾作为成本会计师从业至少15年；或

（d）是或曾作为公司秘书从业至少15年；或

（e）是证明有能力、正直和在以下领域具有专业知识和经历之地位的人员不低于15年：法律、工业金融、行业管理与行政、行业重组、投资、会计学、劳工事务或与公司的管理、事务行为、复活、复兴和关闭有关的其他科学专业；或

（f）是或曾是法庭、一劳工法院或按《1947年工业争端法》（1947年第14号法）设立的国家法庭的首席法官至少5年。

410. 上诉庭的设立

中央政府应当采取公告方式设立名称为"国家公司法律上诉庭"的上诉庭，自公告规定之日起生效，由该公告任命的庭长和中央政府认为合适但不超过11名司法性和技术性成员数组成，听审对法庭命令的上诉。

411. 上诉庭庭长和成员的资格

（1）庭长应当是现在是或曾是最高法院法官或高等法院首席法官的人员。

（2）司法成员应当是现在是或曾是高等法院法官或是法庭司法成员满5年的人员。

（3）技术性成员应当是证明有能力、正直和在以下领域有专业知识与经历之地位的人员不低于25年：法律、工业金融、行业管理与行政、行业重组、投资、会计学、劳工事务或与公司的管理、事务行为、复活、复兴和关闭有关的其他科学专业。

412. 法庭和上诉庭成员的遴选

（1）法庭首席法官和上诉庭庭长与司法成员，应当会商印度首席法官后任命。

（2）法庭成员和上诉庭技术性成员，应当根据由以下者组成的遴选委员会的建议任命：

（a）印度首席法官或其指定人，任主席；

（b）最高法院一资深法官或高等法院首席法官，任成员；

（c）企业法务部秘书，任成员；

（d）法律与司法部秘书，任成员；和

（e）金融部金融服务司秘书，任成员。

（3）企业事务部秘书应当是遴选委员会的召集人。

（4）遴选委员会应当确定推荐第（2）分节下人员的自身程序。

（5）法庭或上诉庭成员的任何任命不应当仅因遴选委员会设立中的任何缺位或任何瑕疵而无效。

413. 首席法官、庭长和其他成员的任期

（1）法庭的首席法官和每位其他成员的任职期限应当自其担任职务之日起5年，但应当有资格再任命另一个5年期。

（2）法庭成员应当持有其职位至其达到——

(a)在首席法官的情况下,67 周岁;

(b)在其他成员的情况下,65 周岁。

但是,未满 55 周岁的人员应当无资格任命为成员。

但是,成员在其拥有不超过 1 年期的职位期间,可以保留其原干部身份或部或司的身份(视情况而定)。

(3)上诉庭庭长或成员拥有其职位的期限自其任职之日起 5 年,但应当有资格再任命另一个 5 年期。

(4)上诉庭成员应当拥有其职位至其达到——

(a)在庭长的情况下,70 周岁;

(b)在其他任何成员的情况下,67 周岁。

但是,未年满 50 周岁的人员应当无资格任命为成员。

但是,成员在其拥有不超过 1 年期的职位期间,可以保留其原干部身份或部或司的身份(视情况而定)。

414. 成员的工资、津贴和其他任职条款条件

法庭或上诉庭成员的工资、津贴和其他服务条款条件,应当按规定。

但是,各成员的工资、津贴和其他条款条件在其任命后不应当向其不利变化。

415. 代为法庭首席法官或上诉庭庭长

(1)若发生首席法官或庭长因其死亡、辞职或其他原因出现任何空缺,最资深成员应当担任首席法官或庭长(视情况而定),直至根据本法被任命填补空缺的新首席法官或庭长任职之日。

(2)若首席法官或庭长因其缺席、疾病或其他任何原因不能履行其职能,最资深成员应当履行该首席法官或庭长的职能(视情况而定),直至该首席法官或庭长恢复其职责。

416. 成员的辞职

首席法官或任何成员可以向中央政府发出亲自签名的书面通知辞去其职位。

但是,首席法官、庭长或成员应当继续任职至中央政府收到上述通知之日起届满 3 个月,或至任命为其继任者的人员任职,或至其任职届满,以较早者为准。

417. 成员的解职

(1)中央政府会商印度首席法官后,可以免去具有以下情形的首席法官、庭长或任何成员的职务:

(a)已被判定破产者;或

(b)已宣告犯有中央政府认为涉嫌伦理恶劣的违法行为;或

(c)已成为身体上或精神上不能担任上述首席法官、庭长或成员;或

(d)已获得可能不公正影响其作为首席法官、庭长或成员的职能的财务或其他利益;或

(e)已滥用其地位让其留任职位会损害公共利益。

但是,未给予首席法官、庭长或成员听证的合理机会,不应当以(b)至(e)条款中规定的任何理由免去该首席法官、庭长或成员。

(2)不损害第(1)分节的规定,不应当免去首席法官、庭长或成员的职务,但是中央政

府根据印度首席法官指定的最高法院法官对中央政府向其提出建议的已通知指控并给予听证合理机会的此等首席法官、庭长或成员进行调查后的不端行为或无资格作出命令予以免职者除外。

(3)中央政府经印度首席法官赞同,可以就其向第(2)分节下最高法院法官提出的建议,暂停该首席法官、庭长或成员的职务,直至中央政府根据收到最高法院法官关于上述建议的报告已发布命令。

(4)中央政府会商最高法院后,应当制定规则规制以第(2)分节所述被证明不端行为或无资格为由的调查程序。

418. 法庭和上诉庭的职员

(1)中央政府会商法庭或上诉庭后,应当提供该法庭或上诉庭(视情况而定)为行使其权力和履行其职能所必要的官员和其他雇员。

(2)法庭和上诉庭的官员或其他雇员应当在首席法官或庭长(视情况而定)或其指派行使总指挥和控制权力的其他任何成员总指挥和控制下履行其职能。

(3)法庭和上诉庭官员和其他雇员的工资、津贴和其他服务条件应当按规定。

419. 法庭的合议庭

(1)应当设立中央政府以公告规定的法庭合议庭数量。

(2)法庭的主要合议庭应当在新德里,应当由法庭首席法官主持。

(3)法庭的权力应当由合议庭行使。合议庭由两名成员组成,其中一名应当是司法成员、另一名应当是技术性成员。

但是,对在此方面授权的法庭诸成员,履行由独任司法成员组成的合议庭职能和行使法庭就首席法官以普通或特别命令规定的案件种类或属于该类案件事项的权力,应当是适格的。

但是,若在听审上述任何案件或事项的任何阶段,向该成员显示该案或事项属于应当由两名成员组成的合议庭听审的性质,可以由首席法官将该案或事项移送至或者提交首席法官移送至首席法官认为合适的合议庭,视情况而定。

(4)首席法官为了处理涉及公司复兴、重组、复活或关闭的任何案件,应当设立由3名或以上成员组成的多数必定是司法成员的1个或多个合议庭。

(5)若合议庭在任何点或诸点上意见分歧,应当根据多数意见决定;若存在多数意见但分歧成员相等,他们应当说明分歧的点或诸点,该案应当由首席法官提交由法庭1名或多名其他成员听审上述点或诸点,且应当根据听审该案的多数成员(包括首次听审该案者)意见决定上述点或诸点。

420. 法庭的命令

(1)法庭在给予其面前任何程序双方当事人听审的合理机会后,可以发布其认为合适的命令。

(2)法庭可以在命令日起2年内的任何时间,为了改正记录表面的任何错误,修正其发布的任何命令,并应当在当事人提请注意该错误时作出上述修正。

但是,不应当就本法下已优先选择针对任何命令的上诉作出任何上述修正。

(3)法庭应当向全体相关当事人发送本节下发布的每项命令的副本。

421. 对法庭命令的上诉

(1)不服法庭命令的任何人可以选择向上诉庭上诉。

(2)对当事人同意由法庭作出的命令,不应当向上诉庭提起任何上诉。

(3)应当自不服当事人可获得法庭作出的命令副本之日起45日内提起第(1)分节下的每项上诉,并应当以规定形式提起且随附规定费用。

但是,若上诉庭确信有充分理由阻止上诉人在上述期限内提起上诉,其可以受理自上述日起届满上述45日期限后的上诉,但宽限期不超过45日。

(4)上诉庭收到第(1)分节下的上诉并给予上诉当事人听审的合理机会后,应当据此发布其认为合适的命令,确认、变更或撤销上诉所针对的命令。

(5)上诉庭应当向法庭和上诉当事人发送其作出每项命令的副本。

422. 法庭和上诉庭的迅速处置

(1)法庭或上诉庭应当尽可能迅速处理和处置向法庭提交的每项申请或诉状和向上诉庭提起的每项上诉。法庭或上诉庭(视情况而定)应当作出各种努力,自向法庭提交申请或诉状或向上诉庭提起上诉之日起3个月内处置完上述申请、诉状或上诉。

(2)若未在第(1)分节规定的期限内处置任何申请、诉状或上诉,法庭或上诉庭(视情况而定)应当记录未在上述规定期限内处置申请、诉状或上诉(视情况而定)的原因。首席法官或庭长(视情况而定)可以在考虑上述记录原因后,以其认为必要但不超过90日的期限延长第(1)分节所述的期限。

423. 向最高法院上诉

不服上诉庭任何命令的任何人可以自收到上诉庭对他的命令之日起60日内就该命令所产生的任何法律问题,向最高法院提起上诉。

但是,若最高法院确信有充分理由阻止上诉人在上述规定期限内提起上诉,其可以允许在不超过60日的宽限期内提起上诉。

424. 法庭和上诉庭程序

(1)法庭和上诉庭在处置其面前任何程序或上诉的期间,不应当受《1908年民事诉讼法典》(1908年第5号法)规定程序的约束,但应当受自然公正原则、本法和据此所定规则其他规定的指导。法庭和上诉庭应当有权力规制其自身程序。

(2)法庭和上诉庭为了履行其本法下的职能,在审理关于以下事项的诉讼期间,应当具有《1908年民事诉讼法典》(1908年第5号法)下赋予民事法院相同的权力:

(a)传唤和强制任何人出庭和审查其誓言;

(b)要求发现和制作文件;

(c)接受宣誓书上的证据;

(d)受《1872年印度证据法》(1872年第1号法)第123和124节规定的约束,征用任何办公室的任何公共记录、文件或上述记录或文件的副本;

(e)签发审查证人或文件的授权;

(f)驱离违法代表或单方面作出决定;

(g)撤销驱离任何违法代表之命令或其单方面发布的任何命令;和

(h)可以规定的其他任何事项。

(3)法庭或上诉庭作出的任何命令应当由法庭以如同法院在此方面的待决诉讼中作出的决定相同方式执行。法庭或上诉庭向以下情形的本地地域管辖法院发送执行其命令应当是合法的:

(a)在针对公司的命令的情形下,公司所在地的注册办公室;或

(b)在针对其他任何人的命令的情形下,相关人员自愿居住或从事业务或个人获益工作。

(4)法庭或上诉庭面前的全部程序应当视为《1860年印度刑法典》(1860年第45号法)第193和228节含义内的和为了该法典第196节目的的司法程序,法庭和上诉庭应当视为为了《1973年刑事诉讼法典》(1974年第2号法)第195节和第ⅩⅩⅥ章目的的民事法院。

425. 处罚藐视法庭的权力

法庭和上诉庭对藐视自己具有与高等法院相同的管辖权、权力和权威,并为了此目的可以行使《1971年藐视法院法》(1971年第70号法)规定下的权力,其应当具有效力,但受以下变更的约束:

(a)该法中对高等法院的提及应当理解为包括对法庭和上诉庭的提及;和

(b)对该法第15节中检察长的提及应当理解为对中央政府在此方面规定的法律官员的提及。

426. 权力的指派

法庭或上诉庭可以采取普通或特别命令方式指令[受命令中规定条件(若有)的约束]其任何官员、雇员或其授权的其他任何人质询与任何程序有关的事项或(视情况而定)其面前的上诉,并按命令中规定的方式向其报告。

427. 首席法官、成员和官员等是公务员

法庭的首席法官、成员、官员与其他雇员和上诉庭的庭长、成员、官员与其他雇员,应当视为《1860年印度刑法典》(1860年第45号法)第21节含义内的公务员。

428. 保护善意采取的行动

不应当针对法庭或其首席法官、成员、官员或其他雇员或针对上诉庭或其庭长、成员、官员或其他雇员,或清算人或法庭或上诉庭为履行本法下任何职能授权的其他任何人,就根据本法善意作出的或意图做出的任何行为造成或可能造成的任何损失或损害,提起任何诉讼、起诉或其他法律程序。

429. 寻求大都会治安法院首席法官等的协助

(1)在涉及疾弱公司或关闭其他任何公司的任何程序中,为了取得监管和控制全部财产、账簿或其他文件,法庭可以书面请求上述疾弱公司或其他公司上述财产、账簿或文件所在地或发现地大都会治安法院首席法官、治安法院首席司法官、地区征税官对其占有。大都会治安法院首席法官、治安法院首席司法官、地区征税官(视情况而定)应当根据向其提出的请求,

(a)占有上述财产、账簿或文件;和

(b)责令接受委托向法庭或其授权的其他人做相同事情。

(2)为了确保遵守第(1)分节规定,大都会治安法院首席法官、治安法院首席司法官、

地区征税官可以采取或责令采取其认为必要的步骤和使用或责令使用其认为必要的强制力。

(3)不应当在任何法院或任何当局面前基于任何理由,对大都会治安法院首席法官、治安法院首席司法官、地区征税官的任何行为提出异议。

430. 民事法院无管辖权

任何民事法院不应当就由或按本法或其他任何现行有效法律授权法庭或上诉庭决定之任何事项的任何诉讼或程序享有管辖权。任何法院或其他当局就法庭或上诉庭依据由或按本法或其他任何现行有效法律赋予的任何权力已或将采取的任何行动,不应当发布任何禁令。

431. 法庭或上诉庭缺位不使行为或程序无效

不应当仅因法庭或上诉庭设立中存在任何缺位或瑕疵(视情况而定),质疑法庭或上诉庭的任何行为或程序。

432. 法律代表的权利

法庭或上诉庭(视情况而定)面前任何程序的一方当事人可以亲自或授权1名或多名特许会计师、公司秘书、成本会计师、法律从业人员或其他任何人出席其在法庭或上诉庭(视情况而定)的案件。

433. 时效

《1963年时效法》(1963年第36号法)的规定在其可以的范围内,应当适用于法庭或上诉庭(视情况而定)面前的程序或上诉。

434. 某些待决程序的移送

(1)在中央政府在此方面公告的日期,

(a)在按《1956年公司法》(1956年第1号法)第10E节第(1)分节设立的公司法律管理局面前待决的全部事项、程序或案件,在上述日期即刻前应当移送至法庭和上诉庭,并应当根据本法规定处置上述事项、程序或案件。

(b)不服上述日期前公司法律管理局作出任何决定或命令的任何人,可以自公司法律管理局决定或命令向其传送之日起60日内,就该命令产生的任何法律问题,向高等法院提出上诉。

但是,若高等法院确信有充分理由阻止上诉人在上述期限内提出上诉,可以允许其在不超过60日的宽限期内提出上诉。

(c)在上述日期即刻前在任何地区法院或高等法院未决的《1956年公司法》(1956年第1号法)下的全部程序,包括有关仲裁、妥协、安排、重组和公司关闭的程序,应当转移至法庭或上诉庭。法庭和上诉庭可以自移送前的阶段继续处理上述程序。

(d)按《1985年疾弱工业公司(特别条款)法》(1986年第1号法)首选向工业与金融重组上诉局提起的任何上诉、向工业与金融重组局作出的任何提交或任何未决质询,或工业与金融重组上诉局或工业与金融重组局面前未决的任何性质程序,在本法生效前即刻,应当撤销。

但是,公司可以就按本条款被撤销的上述上诉、提交或质询,在本法生效起180日内,根据本法规定,向本法下的法庭作出提交。

但是,对按本条款撤销上诉、提交或质询的公司按本法作出的上述提交,不应当支付任何费用。

(2)中央政府可以制定与本法相符的规则,确保及时将公司法律管理局或各法院未决的全部事项、程序或案件移送至本法下的法庭。

第ⅩⅩⅧ章　特别法院

435. 特别法院的设立

(1)为了提供快速审理本法下违法行为的目的,中央政府可以采取公告方式,设立或指定必要数量的特别法院。

(2)特别法院应当由独任法官组成,该法官应当经被任命法官工作地管辖区内高等法院首席法官同意、由中央政府任命。

(3)任何人应当无资格被任命为特别法院法官,除非他在上述任命前即刻持有民事大法官或增补民事大法官职位。

436. 特别法院审理的违法行为

(1)尽管《1973年刑事诉讼法典》(1974年第2号法)中有任何规定,

(a)本法下的全部违法行为应当仅由与犯有违法行为有关的公司注册办公室所在地区设立的特别法院审理;若该地区有1个以上的多个特别法院,由相关高等法院在此方面规定的其中之一审理。

(b)若按《1974年刑事诉讼法典》(1974年第2号法)第167节第(2)或(2A)分节将被起诉或涉嫌犯下本法下违法行为的人员转到治安法官,上述治安法官可以授权按其认为适当的监管方式扣留上述人员,但扣留期总计不得超过上述治安法官是司法官的14日和上述治安法官是执行长官的7日。

但是,若上述治安法官认为在上述扣留期限届满日或之前扣留上述人员是不必要的,他应当命令将此人转至有管辖权的特别法院。

(c)特别法院对按(b)条款转给它的人员,可以行使有管辖权的治安法官对按《1973年刑事诉讼法典》(1974年第2号法)第167节已转给他的被起诉人审理案件时可以行使的相同权力;和

(d)特别法院可以根据精读构成本法下违法行为事实的警察报告或根据该方面的投诉,承担对被告未交付其审判时的该违法行为审理权。

(2)特别法院在审理本法下的违法行为时,还可以审理本法下违法行为以外的按《1973年刑事诉讼法典》(1974年第2号法)可以起诉一并审理的违法行为。

(3)尽管《1973年刑事诉讼法典》(1974年第2号法)中有任何规定,特别法院可以在其认为适当时以简易方式审理本法下将被判处不超过3年监禁的任何违法行为。

但是,在简易审理中任何定罪的情况下,不应当作出处以超过1年监禁期的判决。

但是,若在简易审理开始时或在其过程中,向特别法院显示,案件性质是必须作出1年以上的监禁判决,或因其他原因不愿简易审理本案,特别法院应当在听审当事人后,记录该效力的命令,并据此根据普通审理程序,再传唤接受审查的任何证人和进行审理或再审本案。

437. 上诉与改判

高等法院在可以适用的范围内,可以行使《1973年刑事诉讼法典》(1974年第2号法)第ⅩⅩⅨ和ⅩⅩⅩ章赋予一高等法院的全部权力,如同一高等法院管辖地区内的一特别法院是该高等法院管辖地区内审理案件的高等民事法院。

438. 法典适用于特别法院程序

保留本法的另行规定,《1973年刑事诉讼法典》(1974年第2号法)的规定应当适用于特别法院的程序,且为了上述规定的目的,特别法院应当视为一高等民事法院,在一特别法院从事起诉的人员应当视为是公诉人。

439. 不可审理的违法行为

(1)尽管《1973年刑事诉讼法典》(1974年第2号法)中有任何规定,第212节所述违法行为除外,每项违法行为应当视为该法典含义内的不可审理的违法行为。

(2)任何法院不应当审理被指控任何公司或其任何官员已犯本法下的任何违法行为,但是注册官、公司股东或中央政府在此方面授权的人员书面投诉的除外。

但是,法院可以根据印度证券交易委员会授权的人的书面投诉,审理与证券发行和转让、不支付股息有关的违法行为。

但是,本分节中的任何规定不应当适用于公司起诉其任何官员。

(3)尽管《1973年刑事诉讼法典》(1974年第2号法)中有任何规定,若第(2)分节下的原告是注册官或中央政府授权的人,上述官员出席审理违法行为的法院是不必要的,除非该法院要求其出席审理。

(4)第(2)分节的规定不应当适用于公司清算人就指控已犯有与第ⅩⅩ章有关的或本法涉及关闭公司的其他任何规定中的任何违法行为所采取的任何行动。

[解释]公司的清算人不应当视为第(2)分节含义内的公司官员。

440. 过渡条款

尽管《1973年刑事诉讼法典》(1974年第2号法)中有任何规定,犯有本法下的可由特别法院审理的任何违法行为,在特别法院设立前,应当由在该地区行使管辖权的高等民事法院审理。

但是,本节中所含任何规定,不应当影响将该法典第407节下高等法院将任何案件或种类案件移送给本节下高等民事法院审理的权力。

441. 某些违法行为的和解

(1)尽管《1973年刑事诉讼法典》(1974年第2号法)中有任何规定,按本法仅应处罚金的任何违法行为(不论由公司还是其任何官员犯下),可以在启动任何起诉前或后,由以下者和解:

(a)法庭;或

(b)若对上述违法行为可以处以罚金最高额不超过50万卢比,地区长官或中央政府授权的任何官员,

由公司或官员(视情况而定)向中央政府支付或贷记法庭、地区长官或中央政府授权的任何官员(视情况而定)规定的金额。

但是,上述金额在任何情况下,不应当超过对上述和解违法行为所处罚金的最高

金额。

但是,在对和解本分节下违法行为规定要求的支付或贷记金额中,应当考虑以第403节第(2)分节下额外费用方式支付该金额。

但是,若已按本法启动调查任何公司或调查待决,不应当和解该公司所犯本分节下的任何违法行为。

(2)第(1)分节中的任何规定不应当适用于公司或其官员自它或他所犯类似违法行为已按本节和解之日起3年内所犯的违法行为。

[解释]为了本节目的,

(a)自以前违法行为和解之日起届满3年后所犯的任何第2次或后续违法行为应当视为首次违法行为;

(b)"地区长官",指中央政府为本法目的任命为一地区长官的人员。

(3)(a)每项违法行为和解申请应当向注册官提出,注册官应当将该申请及他对该申请的意见一起转递给法庭、地区长官或中央政府授权的任何官员,视情况而定。

(b)若在建立任何起诉之前或之后按本节和解任何违法行为,公司应当自违法行为和解之日起7日内将和解告知注册官。

(c)若在建立任何起诉前和解任何违法行为,注册官、公司任何股东或中央政府授权的任何人不应当对违法者就已经和解的违法行为,建立与该违法行为有关的任何起诉。

(d)若在建立任何起诉后进行和解违法行为,应当由注册官将该和解书面通知起诉待决的法院,并根据发出的上述违法行为和解通知,应当解除与上述和解违法行为有关的公司或其官员的责任。

(4)法庭、地区长官或中央政府授权的任何官员(视情况而定)在处理遵守本法要求公司或其官员向注册官提交、注册、递交或发送任何报告、账目或其他文件的任何规定中失职的违法行为和解提议期间,若它或他认为适当,可以采取命令方式指令公司的任何官员或其他雇员在命令规定的时间提交、注册上述报告、账目或其他文件,或支付第403节下要求支付的费用和额外费用。

(5)未遵守第(4)分节下法庭、地区长官或中央政府授权的任何官员作出命令的公司任何官员或其他雇员,应当被处以最高6个月的监禁,或最高10万卢比的罚金,或两者并处。

(6)尽管《1973年刑事诉讼法典》(1974年第2号法)中有任何规定,

(a)按本法被处以监禁、罚金或两者并处的任何违法行为,经特别法院准许,根据本法对和解违法行为规定的程序,是可以和解的;

(b)按本法仅被处以监禁或监禁和罚金的任何违法行为应当是不可和解的。

(7)本节中规定的任何违法行为不应当和解,但按和根据本节规定者除外。

442. 调停与调解专家组

(1)中央政府应当维持一个称为"调停与调解专家组"的专家组,由具有规定资格和人数的专家组成,按本法在中央政府、法庭或上诉庭面前任何待决程序期间的当事人间进行调停。

(2)程序的任何当事人在中央政府、法庭或上诉庭面前的程序期间任何时间,可以以规定方式、支付规定费用,向中央政府、法庭或上诉庭(视情况而定)申请,将属于上述程序的事项提交给调停与调解专家组,中央政府、法庭或上诉庭(视情况而定)应当从第(1)分节所述专家组中任命一名或多名专家。

(3)在其面前未决任何程序的中央政府、法庭或上诉庭可以经其自身动议,将属于上述程序的任何事项提交给来自调停与调解专家组的其认为合适的专家数。

(4)调停与调解专家组的专家费用和其他条款条件应当按规定。

(5)调停与调解专家组应当遵循规定的程序和自向中央政府、法庭或上诉庭(视情况而定)的上述提交或转递其建议之日起3个月内处置向其提交的事项。

(6)不服调停与调解专家组建议的任何当事人可以向中央政府、法庭或上诉庭(视情况而定)提出异议。

443. 中央政府任命公司公诉人的权力

尽管《1973年刑事诉讼法典》(1974年第2号法)中有任何规定,中央政府可以普遍地为任何当地区域任何案件或在任何案件中为任何规定种类案件任命一名或多名人员为公司公诉人,从事产生于本法的起诉活动。按上述任命为公司公诉人的人员应当有该法典赋予该法典第24节下任命的公诉人的全部权力和特权。

444. 对宣告无罪的上诉

尽管《1973年刑事诉讼法典》(1974年第2号法)中有任何规定,中央政府可以在本法下产生的任何案件中,指令任何公司公诉人或授权任何人以其名义或依据其职位对高等法院以外的任何法院发布的无罪命令提出上诉。上述公诉人或其他人提出的上诉应当视为已经有效地向上诉法院提出。

445. 对无合理理由指控的赔偿

《1974年刑事诉讼法典》(1974年第2号法)第250节的规定应当经必要变通后,适用于在特别法院或高等民事法院面前无合理理由指控的赔偿。

446. 罚金的使用

处以本法下任何罚金的法院可以指令全部或部分罚金应当用于支付程序费用,或用于支付奖励基于其信息启动程序的人员。

第ⅩⅩⅨ章 附则

447. 对欺诈的惩处

不损害本法或其他任何现行有效法律下的任何责任(包括偿还任何债务),被认定犯有欺诈的任何人应当被处以最低4个月、最高10年的监禁和最低为欺诈所涉金额、最高为欺诈所涉金额3倍的罚金。

但是,若处理的欺诈涉及公共利益,监禁期应当不低于3年。

[解释]为了本节目的,

(ⅰ)"欺诈",涉及一公司或任何法人的事务时,包括以任何方式从容、意图欺骗公司、公司股东、公司债权人或其他任何人以获得不正当利益或损害上述人利益的任何人或任何其他人所犯的任何行为、遗漏或隐瞒任何事实,或滥用地位,不论是否存在非法收益或非法损失;

（ⅱ）"非法收益"，指以非法手段获得收益人无合法权利享受之财产的收益；

（ⅲ）"非法损失"，指以非法手段失去丧失人无合法权利之财产的损失。

448. 对虚假陈述的惩处

保留本法中另行规定，若在本法或据此所定规则的任何规定要求的或为了此等规定的目的的任何反馈、报告、证明、财务报表、招募说明书、声明或其他文件中，任何人作出以下陈述，其应当按第447节承担责任：

（a）在任何实质性详情方面是虚假的且明知其是虚假的；或

（b）遗漏任何实质性事实且明知其是实质性的。

449. 对虚假证据的惩处

保留本法中的另行规定，若任何人故意给出以下方面的虚假证据，

（a）按本法授权，对宣誓或郑重誓词的任何审查；或

（b）在或关于按本法关闭任何公司中或其他情况下在或关于本法下产生的任何事项中的任何宣誓书、证言或郑重誓词，

他应当被处以最低3年、最高7年的监禁和最高100万卢比的罚金。

450. 未规定具体处罚或惩罚的惩处

若公司、公司任何官员或其他人员违反本法或据此所定规则的任何规定或者服从与已记录、给予、赋予的任何事项有关的任何批准、许可、同意、确认、承认、指令或免除之任何条件、限制或约束，且本法其他地方未对其规定任何处罚或惩罚，该公司和其每位失职官员或上述其他人员应当被处以最高1万卢比的罚金；若违反行为是一持续性行为，进一步罚金为违反行为持续期间首日后每日最高1000卢比。

451. 重复失职情形的惩处

若公司或其官员犯下被处以罚金或监禁的违法行为且在3年期间第二次或后续场合犯下相同违法行为，该公司和其每位失职官员对该违法行为应当被处以2倍罚金，并追加对该违法行为规定的任何监禁。

452. 对非法扣留财产的惩处

（1）若公司的任何官员或雇员——

（a）非法获得占有任何财产，包括公司现金；或

（b）占有上述任何财产（包括现金）但非法保留或明知将其用于章程中明文表达或指令和本法授权的目的以外的目的，

经公司或其任何成员、债权人或出资人投诉，他应当被处以最低10万卢比、最高50万卢比的罚金。

（2）审理第（1）分节下违法行为的法院还可以命令上述官员或雇员在规定时间内交付或返还非法获得、非法扣留或明知误用的上述任何财产或现金、上述财产或现金上或失职行为中已产生的利益，入监最高2年。

453. 对不当使用"有限"或"私人有限"的惩处

若任何人员或诸人员以"有限"或"私人有限"文字的名称或抬头交易或实施业务，或其任何缩略词或模仿词的最后文字是上述文字，该人员或每位上述人员应当被处以已使用上述名称或抬头每日最低500卢比、最高5000卢比的罚金。

454. 罚款的裁判

(1)中央政府可以采取在《官方公报》上发布命令方式任命规定数量的级别不低于注册官的中央政府官员为裁判官,以规定方式裁判本法下的罚款。

(2)中央政府在任命裁判官期间,应当在第(1)分节下的命令中规定其管辖权。

(3)裁判官可以采取命令方式对公司和失职官员进行处罚,说明本法相关规定下的任何未遵守或不履行。

(4)裁判官应当在处以罚款之前,给予上述公司和失职官员听证的合理机会。

(5)不服第(3)分节下裁判官作出任何命令的任何人可以优先选择向在此事项方面有管辖权的地区长官提出上诉。

(6)应当自不服人员收到裁判官作出命令的副本之日起60日内,以规定方式和随附规定费用,提交第(5)分节下的每项上诉。

(7)地区长官在给予上诉当事人听证的合理机会后,可以发布其认为合适的命令,变更或撤销上诉针对的命令。

(8)(ⅰ)若公司未在收到命令副本之日起90日期限内支付裁判官或地区长官施加的罚款,该公司应当被处以最低2.5万卢比、最高50万卢比的罚金;

(ⅱ)若公司失职官员未在收到命令副本之日起90日期限内支付罚款,该官员应当被处以最高6个月的监禁,或最低2.5万卢比、最高10万卢比的罚金,或两者并处。

455. 休眠公司

(1)若公司为未来项目,或持有资产或知识财产按本法成立、注册且没有任何重要会计交易,该公司或不活动公司可以按规定方式向注册官提出获得休眠公司地位的申请。

[解释]为了本节目的,

(ⅰ)"不活动公司",指未曾从事业务或营运,或在近2个财务年度未曾进行任何重要会计交易或在近2个财务年度未提交财务报表和年报的公司;

(ⅱ)"重要会计交易",指以下之外的交易:

(a)公司向注册官支付费用;

(b)由其作出满足本法或其他任何法律要求的支付;

(c)配售股份以满足本法要求;和

(d)为维持其办公和记录的支付。

(2)注册官在审议申请时,应当允许申请人的休眠公司地位,并以规定方式签发该效力的证书。

(3)注册官应当按规定方式维持休眠公司注册簿。

(4)若公司连续2个财务年度未提交财务报表或年报,注册官应当向该公司发出通知,并将该公司名称记入为休眠公司维持的注册簿。

(5)休眠公司应当有规定最低数量董事,向注册官提交规定文件并支付规定年费以在注册簿中保留其休眠地位,可以在此方面提出申请并随附规定的文件和费用成为活动公司。

(6)注册官应当从休眠公司注册簿中删除未遵守本节要求的休眠公司名称。

456. 保护善意采取的行动

不应当就根据本法、据此所定任何规则或所作任何命令善意做了或意图做的任何事

情,或由或按政府当局或政府任何官员发布的任何报告、文件或程序,对上述政府、政府官员或其他人员提起任何诉讼、起诉或其他任何法律程序。

457. 某些情况下不披露信息

尽管其他任何现行有效法律中包含任何规定,不应当强迫注册官、政府任何官员或其他人员向法庭、任何法院或其他当局披露其获得的以下任何信息的来源:

(a)已导致中央政府命令进行第210节下的调查;或

(b)与上述调查是或曾是实质性的或相关的。

458. 中央政府指派其权力和职能

(1)中央政府经公告并遵守公告规定的条件、限制和约束,可以将其本法下的不是制定规则权力的任何权力指派给公告中规定的当局或官员。

但是,执行第194和195节包含的对上市公司、意图获得证券上市的公司有关期货交易、内幕交易的规定的权力,应当指派给印度证券交易委员会。在上述情形下,印度证券交易委员会授权的任何官员应当有权力在主管法院提出投诉。

(2)按第(1)分节发布的每项公告副本应当在其发布后尽快呈递议会每院。

459. 中央政府或法庭受条件约束给予批准等和规定申请费的权力

(1)若本法任何条款要求或授权中央政府或法庭——

(a)对任何事项或有关任何事项给予批准、许可、同意、确认或认可;或

(b)给予与任何事项有关的任何指令;或

(c)对有关任何事项给予任何豁免,

中央政府或法庭可以在该条款或本法其他任何条款无任何相反规定时,给予或赋予上述批准、许可、同意、确认、承认、指令或豁免,但遵守其认为合适施加的条件、限制或约束,并可以在违反上述任何条件、限制或约束时撤销或撤回上述批准、认可、同意、确认、承认、指令或豁免。

(2)保留本法中的另行规定,按本法任何规定可以或要求向中央政府或法庭提出以下方面的每项申请应当缴纳规定的费用:

(a)关于中央政府给予或有关任何事项的任何批准、许可、同意或承认;或

(b)关于中央政府或法庭给予或赋予有关任何事项的任何指令或免除;或

(c)关于其他任何事项。

但是,可以对不同事项的申请或不同种类公司的申请规定不同的费用。

460. 某些情形下宽恕延期

尽管本法中包含任何规定,

(a)若就任何事项,未在规定时间作出按本法任何条款要求向中央政府提出的任何申请,中央政府为了书面记录的原因,可以宽恕该延期;和

(b)若未在规定时间提交按本法任何条款要求提交的任何文件,中央政府为了书面记录的原因,可以宽恕该延期。

461. 中央政府年度报告

中央政府应当责令拟制本法运行和管理总年报,并在该报告涉及年度结束1年内呈递议会每院。

462. 某种类或诸种类公司免除本法规定的权力

(1)中央政府为了公共利益,可以采取公告方式,指令本法任何条款——

(a)不应当适用于某种类或诸种类公司;或

(b)应当适用于某种类或诸种类公司,但遵守公告中规定的例外、变更和调整。

(2)提议发布第(1)分节下的每项公告副本应当以草案形式呈递议会每院。在会期,总期限为30日,由1个会议或2个或多个后续会议和本次会议届满前立即进行上述下次会议或后续会议构成。若两院均不同意发布该公告,或两院均同意对公告作任何修改,该公告不应当发布,或视情况而定,应当仅按两院均同意的修改形式发布。

463. 某些情况下法院赋予救济的权力

(1)若在针对公司官员疏忽、失职、违反职责、不当行为或违反信托的任何程序中,向审理本案的法院显示,他应当或可以对疏忽、失职、违反职责、不当行为或违反信托负责但他诚实、合理地行事,且考虑本案全部情况后他应当公平地被宽恕,该法院可以按其认为合适的条款全部或部分免除其责任。

但是,在本节下的刑事诉讼中,该法院应当无权力就上述疏忽、失职、违反职责、不当行为或违反信托免除附属于官员的任何民事责任。

(2)若上述任何官员有理由不能完全理解关于疏忽、失职、违反职责、不当行为或违反信托将或可能对他提起任何程序,他可以向高等法院申请救济,高等法院根据此申请,应当具有相同权力对他救济,如同已按第(1)分节对该官员向一法院提起疏忽、失职、违反职责、不当行为或违反信托的程序时本应有的权力。

(3)任何法院不应当按第(1)或(2)分节给予任何官员任何救济,除非法院已以其规定方式送达通知,要求注册官和其认为必要的其他人员(若有)出示不应当给予上述救济的理由。

464. 禁止超过特定人数的个人社团或合伙

(1)不应当成立超过规定人数组成的、目的是从事宗旨为社团、合伙人或其个人成员获取收益的任何业务的社团或合伙,除非其注册为本法下的公司或按其他现行有效法律成立。

但是,本分节下可以规定的人数不应当超过100。

(2)第(1)分节中的任何规定不应当适用于:

(a)从事任何经营业务的印度未分家家庭;或

(b)社团或合伙,若其由特别立法管辖的专业人员设立。

(3)若从事业务的社团或合伙的每位成员违反第(1)分节,其应当被处以最高10万卢比的罚金,还应当对上述业务中产生的全部责任承担个人责任。

465. 废止某些制定法和保留

(1)《1956年公司法》(1956年第1号法)和《1961年公司注册(锡金)法》(锡金1961年第8号法)(本节中,以下简称"废止制定法")应当仍被废止。

但是,《1956年公司法》(1956年第1号法)第IX A部分的规定应当经适当变通后以如同《1956年公司法》(1956年第1号法)未被废止的方式适用于生产者公司,直至为生产者公司制定特别立法。

但是,在中央政府按第 434 节公告将全部事项、程序或案件移送法庭之日前,《1956 年公司法》(1956 年第 1 号法)关于公司法律管理局和法院的管辖权、权力、权威与职能的规定,应当继续适用,如同《1956 年公司法》(1956 年第 1 号法)未废止。

但是,《2008 年有限责任合伙法》(2009 年第 6 号法)第 67 节下发布的公告所述的《1956 年公司法》(1956 年第 1 号法)条款,在发布公告将本法相关相应条款适用于有限责任合伙之前,应当继续适用,如同《1956 年公司法》(1956 年第 1 号法)未废止。

(2)尽管存在第(1)分节下废止制定法的废止,

(a)已做或声称已做的任何事情,或已采取或声称已采取的任何行动,包括按废止制定法已作出或已发布的任何规则、公告、检查、命令或通知,或作出的任何任命或宣告,或从事的任何营运,或发出的任何指令,或采取的任何程序,或施加的任何罚款、惩处、罚没或罚金,应当在其不与本法规定冲突的范围内,视为已按本法相应规定做了或采取了;

(b)受(a)条款规定的约束,按或根据任何废止制定法已作出的任何命令、规则、公告、规章、任命、传送、抵押、契据、文件或协议,指令的费用,通过的决议,发出的指令,采取的程序,执行或签发的文书,已做的事情,若在本法生效时有效,应当继续有效,且应当具有效力,如同按或依据本法作出、指示、通过、给予、采取、执行、签发或做了;

(c)任何法律原则或规则、已确立的管辖权、诉状形式或过程、实践或程序或现存的习惯、惯例、特权、限制或免除不应当受影响,尽管可能分别以任何方式由、在或从废止制定法肯定、认可或派生上述同一事项;

(d)按或依据任何废止制定法任命为任何官员的任何人员应当视为已按或依据本法任命为该职位;

(e)不应当修正或恢复不存在或没有效力的任何管辖权、习惯、责任、权利、权益、限制、免除、惯例、实践或其他事项或事情;

(f)在本法生效时存在的公司注册办公室应当继续存在,如同其已按本法规定设立;

(g)按废止制定法注册的公司成立应当继续有效,本法的规定应当适用于此等公司,如同其按本法注册;

(h)按废止制定法设立和建立的全部注册簿和全部基金,应当视为按本法相应条款设立或建立的注册簿和基金;

(i)按废止制定法建立且在本法生效前在任何法院未决的任何起诉,受本法规定的约束,应当由该法院继续审理和处置;

(j)按《1956 年公司法》(1956 年第 1 号法)发布命令进行的任何检查、调查或质询应当继续进行,如同上述检查、调查或质询已按本法相应规定命令进行;和

(k)在本法生效前按《1956 年公司法》(1956 年第 1 号法)向注册官、地区长官或中央政府提交的且在本法生效时未完全处理的任何事项,应当由注册官、地区长官或中央政府(视情况而定)依据该法办结,尽管该法已废止。

(3)不应当支持第(2)分节中具体事项的提及损害了《1897 年一般条款法》(1897 年第 10 号法)第 6 节(关于废止制定法的废止效力)的普遍适用,如同《1961 年公司注册(锡金)法》(锡金 1961 年第 8 号法)也是一项中央立法。

466. 解散公司法律管理局和善后规定

(1)尽管第465节中包含任何规定,在法庭或上诉庭成立时,应当解散按《1956年公司法》(1956年第1号法)设立的公司法律管理局。

但是,直至法庭和上诉庭成立时,在法庭和上诉庭设立前即刻符合本法下规定的关于任命法庭首席法官或上诉庭庭长,或成员资格和条件的公司法律局主席、副主席和成员,应当履行法庭首席法官或上诉庭庭长或成员的职能。

但是,以团队为基准曾任命为公司法律管理局的每位官员或雇员在上述解散时,应当:

(i)在其符合本法下的资格和条件时,成为法庭或上诉庭的官员或雇员;和

(ii)向其原部或司(视情况而定)转换成干部。

但是,公司法律管理局基于通常标准雇用的该局每位官员和其他雇员,若其曾继续服务该局且应当继续如此,应当自解散之日起分别成为法庭或上诉庭的官员和其他雇员,并具有本应承认他的有关退休金、退职金和其他类似利益的相同权利、特权,直至其在法庭或上诉庭的雇用被正当终止,或法庭或上诉庭正当变更其雇员薪酬、条款条件,视情况而定。

但是,尽管《1947年工业争端法》(1947年第14号法)或其他任何现行有效法律中包含任何规定,按前项但书成为法庭或上诉庭官员或其他雇员的任何官员或其他雇员,应当无权享受本法或其他任何现行有效法律下的任何补偿,任何法院、法庭或其他当局应当无权受理上述任何请求。

但是,若公司法律管理局为受雇于该局的官员和其他雇员的利益建立了公积金、养老基金、福利基金或其他基金,与成员已经成为法庭或上诉庭官员或雇员的该官员或其他雇员有关系的款项,应当处于上述公积金、养老基金、福利基金或其他基金贷记的款项,转移至或授予给法庭或上诉庭,视情况而定,且由法庭或上诉庭按规定方式处理上述转移的款项。

(2)第(1)分节但书条款下未涵盖的、在法庭和上诉庭成立前即刻拥有公司法律局主席、副主席、成员、官员和其他雇员职位的人员,应当在上述成立日分别空缺其职位,上述任何主席、副主席、成员和官员或其他雇员应当无权对提前终止其任期或任何服务合同(若有)主张补偿。

467. 中央政府修正各表的权力

(1)中央政府受本节规定的约束,可以经公告,改变本法各表中所含的任何规范、规则、附表和其他规定。

(2)第(1)分节下公告的任何改变应当具有效力,如同其在本法中颁布的,并应当自公告之日起生效,除非该公告另有指令。

但是,表I附表F中的任何变更不应当适用于上述变更日之前注册的任何公司。

(3)中央政府按第(1)分节作出的任何改变,应当在其制定后尽快呈递议会每院。在会期,总期限为30日,由1个会议或2个或多个后续会议和本次会议届满前立即进行上述下次会议或后续会议构成。若两院均同意对上述改变作出任何修改,或两院均同意不应当作出上述改变,上述改变应当据此仅以上述修改形式有效,或无效,视情况而定。但是,即使如此,上述任何修改或无效应当不损害以前根据该改变所做任何事情的有效性。

468. 中央政府制定与关闭有关的规则

（1）中央政府应当制定符合《1908 年民事诉讼法典》（1908 年第 5 号法）的规则，规定与公司关闭有关的、将由本法规定的全部事项，和可以对可以规定的全部事项制定规则。

（2）特别是且不损害前述权力的普遍性，上述规则可以规定以下全部或任何事项：

（ⅰ）法庭关闭公司所进行的程序模式；

（ⅱ）公司自愿关闭，不论由成员或债权人要求；

（ⅲ）与第 230 节程序有关的举行债权人和成员会议；

（ⅳ）赋予本法有关减少资本的规定以效力；

（ⅴ）按本法规定向法庭提出的全部申请；

（ⅵ）举行和进行会议，以确认债权人和出资人的愿望；

（ⅶ）确定出资人名单，在要求时证实成员注册簿，征集和使用资产；

（ⅷ）向清算人支付、交付、传送、放弃或转移钱款、财产、簿册或文件；

（ⅸ）作出催缴；和

（ⅹ）规定应当证明债务和请求权的期限。

（3）最高法院在本法生效前对本节所述事项制定的且在本法生效时有效的全部规则，应当继续有效，直至中央政府制定规则和在此规则中对高等法院的任何提及应当理解为对法庭的提及之时。

469. 中央政府制定规则的权力

（1）中央政府可以经公告，制定实施本法规定的规则。

（2）不损害第（1）分节规定的普遍性，中央政府可以对要求本法规定的或全部或任何事项，或对将由或可以由规则作出的规定，制定规则。

（3）第（1）分节下制定的任何规则可以规定，违反该规则者应当被处以最高 5000 卢比的罚金，以及若违反行为是持续性行为，进一步罚金为该违反行为持续期间首日后每日最高 5000 卢比。

（4）按本节制定的每项规则和证券交易委员会按本法制定的每项规章，应当在其制定后尽快呈递议会每院。在会期，总期限为 30 日，由 1 个会议或 2 个或多个后续会议和本次会议届满前立即进行上述下次会议或后续会议构成。若两院均同意对上述规则或规章作出任何修改，或两院均同意不应当制定上述规则或规章，上述规则或规章应当据此仅以上述修改形式有效，或无效，视情况而定。但是，上述任何修改或无效应当不损害以前按该规则或规章所做任何事情的有效性。

470. 清除障碍的权力

（1）若在赋予本法规定的效力中出现任何问题，中央政府可以采取在《官方公报》上发布命令方式，制定明显对清除障碍必要或有益的、不与本法规定冲突的规定。

但是，自本法第 1 节生效日起届满 5 年后，不应当作出上述任何命令。

（2）按本节作出的每项命令，应当在其作出后尽快呈递议会每院。

表 I

[见第 4 和 5 节]

附表 A

股份有限公司组成备忘录

1. 本公司的名称为"＿＿＿＿＿有限/私人有限公司"。

2. 本公司的注册办公室将位于＿＿＿＿＿邦。

3. (a)本公司设立所追求的宗旨是：＿＿＿＿＿

(b)促进第 3 款(a)中规定宗旨所必要的事项是：＿＿＿＿＿

4. 成员的责任是有限的,此责任限于成员持有的未付股份的金额(若有)。

5. 本公司的股份资本为＿＿＿＿＿＿卢比,分为＿＿＿＿＿＿股,每股＿＿＿＿＿卢比。

6. 我们,签署其名称和地址的每位人员,渴望根据本组成备忘录设立一家公司,且我们分别同意获得本公司资本中与列出我们名称相对应的股份数：

签署人的名称、地址、类别和职业	每位签署人获得的股份数	签署人签名	见证人签名、姓名、地址、类别和职业
A. B. 商人＿＿＿＿＿	＿＿＿＿＿		已在本人面前签名： 签名＿＿＿＿＿
C. D. 商人＿＿＿＿＿	＿＿＿＿＿		已在本人面前签名： 签名＿＿＿＿＿
E. F. 商人＿＿＿＿＿	＿＿＿＿＿		已在本人面前签名： 签名＿＿＿＿＿
G. H. 商人＿＿＿＿＿	＿＿＿＿＿		已在本人面前签名： 签名＿＿＿＿＿
I. J. 商人＿＿＿＿＿	＿＿＿＿＿		已在本人面前签名： 签名＿＿＿＿＿
K. L. 商人＿＿＿＿＿	＿＿＿＿＿		已在本人面前签名： 签名＿＿＿＿＿
M. N. 商人＿＿＿＿＿	＿＿＿＿＿		已在本人面前签名： 签名＿＿＿＿＿
获得的总股份：			

7. 本人,以下给出了本人的名称和地址,渴望根据本组成备忘录设立一家公司,并同意获得公司资本中的全部股份(适用于一人公司)：

签署人的姓名、地址、类别和职业	签署人签名	见证人签名、姓名、地址、类别和职业
A. B. 商人_____		已在本人面前签名： 签名_____

8. 唯一成员发生死亡时，_____先生/女士，_____的儿子/女儿，住址_____，应当是被指定人(适用于一人公司)。

于_____(日期)在_____(地点)签署。

附表 B

无股份资本担保有限公司组成备忘录

1. 本公司名称为"_____有限/私人有限公司"。

2. 本公司的注册办公室将位于_____邦。

3. (a)本公司设立所追求的宗旨是：_____

(b)促进第3款(a)中规定宗旨所必要的事项是：_____

4. 成员的责任是有限的。

5. 公司每位成员承诺认缴以下事项所要求的金额，但不超过_____卢比：

(i)发生公司关闭时其是成员期间的公司资产，在其停止成为成员后一年内支付公司债务或负债，或支付在其停止成员前已由合同规定的上述债务或负债；和

(ii)关闭的成本、收费和支出(以及对成员间出资人权利的调整)。

6. 我们，签署其名称和地址的每位人员，渴望根据本组成备忘录成立一家公司。

签署人的名称、地址、类别和职业	签署人签名	见证人签名、姓名、地址、类别和职业
A. B. 商人_____		已在本人面前签名： 签名_____
C. D. 商人_____		已在本人面前签名： 签名_____
E. F. 商人_____		已在本人面前签名： 签名_____
G. H. 商人_____		已在本人面前签名： 签名_____
K. L. 商人_____		已在本人面前签名： 名_____
M. N. 商人_____		已在本人面前签名： 签名_____

7. 本人，其名称和地址列于以下，渴望根据本组成备忘录成立一家公司(适用于一人

公司):

签署人的姓名、地址、类别和职业	签署人签名	见证人签名、姓名、地址、类别和职业
A. B. 商人＿＿＿＿＿＿		已在本人面前签名： 签名＿＿＿＿＿＿

8. 唯一成员发生死亡时，＿＿＿＿＿＿先生/女士，＿＿＿＿＿＿的儿子/女儿，住址＿＿＿＿＿＿，应当是被指定人(适用于一人公司)。

　　于＿＿＿＿＿＿(日期)在＿＿＿＿＿＿(地点)签署。

附表 C

股份资本担保有限公司组成备忘录

1. 本公司名称为"＿＿＿＿＿＿有限/私人有限公司"。

2. 本公司的注册办公室将位于＿＿＿＿＿＿邦。

3. (a)本公司设立所追求的宗旨是：＿＿＿＿＿＿

(b)促进第3款(a)中规定宗旨所必要的事项是：＿＿＿＿＿＿

4. 成员的责任是有限的。

5. 公司每位成员承诺缴付以下事项所要求的金额，但不超过＿＿＿＿＿＿卢比：

（ⅰ）发生公司关闭时其是成员期间的公司资产，或在其停止成员后一年内支付公司债务或负债，或支付在其停止成员前已由合同规定的上述债务或负债；和

（ⅱ）关闭的成本、收费和支出(以及对成员间出资人权利的调整)。

6. 本公司的股份资本为＿＿＿＿＿＿卢比，分为＿＿＿＿＿＿股，每股＿＿＿＿＿＿卢比。

7. 我们，签署其名称和地址的每位人员，渴望根据本组成备忘录成立一家公司，且我们各自同意获得本公司资本中与列出我们名称相对应的股份数：

签署人的名称、地址、类别和职业	每位签署人获得的股份数	签署人签名	见证人签名、姓名、类别和职业
A. B. 商人＿＿＿＿＿＿	＿＿＿＿＿＿		已在本人面前签名： 签名＿＿＿＿＿＿
C. D. 商人＿＿＿＿＿＿	＿＿＿＿＿＿		已在本人面前签名： 签名＿＿＿＿＿＿
E. F. 商人＿＿＿＿＿＿	＿＿＿＿＿＿		已在本人面前签名： 签名＿＿＿＿＿＿
G. H. 商人＿＿＿＿＿＿	＿＿＿＿＿＿		已在本人面前签名： 签名＿＿＿＿＿＿

续表

签署人的名称、地址、类别和职业	每位签署人获得的股份数	签署人签名	见证人签名、姓名、类别和职业
I. J. 商人＿＿＿＿	＿＿＿＿＿		已在本人面前签名： 签名＿＿＿＿
K. L. 商人＿＿＿＿	＿＿＿＿＿		已在本人面前签名： 签名＿＿＿＿
M. N. 商人＿＿＿＿	＿＿＿＿＿		已在本人面前签名： 签名＿＿＿＿

8. 本人,名称和地址列于以下,渴望根据本组成备忘录成立一家公司,并同意获得公司资本中的全部股份(适用于一人公司):

签署人的名称、地址、类别和职业	签署人签名	见证人签名、姓名、地址、类别和职业
A. B. 商人＿＿＿＿		已在本人面前签名： 签名＿＿＿＿

9. 唯一成员发生死亡时,＿＿＿＿＿先生/女士,＿＿＿＿＿的儿子/女儿,住址＿＿＿＿＿,应当是被指定人(适用于一人公司)。

于＿＿＿＿＿(日期)在＿＿＿＿＿(地点)签署。

附表 D

无股份资本无限责任公司组成备忘录

1. 本公司的名称为"＿＿＿＿＿公司"。

2. 本公司的注册办公室将位于＿＿＿＿＿邦。

3. (a)本公司设立所追求的宗旨是:＿＿＿＿＿

(b)促进第 3 款(a)中规定宗旨所必要的事项是:＿＿＿＿＿

4. 成员的责任是无限的。

5. 我们,签署其名称和地址的每位人员,渴望根据本组成备忘录成立一家公司:

签署人的名称、地址、类别和职业	签署人签名	见证人签名、姓名、地址、类别和职业
A. B. 商人＿＿＿＿		已在本人面前签名： 签名＿＿＿＿
C. D. 商人＿＿＿＿		已在本人面前签名： 签名＿＿＿＿

E. F. 商人_____		已在本人面前签名: 签名_____
G. H. 商人_____		已在本人面前签名: 签名_____
I. J. 商人_____		已在本人面前签名: 签名_____
K. L. 商人_____		已在本人面前签名: 签名_____
M. N. 商人_____		已在本人面前签名: 签名_____

6. 本人,名称和地址列于以下,渴望根据本组成备忘录成立一家公司(适用于一人公司):

签署人的名称、地址、 类别和职业	签署人签名	见证人签名、姓名、地址、类别和职业
A. B. 商人_____		已在本人面前签名: 签名_____

7. 唯一成员发生死亡时,_____先生/女士,_____的儿子/女儿,住址_____,应当是被指定人(适用于一人公司)。

于_____(日期)在_____(地点)签署。

附表 E

股份资本无限责任公司组成备忘录

1. 本公司的名称为"_____公司"。
2. 本公司的注册办公室将位于_____邦。
3. (a)本公司设立所追求的宗旨是:_____
(b)促进第3款(a)中规定宗旨所必要的事项是:_____
4. 成员的责任是无限的。
5. 本公司股份资本为_____卢比,分为_____股,每股_____卢比。
6. 我们,签署其名称和地址的每位人员,渴望根据本组成备忘录成立一家公司,且我们各自同意获得本公司资本中与列出我们名称相对应的股份数:

签署人的名称、地址、类别和职业	各签署人获得的股份数	签署人签名	见证人签名、姓名、地址、类别和职业
A. B. 商人_____	_____		已在本人面前签名： 签名_____
C. D. 商人_____	_____		已在本人面前签名： 签名_____
E. F. 商人_____	_____		已在本人面前签名： 签名_____
G. H. 商人_____	_____		已在本人面前签名： 签名_____
I. J. 商人_____	_____		已在本人面前签名： 签名_____
K. L. 商人_____	_____		已在本人面前签名： 签名_____
M. N. 商人_____	_____		已在本人面前签名： 签名_____

7. 本人,名称和地址列于以下,渴望根据本组成备忘录成立一家公司,并同意获得公司资本中的全部股份(适用于一人公司):

签署人的名称、地址、类别和职业	签署人签名	见证人签名、姓名、地址、类别和职业
A. B. 商人_____		已在本人面前签名： 签名_____

8. 唯一成员死亡时,_____先生/女士,_____的儿子/女儿,住址_____,应当是被指定人(适用于一人公司)。

于_____(日期)在_____(地点)签署。

附表 F

<h2 style="text-align:center">股份有限公司设立章程</h2>

解释

Ⅰ.(1)在本规章中,

(a)"本法",指《2013 年公司法》;

(b)"印章",指本公司的公章。

(2)除非上下文另有要求,本规章包含的单词或词组应当具有本法中或其在本章程约束本公司之日任何有效法定修改中规定的相同含义。

股份资本与权利变化

Ⅱ.1. 受本法和本章程规定的约束,本公司资本股份应当处于诸董事控制下,诸董事可以按其随时认为合适的比例、条款条件和以溢价或票面价值发行、配售或其他情况下处置同一股份或任何股份,或将上述股份处置给上述董事。

2.(ⅰ)名称在成员注册簿中记载为成员的每位人员应当有权在备忘录签署者组成或配售后2个月内,或申请注册转让或传递后1个月内或在按应规定发行条件的其他期限内,接收以下证书:

(a)表明其全部股份的一份证书,不支付任何手续费;或

(b)其一种或多种股份的每种股份各自证书,对首次证书后的每份证书支付20卢比。

(ⅱ)每份证书应当盖印章,并规定相关股份和未付股份的金额。

(ⅲ)对各人员共同持有的任何股份或诸股份,不应当限制公司签发超过1份的证书,向共同持股人之一交付股份证书应当是向上述全体持股人的充分交付。

3.(ⅰ)若任何股份证书被磨损、损伤、残缺不全、撕裂,或转让背书的背面无更多空间,经向本公司出示和提交上述者,可以签发新证书以替代。若任何证书遗失或毁坏,经向公司提供满意证据并执行公司认为适当的赔偿后,可以给予替代的新证书。应当在支付每份证书20卢比后签发本条下的任何证书。

(ⅱ)第2、3条的规定应当经必要修正后适用于公司债券。

4. 法律要求的除外,公司不应当承认任何人在任何信托上持有任何股份,公司应当无义务采取任何方式或被迫以任何方式承认(甚至在有其通知时)任何股份中的任何合理、偶然、未来或部分利益,或每股任何部分中的任何利益,或任何股份方面的任何其他权利(仅由本章程或法律另行规定者除外),但对注册持有人上述股份整体性的绝对权利除外。

5.(ⅰ)本公司可以行使支付第40节第(6)分节赋予的佣金的权力,但是应当以该节和据此所定规则要求的方式披露支付或同意支付该佣金的比例或金额。

(ⅱ)佣金的比例或金额不应当超出按第40节第(6)分节所定规则中规定的比例或金额。

(ⅲ)可以采取支付现金或配售全部或部分已付股份,或采取一种或两种方式中的部分满足该佣金。

6.(ⅰ)若在任何时间股份资本分为不同种类股份,附属于任何种类的权利(除非该类股份发行条款另有规定)受第48节规定的约束,且不论公司是否关闭,经该类股份发行股3/4持有人书面同意或经该类股份持有人单独会议上通过的特别决议认可,可以变化。

(ⅱ)对上述每次单独会议,本章程涉及大会的规定应当经必要修正后适用,但是必要法定人数应当是至少2人持有处理中的种类股份发行股至少1/3。

7. 赋予发行具有优先权或其他权利的任何种类股份的持有人权利不应当视为因创设或发行按同一比例排序的进一步股份而变化。

8. 受第55节规定的约束,经普通决议许可,可以根据公司在发行前以特别决议决定的条款和方式的赎回条款,发行任何优先股。

留置权

9.(ⅰ)本公司对以下股份具有首要和至上的留置权:

(a)每股(不是完全付清的股份),为了对催缴该股份的全部款项(不论是否当前应付)或在规定时间的应付款项;和

(b)处于以一单独个人名义注册的全部股份,为了由其或其财产当前向公司应付的全部款项。

但是,董事会可以在任何时间宣布任何股份全部或部分免除本条款的规定。

(ⅱ)本公司在股份上的留置权(若有)应当扩展至该股份方面的应付全部股息和随时宣布的红利。

10. 本公司可以按董事会认为合适的方式出售本公司具有留置权的任何股份。

但是,不应当进行任何出售,

(a)除非与存在留置权有关的金额当前是应付的;或

(b)在以下书面通知后届满 14 日前,即规定和要求支付与存在留置权有关的上述部分金额目前已到期的通知已经发送给现在的股份注册持有人或因其死亡或破产有权享受该股份的人员。

11.(ⅰ)为给予上述任何出售以效力,董事会可以授权特定人向购买人转让所出售的股份。

(ⅱ)购买人应当注册为在上述任何转让中组成的股份持有人。

(ⅲ)不应当限制购买人了解购买款项的用途,其对该股份的物权不应当受出售程序中的任何不当行为或无效的影响。

12.(ⅰ)出售收入应当由公司收取,并用于支付与存在留置权有关的当前已为应付款的部分金额。

(ⅱ)剩余额(若有)应当受对出售前股份上存在当前未成为应付款之金额的类似留置权的约束,应当向在出售日对该股份享有权利的人支付。

催缴股款

13.(ⅰ)董事会可以随时催促未付其股份任何款项(无论按股票票面价值还是溢价)且对规定时间的应付款项按配售条件进行支付的成员缴款。

但是,任何催款不应当超过股份票面价值的 1/4 或不应当是自最近一次催促支付所规定的日期起低于 1 个月的应付款。

(ⅱ)每位成员应当受收到规定支付时间和地点的至少 14 日通知的约束,按规定时间和地点向公司支付其股份催缴金额。

(ⅲ)可以按董事会酌情权撤销催缴或延期催缴。

14. 应当视为在通过董事会授权催缴决议之时已作出了催缴,并可以要求分期支付催缴。

15. 股份共同持有人应当共同或分别负责支付其股份的全部催缴。

16.(ⅰ)若在指定支付日之前或当日未支付股份催缴金额,欠该金额的人应当支付自指定支付日至实际支付日、年利率 10%或董事会决定的更低利率的利息。

(ⅱ)董事会应当有放弃支付上述全部或部分利息的自由。

17.(ⅰ)按股份发行条款成为配售应付款或任何规定时间应付款(不论按股份票面价值或溢价)的任何金额,应当视为已正式作出催缴并在发行条款确定成为应付款之日为应付款。

(ⅱ)若未支付上述金额,本章程关于支付利息、费用、罚没和其他的全部相关规定,应当适用,如同上述金额依据正式作出的催缴或通知已成为应付款。

18. 董事会——

(a)在其认为适当时,可以接受任何成员自愿预付其所持股份未催缴和未付钱款的相同款额、全部或部分额;和

(b)对上述预付的全部或任何钱款,可以(在对上述预付款的相同额成为当前应付款之前)支付董事会与提前支付该款额的成员之间同意的年息率不超过 12% 的利息,除非公司应当在大会上另行指令。

股份的转让

19. (ⅰ)应当由出让人和受让人两者执行公司任何股份的转让文书。

(ⅱ)在受让人名称记入成员注册簿之前,出让人应当视为仍然是该股份的持有人。

20. 董事会受第 58 节赋予的上诉权的约束,可以拒绝注册——

(a)向其未同意的人的股份(不是完全付清股份)转让;或

(b)公司有留置权的股份的任何转让。

21. 董事会可以拒绝承认任何转让文书,除非——

(a)该转让文书是第 56 节第(1)分节下所定规则规定的形式;

(b)该转让文书附有相关股份证书,和董事会合理要求证明出让人进行此转让的其他证据;和

(c)该转让文书仅涉及一类股份。

22. 根据第 91 节和据此所定规则发出不低于 7 日的事先通知,转让注册可以延期到董事会随时确定的时间和期限。

但是,上述注册的延期不应当超过任何时间点的 30 日或每年总计 45 日。

股份的传承

23. (ⅰ)成员死亡时,该成员是共同持有人的生存者和其是唯一持有人的指定人或法律代表,应当仅是公司承认对死者股份利益具有任何权利的人。

(ⅱ)第(ⅰ)条款中的任何规定不应当解除死者共同持有人资产在该死者与其他人共同持有任何股份方面的任何责任。

24. (ⅰ)在成员死亡或破产后成为对股份享有权利的任何人,经提供董事会随时正当要求的证据并受以下规定的约束,可以从以下选择其一:

(a)将自己注册为股份持有人;或

(b)转让死亡或破产成员本可以进行的股份转让。

(ⅱ)若死亡或破产成员在其死亡或破产之前已经转让了股份,董事会在上述任一情况下,应当有权按其本应进行的,拒绝或延期注册。

25. (ⅰ)若成为有权享受的人选择将其本人注册为股份持有人,其应当向公司递交其签字说明其此选择的书面通知。

(ⅱ)若前述人员选择转让股份,其应当以执行股份转让方式证实其选择。

(ⅲ)本规章有关转让权利和股份转让注册的所有限制、约束和规定,应当适用于上

述任何通知或转让,如同成员之死亡或破产未曾发生、该成员签署了通知或转让是其签署的转让。

26. 因持有人死亡或破产而成为有权享受股份的人应当有权享受其注册为该股份持有人所享受的相同股息和其他利益,但是其在就该股份注册为成员之前不应当有权就该股份行使成员关系赋予与公司会议有关的任何权利。

但是,董事会可以在任何时间发出通知,要求上述任何人选择本人被注册或转让股份。若在 90 日内未遵守该通知,董事会可以据此保留支付该股份方面的全部股息、红利或其他应付款项,直至遵守该通知的要求。

27. 若为一家一人公司,

（ⅰ）唯一成员死亡时,该成员指定的人应当是公司承认有权享受该成员全部股份的人;

（ⅱ）应当由公司董事会向成员死亡时成为有权享受此等股份的被指定人通知该事件;

（ⅲ）上述被指定人应当有权享受与本公司该唯一成员享受或承担的相同股息、其他权利和责任;

（ⅳ）上述被指定人成为成员时,应当经其事先书面同意指定其他任何人在该成员发生死亡事件后应成为本公司成员。

股份的罚没

28. 若成员在指定支付日未支付任何催缴或分期催缴,董事会可以在仍未支付部分催缴或分期催缴期间的任何时间,据此向其送达通知,要求其支付上述未支付催缴或分期催缴额,并支付本可计算的任何利息。

29. 上述通知应当——

（a）指定宽限日（不早于自送达通知之日起届满 14 日）,该通知要求在该日或之前进行支付;和

（b）规定若在上述指定日或之前未支付,应当罚没与作出催缴有关的股份。

30. 若未遵守上述任何通知的要求,在已作出通知要求的支付前,可以采取董事会决议方式,罚没已给予通知的任何股份。

31.（ⅰ）可以按董事会认为适当的条款和方式出售或以其他方式处置罚没股份。

（ⅱ）董事会在出售或处置上述股份前的任何时间,可以按其认为适当的条款撤销罚没。

32.（ⅰ）已被罚没股份的人应当就罚没股份停止其成员资格,但是尽管存在罚没,仍应当承担向公司支付其在罚没日在该股份方面属于应付公司款项的全部钱款。

（ⅱ）若公司本应已收到与股份有关的上述全部钱款的完全支付,上述人员的责任应当终止。

33.（ⅰ）若系本公司董事、经理或秘书的声明人发出正式认证声明,该声明规定已经正式罚没公司股份,该声明应当是针对主张有权享受该股份的全体人员的声明载明事实的最终证据;

（ⅱ）公司可以接受为了出售或处置该股份所给予的对价,并可以为了向其出售或处

置股份的人的利益执行该股份转让;

(ⅲ)受让人应当据此注册为该股份的持有人;和

(ⅳ)不应当限制受让人了解购买款项的用途,其对该股份的权利不应当受罚没、出售或处置该股份之程序中的不当行为或无效的影响。

34. 本规章关于罚没的规定应当适于未支付按股份发行条款在规定时间成为应付款的任何金额的情形,不论按股份面值还是溢价,如同依据正式作出的催缴和通知,相同额已成为应付款。

资本的变更

35. 公司可以随时以普通议决按该决议规定金额增加股份资本和将该金额分成股份。

36. 受第 61 节的约束,公司可以采取普通决议方式,

(a)将其全部或任何股份资本合并、分解为大于现存股份的股份;

(b)将其全部或任何完全付清的股份转换为股票,和将该股票转换为任何面值的完全付清股份;

(c)将其现存股份或其中任何股份再分解为小于备忘录规定金额的股份;

(d)取消任何人在决议通过日没有取得或未同意取得的任何股份。

37. 若股份转换为股票,

(a)股票持有人可以采取客观情况允许的相同或相近方式转让同一股票或其任何部分,但受转换前产生该股票之股份所依据的规章约束。

但是,董事会可以随时规定可转让股票的最低额,即使如此,上述最低额不应当超过产生该股票之股份的票面额。

(b)股票持有人应当根据其持有的股票金额具有有关股息、公司会议上投票和其他事务的相同权利、特权和利益,如同其持有产生该股票之股份。但是,不应当由不会赋予上述特权或利益的股票金额(若在股份中存在)赋予此等任何特权或利益,但参与公司股息、利润和关闭时的资产除外。

(c)本公司适用于已付股份的规章,应当适用于股票;上述规章中"股份"和"股东"术语应当分别包括"股票"和"股票持有人"。

38. 公司可以经特别决议,以任何方式并经过、遵守法律要求的任何授权事件和同意,减少——

(a)其股份资本;

(b)任何资本赎回储备账户;或

(c)任何股份溢价账户。

利润的资本化

39.(ⅰ)公司在大会上可以根据董事会建议,决议——

(a)其期望将目前处于公司任何储备账户贷记、损益账户贷记或其他可用于分配的任何金额资本化;和

(b)若成员本应有权享受上述金额并以股息或按同一比例分配,上述金额据此以(ⅱ)条款中规定方式免除在上述成员间分配。

(ⅱ)前述金额不应当用现金支付,但受(ⅲ)条款所含规定的约束,应当用于:

(A)支付当前欠上述成员分别持有股份的任何金额;

(B)以前述比例完全支付配售、分配给上述成员和在上述成员间的贷记为完全支付的公司未发行股份;

(C)部分以(A)分条款中规定方式和部分以(B)条款中规定的方式;

(D)为了本规范的目的,证券溢价账户和资本赎回储备账户可以用于向公司成员发行的未发行股份,作为全部支付红利股份;

(E)董事会应当根据本规范赋予公司通过的决议以效力。

40.(ⅰ)不论何时本应通过上述决议,董事会应当——

(a)进行全部拨款和使用已决议资本化的未分配利润,以及全部配售和发行完全支付的股份(若有);和

(b)一般地进行被要求赋予上述效力的所有行为和事情。

(ⅱ)董事会应当有权力——

(a)采取颁发零星股份证书、现金支付或其认为适当的其他方式,对成为可零星分配股份的情形作出规定;和

(b)授权任何人代表享受权利的全体成员与本公司缔结协议,向各成员配售(贷记为完全支付)成员有权享受资本化的增股,或视情况而定,由公司代表上述成员或由成员本人对决议资本化利润的各自部分提出申请,支付其现存股份仍未支付的金额或任何部分金额。

(ⅲ)上述授权下达成的任何协议,应当有效并约束上述成员。

股份的回购

41. 尽管本章程中有任何规定,但受本法第67至79节规定和本法可适用的其他任何规定或其他任何现行有效法律的约束。

大会

42. 年度大会以外的全部大会应当召集特别大会。

43.(ⅰ)董事会可以在其认为合适的时间召集特别大会。

(ⅱ)若有资格行事的数量上足以构成法定人数的董事在任何时间不在印度境内,公司的任何董事或任何2名成员可以以尽可能与董事会召集会议的相同方式召集特别大会。

大会议程

44.(ⅰ)不应当在任何大会上处理任何业务,除非成员法定人数在该会议审议业务的时间出席。

(ⅱ)保留在此的另行规定,大会法定人数应当按第103节中的规定。

45. 董事会主席(若有)应当在公司每次大会上担任主席。

46. 若无上述主席,或其在指定举行会议的时间后15分钟内未出席或他不愿意担任会议主席,出席会议的董事应当选举其一名董事担任会议主席。

47. 若在任何大会上,无董事担任主席或无董事在指定举行会议时间后15分钟内出席,出席成员应当选择其一位成员担任会议主席。

48. 在一家一人公司的情况下,

（ⅰ）要求在公司大会上通过的决议应当视为已经通过,若唯一成员同意该决议并传递给公司且记入按第118节维持的纪要簿;

（ⅱ）上述纪要簿应当由该成员签名且落款日期;

（ⅲ）该决议应当自该唯一成员签署上述纪要之日起生效。

会议的休会

49.（ⅰ）主席经法定人数出席的任何会议同意,可以且在会议指令时应当随时随地休会。

（ⅱ）在任何休会期间不应当处理休会发生后会议上留下未完成的业务以外的业务。

（ⅲ）若休会30日或以上,应当按原会议情况发出休会通知。

（ⅳ）保留上述规定并按本法第103节中的规定,应当不必要发出休会通知或休会期间处理业务的通知。

投票权

50. 受附属于任何种类或诸种类现行任何权利或限制的约束,

（a）举手表决时,出席的每位成员应当有一票;和

（b）表决票表决时,诸成员的投票权应当按其持有公司已付普通股份的股份比例。

51. 成员可以根据第108节以电子手段在会议上行使其投票权,且应当仅投一次。

52.（ⅰ）在共同持有人情况下,应当接受年长者进行的投票,不论是亲自投票还是由代理人投票,排除其他共同拥有人的投票。

（ⅱ）为了本目的,应当按成员注册簿中所列名称的顺序确定年长者。

53. 精神不健全的成员,或在此方面具有管辖权的法院已经作出精神失常命令的人,可以由其委员会或其他监护人投票,不论举手表决还是票决。上述任何委员会或监护人可以在表决票上由代理人投票。

54. 表决票已要求的以外的任何业务可以在等待采取票决期间继续议程。

55. 任何成员在任何大会上无权投票,除非已经支付全部催缴或其在公司股份方面当前应付的其他金额。

56.（ⅰ）不应当对任何投票人的资格提出任何异议,但在会议上或休会期间提出或给出投票异议的除外。为了所有目的,在上述会议上不允许的每项投票应当是有效的。

（ⅱ）在适当时间提出的上述任何异议应当提交会议主席,会议主席的决定是最终的和结论性的。

代理权

57. 任命代理人的文书和委托书或其他授权(若有)应当签名或有该权力或授权的公证副本,应当在文书指名人提议投票所举行会议或休会的时间之前不低于48小时,或在票决情况下在指定采取票决的时间之前不低于24小时,交存公司的注册办公室。若有违反,代理人文书不应当按有效处理。

58. 任命代理人的文书应当按第105节下所定规则规定的形式。

59. 尽管委托人已死亡或有精神病,撤销已执行代理的代理权或授权,或与给予代理有关的股份已转让,根据代理人文书条款作出的投票应当有效。

但是,在行使代理权的会议或休会开始前,公司不应当在其办公地接受上述死亡、精神病、撤销或转让的任何书面通知。

董事会

60. 应当由备忘录签署人或其多数人书面确定董事的人数和第一届董事的名单。

61.（ⅰ）董事的薪酬应当在其构成月支付的范围内,视为按日计算。

（ⅱ）除了根据本法向其应付薪酬外,还可以向董事支付以下正当产生的全部旅行、宾馆和其他费用:

（a）往返董事会及其专门委员会会议或公司大会;或

（b）与公司业务有关的。

62. 董事会可支付公司成立和注册所发生的全部费用。

63. 公司可以行使第88节赋予其关于保存外国注册簿的权力,董事会可以作出和变更其认为合适的关于保存外国注册簿的规章。

64. 全部支票、本票、汇票、其他票据和向公司支付钱款的全部收据,应当由董事会随时以决议方式确定的人员和方式签字、出票、背书或其他情况下执行,视情况而定。

65. 出席董事会或其专门委员会会议的每位董事应当在为该目的所保存的簿记上签署自己的姓名。

66.（ⅰ）受第149节规定的约束,董事会应当有权力在任何时间和随时任命一人担任增补董事,但董事和增补董事之和的人数在任何时间不应当超过本章程对董事会规定的最高人数。

（ⅱ）受本法规定的约束,上述增补董事应当任职至下一次公司年度大会之日,但应当有资格被公司在该次会议上任命为董事。

董事会程序

67.（ⅰ）董事会可以按其认为适当为了业务行为召开会议、休会和其他情况规范其会议。

（ⅱ）董事可以召集和经理或秘书经董事要求应当召集董事会会议。

68.（ⅰ）保留本法另行明文规定,董事会会议上出现的问题应当由多数票确定。

（ⅱ）若票数相等,董事会主席(若有)应当有第二次投票或决定性一票。

69. 尽管董事会中有任何空缺,留任董事可以行事。但是,若和只要董事会会议人数低于本法规定的法定人数,为了将董事人数增加到规定的法定人数或召集公司大会的目的而非其他任何目的,留任董事或董事可以行事。

70.（ⅰ）董事会可以选举其会议主席并决定其任期。

（ⅱ）若未选举上述主席或在任何会议上该主席自指定举行会议之时起15分钟内未出席,出席董事可以选择其一位成员担任会议主席。

71.（ⅰ）董事会受本法规定的约束,可以将其任何权力委派给由其认为适当的其机构成员组成的专门委员会。

（ⅱ）按上述组成的任何专门委员会在行使委派的权力中,应当遵循董事会施加给它的任何规范。

72.（ⅰ）专门委员会可以选举其会议主席。

（ⅱ）若未选举上述主席或该主席在任何会议上自指定举行会议的时间起15分钟内

未出席,出席的成员可选举其一名成员担任会议主席。

73.(i)专门委员会可以按其认为适当召开会议或休会。

(ii)专门委员会任何会议上出现的问题,应当由出席会议成员的多数票决定。若票数相等,主席应当有第二次投票或决定性一票。

74. 尽管事后发现在任命任何一名或多名董事或任何人担任上述董事中存在瑕疵,或他们或其中一人无资格,担任董事的任何人在董事会及其专门委员会会议上所作的全部行为应当有效,如同上述每位董事或人员已经正式被任命且有资格担任董事。

75. 保留本法中另行明文规定,由当时有权接受董事会及其专门委员会会议通知的董事会或其专门委员会全体成员签署的书面决议,应当合法有效,如同其在正式召集和召开的董事会或专门委员会会议上通过。

76. 在一家一人公司的情况下,

(i)若公司仅有一名董事,董事会会议上处理的全部业务应当记入按第118节维持的纪要簿;

(ii)上述纪要簿应当由该董事签名并落款日期;

(iii)该决议应当自董事签名此纪要之日起生效。

首席执行官、经理、公司秘书或首席财务官

77. 受本法规定的约束,

(i)董事会可以任命首席执行官、经理、公司秘书或首席财务官,规定其认为适当的任期、薪酬和条件。可以采取董事会决议方式免去按上述任命的任何首席执行官、经理、公司秘书或首席财务官。

(ii)可以任命董事担任首席执行官、经理、公司秘书或首席财务官。

78. 本法或本规章的规定要求或授权由董事和首席执行官、经理、公司秘书或首席财务官做特定事项,该规定不应当由担任董事、首席执行官、经理、公司秘书或首席财务官的同一者完成该事项来满足。

印章

79.(i)董事会应当提供印章的安全保管。

(ii)不应当在任何文书上盖公司印章,但由董事会决议授权或董事会在此方面授权董事会—专门委员会决议授权的除外,和至少2名董事和公司秘书或董事会为此目的任命的其他人在现场的除外。上述2名董事和公司秘书或上述其他人应当在现场签署盖公司印章的每份文书。

股息和储备

80. 公司可以在大会上宣布股息,但任何股息不应当超过董事会建议的金额。

81. 受第123节规定的约束,董事会可以随时按公司利润向其显示合理的,向成员支付临时股息。

82.(i)董事会在建议任何股息前,可以从公司利润中留出其认为合适的储备金。该储备应当按董事会酌情权,用于可以正当使用公司利润的任何目的,包括为满足不可预见费用或平衡股息的准备金;在上述适用期间,可以按类似酌情权,用于公司业务或投资于董事会随时认为适当的投资(公司股份除外)。

（ⅱ）董事会还可以将其认为没必要分解的任何利润转入下期,不将其留出作为储备金。

83.（ⅰ）受有权对股份享受股息等特别权利的人的权利约束,应当宣布所有股息,并依据该股份上应付股息的金额进行支付或贷记为已付。但是,若未在公司任何股份上进行任何支付,可以根据该股份的金额宣布和支付股息。

（ⅱ）为了本规范的目的,不应当将提前催缴股份上的已付或贷记为已付的任何金额按已付股份处理。

（ⅲ）应当分配全部股息,并按比例支付应付股息期间任何时段或诸时段的金额或贷记为已付。

84. 董事会可以从向任何成员应付任何股息中扣除其根据催缴欠公司的或其他情况与公司股份有关的全部应付款额。

85.（ⅰ）可以通过指定邮政向持有人注册地址发送支票或授权证支付股份上的任何股息、利息或其他现金应付款项;或在共同持有人的情况下,向公司注册簿上指定的第一位持有人注册地址发送;或向持有人或共同持有人书面指示的人员和地址发送。

（ⅱ）应当按向其发送的人的命令付款,作出上述每份支票或授权证书。

86. 2名或多名股份共同持有人中的任何一人可以给出股份上任何股息、红利或其他应付款项的有效收据。

87. 应当按本法所述方式向有权享受股份的人发送已宣布任何股息的通知。

88. 任何股息不应当承担针对本公司的利息。

账目

89.（ⅰ）董事会应当随时确定公司账目和簿册是否、何种程度、什么时间与地点、按何种条件或规范,向不是董事的成员开放以供查阅。

（ⅱ）任何成员(非董事)应当无任何权利查阅公司任何账目、簿册或文件,但法律赋予、董事会授权或公司在大会上授权的除外。

关闭

90. 受本法第ＸＸ章和据此所定规则的规定的约束,

（ⅰ）若公司应当关闭,清算人经公司特别决议认可和本法要求的其他任何认可,可以将公司全部或任何部分资产在成员之间分解为不同种类,不论它们是否应当由相同种类财产构成。

（ⅱ）为了前述目的,清算人可以在上述被分解的任何财产上设置其认为公正的任何价值,并可以决定在成员之间或不同种类成员之间如何实施上述分解。

（ⅲ）清算人为了出资人的利益,经类似许可,可以将上述全部或任何部分资产赋予其认为必要信托的受托人,但是不应当据此强迫任何成员接受存在任何负债的任何股份或其他证券。

赔偿

91. 应当用公司资产赔偿在针对公司任何责任的捍卫任何诉讼(无论民事或刑事)中法院或法庭作出有利于他的判决、宣告他无罪或给予其救济的公司每位官员。

注:本章程应当由组成备忘录每位签署人在至少1名见证人面前签名,并填写其地

址、类别和职业（若有），该见证人应当证实签名且应当填写其地址、类别和职业（若有），上述签名应当是以下规定的格式：

签署人的名称、地址、类别和职业	见证人（及姓名、地址、类别和职业）
A. B. 商人＿＿＿＿＿	在本人面前签名： 签名＿＿＿＿＿
C. D. 商人＿＿＿＿＿	在本人面前签名： 签名＿＿＿＿＿
E. F. 商人＿＿＿＿＿	在本人面前签名： 签名＿＿＿＿＿
G. H. 商人＿＿＿＿＿	在本人面前签名： 签名＿＿＿＿＿
I. J. 商人＿＿＿＿＿	在本人面前签名： 签名＿＿＿＿＿
K. L. 商人＿＿＿＿＿	在本人面前签名： 签名＿＿＿＿＿
M. N. 商人＿＿＿＿＿	在本人面前签名： 签名＿＿＿＿＿

于＿＿＿＿＿（日期）在＿＿＿＿＿（地点）签署。

附表 G

股份资本担保有限责任公司设立章程

1. 本公司提议注册的成员数为 100，但董事会可以随时注册增加成员。

2.《2013 年公司法》附件表 I 中附表 F 应当视为嵌入本章程，并适用于本公司。

附表 H

无股份资本担保有限公司设立章程

解释

Ⅰ.（1）在本规章中，

（a）"本法"，指《2013 年公司法》；

（b）"印章"，指公司公章。

（2）除非上下文另有要求，本规章包含的单词或词组应当具有本法中或其在本章程约束本公司之日任何有效法定修改中规定的相同含义。

成员

Ⅱ.1. 本公司提议注册成员人数为100,但董事会可以随时在公司或公司业务向其要求时注册增加成员。

2. 备忘录签署人和按董事会认可成员关系的其他人应当是本公司的成员。

大会

3. 年度大会以外的全部大会应当召集特别大会。

4. (ⅰ)董事会可以在其认为合适的任何时间,召集特别大会。

(ⅱ)若有资格行事的数量上足以构成法定人数的董事在任何时间不在印度境内,公司的任何董事或任何2名成员可以以尽可能与董事会召集会议的相同方式召集特别大会。

大会程序

5. (ⅰ)不应当在任何大会上处理任何业务,除非成员法定人数在该会议审议业务的时间出席。

(ⅱ)保留在此的另行规定,大会法定人数应当按第103节中的规定。

6. 董事会主席(若有)应当担任公司每次大会的主席。

7. 若无上述主席,或其在指定举行会议的时间后15分钟内未出席或他不愿意担任会议主席,出席会议的董事应当选举其一名董事担任会议主席。

8. 若在任何大会上,无董事愿意担任主席或无董事在指定举行会议的时间后15分钟内出席,出席成员应当选择其一位成员担任会议主席。

休会

9. (ⅰ)主席经法定人数出席的任何会议同意可以且在会议指令时应当随时随地休会。

(ⅱ)在任何休会期间不应当处理休会发生后会议上留下未完成的业务以外的业务。

(ⅲ)若休会30日或以上,应当按原会议情况发出休会通知。

(ⅳ)保留上述规定并按本法第103节中的规定,应当不必要发出休会通知或休会期间处理业务的通知。

投票权

10. 每位成员应当有一票。

11. 精神不健全的成员,或在此方面具有管辖权的法院已经作出精神失常命令的人,可以由其委员会或其他监护人投票,不论举手表决还是票决。上述任何委员会或监护人可以由代理人在表决票上投票。

12. 任何成员不应当有权在任何大会上投票,除非其已经支付目前欠公司应付款的全部款项。

13. (ⅰ)不应当对任何投票人的资格提出任何异议,但在会议上或休会期间提出或给出投票异议的除外。为了所有目的,在上述会议上不允许的每项投票应当是有效的。

(ⅱ)在适当时间提出的上述任何异议应当提交会议主席,会议主席的决定是最终的和结论性的。

14. 尽管委托人已死亡或有精神病、撤销已执行代理的代理权或授权,或与给予代理有关的股份已转让,根据代理人文书条款作出的投票应当有效。

但是,在行使代理权的会议或休会开始前,公司不应当在其办公地接受上述死亡、精神病、撤销或转让的任何书面通知。

15. 成员可以根据第 108 节以电子手段在会议上行使其投票,且应当仅投一次。

16. 表决票已要求的以外的任何业务可以在等待采取票决期间继续议程。

董事会

17. 应当由备忘录签署人或其多数书面确定董事的人数和第一届董事的名单。

18.(ⅰ)董事的薪酬应当在其构成月支付的范围内,视为按日计算。

(ⅱ)除了根据本法向其应付薪酬外,还可以向董事支付以下正当产生的全部旅行、宾馆和其他费用:

(a)往返董事会及其专门委员会会议或公司大会;或

(b)与公司业务有关的。

董事会程序

19.(ⅰ)董事会可以按其认为适当为了业务行为召开会议、休会和其他情况下规范其会议。

(ⅱ)董事可以召集和经理或秘书经董事要求应当召集董事会会议。

20.(ⅰ)保留本法另行明文规定,董事会会议上出现的问题应当由多数票确定。

(ⅱ)若票数相等,董事会主席(若有)应当有第二次投票或决定性一票。

21. 尽管董事会存在任何空缺,留任董事可以行事;但是,若董事会成员减少到本法对董事会会议规定的法定人数以下,为了将董事人数提高到对法定人数的规定或召开公司大会的目的且不是为了其他任何目的,留任董事可以行事。

22.(ⅰ)董事会可以选举其会议主席并决定其任期。

(ⅱ)若未选举上述主席或在任何会议上该主席自指定举行会议之时起 15 分钟内未出席,出席董事可以选举其一位成员担任会议主席。

23.(ⅰ)董事会受本法规定的约束,可以将其任何权力委派给由其认为适当的其机构成员组成的专门委员会。

(ⅱ)按上述组成的任何专门委员会在行使委派的权力中,应当遵循董事会施加给它的任何规范。

24.(ⅰ)专门委员会可以选举其会议主席。

(ⅱ)若未选举上述主席或该主席在任何会议上自指定举行会议的时间起 15 分钟内未出席,出席的成员可选举其一名成员担任会议主席。

25.(ⅰ)专门委员会可以按其认为适当召开会议或休会。

(ⅱ)专门委员会任何会议上出现的问题,应当由出席会议成员的多数票决定。若票数相等,主席应当有第二次投票或决定性一票。

26. 尽管事后可能发现在任命任何一名或多名董事或任何人担任上述董事中存在瑕疵,或他们或其中一人无资格,担任董事的任何人在董事会及其专门委员会会议上所作的全部行为应当有效,如同上述每位董事或人员已经正式被任命且有资格担任董事。

27. 保留本法中另行明文规定,由当时有权接受董事会及其专门委员会会议通知的董事会或其专门委员会全体成员签署的书面决议,应当合法有效,如同其在正式召集和召开的董事会或专门委员会会议上通过。

首席执行官、经理、公司秘书或首席财务官

28. 受本法规定的约束,

(i)董事会可以任命首席执行官、经理、公司秘书或首席财务官,规定其认为适当的任期、薪酬和条件。可以采取董事会决议方式免去按上述任命的任何首席执行官、经理、公司秘书或首席财务官;

(ii)可以任命董事担任首席执行官、经理、公司秘书或首席财务官。

29. 本法或本章程的规定要求或授权由董事和首席执行官、经理、公司秘书或首席财务官做特定事项,该规定不应当由担任董事、首席执行官、经理、公司秘书或首席财务官的同一者完成该事项来满足。

印章

30. (i)董事会应当提供印章的安全保管。

(ii)不应当在任何文书上盖公司印章,但由董事会决议授权或董事会在此方面授权董事会一专门委员会决议授权的除外,和至少 2 名董事和公司秘书或董事会为此目的任命的其他人出席的除外。上述 2 名董事和公司秘书或上述其他人应当在现场签署盖公司印章的每份文书。

注:本章程应当由组成备忘录每位签署人在至少 1 名见证人面前签名,并填写其地址、类别和职业(若有),该见证人应当证实签名且应当填写其地址、类别和职业(若有),上述签名应当是以下规定的格式:

签署人的名称、地址、类别和职业	见证人(及姓名、地址、类别和职业)
A. B. 商人_____	在本人面前签名: 签名_____
C. D. 商人_____	在本人面前签名: 签名_____
E. F. 商人_____	在本人面前签名: 签名_____
G. H. 商人_____	在本人面前签名: 签名_____
I. J. 商人_____	在本人面前签名: 签名_____
K. L. 商人_____	在本人面前签名: 签名_____
M. N. 商人_____	在本人面前签名: 签名_____

于_____(日期)在_____(地点)签署。

附表 I

股本资本无限责任公司设立章程

1. 本公司提议注册的成员数是 100,但董事会可以随时注册增加成员。

2.《2013 年公司法》附件表 I 中附表 F 应当视为嵌入本章程,并适用于本公司。

附表 J

无股份资本无限责任公司设立章程

1. 本公司提议注册成员人数为 100,但董事会可以随时在公司或公司业务向其要求时,注册增加成员。

2. 备忘录签署人和按董事会应当承认成员关系的其他人应当是本公司的成员。

3.《2013 年公司法》附件表 I 中附表 H 的全部条文应当视为嵌入本章程,并适用于本公司。

表 II

[见第 123 节]

计算折旧的使用期

第 A 部分

1. 折旧,指一项资产应折旧金额在使用期的系统性分摊。一项资产的应折旧金额,指该资产的成本和替代成本的其他金额减去该资产的剩余价值。一项资产的使用期,指一实体期望该资产可供使用的期限或该实体期望从该资产中获得的产量或类似单位。

2. 为了本表的目的,"折旧"术语包括摊还。

3. 不损害上述第 1 款规定,

(ⅰ)在规定种类公司的情况下,且其财务报表遵守第 133 节下对该种类公司规定的会计标准,一项资产的使用期通常不应当与该使用期不同,剩余价值不应当与第 C 部分指定的不同。但是,若上述公司使用的使用期或剩余价值不同于第 C 部分指定的,其应当披露对相同事项的调整。

(ⅱ)对其他公司,一项资产的使用期不应当长于第 C 部分中规定的使用期,其剩余价值不应当高于第 C 部分规定的剩余价值。

(ⅲ)对无形资产,第(ⅰ)或(ⅱ)分款下所述会计标准的规定,按可适用性,应当适用。

第 B 部分

4. 按议会立法设立的监管当局或中央政府为会计目的公告的任何特定资产的使用期或剩余价值,应当适用于计算对该资产规定的折旧,不考虑本表的要求。

第 C 部分

5. 受上述第 A 和 B 部分的约束,以下是不同有形资产的使用期:

资产性质	使用期(年)
Ⅰ. 建筑物[NESD(不允许额外折旧)]	
(a)建筑物(非工厂建筑物)-RCC(碾压混凝土)框架结构	60
(b)建筑物(非工厂建筑物)-非 RCC 框架结构	30
(c)工厂建筑物	30
(d)围墙、水井、管井	5
(e)其他(含临时建筑物等)	3
Ⅱ. 桥梁、涵洞、码头等[NESD]	30
Ⅲ. 公路[NESD]	
(a)铺设公路	
(ⅰ)铺设公路-RCC	10
(ⅱ)铺设公路-非 RCC	5
(b)未铺公路	3
Ⅳ. 工厂与机械	
(ⅰ)可适用于特殊工厂与机械下未涵盖工厂与机械的一般标准	
(a)特殊行业下未涵盖的非持续性加工厂的工厂与机械	15
(b)以下(ⅱ)中未规定特别标准的持续性加工厂[NESD]	8
(ⅱ)特殊工厂与机械	
(a)与生产和显示电影胶片有关的工厂与机械	
1. 电影、用于制作和显示电影的机器、记录与复制设备、显影机、印刷机、编辑机、同步装置和摄影室灯光(电灯泡除外)	13
2. 显示电影的投影设备	13
(b)用于玻璃制造的工厂与机械	
1. 工厂与机械(直接点火玻璃熔化炉除外)-回热和再生玻璃熔炉	13
2. 工厂与机械(直接点火玻璃熔化炉除外)-模具[NESD]	8
3. 浮法玻璃熔化炉[NESD]	10

续表

资产性质	使用期(年)
(c)用于矿藏和露天矿场的工厂与机械－便携式地下机械和用于露天采矿的土方机械[NESD]	8
(d)用于通讯的工厂与机械[NESD]	
1. 塔	18
2. 电信收发器、交换中心、传输和其他网络设备	13
3. 电讯－导管、电缆和光导纤维	18
4. 卫星	18
(e)用于勘探、生产、提炼石油和天然气的工厂和机械[NESD]	
1. 精炼厂	25
2. 石油天然气资产(含油井)、炼油厂和设施	25
3. 石化工厂	25
4. 储油罐和相关设备	25
5. 输油管	30
6. 钻探装置	30
7. 野外作业(地上)便携式锅炉、钻井工具、水罐等	8
8. 记录仪	8
(f)用于发电、电力输送和分配的工厂与机械[NESD]	
1. 热能/天然气/复合循环发电厂	40
2. 水力发电厂	40
3. 核能发电厂	40
4. 输电线路、电缆和其他网络资产	40
5. 风力发电厂	22
6. 配电厂	35
7. 燃气储存和配电厂	30
8. 水力配电厂(包括管道)	30
(g)用于钢铁制造的工厂	
1. 烧结厂	20
2. 高炉	20
3. 炼焦炉	20
4. 钢铁厂的辊轧机	20
5. 碱性氧炉转炉	25
(h)用于有色金属制造的工厂与机械	

续表

资产性质	使用期(年)
1. 金属罐线[NESD]	40
2. 铝土矿粉碎和研磨部分[NESD]	40
3. 蒸炼部分[NESD]	40
4. 涡轮机[NESD]	40
5. 煅烧设备[NESD]	40
6. 铜熔炼炉[NESD]	40
7. 轧辊磨床	40
8. 均热炉	30
9. 退火炉	30
10. 轧机	30
11. 剥皮、纵切等设备[NESD]	30
12. 用于矿藏的露天采矿机、松土推土机等	25
13. 铜精炼厂[NESD]	25
(i)用于医疗和外科手术的工厂与机械[NESD]	
1. 电力机械、X线与电疗仪及其附件、医疗与诊断设备(即CT扫描仪、超声仪、心电监护仪等)	13
2. 其他设备	15
(j)用于制造医药化工品的工厂[NESD]	
1. 反应器	20
2. 蒸馏塔	20
3. 干燥设备/离心机和滗水器	20
4. 仓库/储存罐	20
(k)用于民用建筑的工厂与机械	
1. 混凝土、破碎、打桩设备和公路施工设备	12
2. 起重设备	
100吨以上的起重机	20
100吨以下的起重机	15
3. 传输线、隧道掘进设备[NESD]	10
4. 土方设备	9
5. 其他,包括材料搬运/管线/焊接设备[NESD]	12
(1)用于盐场的工厂与机构[NESD]	15
V. 家具和配件[NESD]	

续表

资产性质	使用期(年)
(i)通用家具与配件	10
(ii)用于宾馆、旅馆、公寓、学校、大学和其他教育机构、图书馆、福利中心、会议厅、电影院、剧院和马戏团的家具与配件,出租用于结婚庆典和类似功能的家具与配件	8
Ⅵ. 机动车辆[NESD]	
1. 摩托车、踏板车和其他轻便摩托车	10
2. 用于从事业务的公共汽车、卡车、小汽车、电动出租车	6
3. 非用于从事业务的公共汽车、卡车、小汽车、电动出租车	8
4. 牵引车、联合收割机和重型车辆	8
5. 电动车辆,包括电池或燃料电池为动力的车辆	8
Ⅶ. 船舶[NESD]	
1. 海船	
(i)散货船和班轮船	25
(ii)原油船、成品油轮和有或无常规罐涂层的易化学货船	20
(iii)化学品及酸性物货船	
(a)有不锈钢罐的	25
(b)有其他罐的	20
(iv)液化气体货船	30
(v)也用于邮轮目的的常规大型客船	30
(vi)全部种类的沿海服务船舶	30
(vii)离岸给养船	20
(viii)双体船和其他高速客船或船只	20
(ix)教练船	25
(x)气垫船	15
(xi)木质船体渔船	10
(xii)主要用于疏浚目的的疏浚船、拖船、驳船、勘测船	14
2. 在内陆水平日常营运的船只	
(i)高速船	13
(ii)其他船只	28
Ⅷ. 飞机或直升机[NESD]	20
Ⅸ. 铁路的线路、机车、车辆、轨道和商用铁路,排除铁路方面使用[NESD]	15

续表

资产性质	使用期(年)
X. 索道构造物[NESD]	15
XI. 办公设备[NESD]	5
XII. 电子计算机和数据处理单元[NESD]	
(ⅰ)服务器和网络	6
(ⅱ)终端用户装置,如台式电信、笔记本电脑等	3
XⅢ. 实验室设备[NESD]	
(ⅰ)实验室通用设备	10
(ⅱ)用于教育机构的实验室设备	5
XⅣ. 电气装置和设备[NESD]	10
XⅤ. 液压工程、管道和水闸[NESD]	15

注:

1. "工厂建筑物",不包括办公室、货仓、员工宿舍。

2. 若在任何财务年度对任何资产进行任何添加,或任何资产已经出售、放弃、拆除或毁损,该资产的折旧应当以比例为基准自上述添加之日起计算,或(视情况而定)至该资产被出售、放弃、拆除或毁损之日。

3. 应当在账目中披露以下信息:

(ⅰ)使用的折旧方法;和

(ⅱ)若使用期不同于本表规定的期限,计算折旧的资产使用期。

4. 本表第C部分中规定的使用期是对该资产的整体性。若该资产任何部分的成本对该资产总成本意义重大且该部分的使用期不同于该资产其他部分的使用期,应当分别确定该重要部分的使用期。

5. 应折旧金额是,一项资产的成本或替代成本的其他金额,减去其剩余价值。一般情况下,一项资产的剩余价值通常是不重要的,但一般不应当低于该资产原始成本的5%。

6. 轮班制的资产使用期已以其单班工作制为基础规定在本表中。对不允许额外班折旧(上述第C部分中用NESD表示)的资产除外,若一项资产用于双班制年度期间任何时间,该期间的折旧将增加50%;若为三班制,该期间的折旧应当以100%为基准计算。

7. 自本表生效之日起,资产执行金额自该日起——

(a)应当按本表每项规定,对剩余使用期进行折旧;

(b)保留剩余价值后,若剩余使用期为零,应当在留存收益的期初结余中认可。

8. "持续性加工厂",指要求和设计每日24小时运转的工厂。

表Ⅲ

[见第129节]

拟制公司资产平衡表和损益表的一般指令

一般指令

1. 若遵守本法要求(包括可适用于公司的会计标准)需要在处理和披露中作出任何

变更,包括在标题或次标题添加、修正、替换或删除,或者财务报表或构成其部分的报表相互间作出任何变更,应当作出相同变更,本表的要求应当据此被修改。

2. 本表中规定的披露要求是对《2013年公司法》下规定会计标准中具体规定的披露要求的添加而不是替换。会计标准中规定的添加披露应当在会计说明中进行或以附添报表方式进行,除非要求在财务报表的面上进行。相应地,该《公司法》要求的其他全部披露应当在会计说明中进行,以补充本表所列要求。

3.(ⅰ)若要求(a)叙事性描述或分解上述报表中认可的项目,和(b)关于不符合上述报表中认可的项目的信息,会计说明应当包含补充财务报表中出现信息的信息。

(ⅱ)平衡表和损益表面上的每个项目应当交叉引用会计说明中的任何相关信息。在拟制财务报表(包括会计说明)时,应当维持提供无助于财务报表使用者的过度信息与因过度集成而不提供重要信息之间的平衡。

4.(ⅰ)依据公司营业额,可以按以下给定的,舍入财务报表中出现的数字:

营业额	舍入
(a)低于10亿卢比	最接近100、1000、10万或100万,或其十进制
(b)10亿卢比或以上	最接近10万、100万或1000万,或其十进制

(ⅱ)一旦使用一衡量单位,应当在财务报表中统一使用该衡量单位。

5.(在公司成立后)向公司提交首次财务报表的情形除外,还应当给出上一个报告期财务报表(包括说明)中显示的全部项目的相应数额(对比值)。

6. 为了本表的目的,在此方面使用的诸术语应当是每项可适用会计标准的术语。

注:本表本部分列出了平衡表、损益表(为了本表的目的,以下简称"财务报表")和说明的面上披露的最低要求。行的项目、次行的项目和小计应当作为财务报表面上的添加或替换予以呈现,若此呈现与理解公司财产状况、效能有关或与行业/部门披露要求有关,或要求遵守本《公司法》修正案或按会计标准。

第Ⅰ部分 平衡表

公司名称:＿＿＿＿＿＿＿

平衡表截至:＿＿＿＿＿＿＿　　　　　　　　　　　　　　　　(单位:＿＿＿＿＿＿卢比)

细目	说明编号	数字截至本报告期期末	数字截至上个报告期期末
1	2	3	4
Ⅰ.权益与负债			
(1)股东资金			
(a)股份资本			
(b)储备和盈余			
(c)认股权证的收款			

续表

细目	说明编号	数字截至本报告期期末	数字截至上个报告期期末
(2) 配股期股份申请款			
(3) 非流动负债			
(a) 长期借款			
(b) 延期税务负债(净值)			
(c) 其他长期负债			
(d) 长期准备金			
(4) 流动负债			
(a) 短期借款			
(b) 应付贸易账款			
(c) 其他流动负债			
(d) 短期准备金			
合计			
Ⅱ. 资产			
(1) 非流动资产			
(a) 固定资产			
(ⅰ) 有形资产			
(ⅱ) 无形资产			
(ⅲ) 资本在制品			
(ⅳ) 在研无形资产			
(b) 非流动投资			
(c) 延期税务资产(净值)			
(d) 长期贷款和预付款			
(e) 其他非流动资产			
(2) 流动资产			
(a) 流动投资			
(b) 存货			
(c) 应收贸易账款			
(d) 现金与现金等价物			
(e) 短期贷款和预付款			
(f) 其他流动资产			
合计			

见财务报表附件说明。

说明

拟制平衡表的一般指令

1. 若资产符合以下任何标准,其应当分类为流动资产:

(a)期望其在公司正常运行周期中实现或意图出售或消费;

(b)其为了交易目的被最初持有;

(c)期望其在报告日后12个月内实现;或

(d)其是现金或现金等价物,除非限制其在报告日后至少12个月被交易或用于结算负债。

其他全部资产应当分类为非流动资产。

2. 运行周期是指为加工获取资产与其以现金或现金等价物实现之间的时间。若不能识别正常运行周期,推定有12个月的期间。

3. 若负债符合以下任何标准,应当分类为流动负债:

(a)期望其在公司正常运行周期了结;

(b)其为了交易目的最初被持有;

(c)其在报告日之后12个月内是将了结的到期款项;或

(d)公司在报告日后至少12个月没有无条件权利延期结清负债。按对方选择权可能导致通过发行权益工具了结的负债条款不影响其分类。

其他全部负债应当分类为非流动负债。

4. 若应收账款在数额方面是正常业务过程中出售商品或提供服务的账目上到期款项,其应当分类为"应收贸易账款"。

5. 若应付账款在数额方面是正常业务过程中购买商品或接受服务的账目上到期款项,其应当分类为"应付贸易账款"。

6. 公司应当在会计说明中披露以下事项:

A. 股份资本

对每种类股份资本(分别处理不同种类优先股份):

(a)法定股份的数量与金额;

(b)已发行、认购、完全付清和认购但未完全付清的股份数量;

(c)每股的票面价值;

(d)在报告期开始和结束时未偿付股份数的调账;

(e)附属于每种股份的权利、优先权和限制,包括对分配股息和偿还资本的限制;

(f)由控股公司或最终控股公司总计持有本公司的每种类股份,包括由控股公司或最终控股公司的子公司或关联公司持有的股份;

(g)持有规定持有股份数量的5%以上股份的每位股东持有的本公司股份;

(h)期权和合同/承诺下为出售股份或收回投资所保留发行的股份,包括其期限和金额;

(i)平衡表拟制日之前的以下5年期:

(A)依据合同不接受现金支付的作为完全付清配股的总量和种类。

（B）以红利股方式作为完全付清配股的总量和种类。

（C）回购股份的总量和种类。

（j）可转换为随转换最早日发行的、自该最远日开始逐渐降低的普通股份/优先股份的任何证券条款；

（k）未付的催缴（显示董事和官员对未付股份的催缴总价值）；

（l）罚没股份（最初已付金额）。

B. 储备和盈余

（ⅰ）储备与盈余应当分类为：

（a）资本储备；

（b）资本赎回储备；

（c）证券溢价储备；

（d）债券溢价储备；

（e）重置储备；

（f）股份期权应收账款；

（g）其他储备（详细说明每种储备的性质、目的和金额）；

（h）盈余，即披露分配和拨出诸如股息、红利股和转变成储备/从储备中转变等之类的损益表中的余额；

（自上期平衡表起，按每项规定的标题，显示增加和减少。）

（ⅱ）指定用途投资特别表明的储备应当称为"基金"。

（ⅲ）损益表的债务余额应当在"盈余"标题下显示为负数。相应地，在调整盈余负余额后，即使最终数字是负数，应当在"储备与盈余"标题下显示"储备与盈余"的余额。

C. 长期借款

（ⅰ）长期借款应当分类为：

（a）公司债券/债券；

（b）来自以下的定期贷款：

（A）银行；

（B）其他当事人。

（c）延期支付负债；

（d）存款；

（e）来自相关当事人的贷款和预付款；

（f）融资租赁义务的长期到期；

（g）其他贷款和预付款（说明其性质）。

（ⅱ）借款应当进一步分类为担保和无担保借款。应当在每种情形中分别说明担保权益的性质。

（ⅲ）若董事或其他人已经担保了贷款，应当披露每项标题下的上述贷款总额。

（ⅳ）公司债券/债券（含利率、赎回或转换详情，视情况而定）应当自最远赎回或转换日起（视情况而定）按降序进行说明。若公司债券/债券是可分期赎回的，为了本目的，到期日应当认为是第一期变成到期的日期。

(ⅴ)应当披露公司有权力再发行的任何赎回公司债券/债券的详细情况。

(ⅵ)应当说明定期贷款和其他贷款的偿还期。

(ⅶ)应当在每种情况下,在拟制平衡表日,分别说明偿还贷款及利息中持续拖欠的期限和金额。

D. 其他长期负债

其他长期负债应当分类为:

(a)应付贸易账款;

(b)其他。

E. 长期准备金

本项金额应当分类为:

(a)雇员利益准备金;

(b)其他(说明其性质)。

F. 短期借款

(ⅰ)短期借款应当分类为:

(a)来自以下的按要求应偿付的贷款:

(A)银行;

(B)其他当事人。

(b)来自相关当事人的贷款和预付款;

(c)存款;

(d)其他贷款和预付款(说明其性质)。

(ⅱ)借款应当进一步分类为担保和无担保借款。在每种情况下,应当分别说明担保权益的性质。

(ⅲ)若董事或其他人已担保了贷款,应当披露每项标题下上述贷款的总金额。

(ⅳ)应当在每种情况下,在拟制平衡表日,分别说明偿还贷款及利息中持续拖欠的期限和金额。

G. 其他流动负债

本项金额应当分类为:

(a)长期债务的一年到期;

(b)融资租赁义务的一年到期;

(c)非到期借款的应计利息;

(d)到期借款的应计利息;

(e)提前接受的收入;

(f)未付股息;

(g)收到的配售证券认购金、返还的应付款及其应计利息。股份认购金包括配售股份资本的预付款。应当披露条款条件,包括提议发行股份的数量、额外费用额(若有)和应当发行股份之前的期限。还应当披露公司是否有充分法定资本涵盖的配售股份因上述认购金所产生的股份资本金额。进一步披露未付认购金超过股份认购邀请文件所述配售期的期限和未付上述认购金的原因。应当在"资产"标题下披露未超过发行资本的股份

认购金和不可退还的范围。应当在"其他流动负债"标题下,分别显示不可退还股份认购金的范围,即超出认购的金额或不符合最低认购要求。

(h)未付到期存款及其应计利息;

(i)未付到期债券及其应计利息;

(j)其他应付款项(说明其性质)。

H. 短期准备金

本项的金额应当分类为:

(a)雇员利益准备金;

(b)其他(说明其性质)。

I. 有形资产

(ⅰ)应当分类为:

(a)土地;

(b)建筑物;

(c)工厂和设备;

(d)家具和固定财产;

(e)交通工具;

(f)办公设备;

(g)其他(说明其性质)。

(ⅱ)租赁下的资产应当在每种类资产下分别说明。

(ⅲ)应当分别披露报告期开始和结束时每种类资产总额和净账面额的处理,其显示通过业务合并和其他调整的增加、处置、获取和相关折旧、减值损失/逆转。

(ⅳ)若金额已注销资本减量或资产重置,或金额已增加资产重置,注销日以后的每份平衡表或增长应当显示可适用的减少或增长数字,还应当以说明方式显示适当减少或增长金额和上述减少或增长日以后第一个五年期的日期。

J. 无形资产

(ⅰ)应当分类为:

(a)信誉;

(b)品牌/商标;

(c)计算机软件;

(d)刊头和出版标题;

(e)采矿权;

(f)版权、专利和其他知识产权,服务与营运权;

(g)诀窍、配方、模型、设计和蓝图;

(h)许可证和特许权;

(i)其他(说明其性质)。

(ⅱ)应当分别披露报告期开始和结束时每种类资产总额和净账面额的处理,其显示通过业务合并和其他调整后的增加、处置、获取和相关折旧、减值损失/逆转。

(ⅲ)若金额已注销资本减量或资产重置,或金额已增加资产重置,注销日以后的每份平衡表或增长应当显示可适用的减少或增长数字,还应当以说明方式显示适当减少或增长金额和上述减少或增长日以后第一个五年期的日期。

K. 非流动投资

(ⅰ)非流动投资应当分类为贸易投资和其他投资,并进一步分类为:

(a)投资财产;

(b)投资权益工具;

(c)投资优先股;

(d)投资政府或信托证券;

(e)投资债券或公司债券;

(f)投资共同基金;

(g)投资合伙企业;

(h)其他非流动投资(说明其性质)。

在每项分类下,详情中应当给出对其已进行投资的法人名称,分别指明对其进行上述投资的该法人是不是(ⅰ)子公司、(ⅱ)关联公司、(ⅲ)合营企业或(ⅳ)社会目的控制实体,和在上述各法人中进行此等投资的性质和范围(分别显示已部分支付的投资)。对资本投资合伙企业,应当给出该企业的名称(和全体合伙人的名称、总资本及每位合伙人的股份)。

(ⅱ)应当分别说明以费用以外的其他形式进行的投资,并详细说明其估价的基准。

(ⅲ)还应当披露以下事项:

(a)上市投资的总金额及其市场价值;

(b)非上市投资的总金额;

(c)投资价值减缩的总准备金。

L. 长期贷款和预付款

(ⅰ)长期贷款和预付款应当分类为:

(a)资本预付款;

(b)保证金;

(c)对相关当事人的贷款和预付款(列出其细节);

(d)其他贷款和预付款(说明其性质)。

(ⅱ)上述还应当分别进一步分类为:

(a)有担保,视为良好;

(b)无担保,视为良好;

(c)可疑。

(ⅲ)应当在相关标题下分别披露对不良或可疑贷款和预付款的准许额。

(ⅳ)应当分别说明公司的董事或其他官员,或其任何人单独或与其他任何人共同欠的贷款和预付款,或任何董事是其合伙人、董事或成员的企业或私人公司分别欠的金额。

M. 其他非流动资产

其他非流动资产应当分类为:

(ⅰ)长期贸易应收账款(含对延期信贷期的应收贸易账款);

(ⅱ)其他(说明其性质);

(ⅲ)长期贸易应收账款应当进一步分类为:

(a)(A)有担保,视为良好;

(B)无担保,视为良好;

(C)可疑。

(b)应当在相关标题下分别披露对不良或可疑债务的准许额。

(c)应当分别说明公司的董事、其他官员或其任何人单独或与其他任何人共同欠的债务,或任何董事是其合伙人、董事或成员的企业或私人公司分别欠的债务。

N. 流动投资

(ⅰ)流动投资应当分类为:

(a)投资权益工具;

(b)投资优先股;

(c)投资政府或信托证券;

(d)投资债券或公司债券;

(e)投资共同基金;

(f)投资合伙企业;

(g)其他投资(说明其性质)。

在每项分类下,详情中应当列出对其已进行投资的法人名称[分别指明该法人是不是(ⅰ)子公司、(ⅱ)关联公司、(ⅲ)合营企业或(ⅳ)社会目的控制实体],和在上述各法人中进行此等投资的性质和范围(分别显示已部分支付的投资)。对资本投资合伙企业,应当列出该企业的名称(和全体合伙人的名称、总资本及每位合伙人的股份)。

(ⅱ)还应当披露以下事项:

(a)各项投资的估价基准;

(b)上市投资的总金额及其市场价值;

(c)非上市投资的总金额;

(d)投资价值减缩的总准备金。

O. 存货

(ⅰ)存货应当分类为:

(a)原材料;

(b)在制品;

(c)制成品;

(d)库存品(为交易所获得的货物);

(e)物料与备件;

(f)松动工具;

(g)其他(说明其性质)。

(ⅱ)应当在存货的相关分标题下披露运送中的货物。

(ⅲ)应当说明估价模式。

P. 应收贸易账款

(ⅰ)应当分别说明自到期支付日起超过6个月期的未付应收贸易账款总金额。

(ⅱ)应收贸易账款应当进一步分类为:

(a)有担保,视为良好;

(b)无担保,视为良好;

(c)可疑。

(ⅲ)应当在相应标题下披露对不良或可疑债务的准许额。

(ⅳ)应当分别说明公司的董事、其他官员或其任何人单独或与其他任何人共同欠的债务,或任何董事是其合伙人、董事或成员的企业或私人公司分别欠的债务。

Q. 现金与现金等价物

(ⅰ)现金与现金等价物应当分类为:

(a)银行中的余额;

(b)现有支票、汇票;

(c)现有现金;

(d)其他(说明其性质)。

(ⅱ)应当分别披露银行中特定用途余额。

(ⅲ)应当分别披露银行中作为差额钱款或对借款、担保和其他承诺之担保权益的余额。

(ⅳ)应当就现金和银行余额分别披露汇回限制(若有)。

(ⅴ)应当分别披露12个月期以上的银行存款。

R. 短期贷款与预付款

(ⅰ)短期贷款与预付款应当分类为:

(a)对相关当事人的贷款和预付款(列出其详细情况);

(b)其他(说明其性质)。

(ⅱ)上述还应当分类为:

(a)有担保,视为良好;

(b)无担保,视为良好;

(c)可疑。

(ⅲ)应当在相应标题下分别披露对不良和可疑贷款、预付款的准许额。

(ⅳ)应当分别说明公司的董事、其他官员或其任何人单独或与其他任何人共同欠的贷款和预付款,或任何董事是其合伙人、董事或成员的企业或私人公司分别欠的金额。

S. 其他流动资产(说明其性质)

本项是一项兜底标题,其合并不适合于其他任何资产种类的流动资产。

T. 偶然负债和承诺(在未规定的范围内)

(ⅰ)偶然负债应当分类为:

(a)针对本公司的未公认为债务的请求权;

(b)担保;

(c)本公司偶然承担责任的其他钱款。

(ⅱ)承诺应当分类为:

(a)资本账户上仍执行但未规定的合同估价金额;

(b)股份未催缴负债和部分支付的其他投资；

(c)其他承诺(说明其性质)。

U. 应当分别披露提议向普通股东与优先股东分配本期股息的金额和每股相关金额。还应当分别披露优先股份固定累积股息的欠款额。

V. 若为了特殊目的发行证券,在拟制平衡表日未曾用于该特殊目的的全部或部分金额。在此,应当以说明方式指出如何使用或投资上述未利用金额。

W. 若董事会认为,固定资产和非流动投资以外的任何资产在日常业务过程中无实现价值,至少等于表明其的金额,应当说明董事会该意见的事实。

第II部分　损益表

公司名称：_____

损益表截至年度：_____　　　　　　　　　　(单位：_____卢比)

细目	说明编号	数字截至本报告期期末	数字截至上个报告期期末
1	2	3	4
I. 经营收入		×××	×××
II. 其他收入		×××	×××
III. 总收入(I+II)		×××	×××
IV. 支出：			
消耗原材料的成本			
购买库存品			
制成品存货变化		×××	×××
在制品		×××	×××
库存品		×××	×××
雇员利益支出		×××	×××
财务成本			
折旧与分摊费			
其他支付			
总支出		×××	×××
V. 例外、特殊项目及税前利润(III至IV)		×××	×××
VI. 例外项目		×××	×××
VII. 特殊项目及税前利润(V至VI)		×××	×××
VIII. 特殊项目		×××	×××

续表

细目	说明编号	数字截至本报告期期末	数字截至上个报告期期末
IX. 税前利润(VII 至 VIII)		×××	×××
X. 税费			
(1)本期税		×××	×××
(2)递延税		×××	×××
XI. 本期持续经营的利润(损失)(VII 至 VIII)		×××	×××
XII. 非持续经营的利润(损失)		×××	×××
XIII. 非持续经营的税费		×××	×××
XIV. 非持续经营的税后利润(损失)(VII 至 VIII)		×××	×××
XV. 本期利润(损失)(XI+XIV)		×××	×××
XVI 普通股每股收益			
(1)基本的		×××	×××
(2)减低的		×××	×××

见财务报表附件说明。

拟制损益表的一般指令

1. 本部分的规定应当按其适用于损益表的相同方式适用于第 2 节(40)条款(ii)分条款中所述的收支账目。

2. (A)对金融公司以外的公司,应当在说明中分别披露经营收入中的以下收入:

(a)销售产品;

(b)销售服务;

(c)其他经营收入;

减去:

(d)商品税。

(B)对金融公司,经营收入应当包括以下收入:

(a)利息;和

(b)其他金融服务。

应当以说明方式、在可用范围内分别披露上述每项标题下的收入。

3. 财务成本

财务成本应当分类为：

(a)利息支出；

(b)其他借款成本；

(c)外币交易及兑换的适当净收益/损失。

4. 其他收入

其他收入应当分类为：

(a)利息收入(金融公司以外的公司)；

(b)股息收入；

(c)出售投资的净收益/损失；

(d)其他非经营收入(可直接归于此等收入的净支出)。

5. 附加信息

公司应当以说明方式披露与以下项目收支有关的附加信息：

(ⅰ)(a)雇员利益支出[分别显示(ⅰ)工资与薪水、(ⅱ)向公积金和其他基金的缴款、(ⅲ)雇员职工优先认股权方案(ESOP)和雇员股票购买计划(ESPP)、(ⅳ)职工福利支出]；

(b)折旧和分摊费；

(c)收入或支出超出经营收入1%或10万卢比的任何项目,以较高者为准；

(d)利息收入；

(e)利息支出；

(f)股息收入；

(g)出售投资的净收益/损失；

(h)调整投资账面金额；

(i)外币交易和兑换的净收益/损失(不认为是财务成本)；

(j)向审计员作为(a)审计员就(b)税收事务、(c)公司法律事务、(d)管理服务、(e)其他服务和(f)费用报销进行的支付；

(k)在第135节涵盖公司的情况下,企业社会责任活动所发生的支出额；

(l)例外和特殊性质项目的详细情况；

(m)前期项目。

(ⅱ)(a)在制造业公司的情况下,

(1)广标题下的原材料；

(2)广标题下的购货。

(b)在贸易公司的情况下,广标题下本公司购买贸易货物。

(c)在提供或供应服务的公司的情况下,广标题下该提供或供应服务产生的毛收入。

(d)在属于上述(a)(b)(c)中所述1种以上的公司的情况下,在广标题下显示原材料购买、销售和消费、提供服务的毛收入时,应当充分遵守上述种类的要求。

(e)在其他公司的情况下,广标题下所产生的毛收入。

(iii)在正在进行的所有关注点的情况下,广标题下的在制品。

(iv)(a)若属实质性的,撤销或提议撤销对任何总额的保留,但不包括为满足本平衡表制作之日已知存在的任何特别负债、偶然负债或承诺作出的准备金。

(b)若属实质性的,撤回上述保留的任何总额。

(v)(a)若属于实质性的,撤销为满足特别负债、偶然负债或承诺作出的准备金总额。

(b)若属于实质性的,撤回上述准备金总额,不再对此进行要求。

(vi)以下每个项目发生的支出,分别说明每个项目:

(a)物料与备件的消费;

(b)电力与燃料;

(c)租金;

(d)建筑物修缮;

(e)机器修理;

(f)保险;

(g)市政服务税和税收,不包括所得税;

(h)杂费。

(vii)(a)源自子公司的股息;

(b)子公司损失准备金。

(viii)损益账目还应当以说明方式包含以下信息:

(a)本财务年度期间以 CIF 价格为基准计算的本公司以下进口价值:

Ⅰ.原材料;

Ⅱ.组件与备件;

Ⅲ.资本性货物。

(b)本财务年度版税、专有技术、专业和咨询费、利息和其他事项账目的外币支出。

(c)本财务年度消费全部进口原材料、备件与组件的总价值,相应地消费本地全部原材料、备件和组件的总价值,上述每种总消费的百分比。

(d)本年度股息账目的外币汇出额,特别提及非居民股东的总人数、其持有到期股息之股份总数和股息涉及的年份。

(e)外汇收益分类为以下标题:

Ⅰ.以 FOB 价格为基准计算的货物出口;

Ⅱ.版税、专有技术、专业和咨询费;

Ⅲ.利息与股息;

Ⅳ.其他收入,指明其性质。

注:应当根据财务报表重要性概念和表达真实、公正意见决定广标题。

拟制合并财务报表的一般指令

1. 若要求公司拟制合并财务报表,即合并平衡表与合并损益表,该公司应当经必要变通遵守可适用于拟制平衡表和损益表的公司的本表要求。此外,合并财务报表应当按可适用会计标准中的每项要求披露信息,包括以下事项:

(ⅰ)应当按本期分配表明损益表中归于"少数股东权益"和其母公司所有权人的利润或损失;

(ⅱ)应当分别显示平衡表中的普通股内"少数股东权益"和其母公司所有权人的普通股。

2. 在财务报表中,应当以补充信息方式披露以下事项:

以下中的实体名称	净资产即总资产减去总负债		损益份额	
	合并净资产的百分比(%)	金额	合并损益的百分比(%)	金额
1	2	3	4	5
母公司子公司				
印度的				
1.				
2.				
3.				
外国的				
1.				
2.				
3.				
全体子公司中少数股东权益关联公司(按每普通股方法的投资)				
印度的				
1.				
2.				
3.				

续表

以下中的 实体名称	净资产即总资产减去总负债		损益份额	
	合并净资产的百分比(%)	金额	合并损益的百分比(%)	金额
外国的				
1.				
2.				
3.				
合营企业(按 每比例合并/ 每普通股方法 的投资)				
印度的				
1.				
2.				
3.				
外国的				
1.				
2.				
3.				
合计				

　　3. 合并财务报表将涵盖全体子公司、关联公司和合营企业(不论是印度的或外国的)。

　　4. 实体应当披露合并报表中未曾合并的子公司、关联公司或合营企业的名单,并说明未合并的理由。

表Ⅳ

［见第 149 节第(8)分节］

独立董事守则

本守则是独立董事的职业行为指南。独立董事遵守这些标准和以职业、忠诚方式履行其责任将促进投资大众特别是小股东、管理者和公司在独立董事制度方面的信心。

Ⅰ. 职业行为指南

独立董事应当：

(1) 坚守正直和诚实的伦理标准；

(2) 在履行其职责期间客观和建设性行事；

(3) 在公司利益中以善意方式履行其责任；

(4) 将充分时间和注意力奉献于其知情与平衡决策的职业义务；

(5) 在董事会决策中同时发生或不同意董事会集体决定期间，以公司整体最高利益为准，不允许考虑会损害其行使客观独立判断的任何不相关事项；

(6) 不滥用其地位损害公司或其股东，或不为了获得直接或间接个人利益或为任何关联人员谋取利益的目的；

(7) 避免会导致损害其独立性的任何行为；

(8) 若出现使独立董事丧失其独立性的情况，独立董事应当立即将此通报董事会；

(9) 协助公司执行企业最佳治理实践。

Ⅱ. 角色与职能

独立董事应当：

(1) 帮助董事会在特别审议战略、经营、风险管理、资源、关键聘任和行为标准方面提供独立判断；

(2) 在评估董事会履职和管理中提出客观意见；

(3) 详细审查管理履行情况符合议定的目标和宗旨，监督履职报告；

(4) 使自身确信财务信息的完整性和财务控制与风险管理系统是健康的和可防御的；

(5) 保护全体利益相关人的利益，特别是小股东的利益；

(6) 平衡利益相关人的利益冲突；

(7) 确定执行董事、关键管理性员工和高级管理人员的适当薪酬水平，在任命和必要时建议解聘执行董事、关键管理性员工和高级管理人员中担任主要角色；

(8) 在管理人员和股东利益发生冲突的情况下，以公司整体利益为标准，进行缓和与仲裁。

Ⅲ. 职责

独立董事应当：

(1) 保证适当入职，定期更新和补充其技能、知识和熟悉公司；

(2) 寻求适当澄清或扩增信息，必要时以公司费用接受和遵循外部专家的适当专业

(3)尽力出席董事会和其为成员的董事会各专门委员会的全部会议;

(4)建设性积极参与其是主席或成员的董事会各专门委员会;

(5)尽力出席公司大会;

(6)在其关注公司的运行或所提议的行动时,确保其关注由董事会处理,并在未解决的范围内坚持将其关注记录在董事会会议纪要中;

(7)使自身保持有关公司及其营运外部环境的良好沟通;

(8)不非公正阻止其他适当董事会和董事会专门委员会履行职能;

(9)充分注意并确保在批准相关当事人交易前举行的适当审议,保证自身在公司利益中同一性;

(10)查明和确保本公司具有充分的功能性警戒机制,并确保使用此机制的人员的利益不因此种使用而受到有害影响;

(11)报告关于不道德行为、实际或涉嫌欺诈或违反公司行为守则或伦理政策的关注;

(12)在其权限内行事,协助保护公司、股东和其雇员的合法利益;

(13)不披露机密信息,包括商业秘密、技术、广告和促销计划、未发布的敏感价格信息,但董事会明示同意或法律要求此等披露的除外。

IV. 任命方式

(1)独立董事的任命程序应当独立于公司管理人员;董事会在遴选独立董事期间,应当确保在董事会中适当平衡技能、阅历和知识,以能使董事会有效履行其职能和职责。

(2)公司独立董事的任命应当在股东会议上批准。

(3)附于批准任命独立董事的会议通知的解释性陈述应当载明以下声明:按董事会意见,提议任命的独立董事符合本法和据此所定规则规定的条件且该被提议董事独立于管理人员。

(4)独立董事的任命应当通过任命书正式化,任命书应当列明:

(a)任职期限;

(b)董事会对被任命董事的期望,期望该董事担任董事会级别的专门委员会及其任务;

(c)与上述任命相应的受托人职责和相关责任;

(d)若有,为董事和官员(D和O)提供保险;

(e)本公司期望其董事和雇员遵守的《业务伦理守则》;

(f)董事在履行本公司职能期间不应当为的行为清单;和

(g)若有,薪酬、规定的定期费用、参加董事会与其他会议的费用补偿和与佣金有关的利润。

(5)独立董事的任命条款条件应当在本公司的注册办公室公开,供任何成员在正常营业时间查阅。

(6)还应当将独立董事的任命条款条件发布在本公司的网站上。

V. 再任命

应当根据履职评估报告再任命独立董事。

VI. 辞职与解职

（1）独立董事的辞职或解职应当按本法第 168 和 169 节规定的相同方式进行。

（2）辞去或免去公司董事会职务的独立董事应当自辞职或解职之日（视情况而定）起 180 日内由新独立董事替代。

（3）若本公司在其董事会中符合独立董事的要求，甚至未填补因辞职或解职所产生的空缺（视情况而定），新独立董事的替代要求不应当适用。

VII. 分别会议

（1）公司独立董事应当每年至少举行一次非独立董事和管理层成员不出席的会议。

（2）公司全体独立董事应当尽力出席上述会议。

（3）会议应当：

（a）审查董事会非独立董事和董事会整体的履职情况；

（b）审查公司主席履职情况，考虑执行董事和非执行董事的意见；

（c）评估公司管理层与董事会之间的对董事会有效、合理履职所必要的信息流通质量、数量和时限。

VIII. 评估机制

（1）独立董事的履职评估应当由董事会全体董事进行，但不包括被评估的董事。

（2）应当以履职评估报告为基准，确定是否延期或继续任命独立董事的任期。

表 V

［见第 196 和 197 节］

第 I 部分　符合未经中央政府批准任命常务董事、全职董事或经理的条件

任命

除非符合以下条件，任何人无资格任命为公司常务董事、全职董事或经理：

（a）对按以下任何法律的定罪未曾被判处任何期限的监禁或超过 1000 卢比的罚金：

（ⅰ）《1899 年印度印花税法》（1899 年第 2 号法）；

（ⅱ）《1944 年中央商品税法》（1944 年第 1 号法）；

（ⅲ）《1951 年工业（发展与管理）法》（1951 年第 65 号法）；

（ⅳ）《1954 年防止粮食掺假法》（1954 年第 37 号法）；

（ⅴ）《1955 年基本商品法》（1955 年第 10 号法）；

（ⅵ）《2013 年公司法》（2013 年第 18 号法）；

（ⅶ）《1956 年证券合同（管理）法》（1956 年第 42 号法）；

（ⅷ）《1957 年财富税法》（1957 年第 27 号法）；

（ⅸ）《1961 年所得税法》（1961 年第 43 号法）；

（ⅹ）《1962 年海关法》（1962 年第 52 号法）；

（ⅺ）《2002 年竞争法》（2003 年第 12 号法）；

（ⅻ）《1999 年外汇管理法》（1999 年第 42 号法）；

（ⅹⅲ）《1985 年疾弱工业公司(特别条款)法》（1986 年第 1 号法）；

（ⅹⅳ）《1992 年印度证券交易委员会法》（1992 年第 15 号法）；

（ⅹⅴ）《1922 年对外贸易(发展与管理)法》（1922 年第 22 号法）；

（ⅹⅵ）《2002 年防止洗钱法》（2003 年第 15 号法）。

（b）他未曾按《1974 年保护外汇和防止走私活动法》（1974 年第 52 号法）扣留任何期限。

但是，若中央政府已对(a)或(b)分款下定罪或扣留人员的任命作出批准(视情况而定)，应当对未曾定罪或扣留的人员的上述后续批准不必要经中央政府进一步批准。

（c）已满 21 周岁但不超过 70 周岁。

但是，若已满 70 周岁且公司在特别大会上通过决议批准其任命，对该任命不应当必需中央政府进一步批准。

（d）若他在一家以上公司担任管理人员，其从一家以上公司获得的薪酬不得超过第Ⅱ部分第Ⅴ节规定的上线。

（e）他是印度居民。

[解释Ⅰ]为了本表的目的，印度居民包括其被任命为管理人员之日前在印度已连续停留不低于 12 个月且其为了以下已来印度停留：

（ⅰ）接受在印度的雇用；或

（ⅱ）在印度从事业务或休假。

[解释Ⅱ]本条件不应当适用于工商部商务司不时公告的经济特区公司。

但是，非印度居民的人员应当仅在获得国外印度使节团适当雇用签证后进入印度。为了此目的，应当要求此等人员随签证申请表提供公司概要、主要雇主和此人员的任命条款条件。

第Ⅱ部分　薪酬

第Ⅰ节　有利润公司应付的薪酬

受第 197 节规定的约束，在财务年度有利润的公司可以向管理人员或其他人员支付不超过该节规定限额的薪酬。

第Ⅱ节　无利润或利润不足的公司未经中央政府批准的应付薪酬

若在管理人员任职年度期间的任何财务年度，公司无利润或利润不足，其可以不经中央政府批准，向该管理人员支付不超过以下(A)或(B)表下较高限额的薪酬：

（A）：

(1)	(2)
若效益资本为	应付年薪限额不应当超过(卢比)
(1)负数或低于 5000 万	300 万

续表

（1）	（2）
（ⅱ）5000 万及以上但低于 10 亿	420 万
（ⅲ）10 亿及以上但低于 25 亿	600 万
（ⅳ）25 亿及以上	600 万+超过 25 亿效益资本的 0.01%

但是,若股东通过的决议是特别决议,上述限额不应当双倍计算。

[解释]兹澄清,低于一年期限的,上述限额应当按比例分摊。

（B）若不是持有公司证券名义价值 50 万卢比或以上的担保权益持有人的管理人员,或不是公司雇员或董事的管理人员,或在其任命为管理人员之前 2 年期限内任何时间与任何董事或发起人无关的管理人员,当期相关利润的 2.5%。

但是,若股东通过的决议是特别决议,此限额应当双倍计算。

但是,具有以下情形的,应当适用本节下规定的限额,即:

（ⅰ）董事会通过决议批准支付薪酬且在第 178 节第(1)分节涵盖的公司情形下,还需经提名与薪酬委员会批准。

（ⅱ）公司在此等管理人员任命之日前持续 30 日期间对偿还任何债务、债券或其应付利息未作出任何不履行行为。

（ⅲ）在不超过 3 年的期间,在公司大会上对支付薪酬通过了特别决议。

（ⅳ）向股东发出随第(ⅲ)条款所述召集大会通知所附的声明,载明以下信息:

Ⅰ.一般信息:

(1)行业性质;

(2)商业生产的日期或预期日期;

(3)若为新公司,招股说明书中出现的财政机构批准每个项目的活动开始的预期日期;

(4)以给定指标为基础的财务实施情况;

(5)若有,外国投资或合作。

Ⅱ.被任命人的信息:

(1)背景详细情况;

(2)过去的薪酬;

(3)酬劳或奖励;

(4)工作概要和其适应性;

(5)提议的薪酬;

(6)行业的比较薪酬概要、公司规模、地位和身份概要(若为外国侨民,相关信息应与其来源国有关);

(7)若有,与公司的直接或间接金钱关系或与管理员工的关系。

Ⅲ.其他信息:

(1)损失或不足利润的原因;

(2)采取或提议采取改进的步骤；

(3)生产率的预期提升和可衡量期间的利润。

Ⅳ.披露：

应当在公司董事报告"企业治理"标题下述及以下披露，并作为财务报表的附件：

(ⅰ)全体董事一揽子薪酬的全部要素，诸如工资、收益、红利、股票期权、津贴等；

(ⅱ)固定部分和与激励关联的履职的详细情况，并附履职标准；

(ⅲ)服务合同、公告期、离职费用；

(ⅳ)股票期权详情(若有)，以及是否以贴现率和按应计、可履行期限已发行相同股票。

第Ⅲ节 无利润或利润不足的公司在某些特殊情形下未经中央政府批准的应付薪酬

在以下情形中，公司可以不经中央政府批准，向管理人员支付超过以上第Ⅱ节规定数额的薪酬：

(a)若由任何其他公司支付超出第Ⅰ或Ⅱ节规定的薪酬，该其他公司是一家外国公司或已获得其股东在大会上作出此种支付的同意，并为了第197节目的，将该款额按管理性薪酬处理，该其他公司应付给其管理人员的全部管理性薪酬(含上述款额)在第197节下的允许限额内。

(b)若公司——

(ⅰ)是一家新成立公司，自其成立之日起持续7年，或

(ⅱ)是一家疾弱公司，工业与金融重组局或国家公司法律庭已对其发布复活或复兴方案的命令，自认可复活方案之日起持续5年，

其可以支付的薪酬达到第Ⅱ节下允许额的2倍。

(c)若管理人员薪酬超出了第Ⅱ节中的限额但是工业与金融重组局或国家公司法律庭已固定了薪酬。

但是，本节下的限额应当是可适用的，但需符合第Ⅱ节下规定的条件和以下附加条件：

(ⅰ)管理人员不得接受其他任何公司的薪酬，但本节(a)中规定的除外；

(ⅱ)公司的审计员、公司秘书或公司未任命秘书时的全职实事秘书证明，全体担保债权人和定期贷款人已书面声明他们对任命该管理人员和薪酬定量无异议，且该证明与第196节第(4)分节下规定的反馈报告一起归档。

(ⅲ)公司的审计员、公司秘书或公司未任命秘书时的全职事实秘书证明，对任何债权人的支付没有不履行行为且对存款持有人的全部应付款项已及时结清。

(d)位于工商部商务司随时公告的经济特区公司未曾在印度以公开发行股票或债券方式筹集任何金额且在印度在任何财务年度持续30日期间对偿还其债务(含公众存款)、债券或其应付利息未作出任何不履行行为，可以支付薪酬至每年2400万卢比。

第Ⅳ节　不包含在管理性薪酬中的财务补贴

1. 管理人员应当有资格获得以下财务补贴,其不应当包含在第Ⅱ和Ⅲ节规定薪酬上限的计算中:

(a)向公积基金、退休基金或养老基金的缴款,在其按《1961 年所得税法》(1961 年第 43 号法)单独或总和不纳税的范围内;

(b)按每完成服务年度不超过半月工资的比例应付的退职金;和

(c)在任期结束时兑现的离职金。

2. 除了本节第 1 款规定的财务补贴外,外国侨民管理人员(含非印度居民)应当有资格获得以下财务补贴,其不应当包含在第Ⅱ或Ⅲ节规定薪酬的计算中:

(a)子女教育补贴:若子女在印度境内外学习,补贴限于每位子女每月最高 1.2 万卢比或实际发生的支出,以较低者为准。

(b)在印度境外学习或家庭停留在国外的子女的节假日返程:对不居住印度的子女或家庭成员,从其国外学习地或停留地返回印度与管理人员团聚,每年一次经济等级或每 2 年一次第一等级。

(c)休假旅行的特许权:根据公司规定的规则,被提议在家庭所在国家而非印度境内任何地方休假时,对自己或家庭的返程。

[解释Ⅰ]为了本部分第Ⅱ节的目的,"效益资本"指已付股份资本总额(排除股份申请费或对股份的预付款);若有,维持股份溢价账户信用的现行金额;储备金和余额(排除估价储备);减去投资总额(但主业务是获取股份、股票、债券或其他证券的投资公司进行投资的情形除外)的长期贷款和一年后应偿还的存款(排除流动资本贷款、透支、提供资金和银行担保等以外的贷款到期利息和其他长期安排);不能注销的累积损失和最初支出。

[解释Ⅱ](a)若在公司设立的年度任命管理人员,应当按任命之日起计算效益资本;

(b)在其他情形下,应当按任命管理人员的财务年度以前财务年最后日起计算效益资本。

[解释Ⅲ]为了本表的目的,"家庭"指管理人员的配偶、无独立能力子女和无独立能力的父母。

[解释Ⅳ]提名与薪酬委员会在批准第Ⅱ或Ⅲ节下的薪酬期间,应当——

(a)考虑财务状况、行业趋势、被任命人的资格、过去的履职和薪酬等;

(b)在平衡公司与股东利益期间在确定一揽子薪酬中处于产生客观性的地位。

[解释Ⅴ]为了本表的目的,"消极效益资本"指根据本部分解释Ⅰ所载规定计算出的低于零的效益资本。

[解释Ⅵ]为了本表的目的,

(A)"当期相关利润",指按第 198 节计算出的利润,但不扣减管理人员不是公司或其控股公司、子公司雇员、董事、股东期间年份超过该节第(4)分节(1)条款所述收入的支出额。

(B)"薪酬",指第 2 节(78)条款界定的薪酬,且包括向该管理人员退还的任何直接税。

第V节 在两家公司应付管理人员的薪酬

受第Ⅰ至Ⅳ节规定的约束,管理人员应当从1家或2家公司获取薪酬,但是从2家公司获取的薪酬总额不得超过允许从其是管理人员的任何1家公司获取的较高最大限额。

第Ⅲ部分 可适用于本表第Ⅰ和Ⅱ部分的规定

1. 本表第Ⅰ和Ⅱ部分所述任命和薪酬,应当由大会上的股东决议批准。

2. 公司的审计员、秘书或未要求公司任命秘书时的全职事实秘书,应当证明已经遵守本表的要求。上述证明应当并入按第196节第(4)分节向注册官处提交的反馈报告中。

第Ⅳ部分

中央政府可以采取公告方式免除任何种类或诸种类公司遵守本表所含任何要求。

表Ⅵ

[见第55和186节]

"基础设施项目"或"基础设施设备"术语,包括以下项目或活动:

(1)交通(含联合运输交通),包括以下:

(a)公路、国家高速路、邦高速路、地区主干路、地区其他公路和乡村公路,包括收费公路、桥梁、高速路、公路交通提供者和与公司有关的其他服务;

(b)铁路系统、铁路交通提供者、地铁和与铁路有关的其他服务;

(c)港口(含小港口)、内陆水道、沿海航运(含海运公司)和其他与港口有关的服务;

(d)航空,包括机场、直升机、航空公司和与机场有关的其他服务;

(e)物流服务。

(2)农业,包括以下:

(a)与储存设备有关的基础设施;

(b)有关涉及农产品加工和农业输入供应的建设;

(c)保存和储存加工农产品,诸如水果、蔬菜、鲜花之类易腐货物的建设,包括质量检测设备。

(3)水务管理,包括以下:

(a)水的供应与分派;

(b)灌溉;

(c)水处理。

(4)通讯,包括以下:

(a)移动电话,包括无线电传呼;

(b)国内卫星服务(即印度公司拥有和经营的提供电讯服务的卫星);

(c)中继网络、宽带网络和因特网服务。

(5)工业、商业和社会发展与维持,包括以下:

(a)不动产开发,含工业园和经济特区;

(b)旅游,包含宾馆、会展中心和娱乐中心;

(c)公共市场与建筑物、交易会、会展、展览、文化中心、体育和消遣基础设施和公园;

(d)教育机构和医院的建设;

(e)其他城市开发,包括固定废物管理系统、卫生和排污系统。

(6)电力,包括以下:

(a)通过热能、水能、核能、矿物燃料、风力和其他可再生能源的发电;

(b)通过敷设新输送网络或分布线路输送、分布或交易电力。

(7)石油、天然气,包括以下:

(a)勘探和生产;

(b)进口终端;

(c)液化和再气化;

(d)储存终端;

(e)输送系统和分布系统,包括城市天然气基础设施。

(8)住宅,包括以下:

(a)城市和农村住宅,含公共/民众住宅、贫民窟修复等;

(b)诸如排水系统、照明、道路敷设、卫生和设备之类的其他关联活动。

(9)其他杂项设备/服务,包括以下:

(a)采矿及相关活动;

(b)与基础设施有关的技术;

(c)组件和材料的制造,或基础设施部门要求的其他任何设备或设施,如节能装置和计量器具;

(d)与基础设施有关的环境;

(e)灾害管理服务;

(f)保护历史遗迹和圣像;

(g)紧急服务,包括医疗、警察、消防和救助。

(10)规定的其他设备设施服务。

表Ⅶ

[见第 135 节]

公司在其《企业社会责任政策》中可以包括的活动

与以下有关的活动:

(ⅰ)根除极端饥饿和贫穷;

(ⅱ)促进教育;

(ⅲ)促进性别平等和赋予妇女权利;

(ⅳ)减少儿童死亡率和改善母性健康;

(ⅴ)与人类免疫缺陷疾病、后天免疫缺陷综合征、疟疾和其他疾病作斗争;

(ⅵ)确保环境可持续性;

（ⅶ）提高职业技能的雇用；

（ⅷ）社会事业项目；

（ⅸ）向中央政府或邦政府为社会经济发展所设立的总理国家救济基金和其他任何基金捐款，和为列表种姓、列表种族、其他低层阶级、未成年人和妇女福利提供救助和资金；和

（ⅹ）规定的其他事项。

印度政府秘书

P. K. MALHOTRA

（邓瑞平译）